꿈의 방

꿈의 방

데이비드 린치 · 크리스틴 맥켄나 지음

윤철희 옮김

그책

꿈의 방

초판 1쇄 인쇄 2019년 11월 1일

초판 1쇄 발행 2019년 11월 10일

지은이 데이비드 린치·크리스틴 맥켄나

옮긴이 윤철희

펴낸이 정상우

편집 최원호

디자인 김기연

관리 남영애 김명희

펴낸곳 그책

출판등록 2008년 7월 2일 제322-22008-000143호

주소 서울시 마포구 동교로13길 34 (04003)

전화번호 02-333-3705

팩스 02-333-3745

페이스북 facebook.com/thatbook.kr

인스타그램 instagram.com/that_book

ISBN 979-11-87928-26-3 03680

그책 은 (주)오픈하우스의 문학·예술 브랜드입니다.

* 잘못된 책은 구입처에서만 교환 가능합니다.
* 값은 뒤표지에 있습니다.
* 이 도서의 국립중앙도서관 출판시도서목록(CIP)은 서지정보유통지원 시스템 홈페이지(http://seoji.nl.go.kr)와
  국가자료공동목록시스템(http://www.nl.go.kr/kolisnet)에서 이용하실 수 있습니다.
  (CIP제어번호: CIP2019034858)

성스러운 마하리쉬 마헤쉬 요기와
세계 가족에게 바친다

목차

머 리 말

몇년 전 『꿈의 방』을 함께 쓰기로 결정했을 때, 우리에게는 달성하고 싶은 목표가 두 개 있었다. 첫째 목표는 할 수 있는 최선을 다해 완벽에 가까운 전기를 내놓는 거였다. 이는 책에 실린 모든 사실과 인물, 날짜들이 정확할 거라는 뜻, 그리고 각각의 상황마다 적절한 관계자 전원이 등장해서 상황을 설명하게끔 만들겠다는 뜻이었다. 둘째, 우리는 이 전기 주인공의 목소리가 내러티브에서 두드러진 역할을 수행하기를 원했다.

그런 목표들을 위해 우리는 약간은 낯설게 보일 법한 작업 방식을 만들었다. 이런 방식을 고안한 우리의 궁극적인 소망은 독자들이 이 전기를 읽으면서 책이 진행되는 리듬 비슷한 걸 포착할 수 있었으면 좋겠다는 거였다. 우선, 우리 중 한 명(크리스틴)은 꼼꼼한 자료 조사와 100명—가족과 친구들, 전처들, 공동 작업자(COLLABORATOR)들, 연기자들, 프로듀서들—이 넘는 사람들을 상대로 한 인터뷰를 포함해 전기 집필에 관례적으로 사용되는 도구들을 가지고 한 장章을 집필했다. 그러고 나면 다른 사람(데이비드)이 그 장을 리뷰하면서 오류나 부정확한 내용이 있으면 바로잡고, 또 다른 사람들의 기억을 활용해서 그 자신의 기억을 더듬고는 나름의 반응을 내놓았다. 당신이 이 책에서 읽게 될 내용은 기본적으로 데이비드 린치라는 사람이 자신을 다룬 전기와 가진 대화 내용이다.

우리가 이 책의 집필에 착수했을 때 기본적인 규칙으로 설정해 놓은 것은 하나도 없었고, 입에 담아서는 안 된다고 공표된 주제 역시 하나도 없었다. 고맙게도 이 전기를 위한 인터뷰에 응해준 많은 이들이 각각의 사건들에 대해 그들이 보다 적합하다고 여기는 자신들 나름의 버전으로 기탄없이 얘기해줬다. 이 책의 집필 의도는 이 책의 일부이기도 한 영화들과 미술 작품들을 해설하려는 게 아니다. 그런 글은 다른 곳에서 풍부하게 접할 수 있다. 이 책은 실제로 일어났던 일들을 기록한 연대기이지, 그 사건들이 뜻하는 바를 설명하는 책이 아니다.

　함께 이 책을 만드는 일이 끝날 즈음, 우리는 둘 다 같은 생각을 하게 됐다: 책이 짧은 것 같다는 생각, 그리고 이 책이 어렵지 않게 입수할 수 있는 이야기들의 거죽만 간신히 긁고 있다는 생각. 인간의 의식은 대단히 광대해서 이 책의 앞뒤 표지 사이에 있는 페이지들만으로는 그것을 다 담아낼 수가 없다. 모든 경험은 이루 헤아리지 못할 정도로 다양한 측면을 갖고 있기 때문이다. 우리는 완벽에 가까운 전기를 쓰는 걸 목표로 삼았지만, 그럼에도 이 책은 여전히 데이비드 린치의 인생을 힐끔 쳐다본 정도에 불과하다.

데이비드 린치 & 크리스틴 맥켄나

일러두기

1 외래어 및 인명 표기는 국립국어원의 표기 원칙을 따르되, 일부는 관용적인 표기를 따랐다.
2 단행본이나 정기 간행물을 포함한 출판물은 「」로, 영화 및 TV 프로그램 등의 영상물은 「」로, 앨범명은 《》로,
　미술 작품·전시회·곡의 제목은 〈〉로 표기했다.
3 인물·작품·주요 단체 등 원어 병기가 필요하다고 여겨진 용어의 경우 처음에만 원어를 병기했다.
　인물과 작품명은 위 첨자로, 기관이나 단체명 및 일반적인 용어는 본문 글자와 같은 크기로 표기했다.
　작품의 원어가 보편적으로 독해하기 어려운 언어인 경우 영어로 표기했다.
4 외국 영화는 한국에서 개봉 시 또는 배급사에서 명한 제목으로, 한국에서 출간된 외국 도서의 경우
　한국어판의 제목으로 표기했다. 국내에 소개되지 않은 예술 작품들은 가급적 한국어 뜻풀이를
　원칙으로 하여 표기했다.
5 크리스틴 맥켄나가 쓴 부분은 문어체로, 데이비드 린치가 쓴 부분은 구어체로 표기했다.

미국의 전원 풍경

데이비드 린치의 어머니는 도시 사람이고 아버지는 시골 출신이었다. 그 사실은 이 이야기를 시작하기에 좋은 출발점이다. 이 전기는 이중성을 다룬 이야기이기 때문이다. "모든 게 무척 연약한 상태였어요. 이 육신 전체가 다요. 그건 불완전한 세계였어요." 린치가 내놓은 의견인데, 그가 세상을 이해하는 이런 방식이야말로 그가 만들어온 모든 작품에서 가장 중요한 것이다.[1] 우리는 상반된 요소들로 구성된 왕국에서, 그러니까 선과 악, 정신과 물질, 신앙과 이성, 순수한 사랑과 부글거리는 욕정이 불편한 휴전 상태로 나란히 존재하는 공간에서 살아간다. 그리고 린치의 작업은 아름다운 것들과 저주받은 것들이 충돌하는 복잡한 지대에서 비롯된다.

린치의 어머니 에드위나 순드홀름은 핀란드 이민자들의 후예로, 브루클린에서 자랐다. 그녀는 도시의 매연과 검댕, 기름과 가솔린 냄새, 자연적인 요소가 제거된 인공적인 환경에서 자랐는데, 이런 특징은 린치와 그의 세계관에서 필수불가결한 부분이다. 린치의 친가 쪽 증조할아버지는 워싱턴주 콜팩스 근처의 밀 농사지역의 정부 공여 농지에서 농사를 지었다. 1884년에 그의 아들, 그러니까 린치의 할아버지인 오스틴 린치가 그곳에서 태어났다. 제재소와 쭉쭉 뻗어 오른 나무들, 갓 낫질을 한 풀밭에서 나는 냄새, 도시에서 멀리 떨어진 곳에서만 볼 수 있는 별이 가득 떠 있는 밤하늘—이것들도 역시 린치의 일부다.

데이비드 린치의 할아버지는 아버지처럼 정부 공여 농지에서 밀 농사를 짓는 농부가 됐다. 그리고 그의 아내 아이다호주 세인트 마리스 출신의 아가씨 모드 설리번과는 장례식장에서 처음 만나 결혼했다. "모드 할머니는 우리 아버지를 키울 때 정말로 강하게 동기를 부여하는 식으로 가르치셨어요." 린치의 여동생 마사 레바시가 할머니에 대해 한 말이다. 모드 할머니는 남편과 함께 소유한, 몬태나주 하이우드 근처의 땅에 있는 교실 하나짜리 학교의 교사였다.[2]

오스틴과 모드 린치에게는 자식이 셋 있었다. 데이비드 린치의 아버지 도널드는 그중 둘째로, 1915년 12월 4일에 상수도와 전기가 없는 집에서 태어났다. "아버지는 황량한 고장에서 자랐습니다. 나무를 무척 좋아하셨죠. 대초원에는 나무가 한 그루도 없었으니까요." 데이비드의 남동생 존은 말했다. "아버지는 대초원에 사는 농부가 되지는 않겠다고 결심했습니다. 그래서 삼림학에 투신하셨죠."3

도널드 린치는 노스캐롤라이나주 더럼에 있는 듀크대학교 대학원에서 곤충학을 전공하던 1939년에 에드위나 순드홀름을 만났다. 그녀는 독일어와 영어를 복수 전공 중인 학부생이었다. 그들은 숲속을 산책하던 중에 우연히 만났다. 그녀는 자신이 지나갈 수 있도록 낮게 드리운 나뭇가지를 치워주는 그의 정중한 태도에 깊은 인상을 받았다. 제2차 세계대전 동안 해군으로 복무한 두 사람은 1945년 1월 16일 샌프란시스코에서 북동쪽으로 37킬로미터 떨어진 캘리포니아주 메어섬의 해군 예배당에서 결혼식을 올렸다. 식을 올린 직후, 도널드는 몬태나주 미줄라에 있는 미국 농무부에 연구과학자로 취직했다. 그곳이 그들 부부가 가정을 꾸리기 시작한 곳이었다.

데이비드 키스 린치David Keith Lynch는 그들의 첫 아이였다. 1946년 1월 20일 미줄라에서 태어난 그가 생후 2개월일 때, 가족은 아이다호주 샌드포인트로 이주했다. 도널드가 농무부 소속으로 일하는 동안 가족은 그곳에서 2년을 보냈다. 그들은 데이비드의 남동생 존이 태어난 1948년에도 샌드포인트에 살고 있었지만, 존 역시 미줄라의 세계에 속하게 됐다. 서니Sunny 라는 애칭으로 알려진 에드위나 린치가 둘째 아이를 출산하려고 미줄라로 돌아갔기 때문이다. 그해 연말에 가족은 워싱턴주 스포캔으로 이주했고, 1949년에 그곳에서 마사가 태어났다. 도널드가 듀크대학교에서 학업을 마치는 동안 가족은 1954년을 더럼에서 보냈다가 잠시 스포캔으로 돌아갔고, 1955년에는 아이다호주 보이시에 정착했다. 그들은 1960년까지 그곳에서 살았다. 데이비드 린치가 유년기의 가장 중요한 몇 년을 보낸 곳이 바로 거기였다.

제2차 세계대전이 끝난 뒤 한동안 이어진 기간은 미국에서 자라는 어린이에게는 완벽한 시기였다. 1953년에 한국전쟁이 끝났고, 무난하게 활동하며 국민들에게 안정감을 준 연임 대통령 드와이트 아이젠하워가 1953년부터 1961년까지 백악관에 있었다. 자연은 여전히 번성했다. 심각하게 걱정할 만한 일은 세상에 존재하지 않는 듯 보였다. 보이시는 아이다호의 중심 도시였지만 당시에는 소도시의 분위기를 물씬 풍겼고, 그곳에서 자라는 중산층 어린이들은 오늘날에는 상상도 못할 자유를 누렸다. 플레이데이트(playdate, 아이들이 함께 놀 수 있도록 부모들끼리 정한 약속―옮긴이)라는 용어는 아직 발명되지 않은 시대였다. 그래서 아이들은 친구들과 어울리며 자기들끼리 무슨 일을 할 수 있을지 궁리하면서 길거리를 마냥 쏘다녔다. 이것이 린치가 경험한 어린 시절이었다.

"우리 어린 시절은 정말 끝내주는 시기였습니다. 여름철에는 특히 더 그랬죠. 내게 있는 데이비드에 대한 제일 좋은 기억들은 여름에 일어난 일들입니다." 보이시에서 린치와 제일 친하게 지낸 친구였던 마크 스미스의 회상이다. "우리 집 뒷문하고 데이비드네 집 뒷문은 9미터 정도 떨어져 있었습니다. 부모님들은 우리에게 아침을 줬고, 아침을 먹은 우리는 문밖으로 뛰어나가 하루종일 놀고는 했죠. 동네에는 공터들이 있었는데, 우리는 아버지들의 삽을 가져와 커다란 지하 요새들을 만들고 그곳에 처박혀 지냈습니다. 당시 우리는 사내아이들이 군대놀이에 정말로 푹 빠져들곤 하는 나이였습니다."[4]

린치의 부모에게는 각자 형제자매가 둘씩 있었는데, 그중 한 명만 빼고는 모두 결혼해서 자식이 있었다. 그래서 그들은 많은 삼촌과 숙모와 사촌들로 대가족을 이루었다. 이따금씩 대가족 전원이 브루클린에 있는 린치의 외조부모 댁에 모였다. "릴리 이모하고 에드 외삼촌은 따뜻하고 자상한 분들이었어요. 포틴스 스트리트에 있는 그분들의 집은 안식처 같았죠. 릴리 이모네 집에는 주방의 대부분을 차지하는 큼지막한 테이블이 있었는데, 모두들 거기에 한데 모이곤 했어요." 린치의 사촌인 엘레나 제가렐리의 회상이다. "에드위나 아줌마하고 도널드 아저씨하고 그 집 애들이 방문하는 건 무척 큰일이었어요. 릴리 이모가 저녁을 성대하게 차리면 모두들 식탁에 모여앉곤 했죠."[5]

누구의 얘기를 듣더라도 린치의 부모는 특출한 사람들이었다. "부모님은 정신 나간 일처럼 보이는 일들을 우리가 할 수 있게 해주셨어요. 오늘날이라면 하게 놔두지 않을 일들이었죠." 존 린치는 말했다. "대단히 열려 있는 분들로, 우리에게 이래라저래라 강요하려고 애쓴 적이 전혀 없으셨죠." 데이비드 린치의 첫 부인인 페기 리비Peggy Reavey는 이렇게 말했다. "데이비드한테서 그의 부모님이 대단한 분들이었다는 얘기를 들었어요. 자식들 중 누구건 뭔가를 만들거나 배우고 싶어 하는 게 있으면, 그분들은 아이들의 생각을 정말로 진지하게 받아들였대요. 집에는 온갖 일을 할 수 있는 작업장이 있었고, 그래서 '그 아이디어를 어떻게 하면 현실로 만들 수 있을까?'라는 문제가 즉각 제기되고는 했다더군요. 머릿속에 있던 어떤 생각이 곧 이 세상에 실제 물건으로 등장하는 식이었다는 거예요. 정말 강렬한 경험이었대요."

"데이비드의 부모님은 자식들이 각자 본연의 모습으로 살아가도록 뒷받침해주셨어요." 리비의 설명은 계속 이어졌다. "그런데 데이비드의 아버지에게는 확고한 행동 기준이 있었어요. 사람들을 허투루 대하지 않는다는 것, 그리고 무슨 일이 됐건 할 거면 제대로 해야 한다는 것 같은 기준들이요. 그분은 그런 것에 엄격했어요. 데이비드는 공예craft에 있어서는 흠잡을 데 없는 기준을 갖고 있어요. 그의 그런 점은 분명히 아버지하고 관련이 있을 거예요."[6]

린치의 어릴 적 친구 고든 템플턴은 린치의 어머니를 "정말로 훌륭한 살림꾼"으로 기억했다. "그분은 자식들이 입을 옷을 직접 지었는데, 바느질 솜씨가 정말로 뛰어났습니다."[7] 린치의 부모는 서로에게 로맨틱한 사람들이기도 했다. "두 분은 손을 잡고 작별 키스를 하시곤 했어요." 마사 레바시의 설명이다. 편지에 서명할 때, 린치의 어머니는 "서니"라고 쓰고는 이름 옆에 태양을 그렸고, "돈"은 자기 이름 옆에 나무를 그렸다. 그들은 독실한 장로교 신자였다. "그것이 우리 가정 교육의 중요한 부분이었습니다." 존 린치는 말했다. "우리는 주일 학교를 다녔습니다. 그런데 옆집에 사는 스미스 씨 가족은 우리 집과는 분위기가 생판 달랐죠. 스미스 씨 가족은 일요일이면 선더버드 컨버터블을 몰고 스키를 타러 가곤 했어요. 그리고 스미스 씨는 담배를 피웠고요. 우리 가족은 폰티악을 타고 교회에 갔죠. 데이비드 형은 스미스 씨 가족은 쿨한 사람들이라고, 반면에 우리 집은 좀 따분하다고 생각했어요."

데이비드의 딸 제니퍼 린치Jennifer Lynch는 그녀의 할머니를 "단정하고 참하며 교회 일에 대단히 적극적인 분"으로 기억한다. "서니 할머니는 유머 감각이 대단히 뛰어난 분이기도 했어요. 자식들을 사랑하는 분이셨죠. 할머니가 아버지를 편애했다는 느낌은 전혀 받지 못했지만, 할머니가 제일 걱정하는 자식이 아버지였던 건 확실해요. 아버지는 당신의 부모님 두 분을 무척 사랑했지만, 부모님의 그 모든 착해빠진 부분을, 그리고 흰색 말뚝 울타리부터 시작해서 집 안에 있는 모든 것을 경멸하기도 했죠. 아버지는 어린 시절의 집에 대해 낭만적인 생각을 품고 있었지만, 그것들을 싫어하기도 했어요. 당신은 담배를 피우면서 예술적인 삶을 살고 싶었으니까요. 그런데 가족은 교회를 다녔고, 모든 요소가 완벽하고 조용한 데다 착했어요. 그런 점이 아버지를 약간 맛이 가게 했죠."[8]

린치 가족은 막다른 골목에 살았는데, 그 골목에 있는 몇 집에는 데이비드와 나이가 엇비슷한 사내아이가 대여섯 명 살았다. 그들은 모두 친구가 됐다. "우리는 여덟 명이었습니다." 템플턴은 말했다. "윌라드 '윙크스' 번스하고 게리 간스, 라일리 '라일스' 커틀러, 나, 마크하고 랜디 스미스, 데이비드하고 존 린치, 그렇게 여덟이었죠. 우리는 형제처럼 지냈습니다. 다들 『매드Mad』 잡지에 푹 빠져 있었죠. 자전거도 많이 탔고, 여름에는 수영장에서 빈둥거렸습니다. 여자 친구들 집에 가서 음악을 듣기도 했고요. 우리는 상당히 자유로웠습니다. 밤 10시까지 밖에서 자전거를 타곤 했고, 우리끼리 버스를 타고 다운타운에 가기도 했죠. 우리는 늘 서로를 챙겨주며 지켜줬습니다. 그리고 다들 데이비드를 좋아했죠. 그는 상냥하고 사교적인 데다 잘난 체를 하지 않았습니다. 친구에게 충직하고 도움을 많이 주는 아이였죠."

린치는 1950년대의 보이시에서 얻기는 힘든 종류의 세련됨에 굶주린, 요령 좋은 아이였던 것 같다. 그는 어렸을 때 "평범하지 않은 일이 일어나기를 갈망했었다"고 말한 적이 있다. 텔레비전이 미국의 가정들에 처음으로 대체 현실alternate reality을 들여놓으면서 전국 곳곳에 있는 크고 작은 도시들의 독특한 지역적 특색을 야금야금 갉아먹기 시작하고 있었다. 린치처럼 직감이 뛰어난 아이라면 미국이라는 나라를 탈바꿈시키기 시작했던 엄청난 변화를 감지했을지도 모른다고 상상해볼 수 있다. 동시에, 그는 자신이 속한 시간과 장소에도 무척 잘 동화했다. 그는 헌신적인 보이스카우트 멤버였다. 어른이 된 그는 자신이 보이스카우트가 다다를 수 있는 최고 단계인 이글 스카우트였다는 사실을 가끔씩 자랑하곤 했다.

"우리는 99부대 소속이었습니다." 마크 스미스는 말했다. "수영과 매듭 묶기 같은 온갖 활동을 했죠. 그런 활동 중 하나가, 먹을 수 있는 것을 구별하고 다람쥐를 잡고 요리하는 방법 등을 통해 숲에서 살아남는 법을 배우는 하룻밤 생존 캠프였습니다. 그런 강의를 몇 차례 들은 우리는 생존 실습을 하러 산에 갔습니다. 떠나기 전에 온갖 수단을 다 동원해 사탕을 사들였죠. 그런데 그렇게 사들인 사탕을 우리는 출발한 지 채 한 시간도 지나기 전에 다 먹어치웠습니다. 어떤 호수에 도착한 우리는 물고기를 잡으라는 얘기를 들었습니다. 낚시를 할 줄 아는 아이가 아무도 없었는데 말이죠. 어둠이 내리자 우리는 굶어죽을 거라고 생각했습니다. 그러다가 우리 머리 위에 비행기가 한 대 돌고 있고, 거기서 상자를 단 낙하산이 내려오고 있다는 걸 알아차렸죠. 정말로 극적인 상황이었어요. 상자에는 계란 분말 같은 재료들이 가득했고, 그 덕에 우리는 모두 살아남았습니다."

린치는 그림 그리는 재주를 타고난 아이였다. 그의 예술적인 재능은 어릴 때부터 두드러졌다. 어머니는 그에게 컬러링 북을 주지 않았다―그녀는 그런 책들은 아이의 상상력을 제한한다고 느꼈다. 아버지는 퇴근하면서 모눈종이를 잔뜩 가져왔다. 부모님은 필요한 재료를 모두 갖게 된 린치에게, 그림을 그리려고 자리를 잡았을 때 마음이 그를 데려가는 곳으로 따라가라고 독려했다. "전쟁 직후여서 사방에 남아도는 군수품이 넘쳐났습니다. 나는 총과 칼을 그리곤 했었죠." 린치의 회상이다. "나는 비행기와 폭격기, 전투기, 플라잉 타이거즈(Flying Tigers, 중국 내전에서 활동한 미국의 화물 수송 항공부대―옮긴이), 브라우닝 수랭식 기관총에 푹 빠졌습니다."9

마사 레바시는 이렇게 기억했다. "당시 대부분의 아이들은 무늬 없는 티셔츠를 입었어요. 그런데 데이비드 오빠는 이웃에 사는 모든 아이들로부터 의뢰를 받아 매직 마커로 그림을 그려 장식한 셔츠를 만들기 시작했고, 동네 아이들 모두가 그 셔츠를 샀죠. 옆집 사는 스미스 씨가 마흔 살이 된 친구에게 선물하려고 오빠가 만든 셔츠를 샀던 걸 기억해요. 오빠는 예쁜 여자를 응시하는 남자가 그려진, '인생은 마흔부터' 스타일의 셔츠를 만들어서 스미스 씨에게 드렸어요."

재능 있고 카리스마 넘치는 아이였던 린치는 "사람들이 매료되는 대상인 게 분명했다"고 스미스는 말했다. "그는 인기가 좋았어요. 그가 촬영장을 지휘하는 모습을 쉽게 상상할 수 있어요. 그는 늘 에너지가 넘쳤고 친구도 많았어요. 사람들을 잘 웃겼거든요. 5학년 때 인도 경계석에 앉아 서로에게 『매드』 잡지에 실린 기사를 큰 소리로 읽어주다가 늑대처럼 포효하던 기억이 있어요. 「트윈 픽스Twin Peaks」의 첫 에피소드를 봤을 때, 그때하고 똑같은 유머 감각을 알아차렸죠." 린치의 여동생도 "우리 인생의 그 시기에서 비롯된 유머가 오빠의 작품에 많이 녹아있다는 것"에 동의했다.

린치는 7학년 때 학년 회장이었고, 학교 밴드에서 트럼펫을 연주했다. 보이시에 거주하는 신체 건강한 시민들 대다수가 그랬던 것처럼, 그도 스키를 타고 수영을 했다. 그는 둘 다 잘했다고 여동생은 말했다. 또 그는 리틀 리그 야구팀의 1루수였다. 그는 영화도 좋아했다. "내가 못 본 영화를 보러 간 형은 집에 돌아와서 영화의 내용을 내게 자세하게 들려주곤 했습니다." 존 린치는 말했다. "「리버티 밸런스를 쏜 사나이」The Man Who Shot Liberty Valance라는 영화를 특히 좋아했던 형이 그 영화 얘기를 하고 또 했던 기억이 나네요." 린치의 기억 속에서 그가 본 첫 영화는 헨리 킹Henry King 감독이 1952년에 내놓은 침울한 드라마 「태양이 빛날 때까지 기다려, 넬리Wait Till the Sun Shines, Nellie」로, 이 영화는 주인공 캐릭터가 이발소에서 총에 맞아 쓰러지는 것으로 막을 내린다. "부모님하고 같이 자동차 극장에서 본 영화인데, 어떤 남자가 이발소 의자에서 기관총 세례를 받는 장면하고 어린 여자애가 단추를 갖고 노는 장면이 떠오르네요." 린치의 회상이다. "그러다가 갑자기 그 여자애의 부모는 아이의 목에 단추가 걸렸다는 걸 깨닫죠. 그 장면에서 진짜로 두려운 느낌을 받았던 게 기억나요."

린치가 이후에 창작한 작품을 고려하면, 그의 유년기 기억들이 어둠과 빛이 섞인 혼합물임을 알게 되더라도 놀랍지 않다. 데이비드는 말라 죽은 나무들을 다루는 아버지의 직업을 통해 사물들의 거죽 밑에 도사린 것, 즉 그가 "격렬한 고통과 부패"라고 묘사한 것에 대한 깨달음을 가득 얻었을지도 모른다. 이유야 어쨌든, 린치는 세상의 모든 새로운 사물과 그 탄생 직후부터 잠식하기 시작하는 엔트로피에 특이할 정도로 예민했고, 그걸 불안함으로 받아들였다. 뉴욕에 있는 조부모님을 찾아뵙는 가족 여행도 린치를 불안하게 만들었다. 그는 뉴욕에서 맞닥뜨린 사물들 때문에 무척이나 심란해졌던 일을 기억했다. "나를 불안하게 만들었던 사물들 자체는 그것들이 내게 안겨주던 느낌에 비하면 얌전한 편이었습니다."라고 그는 말했다. "나는 사람들이 그런 감정을 느끼는 이유를 이해하지 못할 때 한층 더 두려워한다고 생각합니다. 우리는 가끔 어떤 방에 들어갔다가 뭔가가 잘못됐음을 감지하죠. 내가 뉴욕에 갔을 때 그런 느낌이 이불처럼 나를 뒤덮고는 했었죠. 그런데 집에서 나가 자연의 세계에 들어가면 다른 종류의 공포가 있습니다. 아무튼 그것도 공포는 공포죠. 시골에서는 무척이나 흉한 일들이 벌어질 수 있습니다."

린치가 1988년에 그린 〈아이다호주 보이시Boise, Idaho〉라는 제목의 그림은 이런 종류의 기억들을 소환한다. 검은색 들판의 오른쪽 아래 사분면에는 아이다호주의 윤곽이 배치돼 있고, 그림의 제목 철자를 이루는 작은 문자들의 콜라주가 그 주위를 에워싸고 있다. 삐죽삐죽한 수직선 네 개가 검은 들판을 관통하고, 이미지 왼편에 위치한 위협적인 토네이도 같은 형체는 주를 향해 접근 중인 것처럼 보인다. 심란한 이미지다.

이렇게 린치의 심중에 흐르던 격렬한 조류는 그가 보이시에서 사귄 단짝 친구들의 눈에는 뚜렷하게 보이지 않았던 게 분명하다. 스미스는 이렇게 말했다. "멀홀랜드 드라이브Mulholland Drive」에서 검은 차가 구불구불한 언덕길을 올라갈 때 관객은 뭔가 섬뜩한 일이 벌어질 것이라는 걸 직감적으로 알게 되죠. 그런데 어린 시절의 데이비드는 그런 애가 아니었어요. 나는 그의 작품에 깃든 어둠을 보면서 깜짝깜짝 놀라요. 그게 어디서 비롯됐는지 모르겠어요."

린치가 열네 살이던 1960년에 그의 아버지가 버지니아주 알렉산드리아로 발령이 나면서 가족은 다시 이사했다. 스미스는 데이비드네 가족이 이사 갔을 때를 기억했다. "누군가 가로 등의 전구를 다 빼버린 것 같았어요. 데이비드의 집에는 1950년형 폰티악이 있었는데, 폰티악의 심벌에는 인디언의 머리가 들어 있었거든요. 그래서 그 차 후드에는 인디언 두상이 장식돼 있었어요. 그런데 그 차의 인디언은 코가 부러져 있었고, 그래서 우리는 그 차를 '부러진 코 추장'이라고 불렀죠. 데이비드네는 이사 가기 전에 그 차를 우리 부모님에게 팔았어요." 고든 템플턴도 린치 가족이 이사 가던 날을 기억했다. "그들은 기차를 타고 떠났고, 우리들 무리는 그들을 배웅하러 자전거를 타고 역으로 갔어요. 슬픈 날이었죠."

린치는 알렉산드리아에서 고등학생으로 잘 자랐지만, 보이시에서 보낸 몇 년은 항상 그의 마음속에 특별한 자리를 차지하고 있었다. 그는 이렇게 회상했다. "마음으로 보이시를 그려볼 때마다 행복감에 젖은 1950년대의 크롬색 낙관주의chrome optimism를 보곤 하죠." 린치 가족이 보이시를 떠났을 때, 이웃의 몇 가족 역시 그곳을 떠났다. 존 린치는 형이 "그때가 음악이 멈췄을 때"라고 말했던 순간을 떠올렸다.

린치는 보이시를 떠나기 전부터 유년기에서 벗어나기 시작했다. 그는 「에드 설리번 쇼The
Ed Sullivan Show」에서 데뷔한 엘비스 프레슬리의 첫 모습을 볼 기회를 놓쳤음을 깨달았을 때 '남
자아이로서' 느꼈던 실망감을 떠올렸다. 결국 린치는 가족이 이사했을 무렵에는 여자아이들
에게 엄청난 관심을 갖기 시작했다. "데이비드는 정말로 귀여운 여자애들을 꾸준히 사귀기
시작했어요." 스미스가 한 말이다. "그들은 사랑에 푹 빠져 있었죠." 린치의 여동생은 "오빠
는 정말로 어렸을 때부터 항상 여자친구가 있었어요."라고 회상했다. "오빠가 중학생이었을
때, 7학년 전원이 떠난 헤이라이드(hayride, 건초를 실은 마차를 타고 가는 소풍—옮긴이)에서
오빠가 모든 여자애와 입을 맞췄다는 말을 했던 게 생각나요."

린치는 버지니아에서 9학년을 마친 해 여름에 보이시로 돌아와 친구들과 어울리며 대여
섯 주를 보냈다. "돌아온 그는 달라져 있었습니다." 스미스의 기억이다. "성숙해 보였고 차림
새가 달랐어요. 검정 바지에 검정 셔츠라는 독특한 스타일로 돌아왔는데, 이건 우리 집단에
서는 튀는 차림새였어요. 자신감이 흘러넘치더군요. 그가 워싱턴 D.C.에서 체험한 이야기들
을 들려주면 우리는 강한 인상을 받았죠. 그의 세련된 모습을 보고는 이런 생각을 하게 됐어
요. '내 친구가 나하고는 다른 세상에 갔구나.'"

"데이비드는 고등학교를 마친 후에는 보이시로 돌아오는 걸 관뒀고, 그러면서 우리는 연
락이 끊겼죠." 스미스는 말을 계속했다. "내 막내딸이 LA에 사는 사진작가인데, 그 애를 어시
스턴트로 데리고 있는 사진작가가 2010년 어느 날 '오늘 데이비드 린치를 촬영할 거야.'라는
말을 그 애에게 했어요. 촬영하다 휴식시간이 됐을 때, 딸이 그에게 다가가 말했대요. '린치
씨, 선생님이 저희 아버지를 아실 거로 생각해요. 우리 아버지는 보이시에 살던 마크 스미스
예요.' 데이비드는 '장난치는 거죠?'라고 했다더군요. 다음에 딸을 찾아갔을 때, 나는 데이비
드의 집에서 그와 어울렸어요. 고등학교 이후로 보지 못한 사이인 그는 나를 꽉 껴안더군요.
그러고는 자기 사무실에 있는 사람들한테 나를 소개했어요. '모두 내 형제인 마크하고 인사
를 했으면 합니다.' 데이비드는 정말로 충직한 사람이에요. 내 딸하고 계속 연락을 주고받고
있죠. 그 아이의 아비로서, 나는 데이비드가 그런 사람이라는 게 기뻐요. 나는 그가 여전히
우리 옆집에 살았으면 좋겠다고 생각해요."

1950년대는 린치의 곁을 결코 떠나지 않았다. 코튼 블라우스 드레스를 입고 오븐에서 갓 구
운 파이를 꺼내며 미소 짓는 어머니들, 스포츠 셔츠 차림에 떡 벌어진 가슴으로 바비큐에서
고기를 굽거나 정장 차림으로 출근하는 아버지들, 1950년대에는 모두가 담배를 피웠기 때
문에 사방천지 어디서나 볼 수 있던 담배들, 정통파 로큰롤, 앙증맞은 캡을 쓴 식당의 웨이트
리스들, 발목 양말과 새들 슈즈를 신고 스웨터와 주름 잡은 플레이드 스커트를 입은 소녀
들—이것들이 린치의 미적 세계를 구성하는 요소들이다. 하지만, 그의 심중에 머무른 그 시
대의 제일 중요한 측면은 그 시대의 분위기다: 순수함과 선량함으로 치장된, 환하게 빛나는
겉모습과 그 아래에서 고동치는 음울한 에너지. 그리고 그 시절에 만연했던 은밀한 섹시함

은 린치 예술의 주춧돌이라 할 수 있다.

"「블루 벨벳Blue Velvet」을 촬영한 동네는 우리가 보이시에서 살았던 동네하고 무척 비슷해 보입니다. 당시 우리 집에서 반 블록 떨어진 곳에 영화에 나오는 것하고 비슷한 오싹한 분위기의 아파트가 있었죠." 존 린치는 말했다. 미국의 목가적인 풍경을 보여주는 「블루 벨벳」의 오프닝 시퀀스는 데이비드의 마음에 영원히 자리 잡은 아동용 책 『우리 거리의 좋은 시절Good Times on Our Street』에서 가져온 것이다. "「블루 벨벳」에 나오는, 훔친 차로 폭주 운전을 하는 모습도 보이시에서 했던 경험에서 가져온 겁니다. 언젠가 형하고 친구 몇이 캐피톨 블러바드를 시속 160킬로미터로 달릴 수 있다고 으스대는 나이 많은 청년하고 같은 차를 타게 됐었죠. 무시무시한 경험이었을 거예요. 그 나이 많은 청년은 위험천만하게 차를 몰았으니까요. 그 일은 형의 기억에 깊이 박혔어요. 형은 작품 활동을 하면서 어렸을 때의 체험에 많이 의지해요."

린치는 그의 작품에서 유년기를 자주 다루지만, 그가 품는 창작욕과 그에 따라 만들어진 작품들 사이의 관계는 단순한 방정식으로 설명할 수는 없다. 우리는 어떤 어린아이가 어떻게 성장해서 그런 어른이 되었는지 설명해줄 단서들을 찾으면서 그 사람의 유년기를 분석할 수는 있다. 그러나 대개의 경우, 특출나 보이는 사건이나 「시민 케인Citizen Kane」에 등장하는 로즈버드 같은 대상은 찾을 수 없다. 그저 그 본연의 일부만을 만날 수 있을 뿐이다. 린치는 즐거움을 감지하는 자신의 비범하리만치 강렬한 역량, 그리고 황홀감에 젖으려 드는 욕망을 만났다. 그는 처음부터 자신감이 넘쳤고 창조적이었다. 그는 불경한 그림이 그려진 티셔츠를 구입하는 소년이 아니었다. 그런 셔츠를 만드는 소년이었다. 남동생 존은 말했다. "형은 타고난 리더였어요."

동생한테서 내가 타고난 리더라는 말을 듣는 건 기분 좋은 일이죠. 하지만 나는 그냥 평범한 아이였어요. 내게는 좋은 친구들이 있었죠. 내 인기가 좋았는지 그렇지 않았는지는 생각해본 적이 없어요. 내가 남들하고 다르다고 느낀 적도 없었고요.

외할아버지인 순드홀름 할아버지는 노동 계급이라고 봐도 무방해요. 할아버지네 집 지하의 목공실에는 환상적인 도구들이 있었고, 할아버지는 무척 아름답게 제작된 목제 궤짝들과 잠금장치들을 비롯한 온갖 것들을 갖고 계셨어요. 외가 쪽 친척들은 전문 가구 제작자들이었어요. 그분들은 피프스 애비뉴에 있는 매장들에서 캐비닛을 많이 짰죠. 어렸을 때 어머니랑 기차를 타고 외조부모님을 방문한 적이 있어요. 겨울이었던 게 기억나요. 할아버지는 나를 유모차에 태우고 돌아다니셨고, 나는 많이 떠들었어요. 프로스펙트 파크에서 신문 가판대를 운영하는 남자하고 얘기를 나눴어요. 나는 그 나이에도 휘파람을 불 수 있었던 것 같아요. 행복한 아이였죠.

우리 가족은 내가 태어난 직후에 아이다호주 샌드포인트로 이사 갔어요. 샌드포인트에 관한 내 유일한 기억은 어린 디키 스미스하고 같이 질퍽한 웅덩이에 앉아 있었던 거예요. 나무 아래에 있는 구덩이에 사람들이 호스로 물을 채워서 만든 곳 같았어요. 내가 그 웅덩이에서 진흙을 쥐어짜던 모습이 떠올라요. 천국이 따로 없었죠. 내 유년에서 제일 중요한 시기의 배경은 보이시었어요. 하지만 나는 샌드포인트 다음에 살았던 워싱턴주 스포캔도 사랑해요. 그곳의 하늘은 믿기지 않을 정도로 푸르렀죠. 근처에 공군 기지가 있었던 게 분명해요. 큼지막한 비행기들이 창공을 가로질러 비행하곤 했거든요. 프로펠러 비행기들이라 비행 속도가 정말 느렸어요. 나는 항상 물건 만드는 걸 무척 좋아했어요. 내가 만든 첫 물건은 스포캔에서 나무로 만든 권총들이었죠. 톱으로 자르고 깎아서 만들었는데, 상당히 조악했어요. 그리고 나는 그림 그리는 것도 무척 좋아했어요.

스포캔에 살 때, 우리 집이 있는 블록의 끝집에 사는 바비라는 친구가 있었어요. 그 아래쪽에 아파트 빌딩이 있었죠. 그러니까, 겨울이었어요. 귀여운 방한복 차림으로 거기에 갔어요. 당시 나는 유치원생이었을 거예요. 나는 조그만 방한복을 입었고 친구 바비도 방한복 차림이었죠. 우리는 사방을 쏘다니고 있었는데 날은 얼어 죽을 정도로 추웠어요. 아파트 건물은 거리 뒤쪽에 있었는데, 우리는 거기에 이런저런 문들로 이어지는 복도가 있는 걸 봤어요. 그런데 그중 한 집의 문이 열려 있더군요. 그래서 우리는 안으로 들어갔지요. 집에는 아무도 없었어요. 어쩌다가 무슨 생각을 떠올린 우리는 눈덩이를 뭉쳐서는 거기 있는 책상의 서랍마다 집어넣기 시작했어요. 옷장 서랍에도 눈덩이를 마구 집어넣고, 눈에 뜨이는 서랍이란 서랍에는 죄다 눈덩이를 넣었죠. 눈덩이를 딱딱하게 뭉쳐서 넣은 거예요. 또 큼지막한, 그러니까 너비가 60센티미터쯤 되는 눈덩이들을 만들어서는 침대에 올려놨어요. 다른 방들에도 눈덩이 몇 개를 더 갖다 놓았고요. 그러고 나서는 욕실에서 수건들을 가져다가 길바닥에 깔았죠. 깃발처럼 펼쳐서요. 다가오던 차들은 속도를 늦췄고, 운전사들은 "그런 짓 하지 마라."라고 말하곤 했어요. 그러고는 수건 위로 곧장 차를 몰고 갔죠. 우리는 차 두 대가 수건 위를 지나가는 걸 봤어요. 그러고는 눈덩이들을 굴리고 놀았죠. 그러고 나서 집에 갔어요. 내가 식탁에 있을 때 전화기가 울렸지만, 별다른 생각은 들지 않았어요. 그 시절에는 전화기가 울리는 일이 드물었지만, 나는 그럴 때도 놀라거나 당황하진 않았어요. 어머니가 전화를 받았을 거예요. 그러다가 아버지가 수화기를 넘겨받았고, 나는 아버지가 통화하는 모습을 보면서 어떤 느낌을 받기 시작했어요. 사랑하는 아버지가 피해에 대한 보상으로 상당한 돈을 물어줘야 했을 거라 생각해요. 우리가 왜 그런 짓을 했느냐고요? 나라고 알 턱이 있나요…….

우리는 스포캔에서 살다가 아버지가 학업을 마칠 수 있도록 일 년간 노스캐롤라이나에 머물렀어요. 나는 노래 〈분수 속의 동전 세 개Three Coins in the Fountain〉를 들으면 기분이 좋아지면서 듀크대학의 교정을 떠올리곤 해요. 거기에도 분수가 있었거든요. 1954년의 화창한 햇빛 속에서 그런 노래를 배경 음악으로 듣는 건 믿기 힘들 정도로 행복한 일이었어요.

순드홀름 외조부모님은 포틴스 스트리트의 근사한 브라운스톤에 사셨어요. 세븐스 애비뉴에는 할아버지가 관리하는 빌딩이 있었죠. 그 건물에는 가게도 몇 곳 있었을 거예요. 그곳은 주거용 건물이기도 했어요. 사람들은 거기서 생활했지만, 거처에서 조리하는 게 허용되지 않았어요. 언젠가 할아버지랑 거기에 갔었는데, 아파트 한 곳의 문이 열려 있었어요. 어떤 남자가 다리미로 계란을 요리하는 모습이 보이더군요. 사람들은 온갖 제약이 있더라도 나름대로 이런저런 일을 하는 요령들을 찾아내죠. 내가 어릴 때 뉴욕에 가는 것 때문에 정말로 심란해했었다는 말은 사실이에요. 나는 뉴욕과 관련된 모든 게 두려워요. 지하철은 비현실적으로 느껴져요. 그리로 내려가는 것도 그렇고, 그곳의 냄새에다가 열차가 들어올 때 불어오는 바람하고 바람소리도 그래요. 내가 보는 뉴욕의 다른 것들도 나를 엄청 두려움에 떨게 만들었죠.

친가 쪽 조부모님인 오스틴과 모드 린치 부부는 몬태나주 하이우드의 밀 농장에 살았어요. 할아버지는 카우보이와 비슷했어요. 나는 그분이 담배 피우는 모습을 지켜보는 게 참 좋았어요. 담배를 피우고 싶은 마음이 굴뚝같았는데, 할아버지는 그런 욕망을 한층 부추겼죠. 아버지는 내가 정말로 어렸을 때 파이프 담배를 피웠지만, 폐렴에 걸리는 바람에 담배를 끊었어요. 하지만 아버지가 쓰던 파이프 전부가 지금도 내게 있어요. 나는 그것들을 피우는 척하는 걸 좋아해요. 사람들은 담배 파이프의 마우스피스가 더럽다고 생각해서 거기에 스카치테이프를 감았죠. 그래서 나한테는 스카치테이프를 감은 파이프들도 있어요. 어떤 건 굽은 모양이고 어떤 건 곧게 뻗은 모양이지만, 나는 모양을 가리지 않고 다 무척 좋아해요. 정말로 어렸을 때부터 담배를 피우기 시작했어요.

조부모님은 목장을 갖고 있었어요. 제일 가까운 소도시는 포트 벤턴이었죠. 그분들은 50년대의 특정 시점에 그 목장에서 몬태나주 해밀턴에 있는 작은 농장으로 이사했어요. 그곳에서 농가 한 채와 상당한 규모의 땅을 마련하셨죠. 거기는 진짜 시골이었어요. 내가 타던 핑크아이Pinkeye라는 말이 있었는데, 핑크아이가 시냇물을 마시던 때가 생각나요. 말의 모가지에서 대가리 쪽으로 미끄러져 내려간 나는 냇물에 빠지지 않으려고 안간힘을 써야 했어요. 집의 뒷마당에서는 총을 쏠 수 있었지만, 명중된 총알은 한 발도 없었고요. 나는 자라는 동안 나무를 사랑했어요. 어렸을 때부터 자연에 강한 유대감을 가졌죠. 그게 내가 아는 전부예요. 우리 가족이 차를 몰고 미국을 가로지르며 어딘가로 갈 때, 우리는 아무 데나 차를 댔고 아버지는 거기다 텐트를 쳤어요. 그런 식으로 캠핑을 했죠. 모텔에 투숙한 적은 한 번도 없었어요. 그 시절에는 캠핑장이 길가에 늘어서 있었죠. 지금은 모두 사라졌지만요. 목장에서는 모든 걸 스스로 고쳐야 했어요. 그래서 거기는 세상의 모든 장비들을 갖추고 있죠. 아버지는 늘 목공실을 갖고 있었고요. 아버지는 공예가craftsman였어요. 사람들이 쓰는 악기를 다시 조립해줬고, 바이올린을 열 대인가 열한 대 만들기도 하셨죠.

프로젝트! "프로젝트"라는 단어는 우리 집안의 모든 사람에게 짜릿한 흥분을 안겨줘요. 우리는 어떤 프로젝트에 대한 아이디어가 떠오르면 장비들을 한데 모아요. 도구는 세상에서 제일 위대한 물건에 속합니다! 사람들이 어떤 물건들을 더 정밀하게 만들려고 또 다른 물건을 발명한다는 것, 그건 믿기 힘들 정도로 대단한 일이에요. 페기가 말했듯이, 내가 만들고 싶은 물건에 대한 아이디어를 떠올릴 때마다 부모님은 그걸 진지하게 받아들이셨어요.

부모님은 정말로 다정하고 좋은 분들이었어요. 부모님의 부모님들도 좋은 분들이셨죠. 다들 우리 부모님을 좋아했어요. 공평함 그 자체인 분들이었죠. 사람들은 보통 이런 행운에 대해서 제대로 생각해보지 않지만, 다른 사람들의 사연을 들어보면 우리 자신이 얼마나 운 좋은 사람인지를 깨닫게 되죠. 그리고 우리 아버지는 기인奇人이셨어요. 내가 아버지에게 걸린 굴레를 끊어주면 아버지는 곧장 숲으로 들어가버리실 거라고 늘 말하곤 했죠. 아버지하고 사슴 사냥을 간 적이 있어요. 사냥은 아버지가 자란 세계의 일부였죠. 그 세계에서는 다들 총을 소지하고 사냥하러 다녔어요. 그래서 아버지도 사냥꾼이었죠. 열성적인 사냥꾼은 아니었지만요. 아버지가 사슴을 잡으면 우리는 그걸 먹었어요. 임대한 냉동고가 집에 있었는데, 가끔 지하에 있는 냉동고에 가서 고기를 한 덩이 가져오곤 했어요. 우리는 그 사슴 고기를 저녁으로 먹었는데, 나는 그게 싫었어요. 나는 사슴은 쏴본 적이 없어요. 내가 그런 적이 없어서 기뻐요.

어쨌든, 열 살 때쯤이었을 거예요. 우리는 사슴 사냥을 가던 중이었죠. 차를 타고 보이시를 벗어나 2차선 고속도로를 달리고 있었어요. 사방은 칠흑같이 어두웠고, 빛이라고는 우리 차의 헤드라이트에서 나오는 것밖에 없었어요. 요즘 사람들은 이런 광경을 상상하기 어렵죠. 요즘에 그렇게 어두운 도로는 좀처럼 없으니까요. 아무튼 거기는 암흑과도 같은 곳이었어요. 산으로 올라가는 구불구불한 길을 오르고 있었는데, 호저(쥐목의 야행성 동물로, 학명은 산미치광이. 몸과 꼬리의 윗면은 가시털로 덮여 있다—옮긴이) 한 마리가 잽싸게 도로를 가로지르는 거예요. 아버지는 호저를 싫어했어요. 그것들이 나무 꼭대기를 갉아 먹는 탓에 나무들이 죽곤 했으니까요. 그래서 아버지는 그 호저를 차로 깔아뭉개려고 했지만, 그놈은 도로를 가로지르는 데 성공했어요. 그러자 아버지는 끼익 소리가 날 정도로 급히 길가로 차를 몰고 가서는 브레이크를 세게 밟았어요. 그러고는 글러브 박스를 열어서 32구경 피스톨을 꺼내고는 말씀하셨죠. "어서 와라, 데이브!" 고속도로를 가로지른 우리는 호저를 쫓아서 바위투성이 산에 올라갔어요. 언덕을 올라가려고 기를 쓰다가 미끄러지곤 했죠. 그 작은 산의 꼭대기에는 나무가 세 그루 있었어요. 호저는 그중 한 그루를 타고 올라갔고, 우리는 호저가 어느 나무에 올라갔는지 확인하려고 돌멩이를 던지기 시작했죠. 놈이 있는 나무를 알아낸 아버지는 나무를 타기 시작했어요. 아버지는 말씀하셨죠. "데이브! 돌멩이를 던져서 놈이 움직이는지 확인해봐라. 내 눈에는 도통 보이지를 않는구나!" 그래서 나는 돌멩이를 던졌는데, 아버지가 소리를 질렀어요. "야! 나한테 던지면 어떻게 하니?" 나는 돌멩이를 몇 개 더 던졌고, 아버지는 놈이 달리는 소리를 들었어요. 그러고는 탕, 탕, 탕. 놈은 나무 아래로 굴러떨어졌죠. 차로 돌아온 우리는 사슴 사냥을 갔어요. 돌아오는 길에 차를 세우고는 그 호저를 찾아갔는데, 시체에 파리가 들끓고 있더군요. 나는 기념으로 호저의 가시를 두 개 뽑았어요.

나는 노스캐롤라이나주 더럼에서 2학년이 됐어요. 담임 선생님 성함은 크랩트리 부인이었죠. 삼림학 박사 학위를 받으려고 더럼에 있는 학교로 돌아간 아버지는 밤마다 식탁에서 공부하셨어요. 나는 아버지랑 같이 공부했고요. 나는 우리 반에서 유일하게 전과목 A를 받은 학생이었어요. 당시 여자친구였던 앨리스 바우어는 B를 두 개 받아서 2등을 차지했죠. 아버지하고 내가 거기에 앉아 공부를 하던 어느 밤에 어머니하고 아버지가 주방에 있는 쥐 얘기를 하는 걸 들었어요. 일요일에 어머니가 동생들을 데리고 교회에 간 동안, 아버지는 집에 머무르면서 그 쥐를 잡는다는 아이디어였죠. 아버지는 나를 남겨서는 스토브를 옮기는 걸 돕게 만들었고, 그 작은 쥐는 주방에서 달아나 거실을 가로질러서 옷이 걸려 있는 벽장으로 뛰어 들어갔어요. 야구배트를 가져온 아버지는 피투성이가 된 작은 쥐가 나가떨어질 때까지 옷들을 두들겼고요.

아이다호 시티는 한때는 아이다호주에서 제일 큰 도시였지만, 우리가 보이시로 이사 갔을 때, 아이다호 시티의 인구는 여름에는 100명이고 겨울에는 50명이었을 거예요. 바로 거기가 보이시 분지 시험림Boise Basin Experimental Forest의 연구 센터가 있던 곳으로, 우리 아버지는 시험림 책임자였어요. '시험'이라는 단어는 정말로 아름다워요. 나는 그 단어가 마냥 좋아요. 그곳 사람들은 토양 부식물과 곤충, 질병과 관련한 시험을 통해 더 건강한 나무를 얻는 방법을 궁리했어요. 모든 건물이 가장자리를 녹색으로 칠한 흰색이었고, 뜰에는 꼭대기에 작은 나무 집을 얹은 기둥들이 있었어요. 나무 집들은 문이 달린 새집하고 비슷했는데, 열어보면 습기와 온도 같은 것들을 측정하는 온갖 장비가 들어 있는 걸 볼 수 있었어요. 근사하게 제작된 그 집들에는 다른 모든 건물과 비슷하게 흰색 칠이 돼 있고 가장자리에는 녹색으로 칠이 돼 있었죠. 사무실에 들어가면 작은 서랍이 수억 개 있었고, 그것들을 열면 작은 핀에 꽂힌 곤충들이 들어 있었어요. 묘목들을 키우는 대형 온실들이 있었고, 숲에 들어가면 어떤 종류의 시험에 쓰이는 것인지 등을 적은 작은 꼬리표가 달린 나무들이 많았어요. 사람들은 그 꼬리표들을 확인하곤 했죠.

그때가 내가 얼룩다람쥐에게 총질을 하던 때였어요. 아버지는 나를 산림청의 픽업트럭에 태워 숲으로 데려가곤 했죠. 그런 픽업트럭들이 무척 좋았어요. 움직임이 부드럽고, 산림청 특유의 녹색 칠이 돼 있죠. 나는 22구경하고 도시락을 챙겨 차에서 내렸고, 아버지는 하루가 끝날 때 나를 태우러 오셨어요. 나는 다람쥐를 마음껏 쏴도 좋다는 허락을 받았어요. 숲에 다람쥐가 넘쳐났기 때문이죠. 하지만 새를 쏴서는 안 됐어요. 한번은 나무 위를 날아가는 새가 있었어요. 총을 들어 방아쇠를 당겼죠. 내가 그걸 맞출 거라는 생각은 조금도 안 했는데, 총알이 새에 정확하게 명중했던 게 분명해요. 깃털들이 폭발하면서 흩어지더니 새가 빙글빙글 돌면서 떨어져 개울에 퐁당 빠져서는 떠내려갔거든요.

우리가 보이시에서 살던 곳은 파크 서클 드라이브였는데, 옆집에는 스미스 가족이 살았어요. 스미스 씨 부부하고 아들 넷, 그러니까 마크하고 랜디, 데니, 그레그, 그리고 나나라는 할머니가 살았죠. 나나 할머니는 늘 정원을 가꿨어요. 그분이 정원을 가꿀 때면 누구나 그걸 알 수 있었죠. 조그마한 얼음 알갱이가 유리잔에 부딪히는 소리가 들렸거든요. 원예용 장갑을 낀 그분은 한 손에는 칵테일을 들고 다른 손에는 작은 삽을 들고는 집 밖으로 나왔어요. 우리 가족이 스미스 가족에게 판 폰티악은 그분 거였어요. 그분은 귀가 완전히는 아니지만 꽤 많이 먹은 상태였어요. 폰티악을 심하게 밟아댄 탓에 그분이 운전한다는 사실을 온 세상이 다 들을 수 있을 정도였거든요.

차고에 쩌렁쩌렁한 천둥소리가 울리면 나나 할머니가 어딘가로 외출하신다는 걸 알 수 있었죠. 보이시 사람들은 일요일이면 교회에 갔는데, 스미스 가족은 영국 성공회 교회에 다녔어요. 그들은 교회에 갈 때면 포드 스테이션 왜건을 몰고 갔는데, 스미스 씨 부부는 담배 한 보루를 들고 앞자리에 앉았죠. 두어 갑이 아니라, 한 보루를요.

그 시절의 아이들은 어울려서 놀 수 있는 자유를 많이 누렸어요. 우리는 사방천지 를 돌아다녔고, 집 안에만 있었던 적은 단 하루도 없었어요. 온갖 짓을 다 하고 다녔 는데, 정말 환상적이었죠. 아이들이 더는 그런 식으로 자라지 못하는 건 끔찍한 일이 에요. 우리는 어떻게 그런 자유를 누리게 됐을까요? 내가 3학년이 될 때까지도 우리 집에는 TV가 없었어요. 나는 꼬맹이 때 TV를 조금 보기는 했지만, 아주 많이 보지는 않았죠. 내가 정말로 즐겨 본 프로그램은 「페리 메이슨(Perry Mason, 1957~1966년에 방영된 법정 드라마―옮긴이)」뿐이었어요. 당시의 텔레비전은 요즘에 인터넷이 하는 것보다 더 많은 일을 했어요. 세상 모든 것을 균질화시켰죠.

바로 그게 1950년대의 대단히 중요한 점이자 절대로 다시 겪어보지 못할 특징이 에요. 그 시절에는 각각의 고장마다 고유한 개성을 갖고 있었죠. 보이시의 젊은이들 은 특정한 방식으로 옷을 입었어요. 그런데 버지니아에 가면 그곳 젊은이들의 차림 새는 생판 달랐죠. 뉴욕 시티에 가면 거기도 역시 차림새가 완전히 달랐고, 듣는 음 악도 달랐어요. 퀸스에 가면 생전 처음 보는 스타일의 여자들이 있었어요! 근처에 있 는 브루클린조차도 퀸스하고는 많이 달랐고요. 갓난아이를 데리고 있는 커플을 찍은 다이앤 아버스Diane Arbus의 사진 기억하나요? 펑퍼짐하면서도 보기 좋은 헤어스타일을 한 여자를 찍은 사진을요? 그런 스타일은 보이시나 버지니아에서는 전혀 보이지 않 았어요. 음악도 그래요. 어떤 곳에서 흐르는 음악의 분위기를 포착하고 여성들을 살 펴보면서 그들이 귀 기울여 듣는 음악이 무엇인지를 경청하면 그 고장의 전체적인 분위기를 파악할 수 있었어요. 그들이 사는 세상은 철저히 낯설면서 독특했고, 우리 는 그들이 빠져 있는 세계에 대해 알고 싶었죠. 그런 차이점들은 지금은 많이 사라졌 어요. 여전히 사소한 차이점들이 있기는 하지만요. 힙스터들처럼 말이에요. 하지만 요즘에는 당신이 사는 소도시의 힙스터들하고 무척 비슷한 힙스터들을 다른 도시들 에서도 볼 수 있죠.

아주 어렸을 때부터 해마다 여자친구를 사귀었는데, 하나같이 끝내주는 애들이 었어요. 유치원 때는 여자애하고 같이 걸어서 등원했어요. 우리는 낮잠 잘 때 쓰는 수건을 갖고 다녔죠. 그때 여자아이들하고 어울리면 하게 되는 일이 낮잠이었죠. 내 아들 라일리Riley의 이름은 라일리 커틀러라는 친구에게서 따온 거예요. 4학년 때 나 한테는 캐럴 클러프라는 여자친구가 있었는데, 캐럴은 5학년 때는 라일리의 여자친 구가 됐어요. 두 사람은 결혼해서 지금도 잘 살고 있어요. 주디 퍼트넘은 5학년하고 6학년 때 내 여자친구였어요. 중학생 때는 2주마다 새 여자친구를 사귀었어요. 한동 안 어떤 아이하고 사귀다가 다른 아이에게로 옮겨가는 식이었죠. 보이시의 어느 지하실에서 열린 파티에서 내가 제인 존슨하고 키스하는 사진을 지금도 갖고 있어요. 제인의 아버지는 의사여서 그 애와 나는 의학 서적들을 함께 보곤 했죠.

　내가 정말로 생생하게 기억하는 키스에 대해 얘기할게요. 우리 아버지의 상사는 패커드 씨라는 분이었는데, 어느 여름에 패커드 가족이 연구소에 와서 머물렀어요. 그 집에는 나랑 동갑인 수라는 예쁜 여자애가 있었어요. 그 아이는 이웃집 남자아이를 데려왔고, 두 아이는 섹스를 했죠. 나는 섹스하고는 거리가 멀어도 한참 먼 애였고요. 그런데 두 아이가 나한테 섹스 얘기를 정말로 무심하게 하는 바람에 나는 한층 더 섹스 문제에 주춤거리게 됐어요. 어느 날 수하고 나는 그녀의 남자친구를 따돌리고 우리끼리만 어울렸어요. 폰데로사 소나무 숲의 바닥에는 얽힌 솔잎이 대략 60센티미터 두께로 깔려 있어요. 그런 걸 더프duff라고 부르죠. 아무튼 더프는 믿기 힘들 정도로 부드러워요. 숲속을 질주하던 우리는 더프에 몸을 날리고는 긴 키스에 빠져들었죠. 꿈결 같았어요. 키스는 점점 더 깊어지다가 무엇인가에 불을 붙였어요.

내가 주로 기억하는 계절은 여름이에요. 겨울은 학교를 다닌다는 뜻이었으니까요. 그리고 인간은 학교와 관련된 기억은 지워버리는 경향이 있죠. 거기는 끔찍한 곳이니까요. 내가 교실에 있었다는 사실조차 가물가물해요. 나는 미술 시간 말고는 내가 받은 수업을 하나도 기억하지 못해요. 심지어 우리 미술 선생님이 무척 보수적인 분이었음에도, 나는 미술 시간만큼은 굉장히 좋아했던 기억이 나요. 물론 그냥 학교 밖에 있는 게 여전히 더 좋았지만요.

　우리는 보거스 분지라는 곳에서 스키를 탔어요. 집에서 29킬로미터쯤 떨어진 곳으로 구불구불한 산길을 올라가야 하는 곳이죠. 그곳 설질雪質은 정말로 좋았어요. 선 밸리(Sun Valley, 아이다호에 있는 리조트 타운—옮긴이)보다 설질이 더 뛰어났죠. 실제 규모는 작았지만 꼬맹이의 눈에는 정말로 커 보였어요. 여름에 보거스 분지에서 며칠 동안 일을 하면, 그러니까 덤불을 청소하고 자질구레한 일들을 하면 시즌 이용권을 받을 수 있었어요. 어느 여름에는 거기에서 일을 하다 개울 옆에서 탱탱하게 부풀어 오른 젖소 사체를 발견한 적이 있어요. 곡괭이를 갖고 있던 우리는 그 젖소를 터뜨리자는 생각을 했어요. 우리가 가진 곡괭이는 한쪽이 칼날이고 다른 쪽 끝은 뾰족한 쇠붙이었어요. 그래서 뾰족한 부분을 젖소의 어느 부위에 내리꽂았는데, 그게 사체를 때리자마자 우리는 곤란한 일이 벌어졌다는 걸 깨달았어요. 젖소 사체에 곡괭이를 박으면 거기서 사람을 잡을 수도 있는 뭔가가 뿜어져 나와요. 우리가 정말로 세게 곡괭이를 휘두르면 젖소 사체는 방귀를 뀌는 거랑 비슷한 짓을 할 거고, 썩어가는 것에서 나는 유독한 악취가 사방에 퍼질 거예요. 그런데 우리는 그 젖소를 터뜨리지는 못했어요. 하다하다 결국에는 두 손을 들었던 것 같아요. 우리가 왜 그걸 터뜨리고 싶어 했는지는 나도 몰라요. 알잖아요, 어린애들은… 그런 짓을 하고 싶어 한다는 걸요.

그곳에서 산꼭대기로 사람들을 실어 나르는 리프트는 의자형이 아니라 T-바 T-bar 리프트였어요. 여름이 오면 지난해 겨울에 사람들이 T-바를 타려고 줄을 서던 구역에서 이런저런 물건들을 찾아낼 수 있었죠. 사람들은 눈 속에 물건들을 떨어뜨렸고, 우리는 눈이 녹은 후에 그것들을 찾아냈죠. 5달러짜리 지폐들도 찾아냈고 갖가지 동전들도 찾았어요. 돈을 찾아내면 기분이 정말 끝내줬죠. 한번은 스키장행 버스를 타러 가는 길에 중학교 앞을 지나던 중이었어요. 땅에 눈이 15센티나 쌓여 있었죠. 주위를 둘러보는데 두툼하고 작은 파란색 동전지갑이 있더라고요. 그걸 집어 들었어요. 눈에 파묻혀서 흠뻑 젖었더군요. 열어보니까 미국에서도 대단히 잘 통용되는 캐나다 지폐가 한 뭉치 있었어요. 그날 스키를 타면서 그 돈을 꽤 많이 썼어요. 스키장 관리사무소에는 데니시 페이스트리를 파는 곳이 있었는데, 아마도 거기서 친구들한테 빵을 사줬을 거예요. 나머지 돈은 집에 가져갔고요. 아버지는 누군가가 분실한 돈일 경우에 대비해서 신문에 광고를 실으라고 나한테 말씀하셨어요. 하지만 그 돈이 자기 거라고 주장한 사람은 아무도 없었고, 그래서 그 돈은 내 것이 됐죠.

4학년 때 담임선생님은 포다이스 부인이었는데, 우리는 그분을 포-아이스 부인 Mrs. Four-Eyes이라고 불렀어요. 나는 교실에서 앞에서 서너 번째 줄에 앉았는데, 내 뒷자리에는 팔찌를 차고 미친 듯이 자기 몸을 긁어대는 여자아이가 앉았어요. 그 아이는 자기도 그러는 걸 주체하지 못하는 것 같았죠. 그 애가 하는 짓이 무엇인지를 어렴풋이 알 것도 같았지만, 제대로 알지는 못했었죠. 아이들은 그런 일들을 조금씩, 조금씩 배워요. 6학년 때 여자친구인 주디 퍼트넘에게는 티나 슈와르츠라는 친구가 있었어요. 어느 날 학교에서 여자아이들만 다른 방으로 오라는 얘기를 들었어요. 아이들은 나중에 돌아왔어요. 굉장히 궁금했어요. 무슨 일이지? 그날 오후에 나는 주디네 집에 갔고, 그런 후에 우리는 티나 슈와르츠의 집으로 갔어요. 그랬더니 티나가 말했어요. "선생님이 우리한테 알려준 걸 너한테 보여줄게." 그 애는 코텍스(Kotex, 여성 위생용품 브랜드―옮긴이)를 갖고 나와서는 쪼그려 앉아서 그걸 사용하는 법을 보여줬어요. 그건 나한테 정말로 중요한 사건이었어요.

50년대에는 사람들이 늦은 나이에 철이 들었어요. 6학년 때 우리 반에는 면도를 해야 하는, 대다수 아이들보다 덩치가 큰 아이에 대한 이야기가 돌았어요. 그 애가 남자 화장실에 들어가서는 자기 물건으로 이런저런 짓을 하니까 거기에서 하얀 액체가 나왔다는 이야기였죠. 나는 '뭐?'하고 놀랐어요. 내가 듣는 얘기가 믿어지지 않았어요. 하지만 머릿속의 무엇인가가 그게 사실이라고 말하더군요. 나는 그걸 명상을 통해 이 세계를 초월하는 경험과 동일한 일로 봐요. 누군가가 깨달음을 얻을 수 있다는 걸 머리로는 믿지 못하지만, 내면에 있는 무엇인가가 우리에게 그게 진실일 수도 있다는 얘기를 해주는 거죠. 그것도 같은 경우였어요. 그래서 나는 생각했어요. 오늘 밤에 나도 해봐야지. 한없이 많은 시간이 걸렸어요. 아무 일도 일어나지 않았어요.

그러다가 느닷없이 감이 잡히더군요. 나는 생각했어요. 이런 느낌은 어디에서 비롯된 걸까? 우와! 그 이야기는 진실이었어요. 도무지 믿기지 않더군요. 불을 발견한 거랑 비슷한 일이었어요. 명상하고 무척 비슷한 일이었죠. 나는 새로운 테크닉을 배우게 된 거예요. 와, 이거 봐라. 그 일이 있으면서 세상이 변화하기 시작했어요. 정말로 대단했어요.

꼬맹이였을 때 로큰롤을 발견했던 것도 기억해요. 로큰롤은 우리를 꿈꾸게 했고, 우리에게 어떤 느낌을 안겨줬어요. 내가 처음 들은 로큰롤은 무척이나 강렬했어요. 로큰롤이 탄생한 이후로 음악은 달라졌죠. 로큰롤이 등장했을 때 일어났던 엄청난 변화의 근처라도 갈만한 일은 요즘 세상에 존재하지 않아요. 로큰롤 이전의 음악은 완전히 달랐으니까요. 로큰롤은 난데없이 불쑥 나타난 것 같았어요. 리듬 앤 블루스가 있었지만, 우리는 그런 음악은 듣지 않았어요. 브루벡(Dave Brubeck, 미국의 재즈 뮤지션—옮긴이)을 제외하고는 재즈도 듣지 않았고요. 1959년에 데이브 브루벡 쿼텟이 〈Blue Rondo à la Turk〉를 발표했는데, 나는 그 노래에 완전히 뿅 갔어요. 스미스 씨가 그 앨범을 갖고 있었죠. 나는 스미스 씨 집에서 그 음악을 들으면서 거기에 홀딱 빠졌어요.

50년대에 보이시에서 영화는 그다지 중요한 존재가 아니었어요. 노스캐롤라이나 주 캠프 레준에는 아름답게 관리된 잔디밭이 있었죠. 그곳의 야외극장에서 「바람과 함께 사라지다Gone with the Wind」를 봤던 걸 기억해요. 그런 영화를 여름철 저녁에 야외에서 초대형 스크린으로 감상하는 건 근사한 경험이에요. 남동생한테 영화 얘기를 해줬던 기억은 나지 않아요. 「오즈의 마법사The Wizard of Oz」를 처음 본 건 언제인지도 기억나지 않고요. 하지만 그게 언제였건 그 영화는 내 뇌리에 깊이 박혀 있어요. 많은 사람들에게도 그렇게 남아 있는 영화죠.

50년대의 소도시 상황은 사뭇 달랐어요. 그 분위기를 포착하는 게 중요하죠. 몽환적이라는 표현, 그게 딱 맞아요. 하지만 분위기가 철저하게 긍정적이기만 했던 건 아니에요. 나는 어떤 일이 벌어지고 있다는 걸 늘 알고 있었어요. 어두워진 다음에 밖에 나가 자전거를 타고 돌아다니면, 어떤 집들에는 실내에 따스한 분위기를 풍기는 빛이 켜져 있었어요. 나는 그 집에 사는 사람들이 누구인지를 알았죠. 불빛이 어둑한 집들이 있었고, 어떤 집들에는 불이 완전히 꺼져 있었는데, 나는 거기 사는 사람들은 몰랐어요. 그런 집들에서는 뭔가 행복하지 않은 일들이 벌어지고 있다는 느낌을 받고는 했어요. 그 문제를 깊이 생각하지는 않았지만, 그 문과 창문들 뒤에서 무슨 일이 벌어지고 있을 거라는 건 알고 있었죠.

어느 밤에 남동생하고 밖에 나갔었어요. 우리는 거리 끄트머리에 있었죠. 지금은 밤에도 모든 곳에 불이 들어와 있지만, 50년대에 보이시 같은 소도시에는 가로등이 있어도 무척 침침했어요. 상당히 깜깜했죠. 그러면서 밤은 황홀한 분위기를 풍겼어요. 세상 만물이 깜깜한 어둠 속에 들어가 있으니까요. 아무튼, 우리는 밤중에 거리 끄트머리에 있었어요. 그런데 어둠 속에서 피부가 새하얀 여자가 알몸으로 불쑥 튀어나오는 거예요. 정말로 믿기 힘든 일이었어요. 어쩌면 조명 때문일 수도 있고 그 여자가 어둠 속에서 갑자기 나타난 탓일 수도 있겠지만, 내 눈에 그녀의 피부는 우윳빛으로 보였어요. 그리고 그녀의 입은 피투성이였죠. 그녀는 걸음도 제대로 떼지 못했고, 몰골도 형편없었어요. 게다가 실오라기 한 올 걸치지 않은 알몸이었죠. 평생 처음 본 광경이었어요. 그녀는 우리한테 다가왔지만, 우리를 제대로 보지는 못했어요. 남동생은 울먹이기 시작했고, 여자는 인도 경계석에 앉았어요. 그녀를 도와주고 싶었지만, 나는 어린아이인 데다 무슨 일을 해야 할지를 모르겠더라고요. 이렇게 물었을 거예요. 괜찮으세요? 무슨 일 있었어요? 하지만 그녀는 한마디도 하지 않았어요. 구타를 당한 그녀는 겁에 질려 있었어요. 그런데 그 여자는 그렇게 트라우마에 시달리고 있는데도 아름다웠어요.

　내가 파크 서클 드라이브의 집을 나설 때마다 친구들을 만난 건 아니었어요. 어느 날 집에서 나왔어요. 구름 낀 날이었는데, 아침 이른 시간이었을 거예요. 스미스 가족의 집 너머에는 욘츠 가족의 집이 있었는데, 스미스네 잔디밭하고 욘츠네 잔디밭은 경계가 불분명했어요. 그리고 두 집 사이에 한쪽에는 덤불이 자라고 다른 쪽에는 펜스가 쳐진 작은 공간이 있었어요. 거기에 달린 문은 막다른 길로 이어져 있었죠. 그 문 앞 땅바닥에 처음 보는 꼬마가 앉아서 울고 있었어요. 그 애한테 다가가 "괜찮니?" 하고 물었지만, 그 애는 대답하지 않았어요. 그래서 그 애에게 더 가까이 가서 무슨 일이냐고 물었죠. "아버지가 돌아가셨어."라고 하더군요. 그 애는 심하게 울먹이는 통에 말도 제대로 하지 못했어요. 그 애가 그런 말을 하는 모습에 나는 숨이 멎을 것만 같았어요. 나는 잠시 그 애 옆에 앉았지만, 내가 무슨 수를 쓰더라도 그 애를 도울 수는 없다는 걸 깨달았어요. 꼬맹이에게 죽음은 아득히 멀리 떨어진 추상적인 일이죠. 그러니 죽음에 대해서는 그리 심각하게 걱정할 필요가 없어요. 하지만 그 아이와 관련된 그 사건은 무시무시하게 느껴졌어요.

비스타 애비뉴 위쪽으로는 취미용품 가게와 철물점 같은 온갖 종류의 조그만 가게들이 많이 있었어요. 우리는 거기서 폭탄 제조에 필요한 물건들을 구했죠. 파이프 폭탄을 만드는 법을 배운 우리는 라일리 커틀러의 지하실에서 폭탄을 세 개 만들었어요. 위력이 강력한 것들이었죠. 라일리는 대형 용수로用水路 근처에서 직접 만든 폭탄 중 하나를 터뜨렸어요. 그가 한 말로는 위력이 믿기 힘들 정도였대요. 나는 윌라드 번스의 집 앞에 두 번째 폭탄을 던졌어요. 우리는 모두 야구를 했기 때문에 어깨가 좋았어요. 나는 그걸 정말로 높이 던졌어요. 땅에 떨어진 폭탄은 바닥을 치고는 튕겨 올랐지만 터지지는 않았어요. 나는 그걸 다시 던졌고, 땅에 떨어졌다가 튀어 오른 폭탄은 이번에는 미친 듯이 폭발했어요. 파편으로 돌변한 파이프는 이웃집인 고든 템플턴의 집에 쳐진 나무 울타리를 날려버렸어요. 이 일이 벌어질 때 변기에 앉아 있던 고든은 손에 휴지를 든 채로 바지를 끌어 올린 채 밖으로 튀어나왔고요. 우리는 상의했죠. 잠깐, 이러다가 사람을 잡거나 누구의 머리가 날아갈 수도 있겠어. 그래서 우리는 마지막 폭탄은 폭발하더라도 다칠 사람이 아무도 없는 비어 있는 수영장에 던졌어요.

폭탄이 수영장에서 폭발할 때 어마어마한 폭음이 났어요. 그래서 고든하고 나는 이쪽으로 튀고 다른 애들은 모두 다른 쪽으로 튀었죠. 고든의 집에 갔는데, 그의 집 거실에는 현관이 보이는 커다란 전망창이 있었어요. 우리는 그곳의 카우치에 있었고, 템플턴 부인은 참치 샌드위치하고 포테이토칩을 차려주셨죠. 따로 참치 캐서롤을 요리하지 않는 한, 우리 집에서는 절대로 먹어볼 일이 없는 음식들이었어요. 그건 그때까지 내가 살면서 유일하게 먹은 포테이토칩이었어요. 그리고 건포도를 넣은 오트밀 쿠키 말고는 단 과자가 하나도 없었어요. 건강에 좋은 음식들만 있었죠. 어쨌든, 우리가 한창 샌드위치를 먹고 있을 때 전망창 밖에서 금색과 검정색, 흰색이 섞인 커다란 모터사이클하고 덩치 큰 경찰이 우리 시야로 미끄러져 들어왔어요. 헬멧을 벗어 팔 아래에 낀 그는 현관으로 걸어와 초인종을 누르고는 우리를 경찰서로 데려갔죠. 7학년 회장이던 나는 리더십에 따르는 책무와 의무에 대한 글을 써서 경찰에 제출해야 했어요.

나는 다른 일로도 곤경에 처했어요. 내가 중학생일 때 여동생 마사는 초등학생이었어요. 그 애는 학교로 걸어가는 길에 중학교 옆을 지나야 했죠. 사랑하는 어린 여동생에게 중학교 옆을 걸어갈 때는 사람들한테 가운뎃손가락을 보여줘야 한다고 말했어요. 잘 지내자는 뜻에서 하는 행동이라면서요. 그 애가 실제로 그런 짓을 했는지는 모르겠는데, 아무튼 그 애는 아버지한테 그 얘기를 했고 아버지는 나한테 정말로 화를 내셨어요. 어떤 아이가 자기 아버지의 22구경 총알을 잔뜩 훔쳐서는 나한테 나눠준 적이 있어요. 22구경 총알은 무게가 꽤 나가요. 하나하나가 작은 보석들 같았죠. 그것들을 한동안 보관했는데, 계속 갖고 있다가는 말썽에 휘말릴 것 같다는 생각이 들기 시작하더군요. 그래서 그것들을 신문으로 둘둘 싸 가방에 넣어서는 쓰레기 속에 던져 넣었죠. 어머니는 겨울철엔 벽난로에서 쓰레기를 태우곤 하셨어요. 그래서 어머니는 그 종이 뭉치를 몽땅 벽난로에 집어넣고는 거기에 불을 붙였고 얼마 안 있어 총알들이 거실 사방을 날아다니기 시작했죠. 나는 그 문제로 다시 곤욕을 치렀어요.

어느 날 스미스 가족의 집 뒤에서 배드민턴 토너먼트를 벌이던 중에 엄청난 폭음을 듣고 거리로 뛰어나갔어요. 블록 끄트머리에서 연기가 피어오르는 게 보이더군요. 거기로 갔더니 우리보다 나이가 많은 조디 마스터스라는 청년이 있었어요. 그는 파이프로 로켓을 만들던 중이었는데, 실수로 불이 붙으면서 그의 한쪽 발이 잘려나 갔어요. 임신 중이던 그의 어머니가 밖으로 나왔다가 맏아들의 모습을 봤죠. 그는 몸 을 일으켜 세우지 못했어요. 기를 썼지만, 발은 피 웅덩이 속에서 힘줄 몇 가닥에만 매달린 채로 달랑거렸고, 사방에는 불에 탄 성냥 대가리 수억 개가 놓여 있었어요. 의 사들은 그의 발을 꼬매서 괜찮은 상태로 만들었어요. 그 시절에 보이시에서는 폭탄 이나 가솔린을 연료로 삼은 물건들이 많이 만들어졌어요.

내가 8학년을 마쳤을 때 우리 집은 보이시에서 버지니아주 알렉산드리아로 이사 했어요. 나는 보이시를 떠나는 게 화가 났어요. 내 마음이 얼마나 안 좋았는지 말로 표현하지는 못하겠지만, 그건 내 인생의 한 시대가 끝난 거였어요. 남동생이 말한, "그때가 음악이 멈췄을 때"라는 말은 맞는 말이에요. 그러다가 9학년을 마친 여름에, 어머니와 동생들과 나는 기차를 타고 보이시로 돌아갔어요.

그해 여름에 할아버지가 돌아가셨어요. 나는 그분이 살아 있는 모습을 본 마지막 사람이었어요. 그분은 다리 절단 수술을 받았는데, 동맥들이 무척 심하게 경화된 탓 에 수술 부위는 결코 완치되지 않았고, 그래서 할아버지는 다른 사람 대여섯 명과 함 께 평범한 가정집에 머무르면서 간호사들의 보살핌을 받았어요. 어머니하고 할머니 는 날마다 할아버지를 찾아뵈었는데, 어느 날에는 두 분 다 갈 수가 없는 형편이라 나 한테 "데이비드, 오늘은 우리가 못 가니까 네가 할아버지를 찾아뵐래?"라고 말씀하셨 어요. 나는 그러겠다고 대답했죠. 오후 늦은 시간이 됐을 때 할아버지께 가야 한다는 걸 떠올린 나는 사우스 중학교 수영장 앞에서 어떤 아이한테 자전거를 빌려서는 쇼 숀 스트리트를 달려 내려갔어요. 할아버지는 앞마당에서 휠체어에 앉아 바람을 쐬고 계셨죠. 나는 할아버지 옆에 앉았고 우리는 정말로 근사한 얘기를 나눴어요. 우리가 무슨 얘기를 했는지는 기억나지 않아요. 아마 나는 할아버지께 왕년에 대해 몇 가지 를 물었을 거예요. 그리고 우리 중 누구도 입을 열지 않은 채 긴 시간이 흘렀죠. 하지 만 나는 할아버지랑 같이 앉아 있는 것 자체를 늘 무척 좋아했어요. 그러다가 할아버 지가 말씀하시더군요. "그래, 데이브, 나는 이제 들어가는 게 낫겠다." 그래서 "예, 할 아버지."라고 대답했어요. 자전거에 탄 나는 거기에서 멀어질 때 뒤를 돌아봤어요. 간호사 몇 명이 할아버지를 모시러 나오는 게 보였어요. 나는 페달을 계속 밟았고 그 러면서 녹색 나무 차고가 내 시야를 막았죠. 그래서 내가 마지막으로 본 것은 할아버 지에게 다가가는 간호사들의 모습이었어요.

거기서 캐럴 로빈슨의 집으로 갔어요. 그 애 사촌인 짐 배럿이 농구공 크기만 한 폭탄을 만들어서는 터뜨리기로 돼 있었거든요. 짐은 갓 낫질을 한 뒷마당에 폭탄을 설치했어요. 잔디밭에서는 진짜로 근사한 냄새가 났어요. 그 냄새를 맡아본 지가 정 말로 오래됐는데, 여기 LA 근처에 제대로 깎은 잔디밭이 있는지를 모르겠네요. 어쨌 든, 짐은 직경이 45센티미터쯤 되는 자기瓷器 세숫대야를 폭탄 위에 덮고는 도화선 에 불을 붙였어요. 내가 아무리 얘기를 많이 하더라도, 당신은 그 폭탄의 위력이 어느 정도였는지 믿지 못할 거예요. 대야가 공중 60미터까지 솟아올랐고, 사방에 흙먼지가 흩뿌려졌어요. 잔디밭에는 연기가 3미터에서 4.5미터까지 근사하게 피어올랐죠. 그 광경은 내가 직접 목격한 가장 경이로운 것 중 하나예요.

그러다가 잠시 시간이 흐른 후에 사이렌 소리가 들렸어요. 경찰이 출동했구나 싶었죠. 그래서 나는 수영장으로 잽싸게 튀어서는 자전거를 주인에게 돌려줬어요. 조부모님 아파트로 걸어가던 중에 어머니가 현관 앞에 계신 걸 봤어요. 차로 향하시던 어머니는 나를 보자 격하게 손짓을 하셨고, 그래서 나는 서둘러 어머니에게 달려가 물었어요. "무슨 일이에요?" 어머니는 "할아버지 때문이야."라고 말씀하셨죠. 나는 어머니를 할아버지가 계신 보이시 다운타운의 병원으로 빠르게 모시고 가서는 이중 주차를 했고, 어머니는 안으로 들어가셨어요. 어머니가 15분쯤 후에 나왔는데, 바로 뭔가 잘못됐다는 걸 알 수 있었어요. 어머니가 차에 타자마자 말씀하셨어요. "할아버지께서 돌아가셨다."

나는 할아버지가 돌아가시기 15분 전까지만 해도 그분과 같이 있었어요. 그분이 "데이브, 나는 이제 들어가는 게 낫겠다."라고 말씀하셨을 때, 지금 와서 돌아보면, 그분의 몸에 뭔가가 잘못되고 있었던 게 확실해요. 아마 내출혈이 일어났던 거라고 생각해요. 그런데도 할아버지는 내 앞에서는 그 얘기를 하고 싶지 않으셨던 거예요. 그날 밤에 나는 할머니 옆에 앉았고, 할머니는 내가 할아버지와 함께 있었을 때의 얘기를 하나도 빼놓지 않고 다 듣고 싶어 하셨어요. 나중에 보고 들은 모든 걸 통해 추측해 본 나는 경찰이 폭탄 때문에 사이렌을 울린 게 아니었음을 깨달았어요. 경찰은 우리 할아버지를 모시러 가던 거였어요. 나는 친가와 외가의 조부모님 네 분 모두와 무척 가깝게 지냈는데, 그분이 제일 먼저 돌아가셨어요. 나는 할아버지를 무척 사랑했고, 그분이 돌아가신 건 내게 굉장히 큰 사건이었어요.

1992년에 보이시에 가봤어요. 거기 살다가 70년대에 자살한, 내가 알던 여자에게 무슨 일이 일어난 건지 알아보려고요. 하지만 그 이야기는 그보다 한참 전부터 시작돼요. 내가 8학년을 마치고 알렉산드리아로 가느라 보이시를 떠났을 때 내 여자친구는 제인 존슨이었어요. 나는 알렉산드리아에서 보낸 첫해 ― 내 최악의 해인 9학년 때― 동안 제인에게 편지를 썼고 우리 관계는 그런 식으로 계속 유지됐죠. 이듬해인 1961년 여름 우리 가족이 보이시로 돌아갔을 때, 제인하고 나는 2주도 안 돼서 깨졌어요. 우리가 거기 있는 동안 나는 다른 여자애랑 어울리기 시작했고, 알렉산드리아로 돌아온 이후로 내가 편지를 쓰는 상대는 그 여자애로 바뀌었죠. 우리는 몇 년간 편지를 주고받았어요. 그 시절에 우리는 편지를 참 길게 썼죠.

고등학교를 졸업하고 나서 여름에 그레이하운드 버스를 타고 할머니를 뵈러 갔었어요. 소음이 엄청난 대형 엔진이 달린 버스로, 운전사는 2차선 고속도로 위를 시속 110킬로미터에서 130킬로미터 사이의 속도로 날아가더군요. 여행 전체가 미국 서부의 건조 지대를 가로지르는 거나 다름없었어요. 버스에 진짜배기 카우보이처럼 보이는 사람이 탔던 걸 기억해요. 땀에 전 카우보이모자를 쓴 그 사람의 얼굴에는 동물 가죽에 있는 것 같은 주름이 자글자글했어요. 그는 여행 내내 강청색鋼靑色 눈으로 창밖만 바라봤어요. 구시대 스타일의 카우보이였죠. 아무튼 보이시에 도착한 나는 할머니 댁에 갔어요. 할머니는 거기서 포드레이 부인하고 같이 살았는데, 두 분은 나를 애지중지하셨죠. 두 분은 내가 굉장히 잘생겼다고 생각하셨어요. 정말 끝내주는 일이었죠.

할머니는 내가 당신 차를 쓰도록 허락하셨어요. 호텔로 간 나는 메자닌(mezzanine, 두 개의 주요 층 사이에 지은 작은 층—옮긴이)으로 갔어요. 약간 기묘하고 어두운 분위기더군요. 거기에는 내가 편지를 보내던 여자애가 일하는 소다수 가게가 있었어요. 그녀에게 그날 밤에 자동차 극장에 가고 싶으냐고 물었어요. 할머니하고 포드레이 부인과 저녁을 먹은 후, 그 애와 나는 자동차 극장에 갔죠. 그 시절에는 자동차 극장이 사방 어디에나 있었어요. 환상적인 장소였죠. 우리는 자동차 극장에서 사랑을 나누기 시작했고, 그녀는 나한테 자기 얘기를 여러 가지 들려줬어요. 얘기를 들으면서 그 애가 정말 자유분방하다는 걸 깨달았어요. 이후로 그녀는 이상한 남자들을 사귀었어요. 아마도 나 같은, 이른바 평범한 남자들은 그녀를 무서워했기 때문일 거예요. 그녀가 내게 이런 말을 한 걸 기억해요. "대부분의 사람들은 자기가 살면서 하고 싶은 일이 뭔지 몰라. 그런데 너는 네가 하고 싶은 일이 뭔지 안다는 점에서 엄청 운좋은 사람이야." 그런 말을 할 때 그녀의 인생이 이미 어두운 방향으로 향하고 있었다고 생각했어요.

우리는 계속 편지를 주고받았어요. 사실, 나는 페기하고 결혼한 후에도 그 여자한테, 그리고 다른 두 여자한테 여전히 편지를 쓰고 있었어요. 몇 년간 세 여자한테 편지를 보내고 있었던 거죠. 결국 어느 날 페기가 말하더군요. "데이비드, 당신은 이제 유부남이야. 이 여자들한테 편지 쓰는 건 그만둬야 해." 페기는 질투하는 타입은 아니었지만, 내가 무슨 꼬맹이나 되는 것처럼 이렇게 말했어요. "자, 당신이 짧은 편지를 근사하게 써서 보내면 그 여자들도 상황을 이해할 거야." 그래서 나는 그녀들에게 편지 쓰는 걸 관뒀어요.

많은 세월이 흐른 뒤, 1991년에 「트윈 픽스 극장판Twin Peaks: Fire Walk with Me」을 찍던 나는 점심시간에 내 트레일러로 가서 명상을 했어요. 어느 날 명상을 마치고 트레일러 문을 열었더니 촬영진 중 한 명이 "딕 햄Dick Hamm이란 분이 오셨습니다. 감독님 지인이라던데요."라고 말하더군요. 나는 대답했어요. "딕 햄? 농담이지?" 딕 햄하고는 초등학교를 같이 다녔는데, 수십 년간 만나지 못한 사이였어요. 가봤더니 뉴욕 시티에서 부인과 함께 왔더군요. 그를 만나니 기분이 끝내주게 좋았어요. 그에게 나랑 같이 자동차 극장에 갔던 여자를 만난 적이 있느냐고 물었더니 대답하더군요. "아니. 그여잔 죽었어. 커다란 운하에 몸을 던져 자살했어." 의아해지기 시작했어요. 지금 이게 무슨 소리지? 그녀에게 무슨 일이 있었던 거지? 그래서 촬영을 종료한 후에 보이시로 가서 이 사건을 들여다봤죠. 도서관에 가서 그녀에 대한 기사들을 찾아 읽고, 그녀가 사망한 날에 작성된 경찰 보고서들을 봤어요.

그녀는 아버지와 오빠가 싫어하는 나이 많은 남자랑 결혼했어요. 그러면서도 보이시에서 명망 높은 남자랑 바람을 피우고 있었죠. 어느 금요일 밤에 그 남자는 그녀에게 결별을 통보했고, 그녀는 엄청난 충격을 받았어요. 슬픔을 가눌 길이 없었겠죠. 그래서 남편이 의심하게 됐을 거예요. 그 다음 일요일 오전에 거리 아래쪽에 사는 이웃이 식당에서 브런치를 먹고 있었는데, 그녀와 남편이 따로따로 거기로 왔다더군요. 남편이 먼저 식당을 떠나 집으로 간 후, 조금 있다가 집에 온 그녀는 침대로 가서는 서부 영화에 나오는 스타일의 22구경을 꺼낸 뒤 세탁실로 가서 자기 가슴에 겨누고는 방아쇠를 당겼어요. 그러고는 비틀거리면서 집에서 나와 집 앞 잔디밭에서 숨을 거뒀죠. 의아했어요. 자살을 하는데 왜 비틀거리면서 잔디밭으로 나온 거지?

이 사건을 수사하던 경찰은 그녀와 바람을 피운 남자에게서 이런 식의 얘기를 들었을 거라고 생각해요: 이건 자살이야. 그 사건 근처에는 가지도 마. 그랬다가는 내가 연루됐다는 쪽으로 수사가 전개될 테니까. 개수작 부리지 마, 친구들. 비밀로 덮어둬. 경찰서를 찾아간 나는 "영화에 쓸 이야깃거리를 찾는 중입니다. 이 기간에 자살한 여자들이 있나요?" 같은 말을 해대면서 경찰을 꼬이려고 애썼어요. 먹혀들지 않더군요. 그들은 그 이야기를 꺼내는 쪽으로는 한 발자국도 움직이지 않았으니까요. 나는 법원으로부터 범죄/자살 현장의 사진을 입수해도 좋다는 허가를 받았어요. 그러고는 여러 서류를 작성해 경찰에 제출했지만, 경찰은 "죄송합니다만, 그해의 자료는 폐기됐습니다."라고 했어요. 나는 처음부터, 그녀가 어렸을 때부터 그녀를 알고 있었어요. 그런데도 나는 그녀의 인생이 어째서 그런 방향으로 향했는지 설명하지 못하겠어요.

하지만 우리가 이 세계에 당도할 때 이미 우리 존재의 많은 부분이 설정돼 있다는 건 알아요. 사람들은 그걸 탄생과 죽음의 수레바퀴라고 부르죠. 나는 우리가 이전에도 이 세계에 많이, 많이 왔었다고 믿어요. 뿌린 대로 거둔다는 자연법칙이, 그리고 당신 전생의 일부가 반드시 당신의 이번 생을 찾아온다는 법칙이 있어요. 야구를 떠올려 봐요. 당신이 공을 치면 공은 날아갔다가 뭔가에 부딪혀 도로 돌아오기 전까지는 당신에게로 돌아오지 않아요. 오랫동안 한 방향으로만 굴러갈 수도 있는 대단히 넓은 공터가 있지만, 한 번 되돌아오기 시작한 공은 당신에게로, 야구공을 움직이게 만든 사람에게로 돌아오는 거죠.

나는 숙명이 우리 인생에서 어마어마하게 큰 역할을 수행하고 있다고도 생각해요. 어떤 일이 벌어지는 이유를 설명할 길이 없는 걸 보면 알 수 있죠. 나는 어떻게 독립영화감독 보조금을 받고 미국영화연구소AFI의 고급영화연구센터Center for Advanced Film Studies에 가게 됐을까요? 당신이 어떤 사람들을 만나 그들과 사랑에 빠지면서도 다른 사람들은 전혀 만나지 못하는 이유는 뭘까요? 당신은 당신 본연의 모습을 상당히 많이 갖추고 이 세상에 왔어요. 부모님과 친구들이 당신에게 약간의 영향을 끼칠 수는 있지만, 당신은 본질적으로 처음부터 당신 그대로의 모습이에요. 우리 아이들은 각자가 정말 달라요. 그들은 각자 타고난 모습을, 개성을 갖고 이 세상에 왔어요. 우리는 그 아이들을 정말 잘 파악하는 동시에 그 애들을 사랑해야 해요. 하지만 우리는 그 아이들이 걸을 인생의 행로와는 그다지 큰 관계가 없어요. 어떤 부분들은 이미 설정돼 있어요. 그래도 유년기의 체험들은 우리 인생의 틀을 갖추게 만들 수는 있어요. 보이시에서 보낸 내 유년기의 몇 년도 나한테 어마어마하게 중요했어요.

1960년 8월의 밤이었어요. 우리가 보이시에서 보낸 마지막 밤이었죠. 우리 집으로 들어오는 진입로랑 이웃집인 스미스 가족의 집으로 들어가는 진입로를 갈라놓는 삼각형 풀밭이 있었어요. 아버지하고 남동생, 여동생, 그리고 나는 스미스 씨네 아이들인 마크와 데니, 랜디, 그레그와 작별 인사를 하려고 그 풀밭으로 갔어요. 갑자기 스미스 씨가 나타났어요. 나는 스미스 씨가 아버지랑 얘기를 하다 악수를 하는 걸 봤어요. 그 모습을 멍하니 보다가 그 상황의 진지함을, 이 마지막 밤의 엄청난 중요성을 느끼기 시작했어요. 스미스네 옆집에서 사는 동안 나는 스미스 씨하고 일대일로 얘기를 해본 적이 없었어요. 그런데 이제 그분이 나한테로 걸어오고 있었어요. 그분은 손을 내밀었고 나는 그 손을 잡았죠. 그분이 "네가 보고 싶을 거다, 데이비드." 같은 말을 했던 것 같아요. 그런데 나는 그분이 하는 말은 제대로 듣지 못했어요. 그냥 울음을 터뜨리기만 했죠. 스미스 가족이 내게 얼마나 중요한 사람들이었는지, 그리고 내 보이시 친구들이 나한테 얼마나 중요한 아이들이었는지 깨달았던 거예요. 나는 내 내면의 깊고 깊은 곳에 쌓이는 그 감정을 느꼈어요. 슬픔의 차원을 넘어선 감정이었어요. 그런 후, 나는 내가 이튿날 향하게 될 미지의 세계에 펼쳐진 어둠을 봤어요. 악수를 하는 동안 눈물 너머로 스미스 씨를 올려다봤어요. 아무 말도 못 하겠더군요. 그게 제일 아름다운 황금기의 종말인 건 확실했어요.

아트 라이프

버지니아주 알렉산드리아는 무척 다른 세계였다. 워싱턴 D.C.에서 남쪽으로 11킬로미터 떨어져 있는 상대적으로 세련된 그 도시는 사실상 D.C.의 교외 지역으로, 정부 공무원 수천 명이 사는 거처였다. 60년대 초기에 알렉산드리아의 인구는 보이시 인구의 다섯 배였지만, 린치는 그가 발을 들여놓은 더 큰 세계에 당황하지 않았던 게 분명했다. "내가 들은 모든 얘기를 종합해보면, 데이비드는 고등학교 때 스타였어요. 인기 만점이 될 수 있는 센스를 가진 사람이었죠." 페기 리비는 말했다. "처음부터 그는 그런 특징을 갖고 있었어요."

린치의 인생 행로는 토비 킬러와 친구가 된 1학년 초에 대단히 선명하게 드러났다. "데이비드를 그의 여자친구 집 앞마당에서 만났습니다. 그런데 내가 처음 받은 인상은 그 여자에게서 받은 것이지 데이비드에게서 받은 게 아니었죠." 데이비드에게서 여자친구 린다 스타일스를 빼앗으려고 계속 구애했던 킬러가 한 말이다. "데이비드는 시내 다른 지역에 살았지만, 알렉산드리아에서는 15세부터 운전이 허용되었기 때문에 그는 가족이 모는 자동차인, 큰 펜더가 달린 셰비 임팔라를 그녀의 집에 몰고 오곤 했습니다. 나는 만나자마자 데이비드가 마음에 들었습니다. 그는 항상 지구상에서 제일 호감 가는 사람에 속했을 겁니다. 우리는 내가 그의 여자친구를 빼앗은 일에 대한 농담을 수십 년째 해오고 있습니다. 우리 둘 다 '시종일관 신뢰하라.'라는 비밀 신조를 가진 해먼드 고등학교의 프래터니티(fraternity, 남학생 사교 클럽─옮긴이) 회원이었지만, 내가 아는 데이비드는 파티를 즐기는 회원은 아니었습니다."[1]

린치와 킬러는 가까운 친구가 됐지만, 린치의 인생을 진정으로 바꿔놓은 사람은 토비의 아버지인 화가 부시넬 킬러Bushnell Keeler였다. "아버지는 데이비드에게 큰 영향을 끼쳤습니다. 아버지는 미술 작업을 시작하려고 당신이 살고 있던 인생에서 달아나 스튜디오를 차릴 정도로 용기 있는 분이었으니까요." 토비는 말했다. "데이비드는 우리 아버지가 하는 일에 대해 들었을 때 머릿속에서 폭탄이 터졌다고 말했습니다. '화가라고? 사람이 그런 일을 할 수 있는 거야?'"

부시넬 킬러의 동생인 데이비드 킬러는 자신의 형을 "삶의 기복이 굉장히 심한 사람"으로 기억했다. "형은 다트머스 칼리지에서 경영학으로 학위를 받고 클리블랜드의 부유한 가

문 출신 여자와 결혼했습니다. 형은 중견 간부로서 일을 잘하고 있었지만 자신을 둘러싼 현실을 싫어했죠. 형이 목사가 되는 데 필요한 공부를 할 수 있도록 형네 가족은 알렉산드리아로 이사를 했지만, 2년 후에 형은 그 일도 하고 싶지 않다는 걸 깨달았습니다. 형은 늘 만사에 도전하는, 꽤나 분노에 찬 젊은이였죠. 형은 각성제와 진정제를 많이 먹었지만 그것도 별 도움이 되지 않았고요. 결국 형은 자신이 진정으로 하고 싶은 일은 화가가 되는 거라는 걸 깨달았고, 그걸 실행에 옮겼습니다. 그런데 그 결정은 결혼 생활을 끝장냈죠."

"형은 당시에는 다른 누구도 이해하지 못했던 걸 이해했는데, 그건 데이비드가 진정으로, 진심으로 화가가 되길 원한다는 거였습니다." 데이비드 킬러는 2012년에 작고한 형에 대한 얘기를 계속했다. "형은 자신이 주위의 성원을 받을 인생의 좋은 시점에 있다고 생각했는데, 내 짐작에 데이비드는 부모님에게서 그런 격려를 받지 못하고 있었습니다. 그래서 형은 데이비드의 뒤를 철저히 받쳐줬죠. 데이비드는 형의 집에 자주 머물렀고, 형은 데이비드가 작업할 수 있도록 스튜디오에 공간을 마련해줬습니다."[2]

린치는 신입생 시절에 잭 피스크Jack Fisk를 만나면서 미술에 더 깊이 몰입했다. 당시, 두 사람은 오늘날까지도 지속 중인 오랜 우정의 토대를 깔았다. 현재 폭넓은 존경을 받는 프로덕션 디자이너production designer이자 연출자인 피스크―당시에는 존 루튼Jhon Luton이라는 이름을 썼다―는 일리노이주 캔턴 출신으로, 중산층 가정의 삼남매 중 둘째였으며 팔다리가 길고 잘생긴 청년이었다; 누나 수전은 네 살 위였고, 여동생 메리는 한 살 아래였다. 피스크의 아버지가 비행기 사고로 사망한 후 어머니는 찰스 루튼과 결혼했는데, 주조 공장 건설을 감독하는 루튼의 직업 때문에 가족은 자주 이사를 다녔다. (나중에 피스크는 태어났을 때 쓰던 성을 다시 썼고, 여동생 메리도 그렇게 했다.) 피스크는 어렸을 때 가톨릭 군사 학교를 다녔다. 그리고 그의 가족은 미시간주 칼라마주와 버지니아주 리치몬드, 파키스탄의 라호르로 이사했다. 그러다가 피스크가 열네 살 때 가족은 알렉산드리아에 정착했다.

"데이비드와 나는 서로에 대한 얘기를 듣고 있었습니다. 우리 둘 다 회화에 관심이 있었으니까요." 피스크는 말했다. "그가 학교 출입문에 서서 자기소개를 하던 걸 기억합니다. 자기는 2학년이라고 했지만, 나는 그가 신입생이라는 걸 잘 알고 있었습니다. 그날 그가 내게 거짓말을 했다는 사실을 놓고 우린 가끔씩 낄낄거리죠. 나는 허터스 드럭스토어의 소다수 매장에서 일하고 있었는데, 그도 거기 와서는 가게의 지프를 몰고 처방 약을 배달하는 일을 했습니다."[3]

린치는 그 일 때문에 온 시내를 돌아다녔다. 그런 그가 사람들 눈에 띄지 않을 도리는 없었다. "나한테는 신문 배달을 다니는 경로가 있었습니다. 데이비드를 만나 정식으로 인사를 나누기 2년쯤 전부터, 나는 작은 가방들을 든 채 현관문을 노크하고 다니는 남자애를 봤죠." 린치의 고등학교 동창인 화가 클라크 폭스Clark Fox가 말했다. "그에게 썩 잘 어울리는 일은 아니었습니다. 그 시절에 머리를 길게 기르는 건 반항기가 다분한 행동에 속했는데, 그는 말썽에 휘말리지 않을 정도까지만 머리를 길렀습니다. 그리고 그는 피부가 정말로 창백했습니다. 그는 드럭스토어 일을 하고 있을 때면 늘 타이와 재킷 차림이었죠. 대단히 독특한 친구였습니다."4

피스크의 어린 시절이 떠들썩했던 반면, 린치의 유년기는 목가적이고 안정적이었다. 게다가 그들은 기질도 달랐다. 그렇지만 두 사람은 각자의 삶을 미술에 헌신한다는 목표를 공유하면서 보조를 맞췄다. "나는 이사를 많이 다니는 바람에 외톨이나 다름없었습니다. 하지만 데이비드는 친구를 쉽게 사귀었죠. 모두들 그를 좋아했습니다." 피스크는 말했다. "데이비드가 누군가한테 말을 걸면 상대는 그의 말에 귀를 기울이고 싶어 합니다. 그는 늘 그런 식이었죠. 데이비드는 처음부터 괴팍한 친구이기도 했습니다. 우리는 프래터니티들이 있는 평범한 학교를 다녔습니다. 나는 아니었지만, 모두들 그런 클럽에 가입했죠. 그리고 모든 아이들이 마드라스 셔츠와 카키 바지 차림이었습니다. 데이비드는 학교 회계 책임자에 출마했습니다. 선거 운동 슬로건이 '데이브와 함께 저축을Save with Dave'이었죠. 출마자들이 연설을 하는 자리가 마련됐는데, 그는 시어서커 정장에 테니스화 차림으로 연단에 올라 연설을 했습니다. 요즘에는 별달라 보이지 않는 차림새로 보이지만, 당시에는 정장에 테니스화를 신는다는 생각을 하는 사람은 아무도 없었어요."

린치는 고등학교 회계 책임자 선거에서 당선됐다. 하지만 그와 동시에 시작된 회화에 대한 관심은 그의 거의 모든 삶에 그늘을 드리우기 시작했다. "그는 학교 회계 책임자 같은 일을 더는 원치 않았습니다." 피스크는 회상했다. "그가 쫓겨난 건지 자진 사임한 건지는 모르겠습니다만, 아무튼 그 자리에 오래 있지는 않았죠."

반항은 대다수 사람들이 10대 시절 으레 거치는 성장 과정의 일부지만, 린치의 반항은 별다른 이유 없이 한 짓이 아니라는 점에서 남들과는 달랐다. 그의 반항은 학교 밖에서 자신에게 지극히 중요한 것을 발견하는 것에서 비롯됐다. "그 시대에, 그런 곳에서 형 같은 사람이 유화油畵에 그토록 관심을 갖게 되는 건 흔치 않은 일이었습니다." 존 린치는 말했다. "부모님은 형이 비뚤어진 길을 가서 속상해했습니다. 형의 반항은 9학년 때 시작됐죠. 법적으로 곤란한 일에 엮인 적은 없었지만, 형의 생활에는 파티와 술이 빠지지를 않았습니다. 알렉산드리아에서 보낸 첫해에, 형이 밤중에 집을 몰래 빠져나갔다가 들킨 적도 몇 번 있었습니다. 그러다가 저녁 식사 사건이 일어났죠. 어머니가 평소처럼 저녁상을 차리셨는데, 형은 그 밥상이 지나치게 평범하다고 생각했습니다. 형은 말했습니다. '어머니 음식은 너무 깔끔하잖아요!' 형은 보이시에서는 보이스카우트 활동을 진지하게 했었습니다. 그런데 버지니아로 이사 온 뒤에는 그 활동에 대해서도 반항했습니다. 아버지는 형한테 활동을 계속해서 이글스카우트 지위에 오르라고 부추겼고, 형은 실제로 그렇게 했죠. 그렇지만 형이 그렇게 한 건 부분적으로는 아버지 때문이었다고 생각합니다."

린치는 열다섯 번째 생일에 스카우트에 작별 인사 비슷한 것을 했다. 그때 그는 존 케네디가 취임선서를 하는 자리의 취임 퍼레이드를 위해 VIP석에 앉도록 선발된 몇 안 되는 이글스카우트 중 한 명이었다. 그는 케네디와 드와이트 아이젠하워, 린든 존슨, 리처드 닉슨이 리무진을 타고 그가 서 있는 자리에서 바로 몇십 센티미터 떨어진 곳을 지나가는 모습을 본 걸 기억한다.

인상적인 사건이기는 했지만, 린치의 마음이 다른 곳에 쏠려 있었다는 데에는 의심의 여지가 없었다. 마사 레바시는 말했다. "알렉산드리아로 이사 오고 오래 지나지 않아, 오빠가 하고 싶어 했던 일은 그림을 그리는 게 전부였어요. 나는 가족 내에서 중재자 노릇을 했죠. 오빠한테 가서 부모님 심기를 불편하게 만드는 일들에 관한 얘기를 한 다음, 부모님께는 오빠의 관점에 대해 말씀드렸어요. 집안의 평화를 지키려 노력했었죠. 부모님은 정말로 참을성이 좋은 분들이었고 오빠는 부모님을 존경했기 때문에 큰 싸움이 벌어지지는 않았지만, 자잘한 의견 충돌들은 있었어요."

린치의 사촌 엘레나 제가렐리는 린치의 부모를 "굉장히 솔직하고 보수적이며 신앙심이 깊은 분들"이라고 묘사했다. "서니 아주머니는 목소리가 부드럽고 감미로운 예쁜 분이세요. 하지만 엄격한 분이기도 하셨어요. 우리 헤르미나 증조할머니 생신을 축하하려고 온 가족이 브루클린의 레스토랑에 모였던 걸 기억해요. 당시 데이비드는 열여섯 살이었고, 다들 와인을 마시면서 생신을 축하하고 있었죠. 하지만 서니 아주머니는 그가 와인을 한 잔도 마시지 않기를 원하셨어요. 데이비드의 작품을 보면 그가 그런 가정 출신이라는 것을 믿기가 어려워요. 그토록 예의범절을 따지는 집안에서 자랐기 때문에 그가 다른 방향으로 나아가게 됐다는 게 내 짐작이에요."

집안에서 맞닥뜨린 제약들이 무엇이었건, 린치는 제 갈 길을 갔다. "처음 만났을 때 데이비드는 이미 부시넬 킬러로부터 방을 임대한 상태였습니다." 피스크의 회상이다. "그가 묻더군요. '내 스튜디오를 같이 쓸래?' 정말로 코딱지만 한 곳이었지만, 나는 그와 스튜디오를 같이 썼습니다. 임대료는 한 달에 25달러 정도였습니다. 부시넬은 틈틈이 찾아와 우리에게 비평을 해줬습니다. 부시넬은 그에게 로버트 헨리Robert Henri의 책 『예술의 정신The Art Spirit』에 대한 얘기를 했고, 나는 데이비드를 통해 그 책을 접했습니다. 그는 자리에 앉아서 그 책을 읽고 나한테 책 얘기를 하곤 했습니다. 화가가 된다는 것에 대한 글을 쓴 사람을 발견한 것은 —갑자기 더는 혼자라는 느낌을 받지 않게 된 것은— 엄청난 일이었습니다. 헨리의 책 덕분에 반 고흐와 모딜리아니 같은 화가들에 대해, 그리고 우리의 관심을 끈 1920년대에 프랑스에서 활동한 인물들에 대해 알게 됐으니까요."

불쾌한 현실을 가감 없이 보여주는 거친 리얼리즘을 옹호한 애시캔 스쿨the Ashcan School of American art의 주도적 인물인 로버트 헨리는 존경받는 스승으로, 에드워드 호퍼Edward Hopper, 조지 벨로스George Bellows, 스튜어트 데이비스Stuart Davis 등이 그의 제자였다. 1923년에 출판된 『예술의 정신』은 수십 년에 걸친 그의 강단 경력을 솜씨 좋게 증류한 유용한 책으로, 린치에게 큰 영향을 끼쳤다. 요즘 보면 그 책의 언어와 구문은 시대에 뒤떨어진 듯 보이지만, 책이 표현하는 정서만큼은 세월이 흘렀어도 변치 않았다. 다음과 같은 단순한 메시지를 전달하면서 독자를 격려하는, 무척이나 두드러진 책이다: 당신 자신을 가급적 자유롭고 철저하게 표현하고, 이것은 해볼 만한 가치가 있는 시도라는 신념을 품으며, 해낼 수 있다고 믿어라.

1962년 초에 16세가 된 린치는 부시넬 킬러의 스튜디오에서 짐을 빼서 자신만의 스튜디오를 얻자고 결심했다. 그의 부모는 월세의 일부를 부담하는 데 동의했다. "부모님 입장에서는 큰 걸음을 뗀 거였어요." 레바시가 한 말이다. 존 린치는 이렇게 회상했다. "부시넬은 형이 독자적인 스튜디오를 갖는 문제에 대해 우리 부모님과 상의하면서 이렇게 말했습니다. '데이비드는 빈둥거리는 아이가 아닙니다. 그 아이는 스튜디오를 그림을 그리는 곳으로 이용하고 있습니다.' 형은 일자리를 구해서 월세를 내는 데 보탰죠. 월세는 정말로 쌌어요. 1960년대 알렉산드리아에는 빈민가나 다름없는 올드 타운이라는 구역이 있었습니다(오늘날, 그 지역은 부티크와 값비싼 커피숍이 가득한 부유한 지역이다). 거리에는 폐가나 다름없는, 지은 지 200년 된 벽돌 주택들이 줄지어 있었어요. 그런데 형과 잭은 그중에서도 폐가라고 볼 수도 없는 허름한 집을 임대했죠. 두 사람은 2층을 썼는데, 그 건물에는 사람이 올라갈 때마다 삐걱거리는 좁고 오래된 계단이 있었습니다. 거기에서 조촐한 파티가 열린 적이 있었지만, 두 사람은 실제로 그곳을 스튜디오로 이용했고, 형은 밤마다 거기에 가서 꽤 늦은 시간까지 머물렀습니다. 형한테는 귀가 시간이 정해져 있었죠. 형이 집에 도착하면 플러그를 뽑아야 하는, 그래서 형이 돌아온 시간이 언제인지 부모님이 알 수 있게 해주는 전자시계가 있었습니다. 그런데 형은 아침에 일어나는 걸 늘 힘들어했습니다. 아버지는 가끔 형의 얼굴에 젖은 수건을 올리곤 하셨죠. 형은 그러는 걸 싫어했어요."

피스크와 린치 모두 고등학교 때 D.C.에 있는 코코란 미술학교the Corcoran School of Art에서 수업을 들었다. 그러면서 그들의 관심은 차츰 캠퍼스를 벗어난 삶으로 옮겨졌다. "학교의 미술 과목에서 낙제했다는 통보를 받았습니다. 데이비드도 미술 수업의 성적이 꽤나 형편없었을 거예요. 하지만 우리는 늘 그림을 그리고 있었고, 함께 임대해서 작업했던 스튜디오들이 많았습니다." 피스크는 말했다. "캐머런 스트리트에 있는 스튜디오를 기억합니다. 어찌어찌 건물 전체를 임대하는 데 성공했죠. 우리는 방 하나를 시커멓게 칠했습니다. 그 방은 우리가 생각에 잠길 수 있는 곳이었죠. 데이비드를 처음 만났을 때, 그는 파리의 길거리 풍경을 그리고 있었어요. 판지에 템페라 물감(tempera, 안료에 달걀노른자와 물을 섞은 물감—옮긴이)으로 작업한 그 그림은 꽤 근사했습니다. 어느 날 그는 부둣가에 있는 배를 그리는 유화에 착수했습니다. 그가 어떤 지점에 물감을 정말로 두툼하게 바르던 중에 나방 한 마리가 물감으로 날아들었습니다. 나방은 물감에서 벗어나려고 몸부림을 쳤고, 그러면서 그림 속 하늘에는 보기 좋은 소용돌이가 만들어졌죠. 자기 그림에 죽음이 뒤섞인 것을 보면서 그가 무척이나 흥분했던 걸 기억합니다."

"데이비드가 자신만의 미술의 세계에서 특정한 방향으로 나아가고 있었다면, 나는 다른 방향의 길을 발견했습니다." 피스크의 말이 이어졌다. "우리는 더욱 발전하라며 늘 상대를 격려하고 있었습니다. 그게 우리의 작품이 발전하는 데 썩 큰 도움이 됐죠. 내 작업은 점점 더 추상적으로 변해갔고, 데이비드는 음울한 사물들—밤중의 부두들, 죽어가는 동물들—을 그렸어요. 그는 강한 인상을 풍기는 대상을 그리는 데 몰입했습니다. 데이비드는 늘 쾌활하고 밝은 성격을 보여줬지만, 그가 항상 매력을 느낀 대상은 음울한 존재들이었습니다. 그게 데이비드의 미스터리 중 하나였죠."

　한편, 집에 있는 린치의 부모는 혼란스러워하고 있었다. "오빠는 국회의사당 건물을 완벽하게 똑같이 그릴 수 있었어요. 우리 양가 조부모님들의 집도 완벽하게 그려냈고요." 레바시는 말했다. "엄마가 이런 말을 했던 게 생각나요. '네가 예전에 그렸던 보기 좋은 것들을 그리면 어떻겠니?'" 린치는 평범한 행동이라 여겨지는 것들에 저항하려는 용기를 찾아냈고, 그의 성격에 나타난 이런 변화들은 그를 험난한 곳으로 몰아넣었다. 그러나 그의 몇몇 특성은 변하지 않았다. 린치는 근본적으로 친절한 사람이다. 그 점은 남동생을 대하는 방법 같은 간단한 일들에서 명백하게 두드러졌다. "형하고 나는 고등학교 때 방을 같이 썼습니다. 우리끼리 싸우기도 했지만, 형은 나를 위해 여러 가지 일을 해주기도 했습니다." 존 린치는 말을 이었다. "형은 학교에서 인기가 대단히 좋았습니다. 그런데 형은 남동생을 창피해하는 대신, 나를 데리고 다니면서 친구들한테 인사를 시키곤 했습니다. 그러면서 내 친구들도 형하고 어울리는 무리의 일부가 됐죠. 친구들 중 일부도 나처럼 너드nerd 성향이 심했는데 말이죠."

　린치가 틴에이저이던 1960년대 전반기 동안 미국 영화는 침체기에 빠져 있었다. 미국 영화에 새로운 활력을 불어넣은 사회적 혁명은 아직 시작되기 전이었고, 미국 스튜디오들은 도리스 데이Doris Day가 출연하는, 성적으로 자극적인 내용이 전혀 없는 로맨틱 코미디들과 바닷가 파티beach-party 영화들, 엘비스 프레슬리가 나오는 뮤지컬들, 거금을 투입한 대작 사극 영화들을 쏟아내고 있었다. 그런데 이 시기는 외국 영화의 황금기이기도 했다. 피에르 파올로 파졸리니Pier Paolo Pasolini, 로만 폴란스키Roman Polanski, 페데리코 펠리니Federico Fellini, 미켈란젤로 안토니오니Michelangelo Antonioni, 루이스 부뉴엘Luis Buñuel, 알프레드 히치콕Alfred Hitchcock, 장뤽 고다르Jean-Luc Godard, 프랑수아 트뤼포François Truffaut, 잉마르 베리만Ingmar Bergman은 같은 기간 동안 걸작들을 내놓고 있었다. 스탠리 큐브릭Stanley Kubrick은 새로운 터전을 닦은 미국 영화감독 중 한 명으로, 린치는 블라디미르 나보코프Vladimir Nabokov의 에로틱 코미디 「롤리타Lolita」를 각색한 큐브릭의 1962년 영화에 지대한 존경을 표명했었다. 린치는 산드라 디Sandra Dee와 트로이 도나휴Troy Donahue가 출연한 「피서지에서 생긴 일A Summer Place」을 본 것도 좋은 기억으로 남아 있다. 그의 남동생은 그 시절에 린치가 베르히만과 펠리니의 영화를 봤다고 기억하지만, 데이비드는 그 영화들에 대해서는 전혀 기억이 없다.

　린치가 10대 시절에 사귄 제일 중요한 여자친구는 주디 웨스터먼이었다. 그들은 투표를 통해 학교에서 제일 매력적인 커플로 뽑혔고, 고등학교 졸업 앨범에는 2인용 자전거에 탄 두 사람의 사진이 실렸다. "데이비드는 정말로 모범적인 여자친구를 사귀었지만, 학교에 '쉽다'고 소문이 난 여자들 일부하고 데이트하기도 했었죠." 클라크 폭스는 말했다. "그는 그가 '와우 소리가 나는 여자들wow women'이라고 부른 여자들 얘기를 하고는 했습니다. 그가 그들에 대해 자세한 얘기는 많이 하지 않았지만, 나는 그들이 분방한 여자들이라는 건 알았죠. 그는 인생의 그런 측면에 흥미를 느꼈어요."

　피스크는 "데이비드와 주디가 꽤 끈끈한 사이였다"고 기억했다. "하지만 육체적인 관계로 발전하는 그런 관계는 아니었습니다. 그는 진짜 바람둥이는 아니었지만, 여자들에게 늘 매력을 느끼기는 했죠." 린치가 피스크의 여동생 메리를 만났을 때, 그는 메리에게 그 즉시 반하지는 못했다. 그래도 두 사람은 그들의 첫 만남을 기억한다. "열네 살인가 열다섯 살 때 데이비드를 처음 만났어요." 1977년에 린치의 두 번째 아내가 된 메리 피스크의 회상이다. "우리 집 거실에 앉아 있었는데, 오빠가 데이비드랑 같이 들어와서는 말했어요. '얘가 내 동생 메리야.' 거실에 담배가 들어 있는 황동 꽃병이 있었는데, 내 짐작에 그는 그걸 보고 충격을 받은 것 같았어요. 그의 가족은 담배를 피우지 않으니까요. 왜인지는 모르겠지만, 몇 가지 이유로 그는 나를 늘 담배와 결부시켰어요. 그런 얘기를 자주 했죠."

"데이비드는 당시 주디 웨스터만하고 진지하게 사귀는 사이였지만, 그러면서도 그는 낸시 브릭스를 정말로 사랑하고 있었어요." 그녀의 회상이 이어졌다. "나는 졸업반이 되기 전의 여름에 데이비드에게 홀딱 반했어요. 정신을 못 차릴 정도로요. 그는 사람들하고 유대관계를 맺는 비범한 능력을 갖고 있어요. 우리는 몇 번 데이트하긴 했지만 심각한 정도는 아니었어요. 우리 둘 다 다른 사람을 만나고 있었으니까요. 그때는 데이비드하고 오빠가 고등학교를 졸업한 다음의 여름이었어요. 그리고 결국 그해 가을에 우리는 모두 각자의 길을 떠났죠."[5]

린치는 1964년 6월에 고등학교를 졸업했다. 3개월 후, 아버지가 전근을 가면서 가족이 캘리포니아주 월넛 크릭으로 이사를 갔다. 바로 그때 린치는 보스턴의 파인 아트 뮤지엄 학교에서 수업을 받기 시작했다. 동시에, 잭 피스크는 맨해튼에 있는 사립 대학인 쿠퍼 유니언에서 공부를 시작했다. 그곳은 그때나 지금이나 훌륭한 학교로, 당시의 교수진에는 애드 라인하르트Ad Reinhardt와 요제프 알베르스Josef Albers 등이 있었다. 하지만 피스크는 일 년 후에 중퇴하고 다시 린치와 지내려고 보스턴으로 향했다. "그의 아파트에 들어갔다가 충격을 받았습니다. 그림들로 가득 차 있었는데, 제각기 다른 종류의 그림들이었거든요." 피스크는 말했다. "오렌지색과 검정색 그림들이었는데, 데이비드의 그림치고는 밝은 편이었습니다. 그가 정말로 많은 작업을 했다는 사실에 강한 인상을 받았습니다. '맙소사, 얘는 작품 활동만 하면서 살았구나.'하고 생각했던 게 기억나네요. 그가 그토록 많은 작품을 그릴 수 있었던 이유 중 하나는 학교에 가는 대신에 집에서 그림만 그렸기 때문이었습니다. 그의 입장에서 학교는 집중을 방해하는 존재일 뿐이었습니다."

미술에 몰입하는 방식에서 피스크와 린치의 차이점을, 그리고 당시 미술계의 국제적인 중심지였던 맨해튼에서 일어나고 있던 일을 눈여겨보는 건 흥미로운 일이다. 추상표현주의의 전성기는 지나갔고, 숨을 거둔 셈이나 다름없는 모더니즘은 미술사의 흐름에서 볼 때 선봉에서 돌진해오는 팝 아트에 놀이터를 내주고 있었다. 로버트 라우센버그Robert Rauschenberg와 재스퍼 존스Jasper Johns는 미술과 실생활 사이의 간극에 다리를 놓기 위한 새로운 전략들을 개발하고 있었고, 개념주의와 미니멀리즘이 행군해오는 중이었다. 보스턴에서 피스크가 살고 있던 맨해튼까지는 짧은 기차 여행으로 갈 수 있는 거리였지만, 『아트포럼(Artforum, 현대미술을 다루는 전문 월간지—옮긴이)』보다는 로버트 헨리의 가르침을 더 잘 따르고 있던 린치와 피스크에게 그들의 스튜디오 외부에서 일어나고 있는 일은 조금도 흥미롭지 않은 일이었던 것으로 보인다. 그들에게 미술은 수련과 고독, 철저한 성실함을 요구하는 고결한 소명이었다. 미술을 갈고 닦기 위한 그들의 수련에 팝 아트의 쿨한 빈정거림과 뉴욕 미술계의 칵테일 파티를 통한 연줄 맺기가 차지할 자리는 없었다. 그들은 예술이라는 단어의 고전적인 의미에 빠진 낭만주의자들이었고, 당대 미술계하고는 완전히 다른 궤도를 달리고 있었다.

보스턴에서의 두 번째 학기가 끝날 즈음, 린치의 성적은 밑바닥을 맴돌고 있었다. 조각과 디자인 수업에서 낙제한 그는 자퇴했다. 하지만 보스턴에서 벗어나는 데에 따른 후유증이 없지는 않았다. "형은 보스턴에서 얻은 아파트를 유화 물감으로 엉망으로 만들었어요. 집주인은 형이 피해 보상을 해주기를 원했고, 그래서 아버지는 변호사를 고용해서 협상을 했죠." 존 린치는 회상했다. "아버지는 평소 큰 소리를 내는 분이 아니었지만, 화가 나셨을 때는 모두들 그 사실을 알 수 있었죠. 나는 아버지가 형한테 실망했었다고 생각해요."

다음은 어디였을까? 보스턴에 여행사 대리점을 갖고 있던 부시넬 킬러의 동생은 피스크와 린치가 여행안내원 역할을 맡아 무료로 유럽에 갈 기회를 얻어내려고 진땀을 흘렸다. 두 사람의 임무는 공항에서 일군의 아가씨들을 만나는 것으로 시작해 그들을 에스코트해서 비행기에 태우는 것으로 끝났다. 두 사람은 호엔잘츠부르크 요새에 위치한 교육 기관인 잘츠부르크 국제 여름미술아카데미에서 공부한다는 계획을 갖고 1965년 늦봄에 유럽으로 향했다. '스쿨 오브 비전School of Vision'이라고도 불린 이 기관은 1965년에 나온 도덕적으로 흠잡을 데 없는 내용의 뮤지컬 영화 「사운드 오브 뮤직The Sound of Music」의 배경이 된 도시에 오스트리아의 표현주의자 오스카 코코슈카Oskar Kokoschka에 의해 1953년에 창설됐다. 린치는 이렇게 회상했다. "거기서 작품 활동을 하고 싶지는 않다는 것을 꽤 빨리 깨달았죠." 예정된 학기 시작일보다 두 달 먼저 도착한 도시에서 이미 흥미를 잃은 피스크와 린치는 무슨 일을 해야 할지 갈피를 잡지 못했다. "우리 둘이 가진 돈은 합쳐서 250달러쯤 됐는데, 데이비드는 한 병에 1달러인 코카콜라하고 한 갑에 1달러인 말보로 담배를 무척이나 좋아했습니다. 나는 지갑이 얇아지는 걸 속수무책으로 지켜봐야 했죠." 피스크가 한 말이다. 그들은 보름을 버텼다.

"집에 돌아왔더니 의붓아버지가 내게 1,000달러를 주더군요. 당시로서는 큰돈이었죠. 그래서 펜실베이니아 미술아카데미에 지원했습니다. 베트남에 보낼 청년들의 징병이 실시되고 있었는데, 대학생이면 징병 유예 혜택을 받을 수 있었거든요." 피스크의 회상은 계속됐다. "필라델피아에 갔지만 너무 늦게 지원하는 바람에 학교에 입학하지는 못했습니다. 그래서 『필라델피아 인콰이어러The Philadelphia Inquirer』에 취직해서는 신문의 TV 프로그램 안내 지면에 실린 광고들을 확인하는 일을 했죠. 한 주인가 두 주쯤 후에 존슨 대통령이 전쟁을 더욱 크게 벌였고, 군에서는 더 많은 사람들을 징집하기 시작했습니다. 그러자 학교에서 전화가 와서 '당신을 입학시키겠습니다.'라더군요. 그런 과정을 거쳐 입학한 나는 트웬티퍼스트하고 체리 스트리트가 교차하는 곳에 있는 월세 30달러짜리 작은 방을 임대했습니다."

린치의 삶도 그리 수월하지는 않았다. "그의 부모님은 그가 학교에 다니지 않는다는 사실에 격분했어요. 그분들은 데이비드한테 '혼자 알아서 살아라.'라고 말씀하셨죠." 페기 리비의 회상이다. "그는 1965년의 나머지 기간을 알렉산드리아에 살면서 험한 일들을 연달아 하면서 보냈어요. 나는 그가 정말로 힘든 시기를 겪었다는 걸 알아요. 그가 징집된 게 그즈음이었을 거예요. 면제 판정을 받았는데, 아마도 신경성 위염 때문이었을 거예요. 그는 어렸을 때 위 때문에 고생을 많이 했거든요." (실제로 린치는 허리가 좋지 않아서 복무 면제 판정을 받았다.)

린치가 유럽에서 돌아와 알렉산드리아로 돌아갔을 때 그를 거둔 건 킬러네 가족이었다. 그는 그 가족의 집에서 온갖 기이한 일들을 했다. 그중에는 2층 욕실을 칠하는 일도 있었는데, 토비 킬러는 "그는 그 일을 하는 데 평생이 걸렸다."고 말했다. "그는 제일 작은 붓을 썼어요. 욕실을 칠하는 데 사흘이 걸렸는데, 그중 하루는 순전히 라디에이터를 칠하는 데에만 썼을 거예요. 라디에이터의 모든 구석과 구멍에 온 신경을 쏟으면서 새 라디에이터보다 더 근사해 보이게끔 칠을 했죠. 우리 어머니는 그 욕실에서 일하는 데이비드를 생각할 때면 지금도 여전히 폭소를 터뜨리시고는 하세요."[6] 킬러 가족이 만찬 손님들을 접대 중이던 어느 밤 부시넬이 선언했다. "데이비드가 우리 집에서 나가 자기만의 공간을 찾아내기로 결심했다는구나." 린치로서는 예고 없이 듣는 얘기였다. 하지만 킬러는 린치가 이제부터는 자기 인생을 살아야 한다고, 또래들 사이에서 살아가기 시작해야 한다고 느꼈다.

"데이비드는 걸신 들린 듯이 모든 미술을 먹어 치웠습니다." 데이비드 킬러가 한 말이다. "늘 쾌활해보였죠. 그는 '훌륭해nifty.' 같은 천진한 표현들을 쓰고는 했습니다. 즐겨 쓰는 말은 '충분히 멋져swingin' enough.'였고요. 우리 형은 그에게 이것저것 시도해보라고 제의했고, 데이비드는 '오케이, 충분히 멋지네요, 부시넬!'하고 말했습니다. 그렇지만 나는 그 시점에서 그가 방황하고 있었다고 생각합니다. 절박해진 그는 자신만의 공간을 얻어야만 했기 때문에 돈이 필요했죠. 그래서 내가 제도사로 일하던 엔지니어링 회사의 청사진 담당자 일자리를 그에게 얻어줬습니다. 데이비드는 청사진실에서 혼자 일했는데, 재료들을 가지고 실험하는 걸 무척 좋아했습니다. 내 책상에 와서는 '안녕하세요, 데이브! 이거 어떻게 생각하세요? 이것 좀 봐요!' 같은 말을 하곤 했죠. 그는 회사 일은 하지 않으면서 많은 시간을 보냈습니다. 우리 중에 어느 쪽이 먼저 잘렸는지는 기억이 나지 않네요."

"데이비드는 아침에 일어나는 것도 무척이나 힘들어했죠." 킬러의 회상이 이어졌다. "나는 출근길에 그의 숙소로 걸어가서 창문을 향해 고함을 치곤 했어요. '린치! 일어나! 지각이야!' 그는 미켈란젤로 알로카라는 남자가 소유한 건물에 살고 있었는데, 데이비드의 방 바로 아래에 알로카 소유의 프레임 숍(frame shop, 자동차 프레임을 전문적으로 수리하는 공장—옮긴이)이 있었습니다. 알로카는 다리가 마비된, 엄청나게 덩치가 큰 사람이었어요. 굉장히 건장하고 험상궂게 생겼죠."

린치는 엔지니어링 회사에서 잘린 후 알로카에게 고용돼 프레임 숍에서 일했다. 하지만 프레임에 흠집을 내는 바람에 그 일자리도 잃었다. 그러자 알로카는 그를 청소부로 채용했다. 그는 상황을 바로잡으려고 나름대로 최선을 다하고 있었지만, 그때는 힘든 시기였다. 그래서 린치는 피스크를 우연히 만나고 안도감을 느꼈다. "언제인가 알렉산드리아에 있는 집에 갔다가 데이비드가 미술상에서 일하는 걸 봤습니다. 빗자루로 바닥을 쓸고 있더군요. 데이비드는 빗질의 도사죠." 피스크는 말했다. "그는 지금도 빗질을 좋아합니다. 그런 일을 하는 데 대한 자긍심이 엄청나죠. 하지만 당시에 그는 사실상 무보수로 일하는 셈이었습니다.

그는 싸구려 물건들로 근사하게 장식된 아파트에 살고 있었습니다. 아파트에 오렌지색 커튼이 걸려 있던 게 기억납니다. 하지만 그의 인생은 침체된 상태였다고 생각합니다. 내가 그랬죠. '너는 필라델피아로 와야만 해.' 그는 학교들을 찾아보는 일에 착수하더니 결국 학교에 등록했습니다."

린치는 그해 연말에 필라델피아로 향하면서 알렉산드리아를 영원히 떠났다. 하지만 알렉산드리아에 자취를 남겨놓지 않은 건 아니었다. 피스크의 어머니는 린치가 거주했던 임대 주택의 건물 관리인이었다. 그런데 린치는 침실 천장에 벽화를 그려놓고 갔다. "그가 이사를 나간 후에 그 벽화를 제거하는 게 상당히 큰 문제였다더군요." 피스크가 말했다. "데이비드는 좋아하는 색상 중 하나인 프러시안 블루로 벽화를 칠했는데, 그게 계속 번져 나왔다더군요."

9학년 때는 내 인생 최악의 해였어요. 보이시에 있는 친구들과 그곳의 느낌과 빛, 냄새가 그리웠어요. 게다가 버지니아는 무척 어두워 보였어요. 알렉산드리아의 자연이 싫었어요. 그곳의 숲들은 보이시의 그것들하고는 생판 달랐어요. 그리고 못된 아이들과 어울리면서 비행 청소년 비슷한 아이가 됐죠. 그 애들 중에 우두머리라 할 어떤 아이는 실제 나이보다 더 들어 보이면서 어른하고 비슷했어요. 겉만 번지르르한 놈이었죠. 영화배우 록 허드슨Rock Hudson의 축소판처럼 보이는 애였는데, 이웃의 차를 훔쳐서 다른 사람들을 태우고 다녔죠. 새벽 2시나 3시에 D.C.로 향한 우리는 셜리 하이웨이를 계속 190킬로미터로 달려서 잡화상에 가거나 술을 마시는 등 온갖 짓을 다 했어요. 내가 그 애에게 끌린 이유는 내 인생이 마음에 들지 않았다는 것, 그리고 내가 이상한 짓들을 할 수 있게 된다는 게 좋았기 때문이었어요. 그게 마음에 들었다가 들지 않았다가 했어요. 언젠가 그 애가 귀에 담배 한 개비를 꽂고 말아 올린 티셔츠 소매에 담뱃갑을 넣은 행색으로 우리 집에 왔어요. 부모님이 그 애를 만나게 됐죠. 부모님은 정말로 불쾌해하셨어요. 그분들은 생각하셨죠. 데이비드, 이 딱한 놈이 못된 길로 들어서는구나…….

그 애는 여자친구가 많았어요. 그리고 아마도 학교를 중퇴했을 거예요. 9학년을 마친 여름에 보이시를 방문하고 알렉산드리아로 돌아왔더니 자취를 감췄더군요. 그러던 어느 날 점심시간에 주차장에 나갔더니, 아마도 흡연 구역으로 가던 중이었을 텐데, 그 애가 여자애를 태운 컨버터블을 몰고 왔어요. 완벽 그 자체더군요. 행복이 넘쳐흘렀어요. 미스터 쿨Mr. Cool의 모습이었죠. 이후로 그 애가 어떻게 됐는진 몰라요.

내 침대는 2층의 테라스 쪽으로 통했어요. 그래서 나는 그리로 기어 내려가 집을 몰래 빠져나갈 수 있었죠. 그러다가도 이튿날에는 학교에 가야 했어요. 언젠가 집에 돌아와 베개에 머리가 닿자마자 알람이 울리는 소리를 들었어요. 돌아버리겠더군요. 부모님은 내가 밤에 집을 빠져나간다는 건 아셨지만, 무슨 짓을 하고 다니는지는 모르셨어요. 나는 그렇게 막나가진 않았지만, 정말로 만취한 적이 몇 번 있었어요.

한번은 진을 마시고 인사불성이 됐었죠. 나는 진을 마시면서 여자애들한테는 그걸 물이라고 했어요. 그러다가 어떤 집 앞마당에서 정신을 차렸죠. 깨어났더니 숫자가 박힌 나무 말뚝이 보였어요. 그 숫자를 계속 쳐다보다가 내가 어느 집 앞마당에 누워 있다는 걸 깨달았죠. 그건 러셀 케파부어의 집이었어요. 우리 집까지 어떻게 갔는지는 생각이 잘 안 나요.

그 시기에 부모님은 내 걱정이 크셨어요. 당시 잡지들은 '나를 그리기Draw me' 같는 제목의 콘테스트들을 개최했어요. 순전히 내가 그런 일을 할 수 있는지를 확인해 보겠다는 생각으로 어떤 물건을 그려서 보내봤죠. 그랬더니 어느 밤에 어떤 남자가 집에 찾아왔어요. 그는 내 그림이 대단히 훌륭해서 실제로는 있지도 않은 어떤 가짜 장학금을 내가 받을 거라고 부모님께 말했어요. 나는 2층에 있었고, 부모님은 1층 거실에서 그 남자를 만나고 계셨죠. 그 상황이 마음에 들었어요. 부모님은 내가 더 나은 방향으로 나아가게끔 도우려고 애쓰셨죠.

나는 자라는 동안 내 나름의 방식으로 하나님을 믿었던 것 같아요. 그 문제를 두고 깊이 고민했던 적은 없지만, 이 세상을 운영하는 것과 비슷한 일을 하는 존재가 있다는 걸 이미 알고 있었어요. 그러다가 열네 살 때 어느 일요일 아침에 문득 이런 생각이 떠올랐어요. 교회에 다니면서 얻는 게 아무것도 없다는 생각이요. 내가 진정한 깨달음을 얻지 못했음을 알게 된 거죠. 지금 와서 돌아보면, 나는 마하리쉬에게로 향하고 있었다는 걸 알 수 있어요. 「이레이저 헤드Eraserhead」를 작업하고 있을 때, 인도인 스승님master들의 사진을 보고는 '이 얼굴은 내가 모르는 무엇인가를 아는 얼굴이로 군.'이라고 생각했어요. 세상에 깨달음 같은 게 존재할 수 있을까? 깨달음은 실제로 있는 걸까, 아니면 인도 사람들이 꾸며낸 것일까? 지금은 그게 실제로 존재한다는 걸 알아요. 어쨌든, 나는 교회에 가는 걸 관뒀어요.

모든 학교와 비슷하게, 해먼드 고등학교에서도 운동 잘하는 애들이 제일 인기가 좋았어요. 그리고 프래터니티들이 있었죠. 거기 애들은 정확히 말하면 악동들은 아니었지만 스포츠에는 전혀 열성적이지 않으면서 다른 것들에 관심을 쏟았죠. 프래터니티에 가입했는데, 우리 모임의 회장인 레스터 그로스먼은 정말로 괴팍한 사람이었어요. 레스터는 방과 후에 신발 가게에서 일했는데, 밤마다 금속 구둣주걱을 훔쳐서는 집에 돌아오면 그걸 침실 바닥에 던졌죠. 그러면서 거기에 큼지막한 구둣주걱 무더기가 생겨났고요. 레스터의 친척 한 명은 우리에게 많은 전구를 초저가에 팔았어요. 우리는 그걸 가가호호 방문해서 팔았죠. 우리는 전구를 불티나게 팔아치우면서 떼돈을 벌었어요. 그리고 초대형 파티를 주최했죠. 그건 우리 학교 학생들만 대상으로 한 파티가 아니었어요. 워싱턴 D.C. 지역의 모든 고등학생을 위한 엄청나게 큰 파티였어요. 핫 너츠라는 밴드를 섭외했어요. 우리는 입장료를 받으면서 많은 돈을 벌었죠. 돈을 주체하지 못해서 우리 모두는 버지니아 해변에서 일주일을 보냈고, 우리 프래터니티는 매일 밤 소형 방갈로 임대료와 저녁 식사 비용을 냈어요. 일부는 돈을 써대기도 했고요. 나는 2학년과 3학년으로 진급하는 동안 내내 프래터니티에서 활동했어요. 사람들은 지하실에서 블루스 파티를 열기도 했는데, 그런 자리에도 찾아갔죠. 10대 시절 영화는 내게 별다른 의미가 없었어요. 영화를 보러 간 유일한 경우는 자동차 극장에 여자애들하고 뒹굴려고 간 거였어요. 영화관에 몇 번 가기는 했었죠. 그런데 영화관에는 왜 가는 걸까요? 영화관은 쌀쌀하고 어두침침하잖아요. 극장 밖은 여전히 햇빛이 쨍쨍한데 말이죠. 그 시절에는 영화 보는 것 말고도 할 수 있는 일이 무척 많았어요.

내가 지금 입는 옷 스타일은 그 시절에 입던 스타일하고 똑같아요. 그런데 고등학생 때는 나만의 고유한 스타일이 있다는 사실을 몰랐어요. 나는 페니스Penney's에서 옷을 샀어요. 카키 바지를 무척 좋아했죠. 코트를 입고 타이를 매는 차림도 좋아했고요. 그렇게 입었을 때 마음이 편해지는 걸 느꼈어요. 오랫동안 타이 세 개를 돌려가며 맸어요. 나비넥타이 두 개하고 보통 타이 하나를요. 하지만 언제부터인가 나비넥타이는 매지 않아요. 그리고 셔츠의 맨 위 단추를 항상 채웠어요. 쇄골에 공기가 닿는 걸 좋아하지 않거든요. 다른 사람이 내 쇄골을 건드리는 것도 좋아하지 않아요. 그렇게 하면 돌아버리겠어요. 이유는 몰라요. 타이를 매는 이유가 그거일 거예요. 목을 보호하기 위해서요.

잭 피스크와는 학교에서 만났어요. 둘 다 미술에 관심이 있었기 때문에 친구가 됐죠. 하지만 내가 잭을 정말로 좋아하는 이유는 그가 헌신적인 일꾼이기 때문이에요. 그가 진지하게 작업에 몰두하면서 작품을 만들어나가는 모습을 보는 건 근사한 경험이에요. 나는 잭에게 엄청난 존경심을 품고 있어요. 어렸을 때 만난 우리 같은 친구들은 오랫동안 우정을 주고받는 관계가 돼요. 마지막으로 그하고 얘기를 나눈 게 몇 달 전일 거예요. 하지만 잭은 내 제일 친한 친구예요. 그의 여동생 메리를 만난 것도 아주 잘 기억해요. 그녀는 매력적인 여자였고, 나는 늘 그녀에게 마음이 끌렸죠. 우리는 데이트를 몇 번 했고 나는 그녀하고 잘 지냈지만, 잭은 그 때문에 정말로 심기가 편치 않았을 거라 생각해요.

린다 스타일스는 1학년 때 여자친구였어요. 아담한 체구에 정말로 인상적인 여자였어요. 그녀의 부모님은 좋은 분들이셨어요. 아버지는 해군이셨고, 어머니는 정말로 상냥한 분이었죠. 우리는 그녀의 집 지하실에서 어울리곤 했고, 두 분은 우리가 거기서 담배를 피워도 좋다고 허락하셨어요. 그때는 대다수의 사람들이 담배 피우는 걸 개의치 않던 시절이었어요. 나중에 린다는 우리 중 우두머리 남자애랑 사귀었고, 나는 그놈이 그녀하고 잤다고 생각해요. 나는 열여덟 살이 되기 전까지는, 그러니까 고등학교를 졸업한 여름이 되기 전까지는 거기까지 진도를 나가지 못했어요. 어쩌면 나는 늦깎이였을 거예요. 그 시절의 나는 무척 평범한 아이였죠. 그때는 지금과는 다른 시대였어요. 린다 스타일스를 사귄 후로 다른 여자애들을 몇 번 만났어요. 내가 좋아하는 스타일이 있다면, 검정머리를 제일 좋아한다고 말할 수 있을 것 같군요. 사서 타입도 좋아했어요. 그리고 이글거리는 내면의 열기를 감쪽같이 감추는 외모의 여자들을요…….

주디 웨스터먼은 내가 고등학교 때 사귄 제일 중요한 여자친구예요. 나는 그녀를 무척 사랑했어요. 그녀는 여배우 폴라 프렌티스Paula Prentiss하고 많이 닮았어요. 내가 그녀에게 충실했었느냐고요? 아뇨. 내 말은 그렇기도 했고 아니기도 했다는 뜻이에요. 나는 다른 여자애들도 몇 명 만나면서 그 애들하고 진도를 나가고 있었어요. 주디가 가톨릭 신자였기 때문이에요. 우리는 나중보다는 초기에 한 데이트에서 진도가 빨랐을 거예요. 그녀는 교리 문답서를 계속 지키려고 들면서 그녀에게 허락되지 않은 일들을 더 많이 찾아내고 있었거든요. 내 마음을 아프게 만든 유일한 여자애는 낸시 브릭스였어요. 그녀는 내 친구 찰리 스미스의 여자친구로, 그 친구가 내가 자기 여자친구를 사랑한다는 걸 알았는지는 모르겠어요. 하지만 그녀는 나를 사랑하지 않았어요. 나는 보스턴에서 대학을 다닌 전반기 내내 그녀 때문에 맛이 가 있었어요. 마음이 무척 아팠고요.

보스턴에서 대학을 다닐 때 크리스마스 방학 동안 버지니아에 가 있던 나는 상사병에 시달리고 있었어요. 그러자 데이비드 킬러가 이러더군요. "그녀한테 점심을 같이 먹자고 하고 데려가서 어떤 일이 벌어지는지 보는 게 어때?" 그래서 나는 낸시에게 전화를 걸었고, 우리는 맥도널드에 갔어요. 우리는 차로 음식을 가져갔고, 나는 그녀에게 나를 사랑하느냐고 물었지만, 그녀는 아니라고 대답했어요. 그게 끝이었죠. 나는 가망이 전혀 없는 상황을 오랫동안 질질 끌면서 그녀에 대한 꿈을 꿔왔던 거예요. 낸시 브릭스의 어디가 그렇게 좋았느냐고요? 나는 그냥 그녀를 사랑했어요. 누군가와 사랑에 빠지는 이유를 아는 사람이 세상에 어디 있나요? 그녀와 아무 일도 일어나지 않았지만, 나는 그녀를 머릿속에서 간단히 내쫓을 수가 없었어요. 나는 「블루 벨벳」의 촬영을 마친 후에 윌밍턴에 있었어요. 그러다가 몇 가지 이유로 낸시 브릭스에게 전화를 걸어보기로 했죠. 어찌어찌 그녀의 전화번호를 알아내 전화를 걸었어요. 그런데 그녀의 목소리를 듣는 순간, 그렇게 애달파하던 기분이 싸악 없어지더군요. 꿈에서 깨어 현실로 들어선 거죠. 허상은 정말로 강력했어요. 우리가 우리의 뇌 안에서 벌이는 일들은 경이로워요. 나는 어째서 그 오랜 세월을 애달파했던 걸까요? 도무지 이해가 안 돼요…….

50년대가 끝날 무렵 나라의 분위기가 변하고 있었어요. 따라서 내가 버지니아로 이사했을 때 느꼈던 변화는 보이시에서도 역시 일어나고 있었죠. 그러다 케네디가 암살되면서 상황은 정말로 악화됐어요. 그날을 기억해요. 나는 교무실 바로 옆에 있는 학교 현관의 홀에서 큼지막한 유리 상자에 담긴 미술품들을 혼자 설치하던 중이었어요. 그러던 중에 교무실 라디오에서 나오는 대통령에 대한 뉴스를 들었죠. 뉴스에서 대통령이 사망했다는 말은 하지 않았지만, 그가 입원했다는 소문은 퍼지고 있었어요. 내가 하던 일을 마치자, 교무실 여직원이 말했어요. "너는 교실로 돌아가야 할 것 같구나." 그래서 나는 교실로 돌아갔고, 학교는 뉴스를 공표하면서 문을 닫았어요. 주디와 같이 걸어서 그 애네 집까지 데려다줬는데, 심하게 울먹거리는 통에 말을 거의 하지 못했어요. 그 애는 자기와 같은 가톨릭 신자인 케네디를 무척이나 좋아했거든요. 그녀의 집은 아파트 2층이었어요. 우리는 계단을 올라가 그 애의 집으로 들어갔죠. 그 애 어머니가 거실에 계셨어요. 주디는 나를 놔두고 걸어서 어머니 앞을 지나 모퉁이를 돌아서는 그녀의 방으로 들어갔어요. 그러고는 나흘간 밖에 나오질 않았죠.

나는 당시에는 케네디를 죽인 자가 누구인지에 대해 의문을 품지 않았어요. 그러다가 당시 상황을 꼼꼼히 검토하기 시작했죠. 사람들은 말해요. 살해 동기를 가진 자가 누구인지를 살펴보라고. LBJ(린든 B. 존슨)는 텍사스에 살았고, 케네디를 거기로 데려간 사람이에요. 그리고 LBJ는 꼬맹이 때부터 대통령이 되고 싶어 했어요. 세평에 따르면, LBJ는 텍사스가 배출한 제일 파워 있는 상원 의원이었어요. 그런 그가 고작 부통령 자리에 만족했을까요? 그는 대통령 자리에서 불과 동전 하나 거리만큼 떨어져 있었어요. 나는 그가 케네디를 싫어했고, 그래서 자신이 대통령이 되기 위해서 일을 꾸몄다고 생각해요. 그게 내가 주장하는 가설이에요.

8학년 때부터 몇 가지 이유로 과학을 좋아했어요. 9학년이 시작될 때에는 모든 과학 수업에 수강 신청을 하기에 이르렀죠. 지금의 나로서는 도무지 믿지 못할 일이에요. 4년 내내 과학 수업만 듣겠다고 신청을 하다니! 그러다가 9학년 때 토비 킬러를 만났는데, 그가 자기 아버지는 페인터painter라고 말했어요. 아니, 집에 페인트칠을 하는 페인터가 아니라 화가fine-art painter라는 거예요. 말 그대로, '쾅!' 머릿속에서 폭탄이 터지더군요. 내 모든 게 수소 폭탄이 터진 것처럼 몽땅 날아갔던 게 분명해요. 상황은 그걸로 끝이었어요. 바로 그게 내가 하고 싶은 전부였어요. 그런데 나는 학교를 다녀야만 했어요. 최악 그 자체인 고등학교를 말이에요. 매일같이 그토록 많은 시간을 보내려고 학교 건물에 가는 건 터무니없는 일로 보였어요. 내가 가진 고교 시절 교실에 대한 기억은 세 개인데, 좋은 기억은 하나도 없어요. 내가 샘 존슨한테 "말해, 말해, 말하라니까!"라고 다그쳤던 게 기억나요. 우리는 시험이 코앞이었고, 그래서 그는 나한테 이런저런 얘기들을 해주고 있었어요. 나는 그걸 시험 시간이 끝날 때까지 오랫동안 기억하려고 애썼고요. 그 과학 수업들에 대한 공부는 전혀 하지 않았고 그 수업에서 벗어날 수도 없었어요. 물리학에서 낙제 점수를 받은 뒤에는 그 수업에 들어가는 걸 거부했다는 이유로 학생자치위원회에서 호출했어요. 거기 가는 대신에 교무실로 가서 사정했죠. "이 수업에서 저를 빼주세요. 저는 물리학자가 되고 싶지는 않아요." 교무실에서 이러더군요. "데이비드, 살다 보면 좋건 싫건 해야만 하는 일들이 있는 거야."

남동생은 어린 나이부터 전기 기술에 빠져들었고, 결국에는 그쪽 일에 종사하게 됐어요. 사람들은 어렸을 때부터 장차 자신이 하려는 일이 무엇인지를 알고 있다고 생각해요. 어른들은 우리를 학교에서 데리고 나와서 각자가 하려는 일에 집중하게 놔둬야만 해요. 젠장! 나는 학교에서 보낸 시간 동안에는 그림을 그릴 수가 없었어요! 그리고 나는 기억하는 게 하나도 없어요. 하나도 없다고요! 학교에서 배운 망할 놈의 지식들을 기억하지 못한다니까요.

토비 킬러를 만난 그 주 주말에 그는 나를 자기 아버지의 스튜디오로 데려갔어요. 그 당시 부시넬 아저씨는 조지타운에 끝내주는 스튜디오를 갖고 계셨어요. 아저씨는 내내 예술가의 인생을 살면서 그림을 그리고 계셨죠. 나는 그분의 조지타운 스튜디오는 딱 한 번 봤어요. 그리고 그분은 거기서 알렉산드리아로 옮겨갔어요. 알렉산드리아에는 그분이 통째로 가진 건물이 한 채 있었어요. 나는 스튜디오를 갖고 싶었는데, 부시넬 아저씨가 자신이 마련한 새 공간의 방 하나를 임대해 주겠다고 제의했어요. 그래서 아버지께 말씀드렸더니 아버지는 "네가 취직을 해서 임대료 절반을 내면 내가 나머지 절반을 내주겠다."라고 하시더군요. 그래서 나는 허터스 드럭스토어에 취직해서, 빨간색과 흰색이 섞인 가게의 지프를 몰고 처방 약을 배달하는 일을 했어요. 수동 기어가 달린 오픈 지프였죠. 내가 그런 일을 했었다는 게 믿어지지 않아요. 사람들 주소를 찾아내서 그들에게 약을 건네야 했어요. 책임이 막중한 일이었죠. 주말에는 가끔씩 허터스의 시가cigar 카운터에서 일하기도 했어요. 그 시기에 부시넬 아저씨는 모델들을 구했고, 나는 이런저런 물건들에 걸터앉은 채로 그림을 그려야 했어요. 아저씨는 늘 커피를 마시러 가곤 하셨죠. 빌 레이라는 남자가 나와 같은 방을 썼지만, 아저씨는 거기에는 결코 모습을 보이지 않았어요.

잭도 부시넬 아저씨의 스튜디오에 있는 내 방에서 작업을 시작했어요. 그런데 그 방은 우리 둘이 같이 작업하기에는 충분히 크지 않았어요. 그래서 우리는 신발 가게 위층에 있는 스튜디오로 이사를 했어요. 집주인은 마르시에테 부인으로, 이가 하나도 없는 분이었고, 잔소리가 심했어요. "나는 길고양이 두 마리를 위해 밤새 불을 켜놓지는 않을 거다, 청소 잘해라, 몸이 좋지를 않아, 내가 왜 너희들한테 방을 빌려줬는지를 모르겠구나." 그러면서 늘 우리 주변을 맴돌았죠. 내가 내 방의 불을 켜면, 불이 들어오기 무섭게 바퀴벌레 천만 마리가 보이고는 했어요. 그것들은 순식간에 자취를 감췄죠. 바퀴벌레가 득실거리는 공간이었지만, 잭하고 나는 각자 방을 하나씩 차지했고, 거기엔 주방도 있었어요. 그림을 그리기에는 정말 끝내주는 곳이었죠.

잭과 내 머리 위 다락에는 라디오라는 남자가 살고 있었어요. 우리는 그와 인사를 할 수밖에 없었죠. 곱사등이인 그는 맹꽁이자물쇠가 걸려 있는 나무문으로 이어지는 정말로 비좁은 뒤쪽 계단을 올라가곤 했어요. 거기가 그의 방이었어요. 라디오도 이가 그리 많지는 않았어요. 그의 방 마룻바닥에는 50여 종쯤 되는 포르노 잡지들이 뒹굴고 있었고, 그가 스테이크를 —스테이크만— 굽는 요리용 철판이 하나, 그리고 싸구려 독주毒酒가 있었어요. 그는 서커스단을 위해 일하는 통신 영업 사원이었어요. 서커스단에 앞서 여러 도시들을 돌아다니면서 그 도시의 유력한 사업가들에게 전화를 걸어 빈곤층 어린이들이 서커스를 구경 오는 데 필요한 돈을 기부 받는 일이었죠. 서커스단은 시내 어딘가에 방을 하나 빌려서 거기에 전화기 열두 대를 설치했고, 그러면 사람들에게 전화를 걸어대는 라디오 같은 사람들이 그 방에 모여들었어요. 그러곤 사기를 치는 거였죠. 빈곤층 어린이들을 버스 한 대에 태워 서커스에 데려온 다음, 나머지 돈은 자기들 주머니에 넣었으니까요. 라디오는 말했어요.

"사람들이 나를 라디오라고 부르는 건 내 입이 절대로 꺼지지 않기 때문이지." 잭하고 내게는 전화기가 한 대 있었어요. 어느 밤에 그가 내려오더니 전화를 써도 되겠냐고 묻더군요. 우리는 "그럼요, 라디오." 하고 대답했고, 그는 우리 방에 들어왔어요. 방에는 회전식 다이얼 전화기가 놓인 작은 테이블이 있었어요. 전화기로 간 그는 손을 내려 다이얼을 돌리기 시작했어요. 그가 고른 숫자들의 다이얼이 그 즉시 돌아가더군요. 그처럼 전화기 다이얼을 잘 돌리는 사람은 처음 봤어요. 손에 있는 손가락 전부를 동시에 다이얼에 넣는 것만 같았어요. 불과 10분의 1초 사이에 누군가와 전화 연결이 됐고, 그는 말을 하기 시작했어요. 눈을 감고 그가 하는 얘기를 들으면, 엄청 현명한 성인군자가 가난한 어린이를 위해 자애로운 말씀을 전하고 있다고 맹세해도 좋을 정도였어요. 그토록 대단한 사람이었죠.

마르시에테 부인의 옆방에는 프랭키 웰치가 살았는데, 검정머리 도리스 데이처럼 생긴 여자였어요. 이 지역은 시청 바로 옆이었음에도 꽤 험악한 동네였어요. 프랭키 웰치는 거기에 처음 터를 잡은 사람이었죠. 야심을 품고 있던 그녀는 옷가지를 파는, 임대료가 엄청나게 비싼 매장을 갖고 있었어요. 직접 옷을 디자인하기도 했죠. 결국 베티 포드(Betty Ford, 제럴드 포드 대통령의 부인—옮긴이)와 가까운 사이가 되었고, 베티 포드를 위한 옷을 지었어요. 우리가 미술가라는 걸 알게 된 그녀는 나한테 정말 쿨하게 보이는 유화 간판을 만들어달라고 부탁했어요. 그런데 마르시에테 부인이 우리에게 나가달라고 하더군요. 그 방에 밤늦게까지 머무른 적이 많았던 우리는 툭하면 불을 켜둔 채로 방을 나갔고, 그래서 부인은 전기료를 많이 지불해야 했어요. 게다가 방 안에는 사방에 물감이 묻어 있었죠. 내가 임대해서 지내던 곳을 떠날 때, 그 공간의 상태가 내가 거기에 처음 들어갔을 때보다 나았던 적은 거의 없었어요. 우리가 록스타들처럼 방을 일부러 엉망진창으로 만들어서 그런 건 아니었어요. 하지만 그림을 그리다 보면 사방에 물감이 묻게 마련이죠. 우리가 거기에서 나온 후로 라디오를 한 번 더 봤어요. 그는 다운타운에 있었는데, 낡아빠진 작은 여행 가방을 든 곱사등이는 그를 다음 도시로 데려다줄 버스를 기다리고 있었어요.

고등학교 때 의사한테 갔었어요. 창자가 경련을 일으키곤 했거든요. 신경성이었죠. 그러면서 내가 하던 모든 일이 잘못됐어요. 고등학생 때 나는 스튜디오에서의 삶, 프래터니티에서의 삶, 가정에서의 삶을 살고 있었는데, 그 삶들이 서로 섞이는 걸 원치 않았어요. 절대 집에 친구들을 데려오지 않았고, 부모님이 내 생활에 대해 조금이라도 아는 것도 원치 않았죠. 나는 집에서는 어떻게 행동해야 하는지 알고 있었요. 그건 내가 프래터니티에서 처신하는 방식하고는 달랐어요. 스튜디오에서 하는 행동하고도 달랐고요. 나는 이렇게 각자 분리된 생활들을 하면서 긴장도 많이 하고 신경도 엄청나게 썼어요.

• • •

뉴욕 미술계에는 관심이 없었어요. 그리고 대학 진학은 나한테는 의미 있는 일이 아니었고요. 내가 보스턴 뮤지엄 학교를 선택한 이유를 모르겠어요. 그냥 마음에 떠오른 학교를 골랐던 거예요. 나는 보스턴에 가고 싶었어요. 보스턴 뮤지엄 학교라는 이름이 쿨하게 들렸어요. 하지만 학교는 전혀 마음에 들지 않았고, 아파트를 나서는 게 겁이 나서 학교에 거의 가지 못했어요. 나한테는 광장공포증이 있었어요. 지금도 약간은 그래요. 나는 외출하는 걸 별로 좋아하지 않아요. 아버지는 내가 얻은 아파트의 임대료가 지나치게 비싸서 룸메이트를 얻어야만 한다고 말씀하셨어요. 그래서 나는 학교에 벽보를 붙였고, 피터 블랭크필드라는 남자—그는 나중에 피터 울프Peter Wolf로 개명하고 J. 가일즈 밴드J. Geils Band의 보컬이 됐어요—가 와서 말했어요. "내가 네 룸메이트가 됐으면 좋겠어." 나는 좋다고 했고 그는 그날 밤에 바로 입주했어요.

또 다른 남자인 피터 라핀에게 픽업트럭이 있었어요. 그래서 우리 세 명은 그 트럭을 타고는 보스턴에서 브루클린이나 브롱크스, 또는 피터의 물건을 구할 수 있는 어딘가로 갔죠. 그들은 차 안에서 마리화나를 피웠어요. 나는 마리화나는 결코 피우지 않았어요. 그렇지만 그들과 같은 차에 타고 있는 것만으로도 약 기운에 취했죠. 그들은 한 모금 피워보라며 나한테 줬어요. 그들은 그것의 약효가 어떤지 알고 있었지만 나는 그렇지 않았죠. 그래서 그들은 말했어요. "야, 데이비드, 지금 도넛 먹으면 끝내줄 것 같지 않냐?" 나는 "도넛을 먹어야겠어!"라고 말했죠. 그래서 우리는 만든 지 24일쯤 된 설탕가루 뿌려진 도넛을 구했고, 나는 어쩌나 게걸스럽게 먹었는지 폐에 설탕 가루가 잔뜩 쌓일 정도였어요. 그런 짓을 할 때는 조심해야 돼요.

그러다가 내가 운전할 차례가 됐어요. 우리는 고속도로를 내려가고 있었는데, 사방이 정말로 조용했어요. 누군가가 "데이비드!"하고 부르는 소리가 들리더군요. 그러다가 다시 조용해졌고, 또다시 누군가가 말했어요. "데이비드! 너 지금 고속도로에 차를 세웠어!" 나는 운전하면서 도로에 그어진 줄들의 움직임을 지켜보고 있었는데, 그 움직임은 시간이 갈수록 느려지고 있었어요. 나는 그 모습이 마음에 들어서 결국 줄들의 움직임이 멈출 때까지 차를 점점 더 느리게 몰았던 거예요. 차들이 우리 옆을 쌩쌩 날아다니는 한밤중의 8차선 고속도로에 차를 세워버렸죠! 엄청 위험했어요!

그런 후에 우리는 어떤 이유로 어떤 남자의 아파트에 차를 세웠어요. 거기에는 대부분이 빨간색인 크리스마스 전구 몇 개만 밝혀져 있었죠. 거실에는 완전히 분해된 커다란 오토바이가 놓여 있었고, 의자 몇 개가 있었어요. 지옥에 들어온 것 같았죠.

그런 후에 우리는 피터의 집에 가서 지하실로 내려갔어요. 우리가 거기 있는 동안 나는 두 손을 모았고 그들은 시커먼 물로 내 손 주위를 채웠어요. 그런데 그 수면에 낸시 브릭스의 얼굴이 떠다니고 있는 거예요. 나는 그녀의 모습을 멍하니 쳐다보고만 있었어요. 그게 내가 마리화나를 처음 피운 날이에요. 이튿날 아침에 우리는 피터의 물건을 싣고 잭을 만나러 갔어요. 잭은 나한테 자기 학교 학생 몇 명이 헤로인을 하고 있다고 했어요. 잭의 빌딩에서 열리는 파티에 갔죠. 실크 셔츠를 입은 청년이 웅크리고 있었는데, 헤로인에 취해 있었어요. 그때는 사방에 히피들이 보이기 시작한 시기이기도 했어요. 나는 그들을 업신여기지는 않았지만, 그건 일시적인 유행처럼 보였어요. 그들 중 많은 이들이 건포도와 견과류만 먹으면서 살았죠. 또 일부는 인도 출신인 것처럼 옷을 차려입고 자기들이 명상가라고 말했죠. 하지만 나는 당시에는 명상하고는 조금도 엮이고 싶지 않았어요.

　그러고서 불과 몇 달 후에 룸메이트 피터를 내쫓았어요. 무슨 일이 있었냐면, 내가 밥 딜런 콘서트를 갔다가 얼마 전에 깨진 여자의 옆자리에 앉게 된 거예요. 내가 그녀의 옆자리에 앉아 있다는 게 믿어지지 않았어요. 우리는 사귀면서 데이트를 했는데, 우리가 깨진 다음에 혼자서 마리화나에 취해 콘서트에 갔는데 거기에 그녀가 있는 거예요! 그녀의 옆자리에 앉다니, 세상에 이런 괴상한 우연도 다 있나 생각했던 게 기억나요. 좌석은 정말로 형편없었어요. 어마어마하게 큰 강당의 한참 뒤편에, 앞에서 멀리 떨어져도 한참 떨어진 자리였으니까요. 그때는 1964년이었고, 딜런이 밴드를 데리고 다니지 않던 때였어요. 저 멀리 무대에는 그 혼자만 있었죠. 그는 믿기 힘들 정도로 조그맣게 보였어요. 나는 엄지하고 검지를 써서 그의 청바지를 측정한 다음에 그 여자한테 말했어요. "딜런의 청바지는 크기가 16분의 1인치밖에 안 돼!" 그러고는 그의 기타를 측정하고 말했죠. "기타도 16분의 1인치밖에 안 되고!" 기이하기 이를 데 없는 마법 같았죠. 나는 엄청난 피해망상에 사로잡혔어요. 결국에는 휴식 시간이 찾아왔고, 나는 밖으로 뛰어나왔어요. 차갑고 신선한 공기를 마시면서 생각했어요. 하나님, 감사합니다. 제가 밖으로 나왔군요. 그리고 집으로 걸어갔어요. 집에 왔더니 피터가 친구들을 떼거리로 몰고 오더군요. 그가 말했어요. "뭐야! 딜런 콘서트를 중간에 나오는 사람이 세상에 어디 있어?" 그래서 말했죠. "그래, 내가 딜런 콘서트 가서 중간에 나왔다. 어쩔래. 여기서 꺼져." 나는 그들을 모두 내쫓았어요. 남동생하고 같이 차를 타고 가다 자동차 라디오로 딜런을 처음 들었을 때를 기억해요. 우리는 미친 듯이 깔깔거리기 시작했어요. 노래는 〈바람만이 아는 대답Blowin' in the Wind〉이었어요. 그가 노래하는 방식은 무척 쿨했지만, 또 엄청 재미있기도 했어요.

　보스턴 뮤지엄 학교는 두 학기만 다녔는데, 그나마 후반부에는 수업에 들어가지도 않았어요. 내가 좋아했던 유일한 수업은 미술관 다락에서 하는 조각 수업이었어요. 교실은 너비가 7.5미터쯤이었는데, 길이는 30미터나 됐고 천장이 믿기 힘들 정도로 높았어요. 천장에 낸 채광창은 교실에 있는 모든 걸 밝혀줬고요. 석고 반죽과 진흙 같은 소재들이 담긴 커다란 통들이 있었어요. 거기가 내가 캐스팅casting을 배운 곳이에요. 선생님은 욘프리드 게오르크 버크슈네이더Jonfried Georg Birkschneider라는 분이었는데, 보스턴의 술집에 급여로 나온 수표를 서명해서 넘겨주는 분이었죠. 30미터 길이의 윤이 나는 짙은 색 나무 바bar가 있는 술집이었는데, 그분은 거기서 술을 마셔댔죠. 그분에게는 나탈리라는 여자친구가 있었어요. 1학기를 마치고 크리스마스에 알렉산드리아에 있는 집으로 가면서 내 거처에 그분이 나탈리와 함께 머무르게 해줬어요. 나는 보스턴에 돌아와서도 그들이 내 아파트에 나랑 계속 머무르게 내줬고, 그들은 몇 달을 더 머물렀죠. 나는 방 하나에 페인트칠을 했고, 선생님과 나탈리는 다른 방을 맡았어요. 선생님은 그 방에 멍하니 앉아만 있었는데, 나는 그런 것에는 신경 쓰지 않았어요. 선생님 때문에 목시Moxie라고, 보스턴 사람들이 마시는 콜라에 흥미를 갖게 됐어요. 처음에는 목시를 싫어했지만, 그 병을 냉동실에 넣으면 뚜껑이 튀어 열리면서 기막히게 맛있고 부드러운 얼음이 병에 남는다는 걸 발견한 뒤로 그걸 좋아하게 됐죠. 목시 슬러시 같은 거였어요. 그런데 선생님이 그 이후에 어떻게 되셨는지는 몰라요.

그렇게 나는 대학을 중퇴했고, 잭하고 나는 유럽으로 갔어요. 우리가 거기에 간 건 그곳 자체가 미술이라는 꿈의 일부였기 때문이지만, 그 꿈은 철저하게 설익은 거였죠. 돈을 가진 사람은 나뿐이었어요. 잭이 집에 편지를 썼다면 그도 약간의 돈을 마련할 수 있었을 테지만요. 그래도 우리는 정말 좋은 시간을 보냈어요. 우리 마음에 들지 않았던 유일한 지역은 잘츠부르크였어요. 빈털터리가 된 우리는 말 그대로 걷잡을 수 없는 처지가 됐어요. 계획이랄 게 하나도 없었죠. 우리는 잘츠부르크에서 파리로 가서 하루 이틀쯤 보낸 후, 진짜 오리엔트 익스프레스를 타고, 100퍼센트 전기 기차를 타고 베니스로 갔어요. 그러고는 연료로 석탄을 때는 기차를 타고 아테네로 갔죠. 밤중에 거기에 도착했어요. 이튿날 아침에 눈을 뜨니까 내 방의 천장과 사방 벽이 도마뱀 천지더군요. 아테네에 가고 싶었던 건 낸시 브릭스의 아버지가 발령이 나면서 두 달 후에 거기에 올 예정이기 때문이었어요. 낸시도 거기 올 예정이었지만, 우리는 아테네에 딱 하루만 머물렀어요. 나는 생각했죠. 나는 내가 정말로 있고 싶은 곳에서 11,200킬로미터 떨어진 곳에 있어. 그냥 여기를 벗어났으면 좋겠어. 잭도 같은 생각이었을 거예요.

그런데 그즈음 우리는 정말로 무일푼 상태였어요. 파리로 돌아가는 기차에서 학교 선생님 네 명을 만난 우리는 어찌어찌 그들이 파리에 머무르는 곳의 주소를 얻었어요. 우리는 파리에 도착했고 메리는 잭에게 집으로 오는 티켓을 보냈어요. 하지만 나는 티켓이 없었기 때문에 잭만 혼자 공항으로 갔죠. 그가 떠나기 전에 우리는 그 여자들이 준 주소로 갔지만 그들은 집에 없었어요. 그래서 우리는 노천카페에 갔고, 나는 코카콜라를 주문하고는 마지막 남은 몇 푼 안 되는 돈을 공항 가는 택시비로 쓰라며 잭에게 줬어요. 거기에 혼자 앉아 있다가 콜라를 다 마시고는 그들의 집에 가서 노크했지만, 그들은 아직도 집에 없었어요. 카페로 돌아가 앉았다가 다시 돌아가서 노크했더니 이번에는 있더군요. 그들은 내가 샤워를 할 수 있게 해주고 20달러를 줬어요. 부모님들은 휴가 중이었기 때문에 연락이 닿지 않았어요. 그래서 새벽 네 시에 전화를 걸어서 할아버지를 깨웠죠. 할아버지는 서둘러서 티켓 살 돈을 보내 주셨어요. 그 덕분에 나는 비행기를 타고 돌아와 브루클린에 갔어요. 집에 도착했을 때 나한테는 유럽의 온갖 동전들이 있었어요. 그것들을 모두 할아버지께 드렸죠. 할아버지께서 돌아가신 후에 가족들은 당신이 안전핀으로 꽂아놓은 종이쪽지가 담긴 작은 지갑을 찾아냈어요. 쪽지에는 "이것들은 데이비드가 유럽에서 가져다준 동전들이다."라고 적혀 있었어요. 나는 그것을 지금도 어딘가에 갖고 있어요.

유럽에서 돌아온 후 기이한 기간이 있었어요. 부모님은 내가 잘츠부르크의 학교에 다니지 않을 거라는 걸 아시고는 화를 내셨어요. 알렉산드리아로 돌아온 나는 킬러네 집에 머물렀죠. 부시넬 아저씨 부부는 집에 안 계셨고 토비만 있었는데, 그는 나를 보고 충격을 받았어요. 3년 계획으로 떠난 사람이 15일 만에 현관문을 노크했으니까요. 토비네 집을 떠난 후에는 나만의 공간을 얻었어요. 나는 항상 공간을 단장하는 것을 좋아해요. 그건 그림을 그리는 것과 비슷한 일이에요. 나는 내가 거주하고 작업할 공간이 특정한 방식으로 좋은 느낌을 풍기기를 원해요. 그건 마음과 관련이 있는 작업이에요. 나는 특정한 분위기를, 특정한 환경을 갖고 싶어요.

미켈란젤로 알로카는 프레임 숍을 소유한 50년대의 행위 미술가action painter였어요. 그가 내게 일자리를 줬죠. 기인이었어요. 머리가 5갤런짜리 통처럼 컸고, 수염을 엄청 덥수룩하게 길렀죠. 상체는 엄청나게 큰데 다리는 세 살짜리 어린애 크기밖에 안 됐어요. 휠체어를 타고 다녔지만, 상체의 힘은 무지하게 셌어요. 언젠가 차를 타고 가던 우리는 커다란 철제 H빔들 옆을 지나가게 됐어요. 그는 차에서 기어내려 거기로 가서는 H빔 하나를 붙잡더니 그걸 들어 올려 힘껏 내동댕이치더군요. 약간 맛이 간 사람이었어요. 그의 부인은 미녀였고, 둘 사이에는 잘생긴 아이가 있었어요. 그의 부인은 보는 사람을 뿅 가게 했죠! 그는 프레임 숍에서 일하는 나를 자르더니 청소 일을 하는 잡역부로 고용했어요. 어느 날 그가 말했어요. "5달러를 따로 벌고 싶냐?" "그럼요."라고 대답했죠. 그가 말했어요. "여자애들이 이 건물에 있는 개네 숙소를 비웠어. 가서 그 변기를 청소해." 변기가… 산들바람만 불어도 찰랑찰랑 넘칠 지경이었어요. 변기 꼭대기까지 꽉 차 있었죠. 갈색과 흰색과 빨간색 물이 맨 위까지 차 있었어요. 나는 그 변기에 있는 물을 바로 떠서 마셔도 좋을 정도가 될 때까지 청소했어요. 새 변기처럼 깨끗하게 만들었죠.

언젠가 알로카의 가게에 갔더니 그가 흑인 남자하고 얘기 중이었어요. 그 남자가 떠난 후에 마이크가 "공짜 TV 갖고 싶냐?"고 묻더군요. "그럼요."하고 대답했더니 그가 말했어요. "이 돈하고 총 가지고 여기로 가 봐. 그러면 아까 그놈이 너를 TV들이 있는 데로 데려갈 거야." 찰리 스미스랑 또 다른 사람을 데리고 D.C.에 가서 그 남자를 찾았어요. 그가 우리에게 운전해서 갈 곳을 알려주면서 말했어요. "여기서 기다려. 안에 들어가서 TV 갖고 올게." 안에 들어갔다 돌아오더니 말하더군요. "사람들이 나한테 TV를 주지는 않을 거래. 돈부터 먼저 받아야겠다는군." 우리는 안 된다고 했고, 그래서 그는 안에 들어갔다가 또다시 TV 없이 나와서는 돈부터 달라고 했어요. 우리는 다시 안 된다고 했고, 그는 다시 안에 들어갔죠. 이번에는 TV 박스를 가져왔고 우리는 그 기회를 잡기로 마음먹었어요. 우리는 그에게 돈을 줬고, 그는 안에 들어갔다가 결코 다시는 나오지 않았어요. 우리는 앞좌석 아래에 장전된 권총을 갖고 그대로 앉아 있었죠. 다행히도, 우리에게 무슨 일이 있었는지 들려주니까 마이크는 그냥 웃어넘겼어요. 사실 마이크는 무서운 모습을 보일 수도 있었어요. 한번은 자기가 나한테 준 급여를 내가 몽땅 물감 사는 데 쓰고 있다면서 "네가 산 음식을 보여줬으면 한다. 너는 잘 먹어야 해."라고 했어요. 내가 환자 같은 몰골이었던 게 분명해요. 그래서 우유하고 땅콩버터, 빵 덩이를 보여줬더니 그가 말했어요. "잘했어."

나는 직업을 얻을 때마다 잘렸어요. 한동안은 알렉산드리아에 거주하는 화가를 위해 일했죠. 플렉시글라스^{Plexiglas}에 빨강과 파랑, 노랑 동그라미를 그리는 작업을 하는 그는 작은 매장을 갖고 있었고 나는 거기를 운영했죠. 아무도 오지 않았어요. 나는 가끔씩 10센트 동전을 훔쳐 코카콜라를 샀어요. 어느 날 잭이 들어오더니 해군에 입대할 거라고 하더군요. 하지만 그는 딱 3초간만 그러고 싶어 했어요. 내가 아는 그 다음 일은 그가 필라델피아에 있는 펜실베이니아 미술아카데미에 들어갔다는 거예요. 그는 공부하러 떠났고 나는 그곳에 남았죠.

부시넬 아저씨는 알렉산드리아에 있는 게 내게 제일 유익한 일은 아니라는 걸 아셨어요. 잭이 아카데미에 들어갔다는 걸 듣고 말씀하셨죠. "데이비드가 이 동네에 남는 게 재미있는 일이 아니라는 건 확실히 해두자." 부시넬 아저씨 형제는 나를 피해 다니기 시작했지만, 나는 그분들이 무슨 일을 하고 있는지는 몰랐어요. 그래서 상처를 받았죠. 하지만 부시넬 아저씨는 내가 얼마나 뛰어난 인재인지를 알리는 편지를 아카데미에 보냈어요. 내가 아카데미에 들어가는 데 그 추천서가 도움을 줬다고 생각해요. 부시넬 아저씨는 내가 화가가 되기를 원한다는 걸 깨닫게 만드는 작업을 시작하셨어요. 그런 후에 스튜디오를 주셨죠. 그분은 내게 영감을 주는 분이었고, 그런 후에는 그런 내용을 담은 편지도 써주셨어요. 그분은 많은 방법으로 나를 도와주셨어요. 아저씨 부부는 미국영화연구소AFI에 대한 얘기를 내게 해주신 분들이에요. 내가 단편 영화 두 편을 만들었다는 얘기를 들은 두 분은 AFI가 보조금을 준다는 얘기를 해주셨어요. 그분은 내 인생에서 무지하게, 어마어마하게 중요한 분이에요.

부시넬 아저씨는 그 몇 년 동안 나를 많이 도와주셨지만, 그 시기는 전체적으로는 내게 썩 좋진 않았어요. 십대로 산다는 건 엄청난 행복감에 도취된 스릴 넘치는 일들이 감옥에 연결된 사슬 같은 것과 뒤섞인 듯한 경험이에요. 여기서 감옥은 고등학교를 말하는 거예요. 정말 고통스러운 나날이었어요.

웃음 짓는 죽음의 가방들

1960년대 필라델피아는 망가진 도시였다. 제2차 세계대전이 끝난 후 아프리카계 미국인의 대규모 유입과 짝을 이룬 주택 부족 현상은 백인들의 교외 이주 물결을 촉발했고, 1960년대부터 1980년대까지 도시의 인구는 계속 줄어들었다. 필라델피아의 인종 간 관계는 늘 걱정스러운 수준이었고, 1960년대 동안 필라델피아에 기반을 둔 흑인 이슬람교도들, 흑인 민족주의자들 그리고 NAACP(미국 흑인지위향상협회)의 전투적 파벌은 블랙 파워 운동 the black power movement의 탄생에 핵심적인 역할을 하면서 갈등을 급격히 고조시켰다. 히피들과 학생 운동가들, 경찰관들, 마약 딜러들, 아프리카계 미국인 커뮤니티와 아일랜드계 가톨릭 커뮤니티 구성원들 사이에서 은근하게 심화된 적대감은 종종 비등점에 다다르면서 길거리로 흘러넘쳤다.

린치가 그 도시에 도착한 때는 시민권 운동 당시 필라델피아에서 일어난 최초의 인종 폭동 중 한 건이 일어나고 채 일 년 반도 지나기 전이었다. 그 폭동 때문에 225개 상점이 손상되거나 파괴됐는데, 그중 많은 상점이 다시는 문을 열지 못했고, 한때 인파로 북적거리던 상점가는 셔터가 닫힌 가게들과 깨진 창문들이 늘어선 빈 거리로 변해버렸다. 활발하게 벌어지는 마약 거래는 도시의 폭력을 부추겼고, 빈곤은 주민들을 의기소침하게 만들었다. 위험함과 추잡함, 그것들은 린치의 상상력에 풍부한 밑거름을 제공했다. "필라델피아는 무시무시한 고장이었습니다." 잭 피스크는 말했다. "그리고 그 도시는 데이비드에게 정말로 지저분한 세계를 소개했죠."

펜실베이니아 미술아카데미는 도시 한복판에 비무장 지대처럼 자리하고 있었다. "시내에는 숱한 갈등과 피해망상이 들끓고 있었지만, 학교는 오아시스 같았습니다." 린치의 급우 브루스 사무엘슨은 회상했다.[1] 펜실베이니아 미술아카데미는 빅토리아 양식으로 화려하게 장식된 건물에 둥지를 튼, 미국에서 가장 유서 깊은 미술학교다. 그곳은 린치가 그곳을 다닌 몇 년 동안에는 보수적인 학교로 간주됐지만, 한편으로는 린치에게 딱 필요했던, 그의 경력을 하늘로 쏘아 올려준 발사대이기도 했다.

"데이비드는 내가 임대한 작은 방에 이사해 들어왔습니다." 피스크는 말했다. "그는 1965년 11월에 들어왔고, 우리는 그가 수강을 시작한 1월이 되기 전까지 거기에 살았습니다. 방에는 우리가 잠을 자는 카우치가 두 개 있었고, 나는 죽은 초목들을 많이 수집해서 사방에 흩어 놓았습니다. 데이비드는 죽은 초목을 좋아하죠. 그런 후, 정월 초하루에 우리는 필라델피아의 섬뜩한 공장 지대에 있는, 시체 안치소와 길 하나를 사이에 두고 있는 집을 월세 45달러에 빌렸습니다. 사람들은 우리 집을 방문하는 걸 무서워했죠. 데이비드는 불한당에게 공격받을 경우를 대비해서 늘 못들이 박힌 몽둥이를 가지고 주위를 산책했습니다. 어느 날 그를 불러 세운 경찰관이 그 몽둥이를 보고는 말했죠. '잘했어. 앞으로도 계속 그런 걸 갖고 다니도록 해.' 우리는 밤새 일하고 낮에는 내내 잠을 잤습니다. 강사들하고는 그다지 교류를 하지 않았죠. 우리가 한 일이라고는 그림을 그리는 게 전부였습니다."

린치와 피스크는 학교에 지나치게 자주 가는 수고는 하지 않았지만, 마음이 통하는 학생들의 커뮤니티와는 빠르게 보조를 맞추었다. "데이비드와 잭은 배트맨과 로빈 콤비처럼 나타나서는 우리 그룹의 일원이 됐습니다." 화가 에오 옴웨이크Eo Omwake의 회상이다. "우리는 실험을 좋아하는 비주류로, 그룹의 구성원은 열 명이었습니다. 구성원끼리 무척 친밀한 동아리로, 우리는 서로를 격려하면서 소박한 보헤미안식으로 살았어요."[2]

동아리 멤버 중에는 화가 버지니아 메이틀랜드Virginia Maitland가 있었는데, 그녀는 린치를 "커피를 엄청 마셔대고 담배를 피우는 구식 스타일의 말쑥한 청년"으로 기억했다. "깔끔하면서도 별난 사람이었어요. 에이브러햄 링컨처럼 키가 크고 보통 히피 분위기를 풍기는 잭하고 같이 다녔는데, 잭이 키우는 개 파이브도 대체로 그들과 함께 다녔죠. 재미있는 콤비였어요."[3]

"데이비드는 늘 카키 바지에 옥스퍼드 구두와 길고 두툼한 양말을 신었습니다." 급우 제임스 하버드는 말했다. "우리는 만나자마자 친구가 됐어요. 작품 활동에 흥분하는 그의 모습이 마음에 들었거든요. 데이비드는 사랑하는 어떤 일을 할 때 거기에 정말 몰두합니다. 그런데 필라델피아는 당시에는 굉장히 거친 곳이었습니다. 우리는 모두 근근이 살아가고 있었고요. 우리는 밤중에는 그리 많이 쏘다니지 않았습니다. 굉장히 위험했거든요. 하지만 우리는 나름의 방식으로 대단히 자유분방했고 데이비드도 마찬가지였습니다. 우리는 모두 내 거처에서 비틀스를 들었고, 그는 5파운드들이 포테이토 칩 깡통을 드럼처럼 두들겨대곤 했습니다. 정말 쉴 새 없이 두들겨댔죠."[4]

사무엘슨은 "데이비드의 신사다운 말투, 그리고 교수진 말고는 아무도 타이를 매지 않던 시대에 타이를 매고 다녔다는 사실"에 깊은 인상을 받았던 걸 회상했다. "우리가 처음 만나고서 그와 헤어질 때 뭔가 이상하다는 느낌을 받았던 걸 기억합니다. 고개를 돌려 뒤를 돌아봤다가 그가 타이를 동시에 두 장 매고 있는 걸 봤습니다. 사람들 시선을 끌려고 애쓰고 있던 게 아니었습니다. 타이 두 장은 그냥 그의 존재의 일부였던 겁니다."

린치가 아카데미에 도착하기 다섯 달 전, 페기 렌츠 리비가 거기서 수업을 받기 시작했다. 성공한 변호사의 딸인 리비는 고등학교를 졸업한 후 곧장 아카데미에 입학했다. 그녀는 캠퍼스 기숙사에 살던 중에 린치를 만났다. "그는 내 눈을 확 휘어잡았어요." 그녀가 말했다. "그가 카페테리아에 앉아 있는 걸 보고 생각했어요. 정말로 잘생긴 남자라고요. 그 시점에 그는 혼란스러운 삶을 살고 있었어요. 셔츠에는 구멍이 숭숭 뚫려 있었죠. 그런데도 그는 무척이나 사랑스럽고 연약해 보였어요. 여자들이 보살펴 주고 싶어 하는, 눈이 크고 천사처럼 생긴 딱 그런 남자였어요."

그들이 처음 만났을 때는 리비와 린치 모두 다른 사람을 사귀고 있었다. 그래서 두 사람은 몇 개월간은 그냥 친구 사이였다. "우리는 같이 점심을 먹고 얘기하는 걸 좋아했어요. 하지만 그는 내가 자라면서 사랑해온 것들, 그리고 내가 미술가와 결부시키곤 했던 특징들에는 전혀 관심이 없어서 처음에는 그가 약간 굼뜬 사람이라고 생각했어요. 고등학생에게 미술가는 그리 인기 있는 직종이 아니라고 생각했는데, 여기 있는 이 멋들어진 남자는 고등학교 때 프래터니티의 회원이었고, 내가 전혀 알지 못했던 세계에 대한 경이로운 이야기들을 들려줬어요. 학급이 떠난 스키 여행, 보이시 외곽의 사막에서 한 토끼 사냥, 할아버지의 밀 농장. 나에게는 정말로 신기한 것들이었고, 그 얘기들은 무척이나 재미있었어요! 문화적으로, 우리는 생판 다른 세계 출신이었어요. 내가 가진 쿨한 그레고리오 성가 레코드를 들려줬더니 그는 겁에 질렸어요. '페기! 네가 이런 음악을 좋아한다는 게 믿어지지가 않아! 너무 우울한 음악이야!' 사실, 우리가 서로를 알아갈 때 데이비드는 우울한 상태였어요."

옴웨이크도 같은 생각이었다: "데이비드가 시체 안치소 근처에 살 때 우울한 시기를 겪었다고 생각합니다. 예를 들어, 그는 하루에 열여덟 시간을 잤었죠. 한번은 그가 잭과 같이 쓰는 방에 간 적이 있는데, 잭하고 내가 얘기를 하던 중에 그가 깨어났습니다. 밖으로 나온 그는 콜라를 네 병인가 다섯 병을 마시더니 얘기를 잠깐 하고 다시 침대로 돌아갔어요. 그는 그때 잠을 많이 잤죠."

린치는 깨어 있는 동안에는 무척이나 생산적이었던 게 분명하다. 학업 성취 속도가 빨랐기 때문이다. 수업을 시작하고 다섯 달 후, 그의 작품은 학교에서 실시한 경연대회에서 선외 가작honorable mention으로 뽑혔다. 그의 수상작은 볼 베어링이 전구와 폭죽과 연관된 연쇄반응을 촉발하는 과정을 담은 혼합매체mixed-media 작품이었다. "아카데미는 고전적인 교육을 강조한, 당시에 남은 몇 안 되는 미술학교 중 하나였어요. 하지만 데이비드는 정물화 그리기 같은 1학년 수업에 그리 많은 시간을 쓰지는 않았죠." 버지니아 메이틀랜드는 말했다. "그는 꽤 빨리 고급반으로 월반했어요. 고급반 과정 전원을 몰아넣은 대형 스튜디오들이 있었는데, 우리 중 대여섯 명이 거기에 있었어요. 데이비드의 작품을 감상하면서 꽤나 흥분했던 기억이 나네요."

린치는 아카데미에 도착했을 때 이미 기술적으로는 숙련된 상태였지만, 아직까지는 추후 그의 성숙한 작품에 배게 될 독특한 목소리를 발전시키지는 못한 상태였다. 그는 첫해 동안 대여섯 가지의 상이한 스타일을 시도했다. 숙달된 솜씨로 흑연으로 그린, 초현실적이면서 기이한 초상화들이었다—코피가 터진 남자의 초상, 구토하는 남자의 초상, 두개골이 갈라진 남자의 초상. 그리고 린치가 "기계적인 여자들"이라고 묘사한, 인간의 몸에 기계적인 부품들이 결합된 인물. 독일 미술가 한스 벨머Hans Bellmer의 작품을 상기시키는, 우아하면서도 성적 에너지가 넘치는 소묘들. 모두 걸출한 재간으로 완성된 작품들이었지만, 거기에 린치

특유의 강렬한 감수성은 아직 제대로 담겨 있지 않았다. 그러다가 1967년에, 그는 <신부^{The} ^{Bride}>를 완성했다. 웨딩드레스를 입은 유령 같은 인물을 그린 가로, 세로 1.8미터 크기의 초상화였다. "그는 그 작품을 통해 어둠과 공포 속으로 저돌적으로 뛰어들고 있었어요." 그 그림에 대한 리비의 설명이다. 그녀는 그걸 린치의 경력의 돌파구 같은 작품으로 간주하는데, 현재 그 작품의 행방은 묘연하다. "근사하게 그려진 작품이에요. 여자가 입은 드레스의 흰 레이스를 배경에 있는 시커먼 땅에 대비시켜 부드럽게 칠했죠. 그녀는 자기 아이를 직접 낙태시키려고 드레스 아래로 뼈만 남은 팔을 뻗어요. 태아가 존재를 살짝 드러내지만 유혈이 낭자한 작품은 아니었어요… 그냥 미묘한 분위기만 풍겼죠. 뛰어난 회화였어요."

린치와 피스크는 1967년 4월까지 시체 안치소 건너편 거리에 계속 살았다. 그들은 4월에 아일랜드계 가톨릭 신자들의 동네인 애스펜 스트리트 2429번지에 있는 집으로 이주했다. 그들은 "성부, 성자, 성령" 연립주택으로 알려진 3층짜리 집으로 이사했다. 피스크는 2층을 썼고, 린치는 3층을 썼다. 1층은 주방과 거실이었다. 리비는 거기서 버스를 한 번만 타면 갈 수 있는 곳에 있는 아파트에 살고 있었는데, 그 무렵 그녀와 린치는 커플이 돼 있었다. "그는 우리 관계를 '섹스를 하는 친구'라고 밝혔고, 나는 그 생각에 어느 정도 동조했어요." 리비의 회상이다. 애스펜 스트리트에 꾸준히 모습을 드러내던 그녀는 몇 달 뒤 피스크가 근처의 자동차 정비소 위층에 있는 로프트로 이사하기 전까지 린치와 피스크와 함께 거기에서 살기에 이르렀다.

"데이비드와 잭하고 같이 있으면 무척 재미있었어요. 두 사람 옆에 있으면 계속 웃게 됐죠." 리비는 말했다. "학교에서 집으로 걸어갈 때면 데이비드는 내 옆에서 자전거를 타곤 했어요. 그러던 어느 날 우리는 인도에서 다친 새를 발견했어요. 그 새에 굉장한 흥미를 보인 그는 새를 집에 데려갔고, 새가 죽은 뒤에는 밤을 새우다시피 하면서 새를 끓였어요. 새의 뼈로 무슨 작품을 만들기 위해 뼈에서 살을 발라내려고요. 데이비드와 잭은 제로라는 검은 고양이를 키웠는데, 이튿날 아침에 앉아서 커피를 마시던 우리는 다른 방에서 제로가 뼈들을 으스러뜨려 조각내는 소리를 들었어요. 잭은 그 소리를 듣고는 목이 꺾여라 폭소를 터뜨렸죠."

"데이비드가 좋아한 식당은 체리 스트리트에 있는 드럭스토어 커피숍이었어요. 거기에 있는 모든 사람들이 그의 이름을 알고 있었죠." 리비는 린치와 함께한 처음 몇 달에 대한 설명을 계속했다. "데이비드는 웨이트리스들한테 집적거리곤 했어요. 그는 계산대에 있는 나이 많은 신사인 폴을 무척 좋아했죠. 폴은 백발에 안경을 쓰고 타이를 맸어요. 데이비드에게 늘 자기 텔레비전 얘기를 했죠. 그걸 구입한 과정과 그 텔레비전이 얼마나 우수한 제품인지에 대해서요. 그러고는 항상 자기 TV에 대해 근엄하게 이런 말을 하는 것으로 대화를 끝맺었죠. '그리고, 데이브… 나는 TV 수신 상태가 좋다는 축복을 받았다네.' 데이비드는 지금도 폴하고 그의 '좋은 수신 상태'에 대한 얘기를 해요."

데이비드 린치의 창작 활동에 대한 근거 없는 사회적 통념의 핵심을 차지하는 사건은 1967년 초에 일어났다. 그는 짙은 녹색으로 처리된 나뭇잎 가운데 서 있는 인물을 묘사하는 그림을 그리다가 그가 "미풍a little wind"이라고 묘사하게 된 걸 감지했다. 그는 그림에서 팔딱거리는 움직임을 봤다. 하늘에서 주신 선물처럼, 움직이는 그림moving painting이라는 아이디어가 그의 마음속에서 또렷이 떠올랐다.

그는 브루스 사무엘슨과 영상 매체를 혼합하는 문제를 논의했다. 당시 사무엘슨은 인체의 내장과 살덩어리를 그린 그림들을 작업하던 중이었다. 그러나 그들은 공동으로 발전시킨 아이디어를 폐기하기에 이르렀다. 하지만 린치는 그의 앞에 저절로 등장한 새로운 방향을 탐구하기로 결심했다. 그는 필라델피아 다운타운에 있는 포토라마에서 카메라를 임대해 「병에 걸린 여섯 남자(6회)」Six Men Getting Sick(Six Times)를 만들었다. 여섯 번 반복되는 1분짜리 애니메이션인 이 작품은 조각으로 만든 1.8미터×3미터 크기의 독특한 스크린에 영사됐다. 예산 200 달러로 아카데미가 소유한 호텔의 빈 방에서 촬영한 영화는 처음에는 석고로, 그 다음에는 섬유 유리로 세밀하게 뜬 얼굴 세 개—린치는 피스크의 얼굴을 두 번 석고로 떴고, 피스크는 린치의 얼굴을 한 번 떴다—와 영사된 얼굴 세 개가 짝을 이룬다. 린치는 당시 상이한 소재들을 갖고 실험하고 있었다. 리비는 이렇게 말했다. "데이비드는 「병에 걸린 여섯 남자」를 만들기 전에는 폴리에스테르 수지를 써본 적이 없었어요. 그래서 그가 처음으로 섞은 수지 통은 불길에 휩싸여버렸죠."

작품에 등장하는 여섯 인물 전원의 신체는 미니멀하게 표현됐고, 중앙에는 위장胃臟을 표현하는 부풀어 오르는 빨간 구체가 있다. 애니메이션으로 그려진 위장들에는 색깔 있는 액체들이 채워지고, 얼굴들이 자주색 들판에 흰색 페인트를 뿜어내며 터질 때까지 액체들의 수위는 높아진다. 영화 내내 사이렌 소리가 울려 퍼지고, "sick"이라는 단어가 스크린을 빠르게 가로지르며 손들은 고통스럽게 움직인다. 이 작품은 학교의 윌리엄 S. 비들 캐드월래더 박사Dr. William S. Biddle Cadwalader 기념상을 수상했다. 린치는 화가 노엘 마하피Noel Mahaffey와 이 상을 공동 수상했다. 작품에서 강한 인상을 받은 동료 학생 H. 바튼 와서먼H. Barton Wasserman은 린치에게 자기 집에 설치할 유사한 영화를 만들어달라는 의뢰를 하기에 이르렀다.

"데이비드는 나한테 무지하게 뜨겁고 밝은 빨강 아크릴 도료를 칠했어요. 그러고는 샤워기 꼭지로 이런 장치를 뚝딱 만들어냈죠." 와서먼의 의뢰에 대한 리비의 회상이다. "그는 한밤중에 샤워기 꼭지하고 긴 호스가 필요했어요. 골목으로 나가더니 그것들을 갖고 돌아오더라고요! 데이비드한테는 그런 종류의 일이 많이 일어났어요." 린치가 그 작품을 위한 2분 35초짜리 영화를 필름으로 촬영하는 데 두 달이 걸렸다. 그런데 그 필름을 현상하려고 현상소로 보낸 그는 사용했던 카메라가 고장이 났고 그 필름은 기다란 블러(blur, 흐릿한 화면—옮긴이)에 불과하다는 걸 알게 됐다. "그는 두 손으로 머리를 감싸고는 2분간 울먹였어요." 리비는 말했다. "그러더니 '젠장.'하고 소리를 치더군요. 그러고는 카메라를 수리 보냈어요. 그는 굉장히 차분하게 단련된 사람이에요." 이 프로젝트의 의뢰는 철회됐지만, 와서먼은 그 작품을 만들어달라며 건넨 자금의 나머지 액수를 린치가 계속 가지고 있도록 허락했다.

1967년 8월에 리비는 임신했다는 걸 알게 됐다. 그리고 가을 학기의 시작을 한 달 앞뒀을 때 린치는 아카데미를 떠났다. 그는 학교 행정처에 보낸 편지에서 이렇게 설명했다. "저는 가을에 돌아오지 않을 겁니다. 하지만 코카콜라를 마시려고 가끔 학교에 들를 겁니다. 요즘에 저는 가진 돈이 많지 않습니다. 그리고 제 주치의 말로는 저한테 유화 물감 알레르기가 있다고 합니다. 제 몸속에서는 창자의 경련 말고도 궤양도 커지고 요충들도 늘어나고 있습니다. 저에게는 여기 펜실베이니아 미술아카데미에서 성실한 작품 활동을 계속해나갈 에너지가 없습니다. 사랑을 담아 —데이비드. 추신: 대신에 저는 영화들을 진지하게 만들고 있습니다."5

연말에는 리비도 학교를 떠났다. "데이비드가 말했어요. '결혼하자, 페기. 우리는 어쨌든 결혼하게 될 거야. 그러니까 그냥 결혼해버리자.'" 리비는 회상했다. "부모님께 가서 임신했다는 말을 해야만 하는 현실이 믿어지지 않았어요. 하지만 우리는 그렇게 했고, 그 결정은 우리 부모님이 데이비드를 애지중지하게 만드는 데 도움을 줬죠."

"우리는 1968년 1월 7일에 우리 부모님이 다니던 교회에서 결혼했어요. 교회에는 새로 부임한 목사님이 계셨는데, 정말로 좋은 분이셨죠." 그녀의 회상이 이어졌다. "그분은 우리 편이셨어요: 이봐, 자네들은 사랑을 찾은 거야. 끝내주는 일이지. 나는 당시 임신 6개월로, 바닥에 끌리는 흰색 드레스를 입었어요. 격식을 차린 예식을 치렀는데, 데이비드나 나나 결혼식을 무척 재밌어했어요. 우리 부모님은 친구들을 초대하셨는데, 부모님 친구분들은 그런 분위기를 어색해하셨어요. 그래서 기분이 좋지 않았죠. 하지만 우리는 그냥 기분 좋게 받아들이기로 했어요. 결혼식을 마친 우리는 전채 요리하고 샴페인을 즐기러 친정집에 갔어요. 미술 하는 친구들이 몽땅 왔고, 샴페인이 흘러넘쳤어요. 흥겨운 파티였죠. 신혼여행은 가지 않았지만, 친구들은 우리를 위해 체스트넛 힐 호텔의 방을 하루 잡아줬어요. 거기는 지금은 폐허나 다름없지만, 당시에는 근사한 호텔이었어요. 우리가 머무른 방은 초라했지만, 둘 다 행복했고 재미있었어요."

린치는 와서먼에게 의뢰를 받으며 받은 돈 중 남아 있는 자금, 그리고 아버지로부터 받은 경제적 지원을 활용해 두 번째 영화인 「알파벳The Alphabet」에 착수했다. 리비가 출연하는 4분짜리 영화 「알파벳」은 잠을 자는 동안 불안에 떨며 알파벳을 낭송하는 조카딸에 대한 리비의 이야기에서 영감을 받은 작품이다. 어둡고 텅 빈 공간에 놓인 흰색 시트 덮인 침대 위에 흰색 나이트가운을 입고 누워 있는 리비의 숏으로 시작되는 영화는 실사와 애니메이션이 교차 편집되며 진행된다. 여기에는 영화에 나오는 그림들 위로 아이들 무리가 "A-B-C"를 읊조리다가 남자 바리톤(린치의 친구 로버트 채드윅Robert Chadwick)이 우렁찬 톤으로 무의미한 노래를 불러대는 혁신적인 사운드트랙이 동반된다. 울어대는 아이와 어르는 어머니, 그리고 리비가 알파벳 전체를 낭송한다. 린치가 "학습과 관련된 공포에 대한 악몽"이라고 묘사한 이 작품은 기저에 위협적인 분위기가 흐르는 매력적인 영화다. 작품은 침대에서 몸부림을 치다 피를 토해내는 여자의 모습으로 끝을 맺는다. "「알파벳」이 처음 상영된 곳은 밴드 박스the Band Box라는 실제 영화관이었어요." 리비의 회상이다. "영화가 시작됐는데 사운드가 꺼져버렸어요." 자리에서 벌떡 일어선 린치는 "상영 중지"라고 고함을 치고는 리비를 뒤에 남겨둔 채 영사실로 황급히 뛰어 올라갔다. 리비의 부모가 영화를 보러 왔다. 린치는 그날 저녁을 "악몽"으로 기억한다.

"데이비드의 작업은 우리 생활의 중심이었어요. 그가 영화를 완성하기 무섭게 정신을 쏟아 부은 대상은 또 다른 영화를 만들 수 있을지의 여부였어요." 리비는 말했다. "그가 나를 사랑한다는 걸 나는 추호도 의심하지 않았어요. 하지만 그는 이렇게 말하곤 했죠. '작업이 제일 중요해. 그게 무엇보다도 우선이어야 해.' 우리 생활은 딱 그런 식이었어요. 나 역시 내가 데이비드의 작업에 극도로 깊이 관여하고 있다고 느꼈어요. 우리는 미학적인 관점에서는 정말로 끈끈하게 연결돼 있었어요. 내가 그저 감탄밖에 할 수 없는 작업을 그가 하는 모습을 보던 게 기억나요. 나는 말했죠. '세상에! 당신은 천재야!' 나는 그런 말을 입이 닳도록 했고, 실제로 그는 천재라고 생각해요. 그는 작품의 창작 맥락에 적절히 들어맞으면서도 자신만의 독창성을 살린 작업을 했어요."

1967년부터 필라델피아 미술관의 서점에서 일하던 리비는 산기産氣가 느껴질 때까지 일을 계속했고, 1968년 4월 7일에 제니퍼 체임버스 린치Jennifer Chambers Lynch가 태어났다. 리비는 회상했다. "데이비드는 젠Jen이 태어난 것에 무척이나 흥분했지만, 젠이 밤마다 우는 바람에 힘든 시간을 보내기도 했어요. 그는 그걸 감당할 참을성이 없었죠. 데이비드에게 잠은 중요했고, 그를 깨우는 건 유쾌한 일이 아니었어요. 그는 위가 나빠서 아침마다 기분이 안 좋았어요. 하지만 젠은 대단한 존재였어요. 정말로 키우기 쉬운 아이였죠. 오랫동안 내 인생의 중심이었어요. 우리 세 사람은 모든 일을 함께 했어요. 우리는 목가적인 가족이었어요."

리비와 린치가 결혼했을 때, 리비의 아버지는 그들에게 2,000달러를 줬고, 린치의 부모님은 그들이 집을 매입할 수 있도록 추가 자금을 보태줬다. "포플라하고 링골드가 교차하는 모퉁이에 있는 집으로, 포플라 2416번지였어요." 리비는 말했다. "침실에 우크라이나인들이 다니는 가톨릭 성당이 내려다보이는 내닫이창들이 있었고, 우리 침대는 거기에 놓였어요. 나무가 많은 동네였죠. 그 집은 많은 일을 가능하게 만들어줬지만, 많은 면에서 꽤 살기 힘든 곳이기도 했어요. 우리는 리놀륨을 모두 걷어냈는데, 나무 바닥을 사포질하는 작업을 결코 끝마치지 못했어요. 바닥 일부는 심하게 손상돼 있었어요. 내가 주방에서 무엇인가를 쏟으면 곧바로 나무에 스며들어버렸죠. 캘리포니아로 이사 가기 직전에 그 집을 방문했던 시어머니가 이러시더군요. '얘, 너는 이 바닥이 정말로 그립겠구나.' 시어머니의 유머 감각은 무척이나 딱딱하면서도 놀라웠어요. 언젠가는 나를 슬쩍 보시고는 말씀하시더군요. '얘, 우리는 지난 몇 년간 네 걱정을 많이 했다. 데이비드를 남편으로 둔다는 게…' 사람을 웃길 줄 아는 분이셨어요. 시아버지 역시 유머 감각이 탁월한 분이셨죠. 시부모님하고 지내는 게 늘 즐거웠어요."

리비 입장에서 린치의 아내로 사는 삶은 흥미롭고 풍성한 경험이었다. 하지만 필라델피아의 폭력성은 대수롭지 않게 넘길 일이 아니었다. 그곳에서 자란 그녀는 1960년대에 그곳이 미국 북동부의 다른 대도시들보다 더 거친 고장은 아니었다고 느꼈다. 하지만 그녀는 "우리 집 밖에서 누가 총에 맞을 때면 필라델피아가 마음에 들지 않았어요."라고 인정했다. "그런데도, 나는 날마다 외출해서 유모차를 밀면서 시내 전역을 쏘다니며 필름이나 우리한테 필요한 것들을 얻고는 했어요. 겁 같은 건 나지 않았어요. 그래도 오싹해질 때가 있기는 했었죠."

"데이비드가 외출한 어느 밤에 2층 창문에서 얼굴 하나를 봤어요. 그러다가 데이비드가 귀가한 후에 누군가가 거기에서 뛰어내리는 소리를 들었죠. 이튿날 어떤 친구가 데이비드에게 산탄총을 빌려줬고, 우리는 총을 움켜쥔 데이비드와 함께 —데이비드가 지금도 아까워하는— 파란 벨벳 카우치에 앉은 채로 밤을 보냈어요. 언젠가는 데이비드와 함께 침대에 누워 있다가 누군가가 아래층에 있는 현관문을 때려 부수려고 애쓰는 소리를 들었어요. 그들은 결국 문을 부쉈죠. 우리 침대 밑에는 친정아버지가 주신 예식禮式용 도검이 있었는데, 데이비드는 팬티를 뒤집어 입고서는 그 칼을 움켜쥐고 계단을 뛰어 내려가면서 '우리 집에서 나가!' 라고 소리를 질렀어요. 언제 무슨 일이 터질지 불안하기 짝이 없는 동네였어요. 그 집에서는 많은 일이 일어났었죠."

딸이 태어났을 때 린치는 백수였다. 일을 구하지도 않았다. 그때 —아카데미 졸업생들로 린치 미술의 초기 후원자들인— 로저 라펠Rodger LaPelle과 크리스틴 맥기니스Christine McGinnis가 고급 에칭etching 기법을 이용해 근사한 상품을 제작하는 자신들의 가게에서 판화를 만드는 일을 제의했다. 맥기니스의 어머니 도로시도 그 판화 가게에서 일했다. 라펠은 회상했다. "우리는 날마다 점심을 함께 먹었습니다. 우리가 얘기하는 주제는 미술뿐이었죠."[6]

린치가 필라델피아 시절에 작업한 제일 강렬한 회화 작품들은 그곳에 거주했던 마지막 2년간 탄생한 것들이다. 린치는 1968년 11월부터 12월까지 뉴욕의 말보로-거슨 갤러리에서 열린 프랜시스 베이컨Francis Bacon의 작품 전시회를 보러 가서 강한 인상을 받았다. 베이컨에 감탄한 사람은 린치만이 아니었다. 메이틀랜드는 말했다. "그 시절에 우리 대다수는 베이컨의 영향을 받았어요. 나는 당시 베이컨이 데이비드에 끼친 영향을 볼 수 있었어요." 베이컨은 이 시기에 린치가 완성한 회화 속에 명백히 자리 잡고 있다. 그가 끼친 영향은 대개가 린치의 내면에 스며들었다.

베이컨의 작품에서처럼, 린치의 초기 회화 대다수는 초상화다. 그 그림들은 캔버스를 액자무대(proscenium stage, 무대와 객석을 구분하는 액자 형태의 무대 모양—옮긴이)로 탈바꿈시키기 위해 단순한 수직선과 수평선들을 채택하고, 액자형의 무대는 기이한 존재들을 위한 배경 역할을 한다. 린치의 그림에 등장하는 존재들은 형체 자체다. 비옥한 토양에서 솟아난 듯 보이는 대단히 특이한 피조물들은 현실에서는 존재 불가능한 인간의 사지四肢와 동물의 형체, 유기적인 종양들의 결합체로, 하나의 종種을 다른 종과 구분 짓는 전통적인 경계를 녹여버린다. 그 그림들은 모든 생명체를 단일 에너지장energy field의 일부로 묘사한다. 시커먼 환경 내부에 고립된 이 형체들은 종종 위험이 잔뜩 널린 어두컴컴한 지역을 여행하는 듯 보인다. 〈담배꽁초들을 달고 비행하는 새Flying Bird with Cigarette Butts, 1968〉는 한 쌍의 끈으로 배에 묶인 새끼를 데리고 어두침침한 하늘을 맴도는 형체를 묘사한다. 〈가든백Gardenback, 1968—1970〉에서, 독수리는 인간의 다리를 이식받은 듯 보인다. 이 형체의 둥그런 배에서는 혹들이 자라나는데, 측면을 내놓고 걸어 다니는 이 형체의 척추 아래쪽 끝에서는 야수와 비슷하게 생긴 흙더미가 분출되고 있다.

린치는 1960년대 후반에 이런 환시 같은 그림들을 그렸다. 그런데 비틀스의 최신 앨범이 미국 가정의 턴테이블에서 영원토록 돌아가는 게 일반적으로 받아들여지던 그 시대에도 그는 깊은 대양大洋을 이룬 반체제 문화에는 거의 관심을 두지 않았다. "데이비드는 약을 한 적이 전혀 없었어요. 그에게 그런 건 필요하지 않았어요." 리비의 회상이다. "한번은 어떤 친구가 마리화나 한 덩어리를 주면서 반드시 그걸 피우고 나서 섹스를 해보라고 했어요. 우리는 무슨 짓을 하고 있는지도 모르는 채로 파란 벨벳 카우치에 앉아서 그걸 몽땅 피웠죠. 그런 후 우리는 약 기운이 떨어질 때까지 위층으로 기어 올라가지도 못했어요. 술도 우리 생활에서는 전혀 중요하지 않았죠. 우리 아버지는 보드카에 시큼한 레몬을 넣어 '린치 스페셜'이라고 이름을 붙인 칵테일을 만들어주시곤 했어요. 데이비드는 그걸 좋아했지만, 딱 거기까지가 그의 주량이었어요."

"모두가 술에 취해 뻗었던 내 결혼식 말고 다른 자리에서 데이비드가 술에 취한 모습은 본 적이 없어요." 메이틀랜드는 말했다. "나중에 우리 어머니가 해준 말을 기억해요. '데이비드라는 네 친구가 내 근사한 노란 카우치에서 펄쩍펄쩍 뛰어다니고 있어!' 데이비드가 그렇게까지 취했던 건 딱 그때뿐이었을 거예요."

부시넬 킬러의 격려를 받은 린치는 로스앤젤레스에 있는 미국영화연구소에 7,500달러 보조금을 신청하면서, 신청 절차의 일부로 「알파벳」과 함께 「할머니The Grandmother」라는 제목의 신작 시나리오도 제출했다. 그는 자다가 침대를 적셨다는 이유로 잔혹한 부모로부터 거듭해서 처벌을 받은 외로운 소년의 이야기를 담은 「할머니」의 제작비로 5,000달러를 받았다. 사랑스러운 할머니를 심어서 기르려는 소년의 성공적인 시도를 시간순으로 담아낸 이 34분짜리 영화에는 린치의 동료인 도로시 맥기니스가 할머니로 출연했다. 린치의 이웃이던 어린아이 리처드 화이트Richard White가 소년을 연기했고, 로버트 채드윅과 버지니아 메이틀랜드가 부모를 연기했다.

린치와 리비는 그들의 집 3층을 촬영 세트로 탈바꿈시켰다. 리비는 이렇게 회상했다. "방을 검은색으로 칠하면서도 여전히 방의 형태를 보여줄 수 있는 방법을 궁리해내려고 애썼어요. 결국 우리는 천장이 벽과 만나는 부분에 분필을 칠한다는 결론에 도달했죠." 세트를 만들어 내려면 벽도 여러 개 철거해야 했다. "그러면서 난장판이 벌어졌어요." 그녀는 말을 이었다. "나는 작은 비닐봉지 여러 개에 회반죽을 집어넣고는 환경미화원들이 그걸 회수해가도록 거리에 내놓느라 많은 시간을 보냈어요. 대형 봉지들은 엄청나게 무거웠기 때문에, 우리는 양쪽 귀퉁이를 토끼 귀처럼 묶은 소형 봉지들을 사용했죠. 어느 날 쓰레기를 회수하는 사람들이 왔을 때 우리는 창밖을 내다보고 있었는데, 데이비드는 배꼽을 잡고 바닥을 뒹굴었어요. 우리는 그 봉지들로 거리를 가득 채웠는데, 그 모양이 커다란 토끼 떼처럼 보였거든요."

메이틀랜드는 자신이 「할머니」에 참여한 건 리비의 제안에서 비롯됐다고 말했다. "페기가 말했어요. '이 작품 하고 싶어요? 그이는 당신에게 300달러를 줄 거예요.' 그들의 집에 있었던 기억이 강렬해요. 그가 자기네 집을 얼마나 음산한 세트로 탈바꿈시켰는지도 기억이 생생하고요. 데이비드는 우리 얼굴을 이상해 보이게 만들려고 고무줄을 끼우고 얼굴 전체를 하얗게 칠했어요. 로버트하고 내가 목까지 땅에 묻힌 채로 등장하는 신scene이 있어요. 그는 깊은 구덩이를 팔 수 있는 장소가 필요했고, 그래서 우리는 그 신을 펜실베이니아주 채즈포드에 있는 에오 옴웨이크의 부모님 댁에서 찍었어요. 데이비드는 구덩이를 팠고, 우리가 거기 들어가자 그는 흙으로 우리를 덮었어요. 우리가 지나치게 오래됐다고 느낄 만큼 땅에 묻혀 있었던 걸 기억해요. 그런데 데이비드의 그런 점이 그를 그토록 위대한 인물로 만들어주는 거예요. 그는 이미 그때도 믿기 힘들 정도로 뛰어난 감독이었어요. 그는 사람들로 하여금 무슨 짓이든 하게 만들 수 있었어요. 그것도 대단히 근사하게 느껴지는 방식으로 사람들이 그런 일을 하게 만들었죠."

린치가 음향의 아마추어 천재라 할 앨런 스플렛Alan Splet을 만난 순간, 「할머니」의 결정적인 요소가 제대로 맞아떨어졌다. "데이비드와 앨시이 어울린 건 멋진 일이었어요. 두 사람은 말 그대로 죽이 잘 맞았어요." 리비는 말했다. "앨은 슈미트 양조 회사의 회계원으로 일하던 상냥한 괴짜였어요. 음향에 선천적인 재능을 타고난 사람이었죠. 수염도 머리카락도 빨갰어요. 눈빛은 빈센트 반 고흐처럼 강렬했고, 체구는 연필처럼 앙상하고 박쥐처럼 시력이 약했죠. 그래서 그는 운전을 하지 못했고, 덕분에 사방을 걸어 다녀야만 했는데, 그는 그래도 개의치 않았어요. 항상 싸구려 반팔 셔츠 차림으로 정말 옷을 못 입었죠. 그는 경이로운 실력을 갖춘 첼리스트였어요. 그가 LA에서 우리와 살 때, 우리가 집에 돌아오면 그는 클래식 음악을 큰 소리로 틀어놓고 레코드플레이어 앞에 앉아 지휘를 하곤 했어요."

린치는 기존의 음향 효과 모음집에 담긴 소리들이 「할머니」에 필요한 소리와는 어울리지 않는다는 걸 알게 됐다. 그래서 그와 스플렛은 그들만의 효과음을 작업해서는 그 영화에 필수적인, 색다른 사운드트랙을 창조해냈다. AFI의 소장 토니 벨라니Toni Vellani가 영화를 보려고 워싱턴 D.C.발 필라델피아행 기차를 탄 1969년에 「할머니」는 거의 완성된 상태였다. 영화를 보고 흥분한 벨라니는 1970년 가을 학기에 린치를 AFI 고급영화연구센터의 대학원생으로 초빙하겠다고 약속했다. "데이비드가 자리에 가만히 앉아 AFI의 브로슈어를 응시하던 모습을 기억해요." 리비의 회상이다.

벨라니는 약속을 지켰고, 린치는 부모님께 보낸 1969년 11월 20일자 편지에 이렇게 썼다. "저희는 저희에게 기적이 일어났다고 느낍니다. 저는 제가 정말로 운 좋은 사람이라는 생각에 익숙해지려고 애쓰면서 다음 달을 보내게 될 겁니다. 그리고 크리스마스가 지나면 페기하고 저는 이 바닥에서 흔히 하는 말처럼 '잘나가고 있을 겁니다.'"

필라델피아는 나름의 기이한 마력을 발휘하면서 린치가 이전까지 친숙하지 않았던 것들에 노출되도록 했다. 예측 불허로 자행되는 폭력, 인종적인 편견, 궁핍과 밀접하게 연관된 기이한 행동—그는 필라델피아 길거리에서 이런 것들을 목격하곤 했고, 그것들은 그의 근본적인 세계관을 변화시켰다. 필라델피아의 혼돈은 그가 성장한 세계의 풍요로움과 낙관주의와는 정반대되는 것이었고, 이런 양극단을 화해시키는 일은 그의 예술이 다루는 지속적인 주제 중 하나가 됐다.

「이레이저 헤드」의 고통과 황홀을 위한 터전이 마련됐고, 린치는 그의 영화가 뿌리를 내리고 성장하는 것을 허용해줄 환경을 가진 로스앤젤레스로 향했다. "필라델피아를 떠날 때 8,000달러에 집을 팔았어요." 리비가 한 말이다. "요즘 우리는 한데 모이면 그 집하고 굿윌(Goodwill, 비영리자선단체—옮긴이)에서 샀던 파란 카우치 얘기를 하곤 해요. 데이비드는 우리가 굿윌에서 산 물건에 관해 얘기할 때면 무척 흥분하죠. 그는 이런 말을 할 거예요. '그 카우치는 20달러였어!' 잭은 어떤 이유에서인지 우리가 필라델피아를 떠나기 전날 감옥에 갇혔고, 그래서 우리 이사를 도와주지 못했어요. 데이비드는 지금도 말하곤 해요. '젠장! 이사할 때 그 카우치를 가져왔어야 했는데!'"

JAN • 68

필라델피아에 가기 전에는 그 도시의 정치나 상황에 대해 아는 게 하나도 없었어요. 그런 데에는 전혀 신경을 쓰지 않았다는 말이 아니에요. 그저 몰랐다는 거죠. 정치에는 관심이 없었거든요. 그 시절에 나는 투표조차 하지 않았을 거예요. 아카데미에서 나를 받아주기에 버스를 타고 거기로 갔어요. 그 학교에 입학하게 된 건 숙명이었어요. 잭하고 나는 수업에는 들어가지 않았어요. 우리가 그 학교에 다닌 유일한 이유는 마음이 맞는 영혼들을 찾아내기 위해서였는데, 우리는 그런 사람들을 몇 명 찾아냈고 서로 영감을 주고받았어요. 내가 어울렸던 학생들은 모두 진지한 화가들이었어요. 우리는 엄청난 무리였죠. 반면에 보스턴에서 어울린 무리는 형편없는 무리였어요. 진지하지 않은 사람들이었죠.

내가 학교에 다니는 한, 부모님은 나를 뒷바라지해주셨어요. 사랑하는 아버지가 나랑 의절하려 드시지도 않았고요. 그래도 내가 필라델피아에 처음 도착했을 때 약간 우울한 상태였다는 페기와 에오 옴웨이크의 말에는 어느 정도 진실이 담겨 있어요. 정확히 말하면 우울증은 아니었어요. 우울감에 조금 더 가까운 상태였는데, 내 기분은 그 도시하고 아무 상관도 없었어요. 나는 그냥 길을 잃고 헤매는 것 같았어요. 나는 그때까지도 내가 나아갈 길을 찾아내지 못했는데, 그게 근심스러웠던 것 같아요.

1965년 연말에 거기로 가서 잭의 작은 방에서 그와 함께 머물렀어요. 내가 갔을 때 잭한테는 파이브라는 강아지가 있었어요. 파이브에게 대소변 가리는 훈련을 시키고 있을 때라 마룻바닥에는 온통 신문지가 깔려 있었죠. 방 안을 걸어 다니면 신문 부스럭거리는 소리가 났어요. 파이브는 정말로 좋은 개였어요. 잭은 몇 년간 그놈을 키웠죠. 우리 옆집은 피트하고 맘이 운영하는 '페이머스 다이너Famous Diner'였어요. 피트는 덩치 큰 사내였고, 맘은 기이한 노란 털이 난 덩치 큰 여자였어요. 그녀의 외모는 밀가루 봉지에 인쇄된 여자 그림하고 비슷했어요. 있잖아요, 파란 앞치마를 두른 웨이트리스 그림. 페이머스 다이너는 기차처럼 꾸민 식당으로, 안에는 기다란 카운터하고 벽을 따라 설치된 부스들이 놓여 있었어요. 끝내주는 곳이었죠. 그들은 새벽 5시 30분에 젤리 도넛을 배달해주기도 했어요.

잭의 거처가 너무 좁아서 딴 데로 이사 갈 필요를 느낀 우리는 서틴스와 우드가 교차하는 구역에서 한 곳을 찾아냈어요. 12월 31일에 이사를 했는데, 그 이사를 바로 어제 일처럼 생생하게 기억해요. 새벽 한 시쯤에 쇼핑 카트에 짐을 담아서 이사를 했어요. 우리는 잭의 매트리스하고 그의 모든 물건을 거기에 실었고, 나는 손에 짐을 담은 봉지를 하나 들고 있었죠. 카트를 밀고 가다 행복해하는 커플 옆을 지나쳤는데, 술에 취한 게 분명한 그들이 조롱하듯 말했어요. "당신들, 뭐 연말에 이사하는 거야? 돈 필요해?" 나는 큰 소리로 받아쳤죠. "아니. 우리는 부자야!" 내가 왜 그런 말을 했는지는 모르겠지만, 어쨌든 나는 부자라고 느꼈어요.

우리 거처는 가게 앞에 딸린 공간하고 비슷했어요. 뒤쪽에 변기하고 세면기가 있었죠. 샤워 시설이나 뜨거운 물은 없었지만, 잭은 스틸로 된 커피 메이커를 뚝딱거려서 물을 데우는 장치로 만들었어요. 그는 1층 전체를 썼고, 나는 2층의 뒷방을 쓰는 리처드 차일더스라는 사람하고 공간을 나눠 썼어요. 내 침실은 다락이었죠. 침실의 창문이 깨진 탓에 합판 조각으로 거기를 막았어요. 냄비를 요강으로 쓰면서 뒷마당에다 요강을 비우곤 했죠. 벽에는 금이 간 데가 많았어요. 그래서 공중전화 부스에 가서 전화번호부의 흰색 페이지들을 뜯어냈어요. 내가 원한 건 흰색 페이지였죠. 노란색 페이지는 원치 않았어요. 그것들을 밀가루 반죽하고 섞어 방 전체를 흰색 페이지로 도배했죠. 정말로 근사해 보이더군요. 거기에 전기 히터를 두고 살았어요. 어느 날 아침에 제임스 하버드가 나를 깨우러 와서는 학교에 태우고 갔어요. 그런데 그날에는 창문에 놓아뒀던 합판이 바람에 날아가는 바람에 침실 바닥에 갓 내린 눈이 쌓였어요. 게다가 히터를 침대에 너무 가깝게 두는 바람에 베개에 불이 붙을 뻔했고요. 그러니 그는 내 목숨을 구한 셈이죠.

제임스는 진국이었어요. 나이가 많았던 그는 위대한 예술가로, 작품 활동을 꾸준히 했어요. '화가답다painterly'라는 단어 알아요? 그가 바로 그런 사람이었어요. 그가 손을 댄 건 무엇이건 환상적이었어요. 유기적인, 화가다운 그림이었죠. 제임스는 크게 성공하기도 했어요. 언젠가 우리 예닐곱 명이 뉴욕에 간 적이 있어요. 제임스가 거기 업타운에서 열린 성대한 전시회에 참여했었거든요. 개막식이 끝날 무렵 우리는 모두 취해 있었는데, 아무튼 우리는 다운타운으로 가야만 했어요. 내가 운전을 했었는지는 잘 모르겠어요. 그래도 운전대를 잡은 사람이 나였던 것 같다는 가물가물한 기억은 있어요. 새벽 1시나 2시였을 텐데, 업타운에서 시내 저쪽 끝까지 가는 내내 파란 불만 받았어요. 믿기 힘든 일이었죠.

버지니아 메이틀랜드는 진지한 화가라는 게 입증됐지만, 나는 그녀를 '파티 걸'로 기억하는 편이에요. 어느 날 그녀가 길거리에 나갔는데, 길모퉁이에 있는 젊은 남자가 그녀를 꼬시려고 휘파람을 불었어요. 그녀는 그 남자를 집으로 데려왔고, 그는 그녀의 거실에서 휘파람으로 새소리를 냈죠. 그게 마음에 들었던 그녀는 그를 계속 집에 머무르게 했어요. 그 남자가 바로 로버트 채드윅이에요. 로버트는 기계 숙련공으로, 상사의 사랑을 듬뿍 받은 사람이에요. 로버트가 하는 일치고 잘못될 일은 없었어요. 그는 복잡한 절단 작업에 사용되는 1만 가지 기어가 달린 35피트짜리 선반이 있는 곳에서 일했는데, 거기에서 그 기계를 다룰 줄 아는 사람은 로버트뿐이었어요. 그는 어떻게 작업해야 하는지를 직감적으로 알았어요. 미술을 하는 예술가는 아니었지만, 기계를 다루는 예술가였죠.

우리 동네는 꽤 괴상한 곳이었어요. 옆집은 '팝스 다이너Pop's Diner'라고, 팝하고 그의 아들 앤디가 운영하는 곳이었어요. 팝스에서 시체 안치소에서 일하는 사람을 만났는데, 그가 말했어요. "구경하고 싶으면 언제든 오슈. 사전에 연락하고 한밤중에 초인종을 누르면 돼요." 그래서 어느 날 밤에 거기 가서 초인종을 눌렀죠. 그가 문을 열어줬어요. 앞쪽은 작은 로비하고 비슷했어요. 담배 자판기, 사탕 자판기, 40년대의 타일들이 깔린 바닥, 작은 리셉션 구역, 카우치 하나, 그리고 뒤쪽으로 난 문으로 이어지는 복도. 그는 문을 열고는 말했어요. "안에 가서 편히 쉬어요." 뒤에서 일하는 사람은 아무도 없었고, 그래서 나는 혼자였어요. 거기에는 서로 다른 것들을 담은 서로 다른 공간들이 있었어요. 냉동실에 들어가 봤어요. 춥더군요. 시신들을 보존해야 하니 당연한 일이었죠. 시신들은 2층 침대 같은 선반에 쌓여 있었어요. 하나같이 사고나 몇 가지 폭력을 경험한 시신들로, 이런저런 상처들이 있었어요. 피가 나거나 하는 상처는 아니고, 벌어진 상처들이었죠. 거기서 오랜 시간을 보내면서 각각의 시신들과 그 시신들이 겪었을 일들을 생각해봤어요. 충격을 받거나 불안감을 느끼지는 않았어요. 흥미가 동하기만 했죠. 몸에서 떨어져 나간 신체 부위들과 갓난아이의 시신들이 모여 있는 방도 있었는데, 거기에도 나를 겁먹게 만드는 건 없었어요.

어느 날 점심을 먹으려고 화이트 타워 햄버거 가게에 가는 길에 시체 안치소에서 '웃음 짓는 죽음의 가방들'을 봤어요. 그 골목을 내려가다 보면 시체 안치소의 뒷문이 열려 있는 게 보였는데, 그 안쪽에 박힌 못에는 고무 보디 백(body bag, 시체를 담는 가방—옮긴이)들이 걸려 있었어요. 거기 사람들은 그 보디 백들을 호스로 청소했고, 그러면 거기서는 물과 시신에서 나온 체액들이 뚝뚝 떨어졌죠. 그 가방의 가운데가 축 늘어지면 활짝 웃는 모습이 됐어요. 웃음 짓는 죽음의 가방들.

나는 그 시기 동안 변하면서 어느 정도 너저분해진 게 분명해요. 당시 주디 웨스터먼은 펜실베이니아 대학교에 다녔어요. 그녀는 소로리티(sorority, 여학생 클럽—옮긴이) 회원이었을 거예요. 한번은 잭하고 내가 거기로 그림들을 운반하는 일을 했어요. "끝내주는군. 주디를 만날 수 있게 됐어."라고 생각했죠. 우리는 거기로 가서 물건을 전달했고, 그런 후에 나는 그녀의 기숙사를 찾아가서 안으로 들어갔어요. 엄청 깨끗하더군요. 거기 있는 여학생들은 미술학교에 다니는 건달인 나를 하나같이 이상한 눈으로 쳐다봤어요. 그들은 내가 찾아왔다는 얘기를 주디에게 전했고, 나는 그녀가 나 때문에 창피하겠다고 생각했죠. 그 여자들은 "저기 있는 저 건달은 도대체 누구니?"라고 말했을 거예요. 하지만 주디는 아래로 내려왔고 우리는 정말로 근사한 얘기를 나눴어요. 주디는 나의 그런 모습에 익숙했지만, 그녀들은 그렇지 않았죠. 그게 내가 마지막으로 주디를 본 거였어요.

한번은 서틴스와 우드의 교차로에 있는 거처에서 큰 파티를 연 적이 있어요. 파티는 계속 진행됐고 집에는 수백 명이나 있었죠. 누군가가 나한테 와서 말했어요. "데이비드, 아무개가 총을 갖고 있어. 그 친구한테서 총을 빼앗아 어디다 숨겨야 해." 그 친구는 어떤 사람 때문에 열 받아 있었어요. 그래서 우리는 그의 총을 빼앗아 화장실에 숨겼죠. 나는 사방에 총이 있는 환경에서 자랐기 때문에 주위에 총이 있어도 아무렇지도 않아요. 그 파티에는 미술학도들이 많았어요. 하지만 모두가 미술학도인 건 아니었죠. 약간 평범해 보이는 아가씨가 있었는데, 엄청나게 섹시했어요. 모든 요소가 완벽하게 조화를 이룬 존재였죠. 분명히 겨울이었어요. 모두들 다락에 있는 내 침대에 코트를 벗어뒀거든요. 그래서 누군가가 떠나려고 하면 나는 다락에 가서 그 사람의 코트를 갖다 줬어요. 한번은 내 방에 갔더니, 그 아가씨가 내 침대에 놓인 밍크코트에 몸을 기대고 있더군요. 바지를 내린 채로 말이에요. 그대로 뒀다가는 누군가한테 농락당할 게 분명했어요. 나는 인사불성이 된 그녀를 일으켜 옷 입는 걸 도와줬어요. 파티는 그런 식으로 진행되고 있었어요.

사람들이 꽤 북적거릴 때 경찰들이 나타나서 말하더군요. "민원이 들어왔어요. 다들 집에 가도록 해요." 뭐, 괜찮았어요. 사람들 대부분이 떠났지만, 여전히 파티를 즐기는 사람이 열댓 명쯤 있었죠. 한 남자가 조용히 어쿠스틱 기타를 연주하고 있었는데, 정말로 듣기 좋았어요. 그러자 경찰들이 돌아와서는 한마디 하더군요. "다들 떠나라고 말했던 것 같은데." 그러자 취한 게 분명한 올리비아라는 아가씨가 경찰에게 다가가 가운뎃손가락을 내보이고는 따졌어요. "당신이나 꺼져." "하아, 몽땅 호송차에 태워." 범인 호송차 한 대가 집 앞에 주차돼 있었고, 다들 ―나, 잭, 올리비아, 그리고 다른 사람들― 거기에 탔어요. 경찰서로 실려 갔죠. 심문하던 그들은 잭하고 내가 그 집 거주자라는 걸 알아냈고, 그래서 우리는 문란한 행위가 벌어지는 주택의 소유자로 체포돼 투옥됐어요. 올리비아는 경찰에게 투덜댔다는 이유로 여성 유치장에 갇혔고요. 잭하고 내가 갇힌 유치장에는 복장 도착자가 두 명 있었어요. 우리 감방에는 쿠키라는 사람이 있었고, 다른 사람은 아래 감방에 있었어요. 두 사람은 밤새 수다를 떨더군요. 살인자도 있었는데, 간이침대는 그의 차지였어요. 적어도 여섯 명의 다른 사람들이 감방에 있었어요. 이튿날 아침에 우리는 판사 앞으로 갔고, 미술학도 한 무리가 몰려와 우리의 보석금을 냈죠.

우리가 필라델피아에 도착한 건 돼지 같은 경찰이나 히피 같은 존재들이 등장하기 직전이었어요. 그래서 경찰들이 처음에는 우리를 적대시하지 않았죠. 이상한 놈들로 보기는 했겠지만요. 그런데 나라 곳곳에서 벌어지는 사건들과 그로 인한 분위기 때문에 우리가 거기 있는 동안 상황이 악화됐어요. 리처드한테는 트럭이 있었는데, 어느 날 그와 함께 영화를 보러 갔어요. 집으로 돌아오던 길에 리처드는 백미러로 경찰이 우리를 따라오는 걸 봤어요. 우리는 교차로에 접근하고 있었는데, 노란불이 켜지자 리처드는 차를 세웠어요. 내 짐작에, 리처드의 그런 행동을 본 경찰들은 우리가 불안해한다고 생각한 것 같아요. 파란불이 켜지고 우리가 교차로를 건너자 사이렌이 울리고 경광등이 번쩍거렸어요. "길가에 차 대!" 리처드는 높다란 돌벽 옆에 있는 널따란 인도 옆에 차를 댔어요. 우리 차 앞으로 걸어온 경찰은 헤드라이트 앞에 서서 총을 겨누며 명령했어요. "트럭에서 내려!" 우리는 시키는 대로 했어요. 그는 "두 손을 벽에 올려!"라고 명령했고, 우리는 시키는 대로 두 손을 벽에 올렸어요. 경찰들은 리처드의 몸수색을 시작했고, 나는 생각했어요. 경찰들이 내가 아니라 리처드를 수색하고 있으니까 나는 손을 내려도 되겠구나. 손을 내리기 무섭게 손 하나가 나를 벽에 세게 밀쳤어요. "양손을 벽에 올리라고 했잖아!" 범인 호송차가 왔고 경찰이 스무 명가량 몰려왔어요. 그들은 우리를 호송차에 태웠고 우리는 철제 우리에 나란히 탔죠. 누군가가 무전기에 대고 남자 두 명의 인상착의를 묘사하는 소리를 들었어요. 리처드하고 나는 서로를 쳐다본 뒤 깨달았어요. 우리 모습이 경찰이 묘사 중인 내용 딱 그대로라는 걸요. 경찰서에 갔더니 머리에 피 묻은 붕대를 감은 노인이 들어오더군요. 경찰들은 그를 우리에게 데려왔고 그는 우리를 쳐다보고는 말했어요. "아뇨. 이 사람들이 아니에요." 그래서 경찰은 우리를 풀어줬어요. 나는 그 사건 때문에 신경이 바짝 곤두섰었어요.

내가 한밤중에 정원에 있는 사물들의 모습을 좋아한다고 말했다는 얘기가 떠돌고 있는데, 나는 실제로는 특별한 종류의 정원 외에 다른 정원들은 좋아하지 않아요. 언젠가 석유를 펌프질하는 전기 모터들이 있는 정원을 그린 적이 있는데, 내가 좋아하는 정원은 바로 그런 곳이에요. 나는 인간과 자연이 함께 어우러지는 게 좋아요. 낡은 공장들을 무척 좋아하는 이유가 그거예요. 기어와 기름, 모든 공업 기계들, 철커덩거리면서 쇳물을 쏟아내는 어마어마하게 큰 용광로들, 불꽃과 석탄과 높이 치솟은 굴뚝들, 주물鑄物과 절삭, 그 모든 질감과 소리들—하나같이 이제는 사라진 것들이죠. 요즘에는 만물이 조용하고 깨끗해요. 삶의 종류 한 가지가 통째로 사라져버렸는데, 그게 내가 정말로 좋아했던 필라델피아의 특징 중 하나였어요. 나는 필라델피아의 공간들이 존재하는 방식도, 짙은 색깔의 목재와 특정한 비율이 반영된 공간들도, 특정한 녹색 색조도 좋아했어요. 그 색은 흰색이 약간 가미된 녹색으로, 빈곤한 지역에서 많이 사용됐어요. 고색창연한 느낌을 주는 색상이죠.

　「병에 걸린 여섯 남자」를 시작할 때 내가 무슨 아이디어라고 할 만한 걸 갖고 있었는지는 모르겠어요. 무턱대고 작업을 시작한 거였어요. 여기저기 전화를 걸어 '포토라마Photorama'라는 곳을 알아냈어요. 16mm 카메라를 다른 곳보다 싸게 임대하는 곳이었죠. 지저분한 가게였지만, 거기에 가서 렌즈가 세 개 달린 벨 앤 하웰 와인드 업 카메라Bell and Howell windup camera를 빌렸어요. 근사한 소형 카메라죠. 그걸로 아카데미가 소유한 낡은 호텔에서 영화를 찍었어요. 그곳의 객실들은 휑하고 음침했지만, 복도에는 동양식 카페들과 황동 램프들과 근사한 카우치와 의자가 가득했어요. 캔버스하고 비슷한 판자 하나를 라디에이터 꼭대기에 올려놓은 후, 방 건너편에 있는, 내가 복도에서 찾아내서 방으로 옮겨 놓은 장롱 꼭대기에 카메라를 올려놓았어요. 카메라가 미동도 하지 않게요. 확실히 해두려고 바닥에 못을 박아 그 장롱을 고정시키기까지 했죠.

조각상을 스크린으로 활용한다는 아이디어를 얻은 곳이 어디였는지는 전혀 감이 잡히지 않아요. 플라스틱 수지를 섞을 때, 그게 폭발할 거라는 생각은 전혀 못했어요. 그런데 엄청나게 뜨거워지더니 미친 듯이 김이 피어나더군요. 종이로 된 용기에 넣어서 섞고 있었죠. 나는 그걸 섞어서 뜨겁게 만드는 걸 무척 좋아했어요. 그런데 종이가 슬슬 갈색으로 변하면서 그을더군요. 온도가 높아지면서 쩍쩍 금이 가는 소리가 들렸고 사방으로 뿜어져 나오는 가스들이 보였어요. 촬영을 마치고는, 필름이 천장으로 올라갔다가 다시 내려오면서 영사기를 통과하게 만들려고 이렉터 세트(erector-set, 어린이용 조립완구 상표―옮긴이) 유형의 구조물을 만들었어요. 그리고 내가 직접 무대에 설치한 루프loop에 사이렌 소리를 내는 녹음기를 갖다 놨죠. 그건 회화와 조각이 결합된 쇼였어요. 학생들은 내가 매시간마다 15분씩 불을 끌 수 있게 해줬는데, 그렇게 하니까 결과가 무척 좋았죠.

예전에 아카데미를 다녔던 학생인 바트 와서먼은 돌아가신 부모님에게서 많은 돈을 물려받았어요. 「병에 걸린 여섯 남자」를 본 그는 자기 집에 설치할 영화 설치물을 만들 제작비 1,000달러를 나한테 주고 싶다고 했어요. 바트를 위한 영화를 작업하면서 두 달을 보냈는데, 현상소에 보낸 필름은 블러에 불과했어요. 다들 필름이 제대로 나오지 않았을 때 내가 정말로 실망했다고 말했죠. 내가 실망하기는 했을 거예요. 하지만 거의 그 즉시 나는 애니메이션과 실사를 병행한다는 아이디어들을 얻기 시작했어요. 나는 생각했죠, 이건 기회라고. 이런 일이 일어난 이유가 있을 거라고. 바트는 내가 그런 종류의 영화를 만드는 걸 허락해줄 거라고. 바트에게 전화를 걸었더니 "데이비드, 나는 자네가 그런 일을 했다는 것으로도 만족해. 나한테 프린트만 줘."라더군요. 나중에 프랑스 부르고뉴에서 바트의 아내를 만났어요. 그녀는 거기로 이주했어요. 바트는 나한테 해준 일 말고는 생전 이타적인 일을 해본 적이 없었다고 그녀는 말했어요. 영화를 완성하지 못한 사건은 다음 일로 이어지는 대단히 좋은 관문이었어요. 그보다 더 나을 수는 없었죠. 그 사건이 벌어지지 않았다면 나는 절대로 AFI의 보조금을 받지 못했을 거예요.

바트가 준 돈 중에서 남은 돈으로 만든 영화 「알파벳」은 부분적으로는 지옥이나 다름없는 방식으로 일이 처리되는 학교의 일 처리와 학습을 다룬 영화예요. 그 영화를 만들자는 생각을 처음 했을 때, 바람 소리를 들으면서 무엇인가가 움직이는 걸 봤어요. 그 바람 소리는 움직이는 이미지만큼이나 중요했죠. 정확하게 함께 움직이는 사운드와 그림이어야 했어요. 「알파벳」을 위해 많은 사운드를 녹음해야 했어요. 그래서 캘빈 데 프레네스라는 랩lab을 찾아가 우헤르Uher 테이프 녹음기를 빌렸어요. 독일제 녹음기로, 정말로 좋은 거예요. 많은 소리를 녹음했는데, 그러다가 녹음기가 고장이 나는 바람에 사운드들이 일그러지고 있다는 걸 깨달았어요. 그런데 그렇게 일그러진 녹음이 무척이나 마음에 드는 거예요! 믿기 힘든 일이었어요. 그걸 랩에 가져가 그곳 사람들에게 녹음기가 고장 났다고 말했고, 그러면서 그걸 공짜로 갖게 됐어요. 엄청나게 좋은 녹음들도 몽땅 갖게 됐고요. 그런 뒤에 내가 가진 모든 사운드를 캘빈 데 프레네스에 있는 밥 칼럼에게 가져갔어요. 그는 소형 4-트랙 믹싱 콘솔을 갖고 있었어요. 거기서 밥과 함께 제가 녹음한 사운드를 믹싱했죠. 믹싱 작업과 싱크를 맞춰 결과물을 얻어내는 작업은 황홀하기 그지없었어요.

페기와 함께 살기 전까지, 나는 사람들과 짧은 관계를 맺었다가 새로운 사람의 곁으로 옮겨가곤 했어요. 한동안 로레인이라는 여자하고 데이트했는데, 필라델피아의 교외에서 어머니와 함께 사는 미술학도였어요. 이탈리아인처럼 생긴 로레인은 재미있는 여자였어요. 우리는 그녀의 어머니 집에 모였고, 우리 세 사람은 지하실로 내려가 냉동고를 열어서 TV 디너(TV dinner, 데우기만 하면 곧바로 식사가 가능한 냉동식품—옮긴이)를 꺼냈어요. 냉동고에는 온갖 종류의 TV 디너들이 가득했고, 그녀의 어머니는 우리를 위해 그것들을 데워주고는 했죠. 오븐에 넣기만 하면 얼마 안 있어 저녁이 차려지는 거예요! 게다가 맛도 좋았어요! 로레인하고 그녀의 어머니는 재미있는 사람들이었어요. 로레인은 결국 더그 랜덜하고 결혼했는데, 그는 나를 위해 「할머니」의 스틸 사진을 찍어줬어요. 마고라는 여자하고도 한동안 사귀었고, 세일라라는 여자하고도 사귀었었죠. 체포됐던 아가씨인 올리비아가 정말로 마음에 들었지만, 사실 그녀는 내 여자친구는 아니었어요. 「줄 앤 짐Jules and Jim」이라는 영화가 있어요. 올리비아하고 잭하고 내가 그 영화에 나오는 그런 종류의 관계였어요. 우리는 많은 곳을 함께 돌아다녔죠.

　페기는 내가 사랑에 빠진 첫 사람이었어요. 나는 주디 웨스터먼과 낸시 브릭스를 사랑했었지만, 그들은 내가 스튜디오에서 하는 작업이 어떤 건지 가늠하지 못했죠. 나하고는 다른 종류의 인생을 살 운명들이었어요. 페기는 모든 걸 알았고 모든 것의 가치를 제대로 평가했어요. 그리고 나를 지지하는 넘버 원 팬이었죠. 나는 타자기를 다룰 줄 몰랐죠. 그래서 페기가 내 시나리오들을 타자해줬어요. 그녀는 내게는 믿을 수 없을 만큼 좋은 사람이었어요. 믿기 힘들 정도로요. 우리는 친구 사이로 관계를 시작했어요. 아카데미 옆에 있는 드러그스토어에 앉아 얘기를 나누곤 했는데, 정말로 끝내주는 경험이었어요.

　어느 날 페기가 임신했다는 말을 했고, 일이 꼬리를 물고 이어지면서 우리는 결혼을 했어요. 내가 우리 결혼에 대해 기억하는 유일한 일은 잭이 택시 운전사 셔츠를 입고 식장에 왔다는 거예요. 나는 페기를 사랑했지만, 그녀가 임신하지 않았더라도 우리가 결혼했을지는 모르겠어요. 결혼은 예술가의 삶에는 어울리지 않으니까요. 그렇지만 내가 그런 생각을 한다는 걸 사람들은 절대 알지 못할 거예요. 나는 결혼을 네 번이나 한 사람이니까요. 어쨌든, 몇 달 후에 제니퍼가 태어났어요. 제니퍼가 태어나던 시기에 아버지들은 절대로 분만실에 들어가지 않았어요. 내가 분만실에 들어가도 되겠냐고 묻자, 병원 직원이 재미있다는 눈으로 나를 보더군요. 그가 말했어요. "당신이 어떻게 하나 보고요." 그러더니 페기가 흘린 피를 가져왔어요. 그래도 나는 기절하지 않았어요. 그녀가 토한 토사물이 많았는데, 나는 그것들을 보면서도 개의치 않았어요. 그러자 그가 말했어요. "들어와도 좋아요." 그래서 나는 소독을 철저히 하고 안에 들어갔죠. 들어가니까 좋더군요. 순전히 구경하고 싶어서 그런 거였어요. 아이를 가졌다고 해서 '오케이, 이제 한곳에 정착해서 진지하게 살고 싶어.'하는 식의 생각을 하게 되지는 않았어요. 그건… 개를 키우는 것하고는 달랐지만, 집 안에 다른 종류의 질감texture을 들여놓는 거랑 비슷했어요. 갓난아이들은 필요로 하는 게 많았는데, 내가 거들 수 있는 일들이 있었어요. 갓난아이들은 움직이는 물체를 보는 걸 좋아한다는 말을 들었어요. 그래서 성냥첩을 가져다가 안에 있는 성냥들을 모두 제각기 다른 방향을 향하도록 꺾은 다음 실에 매달았어요. 그걸, 그러니까 가난뱅이의 모빌을 제니퍼의 얼굴 앞에 달아놓고 돌렸죠. 제니퍼가 그렇게 똑똑한 건 그 모빌이 그 아이의 IQ를 높여줬기 때문이라고 생각해요!

　나는 항상 작품 활동이 제일 중요하다고 느꼈어요. 하지만 요즘은 자식들하고 시간을 보내면서 학교 행사에 찾아가는 걸 좋아하는 아버지들이 있죠. 우리 세대는 그렇지 않았어요. 우리 부모님은 내 야구 시합에 오신 적이 한 번도 없었어요. 농담이에요! 그건 우리가 알아서 할 일이었어요! 그분들이 무슨 이유로 거기에 오시겠어요? 그분들은 당신들이 할 일을 하셔야 해요. 이건 우리의 일이에요. 요즘은 모든 부모가 그런 자리에 찾아가서 아이들을 응원하죠. 그런데 그건 정말 말도 안 되는 일이에요.

　제니퍼가 태어나기 얼마 전에 페기가 말했어요. "필리스하고 클레이튼네 집에 좀 가봐. 그들이 기막히게 좋은 집을 구했대." 그래서 자전거를 타고 우리 지인인 그 미술가 부부를 만나러 갔어요. 그들은 고대광실에 살고 있었어요. 두 사람 다 화가로, 각자가 작업 공간으로 한 층씩을 차지하고 있더군요. 집 구경을 시켜주는 그들에게 말했어요. "당신들은 정말로 운 좋은 사람들이네요. 정말로 끝내주는 집이에요." 그러자 필리스가 말했어요. "우리 옆집이 매물로 나와 있어요." 그래서 그곳을 보러 갔어요. 모퉁이에 있는 집인데 그들의 집보다도 크더군요. 부동산 중개 회사의 이름이 적힌 표지판이 있었어요. 그래서 자전거를 타고 오사코우 부동산에 가서는 작은 사무실에 있는 통통하고 상냥한 부인에게 내 소개를 했어요. 그녀가 "무엇을 도와드릴까요?"라고 묻기에 대답했죠. "포플라 2416번지의 집은 얼마인가요?" 그녀가 대답했어요. "흐음, 데이비드, 한번 볼까요." 그녀는 장부를 열고는 말했어요. "그 집은 3층에다 방이 열두 개고, 내닫이창이 두 세트, 벽난로, 지하실, 기름보일러, 뒷마당, 나무가 있군요. 3,500달러예요. 그새 600달러가 내려갔네요." 나는 "내가 그 집을 살게요."라고 말했고 우리는 그렇게 했어요. 우크라이나계 동네와 흑인 동네의 경계선 바로 위에 있는 집이었어요. 폭력적인 분위기가 엄청나게, 무지하게 팽배한 시절이었죠. 하지만 그 집은 「할머니」를 만들기에 완벽한 곳이었고, 나는 운 좋게 그 집을 구했어요. 폐기하고 나는 그 집을 무척이나 좋아했어요. 우리가 매입하기 전에, 그곳은 공산주의자들의 회합 장소였어요. 그래서 바닥의 리놀륨 장판 아래에서 온갖 종류의 공산주의 신문들을 발견했어요. 그 집의 바닥에는 재질이 무른 나무가 깔려 있었는데, 앞서 살던 사람들은 신문을 깔고는 그 위에다 리놀륨을 덮었더군요. 그 리놀륨은 정말로 오래된 거였어요. 그래서 나는 그것을 뜯어내서 버렸죠. 어느 날 집 앞쪽에서 작업하다가 큰물이 몰려오는 것 같은 소리를 들었어요. 기이한 소리였어요. 정말로 흔치 않은 소리였죠. 블라인드를 들추고는 밖을 내다봤어요. 그랬더니 1만 명이나 되는 행진 참가자가 거리를 내려오고 있었고, 나는 그 모습에 경악했어요. 그날은 마틴 루터 킹이 암살된 날이었어요.

　영화는 그리 많이 보러 다니지 않았어요. 가끔 밴드 박스에 갔어요. 그곳은 내가 프랑스 누벨바그 영화를 비롯한 많은 영화를 처음으로 본 아트하우스였지만, 거기에 그리 많이 가지는 않았어요. 한창 영화를 만들고 있었으면서도 내가 그 세계에 속한 사람이라는 생각조차 하지 않고 있었죠. 100만 년 안에 그런 일은 없을 거야! 내 친구 찰리 윌리엄스^{Charlie Williams}는 시인인데, 그에게 「알파벳」을 보여준 후에 물어봤어요. "이건 예술 영화야?" 그가 대답하더군요. "그래, 데이비드." 나는 아무것도 몰랐어요. 나는 「우리에게 내일은 없다^{Bonnie and Clyde}」를 무척 좋아했어요. 내가 오픈로드 스테트슨^{open-road Stetson} 파나마 스타일 모자를 쓰기 시작한 이유가 그 영화 때문은 아니었지만요. 내가 그 모자를 쓰기 시작한 건 굿윌에서 그런 모자를 발견했기 때문이었어요. 그 모자를 벗을 때면 챙의 앞부분을 살짝 누르게 되는데, 그러면 챙이 갈라지기 시작하죠. 내가 구입한 스테트슨들은 이미 낡은 거였어요. 그래서 짚이 쪼개졌고, 얼마 안 가 거기에 구멍이 생기곤 했죠. 내가 구멍이 여러 개 뚫린 모자를 쓰고 찍은 사진이 많아요. 그런 모자를 두세 개 갖고 있었는데, 다 무척 마음에 들었어요.

　필라델피아의 굿윌은 믿기 힘들 정도로 좋은 곳이었어요. 오케이, 셔츠가 몇 장 필요해? 나는 지라드 애비뉴를 내려가 브로드 스트리트로 갔어요. 거기 있는 굿윌에는 셔츠들이 놓인 선반들이 있었죠. 깨끗하고 다림질 잘된 셔츠들. 심지어 일부는 풀이 먹혀 있었어요! 박하향이 났고요. 신상처럼 말이에요! 셔츠 세 장을 골라 카운터로 가져가서 물었어요. 다 해서 얼마입니까? 30센트입니다. 나는 의료용 램프에 꽂혀 있었어요. 그런데 거기 굿윌에는 온갖 종류의 작업에 쓰이는 다양한 램프들이 있었고, 나는 우리 거실에 의료용 램프 열다섯 개를 갖다 놨어요. 내가 그것들을 필라델피아에 놔두고 온 건 로스앤젤레스로 이사하는 트럭에 짐을 싣는 걸 잭이 도와주기로 했었기 때문이에요. 그는 포르노 감상실에서 일하고 있었는데, 경찰이 기습 단속을 나오는 바람에 우리가 트럭에 짐을 싣기로 한 날에 그는 갇힌 신세가 돼 버렸죠. 그래서 내 남동생하고 페기하고 나만 짐을 실었고, 그러는 바람에 괜찮은 물건 일부는 뒤에 남겨지게 됐죠.

내가 페기랑 사귀기 시작했을 때, 잭은 트리니다드 출신의 바커라는 사내가 소유한 자동차 프레임 숍 위에 있는 거처로 이사해 들어갔어요. 모두 바커를 좋아했죠. 다리가 고무 같았던 그는 웅크리고 있다가 갑자기 튀어 오를 줄 알았어요. 그의 몸은 자동차 프레임 작업을 하는 데 최적화된 몸이었죠. 어느 날 그가 나를 데리고 선반에 올려진 차들 옆을 지나서 가게 뒤쪽으로 갔어요. 지저분한 낡은 방수포가 무엇인가를 덮고 있더군요. 그는 그 방수포를 걷으며 말했어요. "이 차를 네가 가졌으면 좋겠어. 주행 기록도 거의 없는 1966년형 폭스바겐이야. 후방에 사고가 나면서 전파全破나 다름없는 상태였지만, 나는 이 차를 고칠 수 있어. 그러면 너는 600달러에 이걸 가질 수 있고." 나는 "바커, 끝내주는 얘기야!"라고 말했죠. 그래서 그는 그걸 수리했고, 그 차는 새 차나 다름없어졌어요. 심지어 냄새조차 새 차 냄새가 났죠! 승차감이 무척이나 탄탄하고 부드러웠어요. 상태가 산뜻한 꿈의 차였죠. 나는 그 차를 참 좋아했어요. 2층 화장실에서 이를 닦을 때면 창문을 통해 거리에 주차된 그 차의 모습을 봤어요. 정말로 근사한 광경이었죠. 그런데 어느 날 아침에 이를 닦으면서 창밖을 보다 생각했어요. 내가 차를 어디 세워놨었지? 차가 보이지를 않았어요. 그건 내 첫 차였는데, 그걸 도둑맞은 거예요. 그래서 나는 내 두 번째 차를 맞이했어요. 처갓집이 있는 거리의 끝에 휴게소가 있었어요. 장인어른이 나를 거기로 데려가 그곳 사장에게 말했죠. "우리 사위가 차가 필요하다네. 자네들이 가진 중고차가 뭐가 있나?" 나는 포드 팔콘 스테이션왜건을 갖게 됐는데, 그 역시 꿈같은 일이었어요. 쓰리-온-더-트리(three-on-the-tree, 스티어링 칼럼에 수동 변속 기어가 장착된, 3단 변속이 되는 자동차―옮긴이)로, 옵션이 제일 적은 포드 팔콘 스테이션왜건이었어요. 히터하고 라디오 말고는 아무것도 없었지만, 뒤에 스노타이어가 있어서 어디든 갈 수 있었어요. 나는 그 차하고 말 그대로 사랑에 빠지고 말았죠.

포드 팔콘에 달 번호판이 배달되기를 기다려야 하는 신세였어요. 그래서 기다리는 동안 내가 직접 번호판을 만들기로 했죠. 번호판 만들기는 정말로 재미있는 프로젝트였어요. 우선 판지를 잘랐어요. 실제 번호판하고 두께가 똑같은, 질 좋은 판지였어요. 그걸 실제 번호판하고 똑같은 모양으로 자른 다음, 차에 가서 문자와 숫자의 길이를 재고 색깔을 살폈죠. 그러고는 형광색 물감으로 등록 스티커를 만들었어요. 문제는 내가 복제한 번호판들은 각각 문자들 또는 숫자들로만 이뤄져 있었지만, 내 번호판은 문자와 숫자가 섞여 있었다는 거였어요. 문자들하고 숫자들은 글자 길이가 다르다는 걸 나중에야 알았어요. 그래서 신참 경찰이 내 번호판이 위조라는 걸 알아차린 거예요. 모든 글자의 길이가 똑같았으니까요. 그 경찰은 내 번호판이 위조라는 걸 알아본 일로 그 파출소의 영웅이 됐어요. 그래서 경찰들은 우리 집을 찾아왔고 페기는 울음을 터뜨렸죠. 정말 심각한 일이었어요! 경찰은 나중에 우리 집에 다시 찾아와서는 경찰박물관에 전시하겠다면서 그 번호판을 달라고 했어요. 진짜 끝내주는 사건이죠! 그게 미술관이나 박물관이 처음으로 내 작품을 취득한 사례였어요.

　어느 밤에 영화를 보고 귀가해서 2층에 가서 페기하고 얘기를 시작할 때였어요. 그녀의 눈이 쟁반처럼 휘둥그레지더군요. 누군가가 내닫이창 밖에 있었기 때문이었어요. 그래서 나는 전화기가 있는 아래층으로 내려갔어요. 그런데 바로 그때 옆집에 사는 필리스가 전화를 걸어왔어요. 괴짜인 그녀는 수다를 떨어댔고, 결국 나는 그녀의 말을 끊었어요. "필리스, 나는 전화 끊고 경찰에 신고해야 해요. 누군가가 우리 집에 침입하려고 애쓰고 있단 말이에요." 그녀와 통화하는 동안 파이프 하나가 움직이는 걸 봤어요. 유리 깨지는 소리도 들었고, 창밖에 누군가가 있는 걸 봤어요. 지하에도 누군가가 있다는 걸 깨달았고요. 그러니까 두 명이 있었던 거예요. 페기가 말한 것처럼, 내가 다음날 밤에 총을 갖고 카우치에 앉았던 건 기억나지 않아요. 우리가 그 자리에 총을 갖고 있었다고 생각하지는 않아요. 그래도, 맞아요. 거기에서는 그런 종류의 일들이 일어났었어요. 또 언젠가 내가 깊은 잠에 빠졌을 때였어요. 페기가 내 얼굴에 얼굴을 바짝 갖다 대는 바람에 깨어났죠. "데이비드! 집에 누군가가 있어!" 자리에서 일어난 나는 속옷도 거꾸로 입고는 침대 밑으로 팔을 뻗어 장인어른이 주신 예식용 도검을 잡았어요. 그러고는 층계로 향하면서 고함을 쳤죠. "우리 집에서 꺼져!" 아래에는 흑인 커플이 서 있었어요. 나를 완전히 정신 나간 사람 보듯 쳐다보더군요. 그들은 우리 집을 폐가라고 생각하고는 사랑을 나누거나 파티 같은 것을 열 생각으로 들어왔을 거예요. 그들은 말했어요. "당신, 여기 사는 사람 아니잖아요." 나는 호통을 쳤죠. "무슨 개소리를 하는 거야?"

　제니퍼가 태어났을 무렵에 나는 학교를 떠날 작정이었어요. 헛소리가 잔뜩 담긴 편지를 행정처에 보냈죠. 그러고는 취직을 했어요. 크리스틴 맥기니스와 로저 라펠은 둘 다 화가였지만, 크리스틴은 돈벌이를 하려고 동물을 담은 판화들을 뚝딱뚝딱 만들어냈어요. 플래시Flash라는 별명이 있는 그녀의 어머니 도로시도 거기서 판화작업을 했죠. 그건 내게는 완벽한 직업이었어요. 플래시하고 나는 나란히 앉았고, 우리 앞에는 작은 TV가 있었어요. 우리 뒤에는 수동 프레스press하고 싱크대들이 있었고요. 작업은 판에 잉크를 묻히는 것으로 시작돼요. 그런 다음에는 로저가 가져온 나일론 양말 중 하나를 가져다가 정해진 방식으로 접었죠. 그러고는 그 나일론을 판 위에 올려놓고 돌리면서 볼록한 곳을 두드리고 오목한 곳은 그대로 놔두는 거예요. 그러고는 정말로 좋은 종이에 판화를 뜨는 거죠. 그 공방에서 일할 때 로저가 말했어요. "데이비드, 네가 주말에 그림을 그리면 25달러를 줄게. 네가 그렇게 하겠다고 하면 나는 네가 그린 그림들을 가질 거야." 내가 LA로 이사 온 후에도 그는 자기를 위해 그림을 그려달라며 종이랑 연필을 보냈어요. 여전히 나한테 돈을 지불하면서요. 로저는 그때나 지금이나 예술가들의 친구예요.

어느 오후에 포토라마에서 근사한 가죽 케이스에 담긴 중고 볼렉스Bolex 카메라에 450달러 가격표가 붙은 걸 발견했어요. 그걸 사고 싶었지만, 가게에서는 말했죠. "데이비드, 이 카메라는 내 맘대로 할 수 있는 물건이 아냐. 누가 너보다 먼저 가게에 와서 이걸 사겠다고 하면 우리는 팔아야만 해. 만약에 네가 내일 아침에 돈을 갖고 왔는데 그때도 이게 여기 있으면 네가 사도 돼." 나는 정신이 나갔어요. 다른 사람이 그걸 갖는 건 원치 않았으니까요. 그 시절에 나는 아침에 일어나지를 못했어요. 그래서 잭과 그의 여자친구 웬디와 나는 암페타민(amphetamine, 각성제─옮긴이)을 먹으면서 밤을 새웠죠. 가게 문이 열렸을 때 나는 거기에 있었어요. 카메라를 손에 넣었죠.

암페타민을 먹어가면서 엄청나게 좋은 그림을 몇 점 작업했어요. 그 시절에 여자들은 의사를 찾아가서 다이어트 약을 얻곤 했죠. 의사들은 약을 국자로 가득 퍼서 내줬고요. 의사를 찾아갔던 여자들은 약이 잔뜩 담긴 큼지막한 봉지들을 들고 귀가했죠. 약물은 나한테는 그다지 중요하지 않았어요. 언젠가 잭하고 밀브룩에 있는 티모시 리어리(Timothy Leary, 환각성 약물의 긍정적 잠재력을 주장한 미국의 심리학자─옮긴이)의 농장에 갔어요. 거기에 머물면서 LSD를 복용했죠. 하지만 약 기운으로 느낀 세계는 불과 이틀 정도만 지속되는 몽상인 것으로 밝혀졌어요. 우리는 우드스톡 콘서트에는 가지 않았지만, 우드스톡에 가보기는 했어요. 겨울에 거기에 갔어요. 거기에 어떤 은둔자가 산다는 소문을 들었거든요. 그 은둔자를 만나보고 싶었어요. 그를 본 사람은 아무도 없었죠. 그는 흙으로 무더기 비슷한 것을 짓고는 그 위에 돌멩이하고 색색의 테이프를 건 잔가지들을 올려놓았더군요. 우리가 거기 갔을 때 그곳은 눈에 덮여 있었어요. 그는 거기에 살았고, 나는 그가 누군가가 자기 근처에 다가오고 있는지 엿볼 수 있는, 하지만 사람들이 그를 볼 수는 없는 장소들을 갖고 있었다고 생각해요. 우리는 그를 만나지는 못 했지만, 그가 거기에 있다는 건 느꼈어요.

「할머니」의 아이디어가 어디에서 비롯된 건지는 몰라요. 버지니아 메이틀랜드하고 로버트 채드윅이 땅에 있는 구덩이에서 나오는 신이 있어요. 그들이 땅에서 나오게 만든 이유는 나도 설명을 못 하겠어요. 그냥 그런 식이어야만 했어요. 사실적으로 보일 필요는 없었죠. 하지만 특정한 방식이어야만 했어요. 그래서 나는 구덩이를 팠고 그들은 거기에 들어갔죠. 신이 시작되면 관객의 눈에는 나뭇잎과 덤불만 보여요. 그러다 난데없이 이 사람들이 튀어나오죠. 로버트하고 버지니아는 정말로 대단한 연기를 펼쳤어요. 그들은 실제로는 거기에 묻힌 게 아니었지만, 아무튼 나뭇잎 더미에서 벗어나려고 기를 써야만 했어요. 그러다 리처드 화이트가 구덩이에서 나오고, 두 사람은 그를 윽박질러요. 그러고는 윽박지르는 표정이 담긴 왜곡된 클로즈업이 등장하죠. 나는 일종의 스톱모션stop motion 기법을 썼어요. 하지만 그걸 어떤 식으로 작업했는지는 말해줄 수 없어요. 그건 가난뱅이의 작업 방식이었지만, 내 입장에서는 효과가 있었어요. 나는 늘 영화 연출은 상식적인 일일 뿐이라고 말하곤 하죠. 일단 얻고 싶은 화면이 어떤 건지 궁리해내면, 그런 화면을 얻는 작업 방법도 알게 돼요. 페기는 내가 그 영화들을 만들 때 상황이 내게 유리하게 돌아갔다고 말했어요. 맞는 말이에요. 나는 원하는 것들을 찾아낼 수 있었고, 그것들을 곧바로 손에 넣었어요.

「할머니」의 사운드를 작업할 때가 됐을 때, 캘빈 데 프레네스로 가서 사운드 부서의 문을 노크하니까 밥이 문을 연 뒤에 말했어요. "데이비드, 우리는 할 일이 너무 많아요. 그래서 조수를 고용해야 했어요. 당신은 내 조수 앨런 스플렛하고 작업해야 할 거예요." 심장이 철렁 내려앉더군요. 그의 어깨너머로 ─창백하고, 철도 레일처럼 깡마른 데다 반들반들한 낡은 검정 정장을 입은─ 사내가 보였어요. 콜라병 같은 안경을 낀 앨이 다가와 미소를 지으며 나와 악수를 했는데, 그의 팔에 있는 뼈들이 달가닥거리는 게 느껴졌어요. 앨은 그런 사람이었어요. 나는 사운드가 많이 필요하다고 그에게 말했고, 그러자 그는 효과음들이 담긴 음반을 몇 장 튼 뒤에 물었어요. "이런 식의 소리인가요?" 나는 아니라고 했어요. 그는 다른 트랙을 틀고는 물었어요. "이거 아닌가요?" 나는 다시 아니라고 했어요. 이런 식의 작업이 한동안 계속되자 그가 말했어요. "데이비드, 당신을 위해서는 사운드를 직접 만들어야만 할 것 같아요." 그러면서 우리는 하루에 아홉 시간씩 63일을 사운드를 만들면서 보냈어요. 할머니의 휘파람 소리를 예로 들어볼까요? 캘빈 데 프레네스에는 장비가 거의 없었고 리버브 reverb 장치도 없었어요. 그래서 앨은 9미터 내지 12미터 길이의 에어컨 덕트duct를 가져왔어요. 우리는 어떤 장소로 갔고, 거기서 내가 덕트에 대고 휘파람을 불면 앨은 다른 쪽 끝에 녹음기를 갖다 댔어요. 덕트의 안이 비어 있기 때문에 휘파람 소리는 다른 쪽 끝에 도달할 즈음이면 약간 더 길어졌어요. 그러면 그는 녹음한 소리를 스피커를 통해 덕트에 다시 틀고는 그 소리를 다시 녹음했고, 그러면서 이제 리버브는 두 배 더 길어졌죠. 우리는 리버브의 소리가 제대로 될 때까지 그 작업을 거듭했어요. 사운드를 일일이 다 만들었는데, 그게 얼마나 재미있는 작업이었는지는 말로는 도저히 설명이 안 돼요. 그런 후, 캘빈 데 프레네스에서 사운드를 믹싱했어요. 밥 칼럼은 대단히 진지하게 말했어요. "데이비드, 규칙 제1조, 당신은 청구 금액을 지불할 때까지는 여기에서 필름을 갖고 나갈 수 없어요. 규칙 제2조, 당신의 청구서를 시간 단위로 계산하면 충격적인 액수가 나올 거예요. 반면에 가게에서 10분짜리 릴 단위로 요금을 산정한다면 믿기 힘들 정도로 당신에게 유리한 거래가 될 거예요." 그는 윗사람들에게 얘기를 잘해줬고, 나는 10분짜리 릴 단위로 요금을 정산했어요.

AFI의 보조금을 받으려면 예산안을 제출해야 했어요. 그래서 내 영화의 제작비가 7,119달러가 들 거라고 썼죠. 그런데 결국에는 7,200달러가 들었어요. 내가 어떻게 그렇게 했는지는 나도 몰라요. 아무튼 나는 해냈어요. 원래 보조금은 5,000달러였지만, 캘빈에서 필름을 가져오려면 2,200달러가 더 필요했어요. 그래서 토니 벨라니가 워싱턴 D.C.에서 기차를 타고 왔죠. 기차역으로 가서 그를 태워 와서는 영화를 보여 줬어요. 그는 "자네는 필요한 돈을 받게 될 거야."라고 했어요. 그를 다시 기차역으로 태우고 가던 중에 그가 말했어요. "데이비드, 나는 자네가 캘리포니아 로스앤젤레스의 고급영화연구센터에 와야 옳다고 생각해." 그건 어떤 사람에게 '당신이 방금 5백조 달러를 벌었다!'고 말하는 거랑 비슷한 소리였어요. 아니면 그보다 더 많은 돈을 벌었다는 얘기하고 비슷한 소리였죠. 누군가에게 '당신은 영생을 누릴 거요!'라고 말하는 거랑 비슷한 말이었어요.

스파이크

1970년에 린치가 로스앤젤레스에 있는 미국영화연구소에 다니려고 필라델피아를 떠난 것은 깜깜한 벽장에서 나와 희미하게 일렁이는 햇빛 속으로 발을 내딛은 것과 비슷했다. 당시 AFI는 그레이스톤 맨션에 입주해 있었다. 호화로운 튜더 리바이벌Tudor Revival 양식으로 지어진, 방이 무려 55개나 있는 이 맨션은 석유 재벌 에드워드 도헤니가 1928년에 닦은 18에이커의 터에 자리잡고 있었다. 건물이 무너지는 걸 막으려고 1965년에 그레이스톤 맨션을 매입한 베벌리 힐스시는 이 건물을 1969년부터 1981년까지 일 년에 1달러만 임대료를 받는 조건으로 AFI에 임대했다. 학교가 건물을 보수하고 관리할 거라는 심산에서였다. 조지 스티븐스 주니어George Stevens, Jr.가 창립한 미국영화연구소는 1968년부터 1977년까지 토니 벨라니가 소장으로 재직했다. 린치의 재능을 알아보고 그를 연구소로 데려온 사람들이 바로 그들이었다.

존 린치는 형이 서부로 이주하기 직전에 캘리포니아 폴리테크닉 주립 대학의 샌 루이스 오비스포 분교를 졸업했다. 그래서 그는 차를 몰고 필라델피아로 와서 형이 렌트한 노란 트럭에 짐을 싣는 것을 도운 후, 로스앤젤레스로 향하는 트럭에 형과 함께 타려고 자신의 차를 형의 친구 집 뒷마당에 세워뒀다. "마지막 순간에 잭 피스크가 그의 개와 함께 동행하기로 하면서 우리 세 명과 개 한 마리가 여행에 나섰습니다. 우리는 정말로 좋은 시간을 보냈죠." 존 린치는 회상했다.

벨라니와 스티븐스는 앨런 스플렛이 「할머니」에서 한 작업에 대단히 깊은 인상을 받았다. 그래서 그들은 그를 AFI의 사운드학과 학과장으로 임명했다. 7월에 LA로 이주한 스플렛은 8월 말에 린치가 그와 함께 머물기 위해 도착했을 때 이미 안정적으로 자리를 잡은 상태였다. 살림살이를 정리하며 2주를 보낸 후, 린치 형제는 부모님을 찾아뵙고 페기와 제니퍼를 데려오려고 버클리로 향했다—그들의 부모는 짧은 기간 거기에 거주했다.

"시아버지는 데이비드가 AFI를 졸업할 때까지 걸릴 기간이라고 예상되는 2년간 우리에게 달마다 250달러를 주셨어요. 그런데 우리 집 임대료는 한 달에 220달러였죠." 리비의 회상이다. "우리 집은 큰 편은 아니었지만 작은 방이 많았어요. 그래서 우리는 함께 사는 사람들을 많이 들였고, 그 덕에 우리가 내는 월세는 80달러였어요." 린치의 집은 3층짜리 아파트 건물들 옆에 있었다—"그중 한 채에서 잭슨 파이브의 노래 〈내가 거기 있을게요I'll Be There〉를 몇 시간이고 큰 소리로 틀어놨어요."라고 리비는 말했다. "그리고 우리는 낡은 세탁기를 발견하고 그걸 뒤 베란다에 설치했어요. 건조기가 없어서 빨래는 집 뒤에 너는 게 보통이었어요."

피스크의 여동생 메리도 1970년대 초반 동안 LA를 자주 들락거렸다. 린치가 LA에 정착한 직후에, 그녀는 그곳으로 옮겨온 오빠의 집 근처에서 살고 싶어 했다. 그래서 그녀는 팬 아메리칸 항공의 스튜어디스 교육을 받은 후에 LA로 이사 와서는 린치 가족의 이웃에 있는 거처를 빌렸다.

9월 25일에 수업을 받기 시작한 린치는 영화감독 테렌스 맬릭Terrence Malick, 칼렙 디샤넬Caleb Deschanel, 팀 헌터Tim Hunter, 폴 슈레이더Paul Schrader를 비롯한 AFI 제1기 졸업생의 일원이 됐다. 당시 연구소의 수업은 대체로 영화 감상 및 그에 관한 토론 위주로 구성되어 있었다. 린치가 수강했던 강의의 학생 30명에게 특히 중요한 것은 체코슬로바키아의 영화감독 프랭크 다니엘Frank Daniel이 가르친 영화 분석 수업이었다. 다니엘은 소련이 체코슬로바키아를 침공한 1968년에 그와 그의 가족에게 항공권을 보내 준 조지 스티븐스 주니어의 원조 아래 미국에 왔다. AFI의 많은 졸업생이 그를 영감을 주는 인물로 꼽아왔다. 시퀀싱 패러다임the se-quencing paradigm으로 알려진 시나리오 집필 기법을 고안한 인물이 다니엘이었다. 이 기법은 먼저 특정 신들과 관련한 70가지 요소를 떠올려 메모장에 적은 후, 그 메모장을 정리하면서 논리정연한 시퀀스로 만들어내는 방식을 옹호한다. "이런 기법을 쓰고 나면 손에 시나리오가 쥐어져 있을 거야." 이 단순한 아이디어는 린치에게 있어 유용한 것으로 판명되었다.

AFI는 여유롭고 자유분방한 곳이었다. 하지만 그곳의 연구생이 되는 데 따르는 압박감이 없진 않았다. 학생들은 각자의 고유한 길을 찾아낼 거라는 기대를 받았고, 린치는 첫해 대부분을 제대로 된 방향을 찾으려고 분투하며 보냈다. "그는 필라델피아에서 그린 그림에서 영감을 받은 불륜에 대한 영화 「가든백Gardenback」의 시나리오를 작업하고 있었어요. 하지만 그건 그의 마음 깊은 곳을 건드리는 작품은 아니었죠." 리비는 말했다. "그래서 그는 그 작품을 조금도 발전시키지 못했어요."

프랭크 다니엘과 칼렙 디샤넬은 「가든백」의 팬이었다. 디샤넬은 20세기 폭스20th Cen-tury Fox 사에 있는 프로듀서 친구에게 그 시나리오를 가져갔고, 프로듀서 친구는 린치에게 40분짜리 트리트먼트를 장편 영화 길이의 시나리오로 확장하라며 5,000달러를 제공했다. 린치는 다니엘과 벨라니, 작가 질 데니스Gill Dennis와 함께 일련의 시나리오 집필 모임에 참가했지만, 장편 버전이 나올 무렵에는 그 프로젝트에 흥미를 잃었고, 결국 1971년 늦봄에 그 작품을 팽개쳤다.

이후 여름의 몇 달간 그의 마음속에서 「이레이저 헤드」가 형체를 갖추기 시작했다. 린치는 "나는 「이레이저 헤드」를 머리로 생각한 게 아니라 마음으로 느꼈습니다."라는 견해를 밝혔었는데, 그 영화에 완전히 압도된 사람이라면 누구든 그의 말뜻을 이해할 수 있다. 「이레이저 헤드」에는 메스꺼운 유머가 많지만, 그 영화의 코믹한 측면들에만 초점을 맞추면 다층적인 작업을 겉핥기로만 읽는 셈이 된다. 어떤 종류의 검열이 됐건, 어떠한 자기 검열도 없이 작동하는 권위 있는 영화인 「이레이저 헤드」는 순수한 이드id로만 구성된 작품이다. 영화의 내러티브는 단순하다. 음울한 후기 산업 시대 분위기의 디스토피아에서 살아가는 젊은이 헨리 스펜서는 메리라는 아가씨를 만나고, 그녀는 임신한다. 기형아가 태어나자 불안감에 사로잡힌 헨리는 자신이 느끼는 공포에서 해방되기를 갈망한다. 그는 에로틱한 미스터리를 경험하고, 그런 후에는 자식의 죽음을 그리고 결국에는 성스러운 존재가 개입하면서 그의 고통은 끝난다. 어떤 면에서, 이것은 은총에 대한 이야기다.

린치의 시나리오 집필 스타일은 직설적이고 선명하다. 그리고 「이레이저 헤드」의 시나리오는 베케트의 희곡이 보여주는 엄밀하고 정밀한 특성을 갖고 있다. 길이가 불과 21페이지밖에 안 되는 이 시나리오는 최소한의 무대 지시만 담고 있고, 분위기를 환기하는 묘사에만 대체로 초점을 맞춘다. 린치에게 제일 중요한 것이 —손에 만져질 것처럼 분명하면서도 약간은 불길한— 영화의 분위기라는 건 분명하다. 우리가 알고 있는 영화의 전반부는 시나리오에 적힌 단어 하나하나와 잘 맞아떨어진다. 하지만 영화 후반부의 내러티브는 시나리오하고는 상당히 다르다. 린치의 애초 구상에서, 영화는 헨리가 악마 같은 갓난아이에게 게걸스럽게 잡아먹히면서 결말이 난다. 영화에서 이런 일은 벌어지지 않았다. 대신 3막에 등장하는 새로운 캐릭터가 이야기의 결말을 탈바꿈시킨다. 린치는 「이레이저 헤드」를 제작하는 5년간 영적인 각성을 경험했는데, 그 과정에서 그의 영화 역시 자연스럽게 변화를 겪었다.

"「이레이저 헤드」는 업보를 다룬 작품입니다." 행성에 있는 남자the Man in the Planet라는 캐릭터를 연기한 잭 피스크는 말했다. "작업하는 동안에는 그걸 깨닫지 못했지만, 행성에 있는 남자는 업보를 상징하는 레버들을 당기고 있습니다. 「이레이저 헤드」에는 영적인 요소가 무척 많은데, 데이비드가 그 영화를 만든 건 명상을 시작하기 전이었습니다. 데이비드는 늘 그런 식이었습니다. 그러면서 시간이 갈수록 그는 더욱 영적인 존재가 돼갔습니다."

린치 자신은 "「이레이저 헤드」는 내가 만든 가장 영적인 영화이지만, 아직까지는 누구도 그 영화에서 영적인 깨달음을 얻지 못했습니다."라고 말한 적이 있다. "그 영화는 내가 어떤 느낌들을 받으면서 만들어졌지만, 그게 정말로 무엇을 다룬 내용이었는지는 나도 잘 몰랐습니다. 그래서 나는 성경을 꺼내 읽기 시작했습니다. 성경을 읽고 또 읽으면서 어떤 문장에 다다른 나는 '바로 이거야.'라고 말했습니다. 하지만 그게 어떤 구절이었는지는 말할 수 없습니다."

1971년 9월에 AFI로 돌아간 린치는 자신이 1학년 수업에 배정됐다는 걸 알고 엄청나게 분노했다. 그런데 그가 자퇴 준비를 할 때 「이레이저 헤드」를 만들어도 좋다는 열광적인 분위기의 진행 허가가 떨어졌고, 그는 그대로 연구소에 눌러앉기로 했다. 영화를 만들려면 자금을 마련해야 했지만, 그 시점에 AFI의 재정과 관련한 정치적 상황은 기이한 상황에 처해 있었다. 전년도에 연구소는 학생인 스탠튼 케이Stanton Kaye에게 「보물 추적In Pursuit of Treasure」을 완성하라며 상당한 액수를 지원했었다. 이 작품은 AFI가 제작한 최초의 장편 영화가 될 예정이었다. 케이의 영화에는 많은 돈이 투입됐는데, 이 작품은 결국에는 완성되지 못하면서 완전한 실패작으로 간주됐다. 이후 한동안 AFI는 또 다른 학생의 장편 영화에 자금을 대라면 질색을 했다. 이는 린치에게는 아무 문제도 아니었다. 「이레이저 헤드」의 미니멀한 시나리오는 단편용으로 보였기 때문이다. 그래서 연구소는 그 영화에 1만 달러를 내줬고, 영화는 1971년 이 저물 무렵에 프리프로덕션pre-production에 돌입했다.

AFI의 본관 아래에는 버려진 하인용 거주 구역, 차고, 온실, 마구간, 건초를 쌓아두는 다락이 있었다. 린치는 이런 허물어져 가는 벽돌 건물들 사이에 그의 깃발을 꽂고는 그가 이후 4년간 차지할 준수한 스튜디오를 만들어냈다. 거기에는 카메라 룸과 욕실, 식당, 편집 공간, 연기자 휴게실, 세트들이 지어진 드넓은 공간이 있었다. 그곳에서는 프라이버시도 보장됐다. 연구소는 린치가 연구소의 장비에 접근하는 것을 허용하면서 그가 평화로이 영화를 만들도록 내버려뒀다.

린치는 출연진과 스태프를 모으는 과정에서 신뢰하는 친구들에게 먼저 눈길을 던졌다. 그는 먼저 스플렛과 피스크, 캘빈 데 프레네스에서 일했던 촬영감독 허브 카드웰Herb Cardwell에게 참여를 요청했다. 중요한 스태프들이 제 자리를 찾았을 때 도린 스몰Doreen Small이 프로덕션 매니저로 취직했다. 뉴욕에서 태어나고 자란 스몰은 1971년에 토팡가 캐넌에 사는 친구들을 방문했다가 로렐 캐넌에 거처를 임대했다. 그녀가 이사 들어온 직후, 블랙스폴리테이션 blaxpolitation 장르의 영화 「쿨 브리즈Cool Breeze」에서 잭 피스크의 조수로 일하던 집주인 제임스 뉴포트James Newport는 자신들에게 어시스턴트가 필요하다고 말했다. "영화에 필요한 소품과 의상을 얻으려고 사방을 뛰어다녔어요." 스몰의 회상이다. "그러고 나니까 잭이 묻더군요. 'AFI에 도움이 필요한 친구가 있어. 가서 데이비드를 만나 보겠어?'"

"그래서 마구간에 가서 데이비드를 만났죠." 그녀의 회상은 계속 이어졌다. "그는 넥타이 세 장과 파나마 모자, 팔꿈치 부분이 없는 파란 옥스퍼드 셔츠, 헐렁한 카키 바지에 작업화 차림이었어요. 상당한 미남이었고, 만나자마자 독특한 개성의 소유자라는 걸 뚜렷하게 알 수 있었어요. 데이비드를 만난 사람은 누구나 그런 불꽃을 봤어요. 그는 자신에게 정말로 필요한 건 프로덕션 매니저라면서 물었어요. '그 일을 할 수 있겠어요?' 나는 '그럼요.'라고 대답했죠. 그랬더니 그가 말했어요. '스크립트 슈퍼바이저(script supervisor, 대본과 촬영 사이의 통일성을 검수하는 보직—옮긴이)도 필요해요. 그 일도 할 수 있겠어요?' 나는 '그럼요.'라고 대답했죠. 그러자 그는 내가 콘티 작업을 할 수 있도록 스톱워치를 사줬어요."[1]

스몰은 린치를 만난 직후에 토팡가에서 열린 파티에 갔다가 당시 텔레비전에서 활동하는 유명한 젊은 여배우 샬럿 스튜어트Charlotte Stewart와 인사를 하게 됐다. 거처를 공동 임대하기로 결정한 스몰과 스튜어트는 이후 2년간 룸메이트로 살았다. "도린은 데이비드의 연출작에 여배우가 필요하다는 걸 알았어요. 그래서 그녀는 당시만 해도 촌 동네 분위기가 짙었던 토팡가의 저녁 식사에 그를 초대했죠." 스튜어트의 회상이다. "문을 열었더니 그 남자하고 페기가 서 있었어요. 열망이 느껴지는 젊은 남자였어요. 손에 들고 있던 밀 종자 봉지를 내게 건네더라고요. 고맙다는 인사를 하면서도 속으로 생각했어요. 이게 도대체 뭐야? 그는 '이봐, 그 사람들은 시골에 살아. 어쩌면 그들은 밀을 조금 심고 싶어 할 거야.'라고 생각했었나

봐요."

"저녁 식사 자리에서 그는 멋진 사람 같았어요. 정말로 젊어 보였고요." 그녀의 회상이 이어졌다. "그는 「이레이저 헤드」의 시나리오를 가져왔어요. 나는 그걸 넘겨보면서 단 한 단어도 이해하지 못했어요. 내가 말할 수 있는 한, 그건 젊은 커플하고 실제로는 갓난아이가 아닌 갓난아이에 대한 작품이었어요. 대사는 많지 않았죠. 그래서 생각했어요. 좋아, 이 영화는 몇 주 안에 끝낼 수 있겠어."[2]

린치는 남자 주인공을 연기할 배우를 찾던 중에 캐서린 코울슨Catherine Coulson과 잭 낸스Jack Nance를 만났다. 코울슨 가족은 그녀의 아버지가 리버사이드에 있는 라디오 방송국의 경영자로 고용되자 일리노이에서 캘리포니아로 이주했다. 그곳에서 그녀는 네 살 때 「코울슨 가족과 아침식사를Breakfast with the Coulsons」이라는 제목의 지역 프로그램으로 데뷔했다. 그녀는 클레어몬트의 스크립스 칼리지에서 미술사를 전공했다. 샌프란시스코주립대학 대학원에 입학할 무렵, 코울슨의 인생의 초점은 연극으로 옮겨가 있었다. 1967년에 댈러스 시어터 센터의 멤버들은 그 대학에 상주하는 예술가들이었는데, 그중에는 배우 잭 낸스가 있었다. 코울슨과 낸스는 커플이 됐다. 1968년에 캘리포니아주 라 호야에서 결혼한 그들은 1971년에 AFI를 잠깐 다녔던 데이비드 린데먼David Lindeman이 창설한 극단인 데이비드 린데먼스 인터플레이어스 서커스David Lindeman's Interplayers Circus의 단원이 됐다. 린데먼은 낸스가 헨리 스펜서 역할의 좋은 후보가 될지도 모른다고 린치에게 언급했고, 린치는 낸스가 완벽한 후보라는 데 동의했다.

「이레이저 헤드」에서 단역을 연기한 배우 몇 명은 코울슨을 통해 찾아왔고, ─주디스 로버츠(Judith Roberts, 복도 건너편의 미녀), 앨런 조지프(Allen Joseph, 미스터 X), 잔느 베이츠(Jeanne Bates, 미시즈 X)를 비롯한─ 다른 출연진 몇 명은 레퍼토리 극단 시어터 웨스트Theater West의 단원들이었다. 베이츠는 영화와 텔레비전에서 산전수전 다 겪은 베테랑으로, 「이레이저 헤드」에 캐스팅됐을 때는 50대였다. 그런데도 그녀가 그 역할을 연기하기에는 지나치게 예쁘다고 걱정했던 린치는 그녀의 얼굴에 털 한 가닥이 자라는 점을 만들어 붙였다. 린치를 만난 대부분의 사람들처럼, 베이츠는 그에게 넋을 잃었다. "그가 잔느의 얼굴에 못생긴 점을 붙이는 동안 그녀가 참을성 있게 앉아 있던 모습을 기억해요." 스몰은 말했다. "데이비드는 무척이나 노련한 연기자들하고 작업하고 있었어요. 그런데 그들은 처음부터 그를 천재라고 생각하면서 신뢰했죠."

영화의 출연진은 빠르게 채워졌다. 「이레이저 헤드」가 촬영될 공간을 창출하는 작업에는 상당히 많은 공을 들여야 했는데, 린치의 천재성이 확연하게 드러난 곳이 바로 이 부분이었다. 대부분 쓰레기 더미를 뒤져 찾아낸 소품들로 만들어진 헨리의 세계는 린치가 지나치게 적은 것들로 대단히 풍부한 결과물을 만들었다는 점에서 기적이나 다름없다. 아파트와 로비, 연극 무대, 연필 공장, 교외의 가정, 사무실, 집 전면의 베란다를 비롯한 세트들을 꼼꼼하게 창조해내기 위해, 모든 소품은 서로 다른 쓰임새에 재활용할 수 있게끔 거듭 개조됐다. 린치와 스플렛은 마대에 담은 담요와 방음용 자재로 세트에 방음 장치를 설치했고, 린치는 특별한 시퀀스에 필요한 장비를 임대했다. 「이레이저 헤드」에는 복잡한 효과가 필요한 숏이 몇 개 있었는데, 기술적인 의문에 대한 답을 얻는 작업 중에는 할리우드 지역의 스튜디오에서 일하는 특수 효과 전문가들에게 무턱대고 전화를 거는 일도 포함돼 있었다. 문제 해결을 즐기는 실용적인 사람인 린치는 시행착오를 통해 배워나갔다.

도린 스몰은 의상과 소품을 구하려고 벼룩시장과 중고품 할인점을 탈탈 털고 다녔고, 코울슨과 낸스는 헨리가 사는 아파트 세트장의 로비에 놓을 가구를 위해 자신들의 거실을 비웠다. 특히 소중한 자원의 출처는 코울슨의 숙모로, 베벌리 힐스의 방 열일곱 개짜리 저택에 거주하던 마짓 펠레지 라즐로Margit Fellegi Laszlo였다. 수영복 회사인 콜 오브 캘리포니아의 디자이너인 라즐로의 지하실에는 온갖 잡동사니가 가득했다. 코울슨과 린치는 소품을 찾으려고 툭하면 그곳을 헤집었다. "갓난아이용 가습기를 찾아낸 곳이 거기였어요." 코울슨의 회상이다.[3]

「이레이저 헤드」의 소품 목록에는 가습기보다 더 색다른 것으로 간주할 만한 물건들도 들어 있었다. "데이비드는 갓난 강아지들에게 젖을 먹이는 개를 원했어요. 그래서 나는 갓 출산한 개를 가진 사람들을 찾으려고 동물병원마다 문의했고, 그런 개를 키우는 사람들에게 전화를 걸어 개를 빌려줄 수 있느냐고 물었어요." 스몰이 말했다. "탯줄을 얻으려고 병원에 거짓말을 했어요. 탯줄은 영화의 한 장면에 등장하는, 배경에 놓인 병에 들어 있기만 할 거라고 말했거든요. 영화에 등장한 건 실제 탯줄이에요. 우리는 그걸 대여섯 개 구했어요. 잭은 그것들을 '빌리 탯줄billy cords'이라고 불렀어요. 그렇게 나는 흔치 않은 물건들을 찾아내야 했어요."

「이레이저 헤드」의 갓난아이—낸스는 그 아기에게 "스파이크"라는 이름을 붙였다—는 영화에서 제일 중요한 소품으로, 린치는 촬영이 시작되기 몇 달 전부터 그걸 만드는 작업에 착수했다. 그런데 그는 그 갓난아이를 만들어낸 방법은 절대로 공개하지 않았다. 출연진과 스태프에게조차 그랬다. 영화에는 다양한 물건들로 만들어낸 대형 소품 두 개—행성과 갓난아이의 머리—도 필요했다. 제작진이 "초대형 갓난아이의 머리"라고 이름 붙인 것이 린치의 집 마당에서 만들어졌는데, 그걸 완성하는 데는 대여섯 달이 걸렸다. "그건 꽤 오랫동안 거기에 있었어요. 이웃들은 그걸 '큰 달걀'이라고 불렀죠." 리비의 회상이다.

프리프로덕션의 일환으로, 린치는 출연진과 스태프를 위해 「선셋 대로Sunset Boulevard」와 「젊은이의 양지A Place in the Sun」를 상영했다. 두 영화의 흑백 촬영은 특히 풍성한 느낌을 발산한다. 스몰은 이렇게 회상했다. "그는 우리가 자신이 품고 있는 검정색의 개념을 이해하기를 원했어요. 어떤 캐년인가에 사는 제임스라는 남자를 찾아가서 점성술로 우리의 점괘가 어떻게 되는지 알아보라며 부추기기도 했고요."

1972년 5월 29일에 본 촬영principal photography이 시작됐다. 촬영 스케줄의 첫 신은 헨리가 메리의 부모인 X씨 부부와 먹는 만찬이었다. "그 첫날밤에 촬영한 모든 작업이 그토록 오래 걸렸다는 사실을 믿을 수가 없었어요." 샬럿 스튜어트는 회상했다. "시간이 그렇게 오래 걸린 이유는 데이비드가 만사를 직접 해야만 했기 때문이었어요. 정말이지, 그는 만사를 다 직접 했어요. 그는 조명 기구도 직접 설치해야만 했어요. 만찬에 올릴 닭튀김도 직접 만들었어요. 세트에 있는 모든 걸 직접 손봐야 했고요. '맙소사, 이 청년은 절대로 성공하지 못할 거야. 이 바닥에서 이토록 시간을 오래 잡아먹어서는 안 된다는 걸 이 사람은 이해하지 못하고 있어.'라고 생각했던 걸 기억해요. 그런 걸 모르는 그가 딱하게 느껴지더군요."

촬영은 굼벵이 같은 속도로 진전됐다. 촬영에 들어가고 일 년 후, 허브 카드웰 촬영감독이 생계비를 벌어줄 수 있는 직업이 필요하다는 결정을 내리고는 영화를 떠났다. 그러면서 프레드 엘름스Fred Elmes 촬영감독을 위한 자리가 생겨났다. 뉴저지주 이스트오렌지 출신인 엘름스는 로체스터 기술연구소에서 스틸사진 촬영을 공부한 후, 뉴욕 대학의 영화 연구 프로그램에 입학했다. 거기 있는 강사에게서 AFI에 대한 얘기를 들은 그는 서부로 향했다.

1972년 가을 엘름스는 AFI에서 수업을 듣기 시작했고 이렇게 회상했다. "내가 도착하고 몇 달 후에 토니 벨라니가 말하더군요. '여기에 촬영감독이 필요한 영화감독이 있는데, 자네가 꼭 그 친구를 만나봐야겠어.' 데이비드를 만났더니 신들을 찍은 릴reel을 보여주더군요. 내가 보고 있는 신들로 무엇을 만들어야 할지 전혀 감이 잡히지 않았지만, 그 필름에 매혹되기는 했어요. 아름다운 흑백 영상으로, 무척 특이하면서도 아름답게 구성된 작품이었죠. 연기 스타일도 매혹적이었고요. 모든 게 엄청 인상적이라서 도저히 못하겠다는 말을 할 수가 없었어요."[4]

"큰 난관 중 하나가 영화를 최대한 어둡게 촬영하면서도 관객이 피사체를 식별할 수 있도록 조명을 치는 법이었습니다." 엘름스는 거의 전부를 야간에 촬영한 영화에 대한 설명을 계속했다. 물론, 그것이 「이레이저 헤드」가 요구하는 분위기였다. 그리고 야간은 린치가 작업하기에 충분할 정도로 AFI 구내가 조용한 유일한 시간이기도 했다. "우리는 철야 촬영을 하곤 했어요." 코울슨은 말했다. "그러다 어떤 시점이 되면 앨런 스플렛이 말했죠. '새소리야. 새소리가 들려.' 그러면 우리는 촬영을 중단할 때가 왔다는 걸 알았죠."

그런데도 영화는 "충분히 어두워질 수가 없었다."라고 엘름스는 말했다. 그는 카드웰이 떠나기 전에 작업 속도를 높이려고 그와 함께 작업하며 2주를 보냈다. "데이비드하고 나는 러시 필름(rush film, 촬영이 끝나고 곧바로 현상하여 다음 날 제작진이 참고로 보는 필름―옮긴이)을 보면서 말하곤 했습니다. '자세히 보면 저기 있어서는 안 되는 검정 그림자가 보이네요. 더 어둡게 만듭시다.' 데이비드와 나는 우리가 창조해내는 분위기가 제일 중요한 것이라는데 뜻을 모았습니다. 그래요, 영화에는 시나리오도 중요하고 연기도 중요하죠. 그런데 이 영화를 한 단계 도약시키는 건 빛의 분위기와 느낌이에요. 데이비드의 「이레이저 헤드」는 순전히 분위기를 통해서만, 그리고 사물이 보이는 방식을 통해서만 이야기를 들려줬습니다."

몇 회 되지 않는 주간 실외 촬영에 대해 코울슨은 이렇게 회상했다. "우리는 LA 다운타운의 다리 아래에서 찍은 오프닝 신을 비롯한 실외 장면을 많이 찍었어요. 로케이션 촬영을 할 때는 작업 속도를 높였죠. 촬영 허가를 전혀 받지 않았으니까요. 그래서 스트레스가 심했지만 재미있기도 했어요."

"사람들은 데이비드를 위해 일하는 걸 무척 좋아해요." 리비는 말했다. "당신이 그에게 커피를 갖다 주는 것 같은 사소한 일을 할 경우, 그는 당신이 세상에서 제일 위대한 일을 한 것처럼 느끼게 만들어줘요. '환상적이군요.' 같은 반응을 보이는 거죠! 나는 그가 실제로도 그런 식의 기분을 느낀다고 생각해요. 데이비드는 만사에 대해 짜릿한 기분을 느끼는 걸 좋아하거든요."

"데이비드는 카리스마가 넘치는 강렬한 인물입니다." 엘름스는 말했다. "그리고 우리는 서로를 무척이나 가깝게 느꼈습니다. 우리가 만들고 있는 영화가 데이비드의 영화였던 건 분명하지만, 그는 모든 사람의 노고를 정말로 고마워했습니다. 그러면서도 그런 고마운 감정과는 별개로 주변에 있는 만사에 거는 기대치를 높였죠. 예를 들면, 그는 촬영하는 와중에도 꾸준히 그림을 그렸는데, 그런 모습을 보면서 우리는 자극을 많이 받았습니다. 그래서 더욱 열심히 일하고 싶었고 새로운 것들을 시도하고 싶었습니다."

「이레이저 헤드」가 제작되는 동안, 린치는 그림을 그리는 스튜디오에서 보낼 시간이 없었다. 하지만 그는 그 몇 년 동안에도 비주얼 아트 작업을 중단한 적은 결코 없었다. 그는 아무것도 없는 표면이 보이기만 하면 거기에 그림을 그렸고, 성냥첩과 식당 냅킨, 싸구려 공책을 비롯한 여러 표면에 작품 대여섯 가지를 완성했다. 그가 사용한 소재들은 변변치 않은 것들이었지만, 작품들은 낙서라고 무시할 수는 없는 것들이었다. 무척 세련된 작품들로, 사람들도 그렇게 받아들였다.

성냥첩의 여백에 그린 복잡한 그림들, 성냥첩 시리즈에 속한 작품들은 실제 크기는 작았지만 방대하고 광활한 느낌을 줬다. 또 다른 시리즈는 강박적인 느낌의 무늬 주변을 맴돌면서 상이한 느낌을 발산했다. 무늬를 이룬 선들의 둥지는 자체적으로 파열했고, 그 밀도와 느낌은 약간 위협적이었다. 냅킨에 그린 그림들은 새하얀 벌판을 떠다니는 빨강과 검정, 노랑으로 표현된 기괴한 모양들로 구성됐다. 뭔가 식별이 가능한 물체처럼 보이는 그것들은 순수한 기하학적 추상이었다. 「이레이저 헤드」를 준비하면서 아이디어를 얻은 게 분명한 그림들도 있다. 헨리가 침대 옆 테이블의 흙무더기를 응시하는 초상화가 있고, 꼭대기에 외로운 나뭇가지가 튀어나온 화산 같은 형태 옆에 갓난아이가 누워 있는 이미지도 있다. 흰색 배내옷이 잘려져 몸 전체가 드러난 갓난아이를 그린 스케치는 이와 관련 있는 영화 속 신에 등장하는 꽤나 소름끼치는 장면에는 담겨 있지 않은 서정적인 느낌을 담고 있다.

린치는 「이레이저 헤드」에 알맞은 것이 무엇인지를 항상 알고 있었다. 그런데도 그는 출연진에게 의견을 내놓으라고 격려했고, 괜찮은 아이디어 같으면 그걸 수용했다. 샬럿 스튜어트는 저녁 촬영이 시작될 때 낸스의 머리를 다듬어주는 임무를 맡았다. 그녀는 미친 듯이 뒤로 빗질을 시작했다. 같은 방에 있는 사람들 모두가 폭소를 터뜨리고 있었다. 그런데 방에 들어와서 그 모습을 본 린치가 큰 소리로 말했다. "바로 그거예요!" 헨리 스펜서를 상징하는 헤어스타일은 우연히 탄생한 결과물이었다.

자신이 연기하는 캐릭터에 대한 스튜어트의 해석은 린치가 보기에도 본질적으로 옳은 듯 보였다. "내가 입을 옷을 내가 직접 지어도 괜찮겠냐고 데이비드에게 물어봤어요. 메리는 자기 옷은 직접 바느질하는 여자인데, 바느질 솜씨가 썩 좋지는 않아 보였거든요. 메리의 차림새는 제대로 맞아떨어지는 게 하나도 없어요. 우리는 상의의 크기가 그녀의 몸에 잘 맞지 않기를 원했어요. 그래서 영화를 보면 그녀의 브래지어 끈이 어깨에서 떨어져 내린 걸 볼 수 있어요." 스튜어트의 회상이다. "메리는 자신감이 없는 사람이에요. 그녀가 구부정하게 몸을 말고 있는 건 그래서죠. 그리고 그녀의 귀는 감염돼 있어요. 촬영에 들어가기 전에, 데이비드는 내 오른쪽 귀 바깥쪽에 끈적끈적한 고름 같은 걸 묻혔어요. 그건 카메라에는 전혀 잡히지 않았지만, 우리는 거기에 그런 요소가 있다는 걸 알고 있었어요."

"데이비드가 나를 그 역할의 적임자로 본 이유가 무엇인지 도무지 모르겠어요. 데이비드는 사람들을 굉장히 이상하게 캐스팅했어요. 그는 어떤 배우의 배경이 어떤지는 전혀 신경 쓰지 않아요. 배우들에게 시나리오 낭독을 시키지도 않고요. 그는 배우를 만나면 그 배우하고 나무나 이런저런 것들에 관해 얘기하면서 자신에게 필요한 것을 살펴요. 그가 「이레이저 헤드」의 배우들하고 작업했던 방식하고 요즘에 그가 배우들하고 작업하는 방식은 똑같아요." 이후로 「트윈 픽스」의 세 시즌에 모두 출연하게 된 스튜어트는 말했다. "그는 배우들하고 굉장히 사적인 관계를 맺어요. 다른 사람이 듣는 자리에서 배우에게 연기 지도를 하는 일은 결코 없죠. 그는 배우에게 무척이나 조용하게 다가가서는 배우의 귀에 속삭여요. 정말로 은밀한 연기 지도예요."

린치는 리허설을 무척 좋아한다. 헨리 스펜서는 많은 일을 하는 것처럼 보이지 않지만, 그런 느낌을 효과적으로 전달하기 위해 상당한 노력을 해야 했다. 린치는 헨리의 동작을 대단히 복잡하게 기획했고, 그 덕에 대단히 사소한 제스처에도 의미가 가득 담겨 있다. 낸스는 린치와 자신의 작업 관계에 대해 숙고하면서 이렇게 회상했다. "우리는 길고 이상한 대화들을 하고, 의견을 교환하는 모임을 여러 차례 가졌습니다. 그런 작업을 해나가는 동안 여러 가지가 저절로 모습을 드러내더군요. 헨리를 연기하는 건 무척 쉬운 일이었습니다. 그 캐릭터에 편안한 정장을 입히는 것과 비슷했죠. 내가 코트를 입고 타이를 매면 거기에 헨리가 있었습니다."[5]

「이레이저 헤드」의 출연진은 규모가 작았다. 그런데 스태프의 규모는 그보다도 훨씬 더 작았고, 때로는 코울슨 한 사람만 있는 경우도 잦았다. "나는 엘리베이터가 움직이고 있는 것처럼 보이게 만들려고 종이를 마는 일에서부터 돌리dolly를 미는 일까지 모든 일을 다 했어요." 당시 웨이트리스로 일하면서 제작진에 팁과 음식을 기부하는 일이 잦았던 코울슨은 말했다. "프레드는 내 멘토로, 스틸사진 찍는 법과 카메라 어시스턴트로 일하는 법을 가르쳐줬죠. 나는 우리가 찍은 필름을 현상하기 위해 현상소로 필름을 나르는 배달부이기도 했어요. 특정 시각까지는 필름을 배달해야 했기 때문에, 한밤중에 폭스바겐 버그를 몰고 야간 조로 일하는 사람 좋은 마스 바움가르텐Mars Baumgarten에게 필름을 넘겨주려고 시워드 스트리트를 질주하곤 했어요. 우리는 장시간 작업했기 때문에 마구간에서 자주 식사를 했어요. 나는 작은 전열기하고 프라이팬 하나로 모든 요리를 해냈죠. 메뉴는 거의 똑같았어요. 데이비드는 딱 한 가지만 먹는 걸 좋아하는 편이었거든요. 당시에는 그릴드 치즈나 에그 샐러드 샌드위치였어요."

「이레이저 헤드」가 린치의 생활을 본격적으로 장악하기 시작했다. 그런데 그런 와중에도 그와 가족 사이의 유대관계는 1972년 내내 상대적으로는 튼튼하게 유지됐다. "우리 식당에는 둥근 오크목 테이블이 있었어요. 데이비드와 제니퍼는 내 생일을 축하하려고 진흙을 잔뜩 가져와서는 테이블 위에 봉우리 형태로 쌓았어요. 그러고는 거기를 파서 움푹 팬 곳과 동굴들을 만들었고, 진흙으로 만든 조각들을 거기에 고정했죠." 리비의 회상이다. "그게 참 마음에 들었어요. 우리는 꽤 오랫동안 거실에서 그릇을 각자의 무릎에 놓은 채로 식사해야 했어요. 그 봉우리를 허물고 싶어 하는 사람이 아무도 없었으니까요. 그 봉우리는 식탁 위에 대여섯 달을 있었어요."

잠시 딴 데 정신을 쏟는 경우가 몇 번 있었지만, 「이레이저 헤드」는 린치가 작업을 시작한 바로 그 순간부터 린치 집안의 핵심 관심사였다. "그 영화는 감독으로서 우리 아버지가 얼마나 뛰어난 사람인지를 보여주는 증거일 거예요. 그뿐만 아니라 아버지는 「이레이저 헤드」가 행복의 비밀이라는 걸 우리에게 납득시켰고, 우리가 그 작업에 참여할 수 있게 해줬어요." 제니퍼 린치는 말했다. "나는 그 영화의 세트에 자주 갔어요. 「이레이저 헤드」는 내 유년기의 일부분이었죠. 굉장하다고 생각했어요. 나는 열 살인가 열한 살이 될 때까지는 내가 다른 애들하고 다른 유년기를 보내고 있다는 걸 깨닫지 못했어요. 아버지를 괴팍한 사람으로는 결코 느끼지 못했고, 아버지가 늘 자랑스러웠어요. 항상요."

린치는 출연진과 스태프에게 급여를 지불해야 옳다고 느꼈다. 그래서 그들 각자는 촬영을 시작한 뒤 첫 2년간 매주 25달러를 받았다(촬영이 종료될 무렵, 그는 급여를 12.5달러로 삭감해야만 했다). 평범한 수준의 급여였지만, 1973년 봄 무렵 린치는 AFI에서 받은 자금을 다 쓴 상태였다. 그는 연구소의 장비들을 계속 이용해도 좋다는 얘기를 들었지만, 추가 자금은 더는 없을 터였다. 결국 「이레이저 헤드」는 촬영을 중단할 수밖에 없었고, 가끔 촬영이 재개되긴 했지만 사실상 촬영 중단은 일 년 가까이 지속됐다.

"데이비드는 영화 만들 돈을 구하려고 늘 애쓰고 있었습니다. 그래서 「황무지Badlands」를 작업하고 돌아온 나는 그에게 약간의 돈을 건넸습니다." 테렌스 맬릭의 1973년도 데뷔영화에서 미술감독으로 일했던 피스크는 말했다(맬릭에게 피스크를 소개한 사람이 린치와 스플렛이었다). "주당 100달러를 벌던 나는 갑자기 훨씬 더 많은 돈을 벌고 있었습니다. 그게 공돈처럼 느껴지더군요. 내가 몇 년간 데이비드에게 준 돈이 4,000달러 정도 될 겁니다. 나중에 나는 원금보다 더 많은 돈을 돌려받았습니다."

「황무지」의 출연진에는 여배우 시시 스페이섹Sissy Spacek이 있었는데, 그녀와 피스크는 만난 지 일 년 후에 결혼했다. 그러면서 그녀는 「이레이저 헤드」의 세계로 안내됐다. "「황무지」를 하면서 잭을 만났을 때, 그는 내게 제일 친한 친구 데이비드에 대한 얘기를 전부 들려줬어

요. 그는 LA에 돌아오자마자 나를 데려가 데이비드를 만나게 해줬죠." 스페이섹의 회상이
다. "우리는 한밤중에 거기를 찾아갔어요. 만물이 흥미진진함과 비밀에 덮여 있더군요. 데이
비드는 AFI에 있는 마구간에서 살고 있었어요. 거기서 철야로 촬영을 했고, 스태프는 그가
잠을 자는 낮 동안에는 그가 있는 세트의 문을 잠갔죠. 사전에 약속해놓은 숫자만큼 노크를
하고 열쇠를 갖고 있어야만 세트에 들어갈 수 있었어요. 포트 녹스(Fort Knox, 미국의 연방 금
괴가 저장된 요새—옮긴이)에 들어가는 거랑 비슷했어요."

"잭은 내가 생전 처음 만난 진짜 예술가였어요." 스페이섹의 회상은 계속됐다. "그는 내게
데이비드를 비롯해서 믿기 힘들 정도로 재능 있는 이 모든 사람을 소개해줬어요. 그 사람들
이 내게 영향을 줄 수 있었던 시점에 그들을 만난 걸 나는 늘 고맙게 생각해왔어요. 데이비드
하고 잭은 뼛속까지 예술가예요. 그들은 자신들의 작품을 만들 때 모든 측면에 헌신적으로
몰입하죠. 그들이 자신들의 원칙을 버리는 일은 결코 없을 거예요. 그들은 무엇인가를 창작
하는 활동을 무척 좋아하는 사람들이니까요."[6]

동부 해안으로 돌아갔던 피스크의 여동생 메리가 1973년에 LA로 돌아왔다. 당시 짧은 결혼
생활 중이던 그녀는 남편과 갈라서고 동부로 돌아가기 전에 6개월간 로렐 캐넌에 살았다. 그
녀는 LA에 있는 동안 내시 출판사에서 일하면서 리비가 그 회사의 접수 담당자로 취직하는
걸 도왔다.

린치는 촬영이 중단된 동안 잡다한 일을 했고, 촬영을 재개하게 해줄 자금은 모였다가 없
어졌다 했다. 불규칙한 촬영 스케줄은 물론, 린치가 장인 기질을 발휘하면서 작업에 엄청나
게 공을 들이는 바람에 출연진과 스태프는 필수적으로 인내심을 발휘해야만 했다. 린치의 팀
은 통보만 있으면 언제라도 촬영에 들어갈 준비를 해야 했고, 린치가 촬영장에서 만사를 완
벽하게 가다듬을 때까지 충분히 오랫동안 대기하고 있어야 했다.

"우리는 대기를 엄청 많이 했는데, 잭 낸스가 헨리 역에 이상적인 배우인 이유 중 하나가
그거였어요. 잭은 무척 오랫동안 조용히 앉아 있을 수 있었거든요." 스튜어트는 말했다. "데
이비드는 소품이나 이것저것을 만지작거리느라 늘 바빴고, 캐서린은 데이비드가 그녀에게
시키고 싶어 하는 모든 일을 처리하느라 바빴어요. 잭하고 나는 그 옆에 앉아 있었는데, 짜증
을 낸 사람은 아무도 없었어요. 모두들 촬영장을 집처럼 들락거렸고, 우리는 모두 친구가 됐
어요."

촬영에 들어가고 일 년쯤 됐을 때, 도린 스몰은 「이레이저 헤드」의 촬영장에서 살기 시작했
다. "토팡가에서 촬영장을 오가는 데 많은 시간이 걸렸어요." 그녀의 회상이다. "나는 데이비
드하고 개인적인 관계를 맺기에 이르렀죠. 그 일은 어느 날 음악실에서 일어났어요. 우리 관
계는 정말로 진지했죠. 촬영 중에 아버지가 돌아가시는 바람에 어머니가 산타모니카로 이

사를 가셨어요. 데이비드는 가끔 우리 모녀와 같이 머물렀죠. 우리는 모두 굉장히 가까운 사이가 됐어요. 어머니는 데이비드에게 옷과 미술용품을 사주고는 하셨어요."

말할 필요도 없이, 린치의 가정생활은 헝클어지고 있었고, 그와 리비의 관계는 별거를 향하고 있었다. "필라델피아에서 나는 데이비드가 하는 모든 일에서 필수적인 요소였어요. 그런데 LA에서는 상황이 변했죠." 리비는 말했다. "나는 더 이상은 그의 일부가 아니었어요. 그리고 그의 주변에는 어시스턴트 타입의 여자들이 많았어요. 내가 차지할 자리가 없었죠. LA에 왔다가 세트를 방문했던 여동생이 돌아와서 말했어요. '사람들이 모두 데이비드하고 사랑에 푹 빠진 거, 언니도 알아?' 내가 대답했죠. '근사하지 않니?' 나는 그 정도로 순진했어요."

이때는 린치 입장에서는 스트레스에 잔뜩 시달리던 시기였다. 그는 열광적으로 신봉하는 영화를 만들고 있었지만, 돈 문제는 꾸준히 대두됐고 사생활은 복잡해지고 있었다. 더 중요한 건, 돈이나 애정사의 차원을 넘어선 깊은 수준에서 불안감을 느끼고 있었다는 것이다. 린치의 부모가 1973년에 리버사이드로 이사 왔고, 그래서 여동생 마사 레바시가 캘리포니아 남부를 주기적으로 찾았다. 그녀는 린치가 깊은 내면의 기분을 스스로 다룰 수 있게 해줄, 그의 삶을 바꾸게 될 사건에서 핵심적인 역할을 맡을 참이었다.

이야기는 레바시가 스키 강사가 되려고 선 밸리에서 교육을 받던 1972년에 시작된다. 어느 날 아침에 그녀는 산꼭대기에서 열리는 강사 클리닉에 출석할 예정이었다. "멋진 젊은 남자랑 같이 의자형 리프트를 탔어요." 그녀의 회상이다. "그 남자한테 이렇게 이른 시간에도 무척 초롱초롱해 보인다고 말했더니, 그는 초월 명상(TM, Transcendental Meditation) 덕분에 깊은 휴식을 취했다고 했어요. 그러고는 산으로 올라가는 내내 그 얘기를 하더군요. 나는 명상하는 법을 배웠고, 명상은 내 인생의 중요한 부분이 됐어요."[7]

레바시는 명상을 시작한 직후에 린치와 통화를 했는데, 린치는 여동생의 목소리에서 평소와는 다른 무엇인가를 포착했다. 그는 무슨 일이 있는 거냐고 물었고, 그녀는 오빠에게 TM에 대해 말한 후, 그를 영적부활운동the Spiritual Regeneration Movement센터로 데려갔다. "그곳은 오빠가 다음 걸음을 내딛기에 이상적인 곳이었어요." 레바시는 말했다. "오빠가 찾아간 모든 센터마다 흥분했던 건 아니지만, 이곳은 오빠에게 제격인 곳이었어요. 오빠는 그곳 분위기를 마음에 들어 했고, 1973년 7월 1일에 명상하는 법을 배웠죠. 오빠는 이런 일이 일어나기 오래전에도 내게 더 큰 그림에 대해 고민하고 있다는 얘기를 한 적이 있어요. 저 바깥에 깨달음이 존재한다는 TM의 믿음은 오빠에게 반향을 일으켰어요."

영적부활운동센터의 책임자는 찰리 루테스Charlie Lutes로, 그는 마하리쉬 마헤쉬 요기Maharishi Mahesh Yogi의 명상 프로그램에 등록한 최초의 미국인들에 속했다. 그 프로그램은 실천자들을 제일 깊은 수준에 도달시켜 주는 간단한 기법을 위주로 구성돼 있으며, 고대 베다Veda의 지혜에 뿌리를 두고 있다. 마하리쉬는 1959년에 미국에 TM을 도입한 후, 루테스와 제휴해서 세계 곳곳에 수백 곳의 센터를 열었다. 그중에는 산타모니카에 있는 미국 최초의 TM 센터도 있었는데, 그곳에서 루테스가 매주 개최한 강의들은 1970년대에 많은 군중을 모았다. 린치는 그곳에 정기적으로 출석했다. "찰리는 마하리쉬와 형제나 다름없는 사이였어요. 그리고 오빠에게는 중추적인 사람이었죠." 레바시는 말했다. "오빠는 찰리와 그의 부인 헬렌하고 무척 가까운 사이가 됐어요."

린치를 아는 사람들은 명상이 그를 바꿔 놓은 모습에 하나같이 강한 인상을 받았다. "데이비드는 명상을 시작하기 전에는 상당히 음울한 사람이었어요." 스몰은 회상했다. "명상은 그를 더 차분하게, 덜 불만스럽게, 더 밝게 만들었어요. 그는 무거운 짐 덩어리를 벗어던진 것 같았어요."

2년 가까운 기간 동안 깨어 있는 모든 순간을 「이레이저 헤드」에 바친 후, 린치는 그의 인생에 명상을 위한 공간을 마련했다. "마하리쉬가 「머브 그리핀 쇼The Merv Griffin Show」에 출연했을 때 우리는 모두 그를 보러 갔어요." 레바시는 말했다. "캐서린이 오빠하고 함께 왔는데, 오빠는 근사한 블레이저와 흰색 셔츠 차림이었죠. 두 사람이 걸어갈 때 누군가가 말했어요. '거기 두 분! 이쪽으로 오세요!' 방송 제작진은 그들을 앞쪽에 앉혔어요. 두 사람의 외모가 마음에 들었던 것 같아요. 그래서 오빠는 맨 앞줄에 근사한 모습으로 자리를 잡았죠. 짜릿한 일이었을 거예요."

린치는 이 시기에 자신이 얼마나 바뀌고 있는지를 반영한 그림을 여러 점 그렸다. 〈존재에 스며들기Infusing the Being〉를 보면, 짙은 색의 나무 비슷한 형체를 가진 이미지 한 쌍이 나란히 자리하고 있다. 형체의 밑바닥 왼쪽에는 색상의 프리즘이 있고, 오른쪽에 있는 형체는 아랫부분과 꼭대기만 색상을 띠고 있다. 한편 제목이 붙지 않은 또 다른 작품을 보면 종양을 연상시키는 이미지들이 지표면을 뚫고 올라오는 지하의 형체들을 묘사했고, 추상적인 패턴들과 식별 가능한 요소들—나무, 구름—이 결합된 집합체가 돔 형태의 성당으로 들어가는 듯하다.

"아빠가 명상을 시작할 때 나는 다섯 살이었어요. 아빠의 내면에 변화가 일어날 때 나는 그 사실을 분명하게 알고 있었어요." 제니퍼 린치의 회상이다. "아빠가 고함치는 일이 줄어든 걸 기억해요. 그런데 바로 그때부터 아빠가 내 주위에 있는 시간이 줄어들었다는 느낌도 받기 시작했어요."

명상은 린치의 인생에 그가 필요로 하는 무엇인가를 제공했다. 하지만 명상은 그의 결혼 생활에 커져만 가는 균열을 악화시키기도 했다. "데이비드는 찰리 루테스를 숭배했어요. 그는 좋은 사람이지만, 그가 말하는 내용은 나한테는 전혀 흥미롭지 않았어요." 리비는 회상했다. "데이비드는 내가 명상에 냉담한 모습을 보이는 이유를 이해하지 못했어요. 그 시점에 그는 정말로 영적인 사람이 되고 싶어 했으니까요. 하지만 나는 집 밖에 나가서 재미있게 살고 싶었어요."

그 시점에 메리 피스크는 동부 해안으로 돌아가 워싱턴 D.C.에 있는 조지아주 상원 의원 허먼 탤머지를 위해 일하고 있었다. "어느 날 밤에 사무실에서 장거리 전화로 오빠하고 통화하고 있었어요. 데이비드가 전화를 받더니 명상 얘기를 시작하더군요. 우리가 제대로 의사소통을 시작한 게 바로 그때였어요." 피스크는 말했다. 그녀는 그해 연말에 로스앤젤레스로 다시 이사 왔다.

린치는 그녀를 영적부활운동센터에 데려갔고 그녀는 정기적으로 그곳에 다니기 시작했다. "찰리 루테스는 실내의 분위기를 바꿔 놓을 수 있는 활발한 성격의 미남에다 통찰력 있는 사람이었어요." 피스크의 회상이다. "비틀스는 그를 캡틴 쿤달리니Captain Kundalini라고 불렀죠. 인상적인 사람이었어요."

"명상은 데이비드를 바꿔놓았어요. 그는 보수적인 사람이 됐죠. 육류 섭취와 담배를 끊었고요." 피스크의 회상은 계속됐다. "그는 몇 달간 머리에 담배 기운을 잔뜩 담은 채로 돌아다녔다고 말했어요. 그 생각을 끊을 도리가 없었다고요. 하지만 어찌어찌 담배를 끊는 데 성공했어요. 옷도 다르게 차려입기 시작했죠. 겹쳐 맨 타이와 좀먹은 모자들이 사라졌어요. 그는 센터에 갈 때면 말쑥하게 차려입었어요."

이 시기 린치의 결혼 생활은 한층 더 나빠졌다. "어느 날 점심을 먹으려고 사무실에서 귀가했더니 데이비드가 집에 있었어요." 리비의 회상이다. "내가 말했죠. '우리는 별거를 생각해보는 게 옳은 것 같아.' 그는 대답했어요. '당신은 예전처럼 나를 많이 사랑하지 않아, 그렇지?' 그 역시 나를 많이 사랑하지 않는다는 뜻이었어요. 나는 '그런 것 같아.'라고 대답했죠. 나는 한때 그랬던 것처럼 그의 마음이 작동하는 모습에 전혀 매력을 느끼지 못하고 있었어요. 혼자 있는 시간을 갖고 싶었기도 했고요. 다른 사람의 머릿속에서 사는 건 갇혀 사는 것 같은 기분이었어요. 게다가, 앞으로 무슨 일을 하겠어요? 결혼 생활을 유지하겠다고 싸울까요? 내 상대는 평범한 동네 아가씨가 아닐 거였죠. 그건 나하고 숱하게 많은 여자와의 싸움, 할리우드를 상대로 한 싸움이 될 거였어요."

그 몇 년간, 린치는 철저히 야행성으로 살았다. 리비와 갈라선 직후, 그는 주당 48.5달러를 받고 『월스트리트 저널』을 배달했다. 한밤중에 신문 배달에 나선 오빠와 동행한 적이 있던 레바시는 그 일을 "엄청난 경험"이라고 회상했다. "오빠는 작업 전체를 체계적으로 조직했어요. 신문은 조수석에 쌓았고, 나는 오빠의 폭스바겐 버그 뒷자리에 앉았죠. 오빠가 일하려면 양쪽 창문이 다 트여 있어야 했으니까요. 머릿속으로 배달 경로를 철저히 숙지하고 있는 오빠가 신문을 차창 너머로 휙휙 던지는 솜씨는 예술적이었어요. 오빠는 특정한 방식으로 특정 창문들을 맞추는 걸 좋아했어요. 그러면 그 집에 불이 켜졌으니까요."

1974년 5월에 재개된 「이레이저 헤드」의 촬영은 이듬해까지 간헐적으로 이어졌다. 대략 같은 시기에, 스플렛은 핀드혼에서 대여섯 달을 보내려고 LA를 떠났다. 스코틀랜드 북부에 있는 유토피아적 공동체인 핀드혼의 창립자 피터 캐디와 도로시 맥클린은 자신들이 자연계의 영혼들과 직접 접촉한다고 주장했다. 스플렛이 떠나고 오래지 않아, 도린 스몰이 산타바버라로 이사하면서 린치의 상황은 더 힘들어졌다. 조지 스티븐스 주니어는 콘솔리데이티드 필름 인더스트리스 래버러터리Consolidated Film Industries laboratory의 책임자 시드 솔로우Sid Solow와 함께 린치의 필름을 무료로 현상해주기로 합의했지만, AFI는 장비를 회수하기 시작했고, 보통 그렇듯 연구소에는 돈이 없었다. "어느 시점에 데이비드가 말했어요. '이제는 그만둬야 할 것 같아.'" 엘름스의 회상이다. "캐서린과 잭, 나는 서로를 쳐다보며 말했죠. '데이비드, 우리는 그만둘 수 없어요. 이건 끝난 게 아니에요. 우리가 방법을 궁리해볼게요.'"

그들은 그 시련을 견뎌냈다. 어느 날 린치는 식당에 앉아 스케치를 하고 있었다. 그러던 중에 〈라디에이터 속의 여인Lady in the Radiator〉으로 알려지게 된 인물이 도화지에서 형체를 갖췄다. 린치는 그 캐릭터가 헨리의 이야기를 끝맺는 데 필요한 요소라는 걸 깨달았다. 대단히 기쁘게도, 그는 이미 세트의 일부였던 라디에이터가 그가 머릿속에 그리던 '라디에이터 속의 여인'의 캐릭터와 부합하는 디자인이었음을 발견했다. 가수 로렐 니어Laurel Near가 연기한 그 여인은 따스한 곳에서 보호를 받으며 살고 통일성과 희망을 상징한다. 그녀의 도착은 내러티브의 흐름에 변화가 생겼음을 보여주면서 영화가 낙관주의와 긍정적인 가능성을 드러내며 끝마칠 수 있도록 해준다. 그로테스크하게 과장된 뺨과 큰 눈과 금발을 가진 라디에이터 속의 여인을 촬영하려면 엄청난 분장이 필요했는데, 린치는 그 작업을 하면서 몇 시간을 보냈다. 그리고 그는 그녀가 부르는 〈천국에서In Heaven〉라는 노래의 가사를 썼다. 그의 친구 피터 아이버스Peter Ivers는 그 가사에 음악을 붙였고, 사운드트랙을 위한 노래를 불렀다. 우리가 영화에서 듣는 목소리는 아이버스의 것이다.

툭하면 찾아오는 「이레이저 헤드」의 휴식기 때문에 린치는 ─영화감독이 수행해야 하는 가장 끔찍한 경험 중 하나일 게 분명한─ 제작비를 구하러 다니는 자유 아닌 자유를 누리게 됐지만, 가끔은 재미를 보기도 했다. 1974년에, AFI 임원들은 연구소에서 프로젝트들을 연출할 때 쓰는 비디오테이프로 암펙스Ampex와 소니Sony 중 어떤 것을 써야 할지 결정하려 애쓰고 있었다. 임원들은 엘름스에게 두 버전을 비교하는 테스트 영상을 촬영해달라고 요청했다. 이런 정보를 입수한 린치는 엘름스에게 테스트 신을 위한 시나리오를 자기가 집필하게 해달라고 요청했다. 그는 「절단 수술을 받은 환자The Amputee」라는 제목의 단편 영화 시나리오를 집필했고, 코울슨은 거기에 출연하기로 했다. "데이비드는 절단 수술을 받은 사람의 남은 부위에 붕대를 감는 의사를 연기했고, 내가 연기하고 보이스오버를 낭독한 '수술 받은 환자'를 위한 독백을 썼어요." 코울슨의 회상이다. "우리는 서로 다른 테이프를 써서 그걸 두 번 촬영했죠. 그레이스톤 맨션에 있는 많은 방치된 방 중 한 곳에서요. 그런 후에 프레드는 그걸 AFI의 근사한 시사실로 가져가 임원들에게 보여줬어요. 영화가 끝났을 때 누군가가 소리를 질렀던 걸 기억해요. '린치야! 린치가 이 영화하고 관련이 있는 게 분명해!'"

1974년 연말에 린치의 결혼 생활이 공식적으로 끝났다. "법률구조협회에 가서 나한테 필요한 서류들을 작성하는 비용으로 50달러를 지불했어요. 그러고는 여자친구가 나를 법정에 데려다줬고, 나는 거기서 서류를 제출했죠." 리비는 린치와 인상적일 정도로 우호적으로 이혼했다. "우리 부모님은 데이비드를 무척 아꼈어요. 그래서 우리가 갈라서자 꽤 실망하셨죠. 나는 시부모님을 사랑했어요. 그분들은 우리 관계를 유지시키려고 애쓰셨죠. 우리가 이혼했을 때 나는 시부모님을 정말로 잃은 것 같다는 상실감을 느꼈어요." 제니퍼 린치는 이렇게 말했다. "부모님이 이혼하셨을 때 나는 굉장히 괴로웠어요. 이혼이 싫었어요."

이혼이 마무리 지어졌을 때 린치는 「이레이저 헤드」의 세트에서 살고 있었지만, 1974년 연말에 AFI 마구간을 비우라는 명령이 내려오면서 그는 웨스트 할리우드의 로즈우드 애비뉴에 있는 방갈로로 이사했다. "방갈로에는 말뚝 울타리가 쳐진 작은 뜰이 있었고, 뜰에는 앵무새들이 무척 좋아하는 커다란 오렌지나무가 한 그루 있었어요. 거기에는 늘 앵무새가 많았어요." 월세 85달러에 세를 든 집에 대해 메리 피스크가 한 말이다. "데이비드는 천장에 채광창들을 뚫고, 싱크대가 없는 주방에는 조리하는 데 쓰는 선반을 설치했어요. 참치 샌드위치만 먹고 살 때는 주방에 필요한 게 그리 많지 않아요. 제니퍼가 거기서 데이비드하고 많은 주말을 보내던 걸 기억해요. 빈털터리나 다름없는 그는 딸아이는 고사하고 자기 자신조차 그리 잘 돌볼 형편이 아니었어요."

"내가 아빠 집에 머무를 때면 아빠는 평범한 방식으로 '나를 돌보지' 않았어요." 제니퍼 린치의 회상이다. "우리는 어른들이 하는 일들을 했어요. 신문을 배달했고 석유가 고인 웅덩이들 주위를 걸어 다녔죠. 이런저런 아이디어 얘기를 하다가 쓰레기통을 뒤져서 물건을 꺼내기도 했어요. 밥스에서 식사도 하고요. 끝내주는 경험이었어요. 「이레이저 헤드」가 뉴아트 Nuart Theatre에서 상영되고 있을 때, 우리는 밥스에 갔어요. 그날의 특선 요리 목록이 적힌 판지를 담아 놓는 자그마한 플라스틱 스탠드 알죠? 우리는 판지를 꺼내 뒤집어서 백지가 앞으로 향하도록 만든 다음에 거기에 썼어요. '「이레이저 헤드」를 보러 가세요.' 그러고는 그걸 다시 플라스틱 스탠드에 살짝 집어넣었죠. 로즈우드에 살 때 아빠는 꿀벌 화분과 콩, 인삼 같은 것에 꽂혀 있었어요. 나는 아빠가 비타민하고 약간의 약을 먹는 걸 지켜봤어요. 아빠는 그런 것들에 푹 빠져 있었어요."

"아홉 살이 될 때까지는 우리 집이 가난한 줄 몰랐어요." 그녀는 말을 계속했다. "아빠가 로즈우드에 살 때, 주말에 친구를 한 명 집에 데려왔었어요. 메리 피스크는 우리를 디즈니랜드에 데려갔고, 우리는 아빠랑 같이 인형의 집을 만들고는 볼링을 치러 갔어요. 끝내주는 주말이잖아요, 그렇죠? 나는 일요일 밤에 앓는 바람에 월요일에 학교를 결석했어요. 그리고 화요일 아침에 학교에 갔더니 애들이 나를 보고 말했어요. '셰리가 그러는데, 너희 집은 차고라며.' 나는 그 후로 오랫동안 아무도 집에 초대하지 않았어요."

린치는 습관대로 살아가는 피조물이었다. 이 무렵, 그는 이후 8년간 그의 생활의 일부가 될 의식儀式을 확립했다: 날마다 2시 30분에 밥스 빅 보이에 가서 커피 여러 잔과 초콜릿 밀크셰이크 한 잔을 마시는 것이다. 그 몇 년 동안 린치와 만나기로 약속을 잡은 사람이 있으면, 만나는 장소는 대체로 밥스였다. (하지만 그는 다른 커피숍들에도 열려 있었다. 그는 샌 페르난도 밸리에 있는 듀파스, 선셋 블러바드에 있는 벤 프랭크스, 윌셔 블러바드에 있는 니블러스의 단골이었다.)

린치가 이사하고 몇 달 후, 스플렛이 스코틀랜드에서 돌아왔다. 두 사람은 로즈우드 방갈로 근처에 있는, 승용차 두 대를 세울 수 있는 차고를 스플렛의 거처를 겸한 포스트프로덕션 post-production 시설로 탈바꿈시켰다. 1975년 여름부터 1976년 초반까지, 린치가 화면을 편집하는 동안 스플렛은 사운드를 편집했다. 그 여덟 달에 걸친 집중적인 작업을 통해 「이레이저 헤드」는 지금과 같은 걸작이 됐다. 「이레이저 헤드」의 사운드트랙에는 참을 수 없는 긴장감이 감돌고, 몇 겹에 걸친 사운드—개가 위협적으로 짖는 소리, 멀리서 지나가는 기차의 기적 소리, 돌아가는 기계의 쉭쉭거리는 소리, 고독을 제대로 구현하는 공허한 방의 음색—는 대단히 복잡하고 풍성해서, 관객이 눈을 감고 사운드에 귀를 기울이는 것만으로도 영화를 체험할 수 있을 정도다. "데이비드와 앨런은 산업적인 사운드의 힘을 활용했고, 그것들은 영화의 전체적인 분위기와 느낌을 좌지우지한다는 면에서 제대로 효과를 발휘했습니다." 엘름스는 말했다. "그들이 그 사운드트랙을 구축한 방식은 대단히 성공적이었습니다."

메리 피스크는 이 포스트프로덕션 단계 동안 린치의 방갈로에서 몇 블록 떨어진 곳에 있는 아파트에 입주했고, 두 사람은 데이트를 시작했다. "데이비드하고 앨런은 영화가 완성되기 전까지는 어느 쪽도 데이트하지 않기로 합의했어요." 피스크는 말했다. "하지만 데이비드는 날마다 점심에 나를 만나면서도 앨런에게는 그 얘기를 안 했어요. 당시 데이비드는 센터에서 만난 우리 친구 마사 보너하고도 데이트하고 있었는데, 그는 2년간 우리 사이에서 양다리를 걸쳤죠. 데이비드는 마사한테 매료됐다는 사실을 나한테 숨기려 들지 않았어요. 하지만 그녀도 그가 나를 만나고 있다는 걸 알았고, 그래서 그는 곤경에 처했어요. 결국 그녀와의 관계는 전혀 진전되지 않았죠."

그들의 관계가 처한 상황과는 무관하게, 피스크는 「이레이저 헤드」의 확고한 신봉자였다. 그래서 그녀는 가족의 친구인 척 해멀에게 이 영화에 1만 달러를 투자하라고 설득했다. 없어서는 안 될 이 자금 덕에 린치는 「이레이저 헤드」의 완성에만 집중할 수 있었고, 그와 스플렛이 사운드 작업을 마무리하면서 그는 마침내 영화의 최종 편집본을 손에 넣었다. 그즈음 그는 주요 출연진과 스태프에게 지금은 없어진 선셋 블러바드의 레스토랑인 햄버거 햄릿에서 만나자고 요청했다. 그러고는 그들이 영화가 향후 창출할 수익의 일정 비율을 받을 열네 명의 수령인에 속해 있다고 말해서 모두를 깜짝 놀라게 했다. 그는 계약 조건들을 냅킨에 썼다. "몇 년 후에 우리 전원은 우편으로 수표를 받았어요." 코울슨은 말했다. "그가 한 그 일은 진짜 놀라웠어요." 수령인 전원은 계속해서 해마다 수표를 받아왔다.

「이레이저 헤드」는 AFI에서 출연진과 스태프를 대상으로 비공식 시사회를 열었다. "데이비드가 우리에게 처음으로 영화를 보여줬을 때, 영화는 한없이 계속되는 것 같았어요." 1시간 50분 동안 상영된 영화의 시사회에 대한 스튜어트의 회상이다. "나중에 데이비드가 나한테 전화를 걸어서 어떻게 생각하느냐고 묻더군요. 나는 '데이비드, 이건 치통 같아요. 너무 고통스러워요.'라고 말했죠. 상영 내내 앉아 있는 게 고역이었어요." 린치는 제작에 참여한 핵심 인물들이 어쩔 수 없이 털어놔야만 하는 말에 귀를 기울였지만, 아직 영화를 가위질할 마음의 준비는 하지 못했다.

칸 영화제의 대표들이 AFI를 방문했을 때, 린치는 우연히도 거기서 그 영화를 믹싱하고 있었다. 그들은 자신들이 본 상영분에 열광적인 반응을 보였고, 그때 그는 마음속으로 「이레이저 헤드」를 칸에 보낸다는 목표를 세웠다. 하지만 그 목표는 별 성과가 없는 소망으로 밝혀졌고, 「이레이저 헤드」는 뉴욕영화제에서도 거절당했다. 린치 입장에서 좋은 시기는 아니었다. "이혼한 후에 그를 만나 밥스에서 점심을 먹었던 걸 기억해요. 그는 말했어요. '나는 할리우드의 이너 서클inner circle에 들어갈 준비가 돼 있어. 변두리를 전전하는 건 이제 신물나.'" 리비는 말했다. "그래요, 그의 감수성은 언더그라운드적이고 음울해요. 하지만 그는 일단 할리우드에 발을 들인 이후로는 그런 괴짜가 되고 싶어 하지 않았어요. 그는 제대로 일이 돌아가는 바닥에서 활동하고 싶어 했어요. 반드시 그런 식으로 작업을 해야 했죠. 나는 데이비드 같은 사람이 자기 마음에 쏙 드는 일을 하지 못하는 세상에서는 살고 싶지 않아요."

로스앤젤레스 국제영화박람회Los Angeles International Film Exposition—필름엑스Fil-mex—가 1976년도에 발표하기 위한 상영작들을 검토하기 시작했을 때, 린치는 의기소침한 탓에 「이레이저 헤드」를 출품하는 걸 고려조차 하지 못했다. 하지만 피스크는 영화를 제출할 것을 고집했고, 상영작으로 선정된 영화는 영화제에서 처음으로 일반 대중에게 상영됐다. 영화는 『버라이어티Variety』에서 형편없는 리뷰를 받았다. 그래도 관객과 함께 영화를 감상한 일은 린치에게는 눈이 확 틔는 경험이었다. 그는 영화를 더 빡빡하게 편집하는 게 나을 거라는 걸 깨달았다. 그래서 그는 콤포짓 프린트(composite print, 완성된 영상과 음향이 하나의 릴에 담겨진 프린트로, 이것을 수정한 것이 최종 프린트가 된다—옮긴이)를 편집해서, 최소한 네 개의 중요한 신이 포함된 20분 분량의 촬영분을 폐기했다. 폐기된 장면 중에는 헨리가 아파트 로비에 있는 가구를 발길질하는 장면, 코울슨과 그녀의 친구 V. 핍스윌슨V. Phipps-Wilson이 배터리 케이블로 침대에 묶인 채 전기 장비를 지닌 남자에게 위협을 당하는 장면이 포함됐다. 린치는 그 신들이 무척 마음에 들었지만, 그것들이 영화의 김을 빼놓고 있다는 걸, 그러니 잘라버려야 한다는 걸 잘 알고 있었다.

「이레이저 헤드」에 대한 소문이 뉴욕에 있는 벤 바렌홀츠Ben Barenholtz의 귀에 들어갔다. 그는 프린트를 보내 달라고 요청했다. 프로듀서 겸 배급업자인 바렌홀츠는 수십 년간 독립영화계의 영웅이었다. 그가 만든 심야영화 프로그래밍은 다른 방식으로는 관객에게 작품을 보여줄 길이 없는 인습타파적인 영화감독들에게는 생명줄이나 다름없었다. 그가 일으킨 혁신 덕에 존 워터스John Waters의 「핑크 플라밍고Pink Flamingos」 같은 영화들이 관객을 찾아낼 수 있었다. 그래서 그의 지원은 「이레이저 헤드」에 결정적인 영향을 미쳤다. 바렌홀츠의 회사인 리브라 필름스Libra Films는 영화를 배급하는 데 동의했고, 그는 린치와 계약을 마무리하려고 동료 프레드 베이커Fred Baker를 LA로 보냈다. 공식적인 악수는 「선셋 대로」의 한 장면에 배경으로 나와서 린치에게 특별한 의미가 있는 곳인 슈왑스 파머시에서 이뤄졌다.

「이레이저 헤드」가 순항하는 길에 오르기 시작했을 때도 린치의 사생활은 계속 엉망이었다. "벤이 「이레이저 헤드」를 받아주기로 합의하고 오래지 않은 어느 날, 데이비드는 나한테 마사 보너와 함께하고 싶다고 했어요." 피스크는 말했다. "그 시점에 데이비드하고 나는 함께 이사한 상태였어요. 나는 '좋아, 나는 버지니아로 돌아갈게.'라고 말하고는 자리를 떴죠. 내가 떠나고 사흘 후에 데이비드가 전화해서 청혼했어요. 우리 어머니는 결혼에 반대했죠. 그는 빈털터리였으니까요. 오빠도 내가 그와 결혼해야 한다고는 생각하지 않았어요. 오빠는 나를 앉혀 놓고 말했어요. '메리, 데이비드는 별종이야. 결혼은 오래가지 못할 거야.' 하지만 나는 상관없었어요. 데이비드는 내면에 믿기 힘들 정도의 사랑을 품은 사람이에요. 그와 함께 있으면 내가 세상에서 가장 중요한 사람이라는 기분이 들어요. 그의 목소리 톤하고 그가 사람들에게 베푸는 배려는 엄청나요."

린치와 피스크는 1977년 6월 21일에 그의 부모님이 다니는 리버사이드의 교회에서 조촐한 결혼식을 올렸다. "예식이 화요일이었는데, 시아버지는 일요일 예배에 썼던 꽃들을 우리 결혼식을 위해 보관해 두도록 손을 써두셨어요. 그래서 우리는 꽃이 만발한 가운데 식을 올렸죠. 그분은 오르간 연주자도 섭외하셨어요." 피스크는 말했다. "우리는 전통적인 결혼식을 올렸어요. 그런 후에 빅 베어(Big Bear, 캘리포니아의 휴양지—옮긴이)에서 하룻밤을 보내는 허니문을 떠났죠."

16일 후, 린치는 자신의 차기작이 되기를 바랐던 작품 「로니 로켓Ronnie Rocket」의 트리트먼트를 작가조합the Writers Guild에 등록했다. 그런 후 그와 피스크는 뉴욕 시티로 향했다. 린치는 거기서 세 달간 바렌홀츠의 아파트에 거주하면서, 「이레이저 헤드」의 만족스러운 개봉 프린트release print를 완성하려고 현상소와 함께 작업했다. 바렌홀츠는 영화의 분위기를 설정하는 데 필수적인 역할을 하는 패츠 월러(Fats Waller, 미국의 재즈 뮤지션—옮긴이)의 음악 저작권 사용료를 지불함으로써 그 문제를 해결했다. 영화는 그해 가을에 맨해튼의 시네마 빌리지에서 개봉됐다. 공식 오프닝의 초대장은 출생 신고서처럼 디자인됐다.

「이레이저 헤드」는 배급업자를 구했지만, 그것도 린치의 돈 문제를 해결하는 데에는 전혀 도움이 되지 못했다. 뉴욕에서 돌아온 그는 이후 몇 달을 리버사이드에서 보냈다. 거기서 그는 아버지와 함께 재매각할 계획인 집 한 채를 리모델링하는 일을 했다. 린치가 리버사이드에 있는 동안, 피스크는 콜드웰 뱅커의 부동산 관리 부문에서 일하면서 주말마다 그를 방문했다. "결혼한 이후로 한동안 시부모님하고 같이 지냈어요." 피스크는 말했다. "그와 시아버지는 그 집을 수리한 뒤 귀가했고, 그러면 시어머니는 두 팔을 활짝 벌리고는 문간으로 달려가 데이비드와 시아버지를 껴안곤 했어요. 정말로 사랑이 넘치는 가족이었죠. 집을 재단장해서 얻은 수익은 7,000달러였는데, 시아버지는 그걸 모두 그에게 줬어요. 그분들은 그를 걱정했어요. 그가 보는 꿈들을 그분들은 보지 못했으니까요. 그런데도 그분들은 「할머니」의 제작비를 마련하는 걸 도우셨어요. 당신들이 도무지 이해하지 못하는 작품을 만드는 아들을 보살피면서 어떤 식으로든 지원해주는 놀라운 분들이었어요."

1977년 연말에도 린치는 여전히 재정 면에서는 블랙홀에 빠져 있었다. 그래서 그는 자신의 포스트프로덕션 시설을 공방으로 개조해서 자칭 "오두막 건설shed-building" 단계라는 시기를 시작했다. 이 명칭에 담긴 정확한 의미는 그 이름에서 알 수 있다. 그는 오두막들을 지었고 잡다한 목수 일을 구했다. 힘 빠지게 들릴지도 모르지만, 그래도 린치가 품은 희망들은 어두워지지 않았다. "그는 흥분해 있었어요." 메리 피스크는 말했다. "그는 「이레이저 헤드」를 완성했어요. 그 영화는 필름엑스에 출품됐고 입소문이 퍼지고 있었어요. 나는 아침이면 데이비드를 깨웠고, 그러면 그는 그날을 맞을 준비를 한 채로 함박웃음을 짓곤 했죠. 그는 다음 작품을 위한 준비가 돼 있었어요."

"우리의 사교 생활은 명상 센터의 커뮤니티에서 보낸 많은 시간을 중심으로 이뤄졌어요."

그녀의 회상은 계속됐다. "우리는 금요일 밤마다 거기에 갔고, 거기 사람들은 우리의 절친한 친구들이 됐어요. 우리는 그들을 만나서 영화를 보러 가곤 했죠. 데이비드하고 영화를 많이 봤어요. 하지만 우리는 영화 비즈니스의 발전 수준은 전혀 따라잡지 못했죠."

그러는 동안 「이레이저 헤드」는 심야 영화 순회 상영에서 파문을 일으키며 입소문을 타고 있었다. 당시 로스앤젤레스의 뉴아트 극장은 「이레이저 헤드」를 이후 4년간 상영할 장기 상영작으로 판명했다. 「이레이저 헤드」는 당시 로스앤젤레스에서 그 영화의 가치를 알아볼 능력을 갖춘, 유행을 선도하는 관객들이 모이던 정확한 시점에 때맞춰 찾아온 작품이었다. 급진적인 행위 예술이 전성기를 누리고 있었고 펑크 록의 확산에는 속도가 붙었으며, 실험적이고 언더그라운드 분위기를 풍기기만 하면 무엇이건 찬사를 보낸 잡지 『웨트Wet』와 『슬래시Slash』, 『L.A. 리더L.A. Reader』 같은 기괴한 출판물들이 번창하고 있었다. 도시의 이런 파벌에 속한 사람들이 뉴아트의 좌석을 가득 채우면서 린치를 자신들의 일원으로 받아들였다. 존 워터스는 그의 팬들에게 「이레이저 헤드」를 보러 가라고 부추겼고, 스탠리 큐브릭은 그 영화를 사랑했으며, 린치의 이름은 회자되기 시작했다.

그럼에도 그는 여전히 아웃사이더였다. 하지만 린치의 생활은 탈바꿈한 상태였다. 그는 그를 한곳에 안정시켜준 영적인 수련을 하고 있었고, 새 아내를 얻었으며, 정확히 자신이 만들고 싶었던 영화를 만들었다. "「이레이저 헤드」를 만들면서 내 본래의 발상을 정말로 충실히 지켰습니다." 린치는 말했었다. "영화에는 스크린에 뜬 것보다 내 머릿속에 그려졌던 것하고 더 가깝다는 느낌을 주는 신들이 있을 정도였으니까요." 그리고 결국, 린치는 자신이 그 영화로 성취하려고 했던 것을 이해하는 몇 안 되는 영화계 내부자와 수천 명의 관객을 얻었다.

"데이비드는 당신이 예상하는 것보다 더 많은 사람들과 유대감을 맺었습니다. 그의 비전에는 사람들이 동일시하는 무엇인가가 있습니다." 잭 피스크가 내린 결론이다. "뉴아트의 심야상영에서 「이레이저 헤드」를 처음 봤을 때, 관객들은 스크린에서 눈을 떼지 못했고 대사 하나하나까지 다 알고 있었습니다. 나는 '맙소사! 이 친구가 자기 작품의 관객들을 제대로 찾아냈군!'하고 생각했습니다."

잭하고 잭의 개 파이브, 남동생 존은 나와 같이 필라델피아에서 미국을 횡단하는 드라이브에 나섰었죠. 서쪽으로 떠난 그 드라이브는 근사했어요. 어마어마하게 큰 계곡으로 차를 몰고 갔던 때가 떠올라요. 하늘이 어찌나 광활한지 위쪽의 산등성이를 올라가면 동시에 각기 다른 네 개의 날씨를 볼 수 있을 정도였죠. 하늘의 이쪽 부분에는 해가 쨍쨍한데 다른 부분에는 격렬한 폭풍이 몰아쳤어요. 우리는 오클라호마시티까지 30시간을 연속해서 차를 몰았어요. 거기서는 숙모하고 삼촌네 집에 머물렀죠. 둘째 날에는 긴 거리를 운전해가서 밤중에 뉴멕시코의 길가에 차를 댔어요. 달이 없는 날이었어요. 잠을 자려고 덤불을 찾아 들어갔죠. 정말로 조용했어요. 그러다가 갑자기 '쉬익' 하는 소리가 들렸고, 덤불 한쪽에 말 한 마리가 묶여 있는 걸 봤어요. 이튿날 아침에 깨어났더니 픽업트럭 여러 대에 탄 인디언들이 우리 주위를 맴돌고 있더군요. 우리가 있던 곳은 인디언 보호구역이었어요. 그들은 자기들 땅에서 우리가 도대체 무슨 짓을 하고 있었는지 궁금했을 거예요. 그들을 탓하지는 않아요. 우리는 그저 우리가 그 구역에 있다는 걸 몰랐을 뿐이에요.

셋째 날에 한밤중이 지나 LA에 도착했어요. 선셋 블러바드를 운전해서 내려간 후 위스키 어 고고(Whisky a Go Go, LA의 유명 나이트클럽—옮긴이)에서 방향을 틀어 앨런 스플렛의 거처로 갔고, 거기서 밤을 보냈죠. 이튿날 아침에 깨어났는데, 내가 LA의 햇빛을 발견한 게 그때였어요. 나는 하마터면 차에 치일 뻔했어요. 샌 빈센테 블러바드 한가운데에 서 있었거든요. 빛이 얼마나 아름다운지 믿을 수가 없을 정도였어요! 나는 곧바로 로스앤젤레스와 사랑에 빠졌어요. 누군들 그렇지 않겠어요? 그래서 나는 햇빛을 쳐다보면서 거기 서 있었어요. 주위를 둘러봤더니 샌 빈센테 950번지에 '임대' 표지판이 걸려 있더군요. 내가 월세 220달러에 그 집에 세드는 데는 채 두 시간도 걸리지 않았어요.

필라델피아에서 포드 팔콘을 팔았기 때문에 차가 필요했어요. 그래서 잭하고 존하고 같이 산타모니카 블러바드를 걸어 내려갔죠. 손을 넣은 주머니에서 양 엄지를 삐쭉 내민 채로요. 우리를 차에 태워준 어떤 여배우가 말했어요. "산타모니카 블러바드의 모든 중고차 매장은 산타모니카에 있어요. 내가 가는 방향이 그쪽이에요. 당신들을 바로 거기로 데려다줄게요." 우리는 중고차 매장 몇 곳을 들락거렸고, 그러다가 남동생이 빛바랜 회색 페인트칠이 된 1959년형 폭스바겐을 발견했어요. 동생은 차에 대해서는 빠삭했는데, 그 차를 훑어보더니 "좋은 차"라고 하더군요. 벨뷰영화제Bellevue Film Festival에서 「할머니」로 2등상을 받으면서 상금 250달러를 받은 참이었어요. 그래서 그 돈으로 가격이 200달러쯤이던 그 차를 샀죠. 보험을 들어야 했어요. 거리 건너편에 스테이트 팜(State Farm, 미국의 보험회사—옮긴이)이 있더군요. 나무계단을 걸어 올라가 2층에 있는 근사한 남자한테 갔고, 그는 보험을 처리해줬어요. 하루도 안 돼 보험에 가입된 차하고 집이 생긴 거예요. 현실처럼 느껴지지 않는 일이었어요. 많은 사람이 그 집에서 우리랑 같이 살았어요. 허브 카드웰이 거기 살았었고, 앨런 스플렛과 내 남동생, 그리고 잭도 한동안 같이 살았죠. 나는 그렇게 많은 사람들과 같이 사는 걸 조금도 개의치 않았어요. 하지만 지금의 나라면 그런 생활은 정말 신경 쓰이는 일일 거예요.

잭하고 남동생하고 내가 AFI로 걸어간 날에 그레이스톤 맨션을 처음 봤어요. 믿기 어렵더군요. 거기 있는 게 무척 행복했어요. LA에 도착했을 때, 나는 「가든백」을 만들고 싶었죠. 그래서 40페이지짜리 시나리오를 완성하고 칼렙 디샤넬을 만났는데, 그는 시나리오를 마음에 들어 했어요. 그는 그 작품을 일종의 공포영화로 봤어요. 그러면서 그의 지인인, 저예산 공포영화들을 만들었던 프로듀서를 그 작품에 붙여줬죠. 그 사람이 말하더군요. "이 영화를 만들고 싶어요. 5,000달러를 줄게요. 하지만 당신은 시나리오를 100페이지나 120페이지짜리로 만들어야 해요." 나한테는 정말로 우울한 상황이었어요. 스토리 전체가 거기 있었는데도, 망할 놈의 1학년 기간 전체를 프랭크 다니엘, 그리고 프랭크의 조수라고 할 수 있는 질 데니스라는 학생을 만나면서 보내야만 했어요. 내가 질색하는 재미없는 대사를 추가해가면서요. 마음 한구석으로 이런 생각을 했어요. 내가 정말로 이걸 만들고 싶은 건가? 「이레이저 헤드」의 아이디어들이 떠오르기 시작했거든요.

AFI에서 보낸 첫해의 어느 날, 토니 벨라니가 나를 불렀어요. "자네가 와서 로베르토 로셀리니Roberto Rossellini를 만나봤으면 하네." 그래서 토니의 사무실로 갔죠. 로베르토가 거기 있더군요. 우리는 악수를 한 다음에 자리에 앉아서 얘기를 나눴고, 그 즉시 죽이 맞았죠. 그가 토니에게 말했어요. "데이비드를 교환학생으로 로마로 오게 해서 내 영화학교 센트로 스페리멘탈레 디 시네마토그라피아Centro Sperimentale di Cinematografia에 다니게 하고 싶군요." 『버라이어티』에 내가 그곳에 갈 거라는 기사가 실렸지만, 내가 아는 그다음 사건은 로셀리니의 학교가 망했다는 거였어요. 그건 숙명이었어요. 나는 거기에 갈 운명이 아니었던 거예요. 그래도 그를 만난 건 정말 좋았어요.

돈이 필요했어요. 그러자 토니가 말하더군요. "자네가 원한다면, 마크 테이퍼 포럼Mark Taper Forum에서 「바버라 소령Major Barbara」을 작업 중인 에드 파론Ed Parone이라는 친구의 인턴 자리를 알아봐줄 수 있네." 그래서 나는 거기서 인턴으로 일했어요. 내가 인턴으로서 하는 일은 에드 파론에게 커피를 갖다 주는 거였어요. 데이비드 버니David Birney와 블라이스 대너Blythe Danner가 출연한 그 연극은 리처드 드레이퍼스Richard Dreyfuss의 데뷔작이기도 했는데, 드레이퍼스는 그 작품에서 단연 돋보였어요. 나는 그 작품이 싫었고 연출자가 마음에 들지 않았어요. 그는 나한테 그다지 친절하지 않았어요. 어쩌면 내가 갖다 준 커피가 별로였을 수도 있겠죠. 나도 모르겠어요. 나는 행실이 불량했고, 무대에는 전혀 관심이 없었어요. 그래도 블라이스 대너는 좋은 사람이었어요.

토니는 내가 손재주가 좋다는 걸 알았어요. 그래서 유타에서 스탠튼 케이의 영화 「보물 추적」에 쓸 소품을 만드는 일자리를 나한테 구해줬죠. 거기 가기 전에 스탠튼 케이에 대한 얘기를 들었어요. 그가 영화를 연출하게 만들려면 사람들이 그를 언덕 위까지 밀고 가야만 한다는 얘기, 시간관념이 부족한 사람이라는 얘기, 영화에는 조금도 신경을 쓰지 않는 사람이라는 얘기를요. 그는 괴상한 짓을 하고 있었어요. 어쨌든 나는 유타로 가서 「보물 추적」에 등장시킬 보물들을 만들기 시작했어요. 아즈텍의 신神들의 모형하고 금괴를 만들었죠. 소품을 만드는 동안 지하실에는 나하고 해피라는 남자만 있었는데, 그는 순회 서커스에서 일하는 연기자였어요. 나는 그를 "햅Happ"이라고 불렀어요. 나는 거기에는 일주일만 있을 예정이었어요. 그런 탓에 2주가 지나고 나니까 집에 가고 싶어지더군요. 그래서 말했죠. "잭이라는 내 친구가 이런 일을 잘해요." 그 후 잭이 와서 많은 사람들을 만났는데, 모두 그의 솜씨가 정말 좋다는 걸 확인했어요. 그러면서 그의 앞길이 훤히 열렸죠. 그게 잭의 인생의 전환점이었다고 생각해요.

AFI에 들어간 둘째 해 첫날에 나는 다시 1학년 수업에 배정됐어요. 낙제생 취급을 받은 거죠. 게다가, 망할 놈의 일 년을 통째로 허비한 셈이잖아요. 분노가 치밀어 올랐어요. 복도를 득달같이 달려갔죠. 질이 나를 보고는 내 얼굴을 향해 큰 소리로 말렸어요. "데이비드, 멈춰! 멈추라니까!" 그는 나를 쫓아왔지만, 나는 프랭크의 사무실로 직행해서 그의 어시스턴트인 미에르카를 지나쳐 사무실로 들어가서 말했어요. "학교 때려치우겠습니다!" 뛰어나와서는 앨런을 만나러 갔죠. 그도 동조하더군요. "나도 그만둘래!" 그래서 우리는 햄버거 햄릿으로 가서 투덜거리고 욕설을 퍼부으며 커피를 마셨어요. 몇 시간 후에 집에 갔더니 페기가 나를 보고 말했죠. "무슨 일이야? 학교에서 계속 전화가 왔어. 당신이 떠나서 정말로 실망스럽다고 그러네." 그래서 사무실로 갔더니 프랭크가 말하더군요. "데이비드, 자네가 자퇴하려는 것 말인데, 그건 우리 잘못이네. 그래, 자네가 하고 싶은 게 뭔가?" 나는 말했죠. "「이레이저 헤드」를 만들고 싶습니다." 그랬더니 그가 "그렇다면 「이레이저 헤드」를 만들도록 하게."라고 했어요.

일단 「이레이저 헤드」의 작업을 시작한 후에는 수업에 들어가는 걸 관뒀어요. 하지만 가끔 영화를 보러는 갔죠. AFI의 커다란 방에서 일하는 영사 기사는 열혈 영화광이었어요. 나는 그가 "데이비드, 이 영화는 꼭 봐야 해."라고 말하면 뭔가 특별한 영화를 보게 될 거라는 걸 알았어요. 그가 보여준 작품 중 하나가 「짐승의 피Blood of the Beasts」였어요. 이 프랑스 영화에는 프랑스의 작은 소도시의 길거리를 걸어서 통과하는 두 연인의 모습 사이에 구식 도살장의 모습이 삽입돼 있어요. 자갈이 깔린 마당, 큼지막한 사슬들, 쇠붙이들. 사람들은 말 한 마리를 데려오고 말의 콧구멍에서는 김이 뿜어져 나오죠. 사람들은 말의 이마에 이런 물건을 대고, '쾅!' 말은 쓰러져 죽어요. 말발굽 주위로 시체를 들어 올릴 사슬이 감기고, 사람들은 바로 말의 가죽을 벗기죠. 피는 배수관으로 흘러 들어가고요. 그런 후에 화면은 커플이 걸어가는 광경으로 넘어가요. 대단한 작품이었어요.

「이레이저 헤드」에 출연한 배우들을 찾고 있었는데, AFI의 학생으로 기억하는 데이비드 린데먼이라는 연극 연출자가 있었어요. 그에게 헨리 캐릭터를 묘사하면서 그 배역을 연기할 수 있는 배우들을 아느냐고 물었더니 그는 두 사람의 이름을 거론했어요. 그중 한 명이 잭 낸스였죠. 그래서 잭을 만나기로 했어요. 「이레이저 헤드」에 출연하는 배우들은 모두 내가 처음 만나자마자 캐스팅한 사람들이에요. 그렇다고 아무나 받아들인 건 아니었어요. 그들 모두가 하나같이 완벽했던 거죠.

도헤니 맨션은 언덕 위에 세워진 건물이에요. 그래서 1층과 2층, 그리고 1층 아래에는 사무실로 개조한 방들로 이루어진 지하층이 있었어요. 볼링장도 있었고 도헤니 가족이 빨래하던 세탁실도 있었죠. 빨래를 말리려면 햇빛이 필요하니까, 사람들은 길거리에서는 어느 각도에서도 보이지 않는 구덩이를 거기에 만들었어요. 높이가 4.8미터에 달하는 벽으로 둘러싸인, 빨래 말릴 때 쓰는 구덩이였죠. 근사한 곳이었어요. 콘크리트 벽들과 위를 향해 올라가는 보기 좋은 계단들이 있는 곳이었죠. 거기가 내가 라디에이터 속의 여인이 공연하는 무대를 지은 곳이에요. 그 무대를 짓는 데 오랜 시간이 걸렸기도 했고, 그보다도 그때 내가 돈이 한 푼도 없었기 때문에 그 무대는 한동안 거기 그대로 있었어요.

어쨌든, 잭 낸스와 나는 지하층에 있는 사무실 중 한 곳에서 만났어요. 사무실에 들어온 그에게서는 성질 고약한 사람의 분위기가 느껴졌어요. '학생들이 찍는 이런 쓰레기 같은 영화는 도대체 뭐야?'하는 식의 분위기가요. 식사하면서 얘기를 했는데, 분위기가 너무 딱딱해서 제대로 풀리질 않았죠. 얘기를 마치고 나서 내가 말했어요. "밖으로 안내해 드릴게요." 우리는 아무 말도 하지 않으면서 복도를 걸어 내려갔어요. 그러고는 문 몇 개를 지나 주차장으로 나왔죠. 밖으로 나오자 잭이 우리가 지나친 어떤 차를 살펴보더니 말했어요. "루프 랙(roof rack, 자동차 지붕 위에 짐을 싣는 칸—옮긴이)이 멋지네요." 그래서 나는 "고맙습니다."라고 인사를 했어요. 그랬더니 그가 "당신 차예요? 맙소사!"라더군요. 갑자기 그는 생판 다른 사람이 됐어요. 우리는 바로 그 자리에서 헨리 얘기를 시작했죠. 내가 말했어요. "헨리는 혼란에 빠진 인상이에요." 그러자 잭은 혼란스러워하는 표정을 지었어요. 나는 "아니, 아니, 그게 아니에요. 헨리는 망연자실한 표정을 짓는다고 해보죠."라고 말했어요. 잭은 망연자실한 표정을 지었지만 나는 고개를 저었어요. "아니, 그것도 아니에요. 어쩌면 그는 의아해하는 표정일 거예요." 그러자 그는 의아해하는 표정을 지었어요. 나는 이번에도 아니라고 했죠. 그러다 결국 그의 양어깨를 붙잡고 말했어요. "그냥 완전히 멍한 상태가 돼 봐요." 그러자 그는 멍한 표정을 지었고, 나는 그 모습을 보고 말했어요. "바로 그거예요, 잭!" 그러자 그는 "헨리는 완전히 멍한 사람이다."라고 혼잣말을 하면서 돌아다니더군요. 그를 집으로 데려가 페기에게 보여줬더니 페기가 그의 등 뒤에서 엄지 두 개를 치켜들었어요. 그런 후에 그를 AFI로 다시 데려다줬어요. 잭은 모든 면에서 완벽 그 자체였어요. 나는 헨리를 연기할 수 있는 사람이 그 말고 또 누가 있을지 생각해보곤 했어요. 그 이후로 내가 만난 세상 모든 사람들을 다 떠올려봤지만 아무도 없었어요. 그건 숙명이었어요. 잭은 완벽했어요. 샬럿 말마따나 잭은 촬영을 위해 대기하는 걸 개의치 않았죠. 그는 머릿속으로 숱하게 많은 생각을 하면서 가만히 앉아 있었고, 주위에서 벌어지는 일에는 신경을 쓰지 않았어요.

처음 만났을 때, 그는 아프로(afro, 흑인들의 둥근 곱슬머리 스타일—옮긴이) 헤어스타일을 하고 있었어요. 그의 머리가 영화 때문에 갓 깎은 것처럼 보이는 건 바라지 않았죠. 그래서 나는 촬영을 시작하기 일주일쯤 전에 마구간으로 이발사를 데려왔고, 이발사는 건초를 쌓아두는 다락으로 잭을 데려가 그의 머리를 잘랐어요. 나는 양옆은 짧고 위쪽은 긴 스타일을 원했어요. 그게 내가 원하는 헨리의 모습이었는데, 그 외모는 무척이나 중요했어요. 이유는 모르겠지만, 헨리의 외모는 내가 태어나면서부터 좋아하던 스타일이었거든요. 잭의 헤어스타일은 무척 중요했지만, 영화에 등장하는 그 스타일은 샬럿이 그의 머리를 뒤집어엎은 촬영 첫날밤에야 얻어낸 거예요. 머리가 내가 원했던 것보다도 한참 더 위로 치솟아 올랐죠. 그러니까 그녀는 헨리를 창조하는 데 중요한 역할을 한 거죠.

선셋 블러바드의 동쪽 끄트머리에 있는, 믿을 수 없을 정도로 좋은 스튜디오가 문을 닫을 준비를 하고 있었어요. 그래서 나는 35피트 플랫베드 트럭을 빌려다가 무척 흐린 날에 잭하고 같이 거기로 갔죠. 스튜디오는 모든 걸 다 팔고 있었어요. 우리는 플랫(flat, 배경을 보여주는 수직 무대장치—옮긴이)들과 못이 잔뜩 든 통, 전선, 30×40피트 검정 배경막, 헨리의 방에 놓을 라디에이터 등 갖가지 물건을 트럭에 수북이 쌓은 채 그곳을 떠났어요. 우리는 물었죠. "얼맙니까?" 남자가 말했어요. "100달러요." 나는 거기서 구한 플랫들을 가지고 영화를 위한 모든 세트를 다 지었어요. 선셋의 같은 거리에는 오래된 주유소나 자동차 정비소처럼 보이는 양탄자 가게가 있었어요. 치장벽토를 칠한 건물에 빛바랜 간판을 달고 있었죠. 정말 지옥처럼 어둡고 지저분한 곳이었는데, 더러운 바닥에 양탄자들이 어마어마한 높이로 쌓여 있었어요. 양탄자 더미를 들춰가며 뒤지다가 마음에 드는 걸 찾아내면 사람들이 어둠 속에서 나타 나서는 더미를 둘둘 말아 내가 원하는 양탄자를 꺼내줬어요. 내가 그걸 마음에 들어 하지 않아 하면 그들은 그걸 다시 양탄자 더미 꼭대기에 던졌고 그러면 먼지가 풀썩 풀썩 날렸죠. 영화에 등장하는 양탄자는 다 거기서 구했어요. 필요한 모든 사운드 스 톡(sound stock, 음악이나 효과음 등 각종 사운드를 기록한 매체―옮긴이)은 워너브러더 스의 쓰레기통에서 구했고요. 거기 쓰레기통에는 폐기된, 근사한 자기 테이프 롤들 이 가득했어요. 앨런과 나는 폭스바겐 뒷자리를 떼어낸 다음, 사용되고 버려진 사운 드 스톡 수백 롤을 슬쩍해서 거기다가 실었어요. 사운드 스톡은 디가우저(deguasser, 자기저장장치에 자기장을 쏘여 저장된 자료를 모두 삭제시키는 장비―옮긴이)에 넣었다 빼면 재사용할 수 있는데, 앨런이 그 일을 맡았죠. 나는 그 작업을 할 때는 그 근처에 도 가고 싶지 않았어요. 그건 초대형 자석이니까요. 스톡을 디가우저에 넣고 나면 특 정한 방식으로 회전시켜야만 해요. 그러면 분자들이 재배열되고, 그런 다음에 다시 특정한 방식으로 그걸 꺼내는 거죠. 그러면 스톡은 깨끗해져요.

AFI의 마구간을 사용하는 사람은 없었어요. 그래서 나는 거기에 무대를 설치했 고, 그 덕에 4년간 꽤 큰 크기의 스튜디오를 갖게 됐죠. 학교 관계자 몇 명이 촬영 첫 날밤에 거기로 내려왔었지만 이후로 다시는 오지 않았어요. 나는 무척 운이 좋았어 요. 내가 죽어서 천국에 간 것만 같은 기분이었죠. 그 첫해에 거기 있었던 사람은 연 기자들하고 도린 스몰, 캐서린 코울슨, 허브 카드웰, 그리고 허브에게서 카메라를 넘 겨받은 프레드하고 나뿐이었어요. 앨런은 우리가 로케이션 촬영을 할 때 사운드 작 업을 하느라 그 자리에 있었지만, 그 말고 다른 사람은 아무도 거기에 없었어요. 아 무도요. 4년 넘는 기간 동안 우리 제작진에 속하지 않은 사람들이 도움을 주려고 주 말에 모습을 나타낸 적이 몇 번 있었지만, 매일같이 그곳에 찾아온 건 스태프들뿐이 었어요. 그 사람들이 전부였어요.

도린 스몰은 「이레이저 헤드」에 없어서는 안 될 사람이었어요. 엄청난 일을 해냈죠. 하지만 나는 결코 누구한테도 강제로 이래라저래라 시킨 적이 없었어요. 사람들은 "데이비드가 내가 TM을 배우게 했어요."라는 식의 말을 하곤 해요. 하지만 사람들에 게 그런 식의 일들을 억지로 시킬 수는 없어요. 그건 그들이 그 일을 하고자 하는 열 망에서 비롯된 거예요.

나한테 제임스 파렐James Farrell이라는 남자 얘기를 해준 사람은 앨런 스플렛이에요. 파렐은 실버 레이크에 있는 작은 집에 살았어요. 포장이 안 된 맨땅에 차를 세워야 하는 곳이었죠. 아무튼 나는 제임스를 보러 갔어요. 그는 점성술사이자 심령술사로, 대단히 유별난 사람이었어요. 마술 같은 점괘를 들려주곤 했죠. 거기에 도착해서 그 의 부인에게 인사를 하면, 그녀는 자리를 떴고 그는 점괘를 들려줬어요. 나는 무일푼

이었는데도 그를 많이 만날 수 있었죠. 그의 상담료는 그리 비싼 편이 아니었으니까요. 그 시절에는 모든 게 다 그리 비싼 편이 아니었어요.

　오랜 세월이 흘러서 「듄Dune」을 만들던 중에, 그와 얘기를 나누고 싶다는 생각이 들었어요. 그때 그는 센추리 시티에 있는 아파트에 살고 있었어요. 그가 문을 열어 줬는데 딴사람처럼 보이더군요. 공중에 붕 떠 있는 사람 같았어요. 그가 말하더군요. "데이비드, 나는 완전한 게이가 됐어요!" 그는 게이가 된 걸 무척 행복해했어요. 그러니 문제 될 게 없었죠. 나는 괜찮다고 말했고, 그는 내게 점괘를 읽어줬어요. 내가 데이트하고 있던 여자들에 대해 물었더니 이러더군요. "데이비드, 그 여자들은 모두 서로에 대해 알고 있어요." 그 여자들은 겉보기와는 달리 속으로는 훨씬 더 많은 것을 알고 있다는 뜻이었어요. 그가 말하는 내용이 내 머리에 확 와 닿았어요. 여자들은 많은 면에서 남자들보다 더 발전된 존재들이에요. 그들은 어머니니까요. 이 모성애라는 것은 무척 중요해요. 마하리쉬는 자식들에게 어머니가 아버지보다 10배 더 중요하다고 말했어요. 여자들이 세상을 다스린다면, 평화는 훨씬 더 가까워질 거라고 생각해요.

　그렇게 만나고 5년쯤 후에, 벤추라 블러바드에 있는 듀파스의 테이블에 앉아서 마크 프로스트Mark Frost하고 얘기를 하고 있었어요. 사람들이 들락거렸는데, 어느 순간 어떤 사람이 여자 한 명이랑 옆을 지나가더군요. 나는 어떤 남자의 바지와 오렌지색이 도는 핑크 스웨터, 갈색기가 도는 핑크색 머리의 일부를 힐끔 봤어요. 그러고는 마크하고 얘기를 하는데, 동전들이 바닥에 쏟아졌어요. 나는 고개를 돌렸고, 그러자 그 사람도 고개를 돌렸어요. 내가 물었죠. "제임스?" 그가 물었어요. "데이비드?" 나는 그에게로 가서 얘기를 나눴어요. 그런데 그가 좀 이상하더군요. 그의 피부에 빨간색과 오렌지색 기운이 감돌았어요. 제임스가 에이즈로 죽었다는 소식을 나중에야 들었어요. 그는 뛰어난 점성술사이자 믿기 힘들 정도로 우수한 심령술사였고 정말로 좋은 사람이었어요.

　나는 마구간에 차린 식당에 바그너의 《탄호이저Tannhäuser》와 《트리스탄과 이졸데Tristan und Isolde》를 틀었어요. 잭하고 나는 촬영을 시작하기 전, 어둑어둑해지는 해질 무렵이면 그 음악을 듣곤 했죠. 나는 음악을 정말로 크게 틀었어요. 그리고 블라디미르 호로비츠Vladimir Horowitz의 《월광 소나타Moonlight Sonata》도 틀었죠. 세상에, 호로비츠는 피아노를 제대로 연주할 줄 아는 사람이에요. 그는 느리게 연주를 해요. 그가 들릴락 말락 한 소리에서부터 창문이 깨질 정도로 큰 소리까지 100단계의 다양한 세기로 피아노 건반을 연주하는 능력을 가진 사람이라는 얘기를 들었어요. 그가 연주하면 어떤 영혼이 나타나죠. 그리고 베토벤은 그 끝내주는 음악을 귀가 먹었을 때 작곡했어요! 캡틴 비프허트(Captain Beefheart, 미국의 싱어송라이터─옮긴이)는 정말 위대한 예술가예요. 당시에 그의 《트라우트 마스크 레플리카Trout Mask Replica》 앨범을 항상 듣고는 했어요. 사람들은 여섯 시쯤이면 마구간에 나타나기 시작했어요. 촬영에 들어가려고 기다리는 동안, 잭하고 나는 식당에 앉아서 레코드를 틀었죠. 우리는 베벌리 힐스에서 제일 좋은 위치에 있었어요. 우리는 거기에 앉아 담배를 피우면서 숲과 어두워지는 햇빛을 감상하며 엄청나게 요란한 음악을 듣고는 했었죠.

그 영화를 작업한 첫해에 나는 집 밖으로 나돌았지만, 일부러 그런 건 아니었어요. 그냥 항상 작업을 했죠. 페기하고 나는 늘 친구 사이였고 집에서 말다툼한 적은 없어요. 그녀도 예술가였으니까요. 그녀의 생일을 축하하려고 제니퍼와 내가 식탁에 그녀를 위한 진흙 조각을 만들 때, 우리는 진흙을 몇 양동이나 퍼다가 최소 90센티미터 높이까지, 그리고 식탁 끄트머리까지 빼곡히 흙을 쌓았어요. 자기 부엌에 그런 걸 만드는 걸 좋아할 주부가 세상에 몇이나 될까요? 한 명뿐이에요! 다른 사람들은 그런 걸 보면 길길이 날뛸 거예요! 사람들은 말하겠죠. 식탁을 망가뜨리고 있잖아! 그런데 페기는 그걸 보고 엄청나게 기뻐했어요. 그녀는 정말 좋은 여자예요. 내가 예술가가 될 수 있게 해줬어요. 하지만 그녀는 오랫동안 뒷자리에 앉아 있어야 했죠. 그녀는 우울증을 앓았던 것 같아요. 페기의 입장에서는 그때는 좋은 시기가 아니었어요.

「이레이저 헤드」의 촬영에 들어가고 일 년 만에 돈이 바닥난 데다가 허브가 떠났어요. 하지만 허브가 떠나야만 했던 이유를 나는 이해해요. 허브는 정말 흥미로운 친구였어요. 탁월한 파일럿이었죠. 3차원적으로 사고를 했거든요. 또 그는 걸출한 기계 엔지니어이기도 했어요. 언젠가 허브가 페기하고 나한테 말했어요. "비행기를 구했어. 나랑 오늘 사막으로 비행하는 거 어때?" 우리는 "끝내주겠는데."라고 대답했죠. 우리가 돌아왔을 때는 어두워지는 중이었어요. 그러자 그는 지상을 주행하는 동안 무전기로 관제탑에 '굿나이트' 인사를 보냈어요. 그가 관제탑에 굿나이트 인사를 하는 모습을 보니 내 목덜미의 털이 곤두서더군요. 언젠가 허브가 장거리 파일럿으로 일할 때도 그런 기분을 느낀 적이 있어요. 그가 굿나이트 인사를 하는 모습은 무척 근사했어요. 그는 마치 그런 인사를 10억 년 동안 해온 것 같았죠.

허브하고 앨런이 함께 비행하다가 동부 해안으로 돌아가기로 한 적이 한 번 있어요. 앨런은 법적으로는 시각장애인이에요. 그런데도 그는 항법사 역할을 맡기로 했어요. 그들은 그렇게 미국을 횡단 비행하려고 이륙한 뒤 먼저 아이다호주 포커텔로로 향했어요. 그들은 거기로 날아갔고, 허브는 전방에 있는 작은 공항에 무전기로 연락을 했어요. 그러자 거기 있는 사람이 말했어요. "당신들을 위해 여기 렌터카를 한 대 놔둘게요. 떠날 때 라이트를 끄고 문을 잠그도록 해요." 허브는 비행기를 세웠고, 그들은 렌터카에 올라 포커텔로 시내로 차를 몰고 들어가기 시작했어요. 허브가 운전대를 잡았고, 그들은 2차선 고속도로를 밤새 달렸어요. 허브는 수다를 떨기 시작했죠. 그가 수다를 떠는 중에, 어둠 속에서 그의 목소리가 치솟더니 그가 도로에서 벗어나기 시작했어요. 앨런은 소리쳤죠. "허브!" 허브는 다시 고속도로로 돌아왔어요. 그는 계속 떠들어댔고, 이번에는 그의 목소리가 앞서보다 더 높아지면서 그는 다시 길을 벗어나기 시작했어요. 그러다 도로에서 완전히 벗어났고 그의 목소리는 엄청나게 높아졌어요. 앨런은 그에게 "허브!"하고 비명을 질러대고 있었고요. 결국 정신을 되찾은 허브는 도로로 다시 되돌아왔고, 곧 괜찮아졌어요. 어쩌다가 그런 일이 벌어진 건지는 아무도 몰라요.

가끔 우리는 새벽 두 시나 세 시에 촬영을 끝내곤 했어요. 또 다른 숏의 촬영을 시작하기에는 너무 늦은 시각이라 다들 그곳을 떠났죠. 허브는 우리랑 같이 살고 있었지만, 그는 집에 들어오지 않았어요. 허브가 어디로 갔는지는 아무도 몰랐어요. 그는 그러다가도 아침 아홉 시가 되면 집 앞에 도착했어요. 집에 들어와서는 한마디도 하지 않았고, 우리는 그 일에 대해 물어보면 안 된다는 걸 어느 정도 알고 있었어요. 제니퍼는 허브가 아침에 엄청나게 굼뜨게 움직였다는 걸 기억하더군요. 아침의 허브는 심통 난 정도는 아니었지만, 그렇다고 기분이 좋지도 않았어요. 그는 아침 식사 대용으로 먹는 초콜릿 바를 숨겨놓은 곳에 팔을 뻗곤 했어요. 그는 자기 초콜릿 바에 누가 손을 대는 걸 용납하지 않았어요. 제니퍼는 그걸 먹어보고 싶은 생각이 간절했지만, 나는 허브가 그걸 나눠 먹었을 거라고는 생각하지 않아요.

허브가 캘빈 데 프레네스에서 일하고 있을 때였어요. 그가 영화를 작업하는 데 엄중한 보안 허가를 받아야 할 때가 몇 번 있었어요. 그가 작업하는 영화들은 정부가 만드는 영화였으니까요. 허브는 그런 내용의 허가증을 갖고 있었어요. 허브가 CIA를 위해 일한다고 생각하는 사람들이 많았죠. 허브는 항공기 기내에서 상영할 16mm 영상물을 기획하는 곳에 취직했어요. 그래서 직업상 런던에 가야 했죠. 그는 남자들 몇 명하고 같이 여행을 다녔는데, 동행한 사람들 모두 허브가 흥미로운 사람이라는 걸 알고 있었어요. 그들은 어느 날 아침에 개트윅(Gatwick, 런던의 공항—옮긴이) 지역에서 만나기로 돼 있었고, 그래서 동행한 사람들은 거기서 허브를 기다렸지만, 그는 모습을 보이지 않았어요. 그들은 그의 방에 전화를 걸었지만 응답이 없었고, 결국 호텔 매니저에게 전화를 걸어서 허브의 객실을 확인해달라고 했죠. 직원들이 객실로 올라갔더니 허브는 침대에서 죽어 있었어요. 런던에서 시신을 부검해봤지만, 사인을 알 수가 없었어요. 허브의 어머니는 노스캐롤라이나에서 장례식장을 운영하고 있었어요. 거기서도 다시 부검을 해봤지만 역시 사인은 알아낼 수가 없었죠. 참 허브다운 마지막이었어요.

허브가 떠나면서 프레드 엘름스가 합류했고, 영화는 진행되는 와중에 변화를 겪었어요. 당시 나는 식당에서 늘 그림을 그리고 있었어요. 그때도 거기서 작은 여자를 그리고 있었는데, 다 그리고 나서 그녀를 들여다봤어요. 그때가 라디에이터 속의 여인이 태어난 때였죠. 내가 그때 〈천국에서〉의 가사를 썼는지는 잘 모르겠어요. 하지만 그 여자는 거기에 있었어요. 나는 그녀가 따스한 공간인 라디에이터 속에 살고 있다는 걸 알았어요. 나는 헨리의 방으로 뛰어 들어갔죠. 거기 있는 라디에이터 생김새가 어떤지를 잊고 있었거든요. 그런데 그 이후로 내가 본 어떤 것도 이 라디에이터의 특징을 갖고 있지 않았어요. 그 라디에이터에는 누군가가 살 수 있을 만한 작은 구역이 있었어요. 믿어지지 않더군요. 이런 일들은 말로는 도저히 설명할 수도, 반박할 수도 없어요. 헨리와 라디에이터 속의 여인이 함께 등장하는 마지막 숏은 정말로 근사했어요. 하얗게 타버렸으니까요. 환하게 빛을 발하면서요.

마구간 말고 다른 곳에 세트를 지어야 할 때면, 금요일과 토요일, 일요일에 작업해야만 했어요. 그러고는 월요일에 정원사들이 출근하기 전에는 깨끗이 청소를 해둬야 했죠. 정원사들의 일을 방해했다가는 곤경에 빠졌을 거예요. AFI가 장작을 보관해두는 구역에서 행성 장면을 촬영했고, 우주를 떠다니는 태아는 내 차고에서 작업했어요. 헨리가 떠다니는 숏들과 행성 표면의 숏들은 프레드의 거실에서 작업한 거예요. 나는 내 거처에서 이만큼 긴 구조물을 만든 다음에 그걸 프레드한테 갖다 줬고, 그는 그걸 조립해서 카메라가 아래를 향해 가파른 각도로 내려갈 수 있는 근사한 트랙을 만들어냈어요. 그래서 우리는 행성 위를 이동할 수 있게 됐죠. 그런 다음에 편집을 통해 행성 표면을 여행했고요. 프레드는 자기 집의 배전함에 전기선을 연결했어요. 그러니까 우리는 전기를 훔쳐 쓰고 있는 셈이었죠. 우리는 대형 케이블들을 그의 거처로 끌어왔어요. 특수 효과에 대해 궁금한 점이 생기면 C무비C-movie—B무비B-movie가 아니에요— 제작사에 문의했어요. 우리는 정말 괜찮은 사람들을 몇 명 만났고, 나는 내가 찾아간 모든 곳에서 뭔가를 배웠어요. 내가 제대로 배운 건, 대체로 특수 효과는 모두 상식으로 해결할 수 있는 문제들이라는 거예요. 우리는 그 특수 효과 숏들을 우리 힘으로 해결하는 방법을 떠올릴 수 있었어요.

행성을 만들었는데, 그 행성을 특정한 장소에 집어넣어야만 했어요. 납이나 철로 보강한 행성의 큰 덩어리를 발사할 투석기를 만들고 싶었어요. 투석기로 날린 덩어리가 행성을 강타했을 때 폭발하도록 만들고 싶었죠. 그런데 앨런은 투석기에 대해 생판 다른 아이디어를 갖고 있었어요. 그래서 내가 말했죠. "그렇게 만들면 작동하지 않을 거야." 그는 반박했어요. "아냐. 네 아이디어가 작동하지 않을 거야." 그래서 우리는 두 개를 다 만들었는데, 둘 다 작동하지 않았어요. 결국 나는 행성의 큰 덩어리를 그냥 내던졌고 반만 부서졌어요. 그래서 나는 나머지 덩어리도 내던졌죠. 그랬는데, 그게 끝내주는 결과를 낳았어요. 폭발이 한 번만 일어나는 대신에 두 번이나 일어났으니까요.

우리는 많은 장면을 두 번씩 촬영해야 했어요. 복도 건너편의 미녀 같은 경우가 그런 경우였죠. 허브는 강렬한 느낌의 빛을 작은 다발로 모으는 식으로 그 신의 조명을 쳤어요. 그런데 주디스는 그런 조명 아래서는 아름다워 보이지 않았고 분위기도 적절하지 않았어요. 그래서 허브는 잉크처럼 까만 음영이 부드럽게 흔들리는 느낌으로 그 신의 조명을 다시 쳤고, 그 결과 아름다운 화면을 얻었어요.

10센트 신dime scene이라고 불리는 장면을 촬영하던 어느 주말이었어요. 내 은행 계좌를 탈탈 털어 60달러어치의 10센트 동전을 마련했죠. 내가 꿨던, 어도비 점토를 바른 벽에 대한 꿈을 기초로 만든 장면이었어요. 꿈에서 나는 벽의 표면을 긁었다가 작은 은덩어리를 봤어요. 흙벽 안에는 10센트 동전들이 줄줄이 쌓여 있었죠. 그걸 그냥 파내기만 하면 됐어요! 믿기 힘든 일이었죠.

헨리가 자신의 아파트 창문에서 그걸 목격하는 그 신에서, 꼬맹이 몇 명이 동전들을 찾아내고, 그런 후에는 어른 몇 명이 와서는 꼬맹이들을 쫓아낸 후 그 동전들을 놓고 싸우기 시작해요. 그래서 나는 흙과 파이프들을 몽땅 가져가서 기름이 둥둥 뜬 더러운 물이 고인 웅덩이를 만들었어요. 그러고는 누군가가 이 장면을 내려다보는 시점을 얻으려고 카메라를 비스듬히 설치해야 했죠. 이렇게 무거운 장비들을 언덕 위로 운반하고 이런 식의 설정을 구현하느라 한참이 걸렸어요. 그걸 촬영할 수 있는 시간은 사흘뿐이었고요. 잭이 나한테 "린치, 관객들은 우리가 이런 고생을 했다는 걸 절대로 모를 거야."라는 말을 했던 게 떠오르네요. 어떤 면에서, 그건 세상만사에 다 맞는 말이에요. 영화마다 관객들이 결코 알아주지 못할 일이 참 많아요. 관객은 듣고 싶은 이야기들을 모두 듣지만, 그래도 그걸 만드는 경험이 어떤 건지는 이해하지 못하죠. 그건 누군가에게 꿈 얘기를 해주는 거랑 비슷해요. 꿈 얘기를 해준다고 해서 상대가 꿈을 체험하게 만들어주지는 못하잖아요.

그렇게 우리는 그 신의 촬영을 마무리했지만, 영화에는 그 신의 작은 부분만 들어가게 됐어요. 잭은 그날 밤에 술을 마시고 있었어요. 촬영을 마친 후에 캐서린이 나를 옆으로 데려가서 말하더군요. "데이비드, 잭이 주머니에 동전들을 집어넣고 있어요." 그래서 나는 그에게 가서 말했어요. "잭, 동전 돌려줬으면 해요." 그가 말하더군요. "그래, 린치, 당신은 모든 걸 다 원하는군!" 그 소리를 듣고 번쩍 생각이 떠올랐어요. 그날 밤에, 촬영 기간 내내 나와 함께해준 사람들에게 영화에 이바지한 데 따른 보상을 해야겠다는 결심을 했어요. 그 결심을 한 게 그날 밤이었어요.

잭은 캐서린이 동전에 대해 고자질했다면서 열을 냈어요. 그는 그녀에게 호통을 쳤죠. "마구간에나 들어가라, 이 말상馬相아!" 캐서린은 잭보다 덩치가 커요. 그녀는 돌아와서 잭의 코를 갈겼고, 그녀의 반지가 그의 코를 찢으면서 그는 쓰러지고 말았어요. 그녀는 그 자리를 떠났고 나는 잭의 옆에서 말했어요. "자, 잭, 가서 커피나 마십시다." 그래서 우리는 코퍼 페니로 차를 몰았고, 우리는 그날 밤 끝내주는 대화를 나눴어요.

나는 TM을 발견하기 전에도 구도자였어요. 늘 다양한 형태의 명상을 조사하고 다녔었죠. 앨런은 우스펜스키(Peter Ouspensky, 러시아의 철학자—옮긴이)와 구르제프(Georgei Gurdjieff, 아르메니아의 신비주의자—옮긴이)에 빠져 있었어요. 하지만 그들에 대한 내 반응은 냉담했죠. 그래서 앨런하고 나는 가끔 이 문제를 놓고 대판 논쟁을 벌였죠. 앨런은 술을 마시지 않았어요. 그럴 형편이 아니었으니까요. 하지만 그는 술을 마시면 논쟁을 벌이는 걸 엄청나게 좋아하는 사람으로 변했고, 자리를 박차고 나가 집으로 가는 일이 많았어요. 우리는 좋은 논쟁을 벌였죠.

페기의 아버지는 꾸준히 책을 읽으셨어요. 어느 날 그분이 내게 선불교에 대한 책을 주셨어요. 그분은 나한테 다른 책은 한 권도 주지 않았어요. 나는 그걸 읽었고, 일주일 후에 그분과 함께 산책하러 숲으로 갔어요. 우리가 내내 얘기를 나누던 중에 그분이 이러더군요. "그 책은 인생은 신기루라고 말하지. 이해되나?" 내가 말했어요. "예. 저도 그렇다고 생각합니다." 나는 정말로 그걸 이해했어요. 장인어른은 정말로 흥미로운 분이었어요. 필라델피아에 살 때, 우리는 일요일 밤이면 저녁을 먹으러 처갓집에 가곤 했어요. 그때는 나한테 차가 있기 전이라서, 나는 출근하려고 기차를 타고 다녔어요. 어느 일요일 밤에 장인어른이 말씀하시더군요. "오케이, 수요일 아침에 기차역에 도착하면 9번 플랫폼으로 가게. 내가 탄 기차가 들어올 거고 자네가 탄 기차는 아직은 떠나기 전일 거야. 정확히 9시 7분에 기차 뒤로 나와서는 서로를 향해 손을 흔들고는 떠나는 거야. 나도 똑같이 할 걸세. 지금 이 자리에서 우리 시계를 맞추도록 하지." 수요일이어야 했어요. 그래서 나는 이틀간 그 얘기를 기억하고 있어야만 했죠. 수요일이 됐고, 나는 역으로 가서 내가 탈 기차 뒤에 숨었어요. 거기서 기다리고 또 기다렸죠. 20초를 더 기다리고 또 기다렸어요. 5초, 4초, 3초, 2초, 1초. 나는 밖으로 나갔고, 장인어른이 건너편에 있는 기차 뒤에서 나오는 걸 봤어요. 우리는 서로에게 손을 흔들고는 각자 갈 길을 갔죠. 그 일은 그게 끝이었어요. 나한테 그건 대단히 기분 좋은 일이었어요. 장인어른을 실망시키지 않았으니까요.

나는 뭔가를 찾고 있었지만 아직은 찾아내지 못한 상태였어요. 그러던 어느 날 여동생하고 통화하는데 그 애가 초월 명상에 관한 얘기를 시작했어요. 나는 말했죠. "주문(呪文, mantra)! 나는 주문을 받았어." 전화를 끊고는 캐서린에게 말했어요. "나랑 같이 명상을 시작하고 싶어요?" 그녀는 "그럼요."하고 대답했어요. 나는 그녀에게 전화를 걸어서 우리가 가야 할 곳을 알아내라고 했어요. 그녀는 우연히도 영적부활운동SRM센터에 전화를 걸었죠. 당시 LA에는 학생국제명상협회the Students International Meditation Society하고 SRM이 있었어요. SRM이 나한테 딱 알맞은 곳이라는 여동생의 말은 옳았어요. 찰리 루테스는 입문자들을 위한 강의를 하고 있었어요. 찰리는 나한테 알맞은 사람이었죠. 명상의 과학적 측면하고는 반대되는 영적 측면에 관심을 보인 사람이니까요. 나는 착한 사람들인 찰리와 헬렌에게 감사해요. 나는 두 사람을 모두 사랑했고 그들로부터 매우 많은 걸 배웠어요. 내 셔츠에 구멍이 뚫린 걸 본 찰리는 그에게는 낡은 것이지만 내가 보기에는 산뜻한 상태인 셔츠 몇 장을 나한테 줬어요. 그들은 나를 보살펴준 거나 다름없어요.

찰리는 마하리쉬를 사랑했어요. 초창기에 그는 마하리쉬의 오른팔이나 다름없는 사람이었죠. 하지만 찰리는 마하리쉬를 만나기 전에는 온갖 것들에 빠졌었어요. 때때로 그는 잡다한 일들에 대한 허풍을 떨곤 했죠. 자기가 어느 날 밤에 외계인들에게 납치돼서는 불과 몇 분 사이에 LA에서 워싱턴 D.C.까지 날아갔다가 다시 LA로 돌아왔다는 식의 허풍을요. 어느 날 밤에 그가 강의를 마친 후에 물었어요. "봤어?" 내가 물었죠. "뭘요?" 그가 말했어요. "내가 강의할 때 강의실 뒤에 커다란 천사가 있었어." 맛이 간 사람은 아니었어요. 하지만 일반인들하고는 주파수가 달라도 엄청 다른 사람이었죠. 찰리하고 헬렌이 스코츠데일로 이주하기 전에, 그들은 마하리쉬를 만나러 블로드롭에 갔어요. 마하리쉬는 찰리에게 말했죠. "여기 와서 나랑 함께 있게나." 그러자 찰리가 말했어요. "우리 개들을 보살펴줘야 합니다." 그러자 마하리쉬는 경멸이 담긴 손짓을 했어요. 마하리쉬 주위에 있는 많은 사람들이 찰리에게 실망했지만, 마하리쉬는 그러지 않았어요. 그는 정말이지 조금도 실망하지 않았어요.

비틀스가 명상을 하고 있을 때 나는 명상에는 눈곱만치도 신경을 쓰지 않았어요. 하지만 그러다가 갑자기 스위치가 켜진 것처럼 아무리 해도 욕망이 채워지지를 않더군요. 명상을 시작하자 내 안의 모든 것이 바뀌었어요. 시작하고 2주가 되기 전에 페기가 와서 말했어요. "무슨 일이야?" 내가 물었죠. "무슨 얘기를 하는 거야?" 그녀는 딱 꼬집어 얘기할 수가 없었으니까요. 그녀가 말했어요. "당신 울화통 말이야. 그거 어디로 갔어?" 나는 아침이면 심한 성깔을 부리곤 했어요. 내가 먹는 시리얼이 딱 알맞은 게 아닐 때는 페기의 인생을 비참하게 만들었죠. 그녀는 내가 잠자리에서 일어나는 걸 보면 선셋에 있는 선 비 마켓으로 부리나케 뛰어갔다가 시리얼을 들고 득달같이 집으로 돌아왔어요. 그 시절에 행복하지 않았던 나는 그 분노를 그녀에게 퍼부어댔죠. 내가 명상을 시작하기 전에 한번은 도린 스몰에게 무슨 글을 써서 보여준 적이 있어요. 그녀는 그걸 보고 울음을 터뜨렸죠. 엄청난 분노가 담긴 글이 적혀 있었으니까요. 그런데 명상을 시작하면서 내 분노는 눈 녹은 듯 사라졌어요.

명상을 시작하기 전에는, 명상을 했다간 내 강렬한 상상력을 잃을지도 모른다고 걱정을 했어요. 창작에 필요한 불길이 꺼지는 걸 원치 않았으니까요. 그런데 명상은 창작에 필요한 불길을 더 활활 피워주고 창작을 할 때 더 행복하게 느끼게 해주며 상상력도 더 풍부하게 만들어준다는 걸 알게 됐어요. 사람들은 분노를 강렬한 상상력이라고 생각하지만, 분노는 우리와 우리 주위의 환경을 유해하게 만드는 약점이에요. 분명히 말하는데, 그건 건강에 유익한 게 아니에요. 인간관계에 유익한 것도 아니고요.

페기와 갈라선 뒤에 마구간으로 이사했어요. 정말 끝내주는 곳이었죠. 나는 헨리의 방에 나를 가뒀어요. 거기에서 잠을 자는 게 무척 좋았지만, 결국에는 거기를 떠나 로즈우드 애비뉴에 있는 방갈로로 이사 가야 했죠. 집주인은 에드먼드 호른이라는 사람으로, 내 거처는 그 집 뒤쪽에 있는 진입로 끝에 있었어요. 「이레이저 헤드」에는 버스정류장 벤치에 부랑자가 앉아 있는 신이 있는데, 그 부랑자가 입은 스웨터가 에드먼드 거였어요. 처음 만났을 때 에드먼드는 환갑쯤 됐어요. 그는 30년대에 거슈인George Gershwin과 순회공연을 다닌 콘서트 피아니스트였어요. 100살을 넘게 산 것 같은 동성애자로, 자식이 없었기 때문에 부동산을 사들이기 시작한 그는 웨스트 할리우드에 많은 땅을 갖게 됐죠. 재산이 수백만 달러나 되는 부자였지만, 돈에는 신경을 쓰지 않았어요. 옷은 무척이나 지저분했고, 차림새는 부랑자 같았죠. 무척 예민한 사람이라 쉽게 기분 나빠하면서 앞에 있는 사람에게 분통을 터뜨리고는 했어요. 그래도 나는 그와 꽤 잘 어울려 지냈죠. 그는 내가 하고 싶어 하는 일은 무엇이든 참아줬어요. 자기를 위해 잡다한 일을 해주려고 드는 나를 좋은 세입자라고 생각했던 것 같아요. 나는 에드먼드를 위해 뜨거운 물이 콸콸 나오는 히터를 설치해줬어요. 나는 그런 종류의 일을 하는 걸 좋아하는 편이에요. 신문을 배달할 때는 배달하고 남는 신문이 있었어요. 그러면 그것들을 에드먼드의 베란다에 놔뒀고, 그는 그걸 읽는 걸 무척 좋아했어요.

그는 폭스바겐을 집 바깥에 주차시켰는데, 차 꼭대기에는 냉장고를 포장했던 판지가 놓여 있었고 타이어들은 금이 가 있었어요. 그는 그 차를 절대로 운전하지 않았어요. 어디든 걸어 다녔죠. 그는 자기 그릇들에 빗물을 모으곤 했어요. 그러고는 그 빗물을 집 안으로 가져가 그걸로 겨드랑이를 면도했죠. 그의 집에는 물갈이된 물건이 하나도 없었어요. 모든 게 1920년대 물건이었죠. 집 안에 전구라곤 40와트 전구 하나뿐이었어요. 밤에는 TV를 봤는데, TV 불빛이 집에 있는 유일한 불빛이었어요. 굉장한 짠돌이였어요. 어느 밤에는 에드먼드의 집 안에서 벽을 두드리는 소리가 들리길래 밖에 나가 귀를 기울여봤어요. 그는 울먹이면서 두 주먹으로 벽을 두드리며 마음 깊은 곳에서 우러나는 목소리로 "도와주세요."라고 외치고 있었어요. 자신을 도와줄 사람들을 부르는 게 아니었어요. 우주를 향해 도와달라고 애원하고 있던 거였어요.

세를 들어가면 차고도 딸린 게 보통이잖아요. 그런데 에드먼드의 집에 내가 쓸 차고는 없었어요. "에드먼드, 나한테는 왜 차고가 없는 건가요?" "차고를 들여다 봐. 안에 뭐가 있나?" "판지 박스들이요." 그는 판지로 만든 상자를 무척 좋아했어요. 특히 좋아한 건 왁스를 바른 과일 상자였죠. 그리고 에드먼드는 상자들을 접어서 보관하지 않았어요. 상자들은 그냥 판지 상자 자체의 모습으로 바닥부터 천장까지 쌓여 있었어요. 나는 그에게 새 차고를 만들어주는 대신 기존의 큰 차고를 내가 차지하게 해달라고 요청했어요. 나는 에드먼드에게 새 차고를 지어줬고, 그는 그걸 흡족해했어요. 하지만 그는 내 월세를 조금 올렸고, 그의 상자들을 전부 예전 차고에서 새 차고로 옮겨야만 했어요. 그런 후 나는 마당에 L자 형태의 삼각지붕 오두막을 짓고, 장비들을 보관할 수 있는 제2의 오두막도 지었어요. 테이블 톱을 마당에 놓고는 그게 녹슬지 않도록 늘 거기에 WD-40을 뿌린 다음에 캔버스로 그걸 덮어뒀죠. 에드먼드의 낡은 차고가 내가 「이레이저 헤드」의 포스트프로덕션을 한 곳이에요. 나한테 엄청 낡은 무비올라(Moviola, 편집자가 편집하는 동안 영화를 볼 수 있게 해주는 편집장비─옮긴이)가 있었는데, 버블-톱(bubble-top, 둥근 창 모양의 투명 덮개─옮긴이) 무비올라가 아니었어요. 뷰어가 달린 신형 무비올라로, 필름 친화적인 장비였죠. 그래서 나는 플랫베드 편집기가 아닌 무비올라로 편집을 했어요. 내 모든 필름을 선반에 쌓아뒀죠. 거기에는 편집용 테이블하고 싱크로나이저도 몇 대 있었어요.

내가 여전히 그 영화를 작업하고 있을 때 앨런이 핀드혼으로 떠났어요. 그가 떠나면서 나는 정말로 우울해졌어요. 앨런은 재미있는 사람이었어요. 자기 일에 맹렬하게 달려드는 사람으로, 어떤 일에 꽂히면 그냥 달려들어서 일을 척척 해나갔죠. 정말로 그가 내 「이레이저 헤드」 작업을 도와줬으면 했어요. 그런데 그가 떠난 거예요. 그는 한동안은 거기 생활을 즐겼던 것 같아요. 그는 대여섯 달이 지난 후에 돌아왔고, 돌아온 그를 본 나는 말할 수 없이 기뻤어요. 그는 돌아온 후로 내 차고에서 살았어요. 그는 샐러드를 먹었어요. 샐러드를 먹으면서 만사를 똑같은 방식으로 해냈어요. 격렬하게 믹싱 작업을 하고 샐러드를 먹었죠. 앨런은 차고 한쪽에 책상을 갖고 있었어요. 우리한테는 이렇다 할 사운드 장비가 없었지만, 앨런은 거기에서 사운드 작업을 했어요. 앨런은 아침이면 우리가 '눈알 넣기'라고 부르는 일을 했어요. 매번 똑같이 했죠. 우선 종이 타월을 구해서 그걸 특정한 방식으로 접었어요. 그런 뒤에 용액이 들어 있는 납작한 그릇하고 콘택트렌즈가 들어 있는 작은 용기를 가져왔어요. 용기를 열어서 렌즈 하나를 꺼내 그걸 용액에 넣고 정말로 빠르게 돌린 다음에 눈에 집어넣고는 손가락들을 종이 타월에 닦았어요. 그러고는 다른 쪽 눈도 같은 방식으로 작업했죠. 렌즈를 미친 듯이 용액에 담은 다음에 눈에 넣었고, 그걸로 눈알 넣기를 끝냈어요.

도헤니 맨션에는 원래 무도회장으로 쓰던 대강당이라는 큰 공간이 있었어요. AFI는 거기에 비스듬한 층을 짓고는, 원래는 오케스트라를 위해 마련된 발코니에 더버(dubber, 자기 필름 재생 장치—옮긴이)들이 딸린 대형 스크린과 영사 부스를 설치했죠. 그 아래쪽에는 믹싱 콘솔을 들여놨고요. 대강당에는 천장으로 올릴 수 있는, 그리고 올라가는 동안 점점 어두워지는 샹들리에가 있었어요. 그래서 거기에서 영화를 보는 건 꽤 볼만한 장관이었죠. 어느 날 앨런하고 내가 거기에서 믹싱을 하고 있을 때 사람들이 들어왔어요. 거기에 누군가를 들이고 싶지 않았던 나는 그들에게 나가 달라고 했어요. 그랬더니 다른 사람이 와서 말하더군요. "칸에서 오신 분들이에요. 저분들이 들어가서 영화를 좀 봐도 될까요? 이건 당신에게 정말로 좋은 일일 수도 있어요, 데이비드." 보통은 안 된다고 말하는 편이던 나는 알았다고, 조금만 보라고 했어요. 그들의 모습은 제대로 보지 못하고 베레모를 쓴 사람들 무리만 얼핏 봤어요. 그들은 영화를 5분인가 7분 정도 봤을 거예요. 나중에 그들이 나를 두고 하는 얘기를 들었어요. "부뉴엘보다 더 부뉴엘다운 감독이군요." 그 영화를 사람들이 칸영화제에 출품할 수 있게끔 영화를 검토 상영하는 뉴욕까지 가져가야 했어요.

그러면서 우리가 칸에 갈 수도 있겠다는 생각이 피어나기 시작했어요. 앨런이 말했어요. "영화제 날짜에 맞추고 싶다면, 우리는 24시간 내내 일해야 해. 그러려면 자네는 밥스에 가는 걸 중단해야만 하고." 그랬다가는 죽을 것 같았어요. 밀크셰이크를 포기해야만 했으니까요. 앨런은 그런 나를 안쓰럽게 여겼어요. 그러다가 어느 날 그가 말하더군요. "휴식 시간을 갖자. 햄버거 햄릿에 가는 거야." 그래서 우리는 거기에 가서 커피를 마셨어요. 케이스에 든 더치 애플파이 조각이 보였어요. 한 조각을 샀죠. 정말로 맛있었지만, 값이 비싸서 다시는 그걸 사 먹을 수가 없었어요. 어느 날 슈퍼마켓에 갔다가 더치 애플파이 전체에 그 한 조각보다 약간 더 비싼 값이 붙은 걸 봤어요. 그 파이를 사서 조리법을 읽은 후 오븐에 넣어서 조리했어요. 그걸 한 조각 잘라 은박지에 싸서 재킷 아래에 감추고는 햄버거 햄릿으로 갔죠. 커피를 시키고는 커피를 마시는 도중에 파이를 한 입씩 몰래 먹었어요. 우리는 결국 칸 영화제의 일정에 맞춰 영화 작업을 끝냈어요.

나는 파머스 마켓에 있는 듀파스에 가곤 했어요. 거기에는 바퀴가 두 개 달린 높다란 회청색 나무 쇼핑 카트들이 있었죠. 그래서 파머스 마켓의 매니저 사무실을 찾아갔죠. 나무 계단을 올라 2층인가 3층에 있는 근사한 사무실로 갔어요. 그러고는 나를 맞아주는 매니저에게 말했죠. "뉴욕으로 필름 24롤을 가져가야만 합니다. 그것들을 가져가는 데 쓸 쇼핑 카트를 빌릴 수 있을까요?" 그가 말했어요. "들어봐요, 친구. 사람들은 그 망할 놈의 카트들을 시도 때도 없이 훔쳐 가요. 그러면서도 여기 와서 부탁하지는 않죠. 당신이 여기에 와서 그런 부탁을 하니 기분이 좋군요. 당연히 당신은 그걸 빌려 가도 돼요. 행운이 있기를 바랄게요." 나한테는 영상 12롤하고 사운드 12롤이 있었어요. 그것들을 모두 이 튼튼한 카트에 싣고는 테이프로 칭칭 감은 후에 소포로 부쳤어요. 야간 항공기의 항공권을 사려고 은행에서 돈을 다 찾았죠. 거기로 날아갈 때 내 몸 상태가 아주 나빴어요. 심한 감기에 걸렸고 열이 펄펄 끓었어요. '라디에이터 속의 여인'의 언니가 뉴욕에 살았어요. 그녀는 내게 아침을 차려주고 택시 잡는 걸 도와줬죠. 다운타운에 있는 극장에 갔어요. 필름을 가져갔더니 거기 있는 남자가 말했어요. "거기 놔두세요. 여기 이 필름들이 당신 거보다 먼저 온 거예요." 그러면서 길게 늘어선 필름들의 줄을 가리켰어요. 밖에 나가 커피와 도넛을 먹은 뒤 온종일 그 앞을 서성거렸어요. 결국 영사기사는 오후 느지막이 내 영화를 상영하기 시작했죠. 나는 문 앞에 서서 안에서 나는 소리를 듣고 있었어요. 영화는 정말로 길게 느껴졌어요! 그가 결국 말하더군요. "오케이. 끝났어요." 나는 필름을 꾸려서 집으로 갔어요.

일주일쯤 지난 후에야 시사실에 아무도 없었다는 걸 알게 됐어요. 그 사람은 빈 극장에 영화를 틀고 있었던 거예요. 기분이 나빴죠. 그런 후에 나는 영화를 뉴욕영화제에 출품했고, 거기서도 퇴짜를 맞았어요. 필름엑스에 출품하는 건 생각조차 하지 않았어요. 그런데 메리 피스크가 나를 달랬어요. "자기를 거기에 태워다줄게. 가서 출품하고 와." 그래서 나는 필름을 싣고 불만 가득한 심정으로 거기로 차를 몰고 갔어요. 필름을 내려놓고는 말했죠. "칸에서도 퇴짜 맞고 뉴욕영화제에서도 퇴짜를 맞았어요. 당신들도 퇴짜를 놓을 테지만, 아무튼 필름 여기 있어요." 거기 있는 사람이 말하더군요. "가서 기다려요, 친구. 우리는 우리만의 방침이 있는 사람들이에요. 우리는 그 영화가 어디서 퇴짜를 맞았는지는 신경 쓰지 않아요." 필름엑스는 영화를 한밤중에 상영했어요.

필름엑스에 출품했을 때, 나는 그 영화는 그걸로 완성됐다고 생각했어요. 하지만 그 영화는 편집을 더 할 필요가 있었고, 내가 그 작업을 하게 만든 게 필름엑스 상영이었어요. 영화는 엄청나게 큰 극장에서 상영됐는데, 거기 사람들이 말했어요. "데이비드, 여기 이 검정 좌석에 앉아 봐요. 거기 자리 아래에 작은 버튼 보이죠? 당신이 버튼을 누를 때마다 사운드가 1데시벨dB씩 커질 거예요." 그래서 나는 거기에 앉았어요. 영화가 시작됐는데 정말로 소리가 작더군요. 그래서 버튼을 세 번인가 눌렀어요. 그래도 너무 소리가 작아서 다시 버튼을 눌렀는데, 그래도 여전히 소리가 작았어요. 두 번쯤 더 눌렀을 거예요. 소리를 한껏 키워놓은 탓에 헨리가 메리의 집에서 자기 접시에 칼을 내려놓을 때 그 소리는 앞줄에 앉은 사람들의 목을 잘라버릴 것 같았어요. 극장에서 나가 영화가 끝날 때까지 로비를 서성거렸어요. 그 밤에 프레드가 나를 태워다줬는데, 집에 가는 길에 내가 말했어요. "프레드, 나는 영화를 엄청나게 잘라낼 거야." 그러자 그가 말했어요. "데이비드, 그러지 마." 나는 대답했죠. "나는 잘라내야 할 게 뭔지 정확하게 알아. 자를 거야." 그러고는 밤새 그 작업을 했어요. 영화를 닥치는 대로 잘라내지는 않았어요. 그럴까 생각하기는 했었어요. 그런데 나는 콤포짓 프린트를 잘라내는 실수를 저질렀어요. 정확히 말하면 실수는 아니었어요. 내가 콤포짓 프린트를 자르고 있다는 걸 알고 있었으니까요. 내가 한 짓은 그냥 멍청한 짓이었어요. 하지만 그게 내가 작업한 방식이었죠. 그래서 필름엑스에서 상영한 버전은 지금보다 20분이 길어요. 한 시간 50분이었죠. 지금은 러닝 타임이 한 시간 30분이에요.

영화를 배급하는 젊은 사람이 「이레이저 헤드」를 봤고, 고맙게도 벤 바렌홀츠가 이 영화를 위한 적임자라는 걸 깨달았어요. 그는 벤에게 연락했고 벤은 영화를 보여달라고 요청했죠. 벤은 '진짜'예요. 진지한 사람으로, 비즈니스맨이죠. 하지만 진정으로 예술을 사랑하는 비즈니스맨이에요. 그리고 심야 영화 상영의 조상이죠. 그가 말했어요. "광고는 많이 하지 않을 거예요. 하지만 두 달 안에 블록 주위에 장사진이 쳐질 거라고 장담해요." 그리고 그의 장담은 현실이 됐죠.

폐기하고 이혼한 후, 메리가 와서 잭과 시시와 함께 살았어요. 당시 잭과 시시는 토팡가에 살았죠. 그들이 메리에게 그리 많은 관심을 기울이지 않았던 건 분명해요. 메리는 기분이 좋지 않았어요. 그래서 우리는 새로운 일을 시작했고, 이후로는 일이 꼬리를 물고 일어났어요. 나는 메리를 사랑했기 때문에 재혼했어요.

결혼한 직후에 메리하고 나는 영화를 마무리하려고 뉴욕에 갔어요. 메리는 거기에 1주쯤 있었지만—그녀는 뉴욕에 빠르게 싫증을 냈어요— 나는 벤의 아파트에 거주하면서 여름을 보냈죠. 프리시전 랩Precision Lab이라는 곳과 같이 작업하면서요.

그곳 주위에 예술적인 분위기를 풍기는 랩들은 없었던 걸까요? 그곳 사람들은 트럭 운전사하고 더 비슷했어요. 거긴 그냥 공장 같은 곳이었어요. 거기 사람들은 내가 영화를 엄청나게 어둡게 만들고 싶어 한다는 걸 믿지 못했죠. 그들은 그걸 그렇게 어둡게 현상하지 않으려고 했어요. 그들은 말했죠. "안 돼요. 그렇게 어둡게 현상할 수는 없어요." 나는 더 어둡게 하라고 했고, 그들은 살짝 더 어둡게 만들었어요. 그러면 나는 아니라고, 더 어둡게 하라고 말했죠. 그들은 프린트를 만들 때마다 네거티브를 떠야 했고, 내가 원하는 정도로 어두운 프린트를 얻는 데 두 달이 걸렸어요. 정말로 형편없는 프린트들이 많이 만들어졌는데, 끔찍했어요. 결국엔 내가 사랑하는 프린트를 갖게 됐고, 영화는 시네마 빌리지에서 개봉됐어요. 최초 상영에는 가지 않았어요. 하지만 그들은 목요일과 금요일에 대부분이 법조계 인사들과 그들의 친구들로 꾸려진 관객들을 대상으로 파티를 겸한 최초 시사회를 열었고, 토요일에 정식 개봉을 했죠. 개봉일 밤에는 관객이 26명이었고 이튿날 밤에는 24명이었다는 얘기를 들었어요.

영화가 개봉된 후에도 여전히 돈이 없었어요. 그래서 LA로 돌아간 나는 리버사이드로 가서 아버지하고 집을 개조하는 일을 했죠. 그래도 기죽어서 지내지는 않았어요. 절대로 그러지 않았어요! 무척이나 고마운 심정이었어요. 영화가 완성됐고 배급되고 있었으니까요. 나는 그걸 성공이라고 부르지는 않았지만, 세상만사는 상대적인 거잖아요. 당신이 돈 얘기를 하는 거라면, 「죠스Jaws」는 성공작이죠. 그런데 성공작을 가늠하는 내 기준은, 어떤 작품을 완성하고 사람들에게 그 작품을 보여줄 수 있는 장소를 구해서 기분이 좋았다는 것, 그거였어요. 아무튼, 나는 날마다 아버지와 같이 일했고, 우리가 밤에 집에 오면 어머니는 우리를 위한 저녁을 차려두고 계셨어요. 우리는 함께 저녁을 먹었고, 그런 후에 나는 실례한다면서 내 방으로 가서는 침대에 들어가 「로니 로켓, 또는 존재의 괴력들이 가진 터무니없는 미스터리Ronnie Rocket, or the Absurd Mystery of the Strange Forces of Existence」의 시나리오를 10페이지씩 썼죠. 10페이지를 쓰기 전까지는 잠을 잘 수가 없었어요. 머릿속에 모든 게 다 들어 있었으니까요. 그 시절에 D.C.에서 뉴욕으로 가는 기차를 타면 「로니 로켓」 지역을 통과했어요. 그래피티가 그려지기 직전의 시대로, 오래된 공장들이 아직까지는 완전히 허물어지지 않은 상태였죠. 공단은 정말로 근사했어요. 그러다가 사라지고 말았죠. 내가 기차에서 본 세계는 자취를 감췄어요. 「이레이저 헤드」로는 돈을 벌지 못했어요. 하지만 거기서 본 세상이 무척 마음에 들었던 나는 「로니 로켓」을 만드는 생각을 하고 있었어요.

젊은 미국인

EM-5410

린치는 자기 작품의 관객을 제대로 찾아내고 있었다. 하지만 그의 차기작 시나리오 「로니 로켓」은 판매하기 힘든 작품으로 판명됐다. 오프닝 이미지―연극 무대에서 60미터 높이로 쏘아 올리는, 걷잡을 수 없이 거센 화염의 벽―는 그 뒤에 따라오는 모든 이미지의 분위기를 대변한다. 줄거리에 초현실적 요소들이 대단히 많은 탓에 컴퓨터 그래픽이 여전히 유아기 상태에 있던 1970년대에 그걸 필름에 담는 건 거의 불가능한 일이 될 터였다: 목이 부러진 새가 뒤로 공중제비를 돈다; 전선들은 혀를 날름거리는 뱀처럼 움직인다; 로맨틱한 사랑은 공중에서 폭발을 일으키고 색 테이프들이 비처럼 쏟아져 내린다; 말하는 돼지가 뒷다리로 걸어 다닌다.

「로니 로켓」의 배경은 "시커먼 구름이 검댕에 뒤덮인 새까만 도시 위를 질주하는" 지역으로, 우리는 「이레이저 헤드」에서 그랬던 것처럼 필라델피아를 연상하게 된다. 그렇지만 복잡한 두 개의 스토리 라인을 섞어 교차시킨다는 점에서 「로니 로켓」의 스토리텔링에 접근하는 방법은 「이레이저 헤드」의 미니멀한 내러티브와는 판이하게 달랐다. 스토리라인 중 하나는 빛이 아니라 어둠을 만들어내려고 전기를 장악해서 역류시키는 악당을 추적하기 위해 '도심'으로 알려진 금단의 지역에 발을 들여놓은 수사관을 따라간다. 두 번째 스토리 라인은 프랑켄슈타인풍의 괴물이라 할 수 있는, 전기가 일으키는 발작에 시달리는 열여섯 살 난 소년이 떠난 비참한 여정을 뒤쫓는다. 린치는 이 영화가 로큰롤의 탄생과 많은 관련이 있다고 묘사했다. 로니 로켓은 돈을 벌기 위해 착취당하는 록스타가 되지만 타락하지 않은 채로 남는다. 시나리오의 핵심 메타포는 전기다. 전기는 어느 곳에서나 터져 나온다―전기는 전선을 끊고 폭발시키고, 손가락 끝에서 발사되며, 도시 상공을 가로지르는 전차 케이블들을 휘어지게 만들고 춤추게 만든다. 기이한 성적 경험, 화목하게 지내지 못하는 가족, 넘쳐나는 폭력을 비롯해 린치의 작품에 되풀이해서 등장하는 요소들이 시나리오 전체를 관통한다.

이런 이질적인 요소들이 한데 어우러져서 린치의 생활에 핵심적인 존재가 돼버린 영적 믿음들을 위한 우화를 창조해낸다. 줄거리에 등장하는 수사관은 의식意識을 유지하는 일의 중요성에 대한 현자賢者의 조언을 듣는다; 이 이야기에서, 의식을 잃는 것은 죽는 것이고, 사랑과 고통은 사람들이 의식을 가진 상태로 남아있게끔 돕는 에너지들이다. 거듭해서 등장하는 동그라미라는 모티프—수사관은 서클 클럽Circle Club이라는 나이트클럽을 방문하고, "상황은 계속 돌고 돈다."라는 말과 "인생은 도넛이다."라는 말을 듣는다—는 업보의 수레바퀴와 거듭남을 시사한다. 영화는 수련睡蓮잎 위에서 춤을 추며 황금알을 잡으려고 팔을 뻗는 네 팔 달린 인물의 이미지로 끝을 맺는다. 힌두교의 성스러운 문헌인 베다에 따르면, 브라흐마Brahma의 마음에서 생겨난 물질 우주는 신성한 의식의 물속을 꿈처럼 떠다니는 황금알이라고 한다.

린치는 「로니 로켓」을 석탄과 석유, 전기에 대한 작품이라고 묘사했지만, 이 작품은 깨달음에 대한 모티프를 음울한 유머 속에 감춘 기이한 이야기이기도 하다. 따라서 이 작품이 조금이나마 사람들의 흥미를 끌었다는 건 놀라운 일이다. 「이레이저 헤드」가 개봉된 후 몇 달 사이에, 린치는 윌리엄 모리스 에이전시William Morris Agency 소속 에이전트 마티 미첼슨Marty Michelson의 전화를 받았다. 그는 린치를 대표하는 일에 관심을 보였고, 「로니 로켓」의 제작비를 확보하려고 애를 썼지만 상황을 진전시키지는 못했다. 그때 린치가 차기작 「엘리펀트 맨The Elephant Man」과 연결되도록 도운 인물인 스튜어트 콘펠드Stuart Cornfeld가 개입했다. 로스앤젤레스에서 태어난 콘펠드는 AFI에서 진행하는 프로듀서 프로그램의 수강생이었다. 그는 프로그램을 이수하는 동안 여성들을 위한 연출 워크숍에 에너지를 집중시켰다. 당시 수강생 중에는 여배우 앤 밴크로프트Anne Bancroft가 있었는데, 콘펠드는 그녀를 위해 30분짜리 단편을 제작했다. 콘펠드와 두 번째 단편 「뚱보Fatso」를 작업한 후, 밴크로프트는 그 작품을 자신의 장편 연출 데뷔작으로 확장하면서 그를 프로듀서로 영입했다.

1976년에 콘펠드와 같이 졸업한 동창생 중에는 마틴 브레스트Martin Brest 감독이 있었는데, 브레스트는 뉴아트에서 상영하는 「이레이저 헤드」를 보라고 콘펠드를 부추겼다. "그 영화에 홀딱 반했습니다." 콘펠드의 회상이다. "데이비드는 음울한 영화를 만드는 법에 대한 관례를 깨버린 셈이었습니다. 그는 진정으로 음울한 영역에 갈 수 있었으니까요. 그러면서도 그는 결국에는 초월적인 분위기를 연출해냈습니다. 그는 관객을 추락시킬 무시무시한 구멍을 만들어냈습니다. 평범한 상황에서라면 관객들은 그 추락에 엄청나게 겁을 집어먹겠지만, 그의 작품 밑바닥에는 어떤 평화로운 분위기가 깔려 있습니다. 나는 「이레이저 헤드」에 완전히 빠졌습니다."

콘펠드의 회상은 계속됐다. "데이비드가 AFI에 다녔다는 걸 알게 됐습니다. 그래서 학교에서 그의 전화번호를 받아다가 그에게 전화를 걸어 '감독님의 영화는 경이로웠습니다. 지금은 무슨 작품을 하고 계시나요?'라고 물었죠. 그렇게 해서 우리는 니블러스라는 커피숍에서 만나 어울리기 시작했습니다. 당시, 가난했던 그는 로즈우드에 살고 있었습니다. 우리가 만난 직후에 그의 거처에 갔던 걸 기억합니다. 보이스 오브 더 씨어터 스피커를 갖고 있더군요. 그는 나를 위해 레코드플레이어로 〈96방울의 눈물96 Tears〉을 틀어줬습니다. 우리는 일주일에 한 번씩 점심을 같이 먹기 시작했죠. 그는 늘 나를 웃겼습니다. 제대로 된 유머 감각의 소유자였죠. 나는 음울한 휴머니스트를 좋아합니다."

"그가 내게 「로니 로켓」의 시나리오를 줬는데, 믿기 힘들 정도로 좋은 작품이라고 생각했습니다. 그런데 그걸 들고 돌아다녔지만 어디서도 그걸 받아주지 않더군요. 데이비드는 이미 「이레이저 헤드」로 할리우드 주류에서 부정적인 반응을 경험한 적이 있었습니다. 나는 그에게 말했습니다. '중요한 건 감독님이 또 다른 영화가 진행되게끔 만들었다는 겁니다.'"[1] 린치가 다른 시나리오 작가가 집필한 작품을 연출하는 걸 고려하기 시작한 게 그때였다.

앤 밴크로프트는 콘펠드를 남편 멜 브룩스Mel Brooks에게 소개했고, 브룩스는 1977년에 흥행작 「고소공포증High Anxiety」을 만드는 동안 콘펠드를 그의 어시스턴트로 고용했다. 그 영화의 제1조감독AD은 젊은 풋내기 조나단 생거Jonathan Sanger였다. 뉴욕에서 태어난 생거는 1976년에 로스앤젤레스로 이주했고, 그의 친구인 영화감독 배리 레빈슨Barry Levinson은 그를 브룩스에게 소개했으며, 브룩스는 그를 「고소공포증」에 고용했다. 콘펠드와 생거는 촬영장에서 친구가 됐다.

「엘리펀트 맨」과 얽힌 일련의 사건은 생거의 베이비시터인 캐슬린 프릴리먼의 부탁으로 시작됐다. 캐슬린의 남자친구 크리스 드 보어Chris De Vore가 노던 캘리포니아 대학을 같이 다니는 영화학도 친구 에릭 버그렌Eric Bergren과 함께 쓴 시나리오를 읽어달라고 생거에게 부탁한 것이다. 연기자가 되려고 경력을 시작했던 두 사람은 엘리펀트 맨을 다룬 장章이 포함된 『대단히 특별한 사람들Very Special People』이라는 책을 우연히 접한 후에 시나리오 집필로 방향을 틀었다.

1862년에 영국 레스터에서 태어나, 심한 기형을 남겨놓은 중병을 앓은 엘리펀트 맨—본명은 조지프 메릭Joseph Merrick이었다—은 카니발 쇼에서 구경거리용 괴물로 일하는 가혹한 시기를 견뎌낸 후 런던 병원의 피보호자가 되었다. 그는 27세의 나이로 사망할 때까지 그곳에서 프레더릭 트레브스 경Sir Frederick Treves의 보살핌과 보호를 받았다. (트레브스는 1923년 저서 『엘리펀트 맨과 다른 추억들The Elephant Man and Other Reminiscences』에 메릭의 이름을 조지프가 아니라 존이라고 잘못 적었다.)

"시나리오를 읽고는 넋을 잃었습니다." 생거의 회상이다. "나는 일 년간 1,000달러를 주고 그 시나리오에 옵션을 걸었고, 그들은 자신들이 작가 자격으로 프로젝트에 남게 해준다는 조건으로 그 권리를 내게 팔았습니다."[2] 콘펠드도 시나리오를 읽고는 흥분했다. 그는 그걸 읽은 즉시 생거에게 전화를 걸어 말했다. "이걸 연출할 감독을 알아." 그러고는 린치에게 전화를 걸어 말했다. "감독님, 이 시나리오 읽어보셔야 해요."

「엘리펀트 맨」은 음울하고도 로맨틱한, 린치를 꿈꾸게 만드는 딱 그런 종류의 이야기다. 생거와 린치가 일주일 후 밥스에서 만났을 때, 린치는 시나리오가 대단히 마음에 든다면서 감독이 정해졌느냐고 물었다. "데이비드는 마음속으로 영화를 어떻게 그려냈는지에 대해 말했습니다." 생거는 말했다. "「이레이저 헤드」를 본 적 있는 나는 그가 이 영화를 할 수 있을 거라고 생각했습니다." 드 보어와 버그렌도 「이레이저 헤드」를 보고 같은 느낌을 받았다. "우리는 생각했습니다. 와, 이 감독은 정말로 그 영화를 만들 수 있는 사람이야." 드 보어는 말했다. "센추리 시티의 밥스에서 데이비드를 만났을 때, 이 사람이야말로 우리가 이 영화를 만들기 위해 필요한 분방한 정신의 소유자라고 확신했습니다."[3]

린치를 감독으로 염두에 둔 콘펠드와 생거는 스튜디오 여섯 군데를 돌아다니며 시나리오를 판매했지만, 그들은 영화에 그린라이트를 켜줄 권한을 가진 사람과 접촉할 수 있을 정도의 영향력은 갖고 있지 못했다. 그 시점에서 브룩스가 개입했다. "나는 시나리오를 멜의 비서인 랜디 아우어바흐에게 건넸고, 그녀는 그걸 멜에게 건넸고, 멜은 주말 동안 그걸 읽었습니다." 생거는 말했다. "월요일 오전에 그한테서 전화를 받았습니다. 시나리오에 내 이름이 적혀 있었거든요. 그가 말했어요. '매혹적인 시나리오로군. 얘기 좀 하세.' 이튿날 베벌리 힐스 호텔에서 멜과 그의 변호사를 만났죠. 그는 '이 영화를 하세.'라고 했습니다. 그 말이 믿어지지를 않더군요."

브룩스는 브룩스-필름스Brooks-films라는 제작사를 차리던 중이었다. 그는 그 제작사에서는 코미디가 아닌 영화들을 만들 계획이었다. 코미디는 그가 기존에 소유하던 회사인 크로스보우 프로덕션Crossbow Productions이 전념하는 장르였다. "나는 니콜라이 고골과 토머스 하디를 사랑하는 지식인이었습니다. 세상에다가는 그런 사실을 숨겼죠. 나는 무척 젊었을 때부터 사람들의 뇌리에 어릿광대로 못 박힌 신세였으니까요. 그래도 나는 내가 있을 자리가 어디인지를 잘 알았습니다." 브룩스는 말했다. "그런 처지도 내가 진지한 영화들을 제작하는 걸 막지는 못했습니다. 내가 제작하고 싶은 영화들에서 멜 브룩스라는 이름을 멀리 떼어놓기만 하면 나도 그런 영화들을 제작할 수 있다는 걸 알게 됐습니다."[4]

브룩스는 「엘리펀트 맨」이 앨런 파커Alan Parker 감독과 딱 맞는 기획 작품이 될 거라고 판단했지만 콘펠드는 그를 극구 만류했다. "아뇨, 감독은 데이비드 린치여야 합니다. 그가 적임자입니다." 그래서 브룩스는 린치를 만나는 데 동의했다. "데이비드는 20세기폭스 스튜디오에 있는 내 사무실에 찰스 린드버그Charles Lindbergh를 다룬 영화에 출연하려는 지미 스튜어트(Jimmy Stewart, 스튜어트는 비행사 린드버그를 다룬 영화 「저것이 파리의 등불이다」의 주연배우였다─옮긴이)처럼 차려입고 나타났습니다." 브룩스의 회상이다. "가죽 보머 재킷에다가 맨 위까지 단추를 채운 흰색 셔츠 차림이었습니다. 머리는 촌스럽게 깎은 스타일이었고요. 굉장히 솔직한 사람이었습니다. 괴상한 중서부 억양을 구사했고요. 시나리오 얘기를 할 때 그가 말했습니다. '이 작품은 마음이 따스해지는 이야기라고 생각합니다.' 그 말이 나를 사로잡았죠. 우리는 이것저것에 대해 오래 얘기를 나눴습니다. 그러고는 그가 떠났을 때 내가 말했죠. '이 친구야. 다른 사람은 만나볼 필요도 없어.'"

콘펠드는 린치에게 공식적으로 감독 자리를 주기 전에 「이레이저 헤드」를 먼저 봐야만 할 거라고 브룩스에게 말했다. 생거를 동반한 브룩스는 20세기폭스 지하에 있는 대릴 F. 자눅 극장Darryl F. Zanuck Theater에서 개인 시사회를 열었고, 그동안 린치와 콘펠드는 밖에서 기다렸다. 시사회가 끝나자, 브룩스는 린치에게 감독 자리를 줬다.

브룩스는 자신이 「이레이저 헤드」를 사랑하는 건 "그 작품이 순전히 상징들에 대한 영화"이기 때문이라고, "그런데도 영화가 무척이나 현실적"이기 때문이라고 말했다. 그러면서 생거와 콘펠드에게 자신이 프로젝트를 소개하려고 염두에 둔 곳이 어디인지를 말했다. 콘펠드는 그 사람들은 이미 자신들이 접촉했었는데 프로젝트에 고개를 저었다고 말했다. "멜이 말하더군요. '그 사람들은 자네들에게 고개를 저은 거야.'" 콘펠드의 회상이다. "세상에 나한테 노no라고 말하고 싶어 하는 사람은 없어. 누군가는 전화를 걸어서 프로젝트가 마음에 든다고 할 거야." 물론, 그는 옳았습니다. 데이비드를 감독으로 적은 시나리오가 발송됐고, 파라마운트Paramount와 콜럼비아Columbia가 회신을 했습니다."

당시는 마이클 아이스너Michael Eisner와 제프 카첸버그Jeff Katzenberg가 파라마운트를 운영하고 있었다. 브룩스는 아이스너에게 시나리오를 건넸다. "'제발 읽어보세요.'라고 말했죠." 브룩스의 회상이다. "마이클이 빠르게 전화를 걸어와서 말하더군요. '무척 마음에 드는군요. 이 영화를 만들고 싶소.'" (당시 파라마운트를 위해 작품 소재를 검토해주던 영화평론가 폴린 카엘은 그 영화를 만들라고 아이스너를 부추겼고, 그런 다음에 드 보어와 버그렌에게 그들의 시나리오는 메릭의 성적 측면을 등한시하고 있다는 내용의 쪽지를 보냈다.)

린치는 「엘리펀트 맨」의 오리지널 시나리오가 대단히 훌륭하다는 의견을 표명했지만, 그럼에도 시나리오는 폭넓은 수정 작업을 거쳤다. 버그렌과 드 보어의 오리지널 초고는 200페이지였다. 그래서 영화사에서 내린 첫 명령은 스토리를 간소화하라는 거였다.

영화의 이그제큐티브 프로듀서(executive producer, 작품 제작을 총괄하는 책임 제작자─옮긴이)였던 콘펠드는 "데이비드와 멜은 시나리오 수정 작업을 지휘한 추진세력이었습니다. 멜은 시나리오에 많은 기여를 했습니다."라고 말했다. 생거도 동의했다. "멜은 시나리오에 중요한 기여를 했습니다. 그가 시나리오를 더 극적으로 만들었죠. 영화에서 묘사된 사건들은 실제로 일어났던 사건하고는 다릅니다. 하지만 멜은 이렇게 말했죠. '실제로 무슨 일이 일어났는지는 중요하지 않아. 우리 관심사는 한 편의 영화로서 이게 감정적으로 어떻게 작동하는가 하는 거야.'"

폭스 스튜디오에서 브룩스의 사무실 건너편에 사무실을 배정 받은 린치와 드 보어, 버그렌은 시나리오를 작업하는 두 달 동안 주말마다 브룩스를 만났다. "그들은 자신들이 집필한 시나리오를 큰 소리로 낭독했습니다. 그러면 멜이 의견을 내놨고요." 영화를 제작한 생거는 말했다. "멜은 아무 말이나 막 던져댔습니다. 그게 그가 코미디를 작업하는 방식이었으니까요. 그의 의견들은 때로는 쓸모가 없었지만, 때로는 제대로 효과가 있었습니다. 멜은 굉장히 영리한 사람입니다."

영화 제작을 위한 종잣돈이 확보된 순간, 엘리펀트 맨 역할을 캐스팅하는 것이 최우선 과제로 떠올랐다. 다양한 이름이 튀어나왔다. 주연 배우는 추가 자금을 조달하는 데 도움이 될 터였다. 누구보다도 먼저 더스틴 호프먼Dustin Hoffman이 물망에 올랐다. 그런데 이 영화의 주연 배우는 캐릭터의 분장 아래로 모습을 감춘 채 힘든 시간을 보내야 했다. "우리는 「벌거벗은 공무원The Naked Civil Servant」에서 존 허트John Hurt가 펼친 연기에 대한 얘기를 들었습니다. 그래서 그 영화를 본 멜하고 나는 강한 인상을 받았죠." 생거는 말했다. "데이비드는 메릭을 연기할 배우로 잭 낸스를 밀고 있었지만, 멜은 다르게 판단했습니다. 데이비드가 익숙해하는 영역에서 그를 데리고 나올 연기자하고 일할 필요가 있다고 말이죠. 그런데 잭은 그런 일을 할 수가 없는 배우였죠. 그래서 우리는 그 역할을 맡을 배우로 존을 밀기 시작했습니다."

당시 허트는 몬태나에서 마이클 치미노^{Michael Cimino} 감독의 「천국의 문^{Heaven's Gate}」을 찍고 있었다. 하지만 그는 1979년 연초에 아카데미 시상식에 참석하러 로스앤젤레스로 왔다. 「미드나잇 익스프레스^{Midnight Express}」에서 펼친 연기로 남우조연상 후보에 올랐기 때문이었다. "멜은 존의 매니저에게 전화를 걸어, 존이 시내에 있는 동안 그를 만나게 해달라고 부탁했습니다." 생거는 말했다. "멜은 그러고는 실제 엘리펀트 맨의 사진들을 벽을 가득 채울 만한 크기로 확대해서 사무실에 걸어두자는 아이디어를 내놨습니다. 그는 전체 상황을 지휘했습니다. 멜이 말했죠. '오케이. 여기가 존이 앉을 자리야. 여기에 사진들을 거는 거야. 우리는 사진 얘기는 한마디도 꺼내지 않고 그냥 영화 얘기만 시작할 거야.'"

"다들 도착해서 자리에 앉았습니다. 멜은 작품 소개를 시작했는데, 존의 눈이 사진들로 향하는 걸 볼 수 있었습니다." 생거의 회상이 계속됐다. "존은 굉장히 공손했습니다. 그의 매니저는 '흥미롭게 들리는군요.' 같은 말을 했습니다. 그러던 중에 존이 갑자기 매니저의 말을 끊고 말했습니다. '이 영화를 하고 싶습니다.' 데이비드는 자리에서 일어나서 존에게 걸어가 그와 악수를 했습니다. 두 사람은 곧바로 특별한 관계로 발전했죠. 데이비드에게는 존이 정말로 흥미로워할 만한 뭔가가 있었어요. 두 사람은 완전 딴판인 사람들이었지만, 의견이 충돌했을 때 이기는 쪽은 대부분 데이비드였죠. 그는 정말 저항하기 힘든 사람이었습니다. 두 사람은 처음부터 끈끈한 사이가 됐습니다."

영화는 빠르게 돌진해 나갔고, 린치는 헌신적으로 영화에 뛰어들었다. "그는 그 프로젝트를 사랑했어요. 그 이야기는 그의 내면에 있는 무엇인가를 자극했죠. 그런데 할리우드 영화를 만든다는 현실은 그에게는 철저히 새로운 거였어요." 메리 피스크는 말했다. "만사가 매우 빠르게 진행됐고, 해야 할 일이 꾸준히 쏟아졌어요. 오빠는 그가 그 일을 해낼 수 있을지 가늠하지 못했어요. 데이비드는 예술가니까요."

린치는 그 영화를 감당할 수 있을지에 대해 자신의 능력을 추호도 의심하지 않는 게 분명했다. 그는 예술과 관련된 문제에 있어서는 조금도 두려워하지 않았다. 그는 처음에는 「이레이저 헤드」를 할 때 활용했던 방식과 똑같은, 만사를 직접 처리한다는 방법론을 「엘리펀트 맨」에도 채택할 계획이었다. "데이비드는 자신이 그 영화를 연출할 경우 분장도 직접 하고 싶다고 했습니다." 멜의 회상이다. "그에게 말했죠. '영화 몇 편을 감독해본 사람으로서 하는 말인데, 자네는 분장까지 하지 않더라도 눈코 뜰 새 없이 바쁠 거야.' 하지만 나는 그가 그런 시도를 해보도록 놔뒀습니다." 그래서 허트가 「천국의 문」 촬영장으로 돌아간 직후에 린치 가족은 몬태나로 여행을 갔고, 거기서 데이비드는 허트의 전신 주형을 떴다. "주형을 뜨는 건 혹독한 경험이었어요." 메리의 회상이다. "존은 숨 쉬는 데 쓰는 빨대들을 코에 꽂은 채 석고 반죽을 뒤집어썼어요. 그래도 그는 진짜로 두려움이 없는 사람이었어요."

시나리오 최종고를 손에 쥔 데다 프로젝트에 합류한 주연배우를 얻은 린치와 생거, 브룩스는 프리프로덕션을 시작하러 런던으로 향했다. "우리가 거기 도착한 직후에 혹한이 시작됐습니다." 브룩스의 회상이다. "그래서 데이비드에게 파란 오버코트를 사줬죠. 그는 촬영이 있는 날이면 하루도 빼놓지 않고 그걸 입었습니다."

　　런던에 발을 디딘 삼인조는 런던 도심에서 북서쪽으로 차로 45분 떨어진 거리에 있는 평범한 교외 지역인 웸블리로 향했다. 한때는 번창한 공업 지역이던 웸블리는 린치가 거기 도착했을 무렵에는 축구장 말고는 추천할 만한 볼거리가 없는 곳이었다. 하지만 존과 베니 리 John and Benny Lee 형제가 소유한, 최근에 리모델링된 텔레비전 스튜디오인 리 스튜디오Lee Studios가 거기에 있었다. 그곳은 그 영화를 만들기에 알맞은 장소였다. 그곳은 런던의 주요한 영화 제작 시설 세 곳—셰퍼튼Shepperton, 엘스트리Elstree, 파인우드 스튜디오Pinewood Studios—에 비하면 대단치 않은 스튜디오였지만, 프로덕션 매니저 테리 클레그Terry Clegg는 그곳을 선택했다. 규모가 더 큰 영화들과 경쟁하지 않는 편이 스튜디오의 온갖 서비스를 다 누리면서 촬영을 하는 데 더 유익할 거라고 느꼈기 때문이다. LA로 돌아가기에 앞서, 브룩스는 촬영이 시작된 날부터 사흘 동안 하루에 30분씩 세트에 머물렀다. "그는 매우 행복하고 사랑스러운 사람이었습니다. 그의 모습은 우리에게 힘을 줬죠." 린치의 회상이다. "그는 자기가 살아오면서 여러 차례 행운을 누렸다고, 그래서 세상에 발을 내딛기 시작한 젊은 사람들을 돕고 싶다고 했습니다."

　　앤 밴크로프트와 존 허트라는 예외를 빼면 모든 캐스팅은 런던에서 이뤄졌고, 캐스팅 디렉터 매기 카르티에Maggie Cartier가 그 과정을 감독했다. 안소니 홉킨스Anthony Hopkins에게는 주인공 프레더릭 트레브스 경 역할이 주어졌고, 존 길거드 경Sir John Gielgud과 웬디 힐러 부인Dame Wendy Hiller은 조역을 상의하러 찾아왔다. "그 정도 반열에 있는 사람들이 나를 만나러 왔다는 사실에 깜짝 놀랐습니다. 그래도 그들은 역할을 따냈다는 사실에 행복해했습니다." 생거의 회상이다. "웬디 힐러는 정말로 사랑스러운 사람이었고, 존 길거드는 상냥하고 겸손한 사람이었습니다. 목소리도 근사했고 억양도 완벽했죠. 그는 그 배역을 마음에 들어 했고, 항상 '감독님께서 원하시는 건 무슨 일이건 하는' 태도였죠. 데이비드는 존이랑 같이 작업하는 건 끝내주는 일이라고 했습니다. 지시만 내리면 됐으니까요. 그에게 어떤 연기를 약간 더 강하게 해줬으면 한다고 말하면 그는 감독이 필요로 하는 연기를 정확하게 펼쳤습니다. 데이비드는 그의 기술적인 연기 솜씨에 정말로 강한 인상을 받았습니다."

　　이후로 「듄」과 「광란의 사랑Wild at Heart」을 비롯한 린치의 영화 여러 편에 출연하게 될 배우 프레디 존스Freddie Jones를 캐스팅하는 데에는 약간의 어려움이 있었다. "데이비드는 그를 보는 즉시 마음에 들어 했습니다. 그는 꿈에 잠겨 사는 듯한, 평범하지 않은 사람이죠. 그래서 그는 데이비드의 세계에 완벽하게 맞아떨어졌습니다." 생거는 말했다. "하지만 프레디는 우리가 연기해주기를 원하는 캐릭터는 지나치게 단조롭다고, 자신을 표현할 캐릭터는 무방비 상태의 피조물인 메릭을 구타하는 평범한 남자 이상의 존재여야만 한다고 말했습니다. 그는 우리를 완벽하게 설득하지는 못했습니다. 그래서 데이비드가 말했죠. '당신이 정말로 마음에 들어요. 그러니 내가 그 캐릭터의 관점에서 시나리오를 검토하게 해줘요.' 그런 후 데이비드는 엘리펀트 맨을 향한 그 캐릭터의 감정이 더 복잡할 필요가 있다는 데 동의했습니다. 그렇게 해서 프레디의 견해는 최종 시나리오에 확실하게 반영됐습니다."

영화에는 빅토리아 시대의 전형적인 카니발 프릭 쇼의 출연진을 보여주는 두 개의 신이 있었는데, 이 역시 캐스팅 과정에서 어려움이 많은 부분이었다. 1890년부터 인기가 내리막길을 걷기 시작한 프릭 쇼는 1950년대 무렵에는 거의 자취를 감춘 상태였다. 게다가 20세기에 의학이 발전하면서 19세기 프릭 쇼의 핵심이었던 신체적 기형이 발생하는 빈도가 급격히 줄었다. "매기 카르티에가 런던의 신문에 '살아 있는 기형 인간이 필요합니다.'라는 광고를 실었습니다." 생거는 말했다. "우리는 그런 짓까지 해야 했죠!"

노팅엄 구스 페어Nottingham Goose Fair는 엘리자베스 시대 이후 잉글랜드에서 해마다 열려온 행사로, 그 축제의 주요한 볼거리 중 하나가 프릭 쇼였다. 영화가 프리프로덕션 단계에 있을 때, 린치는 그 축제의 관계자 중에 샴쌍둥이의 매니저가 있다는 걸 알게 됐다. "데이비드는 그 소식을 듣고는 무척 흥분했습니다." 생거는 회상했다. "그래서 그 사람에게 전화를 걸었더니 그가 대답했습니다. '맞습니다. 나한테 쌍둥이가 있어요. 내가 그들을 관리하죠.' 그래서 데이비드하고 차를 몰고 구스 페어에 갔죠. 가봤더니 우울한 분위기의 트레일러들이 잔뜩 모인 외진 곳이었어요. 우리는 통화했던 남자의 트레일러로 가서 노크를 했죠. 더러운 티셔츠 차림의 뚱뚱한 사내가 문을 열었고, 그와 그의 아내가 우리를 안으로 안내했어요. 데이비드의 꿈에서 곧장 가져온 것 같은 곳이었죠. 그러더니 그 사내가 말했어요. '허니, 가서 쌍둥이 데려와.' 그러자 그녀가 트레일러 저 끝으로 갔다가 포르말린이 잔뜩 든 커다란 유리병을 들고 오더군요. 병 안에 사망한 쌍둥이의 배아가 들어 있었어요. 데이비드는 실망이 이만저만이 아니었죠."

카르티에는 런던에서 어글리Ugly라는 에이전시를 찾아냈다. 영화에 출연할 거인과 난쟁이를 제공하는 곳이었다. 린치와 미술부는 프릭 쇼에 등장하는 다른 캐릭터들을 만들어냈다. 프레더릭 트레브스의 종손은 시 의원으로 영화에 카메오 출연했고, 작가 드 보어와 버그렌도 영화에 모습을 보였다. "우리는 영화의 첫 신에 잠깐 출연했습니다." 드 보어의 회상이다. "우리는 데이비드가 미술감독 밥 카트라이트Bob Cartwright하고 같이 만든 독특한 악기인 라이라 박스Lyra Box를 연주하는 음악인을 연기했습니다. 라이라 박스는 린치 스타일의 괴상한 물주머니를 위에 얹은 손풍금이었습니다."

영화를 만드는 동안, 피스크와 린치는 웸블리에 있는 작은 주택에 살았다. 린치는 프리프로덕션을 하는 12주 동안 그 집의 차고를 「엘리펀트 맨」의 분장을 작업하는 스튜디오로 탈바꿈시켰다. "데이비드는 차고에서 혼자 작업하는 미치광이 과학자였습니다. 거기에서 무슨 일이 벌어지고 있는지는 아무도 몰랐죠." 생거의 회상이다.

출입 금지 표지판을 아무렇지도 않게 통과할 수 있는 사람이 한 명 있었다. "나는 잠깐 「엘리펀트 맨」의 촬영장에 있었어요." 제니퍼 린치의 회상이다. "그리고 아빠가 분장 작업을 할 때 제 머리를 빌려드렸죠. 그건 내게 강렬한 기억이에요. 코에 빨대들을 꽂고는 따뜻한 것이 나를 조여드는 느낌을 받았고, 아빠가 말한 내용과 아빠가 내는 소리들, 그러니까 아빠가 무엇인가를 요란하게 생각할 때 입술로 하던 일들도 기억해요. 아빠의 작업 과정을 알아도 된다는 허락을 받았다고 느꼈어요. 근사한 일이었죠."

　　린치가 자기 분장 작업의 결과물을 동료들에게 공개한 날은 한참 덜 근사했다. "그는 실제 인물의 조각상처럼 보이는 걸 만들었습니다. 그런데 그건 사실상 복면이나 다름없었어요." 생거는 말했다. "그가 존 허트를 직접 앞에 두고 작업한 것이 아니라서 그걸 존의 얼굴에 잘 들어맞게끔 만드는 건 불가능한 일이었습니다. 그게 제 효과를 내지 못하는 게 분명했는데, 그건 데이비드에게 엄청나게 충격적인 일이었습니다."

　　영화 촬영을 마친 후, 린치는 그 당시 비행기를 잡아타고 영화를 떠나는 문제를 고려했노라고 생거에게 토로했다. 자신이 실패했다고 느꼈기 때문이다. "데이비드는 자신이 모든 작업을 다 해낼 수 있다는 흐름을 타고 있었어요. 평생토록 독특하고 특별한 일들을 해왔기 때문이죠." 피스크는 말했다. "그런데 데이비드는 예술가로서는 재능을 타고난 사람이지만, 이런 작업을 하는 데 필요한 지식은 없었어요. 메이크업 작업을 다시 해야만 한다는 걸 깨달았을 때, 데이비드와 조나단은 존 허트가 등장하지 않는 신들부터 먼저 촬영하는 식으로 일정을 조정했죠. 그들은 메이크업 문제를 해결할 방법을 결국에는 찾아냈어요. 그렇지만 데이비드는 여전히 끔찍한 곳으로 들어가고 있었어요. 그는 연속으로 사흘 밤을 침대에 똑바로 앉은 채로 지냈어요. 겁에 질려 있었죠. 데이비드는 항상 탄탄한 바닥에 발을 딛고 있는 사람처럼, 무슨 일에도 동요하지 않는 사람처럼 보여요. 그런데 항상 그렇진 않죠. 메이크업 때문에 곤경이 생긴 직후에 멜이 전화를 걸어 말했어요. '데이비드, 우리가 자네 뒤를 천 퍼센트 받치고 있다는 걸 알아줬으면 하네.' 그 말이 그에게 큰 도움이 됐죠. 멜이 데이비드를 지원해준 방식은 경이로웠어요."

　　보 데릭^{Bo Derek}과 공연하는 영화 「계절의 변화^{A Change of Seasons}」의 촬영을 시작할 예정이던 홉킨스는 촬영장을 떠날 날짜가 이미 정해져 있었다. 따라서 제작진은 메이크업 문제로 고민하고 있을 시간이 없었다. 생거는 즉시 크리스 터커^{Chris Tucker}를 불렀다. 1946년에 잉글랜드 허트포드에서 태어난 그는 1976년에 메이크업 아티스트가 되기 위해 오페라계에서의 경력을 포기한 사람이었다. 터커는 그 작업을 해내려면 조지프 메릭이 생전에 뜬 오리지널 주형이 필요하다고 밝혔는데, 그 주형은 왕립 런던 병원 박물관 아카이브에 영구 컬렉션으로 보관돼 있었다. 그래서 린치와 생거는 그곳의 수석 큐레이터 퍼시 넌^{Percy Nunn}을 만나러 갔다.

　　"그는 원래는 우리 프로젝트에 전혀 관심을 보이지 않았습니다." 생거의 회상이다. "그는 그 영화를 만드는 건 신성모독에 가까운 짓이라고 생각했습니다. 그런데 데이비드하고 얘기한 후, 그는 자신이 착한 일을 하고 싶어 한다는 걸 깨달았습니다. 그래도 나는 그가 우리에게 메릭이 생전에 남긴 주형을 빌려줄 일은 없을 거라고 생각했습니다. 그가 결국 메릭의 주형을 우리에게 건넨 건 오늘날까지도 도저히 이해가 되지 않는 일로 남아 있습니다. 그건 그들이 보유한 컬렉션의 핵심 소장품이었는데, 데이비드는 그냥 이렇게만 물었습니다. '저희가 그걸 빌릴 수 있을까요?' 데이비드는 그렇게 물어볼 정도로 순진무구한 사람이었는데, 퍼시는 데이비드의 바로 그런 면에 매료된 겁니다."

　　생전 캐스트를 확보하면서 터커의 작업은 한결 수월해졌지만, 그래도 그의 작업 속도는 여전히 느렸다. 머리 한 곳의 메이크업 작업에만 완성까지 8주가 필요했고, 부드러운 발포 고무로 각기 다른 열다섯 개의 부분을 빚어야 했다. 각각의 조각은 딱 한 번만 사용할 수 있었다. 그래서 터커는 그의 창고에 있는 오븐으로 날마다 새로운 조각 세트를 구웠다. 메이크업을 입히는 데에만 일곱 시간 가까이 걸렸다. 그래서 허트는 격일로 촬영을 했다. 그는 오전 다섯 시에 촬영장에 도착해서는 메이크업을 입히는 동안 일곱 시간을 앉아 있어야 했다. 식사를 할 수 없는 상태라서 이따금 오렌지주스에 날계란을 섞어 훌쩍거렸고, 그런 후에는 정오부터 밤 열 시까지 촬영을 했다.

다행히도, 출연진과 스태프는 메이크업을 처음 봤을 때 폭소를 터뜨리지는 않았다고 허트는 회상했다. "어찌나 조용한지 바늘이 떨어지는 소리도 들을 수 있을 정도였습니다. 그러면서 —당시에 무척 젊은 감독이던— 데이비드는 자신감을 얻었습니다. 그 순간, 우리는 뭔가 대단한 것을 갖게 됐음을 알았습니다."[5]

1979년 9월에 시작된 촬영은 크리스마스를 거쳐 1980년 연초까지 계속됐다. 린치는 커다란 캔버스에 작업하고 싶어 했고, 그래서 그는 서부극이나 대규모 시대극에서 관례적으로 사용되는 와이드 스크린으로 촬영했다. 산업혁명의 여파가 남은 런던의 분위기는 기이하게도 「이레이저 헤드」와 「로니 로켓」의 분위기를 환기시킨다. 그 작품들 모두 검댕과 매연이 많이 등장하고, 그런 배경들은 린치가 극적인 효과를 위해 능숙하게 다룰 수 있는 환경이다. 영화의 촬영감독은 프레디 프랜시스Freddie Francis로, 영국 뉴웨이브 영화의 때깔을 규정하는 데 중추적인 역할을 담당한 오스카상 2회 수상자였다. 그는 고전으로 남은 그 시기의 흑백 영화 대여섯 편의 촬영감독이기도 했다. 린치가 채택한 와이드 스크린 포맷 덕에, 프랜시스는 그림자와 빛을 갖고 놀 수 있는 여유로운 공간을 갖게 됐다.

메릭의 이야기는 대부분 그가 말년을 보낸 왕립 런던 병원을 배경으로 한다. 그런데 거기서 촬영을 하는 건 불가능했다—그곳은 촬영 당시에도 운영 중인 병원이었다. 더군다나, 1979년에 증축이 된 탓에 빅토리아 시대의 분위기는 거의 지워진 상태였다. 대신에 영화는 호머튼에 있는 이스턴 병원에서 촬영됐다. 1867년에 설립된 이 의료 시설은 린치가 도착했을 때 규모를 한창 축소하던 중이었다. (병원은 1982년에 완전히 폐쇄됐고, 그 직후에 철거됐다.) 병원에는 사용되지 않는 병동이 있었는데, 이 병동은 빅토리아 시대 런던의 병원에 대한 린치의 구상에 완벽하게 맞아떨어졌다. 영화에 등장하는 몇몇 신은 런던의 이스트엔드가 배경으로, 빅토리아 시대에 그곳은 가장 비참한 빈민가였다. 그 시대로 거슬러 올라가는, 닳은 자갈들이 깔린 짧은 거리는 린치가 영화를 찍을 때도 여전히 남아 있었다. 그러나 지금은 사라진 지 오래다. 린치는 1980년 이후 영국에서 「엘리펀트 맨」을 찍는 건 불가능한 일이었을 거라고 말한 적이 있다. 그는 때맞춰 그곳에 도착한 셈이었다.

린치는 딱딱한 느낌을 풍기면서도 반짝거리는 병원이라는 세상을, 가스램프와 무쇠 벽난로와 옻칠한 바닥과 아름다운 목공품으로 구성된 세상을 무척 좋아했다. 빅토리아 시대 공장들의 어둡고 추잡한 분위기와 나란히 놓인 그 세계는 그가 품은 미적 관념에 딱 들어맞는 공간이었다. 하지만 스태프들이 그의 시각적 감수성을 이해하기까지는 한참 걸렸다. "초기에 데이비드에게 가해진 비판은 모든 것이 지나치게 어둡다는 거였습니다." 생거는 말했다. "스튜어트 크레이그Stuart Craig 밑에서 일하던 미술감독 밥 카트라이트는 이런 말을 했습니다. '우리는 이런 작업을 하고 있지만, 화면에서는 이것들을 하나도 보지 못할 겁니다.' 그렇지만 데이비드는 자신이 원하는 것에 대한 대단히 뚜렷한 아이디어를 갖고 있었습니다. 그는 뭔가를 선택할 때 그 선택의 최종 결과물이 어떨지 잘 알고 있었습니다."

"데이비드는 촬영장에서 제대로 된 감독 같은, 권위적인 모습을 보였습니다." 브룩스의 회상이다. "그런데 그런 겉모습 밑에는 '그래, 우리는 지금 영화를 만들고 있어!'라고 생각하는 순진한 사람이 있었죠. 그는 어른처럼 굴었지만, 실제로 영화를 연출하는 존재는 그의 내면에 있는 어린아이였습니다."

린치는 「엘리펀트 맨」을 통해 배우들을 잘 다루는 감독임을 보여줬다. 그는 고전적인 연기 훈련을 받은 출연진들과 대체로 잘 지냈다. 홉킨스는 어떻게 보더라도 그의 경력을 통틀어 가장 뛰어난 연기에 속할 연기를 펼쳤다. "안소니 홉킨스의 눈이 촉촉해지면서 커다란 눈물이 한 방울 떨어지는 신이 있습니다. 데이비드는 제대로 된 앵글을 설정하고 조명을 쳤습니다. 그 모습을 제대로 담아냈죠." 브룩스는 말했다. "다들 데이비드를 만나는 즉시 마음에 들어 했습니다. 하지만 폭동도 몇 차례 있었죠. 존 허트는 항상 만사를 도와주려는 태도를 보였고, 존 길거드하고 웬디 힐러는 철저한 프로페셔널이었습니다. 당신이 군대의 이등병인데 옆에 장교가 걸어가면 당신은 경례를 올리죠. 데이비드는 감독이었고, 그래서 그들은 그에게 경례를 올렸습니다. 안소니 홉킨스는 데이비드를 자르려는 노력을 실제로 기울이지는 않았지만 투덜거리긴 했어요. 그는 이런 말을 했습니다. '나는 저 감독이라는 사람이 여기서 해야 하는 일을 철저하게 이해하고 있다고는 생각하지 않아요.'"

생거는 이렇게 회상했다. "홉킨스는 대놓고 적대적이지는 않았지만, 냉담한 태도를 보였습니다. 어느 날 나를 자기 분장실로 불러서 말하더군요. '왜 이 사람이 영화를 연출하게 된 겁니까? 그가 한 일이 뭐가 있는데요? 조그만 영화 한 편 만든 게 전부잖아요. 이해를 못 하겠어요.' 홉킨스는 그렇게 불만스러워했습니다. 세트에서 진짜 사건이 터졌던 때가 딱 한 번 있었습니다. 트레브스가 메릭을 아내에게 인사시키려고 집에 데려오는 신을 촬영할 때였죠. 홉킨스는 문간으로 들어와서 벽에 거울이 있는 복도로 들어오는데, 데이비드는 홉킨스가 걸어오면서 거울을 쳐다보기를 원했습니다. 홉킨스는 거절했죠. 그는 '내 캐릭터는 그런 짓은 하지 않을 겁니다.'라고 말했습니다. 데이비드는 특유의 솔직한 방식으로 그렇게 하는 것이 비논리적인 짓은 아니라고 설득하려 애썼지만, 홉킨스는 그렇게 하기를 거부했습니다. 데이비드는 결국 '오케이, 내가 이 숏을 바꿀게요.'라고 말해야 했죠. 그 문제는 다시는 논의되지 않았습니다. 결국, 데이비드는 자신이 창조하지 않은 캐릭터들이 등장하는 영화는 절대 만들지 않겠다는 말을 나한테 했습니다. 배우한테서 어떤 캐릭터가 할 짓이나 하지 않을 짓이 무엇인지에 대한 얘기를 듣고 싶지는 않았으니까요."

피스크는 이렇게 말했다. "만들기 힘든 영화였어요. 데이비드는 내내 시험대에 오르는 신세였죠. 몬태나에서 온 시골 청년이 대배우 존 길거드와 웬디 힐러의 연기를 지도하는 식이었으니까요. 사람들은 '이 미국 친구는 누구야?'라고 생각했을 거예요. 두 사람은 각자의 경력의 황혼기에 있었어요. 그들이 그런 식으로 경력을 끝내기를 원했을까요? 나는 존 허트가 엘리펀트 맨으로 분한 사진을 갖고 있어요. 존 길거드는 그 사진 아래에 이렇게 썼어요. '이게 진정으로 가치 있는 사진이기를 바랍니다.'"

"데이비드에겐 힘든 일이었어요." 피스크의 말은 계속됐다. "하지만 그는 날마다 아침 다섯 시에는 일을 하러 갔어요. 마침 사람 좋은 운전사가 있었죠. 그는 스튜디오로 가는 길에 커피를 마시고 크루아상을 먹었어요. 영화를 만드는 과정에는 그가 정말로 좋아하는 일들이 많았어요. 데이비드는 인생을 즐기는 사람이에요. 하지만 제작진의 작업 시간은 길었고, 일요일에만 쉬었어요. 데이비드는 일요일이면 잔뜩 긴장한 모습을 보이곤 했어요."

제니퍼 린치는 촬영장에서 시간을 보내는 동안 "아빠가 많은 정신 나간 일에 맞닥뜨리는 것"을 볼 수 있었다. "자기들이 아빠보다 나이도 많고 더 영리하다고 생각하는 재능 있는 인재들이 많았어요. 홉킨스가 아빠에게 못되게 굴다가 나중에 사과했다는 걸 알아요. 하지만 나는 아빠가 스트레스를 받는다는 느낌은 전혀 받지 못했어요. 지금 와서 돌이켜 생각해보면, 나는 아빠가 모든 걸 한꺼번에 작업하는, 정말 보기 좋았던 모습에 강한 인상을 받아요. 아빠는 실망스럽다는 기색을 전혀 보이지 않았으니까요. 아빠는 상황을 대단히 잘 다뤘어요."

"촬영이 진행되는 동안 데이비드는 점점 더 능숙해졌습니다." 존 허트가 말했다. "그는 타국인 영국에 있었습니다. 새파랗게 젊은 사람이었고, 그를 아는 사람은 아무도 없었죠. 사람들은 처음에는 그를 경계하고 무시했습니다. 하지만 그들이 작업이 끝날 무렵에도 그랬다고는 생각하지 않습니다. 데이비드는 아이디어를 갖고 있을 때는 굉장히 단호했습니다. 쉽게 설득되는 사람이 아니었습니다."[6]

평소 버릇대로, 린치는 촬영 중에는 조신하게 지냈다. 날마다 점심으로 치즈 샌드위치를 먹었고, 그에게 주어지는 일일 경비를 아껴 로스앤젤레스로 돌아갔을 때 자동차를 사기에 충분할 정도의 돈을 모았다. 그는 촬영장을 폐쇄적으로 운영했고, 그래서 방문객은 드물었다. "데이비드는 내가 촬영장에 있는 걸 원치 않는다는 점을, 그리고 그의 창조적인 삶은 가정 생활하고는 별개의 것으로 유지하고 싶다는 점을 명확히 했어요." 메리 피스크는 말했다. "그건 나한테는 아무 문제도 없었어요. 그래도 그는 날마다 귀가해서 그날 있었던 일들에 대한 얘기를 들려줬죠. 나는 그가 필요할 때 사용하는 공명판 같은 사람이었어요."

피스크와 린치는 런던에 도착한 직후에 개를 들였다. "데이비드는 잭 러셀 테리어를 좋아했어요. 그래서 내가 사육자를 찾아가 한 마리 구했죠." 그녀의 회상이다. "우리는 그 개의 이름을 스파키로 지었어요. 제정신이 아닌 개였지만, 데이비드하고는 잘 어울려 지냈죠. 그 개는 데이비드가 유대감을 느낀, 내가 아는 유일한 개예요. 그는 스파키하고 스파키가 이해하는 게임들을 했어요. 그는 스파키를 「블루 벨벳」에 출연시키고 싶어 했고, 그래서 스파키는 그 영화의 첫 장면에 등장해요."

린치가 작업하는 동안 피스크는 타국에서 거의 혼자 지내는 신세였다. 영화가 프리프로덕션 단계에 있을 때 그녀는 쌍둥이를 임신했다. "데이비드는 그 소식에 흥분했어요. '아이들

이름을 피트Pete하고 리피트Repeat라고 부르자.'고 말했죠." 피스크는 말했다. 하지만 어려운 임신이었다. 피스크는 임신 첫 3개월 중 3주 동안 입원했다. "데이비드는 온종일 촬영을 한 뒤 밤마다 병원에 와서 내 옆에 앉았어요. 원래는 병동을 닫는 밤 열 시까지 거기에 있어서는 안 됐지만, 그를 무척 마음에 들어 한 간호사들은 그가 내 곁에 있게 해줬죠. 그런 후에 멜이 와서 병원비를 전액 지불했어요. 그는 정말 굉장한 사람이었어요." 피스크가 퇴원해서 집으로 온 후 린치의 어머니가 함께 머무르면서 시중을 들었지만, 피스크는 2주 후에 유산하고 말았다.

촬영의 마지막 단계에 접어들던 린치는 벨기에를 배경으로 설정한 장면을 찍기에 좋다고 느낀 장소를 찾아냈다. 런던에서 한 시간 떨어진 외곽 지역이어서 로케이션 촬영은 엄청나게 많은 돈이 들 터였다. 그래서 스튜어트 크레이그는 그 장소를 사운드스테이지(sound stage, 녹음과 촬영을 동시에 진행할 수 있는 스튜디오—옮긴이) 내에 재창조할 방안을 강구했다. 하지만 그가 구상한 세트는 웸블리가 제공할 수 없는 규모의 사운드스테이지를 필요로 했다. 리 형제는 그때 막 셰퍼튼 스튜디오를 인수한 상태였다. 런던 반대편에 있는, 훨씬 더 규모가 큰 그 스튜디오는 이 영화의 포스트프로덕션에 필요한 모든 걸 갖추고 있었다. 그래서 피스크와 린치는 트위크넘에 있는 연립 주택으로 이사했고, 제작진은 셰퍼튼으로 옮겨가 그곳에서 영화를 완성했다.

당시 셰퍼튼에는 사운드스테이지가 일곱 곳 있었다(현재는 열다섯 곳). 린치가 거기에 도착했을 때에는 모든 스테이지에서 영화들이 제작되고 있었다. 준비를 막 마친 줄리언 템플 Julien Temple의 「철부지들의 꿈Absolute Beginners」의 주요 실외 세트는 어마어마한 공간을 차지하고 있었다. "데이비드와 나는 우리 사무실에서 멀리 떨어진 곳에 차를 세워야 했습니다. 우리 영화는 스튜디오 뒤편에 들어온 소품이었으니까요." 생거는 회상했다.

촬영이 최종 단계에 다다랐을 때, 앨런 스플렛이 셰퍼튼에 도착했다. 그와 린치는 이미 자리를 잡은 사운드 스태프하고는 상의하지도 않고 방에서 둘이서만 작업을 했다. "사운드 담당자들은 앨런이 왜 거기에 있는지 몰랐습니다. 그 시기에 사람들은 사운드 디자인이 무엇인지를 이해하지 못했으니까요. 당시 영화계에는 사운드 디자이너가 많지 않았습니다. 앨런은 그 분야의 개척자 중 한 명이었죠." 캐럴 발라드Carroll Ballard의 「검은 종마The Black Stallion」에서 사운드 디자인 작업을 맡아 1979년에 아카데미상을 수상한 스플렛에 대한 생거의 설명이다.

피스크는 이렇게 회상했다. "촬영이 막바지에 접어들었을 즈음, 데이비드는 영화가 수렁에 빠진 것 같다고 느꼈어요. 나는 그가 뭘 시도하려는지 잘 알았죠. 우리는 그런 얘기를 늘 했으니까요. 그래서 그는 내가 러프 컷rough cut을 봐야만 한다고 결정했어요. 영화를 함께 작업한 사람들 몇 명이 시사회가 있을 거라는 얘기를 듣고 찾아왔어요. 러프 컷을 본 그들 중 한 명이 데이비드에게 전화를 걸어 자기는 그 영화를 싫어한다고, 거기에서 자기 이름을 빼주기를 원한다고 말했어요. 그 사람이 그렇게 쓰레기 같은 짓을 할 줄은 아무도 몰랐죠. 나는 바닥에 쓰러진 데이비드를 일으켜 세워야 했어요."

"데이비드가 계속 영화를 편집하고 있을 때, EMI는 그를 배제한 채로 별도의 버전을 편집했어요. 그러고는 멜한테 전화해서 자기들이 보여줄 편집판이 있다고 말했죠." 피스크는 말을 계속했다. "멜은 말했어요. '나는 당신들이 한 작업은 쳐다보지도 않을 거요. 우리는 데이비드의 버전을 지지할 거요.' 스튜디오 사람들은 우리를 으깨버릴 수 있었어요. 그들은 데이비드를 으깨버리려고 들었죠. 그런데 멜은 믿기 힘들 정도로 데이비드를 옹호해줬어요."

영화의 첫 편집본은 상영 시간이 거의 세 시간이었는데, 계속 편집된 끝에 최종 버전의 러닝 타임은 두 시간 6분으로 줄었다. "사람들이 긴 복도를 걸어 내려가는 많은 숏들과 분위기를 설정하는 숏들이 잘려나갔죠." 콘펠드는 말했다. "그런데 촬영한 장면 대부분은 스크린에 그대로 남았어요. 멜은 최종 편집권을 갖고 있었지만, 편집에 있어서는 데이비드의 견해를 따랐죠. 그는 영화의 크레디트에 자기 이름이 오르는 것도 마다했어요. 유명한 코미디언인 자기 이름이 등장하는 바람에 사람들이 그 영화에 대해 그릇된 기대를 하게 만들고 싶지는 않았으니까요."

느긋하게 상황에 대처하겠다는 린치의 생각은 나름의 결과를 낳았다. 피스크가 유산에 따른 추가적인 건강 관리를 위해 미국으로 돌아가자, 그는 홀로 프로젝트를 내놓았다. 그녀가 런던을 떠난 날, 생선 가게에 간 그는 고등어 한 마리를 사서 집으로 가져와 해체한 후 부위별로 늘어놓은 뒤, 거기다 재조립을 도와줄 분류표를 붙인 다음 그 광경을 촬영했다. "보통 사람들이 그로테스크하다고 보는 일이 나한테는 그로테스크하지 않습니다." 린치가 내놓은 견해다. "나는 질감에 집착합니다. 우리는 비닐에 너무 심하게 둘러싸인 채 살고 있습니다. 그래서 나는 무의식중에 꾸준히 질감을 추구하곤 합니다." 그는 자신의 고등어 프로젝트를 생선 조립 키트라고 불렀고, 거기에 "완성된 물고기를 물에 넣고 물고기에 먹이를 주세요."라는 지시사항을 포함시켰다. 그건 닭 조립 키트와 오리 조립 키트를 비롯한 일련의 키트들 중 첫 작품이었다. 그는 완성까지는 엄두도 내지 못한 생쥐 조립 키트를 위해 죽은 쥐 여섯 마리를 모으기도 했다. 그는 그 쥐들을 「블루 벨벳」을 만드는 동안 거주했던 노스캐롤라이나주 윌밍턴에 있는 집의 냉동고에 남겨뒀다. 그는 더 덩치 큰 동물들의 조립 키트를 작업하는 데도 관심을 보였지만, 그럴 기회는 결코 잡지 못했다.

영화감독들은 사진작가이기도 하다—이는 장소 섭외를 할 때 중요한 측면이다. 린치는 「엘리펀트 맨」을 만들던 시기에 적극적으로 사진 작업에 몰두하기 시작했다. 그가 지난 38년간 생산한 사진 작품들은 지속적인 주제 두 가지를 좇는다: 여성들과 버려진 공장들. 그는 자신이 발견한 기계들의 위력과 장엄함이 얼마나 강렬한지에 대해 자주 말해왔다. 그리고 그는 영국에서 보낸 몇 달 동안 폐허가 된 공장 시설에 대한 특별한 매혹을 키웠다. "잉글랜드 북부에는 정말로 엄청난 공장들이 있다는 얘기를 들었습니다. 그래서 프레디 프랜시스와 같이 떠나는 여행을 계획했지만, 불과 몇 년 사이에 그 광경을 놓친 것 같습니다." 린치는 회상했다. "어디를 가건, 공장들은 모두 해체된 후였습니다. 굉장히 우울한 여행이었죠."[7]

피스크가 런던에 돌아온 1980년 초여름에도 포스트프로덕션은 여전히 진행 중이었다. "그의 일정은 그 무렵에는 그리 압박이 심하지 않은 상태였어요. 그래서 우리는 집에서 함께 수채화를 그리고는 했죠." 그녀의 회상이다. "일주일 휴가를 내서 파리에 가기도 했어요. 환상적인 곳이었죠. 하지만 첫날밤은 끔찍했어요. 데이비드는 구두쇠라서, 나는 항상 무엇에건 돈을 쓸 때 신경을 곤두세워야 했거든요. 그래서 나는 그가 끔찍한 곳이라고 여기는 호텔을 잡았어요. 내 눈에는 나쁘지 않은 동네였지만, 그는 말했어요. '나는 방에서 한 발짝도 나가지 않을 거야!'"

1980년 9월에 린치는 영화의 최종 프린트를 들고 LA로 돌아왔고, 그 즉시 영화 홍보가 시작됐다. 「엘리펀트 맨」의 옥외 광고판이 선셋 블러바드에 세워졌을 때에도 린치와 피스크는 여전히 로즈우드에 있는 조그마한 방갈로에 살고 있었다. 피스크는 "처음 집에 왔을 때는 그다지 달라진 것 같지 않았어요."라고 회상했다. "데이비드가 사람들의 시선을 받기 시작한 건 영화가 공개된 10월 이후였어요. 그때부터 어디를 가든 우리를 알아보는 사람들이 있었어요."

린치는 동시에 대여섯 가지 일을 하는 인상적인 능력의 소유자다. 로스앤젤레스로 돌아온 그는 친구 시시 스페이섹이 출연하는, 존 바이럼^{John Byrum} 감독이 캐롤린 캐서디^{Carolyn Cassady}의 자서전을 각색해서 만든 영화 「심장 박동^{Heart Beat}」에 출연했다. 거기서 예술가를 연기한 린치는 영화에 등장하는 그림들도 직접 그렸다.

한편 사진에 더 깊이 빠져든 그는 로스앤젤레스의 심장부에 위치한, 작동을 멈춘 유정(油井, 석유의 원유를 파내는 샘—옮긴이)을 피사체로 삼아 일련의 사진들을 찍었다. 지금은 자취를 감춘 그 유정은 과거가 남긴 특이한 유물로, 린치가 거기에서 찍은 사진들은 이후 그가 촬영한 모든 이미지를 위한 일종의 견본 역할을 했다. 산업시설을 담은 린치의 사진들은 고전적인 구도와 형식을 갖췄고, 형언하기 어려울 만큼 부드럽다. 사진을 벨벳에 인화한 것 같은 느낌을 풍긴다. 백색은 지나치게 산뜻하거나 날카로운 느낌을 전혀 주지 않고, 만물은 회색기를 띤다. LA에서 촬영한 그 초기 사진들은 둘둘 말린 호스들, 파이프들, 수도꼭지들, 셔츠에 손바느질로 꿰맨 것처럼 단정하게 줄지어 선 리벳에 붙들린 대형 탱크들을 고상하게 담아냈다. 린치는 그로부터 20년이 지난 후에야 폴란드 우치^{Łódź}에서 꿈에서나 보던 공장들을 찾아낼 터였다. 그가 우치에서 찍은 사진들의 뿌리는 1980년에 로스앤젤레스에서 포착한 이미지들에서 볼 수 있다.

「엘리펀트 맨」의 개봉일이 서서히 다가오는데도 린치는 계속 바빴다. 그는 다른 일들에도 잡혀 있는 신세였다. "데이비드는 출연진과 스태프를 대상으로 연 시사회에 가지 않았어요. 잔뜩 긴장해 있었거든요. 하지만 나는 시사회에 가서 존 허트의 좋은 친구인 제레미 아이언스^{Jeremy Irons}의 옆자리에 앉았어요." 피스크의 회상이다.

린치는 영화의 프리미어(premiere, 일반 관객을 대상으로 한 최초 상영—옮긴이)도 건너뛰었다. "오빠는 지나치게 긴장하는 바람에 프리미어에 가지 못했어요. 그래서 오빠는 로즈우드의 집에 머무르면서 6개월 된 내 아들 앤드류를 돌봤고, 나는 부모님하고 마가렛 고모와 노니 고모와 함께 프리미어에 갔죠." 마사 레바시는 떠올렸다. "오빠는 우리한테 영화에 대한 말을 많이 하지는 않았어요. 그래서 우리는 어떤 영화일지 전혀 예상하지 못했죠. 그래서 이 믿기 힘들 정도로 좋은 영화가 눈앞에서 펼쳐지는 동안 우리는 그냥 넋을 잃었어요. 할 말을 찾지 못할 정도였고, 관객들은 완전히 매료됐죠."

1980년 10월 3일에 개봉된 영화는 작품상과 감독상, 남우주연상, 각색상, 편집상, 오리지널음악상, 미술상, 의상상을 비롯해 아카데미 8개 부문 후보에 올랐다. "찰리 루테스가 '데이비드는 이제 완전히 새로운 세계에 접어들고 있다'고 말한 게 기억나요." 레바시의 회상이다. "오빠의 인생은 「엘리펀트 맨」 이후로 많이 바뀌었어요."

변화도 빠르게 찾아왔다. "잭하고 나는 데이비드가 얼마나 쿨한 사람인지 늘 알고 있었어요. 그런데 그가 일단 「엘리펀트 맨」을 작업하고 나자 우리는 그를 나머지 온 세상과 공유해야 했죠." 시시 스페이섹의 회상이다. "데이비드와 작업해본 사람들은 그와 다시 일하면서 그가 피우는 불을 가까이서 쬐고 싶어 해요. 그는 창작 과정에 자신을 철저히 쏟아붓는 사람이니까요. 그와 작업하는 건 때로는 들판을 쟁기질하는 것 같고, 어떤 때는 우주선을 타는 것 같지만, 항상 짜릿하죠. 데이비드는 사람들을 그런 여정으로 데려가요."

메리 피스크는 영화가 아카데미 후보에 올랐을 때 린치가 얼마나 흥분했는지 떠올렸다. "로즈우드에 살 때, 나는 슈퍼마켓에서 쓰는 쇼핑 카트를 밀고 마켓에 가곤 했죠. 마켓 건너편에 체이슨스라는 고급 레스토랑이 있었어요." 그녀의 회상이 이어졌다. "내가 일주일에 쓸 수 있는 돈은 30달러뿐이었어요. 그래서 장을 본 뒤 집까지 걸어다녔죠. 어느 날 밤에 체이슨스를 바라보다가 대형 리무진이 멈춰 선 뒤에 다이앤 캐럴Diahann Carroll과 캐리 그랜트Cary Grant가 내리는 모습을 봤어요. 정말로 화려해 보이더군요. 일 년쯤 지난 후에 리무진이 체이슨스에 차를 댔고, 데이비드하고 나는 영화사 간부들과 배우, 작가, 프로듀서들이 모두 참석하는 「엘리펀트 맨」을 위한 파티에 가려고 거기에서 내렸어요. 데이비드는 늘 포부가 큰 사람이었어요. 하지만 그의 경우처럼 꿈이 실현되는 모습을 나는 생전 처음 봤어요. 우리는 말 그대로 빈털터리에서 벼락부자가 됐어요."

"데이비드는 자신이 유명해질 거라는 걸 늘 알고 있었어요." 피스크는 덧붙였다. "그는 마음속으로 그런 비전을 품고 있었어요."

피스크가 다시 임신한 그해 연말 린치의 경력에는 어마어마한 가속도가 붙었다. "데이비드가 청혼했을 때, 나는 그에게 가족을 원한다고 말했어요." 피스크는 말했다. "그러자 그가 말했어요. '내가 일 년에 7만5천 달러를 벌면, 우리 아이를 갖자.' 그 말을 할 당시 그는 직업조차 없는 신세였어요. 그래서 그렇게 많은 돈을 번다는 생각은 꽤나 먼 얘기처럼 들렸죠. 그런데 그가 「엘리펀트 맨」으로 받은 돈이 정확히 그 액수였어요. 대여섯 달 후에 내가 그 문제를 다시 꺼내니까 이러더군요. '시시가 아이를 가지면 당신도 아이를 갖도록 해.' 시시는 영화를 찍는 데만 몰두해 있었기 때문에 그녀가 임신할 일은 절대 없을 거라는 생각에서였죠. 그러다가 시시가 1981년 10월에 임신을 했어요. 그런데도 데이비드는 여전히 임신에 부정적이었어요. 결국, 나는 나팔관을 묶기로 결심한 뒤에 일정을 잡았어요. 그런데 데이비드는 그런 생각을 탐탁지 않아 하더군요. 그러다가 12월 28일에 말했어요. '오늘 밤에 관계를 갖자. 그랬는데 당신이 임신하면 그건 하늘의 뜻 아니겠어?' 그리고 임신했어요."

이제는 로즈우드의 코딱지만 한 방갈로에서 이사를 나와야 할 때였다. 린치와 피스크는 부동산을 찾아보기 시작했고, 1982년 연초에 그래나다 힐스에 있는 작은 주택을 10만5천 달러에 구입했다. "데이비드는 밸리(Valley, 샌 페르난도 밸리의 약칭—옮긴이)에 사는 걸 그다지 좋아하지 않았어요. 하지만 우리는 LA에 집을 살 형편이 아니었어요." 피스크는 말했다. "우리는 조나단 생거 부부와 친구가 됐는데 그들은 노스리지에 살았어요. 찰리하고 헬렌 루테스하고 다른 명상가 친구들은 밸리에 살았죠. 그래서 우리는 그곳에 끌렸어요."

레바시는 그들의 새 집을 "근사했지만, 너무 뻔한 집"이었다고 묘사했다. "오빠라면 선택하지 않을 종류의 집이었죠. 그래도 오빠는 그 집이 메리한테 중요하다는 걸 알고 있었고, 나는 오빠가 투덜거리는 소리는 한 마디도 듣지 못했어요. 그들에게는 태어날 아기가 있었고, 오빠가 그 집을 사는 건 사려 깊은 배려였어요. 오빠는 메리를 위해 그렇게 한 거예요. 하지만 그 집은 오빠를 위한 곳처럼 보이지는 않았어요."

린치와 피스크는 그래나다 힐스에서 오래 살지 못했다. 할리우드의 엘리트들은 결국 린치에 대해 빠삭하게 알게 됐고, 린치는 그를 샌 페르난도 밸리에서 데리고 나가 그가 나아가려는 길에서 그를 이탈시키려 하는 회오리바람 같은 세상의 주목을 경험할 참이었다. 그에게 전화를 걸어오는 스튜디오와 프로듀서들 대다수는 그를 데리고 무슨 일을 해야 할지 몰랐다. 하지만 그가 독특한 재능의 소유자라는 사실에는 모두들 뜻을 모았다.

"데이비드는 진정한 천재입니다. 거기에는 이견이 있을 수가 없죠." 멜 브룩스가 내린 결론이다. "그는 인간의 정신과 감정, 마음을 이해합니다. 물론, 그는 완전히 맛이 간 사람이죠. 그는 자신의 작품에 자신의 감정적이고 성적인 혼란스러움을 투사하고 자신을 괴롭히는 느낌을 이용해 우리를 괴롭힙니다. 그는 자신의 모든 영화에서 그런 일을 멋지게 해내죠. 나는 그 친구를 무척 좋아합니다. 그가 브룩스 필름스가 여태껏 만든 영화 중에서 가장 뛰어난 영화를 만들어준 것을 고맙게 생각합니다."

부 시넬 킬러가 내 인생에서 엄청나게 중요한 사람이라는 거 알죠? 우리는 살면서 어떻게 그렇게 중요한 사람들을 만나게 되는 걸까요? 스튜어트 콘펠드는 내 인생에서 중요한 또 다른 사람이에요. 어느 날 집에 왔더니 메리가 말했어요. "스튜어트 콘펠드라는 사람한테 전화 왔었어." 그의 이름을 듣는 데 뭔가 느낌이 왔어요. 나는 "스튜어트 콘펠드가 전화를 했었다, 스튜어트 콘펠드가 전화를 했었다."라고 중얼거리면서 집 주위를 걸어 다니기 시작했죠. 그러다가 그가 다시 전화를 걸어왔고, 내가 수화기를 받자 말했어요. "감독님은 진정한 천재입니다." 그 소리를 들으니까 기분이 좋더군요. 그는 나랑 점심을 먹고 싶어 했고, 그래서 우리는 니블러스에 갔죠. 그는 「로니 로켓」 제작을 돕고 싶어 했어요. 스튜어트는 유머 감각이 대단히 뛰어났고 활력이 넘쳤죠. 앞만 바라보며 일을 밀고 나가는 사람이었는데, 그 점이 마음에 들었어요.

스튜어트를 만나기 전에 마티 미첼슨이라는 사람이 나를 도와주려고 한동안 애를 썼어요. 그는 「이레이저 헤드」를 마음에 들어 했고, 나는 그를 짧은 기간 동안 내 에이전트로 생각했지요. 하지만 그와의 관계에서는 아무 일도 이뤄지지 않았어요. 어느 스튜디오하고 「로니 로켓」에 대한 미팅을 한 적도 있었어요. 「세차장Car Wash」을 제작한 사람하고요. 그가 묻더군요. "오케이, 잘나가는 감독님, 갖고 있는 게 뭡니까?" 내가 말했어요. "「로니 로켓」이라는 영화를 갖고 있습니다." 그가 묻더군요. "무슨 내용인가요?" "키가 1미터쯤 되는, 빨강머리를 올백으로 넘긴 남자에 대한 내용입니다. 그 남자는 60볼트의 교류전기를 내뿜습니다." 그랬더니 그가 말하더군요. "내 사무실에서 나가주세요."

「로니 로켓」의 작업은 이뤄지지 못하고 있었어요. 그런데 그때는 다른 사람이 쓴 다른 작품을 연출하는 문제를 고려하지는 않았어요. 나한테는 가정이 있었어요. 영화 일은 하지 않았지만, 대신 오두막을 짓는 일에 익숙해지고 있었죠. 잡다한 일을 했어요. 수중에 돈이 생기면 미술 작업도 조금씩 하면서요. 나는 돈 문제는 정말로 신경을 쓰지 않았고, 메리가 내 뒷바라지를 하고 있었어요. 그녀는 엄청나게 잘나가는 임원의 비서였어요. 순식간에 일자리를 얻을 수 있었죠. 윗사람을 철저히 챙길 줄 알았던 메리는 일을 엄청나게 잘했어요. 아침마다 그녀는 백만장자 같은 모습으로 임원들의 세계를 향해 떠났고, 그 반면에 나는 놈팡이처럼 집에만 머물렀죠. 온종일 무슨 짓을 했는지는 기억이 안 나요. 아마도「로니 로켓」생각을 하고 있었을 거예요. 결국 장모님이 메리에게 말씀하셨죠. "「로니 로켓」에 아무 일도 일어나지 않는다면, 네가 그 실패작을 불 싸질러 버리는 편이 낫겠다. 어쩌면 네 남편은 다른 사람이 쓴 작품을 연출할 수도 있을 거야."

나도 그럴 수 있을지도 모르겠다는 생각을 하고 있었어요. 그래서 스튜어트한테 전화를 걸어서 물었죠. "스튜어트, 내가 연출할 만한 영화들 좀 알아?" 그가 말했어요. "데이비드, 당신이 할 수 있을 만한 영화를 네 편 알아요. 니블러스에서 만나죠." 그래서 나는 니블러스로 가서 자리에 앉자마자 말했어요. "오케이, 스튜어트, 얘기해 봐." 그가 말했어요. "첫 작품은 제목이「엘리펀트 맨」이에요." 그 순간 머릿속에서 수소폭탄이 쾅 터지더군요. 나는 탄성을 질렀어요. "그거야." 까마득한 과거 속 언젠가부터 이미 알고 있던 작품 같았어요. 바로 그 작품이었어요. 나는 나머지 세 편에 관한 얘기는 듣지도 않았고 알고 싶지도 않았어요. 스튜어트가 말했죠. "그 작품의 시나리오가 돌아다녀요." 나는 "읽어보고 싶군."이라고 했어요.

시나리오를 사들인 사람은 조나단 생거였는데, 그는 스튜어트와 함께 멜 브룩스 밑에서 같이 일했던 터라 스튜어트하고 아는 사이였어요. 멜은 그의 회사인 브룩스 필름스를 세우느라 정신이 없었고, 스튜어트는 멜의 부인인 앤 밴크로프트에게 시나리오를 읽어보라고 권했어요. 다행히도 그녀는 그걸 마음에 들어 하면서 멜에게 읽어보라고 권했죠. 멜도 그걸 읽은 뒤 무척 좋아하면서 말했어요. "이게 브룩스 필름스에서 만드는 내 첫 영화가 될 거야." 그는 시나리오와 관련된 사람들을 모두 한데 모은 뒤 한 사람씩 지명하면서 말했어요. "자네도 함께하는 거야." 그러고는 물었죠. "데이비드 린치라는 이 친구는 누구야?" 사람들은 말했어요. "「이레이저 헤드」라는 영화를 만든 사람입니다." 그러자 그는 "그 영화 보고 싶군."하고 말했어요. 그들은 나한테 전화를 해서 말했죠. "멜은 당신이 이 영화의 감독을 맡을 수 있는지 알아보려고「이레이저 헤드」를 보고 싶어 해요." 내가 말했어요. "당신들을 알게 돼서 기쁘군요." 그때 감이 왔어요. '흐음, 됐군.' 그들은 말했죠. "멜이 오늘 오후에 영화를 볼 예정이니까, 당신은 여기 와서 영화가 끝난 후에 그를 만나야 해요." 그래서 나는 시사실 밖의 로비에 가 있었어요. 영화가 끝난 후에 문이 벌컥 열리고 멜이 나한테 달려들더니 나를 껴안고 말했어요. "자네는 미친놈이야. 자네가 정말로 마음에 들어!" 정말 끝내주는 일이었어요.

크리스와 에릭은「엘리펀트 맨」의 본질을 포착해낸 뛰어난 시나리오를 썼지만, 그들이 쓴 시나리오에는 관객의 감정을 요동치게 만드는 사건은 하나도 없었어요. 요령 좋은 사람인 멜은 "이 시나리오는 다시 써야 해."라고 말했죠. 나는 크리스와 에릭과 함께 시나리오를 써야만 했어요. 당시에 나는 신문 배달을 비롯해서 잡다한 일을 하면서 주당 50달러를 벌고 있었는데, 시나리오 집필 같은 재미있는 일을 하면서 자동으로 주당 200달러를 더 벌게 된 거죠! 장모님은 행복해했어요. 눈먼 돈을 버는 일이었죠. 내가 그런 상황을 만들어낸 거예요. 우리는 폭스 스튜디오의 사무실에서 작업을 했고, 구내식당에서 점심을 먹었어요. 나는 느닷없이 영화 산업의 일원이 돼 있었어요.

멜은 시나리오 수정에 꽤 깊이 관여했어요. 개인적으로는 더 추상적인 것들을 좋아하지만, 우리는 시나리오에 약간의 긴장을 불어넣을 필요가 있었어요. 각각의 아이디어를 제안한 게 누구였는지는 모르겠지만, 야간 근무를 하는 도어맨과 술집, 매춘부들이 탄생했고, 엘리펀트 맨의 맞은편에서 힘을 쓰는 캐릭터가 시나리오에 등장했어요. 우리 중에 타자기를 다룰 줄 아는 사람은 아무도 없었기 때문에, 회의에서 제안된 아이디어들은 크리스나 에릭이 필기했죠. 글을 쓰고 있지 않은 사람은 누구나 저글링juggling을 했어요. 우리는 작은 오자미들을 공중에 띄워 돌렸죠. 내가 저글링을 배운 게 바로 그때예요.

나는 그때까지만 해도 비행기를 타고 다닌 곳이 많지 않았어요. 그런데 어쩌다 보니 조나단하고 런던으로 향하고 있었죠. 우리는 윌리엄 프리드킨William Friedkin의 영화 「광란자Cruising」를 촬영 중인 DP(director of photography, 촬영감독—옮긴이)를 만나려고 뉴욕에도 들렀어요. 그 사람이 「엘리펀트 맨」을 촬영할 예정이었거든요. 뉴욕에 도착한 우리는 조나단의 부유한 친구를 만나러 갔어요. TV 뉴스 앵커와 결혼해서 센트럴파크 웨스트에 사는 사람이었죠. 빌딩에 도착했더니 도어맨이 있더군요. 근사하고 오래된 나무 엘리베이터를 탔어요. 엘리베이터가 멈췄는데, 그 층 전체가 그 집이었어요. 문이 열렸는데, 문 앞에서부터 이미 엄청나게 큰 집이었죠. 집사가 우리를 맞아 이 방 저 방을 안내했고, 우리는 그윽한 녹색과 갈색, 바이올렛 스웨이드를 댄 벽들을 지나쳤어요. 우리는 센트럴파크를 굽어보는 거대한 창문이 있는 거실에 들어갔고, 집사는 전채 요리와 와인을 우리에게 갖다 주기 시작했어요. 우리는 술을 마시면서 얘기를 했죠. 그때가 그런 종류의 부유한 세상을 내가 처음으로 접해본 때였어요. 한편, 윌리엄 프리드킨은 센트럴파크에서 우리와 만나기로 돼 있던 DP와 「광란자」를 찍고 있었고, 우리는 그 촬영장으로 갈 예정이었어요. 그런데 나는 거기에 가고 싶지 않았어요. 다른 사람의 촬영장에는 결코 가고 싶지 않았거든요. 그래서 조나단 혼자서 촬영장으로 갔고, 나는 지린내가 진동하는 센트럴파크에서 기다렸어요. 시커먼 도로, 오줌, 사방을 덮은 음침한 분위기. 거기가 싫었어요. 나한테 뉴욕은 엄청나게 무서운 곳이에요. 그래서 나는 자제력을 잃고 있었어요. 우리가 만난 DP는 좋은 사람이었지만, 우리와 같이 일할지 아닐지는 밝히지 않았어요. 그래서 우리는 이튿날에 콩코드 비행기를 탔죠.

세 시간 20분 후에 우리는 런던에 있었어요. 여름철이라 그 시간에도 햇빛이 여전히 남아 있었죠. 그래서 우리는 한동안 산책을 했어요. 그러다가 호텔에 돌아왔더니 스튜어트가 있더군요. 거기에 앉아서 스튜어트와 얘기를 했죠. 그가 말했어요. "멜이 올 거예요. 당신이 이 영화의 정서적인 지점들을 제대로 포착할 수 있는지 확신할 수 없어서, 그걸 확인한다고요." 나는 "뭐라고?"하고 물었어요. 그러고는 벌떡 일어나서 말했죠. "나는 이 영화에서 손 뗄 거야." 위층으로 올라갔지만 잠을 잘 수가 없었어요. 열이 펄펄 끓었고, 밤새 미친 듯이 땀을 흘렸어요. 엄청난 고통을 겪는 사람처럼요. 아침이 되었고 나는 샤워하고 옷을 차려입은 후에 명상을 했어요. 아래층으로 가면서 생각했죠. 누군가가 나한테 사과하고 상황을 바로잡지 않으면 집에 갈 거야. 엘리베이터 문이 열렸고, 거기에 선 스튜어트가 말했어요. "미안해요, 데이비드. 멜은 당신을 백 퍼센트 신뢰해요." 스튜어트가 전날 왜 그런 얘기를 했는지 모르겠어요. 아무튼, 그 영화를 만드는 과정은 이런 식이었어요. 무척 힘들었죠.

잭 낸스가 엘리펀트 맨 역할을 수락해줬다면 정말로 좋았을 거예요. 하지만 그런 일이 일어나지는 않을 거라는 걸 일찌감치 알고 있었어요. 데니스 호퍼Dennis Hopper가 프랭크 부스였던 것처럼, 존 허트가 엘리펀트 맨이었으니까요. 그가 그 역할을 연기한 건 하늘의 뜻이었어요. 나는 그 역할을 맡길까 고려했던 다른 배우들은 기억하지도 못해요.

엘리펀트 맨의 메이크업은 내가 직접 맡을 예정이었어요. 하지만 내가 런던에 도착한 후로 기이한 일들이 많이 생겼어요. 우리가 살던 웸블리의 집에는 내가 글리세린과 베이비파우더, 라텍스 고무와 다른 재료들을 써서 메이크업 작업을 하는 차고가 있었어요. 우리는 사방에 자그마한 장식품들이 놓인 진정한 영국식 소형 주택에 살고 있었죠. 그러던 어느 날 식당을 가로지르다가 갑자기 데자뷔déjà vu를 봤어요. 데자뷔는 보통은 "어라, 이 광경은 전에 본 거야."라고 느끼는 거지만, 그때 내가 미끄러져 들어간 데자뷔는 미래를 보여줬어요! 그걸 본 뒤에 혼잣말했죠. "엘리펀트 맨 메이크업은 실패하겠군." 실패하는 광경을 내 눈으로 직접 봤으니까요. 나는 미래를 본 거예요. 우리는 미래에 가볼 수 있어요. 쉬운 일은 아니에요. 하고 싶다고 할 수 있는 일도 아니죠. 하지만 일어날 수 있는 일이에요. 그 시점에 나는 이미 메이크업을 상당히 진척시킨 상태였어요. 하지만 존 허트에게 그걸 씌웠을 때, 그는 그걸 쓴 채로 움직일 수가 없었어요. 그가 말했죠. "고생 정말로 많이 한 거 알아요, 데이비드."

케네디가 암살당했을 때, 전국이 나흘간 암흑에 덮였었죠. 으음, 메이크업이 실패한 순간부터 내 나흘간의 암흑이 시작됐어요. 잠에서 깨면 자리에서 일어날 수가 없었어요. 잠이 들면 심하게 가위에 눌렸고요. 자살하는 편이 낫겠다는 생각이 들더군요. 내 몸 안에 들어가 있는 것조차 힘들었어요. 너무나 힘겨운 상황이라 '사람이 어떻게 이런 고통을 느끼면서 몸뚱어리를 지탱할 수 있는 거지?'하는 생각을 할 정도였어요. 제작진은 크리스 터커를 찾아냈고, 그는 나를 잘근잘근 씹어대면서 엄청 재미를 봤죠. 나는 그저 한심한 인간이고, 자신이 이 곤경에서 영화를 구해낼 거라고 온 세상에 소리쳤죠. 끔찍했어요. 나는 완전 맛이 간 놈이었고요. 멜은 "내가 날아가서 데이비드를 만나야겠어."라고 말했고, 나흘을 기다린 후에 멜이 도착했어요. 내가 들어갔더니 멜이 미소를 지으면서 말했어요. "데이비드, 자네가 할 일은 이 영화를 연출하는 거야. 자네가 이런 일을 맡으면 안 되는 거였어. 그건 자네가 하기에는 굉장히 과한 일이야. 크리스 터커를 보내주신 것에 대해 하나님께 감사드리도록 하게." 그러면서 그 곤경은 끝이 났어요.

당시 런던에는 내가 지금 1800년대에 있는 거라고 맹세하면서 걸어갈 수 있는 거리들이 있었어요. 거리에 있는 사람들, 그들의 얼굴과 옷가지, 그곳의 모든 것이 셜록 홈스가 금방이라도 문을 열고 나타나거나 마차가 모퉁이를 돌아올 것 같은, 또는 잭 더 리퍼Jack the Ripper가 툭 튀어나올 것만 같은 분위기였죠. 믿기 힘들 정도였어요. 영화 작업이 끝난 지 2년이 지났을 무렵, 위대한 DP인 프레디 프랜시스가 전화를 걸어서 말했어요. 우리가 활용했던 거의 모든 촬영지가 사라졌다고요. 우리가 작업을 마친 직후에 도시 재개발이 런던을 덮친 거죠.

그 영화의 출연진은 정말로 대단했어요. 원래는 앨런 베이츠Alan Bates가 프레더릭 트레브스를 연기하기로 돼 있었지만, 몇 가지 이유로 일은 그렇게 되지 않았어요. 멜의 선택은 안소니 홉킨스로 가자는 거였어요. 존 길거드는 역사상 제일 품격 있는 사람에 속할 거예요. 그는 담배를 피웠지만, 그의 옷에는 재가 전혀 묻어 있지 않았어요. 담배 연기는 그에게서 먼 방향으로 날아갔고요! 그는 타원형 담배를 피웠는데, 런던에 있는 전문 매장이 그를 위해 특별히 제조한 거였어요.

「아들과 연인Sons and Lovers」은 내가 정말로 좋아하는 흑백 영화예요. 그 영화는 「엘리펀트 맨」의 느낌을 포착하고 있죠. 나는 그 영화에 출연한 딘 스톡웰Dean Stockwell을 좋아했어요. 그리고 웬디 힐러 부인도 그 영화에 출연했죠. 그녀는 우리 영화에서 마더스헤드 부인을 연기하기로 돼 있었어요. 어느 방에 들어갔더니 거기에 웬디 힐러 부인이 있더군요. 그녀는 나를 쳐다보더니 내 목덜미를 잡았어요. 자그마한 체구인 그녀는 나를 데리고 방 이곳저곳을 걸어 다니기 시작했어요. 내 목을 꽉 쥔 채로요. 그러고는 말하더군요. "나는 감독님을 잘 몰라요. 앞으로 감독님을 지켜볼게요." 지금은 작고했어요. 그녀를 추모해요. 어쨌든 나는 그녀가 무척 좋았어요. 나는 프레디 존스도 무척 좋아했어요. 그는 딱 내 스타일이에요. 살다 보면 엄청난 느낌을 주는 사람들이 있는데, 프레디가 그런 사람에 속했어요. 너무 재미있는 사람이에요. 그래서 나는 그의 곁에 있는 걸 좋아했죠. 프레디 존스는 「인랜드 엠파이어INLAND EMPIRE」에 출연할 예정이었어요. 결국에는 해리 딘 스탠튼Harry Dean Stanton이 연기하게 될 역할을 맡을 예정이었죠. 하지만 프레디는 LA에 오려고 집을 나서서 공항을 걷던 중에 쓰러지고 말았죠. 나한테 전화가 왔어요. 프레디가 지금 의사의 보살핌을 받고 있어서 LA에 오지 못할 거라는 전화였죠. 무슨 일이 일어난 건지는 모르겠어요. 어쨌든 프레디는 기력을 유지했고, 그 상황을 버텨냈어요.

우리가 런던에 있을 때 메리가 임신했고, 우리는 태아가 쌍둥이라는 걸 알게 됐죠. 「로니 로켓」에 밥하고 댄이라는 캐릭터들이 있었어요. 그래서 나는 쌍둥이 아들들을 원했죠. 아이들 이름을 밥과 댄이라고 지을 생각이었어요. 아이들에게 둥그스름한 검정 신발을 신기고 세련된 옷을 입히고는 머리를 인상적인 스타일로 잘라줄 작정이었어요. 맵시 좋은 꼬마 신사들로요. 그런 생각에 잔뜩 젖어 있었는데, 어느 밤에 귀가했더니 메리가 하혈을 하고 있었어요. 어떤 이유에서였는지, 아니 그 누구도 모를 이유로, 우리는 웸블리에서 윔블던에 있는 어떤 가톨릭 병원까지 아주 먼 길을 갔어요. 거기까지 가는 데 얼마나 긴 시간이 걸렸는지는 생각이 안 나요. 어쨌든 나는 꼭두새벽까지 거기에 있었어요. 그러다가 촬영 때문에 일찌감치 자리를 떠야 했죠. 아침에 촬영장에 갔더니 어떤 여자가 와서 이러더군요. "안소니 홉킨스가 감독님을 만나고 싶대요." 그래서 기다란 복도 끝에 있는 그의 방으로 갔죠. 한숨도 못 잔 데다 창백한 모습으로요. 그는 나를 몰아붙였어요. 여러 가지 말을 했는데, 그중에는 나한테 이 영화를 감독할 권리가 없다는 말도 있었어요. 나는 말했죠. "토니, 당신이 그런 식으로 생각한다니 유감이군요. 하지만 나는 이 영화의 감독이에요. 나는 이 영화를 계속 연출할 거예요." 그러고는 그 자리를 떠났어요. 이상한 얘기지만, 어떤 면에서는 토니 홉킨스의 말이 맞았어요. 나한테는 「엘리펀트 맨」을 연출할 권리가 전혀 없었어요. 나는 촌구석인 몬태나주 미줄라 출신이고, 이 영화는 거물급 스타들이 출연하는 빅토리아 시대 드라마였어요. 내가 그때까지 해낸 거라고는 10명 정도가 보러 왔던 작은 영화 한 편을 만든 것뿐이었고요. 정신 나간 상황이었어요. 그래도 나는 그 자리에 있었어요. 그 영화는 내 인내심을 시험하는 불벼락이었어요. 그 과정에서 벌어진 일들을 얘기해줘도 당신은 믿지 못할 거예요.

영화 초반부에 닥터 트레브스가 엘리펀트 맨을 병원으로 부르는 신이 있어요. 엘리펀트 맨이 마부와 함께 들어오죠. 병원 로비에는 온갖 사람들이 있고, 두 여자가 싸우고 있어요. 그들은 서로의 옷을 밀쳐가며 이런저런 드잡이를 벌이고 있고, 마더스헤드 부인은 책상에 앉아 있어요. 그녀는 엘리펀트 맨을 본 적이 없어요. 그래서 그녀는 망토와 후드를 쓴 그를 바라보고 있어요. 로비에 있는 사람들은 그에게서 나는 냄새 때문에 그를 쳐다보고 있고요. 하지만 마더스헤드 부인은 냄새 따위는 신경 쓰지 않아요. 그러고 나면 닥터 트레브스가 도착하는 거예요. 우리는 리허설을 했고, 안소니 홉킨스가 내려왔어요. 거의 뛰다시피 하면서요. 그는 황급히 달려와서는 엄청난 속도로 엘리펀트 맨을 움켜잡아요. 내가 말했어요. "잠깐만요." 토니를 옆으로 데려가서 말했어요. "내려오는 속도가 너무 빨랐어요." 그러자 그는 정말로 큰 소리로, 모두가 들을 수 있는 소리로 말했어요. "나한테 원하는 게 뭔지만 말해요!" 그러자 안에 있던 분노가 치밀어 오르더군요. 그 정도로 화를 낸 건 내 평생 두어 번 정도 밖에 없었어요. 나는 사람들이 도저히 믿지 못할 정도로 분통을 터뜨렸어요. 그때 큰 소리친 모습을 지금은 흉내도 못 내겠어요. 그랬다가는 목이 나갈 테니까요. 나는 그에게 악을 쓰며 퍼부어댄 뒤에 내가 그에게 뭘 원하는지 고래고래 소리를 질렀어요. 그러자 웬디 힐러가 토니를 한쪽으로 데려가 조용히 말했죠. "나라면 감독님이 하라는 대로 할 거야." 그러자 토니는 그렇게 했어요. 그러고서 점심시간에 멜에게 전화를 걸어 "이 염병할 인간이 잘렸으면 합니다."라고 말했죠. 멜은 그를 잘 달랬어요. 토니는 그 영화에 완벽히 어울리는 배우였어요. 정말로 뛰어난 연기자예요. 하지만 우리가 촬영하는 기간 내내 그는 매우 뚱한 태도를 보였어요. 내가 암흑의 나흘을 보낼 때하고 비슷한 상황이었죠. 내면에 그런 태도를 품고 있으면 저절로 겉으로 드러나게 돼 있어요. 자신도 어쩔 수가 없죠. 토니는 그냥 자기 인생에 열 받아 있었어요.

우리는 병원을 찾고 있었어요. 그래서 이스턴병원에 갔죠. 모든 물건이 고스란히 남아 있는, 런던의 버려진 병원이었어요. 그보다 더 좋을 수가 없었죠. 비둘기 똥이 사방 천지에 널려 있고, 성한 창문이 없었어요. 깔끔하게 청소를 해야만 했죠. 침대들은 여전히 병동에 있었어요. 근사하게 생긴 작은 난로들하고 가스램프들도 있었고요. 불은 전깃불이었지만, 가스를 쓰던 시절의 외관이 여전히 남아 있었어요. 나는 복도에 서서 병동을 들여다보고 있었어요. 바람이 내 내면으로 불어 들어오더군요. 빅토리아 시대의 영국에 사는 게 어떤 느낌인지를 알게 됐어요. 제대로 알게 된 거죠. 딱 그런 식이었어요. 누구도 더 이상 내게서 그런 느낌을 앗아갈 수 없었어요. 나는 그 염병할 분위기를 제대로 알고 있었으니까요. 사람은 누구건 뭔가를 향해 주파수를 맞출 수 있고, 그 과정을 통해 이해를 얻을 수 있어요. 그때 그 사람의 출신지가 어디인지는 중요하지 않아요.

메리는 유산을 한 후에 개를 키우고 싶어 했어요. 우리가 스파키를 데려온 게 그때였어요. 나는 스파키가 내 평생의 사랑이라는 말을 늘 입에 달고 살아요. 스파키가 얼마나 대단한 개인지 당신은 믿지 못할 거예요. 우리는 스파키가 물을 무는 걸 무척 좋아한다는 걸 알게 됐어요. 스파키는 별다른 이유 없이 물을 물어대요. 호스를 가져오면 스파키는 거기에 달려들어 마구 물어댈 거예요. 「블루 벨벳」의 첫 장면에서 그 모습을 볼 수 있죠.

촬영을 종료한 후, 앨런이 사운드 작업을 하러 왔어요. 그런데 앨런도 아웃사이더였죠. 영국인들은 자체적인 사운드 부서를 갖고 있었어요. 그들은 자신들이 세상에서 사운드를 제일 잘 아는 사람들이라고 생각했죠. 「엘리펀트 맨」을 끝낸 후에 앨런이 말했어요. "영국 놈들이라면 지긋지긋해!" 어느 날 셰퍼튼에서 앨런하고 믹싱 작업을 하고 있었어요. 제작 스태프 중 누군가가 와서 말하더군요. "데이비드, 출연진과 스태프를 위한 시사회를 가지면 좋을 것 같지 않아요?" 내가 말했죠. "그래요, 좋아요. 하지만 작업이 아직 끝나지 않았어요." 그는 말했어요. "사람들은 이해할 거예

요. 사람들은 그냥 영화를 보고 싶어 하는 거예요." 그래서 시사회가 열렸고 사람들
은 영화를 봤어요. 그러고는 영화를 마음에 들어 하지 않았죠. 그들 중 몇몇은 자신
들이 그 영화를 얼마나 싫어하는지, 그리고 영화의 어떤 점이 잘못됐고 자신들이 얼
마나 실망했는지를 밝히는 편지를 나한테 보냈어요. 나는 그 일이 있고 얼마 안 있어
영화를 완성했고, 그 기분 나쁜 분위기에서 벗어났어요.

· · ·

메리하고 비행기를 타고 집에 돌아왔어요. 영화 프린트 한 벌을 들고 세관을 통과했
죠. 멜이 곧바로 영화를 보고 싶어 했거든요. 존 허트가 시내에 있었고, 그의 주위에
는 영화를 보고 싶어 하는 사람이 많았어요. 그래서 폭스 스튜디오에서 시사회가 열
렸죠. 앨런한테 말했어요. "나는 가지 않을 거야. 하지만 사운드가 괜찮은지는 확인
해봐, 알았지?" 그렇게 상영을 시작할 예정이었는데 앨런한테서 전화가 왔어요. "데
이비드, 이건 모노mono조차 아냐! 사운드 시스템이 고장 났어. 최악의 사운드 같아.
끔찍해."라더군요. 그래서 그들은 영화 전편을 그런 식으로 상영했지만, 존 허트는
말했어요. "내가 이 영화에 출연했다는 게 무척 자랑스러워요. 영화가 아주 마음에
들어요." 일은 그렇게 잘 풀려갔어요. 그 영화의 전환기가 그렇게 시작된 거예요. 그
러다가 극찬을 넘어서는, 어마어마한 수준의 리뷰들이 나오기 시작했어요. 사람들은
그 영화를 마냥 좋아했어요. 「엘리펀트 맨」은 4년에 한 번씩은 나와야만 하는 종류의
영화예요. 사람들이 그런 걸 보면 세상이 더 나은 곳이 되는 데 도움이 되죠. 시대를
초월하는 아름다운 이야기이고 아름다운 경험이에요.

　언론을 상대로 홍보를 하기 위해 유럽에 가야 했어요. 콩코드를 다시 탔을 거예
요. 나는 뻔질나게 TWA 항공사를 이용했었지만요. TWA에는 1등석이 있었어요. 그
리고 그 시절에는… 그 얘기는 이쯤에서 관뒀으면 하는데… 거대한 747비행기의 기
수에 좌석이 있었고, 승객이 비행기에 타서 내릴 때까지 승무원들이 시중을 들어줬
죠. 은제 식기는 묵직했고, 저녁 식사가 나오기 전에도 여러 음식이 제공됐어요. 1등
석의 대우는 정말로 근사했죠.

　그렇게 독일로 가서 알렉산더Alexander라는 남자를 만났어요. 영화 제작자와 배급업
자를 위해 일하는 사람이었는데, 그의 아버지가 거기에 호텔을 갖고 있었죠. 그는 내
가 자기 아버지의 호텔에 묵기를 원했어요. 근사한 호텔이었죠. 어마어마하게 큰 객
실을 배정받았어요. 그런데 방이 얼어 죽을 정도로 춥더군요. 첫날밤을 보낸 후에 꽁
꽁 언 몸으로 내려가 말했어요. "당신들 독일 사람들은 꽤나 터프하군요." 누군가가
묻더군요. "무슨 말씀이시죠?" 내 방이 정말로 춥다고 했더니 묻더군요. "히터는 켜
셨나요?" 커튼 뒤에 있는, 내가 보지 못한 라디에이터들을 켜야만 했던 거예요. 거기
에서 어떤 여성 저널리스트랑 인터뷰하던 중이었어요. 나는 얘기를 하면서 엘리펀트

맨의 그림을 그리고 있었어요. 그게 우리 대화의 주제였으니까요. 인터뷰를 마친 후에 그녀가 물었어요. "제가 이 그림을 가져도 될까요?" 나는 괜찮다고 하면서 그걸 그녀에게 줬죠. 그러자 알렉산더의 눈이 휘둥그레졌어요. 내가 떠날 때 그가 묻더군요. "데이비드, 나한테도 아까 같은 그림을 그려줄 수 있나요?" 나는 대답했죠. "그럼, 오케이." 하지만 나는 그 그림을 결국 그려주지 못했어요. 오랜 시간이 흐른 후에 그와 같이 일하는 사람이 LA에 왔고, 나는 샤토 마몽에서 그 사람을 만났어요. 그가 말했어요. "알렉산더가 엘리펀트 맨을 그려주겠다는 당신의 약속을 상기시켜 달라고 나한테 부탁했어요." 나는 말했죠. "맞아요, 그런 약속을 했었죠. 여기에 얼마나 오래 있을 건가요?" 나는 그림을 그려서 그 사람에게 전달했고, 그는 그걸 알렉산더에게 전했어요. 알렉산더는 무척이나 행복해했죠. 그러고서 얼마 지나지 않아, 알렉산더는 거리를 건너던 중에 버스에 치여 세상을 떠났어요. 그에게 엘리펀트 맨의 그림을 건네줄 수 있었다니 무척 감사한 마음이 들어요.

파리에 있을 때인데, 폼므 프리츠를 좋아하게 됐어요. 프렌치프라이 말이에요. 사람들은 내가 인터뷰를 할 때면 프렌치프라이를 엄청나게 갖다 줬어요. 소스 아메리케인하고요. 그건 내가 케첩을 부를 때 쓰는 이름이에요. 폼므 프리츠를 먹고 있는데 전화기가 울렸어요. 전화를 받으러 침실로 갔죠. 메리가 건 전화였어요. 그녀가 말했어요. "데이비드, 당신 영화가 아카데미 8개 부문 후보에 올랐어." "누구누구가 오른 거야?" "당신이 두 개 부문에 올랐는데, 프레디는 하나도 지명되지 못했어." 그래서 내가 물었어요. "지금 장난치는 거지?" 온당치 않은 일이었어요! 프레디는 그 영화에서 믿기 힘들 정도로 빼어난 작업을 했어요. 그는 내 편을 들어준 진정한 친구였어요.

아카데미 시상식은 재미있었어요. 「분노의 주먹Raging Bull」의 감독 자격으로 온 마틴 스콜세지Martin Scorsese가 내 뒷자리에 앉아 있었죠. 그때는 로버트 레드포드Robert Redford의 불타오르는 명성의 근처라도 갈 수 있는 스타는 아무도 없었어요. 그는 그가 연출한 「보통 사람들Ordinary People」로 그 자리에 왔죠. 감독조합상Directors Guild Awards 시상식에 갔어요. 로버트 레드포드가 연단에 오르니까 파파라치들이 쉴 새 없이 플래시를 터뜨리더군요. 그는 그들에게 그만하라고 신신당부를 해야만 했어요. 그런 모습은 생전 처음 봤어요. 그는 그 정도로 인기가 많았어요. 「보통 사람들」은 그렇게 모든 상을 휩쓸었고, 마티하고 나는 아무것도 받지 못했죠.

「엘리펀트 맨」과 관련된 이 모든 일이 벌어지는 동안에도 나는 여전히 방갈로에 살고 있었어요. 그런데 이 얘기는 해야겠군요. 내가 홀몸이었다면, 나는 지금도 여전히 그 방갈로에서 살고 있었을 수도 있어요. 지금은 그보다 넓은 공간을 갖고 있는데, 그것도 좋아요. 하지만 나는 그 방갈로의 소박함을 좋아했어요. 거기서는 물건들을 뚝딱거릴 수 있었죠. 그 비슷한 기분으로 나는 에드먼드에게 그 차고를 지어줬어요. 그걸 지을 땐 정말 재밌었어요. 그래서 그 옆에 또 다른 큰 방을 지을 수 있었어요. 물건들을 계속 뚝딱거릴 수 있었죠. 오래된 공장 건물에는 나무 바닥이 깔려 있는 걸 아나요? 그것들은 오크가 아니라 무른 나무 바닥이라는 걸요? 나는 바닥에 구멍들을 뚫고 거기에 오일을 부어 구멍 주위를 진한 색으로 만들고 싶은 집을 갖고 있어요. 나는 배관 작업을 무척 좋아해요. 구리 파이프를 꺼내는 배관 작업을 할 수 있어요. 그렇게 꺼낸 파이프는 반짝거리는 새 구리가 아니라 고색창연한 구리일 거예요. 그러면 나는 다양한 종류의 싱크대와 배관, 수도꼭지를 갖게 될 거예요. 내가 왜 이런 것들에 매력을 느끼는지는 모르겠어요. 하지만 그 배관들의 재질과 디자인은 정말로 황홀해요. 배관은 물의 흐름을 안내하는데, 물을 통제하는 건 정말로 짜릿한 일이에요.

그러고서 우리는 그라나다 힐스로 이사했어요. 얼기설기 엮인 작은 동네의 주택으로요. 그래도 집은 집이었고, 가격이 쌌어요. 그러고서 「블루 벨벳」의 집필을 시작했죠. 뒤뜰에 3.6미터×7.3미터 크기의 오두막을 지었어요. 그러면서 작업 공간이 생겼죠. 그런 후에 뒤뜰에 널마루를 설치했어요. 그래서 집에서 나와서 5센티미터만 내려와 널마루를 가로지른 후 5센티미터를 올라가면 오두막에 들어갈 수 있었죠. 정말로 끝내줬어요. 널마루가 지면보다 약간 높이 있다는 건 나무에 달린 오렌지들이 지면에서보다 더 가까이 있다는 뜻이었어요. 스파키는 과일을 무척 좋아했어요. 한번은 지독하게 끔찍한 비명이 들렸어요. 밖에 나갔더니 스파키가 나무에 달린 오렌지에 이빨을 박은 채로 나무에서 그네처럼 흔들리고 있었어요. 펄쩍 뛰어올라 오렌지를 물었지만, 이빨을 빼지는 못하고는 거기에 매달린 채로 꿈틀거리고 있던 거예요. 정말로 웃기는 광경이었어요. 나는 그라나다 힐스에 사는 걸 전혀 개의치 않았어요. 사람에게는 각자에게 어울리는 거처가 있어요. 내가 밸리를 좋아한 점 중 하나는 이웃들 모두가 물건들을 만들고 있었다는 거예요. 그들은 앞뜰에 자기네 모터사이클을 대 놨고, 각자의 차를 직접 손봤어요. 그야말로 일꾼들이었죠. 그곳 주민들은 하고 싶은 일은 무엇이건 할 수 있었어요. 그게 어마어마한 차이를 만들어내죠.

최면에 걸린

1981년에 접어들고 몇 달 후, 미국에서 제일 막강한 엔터테인먼트 복합 기업인 크리에이티브 아티스츠 에이전시(CAA, Creative Artists Agency) 소속 에이전트 릭 니치타[Rick Nicita]가 린치를 대표하기 시작했다. "1974년부터 의뢰인으로 모시고 있던 시시 스페이섹의 남편 잭 피스크를 통해 데이비드와 인사를 나눴습니다." 니치타는 말했다. "데이비드를 처음 만났을 때, 내 사무실에 온 그는 펜이 달랑거리는 끈을 목에 걸고 있었습니다. '그건 뭡니까?'하고 물었더니 '메모하는 데 쓰는 펜입니다.'라고 대답하더군요. 그래서 물었습니다. '메모를 자주 하나요?' 그랬더니 '아뇨, 절대 안 합니다.'라더군요."

"다들 마찬가지겠지만, 내가 데이비드에게서 받은 첫인상은 재미있고 영리하며 독특한, 무척 멋진 사람이라는 거였습니다." 니치타는 말을 계속했다. "나한테 어떤 의뢰인들을 모시고 있느냐고 물어보는 사람들에게 데이비드 얘기를 꺼내면 사람들은 눈썹을 치켜 올리곤 합니다. 사람들은 그를 음울하고 우울하며 검은 망토를 뒤집어쓴 사람일 거라고 가정하죠. 그런데 그는 결코 그런 사람이 아닙니다."[1]

니치타가 등장할 무렵에는 린치에게 작품 제의가 쏟아져 들어오고 있었다. 하지만 할리우드는 누군가에게 함부로 백지 수표를 건네는 곳이 아니다. 또 다른 「엘리펀트 맨」을 부탁하는 프로듀서들은 많았지만, 또 다른 「이레이저 헤드」를 원하는 사람은 아무도 없었다. "데이비드는 「엘리펀트 맨」 이후로 「로니 로켓」을 작업하고 싶어 했어요. 하지만 사람들은 그 영화에는 관심이 없었죠." 메리 피스크는 말했다. "조나단과 멜은 그가 에릭 버그렌하고 크리스 드 보어가 시나리오를 쓰고 있던 제시카 랭[Jessica Lange]의 영화 「여배우 프란시스[Frances]」를 하기를 원했어요. 데이비드도 거기에 관심이 있었지만, 어떤 이유에서인지 일은 성사되지 않았죠. 그런 후에 그는 「제다이의 귀환[Return of the Jedi]」을 제안받았어요. 그의 에이전트가 그랬죠. '그 영화를 하면 계좌에 3백만 달러가 꽂힐 거예요.' 그래서 그는 조지 루카스[George Lucas]와 면담하러 갔지만, 그 작품을 편안해하지는 않았어요."

린치는 마지못해 「로니 로켓」을 잠정적으로 연기했다. 그런데 그에게는 또 다른 오리지널 시나리오 「블루 벨벳」이 있었다. 이 시기에 그는 그 작품에 착수하려고 애썼다. 1973년 이후로 「블루 벨벳」을 위한 아이디어들이 몇 조각씩 떠오르기 시작했다. 그의 마음속에서 그 프로젝트는 점점 중요해졌지만, 작품의 제작비는 구할 수가 없었다.

그러던 중에 니치타가 그에게 「듄」을 가져왔다. 역사에 남을 베스트셀러 SF소설 「듄」은 아득히 먼 미래를 배경으로 한 성장담으로, 소설가 프랭크 허버트Frank Herbert가 1965년에 출간한 작품이다. 여섯 편으로 이뤄진 「듄」 시리즈의 첫 작품인 이 작품의 이야기는 복잡했다. 그래서 숱한 감독들이 영화화를 시도했지만, 스크린에 올리는 데는 실패했다.

1971년에 허버트에게서 소설의 영화화 권리를 처음으로 따낸 사람은 아서 P. 제이콥스Arthur P. Jacobs로, 독립 제작자인 그는 권리를 획득한 직후에 심장마비로 숨을 거뒀다. 3년 후, 장폴 기봉Jean-Paul Gibon이 이끄는 프랑스 컨소시엄이 권리를 사들여서는 칠레 영화감독 알레한드로 조도로프스키Alenjandro Jodorowsky를 고용했다. 조도로프스키는 소설을 열 시간짜리 장편 영화로 옮기면서 H. R. 기거H. R. Giger의 디자인을 채택하고 살바도르 달리Salvador Dali에게 배역을 줄 계획이었다. 이 프로젝트는 프리프로덕션에만 2년의 시간과 2백만 달러를 쓴 후 붕괴했다. (2013년작 다큐멘터리 「조도로프스키의 듄Jodorowsky's Dune」은 이 장대한 바보짓의 연대기를 담아낸 작품이다.)

1976년에 디노 드 로렌티스Dino De Laurentiis가 2백만 달러를 주고 권리를 사들인 후 허버트에게 시나리오를 의뢰했고, 허버트는 길어도 너무 긴 시나리오를 건넸다. 1979년에 드 로렌티스는 리들리 스콧Ridley Scott을 연출자로 낙점하고 시나리오를 집필할 작가로 루드 월리처Rudy Wurlitzer를 고용했지만, 스콧은 프로젝트에 참여한 지 7개월 만에 1982년작 SF누아르 「블레이드 러너Blade Runner」를 연출하러 떠났다. 그 시점에 드 로렌티스의 딸 라파엘라Raffaella가 등장했다: 「엘리펀트 맨」을 본 그녀는 「듄」을 연출할 감독은 린치여야 한다는 결론을 내렸다.

"철저하게 믿음직한 세계를 창조하는 데이비드의 능력에 강한 인상을 받았어요." 라파엘라 드 로렌티스는 말했다. "우리는 감독들을 이렇게 저렇게 분류하는 경향이 있어요. 그런데 뛰어난 감독은 다양한 장르를 작업할 수 있어요. 나는 그가 「듄」을 다룰 수 있을 거라고 확신했어요."

"데이비드와 아버지가 만나는 날, 나는 그 자리에 있었어요. 그는 보는 즉시 마음에 쏙 드는 사람이었어요." 그녀의 회상이 계속됐다. "당시 데이비드와 나는 청년 티를 벗지 못한 상태였어요. 우리는 함께 끝내주는 시간을 보냈죠. 데이비드는 우리 식구나 다름없는 사람이 됐어요. 아버지는 감독들을 사랑하셨는데, 데이비드를 펠리니Fellini처럼 좋은 감독이라고 생각했어요. 아버지는 정말로 데이비드의 광팬이셨죠."[2]

린치가 드 로렌티스 가족을 만난 건 운명이었지만, 스튜어트 콘펠드는 그들의 만남 때문에 여러 면에서 곤혹스러워졌다. "데이비드와 만났을 때 내 계획은 「로니 로켓」을 만든다는 거였죠. 그런데 우리는 그걸 성사시키지 못했습니다. 그때만 해도 사람들은 데이비드를 맛이 간 사람으로 여겼으니까요." 그의 회상이다. "「엘리펀트 맨」 이후로 그런 시각은 바뀌었고, 우리는 「로니 로켓」을 만들 기회를 잡았습니다. 그러다가 어느 날 데이비드하고 점심을 먹으러 갔는데, 그가 디노 드 로렌티스가 「듄」과 두둑한 연출료를 제의했다는 말을 꺼내더군요. 데이비드는 위대한 예술 작품을 완성한 30대였지만, 사실상 무일푼 신세였습니다. 그래서 디노가 '자네가 원하는 모든 것을 다 주겠네.'라고 말하자 그걸 선택한 거죠."

2010년에 향년 91세로 타계한 드 로렌티스와 마주한 사람들은 그 앞에서 못하겠다는 말을 꺼내기 힘들었을 게 분명하다. 1919년에 나폴리에서 태어난 드 로렌티스는 국제 영화계라는 화려하기 그지없는 세계에 린치를 소개한 허풍기 가득한 인물로, 전후 이탈리아의 네오-리얼리즘 스타일의 중요한 후원자였다. 그는 「카비리아의 밤The Nights of Cabiria」과 「길La Strada」 같은 펠리니의 초기 클래식들을 제작했고, 「카비리아의 밤」으로는 1957년에 아카데미상을 수상했다. 드 로렌티스는 다양한 장르의 영화들을 제작했다―로저 바딤Roger Vadim의 「바바렐라Barbarella」뿐 아니라 잉마르 베리만의 「베를린의 밤The Serpent's Egg」도 제작했다. 그는 70년에 걸친 영화 경력 동안 5백 편이 넘는 영화를 제작하거나 공동 제작했다. 악명 높을 정도로 터프한 비즈니스맨인 드 로렌티스는 대단한 사랑을 받은 인물로, 린치의 인생에서 중요한 역할을 했다. "디노는 일들을 이리저리 조정해서 성사시키는 경이로운 인물이자 달인이었어요. 그는 데이비드를 정말로 좋아했죠." 피스크는 말했다.

「듄」을 스크린으로 옮겨 오려는 시도는 추수감사절 만찬을 TV 디너로 응축하려고 애쓰는 것과 비슷한 작업이었지만, 설득력이 좋았던 드 로렌티스는 결국 린치가 영화 세 편을 연출하겠다는 계약서에 서명하게 만드는 데 성공했다. "「듄」은 거금의 제작비를 투입한 대작을 만들자고 유혹하는 사탕발림이었다고 생각합니다. 하지만 그게 '나는 돈만 들고 집으로 튈 겁니다.' 식의 작업은 아니었습니다. 데이비드는 절대로 그런 짓을 할 사람이 아니니까요." 니치타는 말했다. "그 스토리는 그의 가슴에 와 닿으면서 그에게 깊은 울림을 줬어요."

이야기의 주인공은 폴 아트레이데스Paul Atreides라는 젊은 영웅으로, 소설에서 그는 "깨어난 게 분명한 잠든 자"로 묘사된다. 이런 특징은 몇 가지 명백한 이유로 린치의 가슴에 꽂혔다. 린치는 대안적인 세계를 만들어내는 작업을 무척 좋아했다. 그런데 「듄」은 각기 판이하게 다른 행성 세 개를 창조해낸 뒤, 거기다 다양하고 풍성한 질감을 지닌 몽환적인 시퀀스들과 지하에 건설된 거대한 공단 같은 독특한 이미지를 통합하는 작업이었다. 그러니 린치가 하겠다고 대답한 것도 놀라운 일은 아니었다.

시나리오 작업에 일 년이 걸렸다. 영화는 PG등급(부모 지도하에 관람가능등급―옮긴이)을 받아야 했다. 따라서 린치가 채 한 단어를 쓰기도 전부터 시나리오에는 여러 가지 제약이 설정돼 있었다. 게다가 그는 ―「이레이저 헤드」를 싫어하는― 드 로렌티스를 즐겁게 해줘야 한다는 굴레까지 쓰고 있었다. 그는 우선 「엘리펀트 맨」을 함께 작업한 작가들인 크리스 드 보어와 에릭 버그렌과 함께 시나리오에 착수했다. "데이비드는 관대하게도 에릭과 나를 공동 작가로 초빙했습니다. 그래서 우리 세 사람은 포트 타운센드에 가서 프랭크 허버트와 시간을 보냈습니다." 드 보어의 회상이다.

"우리는 유니버설 스튜디오의 사무실에서 함께 시나리오를 써서 시나리오 초고와 2고를 완성했습니다. 하지만 디노는 우리가 쓴 시나리오가 지나치게 길다고, 이 프로젝트를 2부작으로 쪼갤 수는 없다고 판단했습니다." 드 보어의 이야기가 이어졌다. "데이비드도 그걸 더 줄일 수 있다고 생각했습니다만, 우리는 허버트의 원작 소설에서 지나치게 멀리 벗어나는 게 아닌지 걱정했습니다. 데이비드는 원작에 충실한 게 중요하다고 느끼면서도 원작에 없는 것들을 시나리오에 넣고 싶어 했습니다. 그런데 우리는 그 방향으로 갈 수는 없었죠. 그래도 우리는 데이비드가 그의 비전에 충실히 머물러야 한다고 철석같이 믿었습니다. 그래서 아무래도 좋으니 그 방향대로 가라고 그에게 말했습니다." 린치는 시나리오 수정고를 다섯 번이나 더 내놓은 끝에 1983년 12월 9일에 135페이지짜리 최종고를 완성했다. 린치는 오늘날에는 「듄」을 작업하면서 그가 "자신의 비전을 버렸다"고 말하지만, 시나리오를 작업할 당시만 해도 그는 그런 일이 일어나고 있음을 알지 못했다.

"데이비드는 돈을 벌고 싶어 했습니다. 하지만 그는 타협하지 않을 사람이었고 타협한 적도 없습니다. 「듄」의 초창기에 일어나고 있던 일은 타협 같은 게 아니었습니다." 니치타는 말했다. "데이비드는 대단히 순수한 상태를 유지했습니다. 이 바닥에는 이런저런 유혹들이 있습니다. 그리고 그의 성공은 그를 타락시키려고 시도하는 세력들을 불러 모았죠. 그에게는 한몫 챙길 만한 대작을 연출할 기회들이 많았지만, 그는 그런 기회를 전부 거절했습니다. 데이비드가 사람들이 원하는 작업을 다 해줄 거라고 생각하던 초기에 그는 많은 제의를 받았죠. 하지만 그가 진정한 작가라는 게 명백해지면서 그런 제의는 줄어들었습니다. 스타 배우들도 하나같이 그와 같이 작업하고 싶어 했어요. 하지만 그는 스타라면 껌뻑 죽는 사람이 아닙니다. 데이비드는 예술가예요. 그는 자신의 비전 한복판에서 덩치 큰 고릴라들이 판을 치는 걸 원치 않죠."

린치가 그래나다 힐스에 쪼그리고 앉아 「듄」의 시나리오를 쓰고 있던 1982년 9월 7일, 피스크는 산기産氣를 느꼈다. "데이비드가 분만실에 있었어요. 그가 없었다면 결코 무사히 출산하지 못했을 거예요." 아들 오스틴Austin의 출산에 대해 그녀가 한 말이다. "그 애를 낳는 데 36시간이나 걸렸는데, 그는 나를 다독이면서 등을 힘껏 밀어줬어요. 태아의 자세를 바꿀 필요가 있었거든요." 이제 린치는 두 아이의 아버지가 됐다. 그는 항상 집에서 대여섯 가지의 프로젝트를 작업하고 있기도 했다: 그 몇 년 동안 그는 향香꽂이, 그리고 검정 방울이나 흰색 방울이 그려진, 목에서 채우는 끈 모양의 넥타이들을 만들고 있었다. "그의 친구 중에는 그런 방울 무늬 타이를 가진 사람이 많았어요." 리비는 회상했다.

1982년 늦가을에, 캐스팅 에이전트 엘리자베스 루스티그Elisabeth Leustig는 「듄」의 주인공을 연기할 젊은 무명 배우를 찾아 미국의 도시 대여섯 곳을 돌아다녔다. 그러던 중에 그녀는 카일 맥라클란Kyle MacLachlan을 우연히 발견했다. 얼마 전에 워싱턴대학University of Washington의 연기자 훈련 프로그램을 졸업한 맥라클란은 루스티그가 시애틀에 도착했을 때에는 엠티 스페이스 극장Empty Space Theatre에서 몰리에르Molière의 「타르튀프Tartuffe」에 출연하고 있었다. "루스티그가 그 배역의 연령대에 해당하는 배우들에 대해 묻고 다닐 때 누군가가 말했대요. '음, 카일을 반드시 만나보세요.' 그렇게 우리는 그해 12월에 포 시즌스 호텔에서 만났고, 그녀는 내 모습을 녹화했어요." 1983년 연초에 린치와 라파엘라 드 로렌티스를 만나러

LA로 날아갔던 맥라클란의 회상이다.

　"『이레이저 헤드』를 봤는데, 영화를 어떻게 받아들여야 할지 모르겠더군요." 맥라클란은 말했다. "영화에 대한 내 취향은 「삼총사The Three Musketeers」 같은 시끌벅적한 오락물 쪽이었어요. 내가 좋아하던 영화는 그런 속도로 전개됐죠. 그래서 데이비드를 만나기 전에 무엇을 기대해야 할지를 몰랐어요. 우리는 유니버설 스튜디오의 방갈로에서 만났어요. 그가 밥스에서 돌아오기를 기다리면서 거기에 앉아 있던 게 생각나요. 그는 애지중지하는 차인 패커드 호크를 몰고 왔어요. 그가 들어왔고 우리는 북서부에서 성장한다는 것과 레드와인에 대한 얘기를 나눴죠. 그러다가 그가 말하더군요. '시나리오 여기 있어요. 이 신들을 잘 살펴봐요. 그러고 돌아오면 우리가 그것들을 필름에 담을 거예요.'"[3]

　맥라클란은 며칠 후에 LA로 돌아와 특수 효과 전문가인 존 딕스트라John Dykstra의 애퍼지 프로덕션Apogee Productions에서 스크린 테스트를 받았다. "그들은 내 머리 때문에 고생했어요. 내 머리카락은 내 경력 내내 문젯거리였는데, 그 문제가 시작된 게 「듄」부터였죠." 맥라클란은 껄껄 웃었다. "나는 사람들이 북적거리는 엄청나게 큰 공간에 있었어요. 카메라는 평생 처음 본, 제일 큰 물건 같았어요. 그런데 데이비드가 도착하자 든든한 응원군이 있다는 자신감이 느껴지더군요. 몇 신을 촬영했는데, 그중에는 내가 카메라를 똑바로 바라보면서 대사를 쳐야 하는 신도 있었어요. 내가 '감독님, 제가 이걸 해낼 수 있을지 모르겠습니다.'라고 했더니 그가 말했어요. '자네는 엄청나게 잘해낼 거야!' 그 덕분에 나는 엄청나게 힘을 낼 수 있었어요."

　린치는 ―그가 "케일Kale"이라고 부르는― 맥라클란과 우정을 키워갔고, 그 관계는 그의 경력을 통틀어 가장 핵심적인 관계 중 하나가 됐다. 그들은 린치가 제일 사랑하는 작품 두 편―「블루 벨벳」과 「트윈 픽스」―에서 함께 작업했고, 맥라클란은 린치의 영화 속 페르소나로 묘사돼 왔다. 그들은 중요한 몇 가지 부분에서 비슷한 사람들이기도 하다. 두 사람 다 개방적이고 낙관적이다. 그들이 밝은 분위기로 활동할 수 있게 해주는, 각종 상황을 유머러스한 관점으로 바라볼 줄 아는 사람들이기도 하다. 두 사람 다 환히 빛나는 행복한 분위기를 뿜어내는 사람들이다.

　"호텔로 돌아갔더니 테이블에 '샤토-랭쉬 바쥬'가 한 병 놓여 있더군요." 린치와의 첫 만남에 대한 맥라클란의 회상은 계속됐다. "데이비드랑 내가 와인 얘기를 할 때, 그는 그게 자기가 좋아하는 와인 중 하나라고 했습니다. 그래서 나는 그가 그 와인을 보내준 건 멋진 일이라고 생각했죠. 나는 제작진이 필름을 꼼꼼히 살피는 동안 그곳에서 대기했습니다. 그런 후에 그들이 전화를 걸어 말하더군요. '다들 마음에 들어 해. 그런데 자네 헤어스타일을 바꾼 뒤에 2차 스크린 테스트를 하고 싶어.' 그러고 나서 그들은 그 작업 때문에 나를 멕시코로 데려갔습니다."

　"그때는 1월이었습니다. 영화는 프리프로덕션 단계에 있었고, 내가 거기 있는 동안 데이비드가 생일을 맞았죠. 제작진은 그를 위해 파티를 열어줬고 나는 거기 참석했습니다. '모두들 정말 멋진 사람들이야. 이 영화가 제대로 굴러갔으면 좋겠어.'라고 생각했던 게 기억나요.

나중에 아래층 로비에서 맥주를 마시다가 전화를 받았습니다. '당신이 그 역할을 따냈어요.' 데이비드가 나를 일단 캐스팅하자, 나는 그 과정을 통과하도록 나를 조종해준 그를 철저하게 신뢰하게 됐죠."

「듄」과 관련된 모든 요소가 그렇듯 출연진의 규모도 어마어마했다. 대사가 있는 배역만 39개였다. 호세 페러José Ferrer, 린다 헌트Linda Hunt, 잭 낸스, 딘 스톡웰, 막스 폰 시도우Max von Sydow, 드 로렌티스의 첫 부인인 이탈리아의 영화스타 실바나 망가노Silvana Mangano가 출연진에 속해 있었다. 몇몇 배우들은 자신들이 맡은 과장된 캐릭터들을 연기하는 걸 즐겼다. 케네스 맥밀란Kenneth McMillan은 악역을 연기하느라 온갖 애를 다 썼고, 프레디 존스와 브래드 듀리프Brad Dourif는 기괴한 궁궐의 조언자로 빼어난 연기를 펼쳤다.

"데이비드를 만났을 때 처음 한 생각은 '평생 만나본 사람 중에 제일 프레피(preppy, 수업료가 비싼 사립 학교 졸업자―옮긴이)처럼 보이는 사람이로군.'이었습니다." 듀리프의 회상이다. "바지와 재킷, 버튼다운 셔츠, 필라델피아 출신의 피터 로레Peter Lorre처럼 들리는 목소리. 그에게 걸어가 내 소개를 했습니다. '안녕하세요, 브래드라고 합니다.' 그러자 그가 말하더군요. '압니다. 하나 물어봐야겠네요. 배우들이 성형 수술을 받는 것에 대해 어떻게 생각하나요?' 그는 어떤 배우의 뺨에 구멍을 내고 싶어 하는 게 분명했습니다. 가스를 뿜어내는 이빨을 구현하는 효과를 위해 뺨의 구멍에 튜브를 꽂을 수 있도록 말입니다. 진담인지 농담인지 분간이 안 가더군요. 그러다가 그가 라파엘라에게 하는 말을 들었습니다. '왜 안 되는데요?' 그녀는 말했습니다. '안 된다니까요. 아무리 감독이라도 그런 일은 못 해요.'"

"그가 멕시코에서 우리를 위해 영화를 틀어줬을 때 「이레이저 헤드」를 처음 봤습니다." 듀리프의 회상은 계속됐다. "영화가 시작되기 전에 그가 일어나서 말했습니다. '이건 제가 만든 영화입니다. 여러분이 이 영화를 보고 이 도시를 떠나지 않기를 바랍니다.' 내가 보고 있는 영화가 무슨 내용인지 도무지 감을 잡지 못했습니다. 그러다가 문득 여성의 마음과 페르소나에 대해 남성이 느끼는 공포를 탐구하는 초현실적인 작품이라는 걸 깨달았습니다. 믿기 힘들 정도로 대단한 영화였죠."4

출연진 중에는 뮤지션 스팅Sting도 있었다. 그는 린치를 만날 무렵에 영화 네 편에 출연하면서 연기 활동을 모색하던 중이었다. "데이비드가 런던에서 「듄」을 캐스팅하고 있었습니다. 그래서 클래리지 호텔에서 그를 만났죠." 스팅이 말했다. "「이레이저 헤드」의 열혈 팬이던 나는 그가 그 영화의 주인공하고 비슷하게 생겼을 거라고 예상했습니다. 그런데 그는 진짜 중서부 사람처럼 보였고, 평범해 보였습니다. '피치 킨(peachy-keen, 나쁘지 않다는 뜻의 속어)' 같은 말들을 하면서요. 나는 나 자신을 배우로 여겨본 적은 전혀 없었지만, 그래도 영화 몇 편에 출연하긴 했죠. 그는 나를 마음에 들어 하는 것 같더군요. 그가 물었어요. '멕시코로 올래요?' 그래서 '물론이죠.'라고 대답했죠. 나는 폴리스Police의 최고 히트 앨범이 된 《싱크로니시티Synchronicity》를 한창 마무리하던 중이었지만, 여름 동안은 휴가를 내고 멕시코에서 잠수복을 입고 시간을 보내는 중이었습니다."

놀라울 정도로 잘생긴 살인 기계 페이드-라우타 하코넨으로 캐스팅된 스팅은 증기가 뿜어져 나오는 벽에서 모습을 나타내면서 영화에 처음 등장한다. 물기에 젖어 번들거리는 모습의 그는 그가 고무 속옷이라고 묘사했던 것만 걸치고 있다. "데이비드가 그걸 보여줬을 때 나는 '안 돼요. 이런 건 못 입어요.'라고 말했어요. 그러자 그는 '아니, 입어야 해요.'라고 하더군요. 그 첫 등장은 논쟁거리였어요. 나는 나 자신을 호모에로틱한 존재로 본 적이 전혀 없으니까요. 그런데 그 비행용 속옷들을 입어본 뒤에는 그것 말고는 달리 그 신을 연기할 방법이 없다고 느꼈어요. 데이비드도 같은 생각이었고요."[5]

6개월간 프리프로덕션 작업을 하면서 멕시코를 들락거린 후, 린치는 1983년 3월에 촬영을 위해 그곳에 정착했다. 리허설에 2주가 바쳐졌고, 촬영은 3월 30일에 시작됐다. 「듄」을 위해 남아 있는 여분의 비용은 없었다. 「듄」의 제작비는 4천만 달러로, 당시로는 상당한 거금이었다. 출연진과 스태프를 합하면 천칠백 명이나 됐다. 네 개의 카메라 유닛이 사운드스테이지 여덟 개를 채운 세트 80개에서 동시에 작업했고, 실외 장면은 치와와주 시우다드 후아레스에 있는 사말라유카 사구 벌판에서 촬영했다. 촬영은 기온이 섭씨 49도나 되는 그곳에서 시작됐다. 제작진은 그곳에 2주간 머물렀고, 스태프 3백 명이 촬영 준비를 위해 모래밭을 쓸었다. 「2001 스페이스 오디세이²⁰⁰¹: A Space Odyssey」를 작업했던 프로덕션 디자이너 안소니 매스터스Anthony Masters가 합류했고, 「에이리언Alien」과 「E.T.」의 외계 생명체를 관객들에게 선사했던 특수 효과 전문가 카를로 람발디Carlo Rambaldi도 마찬가지였다. 엄청난 규모의 프로젝트였지만, 처음에는 다들 무척 재미있게 지냈다.

프로젝트 초기에, 린치는 베니스에서 한 시간 거리인 아바노 테르메에 있는 디노 드 로렌티스의 저택을 방문했다. 그는 베니스에서 엄청나게 강렬한 인상을 받았다. "데이비드는 이탈리아를 사랑했어요. 우리는 그 영화를 만들면서 유럽을 많이 찾았어요. 왜 그랬는지는 기억이 안 나는데, 아마 캐스팅 때문이었을 거예요." 라파엘라 드 로렌티스의 회상이다. "데이비드는 채식주의자였지만 파테(pâte, 고기나 생선을 다지고 양념한 후 빵에 발라 먹는 요리—옮긴이)를 무척 좋아했어요. 그가 항상 푸아그라를 먹었던 것도 기억나요."

그런 여행을 하던 중에 디노 드 로렌티스가 린치에게 베니스의 건축 양식을 다룬 책을 줬는데, 그 책은 천연자원의 통제권을 둘러싸고 전쟁을 벌이는 왕궁들을 중심으로 플롯이 전개되는 이 영화를 위해 많은 영감을 제공하는 원천이 됐다. 많은 신scene들의 배경이 화려하게 장식된 왕궁들로, 복잡한 무늬를 새긴 목재와 곡선 모양의 계단이 엄청나게 많았다. 무성영화 「메트로폴리스Metropolis」를 연상시키는, 행진하는 드론들로 가득한 지옥 같은 지하 공업 시설 세계도 있었고, 충격적일 정도로 성적性的인 특징을 띤 구멍을 통해 말하는, 거대하지만 명확한 형태가 없는(린치는 "포동포동한 메뚜기"라고 묘사했다) 예언자인 길드 네비게이터도 있었다. 놀라운 디테일들도 영화 내내 등장한다. 아트레이데스 가문에는 모험을 떠날 때마다 데리고 다니는 퍼그종 개가 있다. 그리고 우주선이 새로운 우주로 들어설 때는 열쇠 구멍을 통과한다. 이런 요소들의 결합은 명백히 린치적이었다.

"데이비드는 벽에 점을 찍는 일만 하면서도 몇 시간을 보낼 수 있는 사람입니다. 그게 그가 「듄」 같은 또 다른 초대형 작품을 다신 하고 싶어 하지 않은 이유 중 하나일 겁니다." 드 로렌티스는 말했다. "어느 날 우리는 고무 의상을 입은 엑스트라 2백 명과 함께 후아레스의 사막에 있었습니다. 사람들은 졸도하고 있었고, 스태프의 규모는 어마어마했죠. 우리는 그 사막에서 엄청난 노고를 쏟고 있었습니다. 그런데도 그는 주연 배우 중 한 명의 눈을 클로즈업으로 촬영하고 있었습니다. 내가 그랬죠. '데이비드! 그건 스테이지에서도 할 수 있는 일이야! 여기 있는 건 전부 우리가 지은 거야. 그러니까 이걸 촬영하도록 해!' 그러자마자 그는 자신의 비전에서 작은 디테일이 커다란 부분을 차지하고 있다는 걸 깨달을 정도로 영리한 사람이었습니다. 이후에도 그는 그런 비전을 담아내는 영화들을 만들었죠."

「듄」을 맡은 건 린치 입장에서는 커다란 도약이었다. 스팅은 이렇게 회상했다. "그렇게 규모가 작은 흑백 영화를 만들던 데이비드가 이토록 거대한 캔버스에 구현된 영화로 옮겨오는 모습에 깜짝 놀랐습니다. 그가 그런 상황에 대해 정말로 과묵한 태도를 보인다는 점에서도 강한 인상을 받았죠. 그가 영화에 압도당했다는 느낌은 전혀 받지 못했습니다. 다들 그를 사랑했죠. 그는 제작 내내 나쁘지 않은 모습을 유지했습니다."

제니퍼 린치는 몇 주간 세트에 있으면서 길드 네비게이터의 왼손과 아래턱을 조종하는 작업에 투입됐다. "제작 규모가 엄청나게 컸던 게 기억나요." "아빠가 어떤 작품의 어마어마한 규모를 느끼고 있다는 걸 내가 깨달은 건 그 영화가 처음이었을 거예요. 「듄」에는 돈도 인력도 엄청나게 많이 투입됐어요."

린치는 대단히 투지가 넘쳤다. 그런데 이 기간에 그의 애정 생활은 시간이 갈수록 복잡해지고 있었다. 그러던 차에 이브 브랜드스테인Eve Brandstein이 등장했다. 체코슬로바키아 출신인 브랜드스테인은 브롱크스에서 성장한 후, 1970년대 말 로스앤젤레스로 이주해서 노만 리어Norman Lear의 제작사에서 캐스팅과 TV 방송물 제작을 맡았다. 1983년에 그녀는 멕시코에서 「듄」의 캐스팅을 담당하는 일을 하던 친구 클라우디아 베커Claudia Becker와 함께 푸에르토 바야르타로 휴가를 떠났다.

"어느 밤에 클라우디아가 '갈레리아 우노에서 열리는 아트 쇼를 보러 가자'고 했어요. 어떤 이유에서인지 나는 그 예술가가 누구인지 몰랐어요. 우리는 거기에 갔고, 각자 방의 맞은편에 있던 데이비드하고 나는 눈이 마주쳤죠. 결국 우리는 상대를 의식하면서 실내를 돌아다녔어요. 그런데도 나는 그가 누구인지는 여전히 알아차리지 못했어요. 개회식이 끝난 후에 카를로스 오브라이언스라는 술집에 친구들하고 우르르 몰려갔는데, 거기 앉아 있는 동안 데이비드가 자기 일행하고 들어와서는 내 옆자리에 앉았어요. 그 밤의 나머지 시간은 황홀했고, 우리는 밤새 해변을 거닐면서 얘기를 나눴죠. 이튿날에 나는 LA로 돌아가는 중이었고 그는 멕시코시티로 돌아가는 중이었죠. 우리는 공항에서 우연히 마주쳤어요. 그는 국내선을 탈 예정이었고 나는 국제선을 타야 했어요. 그래서 우리는 있는 구역이 달랐는데, 우리 사이에는 커튼 한 장만 걸려 있었어요. 우리는 둘 다 커튼 쪽으로 가서 키스하기 시작했죠. 일은 그렇게 시작됐어요."[6]

린치의 뛰어난 재능 중 하나는 자기 앞에 놓여 있는 대상에만 철저히 몰두하는 능력이다. 푸에르토 바야르타발 항공기가 멕시코시티에 일단 착륙하자, 다시 「듄」에만 전념하는 생활이 시작됐다. "데이비드는 늘 작업하던 방식으로 「듄」을 작업했어요. 세트에 있는 모든 측면을 능숙하게 처리했죠." 맥라클란의 회상이다. "총, 유니폼부터 색상과 추상적인 형태에 이르기까지, 데이비드의 손은 배경 디자인과 시각 효과에 이르기까지 모든 곳에 다 닿았어요. 그의 예술적 감수성은 항상 세트에 정말 강렬하게 퍼져 있었죠."

"1983년 3월부터 9월까지 멕시코에 있으면서 정말로 좋은 시간을 보냈어요." 맥라클란은 덧붙였다. "코요아칸에 있는 주택에 묵었는데, 누군가는 항상 파티를 주최하고 있었죠. 드 로렌티스 가족도 틈틈이 그들의 집에서 만찬을 열었는데, 나는 항상 그 자리에 있었어요." 누구 얘기를 들어보건 촬영장은 떠들썩했다. 「듄」은 만드는 사람의 진을 빼놓는 영화였고, 그래서 사람들은 울화통을 터뜨렸다. "엄청나게 제멋대로인 세트였어요." 스팅은 말했다. "내 주위에는 온통 위대한 연기자들뿐이었죠. 나는 그저 영화를 찍으면서 재미나 보는 록 스타일 뿐이었어요."

메리 피스크는 린치가 전에는 접해본 적이 없는 환경에 놓여 있다는 걸 알았다. 그는 자신의 첫 할리우드 대작 영화를 연출하고 있었는데, 영화는 세트 안에서나 밖에서나 복잡한 사업 같아 보였다. "처음 만났을 때 데이비드는 정결한 사람 그 자체였어요. 담배도 피우지 않고 욕도 하지 않았죠." 피스크는 말했다. "그런데 라파엘라는 엄청나게 파티를 즐기는 여자였어요. 한번은 그에게 전화했더니 밖에서 보드카 김렛을 마시고 있더라고요. 나는 큰 충격을 받았어요. 거기에 있는 사람들은 분방한 무리였어요. 그가 파티를 즐기기 시작한 시점이 그때였다고 생각해요. 그는 묵고 있는 호텔을 마음에 들어 했어요. 그를 촬영장까지 태워다주는 운전사가 있었죠. 한마디로 그는 거품 속에 살고 있었어요."

멀티태스킹의 달인인 린치는 항상 한 번에 한 가지 이상의 일을 하는 사람이다. 그는 멕시코에 있는 동안 오리 조립 키트(키트의 사진이 흐릿한 탓에 그는 그걸 실패작으로 여겼다)와 닭 조립 키트를 만들었다. 닭 재조립을 위한 설명서는 스페인어와 영어로 썼다. 영화를 만드는 동안, 그는 말뚝에 묶인 사슬에서 벗어나려고 안간힘을 쓰며 으르렁거리는 개를 그린 네 프레임짜리 만화 『세상에서 제일 화난 개The Angriest Dog in the World』의 연재를 시작했다. 만화는 이후 9년간 매주 『L.A. 리더L.A. Reader』에, 그 이후로는 『L.A. 위클리L.A. Weekly』에 실렸다. 만화의 그림은 절대로 변하지 않았고, 린치는 월요일마다 말풍선에 들어갈 새로운 문장을 전화로 불러줬다. "만화에 담긴 유머는 불행과 고통이라는 딱한 상태에 놓인 사람들이 느끼는 극도의 슬픔을 바탕으로 한 겁니다." 린치가 한 설명이다. "세상이 알아주지 못하는 몸부림에는 유머가 있습니다. 나는 사람들이 종종 절망을 느끼는 중에도 조금씩이나마 힘차게 앞으로 나아가는 건 영웅적인 행위라는 것도 알게 됐습니다."

「듄」을 제작하는 동안, 린치는 자신의 젊은 가족도 보살펴야 했다. "데이비드가 「듄」을 만드는 동안 나는 일종의 편모였어요." 피스크는 말했다. "거긴 신생아를 키우기에는 힘든 곳이었어요. 나는 모유 수유를 하고 있었으니까요. 촬영장에 몇 번 내려갔어요. 오스틴의 대

모인 마사 보너하고 같이요. 오스틴은 데이비드의 호텔 방에서 데이비드가 지켜보는 가운데 첫걸음을 뗐어요. 데이비드랑 나는 통화를 많이 했지만, 우리의 별거는 길었죠. 나는 그게 마음에 들지 않았어요."

린치가 촬영에 들어간 지 6개월째인 1983년 가을에, 피스크는 버지니아에 있는 부동산을 사들이고 그래나다 힐스에 있는 주택을 매각한 후, 오스틴과 함께 미국을 가로질렀다. "이사를 하라며 오빠가 나를 설득했어요." 피스크는 말했다. "오빠하고 시시가 거기에 살고 있었죠. 나는 약간 쇠락했지만 아름다운 대지에 지어진 145평 규모의 주택을 찾아냈어요. 데이비드는 '잘해 봐, 당신을 믿어.'라고 했고요. 그래서 데이비드가 그 주택을 보지도 않았는데도 나는 그 집을 사들였어요. 그리고 집을 재단장하면서 6개월을 보냈죠."

린치는 그 이주를 대수롭지 않게 여겼지만, 그의 딸에게는 불안한 일이었다. "아빠가 버지니아로 이사한 건 내 입장에서는 지옥처럼 무서운 일이었어요." 제니퍼 린치는 말했다. "그때까지만 해도 아빠는 늘 내 곁에 계셨고, 우리 부녀 관계는 정말로 좋았죠. 버지니아에서 아빠한테 '아빠를 다시 보지 못할까 봐 무서워요.'라고 편지를 쓴 걸 기억해요. 아빠는 이랬어요. '농담이지? 우리는 늘 얘기를 하잖니!' 아빠가 순전히 얘기만 하려고 한밤중에 나한테 전화를 걸어 몇 시간씩 통화하곤 했던 것은 사실이에요. 그렇기는 했어도, 이사는 끔찍했고 정말로 서글펐어요. 실제로 나는 메리하고 오스틴보다도 아빠를 더 많이 만났어요. 아빠는 LA에 있는 경우가 많았으니까요."

「듄」의 본 촬영은 1983년 9월 9일에 종료됐다. 이후 린치는 모형과 특수 효과를 작업하면서 멕시코에서 넉 달을 더 보냈다. 그 시점에 엄청난 규모의 프로젝트는 큰 타격을 입기 시작했다. "촬영할 당시에는 데이비드가 불만스러워한다는 느낌은 조금도 받지 못했어요. 하지만 그때 나는 나 자신밖에는 모르는 스물네 살짜리였다는 사실을 당신은 고려하셔야 해요. 따라서 그때 내 주위 사람들에게 일어나던 일에 대한 내 인식은 오늘날에 내가 하는 인식하고는 수준이 달랐어요." 맥라클란은 말했다. "당시에는 만사가 수월하게 진행되는 것처럼 보였어요. 그를 위해 배우들하고 같이 작업하는 건 늘 즐거운 일이었어요. 나는 당시에 그런 분위기를 볼 수 있었고, 그건 오늘날에도 여전히 마찬가지예요. 하지만 그가 '이건 정말로 엄청난 프로젝트야.'라고 말했던 건 기억해요. 그는 피로를 느꼈을 거예요. 내가 내 몫의 작업을 완료하고 한참 후에도, 데이비드는 여전히 그곳에서 세컨드 유닛second-unit과 써드 유닛third-unit의 작업을 하고 있었어요."

결국 린치는 1984년 2월 초에 멕시코를 떠나 웨스트 로스앤젤레스의 평범한 아파트로 이사해 들어갔고, 이후 6개월은 그곳에서 영화를 편집하며 살았다. 그 시기 동안 린치의 일부나 다름없었던 브랜드스테인은 이렇게 회상했다. "데이비드는 나를 예술적인 인생을 사는 사람으로 봤어요. 그건 그가 갈망하던 대상이었죠. 창작자가 돼서 예술 작품을 만드는 게 그의 모든 것이었어요. 우리는 예술과 영성靈性에 대해 많은 대화를 나눴어요. 그는 내가 예술가가 된 걸 기분 좋은 일로 느끼게 해줬고, 그런 면에서 발전하게끔 도와줬어요. 그런데 그 관계는 우리 서로에게 감정적인 갈등을 초래했죠. 데이비드는 자신이 메리에게 상처를 주고 있다는 사실을 싫어했어요. 그는 그녀와 나를 다 원했기 때문에 상황의 균형을 잡으려는 노력을 꾸준히 기울이고 있었어요. 그는 성적인 흥분감이 넘치는, 짜릿함을 안겨주는 애정 관계를 원했지만, 동시에 가정 생활의 안락함, 그러니까 중서부 농장 출신의 소년이 열망하는 그런 삶도 원했어요. 그는 양쪽을 다 필요로 했어요. 그게 그의 인생의 뼈대였고 창조력의 원천이었죠. 나는 당장이라도 데이비드하고 결혼하려고 들었지만, 그는 그럴 수 있는 상황이 아니었어요. 나는 우리 관계에서 일종의 공허감을 느꼈고, 그래서 다른 사람을 만난 1985년에 그의 곁을 떠났어요."

린치의 인생에서 일관됐던 것 중 하나는 그가 여성들에게 인기 좋은 남자라는 것이다. "아빠한테 악의는 전혀 없어요. 아빠는 이기심 때문에 그런 일을 하진 않아요. 전혀 그렇지 않아요." 제니퍼 린치는 말했다. "그건 아빠가 비밀과 재미있는 장난과 섹슈얼리티를 항상 무척 좋아했기 때문에 일어난 일일 뿐이에요. 아빠한테는 약간 얄궂은 면이 있어요. 사랑을 정말로 좋아하고요. 아빠가 어떤 사람을 사랑할 때, 그 사람은 세상에서 제일 큰 사랑을 받는 사람이에요. 아빠는 행복하면서도 들뜬 기분으로 세상을 사는 분이에요. 아빠한테는 아이디어들이 있어요. 아빠는 창조적인 모습을 보여주죠. 아빠와 관련되기만 하면 모든 게 유별나게 로맨틱해져요."

피스크는 린치의 이런 측면을 늘 알고 있었지만, 로스앤젤레스의 상황에 대처할 준비는 돼 있지 않았다. "제작진이 「듄」을 편집하는 동안 데이비드는 버지니아와 LA를 오갔어요. 그 시기에 그는 우리 결혼 생활을 무척 걱정하고 있다는 말을 내게 했어요." 피스크의 회상이다. "오빠는 그가 바람을 피우고 있다고 생각한다 말했지만, 나는 그 문제는 생각하고 싶지 않았어요. 출연진과 스태프를 위해 열린 파티에 갔는데 여자들이 온통 그의 주위를 에워싸고 있었어요. '참 묘한 일'이라고 생각했던 걸 기억해요. 그러다가 일이 이런 식으로 진행되고 있다는 걸 깨달았죠."

「듄」의 첫 러프 컷rough cut―린치가 멕시코에서 한 번 상영했던 것―은 다섯 시간 길이였다. 그리고 린치가 시나리오 7고를 반영해서 의도했던 편집본의 러닝 타임은 세 시간에 가까웠다. 최종 편집본은 러닝 타임 두 시간 17분으로 공개됐다. 말할 필요도 없지만, 그가 영화에 들어가기를 원했던 장면 중 상당 부분은 편집실 바닥으로 떨어졌고, 편집 과정 내내 양보를 강요받은 그는 영화를 만든 걸 후회하기에 이르렀다. 그에게 로스앤젤레스에서 보낸 몇 달은 힘든 기간이었다. "「듄」을 하면서 보낸 일 년 반 동안 깊은 공포를 느끼고 있었습니다." 린치는 말했다. "그렇지만 나는 영화 제작과 할리우드의 비즈니스에 대해 많은 걸 배웠습니다." BBC가 만든 2001년도 다큐멘터리 「영화계 최후의 거물The Last Movie Mogul」에 나온 디노 드 로렌티스는 "우리가 편집실에서 「듄」을 망쳤다"고 인정했다. 드 로렌티스가 영화의 최종 편집권을 갖고 있었다는 걸 감안하면, 그가 "우리"라고 말할 때 실제로 뜻하는 바는 "나"라고 봐도 무방하다.

"데이비드가 최종 편집권을 갖고 있었더라도 더 나은 영화가 되지는 않았을 거예요. 나는 그가 직접 가위질을 하는 걸 봤어요." 라파엘라 드 로렌티스는 말했다. "러닝 타임이 다섯 시간이나 되는 데다, 잠들지 않고 깨어 있는 채로 영화를 보더라도 이해가 불가능한 영화였어요."

"우리가 저지른 최악의 실수는 원작에 지나치게 충실하려고 기를 쓰고 있었다는 거예요." 그녀가 덧붙인 말이다. "우리는 '맙소사, 이건 「듄」이야. 우리가 어떻게 이런 작품을 잘랐다 붙였다 할 수 있겠어?'라는 생각이었죠. 그런데 영화는 책하고는 달라요. 처음부터 그걸 이해했어야 해요."

유니버설이 배급한 「듄」은 1984년 12월 3일에 케네디 센터John F. Kennedy Center에서 프리미어 상영을 했다. "엄청나게 성대한 행사였어요." 피스크는 회상했다. "디노는 백악관이 우릴 초대하게 해줬어요. 우리는 국빈 초대 만찬에 가서 —린치가 우러러보던 대통령인— 로널드와 낸시 레이건 부부를 만났고, 앤디 윌리엄스Andy Williams가 그 행사에서 노래를 불렀어요. 그게 「듄」의 재미난 부분이었죠. 그러고는 평론가들이 작품을 잘근잘근 씹어댔어요. 데이비드도 덩달아 씹혔어요." 리뷰들은 거의 일관되게 부정적이었다. 로저 에버트Roger Ebert와 진 시스켈Gene Siskel은 「듄」을 "올해 최악의 영화"로 꼽았고, 『타임』의 리처드 콜리스Richard Corliss는 「듄」을 "기말고사처럼 난해하다"고 했다. 린치는 「듄」이 개봉됐을 때 「듄 2Dune II」의 시나리오를 절반쯤 작업한 상태였지만, 1편이 실패함에 따라 시리즈는 플러그가 뽑히고 말았다.

그 영화를 지지하는 뜻깊은 지지자도 몇 명 있기는 했다. SF소설가 할란 엘리슨Harlan Ellison은 그 작품을 무척 마음에 들어 했고, 프랭크 허버트는 1985년에 발표한 단편소설 컬렉션 『눈Eye』의 머리글에서 "「듄」이 시작되면 시각적인 성찬盛饌이 스크린에 펼쳐지기 시작하고, 관객들은 시종일관 내가 쓴 대사를 들을 수 있다."라고 밝혔다. 레바시는 이렇게 회상했다. "오빠는 프랭크 허버트하고 무척 친밀한 사이였어요. 그는 데이비드가 원작 소설을 해석한 방식을 기뻐하면서 영화에 승인 도장을 찍어줬죠. 오빠에게 그건 엄청나게 의미 있는 일이었어요."

영화의 거의 모든 프레임에 등장하는 맥라클란은 자신의 스크린 데뷔작에 복잡한 감정을 느낀다. "내 연기를 보면 손발이 오그라듭니다. 카메라 앞에서는 처음으로 연기를 한 거였거든요." 그는 말했다. "그런데 어떤 면에서는 그게 먹혀들었습니다. 젊음으로 가득한 소년기를 거치는, 그러다가 시험을 거쳐 지도자로 성장하는 캐릭터를 연기하고 있었으니까요. 제작진은 나를 제때 캐스팅했던 것 같습니다. 나는 그 영화를 할 때 정말로 풋풋한 상태였으니까요."

"그래도 데이비드는 엄청난 일을 해냈다고 생각합니다." 맥라클란은 덧붙였다. "프랭크 허버트가 창조해낸 복잡다단한 세계를 구체적으로 묘사할 방법은 결국에는 존재하지 않습니다. 원작 소설에서 진행되는 사건들이 지나치게 많다는 단순한 이유 때문이죠. 하지만 나는 시각적 요소들이 안겨주는 강렬한 충격, 그리고 데이비드가 자신의 영감을 갖고 그 소재를 관객의 뇌리에 각인시킬 능력의 소유자라는 사실만으로도 「듄」을 즐기며 감상할 수 있습니다. 하코넨 가문, 궁전으로 들어오는 열차 객차, 세상에, 그건 천재의 작품입니다. 나는 그걸 흠잡을 데 없는 걸작이라고 부릅니다."

　　스팅은 영화를 곰곰이 생각해보면서 말했다. "원작 소설 전체를 장편 영화 한 편에 욱여 넣으려던 게 실수였을 거예요. 나는 대형 스크린으로 영화를 보면서 약간 압도되는 느낌을 받았어요. 그런데 충분히 기이한 일이지만, 나는 그보다 작은 스크린으로 영화를 볼 때도 그런 느낌을 받아요. 결국 나는 데이비드의 작품은 늘 관객을 빠져들게 만든다는 걸 깨닫곤 해요. 고야와 프랜시스 베이컨처럼, 그는 딱히 편안하지는 않은 영감을 지닌 인물이에요. 그가 하는 모든 작업에는 타자Other의 느낌이 스며들어 있어요. 그는 영감을 갖고 있죠. 진지하면서 하찮지 않은 영감을요. 나는 그가 작업하는 세계에 있는 그의 모습을 보면 늘 기분이 좋아요. 내가 그의 작품 목록의 일부가 된 것을 고마워할 따름이죠."

　　「듄」의 개봉 이후, 린치는 버지니아주 샬러츠빌 외곽의 앨버말 카운티에 있는, 피스크가 매입한 집으로 가서 차기작으로 결정한 영화에 집중했다. "그는 「듄」 얘기는 하고 싶지 않아.'라고 했어요. 그래서 우리는 그 얘기는 하지 않았죠. 그는 「블루 벨벳」의 최종 수정고를 작업했어요." 쇼스타코비치의 〈교향곡 제15번 A장조〉를 들으면서 시나리오를 집필한 린치에 대해 피스크가 한 말이다. "데이비드는 극도로 규율이 잡힌 사람이에요. 그게 그가 그토록 많은 성취를 이룬 이유 중 일부예요. 그는 두 시간 동안 정좌하고 글을 쓰는 사람이에요. 그가 그리 많은 성과를 내지 못하는 날도 있겠지만, 어쨌든 그는 두 시간씩 자리에 앉아 있을 거예요. 그러고는 두 시간 동안 붓질을 할 거고요. 어떤 프로젝트에서 다음 프로젝트로 넘어갈 거고요. 그런 모습은 부모님에게서, 그리고 그의 이글스카우트 시절에서 비롯된 걸 거예요. 데이비드는 사물들의 실체를 드러내 보이는 데 뛰어난 재능을 갖고 있어요."

　　린치는 「듄」을 등 뒤로 숨기려고 열심이었지만, 그래도 드 로렌티스 가족과 맺은 관계는 튼튼하게 남았다. "데이비드는 신체 부위에 집착해요. 「듄」을 작업한 후에 나는 자궁 절제술을 받아야 했어요." 라파엘라 드 로렌티스의 회상이다. "데이비드가 묻더군요. '자궁 절제술을 받는다고요? 내가 당신 자궁을 가져도 될까요?' 나는 그러라고, 안 될 게 뭐 있겠느냐고 대답하고는 병원에 그걸 달라고 요청했어요. 병원 사람들은 나를 정신 나간 여자 보듯 보면서 안 된다고 거절하더군요. 그래서 의붓아들에게 도살업자한테 가서 돼지의 자궁을 얻어오라고 시켰어요. 그걸 포름알데히드가 든 병에 넣고는 내가 병원에서 받은 ID 팔찌를 테이프로 붙여서 데이비드에게 줬죠. 누군가한테서 들은 얘기인데, 데이비드는 그걸 몇 년간 냉장고에 저장했다더군요. 그 병을 들고 세관을 통과해야 하는 때도 한 번 있었고요. 나중에 그의 아내 중 한 명이 내다 버렸다는 것 같아요."

　　디노 드 로렌티스의 경우, 「듄」으로 온갖 문제들에 시달렸음에도 린치에 대한 믿음을 절대 잃지 않았다. 영화의 개봉에 뒤이은 상황이 진정된 후, 그는 데이비드에게 차기작으로 무슨 영화를 하고 싶으냐고 물었다. 린치는 「블루 벨벳」을 하고 싶다고 대답했다. 그 시점에는 워너브러더스가 「블루 벨벳」의 초창기 시나리오에 걸어 놓은 턴어라운드 조항(turnaround clause, 어떤 스튜디오가 프로젝트 개발비로 투입한 비용을 세금 환급을 받으려고 비용 처리하는 것. 해당 스튜디오는 이후로는 그 시나리오를 활용하지 못하고, 다른 스튜디오는 비용 처리된 개발비와 이자를 지불해야 그 작품과 관련한 권리를 매입할 수 있음—옮긴이)의 효력이 소멸하면서 시나리오의 소유권이 스튜디오에 귀속된 상태였다. 드 로렌티스는 워너 회장에게 전화를 걸어 권리들을 되사왔다. 린치는 그 영화를 함께 만든다면 자신이 영화의 최종 편집권을 가져야 한다는 점을 확실하게 주장했다. 드 로렌티스는 린치가 연출료와 영화 제작비를 절반으로 줄일 경우 최종 편집권을 가져도 좋다고 못을 박았다. "데이비드는 디노를 무척 좋아했어요." 피스크는 말했다. "그에게 「블루 벨벳」을 만들 기회를 준 사람이니까요."

릭 니치타와 일하기로 서명한 건 개인적으로 그가 마음에 들었기 때문이었어요. 그는 흔한 타입의 에이전트가 아닌 데다 시시의 에이전트이기도 했죠. 그래서 그 점 때문에 그를 신뢰했어요. 내가 손 글씨로 쓴「로니 로켓」을 타자해준 건 그의 비서였을 거예요. 그래서 나는 그가 내 에이전트가 되기 한참 전부터 그와 알고 지낸 셈이에요. 릭은 나를 특정한 방향으로 몰고 가려고 든 적이 한 번도 없었어요.

「엘리펀트 맨」이후에「로니 로켓」을 만들 수도 있었을 거예요. 멜이 그 영화를 하라면서 돈을 조금 줬거든요. 충분한 액수는 아니었어요. 그렇기엔 한참 모자란 돈이었죠. 프랜시스 파머^Frances Farmer를 다룬 영화인「여배우 프란시스」를 하지 않은 이유는 기억이 나지 않아요. 바로 그즈음에 조지 루카스가 세 번째「스타워즈」를 작업할 준비를 마치고 있었어요. 몇몇 사람이 전화를 걸어서 조지와 만날 의향이 있느냐고 묻더군요. 워너브러더스 스튜디오 근처에 있는 에그 컴퍼니라는 곳이었어요. 사람들은 나한테 거기에 가라고 했고, 나는 신용카드와 열쇠, 항공권, 그 외의 몇 가지 물건이 담긴 봉투를 받았어요. 그렇게 샌프란시스코로 날아간 나는 차를 렌트한 후에 스프로켓이라는 곳으로 갔어요. 거기는 루카스가 거느린 회사 중 하나였을 거예요. 안으로 들어가서 조지를 만났고, 그는「스타워즈」얘기를 하기 시작했죠. 나는 어떤 면에서는 자아도취에 빠져 있었지만, 내가 거기에 왜 갔는지는 모르겠어요.「스타워즈」는 내 취향이 아니니까요. 어쨌든, 그는 내게 무슨 말을 하고 있었는데 나는 시간이 갈수록 심해지는 두통에 시달리기 시작했어요. 우리는 조금 더 얘기를 나눴고, 그런 후에 조지의 페라리에 올라 샐러드 가게로 점심을 먹으러 갔죠. 그런데 두통이 심각해져서 가게에 도착할 때까지 기다릴 수가 없었어요. 공항에서 릭에게 전화를 걸었어요. 두통 때문에 펄쩍펄쩍 뛸 지경이라 공항에 닿기 전에 그에게 전화를 걸어야만 했어요. 내가 말했어요. "릭, 그 영화는 못 하겠어요! 조지한테 하겠다고 말해야 하는 압박이 사방에서 밀려오는 건 나도 느껴요. 하지만 못하겠어요!" 그가 말했어요. "데이비드, 괜찮아요. 반드시 그 영화를 해야만 하는 건 아니에요." 그런 후에 조지에게 전화를 걸어 고맙다는 인사를 했어요. 그 영화는 그의 영화니까 그가 이번 영화를 연출하기를 바란다는 뜻을 전했죠. 조지는 영화 역사상 가장 위대한 창작자 중 한 명이에요. 그는 독특한 재주의 소유자일뿐더러, 한 인간으로서도 특별한 존재예요. 그런데 「스타워즈」는 내가 만들 종류의 영화는 아니었어요.

리처드 로스Richard Roth라는 제작자가 다가와서 『레드 드래곤Red Dragon』이라는 소설을 각색하는 작업에 대해 물었어요. 내가 싫다고 하자 묻더군요. "딴 거 가진 거 있어요?" 난 "「로니 로켓」이라는 영화를 갖고 있어요."라고 말했지만, 그는 그 영화에는 매력을 느끼지 못했어요. 그래서 나는 「블루 벨벳」 얘기를 하기 시작했고, 그러자 그는 "와, 그거 정말로 흥미롭게 들리는군요."라더군요. 그는 나를 워너브러더스로 데려가 어떤 남자한테 브리핑을 하게 만들었어요. 그 남자가 누구였는지는 기억나지 않아요. 그 남자가 나한테 시나리오를 써보라면서 돈을 조금 줬던 것 같아요. 워너브러더스가 결국에는 그 시나리오를 소유하게 된 걸 보면 말이에요. 나는 그들을 위해 시나리오의 초고와 2고를 썼지만, 그들은 두 원고를 다 싫어했어요. 하지만 그들을 탓하지는 않아요. 어쨌든 완성된 시나리오는 아니었으니까요.

그러다가 디노 드 로렌티스가 「듄」이라는 작품 때문에 나를 만나고 싶어 한다는 얘기를 들었어요. 나는 그 말을 전한 사람이 "준June"이라고 말한 줄 알았죠. 「듄」에 대해서는 아는 게 하나도 없었으니까요. 그런데 친구들이 하나같이 이러는 거예요. "세상에, 그건 역사상 최고의 SF소설이야." 그래서 생각했죠. '오케이, 디노를 만나러 가는 거야. 그에 대한 소문을 바탕으로 생각해보면 엄청난 두통에 시달리겠군.' 그렇게 베벌리 힐스에 있는 사무실로 갔죠. 정말로 아름다운 안내원이 정말로 상냥하게 나를 맞았어요. 안에 들어가 디노를 만났죠. 디노는 "안녕하쇼."라고 말했고 나는 자리에 앉아서 곁눈으로 그늘에 앉은 남자를 훔쳐봤어요. 그 남자는 디노의 친구인 디노 콘티였어요. 그가 거기에 왜 있는지는 몰랐어요. 하지만 두 사람 모두에게서 무척이나 따스한 느낌을 받았어요. 그들은 이 세상의 것 같지 않은 끝내주는 카푸치노를 나한테 대접했어요. 엔조라는 사람은 디노의 이발사였고 엔조의 아내 콘체타는 그날 우리를 위해 온갖 전채 요리를 다 해줬어요. 엔조는 디노의 머리를 잘라주곤 했고, 디노가 윌셔 블러바드에 사무실을 갖고 있을 때 거기에 이발소를 차렸어요. 나는 거기 가서 엔조한테서 머리를 자를 수 있었어요. 그는 세상에서 제일가는 이발사였어요. 비현실적이라고 느껴질 정도의 솜씨였죠. 그는 이탈리아에서 이발을 배운 사람이에요. 이발사로서는 "물건"이라고 부를 만한 사람이었죠.

그러고서 나는 디노를 알아가기 시작했어요. 가난하게 태어난 디노는 배우가 되겠다는 생각으로 영화계 경력을 시작했어요. 어느 날 그는 오디션에 가야 했는데, 정장을 엄청 멋지게 차려입고 오라는 얘기를 들었어요. 그는 정장은 있었지만 괜찮은 구두는 없었어요. 그러다가 오디션장으로 가는 기차를 타러 가던 중에 제화점을 지나게 됐죠. 그는 제화점에 들어가 주인한테 말했어요. "오디션을 보러 가는 길입니다. 돈이 한 푼도 없는데 구두가 한 켤레 필요합니다." 그랬더니 주인이 "좋아요, 신발 한 켤레 신고 가요.”라고 했대요. 디노는 여생 동안 그 제화점 주인한테 돈을 보냈어요.

50년대와 60년대에, 디노는 로마에서 일을 보고 주말에는 —이 모습을 상상해 봐요— 기차를 타고 이탈리아를 관통해서, 왼쪽으로 조금만 꺾으면 프랑스 영토가 되는 곳으로 떠나곤 했어요. 어떤 역에 내려 지중해에 있는 근사한 작은 고장으로 갔죠. 거기에는 소나무 숲이 있었고, 그는 바다로 난 작은 만灣에 있는 맨션으로 이어지는 길고 굽이진 진입로를 걸어 내려갔죠. 르 코르뷔지에가 숨을 거둔 곳이 그곳이에요. 나는 그 지역에 있는 르 코르뷔지에의 무덤에 갔었어요. 그는 지중해를 굽어보는 언덕에 있는 그곳을 직접 설계했어요. 근사한 곳이었죠. 어쨌든, 디노는 로마에서는 영화 사업을 하면서 몬테카를로를 비롯한 사방에 이런 곳을 갖고 있었어요. 그런 종류의 인생을 상상해 봐요. 정말로 근사하지 않아요?

내가 디노를 알아가던 시절을 돌아보면 최면에 걸린 것 같은 기분이에요. 디노는 이탈리아산 맥 트럭(Mack Truck, 미국산 대형 트럭—옮긴이)이랑 비슷했어요. 줄기차게 직진만 하는 사람이었죠. 에너지가 어마어마했어요. 정말로 매력적인 사람이죠. 산해진미와 끝내주는 거처들과 근사한 여행 방식과 영화 프로젝트들을 향한 엄청난 열정에 둘러싸여 유복한 삶을 살았어요. 따라서 디노가 발산하는 매력 중 일부는 그가 속한 세계에 기인하고 있었어요. 하지만 내 말을 오해하지는 말았으면 해요. 나는 디노와 라파엘라, 실바나 망가노, 그리고 그들의 딸인 베로니카와 프란체스카를 사랑했어요. 그리고 한동안은 그 가족의 일원이었죠. 디노와 내가 어울리지 못하는 유일한 영역이 영화였어요. 디노는 영화를 사랑했지만, 그게 내가 만드는 종류의 영화는 아니었어요. 그래서 그는 나 때문에 딜레마에 빠졌어요. 그가 말하더군요. “린치라는 이 친구는 내가 싫어하는 「이레이저 헤드」를 만들었고 내가 좋아하는 「엘리펀트 맨」을 만들었어.” 그는 「엘리펀트 맨」의 감독을 원했어요.

디노는 이탈리아 아바노 테르메에 있는 거처에서 실바나와 함께 살았어요. 그녀는 진흙 목욕 요법을 받고 있었죠. 진흙 목욕 얘기를 해줄게요. 욕실에 들어가면 엄청나게 큰 욕조가 있어요. 그 욕조에는 호스들이 이어진 환상적이고 아름다운 수도꼭지들이 많이 달려 있죠. 흰색 유니폼을 입은 간호사들이 주위를 돌아다니고요. 그건 영화 「8과 2분의 1」의 세계에 들어가 있는 거랑 비슷했어요. 아니, 정확히 말하면 그렇지 않죠. 그 세계에는 클라우디아 카르디날레Claudia Cardinale가 없었으니까요. 어쨌든, 디노는 전화를 걸어서 나한테 그리로 오라고 했고, 내가 거기에 당도하자 말했어요. “데이비드, 자네를 베니스에 데려갈게.” 그래서 우리는 차에 탔어요. 라파엘라, 가운데에 나와 디노, 그리고 라파엘라의 전남편이요. 운전사는 목이 짧은 다부진 남자였어요. 양어깨 위에 모자를 올려놓은 것 같은 모습이었어요. 두 손으로 운전대를 움켜쥔 그는 시내로 들어갈 때까지 내내 좌회전 신호를 받았어요. 그의 두 발은 단단한 납덩이로 만든 것 같았어요. 계속 밟아댔다는 뜻이에요. 그는 앞에 달리는 차들의 뒤로 바짝 다가가서는 시속 190킬로미터로 앞차를 추월하곤 했죠. 우리는 말 그대로 베니스까지 날아갔어요. 차 안으로 바람이 쌩쌩 들어왔죠. 라파엘라가 차멀미를 하는 바람에 머리를 창밖으로 내밀고 있었거든요. 돌아오는 길에는 디노가 잘 아는 산 마르코 광장으로 차를 몰고 갔어요. 광장이 막 문을 열었더군요. 그런 후에 우리는 헤밍웨이가 머물렀던 곳으로 보트를 타고 갔고, 헤밍웨이의 조각상이 있는 레스토랑에서 식사를 했죠. 돌아오는 길에 보니까 바닷물이 먹물처럼 새까맸어요. 이탈리아식 맨션들은 물에서 불쑥 솟아나온 것 같았고요. 그곳이 내가 「듄」의 세트 제작을 위한 아이디어들을 많이 얻은 곳이에요. 토니 매스터스에게 내가 거기서 본 것들에 대해 얘기했어요. 믿을 수 없을 만큼 근사했었으니까요.

「듄」은 깨달음을 구하는 이야기예요. 그게 내가 그 영화를 한 이유의 일부죠. 하지만 나는 어떤 이유에서인지 그 영화는 내가 해야만 할 작품이라는 것도 알고 있었어요. 이유가 정확히 뭔지는 몰랐지만, 어쨌든 나는 그 영화에 참여했어요. 크리스 드 보어와 에릭 버그렌을 함께 시나리오를 작업할 사람으로 데려갔어요. 우리는 함께 작업한 적이 있었고, 나는 그들을 정말로 좋아했으니까요. 그들은 원작 소설의 열혈 팬들이었어요. 크리스와 에릭, 디노의 아들 페데리코, 그리고 나는 포트 타운센드에 가서 프랭크 허버트와 하루를 보냈어요. 프랭크와 그의 부인 비벌리는 정말로 좋은 사람들이었어요. 우리는 마냥 얘기를 나눴죠. 우리가 소설 얘기를 했었는지조차 모르겠어요. 그 책은 빠져들면 들수록 더욱더 복잡하게 보였어요. 게다가 디노는 이런저런 시도를 하는 걸 원치 않았어요. 나는 그 영화를 조리에 맞게 만들어내는 게 어려울 거라는 걸 알았어요. 작품에는 보호 장벽shield wall이 등장했고, 보호막도 등장했죠. 그러고는 이 문화에서 가져온 요소와 저 문화에서 가져온 요소가 있었고, 지하드(jihad, 성전聖戰) 관련 얘기에다가 숱하게 많은 다른 요소들도 있었어요. 굉장히 복잡했죠. 그래도 프랭크 허버트하고 보낸 날은 근사했어요. 그날이 저물 때 나는 LA로 돌아가는 비행기에 탔고, 페데리코는 알래스카행 비행기를 타려고 시애틀로 날아갔어요. 내 비행기가 먼저 출발했기 때문에 그는 내가 게이트에 다다를 때까지 줄곧 내 곁에서 걸었어요. 그 정도로 친절한 사람이었어요. 사람들 말로는, 그는 굉장한 미남이라 여자들이 그를 보기만 해도 죽고 못 살 지경이었대요. 페데리코는 알래스카로 떠난 그 여행에서 어떤 파일럿을 만났는데, 결국 그해 7월에 그 파일럿과 함께 비행에 나섰다가 추락하는 바람에 사망하고 말았어요.

크리스하고 에릭과 내가 함께 집필을 시작하면서 「듄」이 어떤 작품이냐에 대해 우리 각자가 다른 생각을 품고 있다는 걸 꽤 일찍 깨달았어요. 나는 그 무렵에는 디노가 좋아하는 것과 그렇지 않은 게 무엇인지를 알고 있었어요. 크리스와 에릭이 쓰고 싶은 방식으로 시나리오를 쓴다면 디노는 그걸 절대로 좋아하지 않을 거라서 시간 낭비가 될 거라는 것도 알고 있었고요. 디노는 추상적인 것들이나 시詩는 전혀 이해하지 못했어요. '이게 대체 뭐야?'하는 식이었죠. 그는 액션을 원했어요. 크리스와 에릭이 떠났을 때는 안타까웠어요. 그들은 「듄」의 작업에 큰 기대를 걸고 있었으니까요. 그래도 나는 혼자서도 시나리오 작업을 계속했어요. 디노가 시나리오에 대해 "이건 마음에 들어."나 "이건 이해가 안 돼."라는 말 말고 다른 말을 했었는지는 떠오르지 않아요. 그는 아이디어 비슷한 것을 절대로 떠올리지 않았어요. 그냥 돌아가는 상황에 반응하기만 했죠. 디노는 돈을 벌고 싶어 했는데, 나는 그 점에는 아무런 불만이 없었어요. 디노는 딱 그런 사람이었으니까요.

우리는 폴 아트레이데스를 연기할 배우를 찾으려고 LA와 뉴욕을 들르고 있었지만, 적임자를 찾을 수가 없었어요. 그래서 디노가 말했죠. "오케이, 이제는 2류 도시들을 훑기 시작해야겠어." 시애틀에 있는 여성이 카일을 추천하면서 사진을 보내왔어요. 일은 꼬리를 물고 이어졌고, 카일이 LA에 오기에 이르렀죠. 그는 내가 만나본 후보 중에서 제일 독보적인 배우였어요. 자세히 설명할게요. 카일은 사람도 끝내주게 좋지만, 위대한 배우이기도 해요. 카일은 두 가지 점을 모두 갖추고 있어요. 그래서 그는 베벌리 힐스 호텔에 있는 9호실 "붕갈로우boongalow"에서 디노를 만나야 했어요. 디노는 방갈로를 꼭 "붕갈로우"라고 발음했어요. 그는 항상 똑같은 방갈로에 묵었는데, 거기는 정말로 큰 "붕갈로우"였어요. 그들이 만난 후에, 디노는 카일에게 테스트를 했어요. 결과는 기가 막혔죠. 그러자 그는 격투 신에서 카일이 어떤 모습일지 확인하려고 그에게 웃통을 벗고 격투 신을 찍어보라고 시켰어요. 있잖아요, 이탈리아 액션 영화에서 근육질 남자들이 등장하는 신요. 카일은 그걸 잘해냈고, 그 결과 그 배역을 따냈죠.

라파엘라하고 나는 츄러버스코 스튜디오Churubusco Studios를 살펴보러 멕시코에 가 있었어요. 그녀는 영화에 외계 행성으로 등장시킬 수 있는 풍경을 찾아보려고 우리를 여기저기에 데려갈 제트 헬리콥터를 가진 중동 남자를 고용했죠. 엄청나게 큰 헬리콥터였어요. 그는 간간이 솟아난 녹색 선인장들을 제외하면 눈길 닿는 아득한 곳까지 검정 용암 천지인 곳으로 우리를 데려갔어요. 정말로 기이하고, 근사하게 야릇한 풍경이었어요.

그래서 우리는 츄러버스코 스튜디오에 자리를 잡았어요. 거기 카페테리아에서 배우 알도 레이Aldo Ray를 만났는데, 그가 거니 할렉 역의 최적임자일 거라는 생각을 했어요. 그에게 그 배역을 연기해줬으면 한다고 말했죠. 그는 흡족해했어요. 내가 알도 레이를 원한다는 말을 들은 디노는 "그놈은 망할 놈의 알코올 의존증 환자야."라고 했어요. 나는 "그를 데려와서 그 역할을 연기할 수 있는지 알아보죠. 그는 그 배역에 제격이에요."라고 했고, 그는 당시 열일곱 살쯤이었던 아들 에릭과 함께 거기에 내려왔어요. (배우 에릭 다 레Eric Da Re는 나중에 「트윈 픽스」의 첫 두 시즌에 출연하게 된다.) 아침에 스튜디오에 갔다가 "알도가 연기자 대기실에 있어요."라는 얘기를 들었어요. 그래서 거기 올라갔죠. 아침 여덟 시 반인가 아홉 시였는데, 알도는 카우치에 쓰러져 있었어요. 밤새 술을 마신 거죠. 가여운 에릭은 방 건너편에 고개를 숙인 처량한 모습으로 앉아 있었고요. 의자를 가져가 알도 앞에 앉아 물었어요. "알도, 할 수 있겠어요?" 그랬더니 그는 "아뇨."라고 했어요.

영화를 만들 장소를 찾으면서 촬영지를 많이 물색했어요. 결국 디노는 제일 저렴한 곳을 찾아냈는데, 그게 멕시코였어요. 그런데 그 시절의 멕시코는 환상적이었어요. 멕시코시티는 세상에서 제일 로맨틱한 도시예요. 그곳에 직접 가보기 전까지는 누구도 내 얘기를 믿지 않을 거예요. 하지만 그곳을 본 사람이라면 누구나 내 말이 맞다고 할 거예요. 무엇보다도, 빛과 색상이 정말로 몽환적이에요. 하늘은 철저하게 시커멓고, 아름다운 녹색이나 분홍색이나 노란색 벽을 비추는 작은 전구들이 있어요. 알록달록하게 색칠된 멕시코의 건물들은 그윽한 고색古色을 띠고 있어요. 밤에는 모든 것이 시커멓지만, 빛이 벽을 때리는 곳에는 작은 깔때기 모양의 색채가 드러나죠. 정말로 시적인 도시였고, 그곳의 젊은 화가들은 정말이지 근사한 작업을 하고 있었어요. 마약 카르텔도 없었어요. 사람들은 친절하고 태평했어요. 비록 그 나라의 지도자들은 국민들의 돈을 몽땅 도둑질하면서 국민들을 대단히 훌륭하게 엿 먹이고 있었지만요. 그 나라의 대통령은 선거에서 지면 두 손에 거머쥘 수 있는 정도의 돈을 몽땅 들고 스페인으로 튀어서 성을 짓곤 해요. 그래도 다들 그걸 눈감아 주는 분위기죠.

디노가 츄러버스코에 온 적이 있었는지 모르겠어요. 그가 거기에 있었던 기억이 없어요. 하지만 라파엘라가 그의 자리를 대신했어요. 그들은 같은 피가 흐르는 부녀지간이었으니까요. 라파엘라는 정말로 걸출한 인물이었어요. 엄청나게 똑똑했어요. 장난이 아니었죠. 여자라는 점만 다를 뿐, 디노하고 무척이나 비슷하게 힘 좋은 제작자였어요. 나는 라파엘라를 무척 좋아했어요. 세계 전역에서 스태프가 왔어요. 이탈리아인, 영국인, 독일인, 그리고 스페인인이 일부 있었죠. 온갖 종류의 사람들이 모인 탓에 그 영화의 촬영장에는 말술을 마시는 술꾼들이 많았고, 그러니 파티들이 벌어지는 건 당연한 일이었죠. 한번은 무척 늦은 시간에 귀가했는데 메리한테 전화를 걸어야만 했어요. 나는 완전히 취해 있었죠. 어떤 이유에서인지 옷을 다 입은 채로 욕조에 들어갔어요. 내가 왜 욕조에 들어갔는지는 몰라요. 하지만 거기서 느긋하게 몸을 젖히고 전화기를 들었어요. 번호 하나하나를 누르려고 힘들게 정신을 집중해야만 했어요. 그러고는 눈을 감아야 했죠. 메리하고 통화하는 도중에 맑은 정신인 것처럼 들리게 하려고 정말로 정신을 집중했어요. 통화에 성공하기는 했지만, 수화기를 놓자마자 토했던 것 같아요.

찰리 루테스는 멕시코에서 샤워할 때는 입에 보드카를 한 모금 물고 샤워를 하라고, 샤워를 마친 다음에는 그 보드카를 뱉으라고 했어요. 그러지 않으면 샤워기의 물이 입에 들어가서 그걸 마시는 거나 다름없을 거라면서요. 아침마다 그렇게 한 덕분에 한 번도 병치레를 하지 않았어요. 나 말고 다른 사람들은 모두 병에 걸렸고요. 라파엘라는 사람들이 항상 병이 나는 바람에 날마다 스태프의 절반이 자리를 비운다고 했어요.

당시에 츄러버스코 스튜디오에는 초대형 스테이지가 여덟 개 있었어요. 그중 네 개는 다른 작업에 빼앗겼던 것 같아요. 우리는 그중 두 개를 채웠어요. 츄러버스코는 넓고 규모가 컸어요. 그래서 나는 마음에 드는 세발자전거를 구해서 여러 세트 사이를 이동할 때 탔죠. 늘 사방을 돌아다녀야 했어요. 스태프 네 조가 동시에 작업을 진행하고 있었으니까요. 미친 짓이었어요. 그런데 세트들은 끝내줬어요! 멕시코의 장인들은 놀랍도록 솜씨가 좋았어요. 그들은 세트의 뒤쪽도 앞쪽만큼이나 근사하게 만들었어요. 열대 우림에서 가져온 나왕 마호가니로 세트를 지었죠. 정말로 근사했어요. 세트가 최소 80개는 있었는데, 그중 일부는 굉장히 정교했어요. 토니 매스터스는 일을 진짜 잘했어요. 작업에 몰두하면서 마법 같은 작품들을 내놓고는 했죠. 그는 프로덕션 디자인이 더욱 SF적인 분위기를 띠기를 원했지만, 베니스의 수로水路를 보고 온 여행에서 엄청난 영향을 받았던 나는 토니에게 그 얘기를 많이 했고, 그래서 우리는 그 방향으로 향했죠. 영화에 등장하는 우주선들은 최고 중의 최고였어요. 청동과 은, 구리, 황동, 백랍, 그리고 약간의 금이 결합된 작품으로, 믿기 힘들 정도로 근사했어요. 카를로스 람발디는 길드 네비게이터를 디자인했죠. 나는 그게 거대한 메뚜기랑 비슷해 보이기를 원했어요. 시나리오에 그렇게 묘사돼 있거든요. 그게 출발점이었어요. 나는 카를로에게 그런 얘기를 했는데, 사실 그건 말도 안 되는 주문이죠. 「E. T.」를 보는 건 카를로 람발디의 솜씨를 보는 거예요. 사람들은 조각을 할 때는 자신들의 모습을 조각에 투영해요. 그래서 길드 네비게이터의 얼굴에서는 카를로 람발디의 얼굴이 약간 보여요.

디노는 특수 사진 효과special photographic effects를 작업할 사람으로 배리 놀란 Barry Nolan이라는 사람을 고용했어요. 배리는 자기가 하는 일에 정통한 귀재죠. 그가 작업할 때 사용할 수 있었던 자원을 고려할 때, 그는 뛰어난 일을 해냈어요. 디노는 배리 이전에 많은 사람의 면접을 봤는데, 그중에서 제일 몸값이 싼 사람이 배리였죠. 그와중에도 디노는 배리가 더 싼값에 그 일을 맡게 만들려고 망할 놈의 수작들을 부렸을 거예요. 그래서 배리는 돈을 거의 벌지 못했을 거고요. 디노는 사람들한테 일을 시킬 때는 뼛속까지 빼먹곤 했어요.

하코넨의 세계를, 그러니까 산업 시설이 많은 세계를 디자인하는 건 엄청나게 재미있었어요. 하코넨에는 지붕이 없어요. 그들의 세계는 그냥 어둠 속으로 치솟아 올라가고, 기차들은 저 위의 플랫폼들에 도착하죠. 그래서 그 세계는 정말로 쿨해요. 하코넨 남작은 둥둥 떠다니면서 벽 위로 올라갈 수 있어요. 벽들은 정말로 높죠. 언젠가 우리가 하코넨 남작의 방에 있을 때였어요. 높이가 최소 30미터가 넘는 엄청 큰 벽들로 둘러싸인 거대한 스테이지에 세트가 설치됐고, 거기 60명쯤이 모여 있었죠. 장관이었어요. 테이크와 테이크 사이에 사람들이 주위를 서성거리고 있었는데, 캣워크(catwalk, 무대 위의 보행자용 통로―옮긴이)에서 매우 크고 무거운 펜치들이 떨어졌어요. 사람이 맞았다면 목숨을 잃을 수도 있었어요. 그러고서 우리는 머리 위 저 높은 곳에서 누군가가 냅다 도망치는 소리를 들었어요. 우리한테 정체가 들통나면 곧 바로 잘릴 테니까요.

어느 날 모션 컨트롤motion control이 필요한 장면을 촬영하고 있었어요. 그건 서로 다른 이유로 각기 다른 단계들을 많이 작업해야만 한다는 뜻으로, 각 단계는 앞서 찍은 단계하고 정확하게 똑같아야만 해요. 매번 같은 방식으로 움직이도록 카메라의 움직임을 통제하는 컴퓨터와 기계들을 사용해서 모션 컨트롤 작업을 하는 사람들이 있지만, 멕시코시티에는 그런 장비가 하나도 없었어요. 그래서 우리는 돌리와 크레인을 비롯한 장비들로 그런 효과를 내는 촬영 방법을 고안해냈죠. 나는 설치된 모션 컨트롤 장비를 둘러봤어요. 레일 위에 놓인 어린이용 화차하고 비슷하더군요. 소형 돌리용 레일들이 깔렸고, 더러운 마룻바닥 위에는 일회용 밴드와 전등용 코드, 껍질을 벗긴 전선으로 만든 작은 어린이용 화차가 있었어요. 가난뱅이용 장치였죠. 풍선껌, 고무줄, 작대기, 그리고 우리가 뚝딱뚝딱 만든 모션 컨트롤 장비가 있었어요! 장비는 제대로 작동됐어요. 하지만 그게 4천만 달러짜리 영화를 찍는 방식이라고 말할 수는 없는 노릇이죠.

브래드 듀리프가 한 말은 사실이에요. 나는 영화의 그 장면을 위해 위르겐 프로흐노프Jürgen Prochnow가 진짜로 성형 수술을 받았으면 했어요. 수술을 받았으면 한다는 말을 위르겐에게 하긴 했지만, 그가 그 문제를 잠시나마 진지하게 고려했다고는 생각하지 않아요. 그런데 있잖아요, 나는 내 뺨을 만져봤어요. 살이 별로 없더군요. 그래서 뺨에 작은 구멍을 내는 게 그렇게 극단적인 일로 보이지는 않았어요! 내 얘기 들어봐요. 위르겐이 연기한 레토 공작은 테이블에 누워 있는데, 그의 입에는 독을 뿜어내는 이빨이 있어요. 그는 하코넨 남작을 죽이려고 이빨을 부러뜨려서 그 독가스를 내뿜어야 해요. 그런데 그는 몸이 좋지 않은데다 정신이 혼미해요. 우리는 그 신을 촬영하는 데 필요한 장치를 만들었지만, 그 장면을 특정한 앵글에서 딱 한 번만 찍을 수 있었어요. 위르겐의 얼굴 한쪽에 붙여 놓은 튜브가 있었어요. 튜브는 그의 입으로 들어간 다음, 방향을 다시 돌려서 머리 뒤쪽으로 돌려져 있었죠. 이것들이 모두 그의 얼굴에 테이프로 붙여졌어요. 우리는 관객이 튜브를 볼 수는 없지만 뿜어져 나오는 가스는 볼 수 있는 방향에서 촬영하고 있었어요. 그게 첫 테이크였죠. 그는 거기 누워 이를 으드득거리다 색깔이 있는 기체를 뿜어냈어요. 테이크는 근사해 보였어요. 그런데 카메라가 멈추자마자 위르겐이 펄쩍 뛰어오르더니 비명을 지르면서 장비를 뜯어내고는 세트에서 뛰쳐나갔어요. 자기 트레일러에 들어간 그는 어찌나 열이 받았는지 도통 나오려고 하지를 않았어요. 증기가, 또는 그 튜브를 통해 나온 그 무엇이 굉장히 뜨거웠고, 그러는 바람에 그 파이프 역시 무척이나 뜨거웠던 거예요. 그 바람에 그는 얼굴에 무척 심한 화상을 입었어요. 그의 트레일러로 가서 그와 얘기를 하면서 우리가 정말로 유감스러워한다는 얘기를 했어요. 그래도 그는 그 장면을 다시 촬영하려들지는 않았어요. 우리가 촬영한 그 첫 테이크가 영화에서 사용한 테이크예요.

촬영을 마치고 보니 나는 거기에 일 년 반이나 머문 거였어요. 우리는 영화를 편집하러 LA로 갔고, 「듄」을 편집한 6개월 동안 내 거처는 웨스트우드에 세 곳인가 네 곳 있었어요. 내가 왜 계속 이사를 다녔는지는 나도 몰라요. 멕시코에 있던 걸 싫어한 적은 결코 없었어요. 하지만 LA로 돌아왔을 때 나는 정말로 미치기 직전이었어요. 편집실에 도착했더니 벽에 쪽지가 붙어 있었거든요. 끔찍했어요. 정말로 끔찍했어요. 디노가 요구하는 러닝 타임 두 시간 17분에 맞게 영화를 만드는 건 악몽이나 다름없었어요. 여기저기를 잘라내고 보이스오버를 덧붙였죠. 관객들이 무슨 일이 벌어지는지를 이해하지 못할 거라고 생각했으니까요. 몇몇 보이스오버는 영화에 들어가서는 안 되는 거였어요. 그리고 영화에 들어가지 못한 중요한 신들이 있었어요. 끔찍했죠. 자세히 설명할게요. 디노에게 중요한 건 돈이었어요. 이건 비즈니스였죠. 러닝 타임이 두 시간 17분보다 조금이라도 길면 극장들은 추가 1회의 상영기회를 놓치게 돼요. 그 러닝 타임의 논리가 그거였어요. 따라서 우리는 그 숫자를 엄수해야 했어요. 그게 영화를 죽이건 말건 상관없었어요. 나는 디노를 무척 좋아해요. 디노는 환상적인 사람이고, 나를 아들처럼 대해줬어요. 나는 그의 가족 모두를 사랑하고, 그들과 함께 있는 걸 무척 좋아했어요. 하지만 그는 특정한 방식으로 생각했고, 그건 내가 생각하는 방식하고는 달랐어요. 열심히 붓질하고 있는데 누군가가 들어와서 그림에 가위질을 하고는 그중 대부분을 내다 버리는 거랑 비슷했어요. 그렇게 되면 그건 더 이상 내가 그린 그림이 아닌 거죠. 그렇게 볼 때 「듄」은 내 영화가 아니었어요.

영화의 최종 편집본이 나온 후에 파티가 열렸어요. 메리가 거기에 왔고, 파티에서는 여자들끼리 싸움이 벌어졌어요. 몸과 몸이 얼마나 심하게 충돌했는지는 몰라요. 그래도 약간은 충돌이 있었을 거예요. 그러다가 백악관에서 영화가 상영됐고, 나는 메리하고 라파엘라, 그녀의 남편과 함께 백악관에 갔어요. 메리하고 나는 낸시와 로널드 레이건과 같은 자리에 섰어요. 레이건 대통령은 「듄」과 이런저런 영화에 대해 얘기하는 걸 정말 좋아했죠. 그러고서 우리는 모두 춤을 췄어요. 영화를 처음부터 끝까지 보면서 자리에 앉아 있던 기억은 내 머리에서 완전히 지워졌어요. 영화가 개봉됐을 때는 리뷰를 하나도 읽지 않았고요.

나중에 제작진은 내가 「듄」의 텔레비전 버전을 편집해주기를 원했어요. 그들은 그 작업을 해달라고 했지만 나는 싫다고 했어요. 그들이 편집한 버전은 본 적이 없고 보고 싶지도 않아요. 내가 촬영한 일부 장면들을 첨가하고 내레이션을 조금 더 입혔다는 걸 알아요. 내가 촬영했던 장면들을 모두 집어넣으면 어땠을까, 그랬다면 뭔가 나은 작품이 나오지 않았을까 생각해본 적이 있지만, 「듄」의 최종 편집권은 디노에게 있었다는 걸, 그리고 그 때문에 촬영을 시작하기도 전에 내가 내 영감을 팔아버리기 시작했다는 걸 나는 한시도 잊은 적이 없어요. 나는 그가 이건 좋아하겠지만 저건 좋아하지 않을 거라는 걸 알았어요. 그래서 그냥 내 영감을 팔아버리기 시작한 거였어요. 그런 식으로 일이 진행된 건 딱한 일이죠. 그런데 그게 내가 살아남을 수 있는 유일한 길이었어요. 그 망할 놈의 계약서에 서명한 상태였으니까요. 「듄」과 속편 두 편을 위한 세 편의 영화 연출 계약. 그 영화가 성공작이 됐다면 나는 '미스터 듄'이 됐을 거예요.

내가 「듄」을 만들고 있을 때 메리와 오스틴은 버지니아로 이사했어요. 합리적인 일이었죠. 메리의 어머니는 부동산업에 종사해요. 그분이 아주 괜찮은 매물을 찾아냈어요. 잭하고 시시는 거기에 농장을 갖고 있었고, 나는 곁에 없었죠. 메리는 친정 어머니하고 가까이 있고 싶었던 것 같아요. 근사한 곳이었어요. 「듄」이 저물 무렵에 우리는 거기에 살았어요. 버지니아에 도착할 무렵 나는 너무 약해져 있었어요. 신경이 온통 곤두서 있었죠. 그 엄청난 실패 때문에요. 잔디밭을 산책하러 나갔는데 거기에 초목들이 있었던 게 기억나요. 잡초들은 아니었어요. 나무하고 잡초의 중간쯤 되는 종류였어요. 무리를 이루고 있었는데, 직경이 2.5센티미터쯤 됐어요. 3.6미터에서 4.2미터 높이까지 자란 가느다란 식물이었죠. 마음에 들지 않아서 우리가 앉아 있던 자리에서 그것들을 뽑았어요. 한 가닥을 잡아당겼더니 뿌리까지 통째로 뽑히더군요. 그것들을 몽땅 제거할 수 있겠다 싶었어요. 그래서 두 가닥을 잡아당겼더니 그것들도 뽑혔어요. 그래서 다섯 가닥을 움켜쥐었어요. 그걸 잡아당길 때 내 등에서 무슨 소리가 들렸고 뭔가가 찢어지는 걸 느꼈어요. 다섯 가닥은 뽑히지 않았고, 그래서 나는 그 짓을 그만두기로 했죠. 당장은 아무런 통증도 없었어요. 그래서 자리에 앉아서 대화를 계속했죠. 그런데 대화가 끝났을 때 일어설 수가 없었어요. 그날 밤에 메리는 내가 오스틴에게 가서 잘 자라는 인사를 하기를 원했어요. 그래서 누워 있던 나는 우리 방의 바닥에서 억지로 몸을 일으켜서는 복도를 건너 오스틴의 방으로 갔어요. 아이는 침대에 있었어요. 침대 바로 옆에 몸을 밀어 넣고 거기 바닥에 누운 채로 아이가 잠들 때까지 재미있는 이야기를 들려줬죠. 그러다가 우리 침실로 돌아온 나는 비명이 터질 것 같은 통증을 느끼면서도 어찌어찌 침대에 들어갔지만, 이후 나흘간 침대를 벗어나지 못했어요. 꿈쩍도 못 하겠더군요. 이튿날에 의사가 와서 등에 있는 근육이 많이 찢어졌다고 했어요. 완치되기까지 긴 시간이 걸렸죠. 그 영화는 다양한 방식으로 나를 엄청나게 고생시켰어요. 하지만 디노와 그의 가족을 알게 된 것만으로도 「듄」을 만드는 악몽은 꿀 만한 가치가 있는 일이었어요. 그 영화는 나를 「블루 벨벳」으로 이끌었으니까요.

교외의 로맨스,
다르기만 할 뿐인

「**듄**」은 린치에게 있어 가장 근본적인 부분부터 잘못된 프로젝트였고, 결국에는 그의 무릎을 꿇려버렸다. "가끔은 사람들이 나쁜 경험을 할 필요도 있다고 생각합니다. 내 경우에는 「듄」으로 정말 힘든 경험을 했었죠." 린치가 내놓은 코멘트다. 린치가 가진 천재성의 주요한 측면은 소우주를 파고드는 능력이다. 그는 일상생활의 지극히 사소한 측면들로부터 신비롭고 초현실적인 면들을 찾아내고, 자그마한 흙무더기에서 천 쪼가리에 이르는 모든 사물에 아낌없이 관심을 쏟아붓는다. "자기가 사는 집의 창문을 열고 밖을 관찰하는 사람들도 있지만, 나는 주택 내부를 좋아하고 창문에는 관심이 없습니다." 언젠가 그가 했던 말이다. "집 안 내부 깊은 곳으로 가서 물건들 속에 파묻힌 물건들을 찾아내는 걸 좋아하죠." 장대한 전투 장면과 방대하고 광활하며 텅 빈 사막은, 순수하게 공간적인 특성으로만 보면 린치에게는 분명 어울리지 않았다. 외계 우주와 아득히 먼 미래는? 그런 곳들은 다른 감독들에게 맡겨두자.

하지만 린치가 영화감독으로서 정확히 어떤 존재인지 명확하게 드러내는 걸 도와줬다는 점에서, 「듄」은 린치가 예술가로 발전하는 데 결정적인 역할을 했다. 무엇보다도, 린치는 미국인 예술가였다. 그의 작품들이 다루는 주제는 보편적인 것들이지만, 그가 들려주는 스토리들의 배경은 미국이다. 미국은 그의 작품에 흔적을 남겼다. 미국은 잊을 수 없는 유년기의 기억들을 그의 뇌리에 각인시킨 곳이며, 그가 지극히 행복한 상태로 묘사하는 낭만적인 사랑의 기원이라 할, 그 자신의 젊고 열정적인 애정사를 담은 곳이기도 하다. 미국이라는 나라 자체도 중요하다: 태평양 연안 북서부의 쭉쭉 뻗은 나무들, 여름밤에 곤충들이 자그마한 소리로 웅얼대는 중서부의 교외 동네들, 영화산업이 인간의 영혼을 갉아먹는 곳인 로스앤젤레스, 1960년대에 그의 심미적 감수성이 벼려진 곳인 소름 끼치는 시련의 도시 필라델피아. 멕시코시티에서 그 어려운 몇 달을 보내고 돌아온 이후로 그는 이 모든 것들에 충실해졌다.

린치의 굴하지 않는 창작욕은 「듄」이라는 시련에도 빛을 잃지 않았고, 촬영 내내 그는 미래를 바라보기를 멈추지 않았다. "데이비드는 「듄」을 촬영하는 동안에도 내게 「블루 벨벳」의 시나리오를 주면서 말했어요. '이것 좀 봐.' 나는 시나리오를 읽고 흥분했었죠." 카일 맥라클란은 말했다. "에로틱하면서 힘이 넘치는 시나리오였어요. 나는 제프리가 나선 여정에 깜짝 놀랐습니다. 어떤 이유에서인지, 나는 그 작품을 이해하면서 작품에 공감했어요."

사적인 영역을 깊게 파고들면서 음울한 웃음을 짓게 만드는 「블루 벨벳」은 린치가 만들지 않으면 안 되는 종류의 영화였다. 그 영화는 그가 이후로 계속해서 탐구해온 영역의 특징을 보여줬다. "영화의 분위기는 어느 소도시의, 어느 동네의, 숨겨져 있는 무언가의 분위기입니다." 언젠가 린치가 했던 말이다. "낙관적인 분위기는 아닙니다. 몽환적이면서 더 어두운 측면을 보여주는 영화죠. 「이레이저 헤드」보다는 개방적인 작품이지만, 여전히 밀실 공포증적인 분위기를 담고 있습니다."

「듄」을 마치고 「블루 벨벳」으로 돌아온 린치는 시나리오가 작품에 필요한 빛이 아니라 어둠을 담고 있음을, 그리고 아직은 약간 불완전함을 깨달았다. 그가 놓친 퍼즐의 마지막 조각은 줄거리를 클라이맥스에 올려놓는 피날레였다. 그러던 중에 꿈속에서 해답이 그를 찾아왔다. 린치의 꿈은 도로시 발렌스Dorothy Vallens—「블루 벨벳」의 비극적인 팜 파탈femme fatale—의 아파트 거실이 배경이었고, 노란 정장 재킷의 주머니에 든 권총과 경찰 무전기가 등장했다. 린치는 그런 간단한 요소들 덕에 스토리를 결말지을 수 있었다. 그는 1985년 7월 24일에 촬영용 시나리오 최종고를 완성했다.

린치는 흡족한 시나리오를 가지게 됐다. 그런데 이것은 영화가 스크린에 오를 때까지 거쳐야 하는 기나긴 과정 중의 한 걸음일 뿐이었다. "「블루 벨벳」은 이륙시키기가 대단히 힘든 프로젝트였습니다." 릭 니치타의 회상이다. "데이비드는 최종 편집권을 가진 감독입니다. 그와 같은 배를 타려는 사람은 이런저런 조건들을 놓고 옥신각신해서는 안 됩니다. 그의 비전에 발을 들이고 그와 같은 궤도를 돌겠다는 쪽을 택하거나 아예 그러지 않는 쪽을 택해야만 하죠. 그건 잠재적인 투자자들의 입장에서 매력적인 요소인 동시에 그렇지 않은 요소였습니다. 1984년에 유니버설의 톰 폴락Tom Pollock이 승선했고, 하나님이 보우하시는 —세상에서 제일 위대한 제작자였던— 디노 드 로렌티스도 승선했습니다. 그는 그 영화 제작비의 상당 부분을 댔습니다."

드 로렌티스는 「블루 벨벳」에 파란불을 켜준 후에 프로듀서 프레드 카루소Fred Caruso를 데려왔다. 카루소는 1970년대 초에 개인 비서PA, personal assistant로 경력을 시작했다가 영화 산업계에 이르기까지 나름의 길을 개척해온 인물이었다. "나는 디노가 미국에서 만든 첫 영화인 「살인 영장The Valachi Papers」을 작업했습니다. 그 이후로 그를 위해 많은 영화를 작업했죠." 카루소는 말했다. "디노가 말하더군요. '이 영화를 데이비드 린치와 만들고 싶어. 그런데 우리가 만드는 데 성공할 수 있을지 모르겠어. 제작비가 천만 달러나 되거든.' 당시에 디노는 윌밍턴에 스튜디오를 짓고 있었습니다. 그가 말했어요. '가서 데이비드를 만나서 자네가 할 수 있는 일이 무엇인지 확인해 봐.' 시나리오를 몇 번 읽어보고 디노에게 말했습니다. '이 영화가 무슨 얘기를 하려는 건지 도무지 모르겠네요. 하지만 이걸 작업하게 돼서 기분은 무척 좋아요.' 나는 제작비를 짜는 솜씨가 좋습니다. 그래서 제작비를 4백만 달러까지 낮췄죠. 그러자 디노가 말했습니다. '영화를 만들도록 해.'"[1]

프레드 엘름스는 회상했다. "디노는 「블루 벨벳」을 만들기로 결정한 뒤 '제작비를 아낄 수 있도록 현지 사람들을 쓰도록 하게.'라고 했어요. 데이비드가 더 적은 돈으로 영화를 만들 경우, 디노는 이래라저래라 하지 않을 거라는 조건이었습니다. 디노는 최상급 훈수꾼이었기 때문에 데이비드는 그 조건을 좋아했죠."

1985년 5월에 린치는 그의 집에서 차로 다섯 시간 거리에 있는 윌밍턴에서 「블루 벨벳」의 프리프로덕션을 하려고 버지니아를 떠났다. 카루소가 도착했을 때 린치는 이미 세트에 있었다. "처음 만났을 때 그는 검정 스니커즈를 신고 있었습니다. 그런데 색이 조금 이상했어요." 카루소는 떠올렸다. "나중에야 그가 흰색 스니커즈를 사다가 거기에 검정 스프레이를 뿌렸다는 걸 알았습니다. 데이비드에게 시나리오가 이해되지 않는다고 했더니 내게 시나리오를 설명하기 시작하더군요. 속으로 생각했죠. '그래도 여전히 이해가 안 되는데.'"

「블루 벨벳」을 "설명"하는 건 까다로운 일이다. 1987년에 『시네아스트Cineaste』에 마련된, 이 영화의 기원을 밝히는 지면에서 린치는 이렇게 말했다. "제일 처음 떠올린 아이디어는 영화의 느낌과 「블루 벨벳」이라는 제목뿐이었습니다. 두 번째 아이디어는 들판에 놓인 잘린 귀의 이미지였죠. 그게 왜 귀여야 했는지는 나도 모릅니다. 열려 있는 신체 부위여야 할 필요가, 다른 무엇인가를 향해 뚫린 구멍이어야 할 필요가 있다는 것만 빼면요. 머리에 붙은 귀는 우리의 마음으로 곧장 이어집니다. 따라서 귀야말로 완벽한 부위라고 느꼈습니다. 세 번째 아이디어는 바비 빈튼Bobby Vinton의 노래 〈블루 벨벳〉이었습니다."

린치의 「블루 벨벳」은 이후로 대학원 논문 천 편 이상을 낳았다. 하지만 많은 이들이 시도했음에도 불구하고 우리는 그 영화를 프로이드적인 상징의 컬렉션으로 요약하지는 못한다. 영화에 담긴 요소들은 깔끔하고 단정한 시놉시스로 정리하기에는 지나치게 복잡하고 다층적이다. 더군다나, 린치가 영화의 줄거리를 철저하게 이해했다고 하더라도 ―그리고 관객들이 점과 점 사이를 쉽게 이을 수 있는 능력을 갖고 있다고 생각했더라도― 그는 그걸 그대로 필름에 담아내야겠다는 열의를 느끼진 않았을 것이다. 린치는 일상적인 현실과 인간의 상상력과 갈망이라는 환상적인 영역을 갈라놓는 신비로운 틈새에서 활동하는 편을 선호하고, 설명이나 이해의 대상이 되는 것에 저항하기를 추구한다. 그는 관객들이 자신의 영화들을 이해하기보다는 느끼고 경험하기를 원한다.

"데이비드는 그의 작품에서 항상 어떤 종류의 미스터리를 다루고 있어요." 도로시 발렌스를 연기한 이사벨라 로셀리니Isabella Rossellini는 말했다. "언젠가 그가 그의 작업을 이해하는 데 정말로 도움이 되는 얘기를 한 적이 있어요. 그는 말했어요. '사람이 살면서 모든 것을 다 알지는 못해. 우리가 사람들이 앉아 있는 어떤 방에 들어간다고 쳐. 그 방에는 특유의 분위기가 있어. 우리는 말을 조심해야만 하는지, 시끄럽게 떠들어야 하는지, 가만히 입을 다물고 있어야 하는지, 소곤소곤 얘기해야 하는지를 그 즉시 알아차리지. 그냥 즉각적으로 파악하는 거야. 우리가 모르는 건 그다음에 무슨 일이 일어나느냐 하는 거야. 살다 보면 우리는 이야기가 어느 방향으로 전개되는지를 모르고, 심지어는 1분 뒤에 대화가 어느 방향으로 전개될지조차 몰라.' 데이비드의 이런 인식은 그의 영화들을 이해하는 데 정말로 중요해요. 그는 세상 만물을 둘러싼 미스터리에 대단히 민감해요."[2]

「블루 벨벳」의 내러티브는 꽤 단순하다. 맥라클란이 연기한 대학생 제프리 보몬트는 아버지가 병석에 눕자 작은 소도시인 고향으로 돌아왔다가 벌판에서 잘려진 귀를 발견한다. 귀가 거기에 놓이게 된 미스터리를 풀려고 시도하던 그는 데니스 호퍼가 연기하는 순수한 악당 프랭크 부스와 마주친다. 그리고 그 과정에서 그는 예전에는 알지 못했던 에로티시즘이라는 금단의 영역에 발을 들여놓는다. 우리 대다수는 우리 자신의 섹슈얼리티라는 숨겨진 복잡한 세계를 학습하는 쪽으로 우리를 이끌어가는 독특한 상황에 빠질 일이 없다. 그런데 「블루 벨벳」의 주요 등장인물 네 명 중 세 명—제프리, 도로시 발렌스, 프랭크 부스—은 각자의 세계를 발견했다.

"섹스의 특정한 측면들은 사람들을 괴롭힙니다. 그게 권력의 일종으로 사용될 때, 또는 다른 사람들을 착취하는 변태적인 형태를 취할 때는요." 린치는 말했다. "섹스는 대단히 강력하고 신비로운 무엇인가로 이어지는 관문입니다. 그런데 영화들은 그걸 철저하게 밋밋한 방식으로 묘사하는 게 보통이죠. 노골적인 묘사를 하더라도 그것의 신비로운 측면에 다가가지는 못합니다. 영화에서 그걸 제대로 전달하는 게 어려운 일인 이유는 섹스가 그토록 미스터리한 것이기 때문입니다."

에로틱한 집착은 「블루 벨벳」의 핵심으로, 린치의 작업 기반 중 하나다. 하지만 더 장기적으로 봤을 때, 그가 작업했던 모든 작품을 관통하는 중요한 주제는 우리의 삶과 함께하는 이중성이라는 이슈, 그리고 그것들을 화해시키려는 우리의 노력이라는 게 명백해진다. 「블루 벨벳」은 행복을 상징하는 파랑새의 순수함과 미치광이 같은 프랭크 부스의 야만성 사이를 그네처럼 극적으로 오가고, 영화는 인생의 이중성이 사람들이 소망하는 것처럼 명확하게 설명되지 않는다는 걸 암시한다. 프랭크 부스는 잔혹한 인물이지만, 감상적인 팝송을 들으면서 눈물을 흘리기도 하는 사람이다. 그는 도로시 발렌스가 노래 부르는 걸 지켜보면서 파란 벨벳 조각을 부드럽게 쓰다듬는다. 그러면서 그의 얼굴에 떠오르는 갈망과 고통은 그를 인간적인 존재로 만들어준다. 제프리 보몬트는 관객이 공감할 수 있는 주인공으로 영화에 남기는 하지만, 다른 남자의 여자친구를 태평하게 가로채는 관음증 환자이기도 하다. 도로시 발렌스는 남자들한테 구타당하는 걸 즐기는 연약하고 비탄에 잠긴 애 엄마다. 순결한 샌디는 연민과 완벽한 행복이라는 소명을 품고 있으면서도 남자친구의 등 뒤를 슬금슬금 맴돈다. 완전체로 존재하는 사람은 아무도 없다.

어둠과 빛으로 이뤄진 「블루 벨벳」의 세계 곳곳으로 우리를 안내하는 가이드는 제프리 보몬트다. "데이비드와 「듄」을 같이 작업하면서 그를 꽤 잘 알게 됐습니다. 제프리에게서 그의 모습을 많이 봤죠." 맥라클란은 말했다. "데이비드는 자신의 인생에서 화제들을 가져다가 그것들을 자기 예술의 일부로 만들어내는 일을 잘합니다. 그가 자신의 작품에서 정서적으로 무척 솔직하다는 점은 경이롭죠. 우리가 함께한 작품들에서 내가 그의 분신이라 할 역할을 제대로 연기했느냐는 문제의 경우, 그의 작품 속 배역을 맡을 때 그라는 사람의 일부를 소화해 적응하는 건 나한테는 쉬운 일이었다는 말만 드릴 수 있겠네요.”

린치는 자신이 창조한 허구의 캐릭터에 자신의 존재가 어느 정도 반영되었는지 밝히기를 꺼리지 않는다. 그는 이런 말을 했었다. “제프리에게서 나 자신의 모습을 많이 봅니다. 그리고 「이레이저 헤드」의 헨리에게도 동질감을 느끼고요. 그 두 캐릭터 모두 세상 앞에서 혼란스러워 하죠. 내가 세상에서 보는 것 중 대부분은 대단히 아름답지만, 사물들이 어떻게 지금과 같은 방식으로 존재하는지 가늠해내기는 여전히 어렵습니다. 내 영화들이 서로 다른 많은 해석에 열린 경향을 보이는 이유 중 하나가 그거 같아요.”

프레드 카루소가 받은 임무 목록에는 촬영장에서 린치를 보조할 어시스턴트를 찾아내는 것도 들어 있었다. 그는 존 웬트워스John Wentworth를 만나보지도 않고 고용했다. 1980년대 초에 브라운 대학 학생이던 웬트워스는 「이레이저 헤드」에 강한 인상을 받았다. 그래서 그는 1982년에 로스앤젤레스로 이주한 후, 린치가 베니스 비치의 어느 곳에서 강연한다는 얘기를 듣자 거기에 참석하기로 한다. “그가 뿜어내는 긍정적인 기운이 대단히 좋았습니다.” 웬트워스의 회상이다. “굉장한 카리스마였습니다. 하지만 허풍은 아니었죠. 진실해 보였고, 묘한 매력이 있었습니다. ‘아아, 이 사람이랑 같이 일해보고 싶어.’라고 생각했습니다.” 웬트워스는 1983년부터 1984년까지 AFI에 다닐 때 AFI 창립자 조지 스티븐스 주니어를 만났다. 그는 스티븐스에게 ‘린치에게 내 얘기를 잘해달라’고 부탁했다. 그러다가 1985년 연초에 카루소에게서 전화를 받았다. “프레드는 일주일 안에 윌밍턴에 올 수 있으면 데이비드의 어시스턴트 자리를 주겠다고 했습니다.” 웬트워스는 말했다. “거기로 가기 전에 데이비드하고 통화했습니다. 그는 「블루 벨벳」의 로고를 직접 디자인하는 중인데 거기에 쓸 플로킹(flocking, 섬유나 무늬를 접착제로 붙여서 만든 벽지—옮긴이)이 필요하다고 했습니다. 그의 어시스턴트로서 해야 할 업무 중에는 심부름하기와 약속 일정 잡기 같은 평범한 일들도 있었지만, 플로킹을 구해오는 것처럼 딱 데이비드스러운 요청들도 있었습니다.”

“윌밍턴에 도착하고 오래지 않아, 데이비드는 젊은 여자 대여섯 명과 낡은 가구 몇 점, 기다란 로프가 필요한 체어 풀Chair Pull이라는 작업 아이디어를 내놨습니다.” 웬트워스의 회상은 계속됐다. “내가 할 일은 가구하고 여자들을 찾아내는 거였습니다. 그래서 우리는 주차장 한 곳에 판을 깔았고, 여자들은 거기에서 가구를 당기면서 돌아다녔죠. 무슨 이유에서인지 제작진은 그 모습을 필름에 담고 있었고요. 그런 해프닝 같은 프로젝트들이 늘 있었습니다. 데이비드는 무엇으로도 예술 작품을 만들어낼 수 있는 사람입니다. 그를 위해 일하는 건 영감을 갖고 있고 자신이 하는 일을 잘 아는, 그리고 그 모든 일에 담긴 광기狂氣를 즐기는 탁월한 사람과 같이 일하는 거예요.”[3]

「블루 벨벳」의 촬영은 7월에 시작될 예정이었지만, 스태프가 윌밍턴에 도착해서 세팅에 착수 중이던 봄에도 캐스팅은 한창 진행되고 있었다. 린치는 윌밍턴으로 향하기에 앞서, 이후로 그가 영화를 만드는 데 대들보 같은 존재가 될 캐스팅 디렉터 조한나 레이Johanna Ray를 만났다. 그는 그녀를 만난 이후로는 다른 캐스팅 디렉터와 작업한 적이 없다. 영국 출신인 레이는 1967년에 미국으로 건너와 배우 알도 레이와 결혼했다. 아들을 둘 낳은 뒤 1967년에 이혼한 그녀는 경력을 캐스팅 디렉터 쪽으로 서서히 밀고 나가기 시작했다. 그녀가 처음으로 작업한 대규모 영화는 스티븐 킹Stephen King의 소설을 각색한 마크 레스터Mark Lester의 1984년작 「초능력 소녀의 분노Firestarter」였는데, 그 영화의 제작자가 디노 드 로렌티스였다. 이후로 린치는 그녀를 자신이 제작한 영화 세 편의 캐스팅 디렉터로 고용했고, 그중 한 편이 「블루 벨벳」이었다.

"디노의 딸 라파엘라가 전화해서 말했어요. '여기 와서 데이비드 린치를 만나봐요.'" 레이의 회상이다. "데이비드는 밸리의 외진 사무실에서 「듄」을 작업하고 있었어요. 우리는 영화에 나오는 역할들과 그가 찾고 있는 배우들의 유형에 관해 얘기를 나눴죠. 그가 '도로시 발렌스의 경우, 몸매가 완벽한 여배우는 원치 않아요.'라고 말했을 때 나는 그와 사랑에 빠졌어요. 그가 한 그 말 때문에 그를 사모하게 됐죠."

"그는 처음에는 알기가 무척 어려운 사람이었어요. 낯가림이 심한 사람이라고 생각했거든요." 그녀의 회상은 계속됐다. "나도 낯가림이 있었어요. 그가 나를 마음에 들어 하는 건 그래서일 거예요. 나도 적극적인 사람은 못 되니까요. 결국 그는 정말 친한 친구가 됐고, 나는 그에게는 나도 모르게 속내를 털어놓곤 해요. 우리는 무척 다정한 사이예요."[4]

배우 브루스 던Bruce Dern과 다이안 래드Diane Ladd의 딸인 로라 던Laura Dern은 영화 두 편―「마스크Mask」와 「커니의 성인식Smooth Talk」―에 출연한 경력이 있었지만, 「블루 벨벳」을 논의하려고 린치를 처음 만났을 때 그녀는 겨우 열일곱 살이었다. "시나리오를 보고 깜짝 놀랐어요. 하지만 굉장히 좋은 작품이라고도 생각했었죠." 영화에서 샌디 윌리엄스를 연기한 던은 말했다. "내 캐릭터는 줄거리의 대단히 어두운 측면에는 속해 있지 않아요. 다들 데이비드의 영화에 담긴 폭력과 잔혹함에 대해 얘기하지만, 그는 신앙심이 무척 깊은 사람이기도 해요. 내가 그를 위해 연기했던 캐릭터들이 많은 시간을 보내는 곳도 그런 곳이에요. 그게 내가 배우로서 접근한 데이비드의 한 부분이에요."[5]

린치가 프랭크 부스의 캐릭터를 위해 데니스 호퍼에게 다가가는 데에는 약간의 시간이 걸렸다. 윌렘 대포Willem Dafoe가 그 역할을 상의하러 왔었고, 린치는 그 역을 해리 딘 스탠튼에게 제의했지만 스탠튼은 "그런 과격한 여행은 떠나고 싶지 않다."라면서 거절했다. 호퍼는 1980년대 중반 무렵에는 영화계에서 인지도가 그리 높은 인물이 아니었고, 방탕하다는 평판 때문에 그의 연기 재능은 오랫동안 대중의 눈 밖에 난 상태였다. "그의 이름이 거론되면 사람들은 하나같이 말했어요. '맙소사, 그 사람은 제정신이 아니에요!'" 웬트워스의 회상이다. "그런데 그는 차츰 정신을 차리고 있었어요. 사무실에 찾아와서는 데이비드에게 말했죠. '보세요. 저는 말짱해요. 내가 무슨 짓을 하고 있는지 잘 안다고요.' 그러고서 그는 위대한 연기를 펼쳤죠. 데니스는 정말이지 프랭크 부스를 연기하면서 살아났어요."

호퍼가 「블루 벨벳」에서 보여준 연기는 그를 직업적인 신뢰도를 회복하는 쪽으로 이어지는 긴 여정 위에 올려놓았다. 그는 등장하는 모든 신에서 엄청나게 빼어난, 그야말로 위대한 연기를 펼쳤다. 제프리 보몬트를 구타하고 자기 얼굴에 립스틱을 문지른 뒤 그에게 입을 맞추며 "영원히, 꿈속에서."라고 속삭일 준비를 할 때, 그의 모습은 무시무시하다. 린치의 건조한 유머 감각은 영화 내내 사소하면서도 과장된 동작들로 재미를 선사한다. 구타를 당한 뒤 이튿날 아침에 의식을 되찾은 제프리는 자신이 음산한 제재소 외곽의 질척거리는 자갈밭에 누워 있다는 걸 알게 된다. 그가 휘청거리며 걸어갈 때, 거리 표지판은 그가 "메도우 레인(Meadow Lane, '목초지 길'이라는 뜻—옮긴이)"을 떠나고 있다고 알려준다. 그 장소는 영화의 다른 곳에서도 언급된다. 린치는 그의 심중에서 "그곳은 무슨 일이 벌어진 중요한 장소였다."고 말했지만, 그 무슨 일이 무엇인지는 아직도 밝혀지지 않았다.

출연진과 스태프 전원이 호퍼에게 적응하는 데에는 시간이 조금 걸렸다. "데이비드가 작업하는 방식은 이렇습니다. 어떤 신을 촬영할 준비를 마치면, 그는 스테이지를 청소하고 여러 가지를 파악하기 위해 배우들과 작업한 후 나를 데려가 우리가 촬영할 방식을 내게 보여줍니다." 엘름스의 회상이다. "그런데 맙소사, 나는 데니스와 이사벨라가 처음으로 찍은 신을 처음 보고는 경악했습니다. 데이비드의 시나리오에 적힌 단어 하나하나가 페이지에서 떨어져 나와 데니스의 연기로 변해버린 것 같은, 정말로 압도적인 연기였거든요."

"데니스를 일단 알고 난 후에는 그가 마음에 들었습니다. 그리고 그는 세트에서 제일 책임감이 강한 배우가 됐습니다." 엘름스가 덧붙인 말이다. "「블루 벨벳」 촬영장에 온 그는 자신에게 붙은 악명을 떨쳐내고 있었습니다. 선한 일들을 했죠. 실제로, 그는 다른 배우들이 자기들의 대사를 모르고 있으면 속상해했고, 제 시각에 촬영장에 도착하지 못하는 사람들은 그의 블랙리스트에 올랐습니다."

호퍼는 린치가 준 기회를 진지한 모습으로 붙잡았다. 그는 당시 자신이 그다지 영향력 있는 인간이 아니라는 걸, 그리고 프랭크 부스 역이 자신에게 엄청난 역할이라는 걸 잘 알고 있었다. "이건 비범한 영화예요." 윌밍턴에서 가진 대화에서 호퍼는 말했다. "공포영화를 좋아하는 관객들이 「블루 벨벳」을 보려고 모여들겠지만, 이건 공포영화의 차원을 넘어서는 영화예요. 다른 관점에서 보면 이 영화는 미국의 분열증schizophrenia에 대한 영화죠. 느긋한 마음으로 이 영화를 받아들일 준비를 한다면, 스크린에 펼쳐지는 집단적인 악몽을 깨달을 수 있을 겁니다."[6]

"내게 있어, 프랭크 부스는 미국인들이 무척 잘 알고 있는 남자입니다." 린치는 말했다. "나는 거의 모든 미국인이 프랭크 같은 사람을 만난 적이 있다고 확신합니다. 사람들이 그와 악수를 하고 같이 술을 마시러 나간 적은 없겠지만, 우리 모두 그와 비슷한 사람들과 눈빛을 주고받았을 겁니다. 우리가 살아오면서 그를 만난 적이 있다는 걸, 우리 모두 잘 압니다."

이사벨라 로셀리니가 도로시 발렌스로 캐스팅된 건 순전히 우연이었다. 배우 잉그리드 버그먼Ingrid Bergman과 감독 로베르토 로셀리니의 딸인 그녀는 로마에서, 주로 아버지 손에 자랐다. 1972년에 뉴욕으로 이주해서 이탈리아 국영 방송 소속 저널리스트로 일하던 그녀의 모델 경력은 1970년대 말에 하늘 높이 날아올랐다. 린치가 뉴욕에서 그녀를 만났을 때, 로셀리니는 미국 영화 딱 한 편에서 연기를 한 상태였다.

"여자 친구 몇 명하고 레스토랑에 있었는데, 그중 두 명이 디노 밑에서 일하는 사람들이었어요." 로셀리니의 회상이다. "우리는 디노의 레스토랑에 있었어요. 알로 알로Alo Alo라는 곳이었는데, 디노가 '헬로, 헬로' 발음을 그렇게 해서 그런 이름이 붙은 곳이었죠. 데이비드는 드 로렌티스의 식구 한 명—라파엘라의 전남편이었을 거예요—하고 같이 거기에 있었어요. 우리는 테이블을 붙였고, 데이비드하고 나는 그렇게 처음 만났죠. 나는 헬렌 미렌Helen Mirren하고 「백야White Nights」라는 영화의 촬영을 막 마친 참이었어요. 데이비드는 자기가 캐스팅 중인 「블루 벨벳」이라는 영화에 내가 출연해주기를 간절히 원한다는 말을 했어요. 그는 이튿날에 내게 시나리오를 보내면서 '어쩌면 당신도 그 배역을 살펴보고 싶을 겁니다.'라는 쪽지를 같이 보냈어요."

"마티(Marty, 1979년부터 1982년까지 로셀리니의 남편이던 마틴 스콜세지)에게 데이비드에 대해 물었더니, 극장에 가서 「이레이저 헤드」를 보라더군요. 마티는 예술에 대한 감식안이 정말로 뛰어난 사람이에요. 내가 만난 사람 중에 최고의 영화학자고요. 그는 데이비드를 엄청나게 우러러봤어요. 나는 「엘리펀트 맨」도 봤어요. 그 영화와 「이레이저 헤드」 사이의 거리는 엄청나게 멀었죠. 바로 그때 그가 대단히 재능 있는 감독이라는 걸 이해했어요. 그래서 나는 데이비드에게 전화를 걸었어요. 그가 원하는 캐릭터를 제대로 포착했는지 확인하고 싶으니까, 카일하고 같이 테스트를 받았으면 좋겠다고 했어요. 데이비드는 카일과 리허설할 수 있는 시간을 많이 줬어요. 우리가 침대에서 함께 구르거나 키스를 하거나 하는 신은 아니었어요. 대사가 많은 장면들이었죠. 나는 그를 어떻게 유혹할까? 어떤 행동으로 그를 놀래줄까? 그녀에게 행해지는 범죄의 피해자인 동시에 가해자이기도 한 여자를 어떻게 그려낼까? 우리는 그런 제일 어려운 신들에 대해 상의했어요. 테스트를 마치자 데이비드가 나한테 도로시 발렌스 역할을 제의했어요. 테스트하는 동안 데이비드가 나한테 무척 많은 시간을 준 덕에 나는 그 역할을 감당할 수 있을 거라는 자신감을 느꼈어요."

로셀리니는 그 배역을 감당하는 수준에 머물지 않았다. 그녀는 화산처럼 터지는 호퍼와 모든 면에서 어깨를 나란히 할 만한 격렬한 연기를 선보였다. 처음에 호퍼에게 다가갈 때만 해도 그녀는 두려운 심정이었다. "그가 재활원에 있었던 걸 —몇 년간이었을 거예요— 모두가 알고 있었어요. 데니스를 만나기 전에 데이비드에게 그는 어떤 사람이냐고 물었어요. 데이비드는 '시한폭탄 옆에 앉는 거랑 비슷해요.'라고 하더군요."

"데이비드는 의식儀式을 치르듯이 겁탈이 행해지는 신을 제일 먼저 촬영해야 한다고 생각했어요. 불쾌한 장면부터 먼저 끝내야 한다는 생각에서였죠. 나는 생각했어요. 그 신으로 촬영을 시작할 거라고? 끔찍하군." 로셀리니의 회상은 계속됐다. "그때까지도 데니스를 만난 적이 없었어요. 그래서 제1조감독에게 부탁했어요. 촬영장에 가기 전에 우리끼리 만나서 아침을 먹을 수 있겠느냐고 물어봐달라고요. 그렇게 우리는 아침을 먹으려고 만났는데, 그는 상당히 냉담한 데다 짜증이 난 듯 보였어요. '내가 당신한테 뭘 원했다고 이러는 거야? 우리는 영화를 작업하고 있는 거야. 그러니 당신은 나를 알 필요가 없어. 그래, 우리는 어려운 신을 촬영하게 될 거야. 그런데 그건 우리가 할 일일 뿐이라고.'라는 식이었죠. 나는 그에게 겁을 먹었어요. 어쩌면 전문적인 배우들은 촬영을 시작하기 전에 만나서 안면을 트자고 요청하지는 않나 보다 생각했죠. 지금 와서 돌아보면, 그가 냉담했던 건 그 역시도 나만큼이나 두려워서였을 거예요. 물론 그도 무서웠겠죠. 재활원에서 몇 년을 보낸 후에 연기자로 되돌아오는 중인 데다 데이비드는 대단히 어려운 이 신으로 촬영을 시작하려 했으니까요."

"그 첫 신에서 나는 데니스 앞에 앉아 다리를 벌려야만 했어요. 그는 앞으로 몸을 숙이고는 괴상한 숭배의식을 치르는 것처럼 내 질膣을 쳐다봤고요." 그녀의 회상은 계속됐다. "그러다가 그는 나한테 주먹을 날리고 나는 자빠져요. 그런데 내가 자빠질 때 내가 걸친 가운이 열리면서 다들 내가 속옷을 입은 걸 볼 수 있었어요. 그러자 데이비드는 나한테 속옷을 벗어달라고 요청했어요. 나는 데니스에게 말했죠. '미안해요, 내가 뒤로 자빠질 때 숏에 속옷이 나오는 바람에 속옷을 벗어달라는 부탁을 받았어요.' 그렇게 돼서 우리가 첫 리허설을 할 때 그는 몸을 숙이고는 내 질을 응시했어요. 내가 '미안해요.'라고 말했더니 그가 고개를 들어 나를 보고는 말했어요. '이런 걸 처음 보는 것도 아니에요.' 그 소리에 나는 깔깔대고 웃어댔는데, 깔깔거리는 나를 보는 그의 모습을 봤을 때 그가 나를 마음에 들어 한다는 걸 알 수 있었어요. 나중에, 우리가 좋은 친구 사이가 된 후에, 그는 자신이 무척 병약한 상태로 약 기운에 취해 정신을 놓았던 때에 대해, 그게 얼마나 무서운 일이었는지에 대해 말해줬어요. 그는 이 영화에서 완전히 정신을 놓고 약에 취한 캐릭터를 연기하고 있었어요. 그에게는 어려운 일이었죠. 나는 나중에야 그걸 이해하게 됐어요."

"그런데, 데이비드는 그 겁탈 신을 촬영하는 내내 낄낄거렸어요! 내가 물었죠. '감독님, 뭐가 그렇게 웃겨요? 우리가 지금 웃긴 짓을 하는 거예요?' 나는 이유를 몰랐지만, 그는 계속 낄낄거리고 있었어요. 그런데 「블루 벨벳」에는 사람들을 웃기는 무엇인가가 있어요. 몇 년이 지난 후에 그 영화를 보다가 영화에 약간의 코믹한 느낌을 불어넣는 순진한 요소들이 있다는 걸 알게 됐어요. 하지만 데이비드가 그렇게 낄낄거린 이유를 나는 아직도 몰라요!"

의식을 치르듯 행해지는 겁탈은 로셀리니가 호퍼에게 잔혹한 시달림을 당하는 여러 신 중 하나다. 이 신들에서 가장 강렬하면서도 관객을 곤혹스럽게 만드는 측면 중 하나는 그녀의 캐릭터가 구타당하기를 즐긴다는 것이다. 하지만 로셀리니에게 이건 철저하게 이해되는 상황이었다. "어렸을 때 나를 구타하는 남자친구를 사귄 적이 있어요. 그에게 얻어맞을 때 내가 정말로 놀랐던 걸 기억해요." 그녀의 회상이다. "그가 나를 때릴 때 나는 아무런 통증도 느끼지 못했어요. '세상에, 만화에서 도널드 덕이 머리를 맞았을 때 그러는 것처럼 별들이 보이네.'라고 생각했던 걸 기억해요. 도로시가 얻어맞는 것과 관련해서는 그 경험을 생각했어요. 얻어맞을 때 어찌나 큰 충격을 받았던지 괴로움이 순식간에 사라져버릴 지경이죠. 때로는 육체적인 통증이 마음의 비통함을 멈춰줄 수 있어요."

「이레이저 헤드」가 그랬듯 「블루 벨벳」도 평범한 수준의 제작비로 제작됐고, 약간은 기나긴 길을 가야만 했다. "다들 빠듯한 예산으로 작업했고, 우리 스태프는 규모도 작았어요." 카루소는 말했다. "우리는 전기 기술자 네 명 대신 세 명을 썼어요. 세트의 미용사는 촬영 전날 윌밍턴의 미장원에서 발견한 미용사였죠. 연기 훈련을 받은 적이 없는 윌밍턴의 주민들을 많이 활용했어요. 그래서 그곳 주민들은 우리를 무척 좋아했죠."

「블루 벨벳」이 윌밍턴에서 촬영될 때, 드 로렌티스는 여전히 그곳에 그의 제작 시설을 건설하고 있었다. 그래서 시내에 영화계 사람들이 오가는 일은 지역 주민들에게는 꾸준한 대형 이벤트였다. 영화의 주요 장면들이 야간에 촬영됐음에도 흥미를 느낀 구경꾼들은 변함없이 촬영장에 모습을 나타냈다. 구타당한 로셀리니가 충격받은 게 역력한 표정을 지으며 알몸으로 거리를 헤매는, 불안감이 팽배한 그 신을 촬영할 때는 동네 전체가 의자를 갖고 소풍을 나와서 촬영을 지켜봤다. "데이비드가 어렸을 때 남동생과 함께 집으로 걸어가다 벌거벗은 여자가 거리를 걸어 내려가는 걸 본 적이 있다는 말을, 뭔가 대단히 잘못된 일이 벌어지고 있다는 걸 이해했다는 말을 나한테 한 적이 있어요." 로셀리니는 말했다. "이 신은 그 기억을 바탕으로 한 거죠. 선정적인 효과를 내려고 넣은 신이 아니에요."

조감독은 구경꾼들에게 잠시 후 촬영될 신에는 불쾌하게 여겨질지도 모르는 누드 장면이 포함돼 있다고 경고했다. "하지만 그들은 '와, 그거 볼만한 구경거리겠는걸!'하는 투로 자리에 머물렀어요." 로셀리니의 회상이다. 이튿날, 지역 경찰은 앞으로 「블루 벨벳」의 추가 신들은 윌밍턴의 거리에서 촬영할 수 없다고 제작 사무실에 통고했다. 이런 사건이 벌어질 때, 그리고 이후로도 몇 가지 다른 난제들이 닥쳤을 때 드 로렌티스는 린치의 곁을 지키며 힘이 돼줬다. "디노는 가끔씩 러시 필름을 보곤 했습니다." 카루소의 회상이다. "그에게 물었죠. '디노, 어떻게 생각하세요?' 그는 그냥 어깨만 으쓱하고 말았습니다. 아무튼, 디노는 영화의 최종 편집권을 데이비드가 갖게 해주겠다는 약속을 지켰습니다. 디노는 늘 약속을 지키는 사람이었습니다."

로셀리니의 두려움 없는 연기는 나머지 출연진이 못 본 척 넘길 수 없을 정도였다. "그녀를 약간 경외하게 됐습니다." 맥라클란의 회상이다. "물론, 내가 그녀와 수위 높은 누드 신을 찍을 거라는 걸 촬영 전부터 알고 있었죠. 그래서 겁을 먹기도 했고요. 내가 이사벨라 앞에서 홀딱 벗은 몸을 보여야 하는 장면이 하나 있는데, 그 장면을 찍을 때 나는 계속 중얼거렸습니다. '너는 실제로는 여기 있는 게 아냐. 너는 지금 다른 곳에 있는 거야. 이건 그냥 네 몸뚱어리야. 네가 실오라기 하나 걸치지 않고 있다는 사실은 생각조차 하지 마.'"

"이사벨라가 나한테 자기를 때려달라고 청하는 또 다른 신이 있었죠. 나는 이건 못하겠다고 생각했어요." 맥라클란의 회상은 계속됐다. "나는 실제로는 그녀를 때리지 않았어요. 하지만 그녀를 때리는 시늉을 해야만 한다는 사실만으로도 속이 상했죠. 나중에 집에 돌아와 자기 방에 있던 제프리는 무슨 일이 있었는지를 깨닫고는 무너져 내리죠. 그 신들을 찍는 건 정말로 어려웠어요. 나는 데이비드가 나를 잘 지도해줄 거라고 믿었습니다."

이런 혼란이 펼쳐지는 와중에도 린치는 명랑한 기질을 유지하면서, 양쪽 주머니에 M&M 땅콩 초콜릿을 가득 채우고 손잡이에 펄럭거리는 색 테이프들을 단 분홍색 자전거를 타고 촬영장 곳곳을 누볐다. "데이비드는 진정으로 행복한 사람이에요. 그게 그의 두드러진 점 중 하나죠. 살면서 그만큼 평온한 사람을 만나본 적이 없어요." 로셀리니는 말했다. "그에게 이런 말을 했던 걸 기억해요. '당신은 아침에 눈을 뜨는 순간부터 행복한 사람이야.' 그가 가진 그런 유전자를 복제해서 세상에 퍼뜨려야 마땅한 일 아닐까요?"

"데이비드는 자기 행복의 원천은 명상이라고 말하곤 해요." 로라 던은 말했다. "그건 맞는 말이라고 확신해요. 그는 자신이 어떤 존재인지를, 자신이 명상을 시작한 직후부터 어떤 존재가 됐는지 잘 알아요. 그래서 그는 그 문제에서는 최고의 재판관이에요. 하지만 나는 그가 가진 행복에 관해 덧붙이고 싶은 말이 있어요. 그는 자신의 창조성에 어떤 한계도 설정하지 않는다는 거죠. 우리 문화에는 스스로 자기를 판단하면서 수치스러워하는 경우가 많은데, 데이비드에게는 그런 측면이 전혀 없어요. 그는 뭔가를 만들 때 사람들이 그걸 어떻게 생각할지, 또는 그가 무엇을 만들어야 마땅한지, 또는 시대정신이 요구하는 것이 무엇인지 전혀 궁금해하지 않아요. 그는 자기 뇌가 쏟아내는 걸 작품으로 만들어요. 그게 그가 누리는 즐거움 중 하나예요."

월밍턴 세트에 있는 린치의 수수한 사무실에는 플라스틱 장난감들, 종잇조각에 휘갈겨 그린 그림들, 물감 튜브들이 어질러져 있었다. 벽에는 완성도가 제각기 다른 그림 두 점과 럼버튼 낚시 클럽이라는 글이 새겨진 유치한 시계가 걸려 있었다. 바닥에는 팝콘 통들과 그가 멕시코에서 만들었던 닭 조립 키트 사진이 있었고, 창턱에는 싹이 나는 중인 감자들을 담은 유리잔들이 가지런히 놓여 있었다.

"『블루 벨벳』은 순수함, 그리고 순수함의 불가능성에 관한 이야기입니다." 프랭크 부스의 똘마니인 레이먼드를 연기한 브래드 듀리프는 말했다. "데이비드하고 작업할 때, 그는 정말로 순수 그 자체였습니다. 그의 순수함은 철저한 열정으로 표현됐고요. 그는 테니스화 한 켤레만 보고서도 엄청나게 흥분할 수 있는 사람입니다. 그가 여성들을 생각하는 방식도 퍽 순수해 보이죠."

카루소는 회상했다. "촬영장은 행복한 분위기였습니다. 데이비드가 엄청난 아우라를 내뿜었기 때문이죠. 스태프를 포함한 전원이 그를 사랑했습니다. 데이비드가 날마다 하는 명상은 그가 가진 아우라의 핵심적인 부분이기도 했죠. 그가 오후 명상을 마치고 촬영장에 복귀하면, 에너지의 고리가 그의 주위를 감쌌습니다. 그는 사람들을 그 고리 안으로 끌어들였고, 그러고 나면 사람들은 차분해졌습니다."

맥라클란은 이렇게 말했다. "데이비드는 사람들을 기분 상하게 만드는 일 없이 그들을 지휘하는 능력을 갖고 있습니다. 누군가가 어떤 성과를 보여주지 못하면 그는 유머러스하게 그 사람을 가르쳤죠. 그가 자신이 원하는 걸 연기자들한테서 딱 끌어내는 능력에 관해 얘기해보죠. 그가 연기의 분위기를 바꾸려고 주문할 때 각 단계를 뜻하는 용어들이 있습니다. 예를 들면 '약간 더 센 바람이 필요해요.' 같은 말들이죠. 나는 그냥 그가 하는 말에 따라 움직이기만 했습니다. 데이비드가 내가 이해하지 못하는 연기 지시를 내린 적은 한 번도 없었어요."

로셀리니가 보기에는, 린치의 연기 지도는 말을 거의 하지 않는, 몸짓으로만 행해지는 지도에 가까웠다. "클로즈업을 촬영할 때, 그는 때때로 카메라에 무척 가까이 다가가곤 했어요. 내가 눈을 감거나 다른 방향을 봐야 했을 때도 나는 그의 존재감을 느낄 수 있었고, 그가 내가 약간 더 세게 연기하기를 원하는지 좀 약하게 연기하기를 원하는지 알 수 있었죠. 카일은 데이비드의 이런 특징을 정확하게 포착하는 식으로 데이비드를 흉내 낼 줄 알아요. 데이비드는 다양한 정도의 열정을 표명하는 방식으로 연기 지시를 해요."

듀리프는 이렇게 말했다. "딘 스톡웰이 〈꿈속에서In Dreams〉를 노래할 때 나는 뒤에서 살짝 춤을 췄습니다. 우리는 그런 식으로 즉흥 연기를 했죠. 데이비드는 사람들이 내놓는 아이디어에 항상 열린 태도를 보였습니다. 그는 화가였고, 그가 연기를 지시하는 방식은 미묘했습니다. 그는 캔버스에 대단히 구체적으로 붓질을 하다가 붓을 틀어야 하는 특정 순간이 언제인지 꽤 정확히 파악할 수 있죠."

"사람들은 그 세트에서 사랑도 느꼈습니다." 듀리프는 덧붙였다. "나는 거기에 앉아서 데이비드가 이사벨라와 사랑에 빠지는 모습을 지켜봤었죠. 그녀가 〈블루 벨벳〉을 부를 때, 그는 그야말로 그녀에게 완전히 사로잡혔습니다. 그녀 역시 그에게 그랬고요."

늘 그랬듯, 제니퍼 린치는 아버지의 세트에서 시간을 보냈다. 그녀는 이번에는 PA로 고용됐다. "나는 당시 열일곱 살이었어요. 프리프로덕션 기간 내내 그곳에 있었지만, 학교로 돌아가야 해서 촬영 기간에는 부분적으로만 있었죠." 제니퍼의 회상이다. "아빠가 그 영화를 만드는 도중에 사랑에 빠졌다는 걸 알았어요. 하지만 아빠는 늘 사랑에 빠져 있거나 사랑을 찾아다녔죠. 늘 그걸 찾아내셨고요." 웬트워스는 "데이비드의 결혼 생활은 그가 그 영화를 촬영하던 중에 박살났다"는 데 동의했다. "그와 이사벨라는 촬영이 끝날 무렵에는 누가 보더라도 사랑에 빠져 있었습니다."

"내가 보기에 우리는 서로를 이해하고 있었어요." 이후로 5년간 린치와 미국의 동서 양안兩岸을 오가는 관계를 맺은 로셀리니는 말했다. "그는 정말로 재미있고 다정한 사람이에요. 게다가 나는 그가 그 영화에서 원했던 걸 정확하게 이해했고요. 내가 그의 마음을 읽을 수 있다고 느꼈어요. 완전 잘못 짚은 거였지만요! 그런데 당시만 해도 그의 속을 읽을 수 있다고 느꼈고, 그와 사랑에 빠지는 동안 마음속으로 그를 친밀하게 느꼈어요. 데이비드와 깊은 사랑에 빠졌죠. 그래서 내가 달리 어찌할 도리가 있었는지조차 모르겠어요. 하지만 뒤돌아보면 그건 메리 피스크에게 무척 힘든 일이었을 거예요."

그 점에 있어서 로셀리니의 말은 옳다. "데이비드하고 난 날마다 통화를 했어요. 촬영장에서 그의 주연 여배우를 만나기 전까지는 우리 결혼 생활이 위기에 처해 있다는 걸 느끼지 못했었죠." 피스크의 회상이다. "그런데 생각해 봐요. 검정 레이스 브래지어와 팬티 차림인 여자가 일하는 일터로 남편을 보내는 부인이 세상에 몇이나 되겠어요? 나는 열차가 철길을 타고 나한테 질주해 오는 걸 봤어요. 내가 이사벨라를 만난 순간부터 모든 상황이 명백해진 8월이 되기까지 사고는 일어나지 않았고, 데이비드는 여전히 나를 무척 사랑한다고 말했지만요. 그들 중 어느 쪽도 순수하지 않았어요. 그들 사이에서 사람들이 '케미'라고 부르는 일이 벌어진 거예요."

린치 영화의 개성은 영화가 그려내는 시대와 린치가 맺은 독특한 관계에 의해, 그리고 시대를 묘사할 때 역사적 정확성에는 조금도 관심이 없다는 사실에 의해 상당 부분이 형성된다. 린치의 영토에서, 미국은 온갖 잡동사니를 어느 시기에서 다음 시기로 끌고 이동하면서 계속 흘러가는 강물 같은 곳이다. 그곳에서 그 잡동사니들은 한데 뒤섞이면서, 우리가 시대를 규정하려고 그어놓은 경계선들을 모호하게 만든다. 「블루 벨벳」의 시간적인 배경은 시간이 스스로 붕괴해버린, 쉽게 가늠할 수 없는 시대다. 도로시 발렌스는 슬로우 클럽Slow Club에서 1920년대에 쓰이던 빈티지한 마이크에 대고 노래를 부르고, 그녀의 거처인 딥 리버 아파트Deep River Apartments는 「그림자 없는 남자The Thin Man」에 나오는 1930년대 아르데코 스타일의 세트 느낌을 물씬 풍긴다. 그런데 그녀의 집에는 1950년대에 생산된, 토끼 귀 모양의 안테나가 달린 텔레비전이 있다. 제프리와 샌디가 음모를 꾸미는 럼버튼의 식당 아를렌스도 1950년대 분위기를 풍기지만, 제프리의 피어싱한 귀와 샌디의 차림새는 의심할 여지가 없는 1980년대 스타일이다. 샌디—겉모습을 보면 1980년대의 틴에이저—는 침실 벽에 몽고메리 클리프트Montgomery Clift의 포스터를 걸어뒀고, 럼버튼의 거리에는 고풍스러운 미제 자동차들이 돌아다닌다.

린치의 시각적 스타일은 어떻게 보면 자유분방하지만, 모든 프레임에 포착된 모든 사물에는 의도와 의미가 담겨 있다. "촬영 일정의 절반은 야간 촬영이었는데, 그때 조명을 치는 게 복잡한 작업이었습니다." 엘름스는 린치가 추구하던 분위기를 강화하기 위해 조명을 어떻게 활용했는지를 떠올렸다. "샌디의 집 밖에 있는, 나무들이 늘어선 인도를 보세요. 그건 그냥 한 뭉텅이의 가로수가 아닙니다. 각기 질감을 갖고 디테일이 살아 있는 푸르른 나무들이죠. 거기에는 가로등이 있는데, 전부 다 우리가 거기다 갖다 놓은 겁니다. 우리는 가로등이 없는 거리에서 우선 촬영한 다음, 전기 회사를 불러서 거기다 가로등을 설치시켰죠. 우리를 위해 실제로 그런 일을 해주다니, 그 사람들도 제정신은 아니었죠! 아무튼, 그들은 전신주들을 세웠고, 우리는 거기에 전등을 설치했습니다. 조명은 데이비드와 내가 간절히 원했던 풍성한 느낌을 빚어냈죠."

린치의 영화에는 보통 린치가 —가끔은 촬영장에서— 만든 독특한 소품들이 등장한다. 「블루 벨벳」에는 나뭇조각을 한데 모아 '럼버튼LUMBERTON'이라는 단어를 새긴 명판이 등장하고, 럼버튼 경찰서 외부에는 서투르게 칠한 표지판이 있다. 제프리의 침실 벽에도 특이한 조각품이 있고, 그가 프랭크 부스를 감시할 때 사용하는 핀홀 카메라pinhole camera와 럼버튼 경찰서의 카운터에 놓인, 숲과 눈 덮인 산을 기이하게 축소시킨 모형도 있다. 모두 린치가 직접 만든 것들이다.

"빨간 벽돌 건물을 배경에 놓은 야간 신이 있어요. 그 옆에는 오르락내리락하는 채유탑oil derrick의 그림자가 있고요." 카루소는 말했다. "화면으로 보면 커다랗게 보이지만, 실제로는 데이비드가 현장에서 가위하고 판지 조각을 갖고 소형 채유탑을 잘라내서는 테이프로 붙이고 스테이플러로 박은 다음에 올라가고 내려가게 조종할 수 있게끔 줄에 매단 거였어요."

「블루 벨벳」의 편집감독 듀웨인 던햄Duwayne Dunham은 도로시 발렌스의 아파트에서 린치가 바짝 엎드려서는 라디에이터 아래에 조심스럽게 먼지 뭉치들을 배치하는 모습을 떠올렸다. "카메라가 그것들을 포착할 경우를 대비해서 그러는 거라더군요. 그런데도 카메라는 그걸 전혀 포착하지 못했죠." 던햄은 말했다. "그건 데이비드가 자신의 스토리텔링에 얼마나 깊이 빠져들었는지를 보여주는 일화입니다."[7]

던햄은 1975년에 필름 스쿨을 졸업한 후, 조지 루카스에 의해 편집감독으로 고용됐다. 루카스는 이후 7년간 그와 함께 일했다. "데이비드는 「블루 벨벳」을 루카스 랜치Lucas Ranch에서 편집할 계획이었습니다. 영화판은 좁은 바닥이라서 그는 나에 대해 알게 됐죠." 던햄의 회상이다. "LA로 날아가 롤리 스튜디오Raleigh Studios에서 데이비드를 만났습니다. 나는 「블루 벨벳」의 시나리오를 보고 나서 심란해졌다고, 그건 내 취향의 영화가 아니라고 말했죠. 그랬더니 그가 '당신은 이 영화에 있어서만큼은 나를 그냥 믿어야 할 겁니다.'라더군요. 나는 그와 만나기로 한 약속을 계속 취소했죠. 결국에 그가 전화를 걸어서 이러더군요. '내일 노스캐롤라이나로 떠날 예정이에요. 당신이 올 건지 알아야겠어요.' 그래서 나는 거기에 갔습니다. 다행히도요. 그의 작품을 작업하는 건 영광이었습니다. 내가 한 작업은 그가 빚어낸 성스러운 점토 예술품의 마무리를 하는 거였으니까요."

린치는 영화를 만드는 도중에 발생하는 기묘한 현실적 문제들을 해결하는 걸 즐기는 듯 보인다. 여기에 딱 들어맞는 사례가 「블루 벨벳」의 마지막 신에 등장하는 울새robin. 울새와 울새의 둥지는 철새보호조약Migratory Bird Treaty Act에 의해 보호를 받는다. 그래서 아무 생각 없이 울새를 잡아서 영화에 집어넣어서는 안 된다. 그런데 린치는 울새가 필요했다.

"프레드 카루소는 조련한 울새를 갖고 있다고 말하는 조련사를 찾아냈습니다. 하지만 그들이 세트에 가져온 울새는 상태가 끔찍했죠." 엘름스의 회상이다. "새장에 갇힌 채 털갈이를 하는 울새라서 보기 딱할 정도의 몰골이었어요. 게다가, 조련 받은 울새라는 게 세상에 있겠어요? 촬영 일정의 막바지에 다다른 우리는 그 문제 때문에 신경이 곤두서 있었습니다. 그러다가, 묘하게도, 울새 한 마리가 스쿨버스 옆으로 날아와서는 부딪혀서 죽고 말았습니다. 울새 때문에 촉수를 바짝 세우고 있던 우리는 그 소식을 들었죠."

"아이들 몇 명이 죽은 울새를 보고는 학교 생물반에서 울새를 활용할 수 있을 거라는 결론을 내렸습니다." 엘름스의 회상은 계속됐다. "학교에서는 그걸 박제했고, 박제사에게서 학교로 돌아가던 박제는 가던 길을 벗어나 우리 세트를 거치게 된 거죠. 데이비드는 울새를 창턱에 올리고 그 부리에 살아 있는 벌레를 넣었습니다. 이제 우리에게는 움직이지 않는, 박제된 울새가 있었죠. 그러자 데이비드는 단섬유monofilament 실을 가져와 울새의 대가리에 묶었습니다. 대가리를 움직일 수 있게요. 그러고는 그걸 창문 아래 덤불에 올려놓고 실로 조종했죠. 그는 그 아래에서 물었습니다. '제대로 보이나요?' 나는 '감독님은 꼭두각시 조종사로서 최상의 실력을 다 발휘하는 것 같지만, 그래도 새의 움직임은 여전히 기계적으로 보여요.' 그러자 그가 말했어요. '그래, 그래요. 바로 그거예요!' 스크린에 담긴 울새는 이 세상의 존재 같지 않은 섬뜩한 분위기를 풍겼습니다. 린치는 그런 인공적인 느낌을 무척 마음에 들어 했다고 생각합니다."

앨런 스플렛은 「블루 벨벳」에 쓰일 독창적인 음향을 창조하기 위해 린치와 작업했다. 도로시와 제프리가 사랑을 나눌 때, 우리는 불길이 펄럭거리며 타오르는 소리로 변해가는 신음하는 포효를 듣는다. 프랭크 부스가 분노를 터뜨릴 때는 금속성의 귀에 거슬리는 소리가 들린다. 카메라가 부패하는 인간의 귀 내부로 여행을 나설 때는 음산한 바람 소리가 깊어지면서 확장되는 것 같다. "이미지와 사운드를 결합시키는 데이비드의 솜씨는 놀라운 수준입니다." 엘름스는 말했다. "카일이 구타를 당한 이튿날 아침에 깨어나는 신이 있습니다. 관객이 보는 첫 이미지는 물웅덩이에 놓인 그의 얼굴 클로즈업이죠. 관객의 눈에 보이는 것은 흙과 물이 전부고, 관객의 귀에는 기묘하고도 반복적인 소리가 들립니다. 관객은 거기가 어디인지 감도 잡지 못하죠. 그러다가 카메라가 뒤로 빠지면 그가 벌목장에 있다는 게 보이고, 귀에 들리는 소리는 스프링클러가 계속 나뭇더미를 적시는 소리라는 걸 알게 됩니다. 그 사운드는 황홀할 정도죠. 그게 새소리였다면 관객들은 아무 느낌도 받지 못했을 겁니다. 그런데 설명이 되지 않는 기계적인 사운드에는 그 장면을 특별하게 만드는 뭔가가 있습니다. 데이비드는 순전히 감각적인 바탕에서 여러 요소를 한데 어우르는 방식을 이해하고 있습니다. 게다가 그는 사운드와 이미지가 서로를 활활 타오르게 만들 때까지 그것들을 갖고 노는 법을 잘 압니다."

린치의 혁신적인 사운드 효과들은 특유의 방식으로 음악과 뒤섞였다. 「블루 벨벳」부터, 음악은 그의 창작 작업의 주요한 일부가 됐다. 「블루 벨벳」에 나오는 노래들은 내러티브를 전진시키는 캐릭터들과 비슷한 역할을 한다. 로이 오비슨Roy Orbison의 1963년도 노래 〈꿈속에서〉는 특히 더 그렇다. 갈망과 상실을 노래하는 이 애절한 발라드는 격렬하게 요동치는 프랭크 부스의 잠재의식의 문을 여는 일종의 열쇠 역할을 한다.

로셀리니는 토치 싱어(torch singer, 실연이나 짝사랑 등을 담은 블루스 곡을 부르는 여가수—옮긴이) 도로시 발렌스를 연기하면서 바비 빈튼의 〈블루 벨벳〉을 제대로 불러야만 했다. 그래서 린치는 그녀의 노래를 반주할 밴드를 현지에서 섭외했다. "그런데 그들은 내가 전달하기를 원했던 느낌을 이해하지 못했어요." 로셀리니는 말했다. 그 시점에서 카루소는 뉴욕에서 지낼 때부터 친하게 지낸 친구 안젤로 바달라멘티Angelo Badalamenti에게 전화를 걸었다. "그에게 말했죠. '안젤로, 여기 와서 노래를 못 부르는 아가씨 좀 도와줘야겠어.' 그래서 그가 윌밍턴에 왔습니다."

로셀리니는 회상했다. "도로시 발렌스는 노래를 부를 때 다른 세계로 이동하는 거라고 안젤로에게 설명했어요. 데이비드가 그녀의 이름을 도로시라고 붙인 건 「오즈의 마법사」와 연관됐기 때문이라고 생각했거든요. 「오즈의 마법사」에서 도로시는 노래를 부를 때 무지개 너머로 이동하잖아요. 그래서 나는 무지개 너머의 세상을 맛보게 해줄 나른한 방식으로 노래를 부를 필요가 있었어요. 안젤로는 그 점을 철저하게 이해했어요. 그런데 나는 노래를 정확하게 부르지는 못했죠. 그래서 안젤로는 여기에서 한 음절을 따고 저기에서 한 단어를 따는 식으로 노래를 편집해서 관객이 영화에서 듣는 노래를 만들어냈어요. 경이로운 일을 해낸 거죠. 노래가 어찌나 근사하게 들렸는지, 영화가 개봉된 후에 사람들이 나한테 전화를 걸어서 요청하곤 했어요. '경축 행사를 할 건데 여기 와서 노래 좀 불러주실 수 있나요?'"

바달라멘티가 로셀리니와 함께 수완 좋게 일궈낸 작업물은 린치의 경력에서 가장 오래 계속된 창작 파트너십 중 하나로 이어졌다. 그렇게 처음 만난 이후로, 바달라멘티는 린치가 작업한 거의 모든 영화와 텔레비전 프로젝트의 음악을 작곡했고, 「블루 벨벳」과 「멀홀랜드 드라이브」에는 배우로 출연했으며, 린치와 함께 노래 몇십 곡을 작곡하고 연주했다. "나는 체계적인 훈련을 받은 뮤지션이 아니지만, 위대한 뮤지션인 안젤로와 나는 만나자마자 말이 통했습니다." 린치는 말했다.

그들의 공동 작업은 린치가 「블루 벨벳」에 등장한 노래 〈사랑의 미스터리들Mysteries of Love〉의 가사를 냅킨에 쓰면서 시작됐다. "어느 날 이사벨라가 자그마한 노란 종이를 들고 오더군요. 그 종이는 지금 액자에 들어 있습니다. 데이비드의 손 글씨로 쓰인 〈사랑의 미스터리들〉 가사 전체가 거기에 적혀 있었습니다." 바달라멘티의 회상이다. "그걸 보고는 생각했죠. '끔찍하군. 이걸 가지고 뭘 할 수 있겠어? 이건 노래가 아냐.' 데이비드에게 전화를 걸어서 말했죠. '이사벨라가 당신이 쓴 가사를 주더군요. 이걸로 무슨 종류의 음악을 듣고 싶은 건가요?' 그가 말했습니다. '한밤중에 바다에서 파도가 치듯이 둥둥 떠다니면서 끝없이 흐르는 음악으로 만들어 봐요.' 나는 피아노 앞에 앉았고, 그 곡의 멜로디가 나왔습니다."[8]

그런 후 바달라멘티는 줄리 크루즈Julee Cruise에게 전화를 걸었다. 그는 가수인 크루즈와는 1980년대 초반에 미니애폴리스의 극단에서 함께 작업하면서 안면을 텄다. "우리는 보자마자 죽이 잘 맞았어요." 크루즈는 바달라멘티와 처음 만났을 때를 떠올렸다. "괜찮은 일이 있으면 전화 달라고 그에게 얘기했죠. 안젤로는 자기가 데이비드와 같이 쓴 노래를 내가 어떤 식으로 불러야 할지 설명할 때 이렇게 말했어요. '정말로 부드러워야 해. 당신 특유의 고음을 내고는 그걸 끌어내리는 거야.' 그는 굉장히 순수한 노래를 원했어요."

"데이비드를 괴팍한 사람으로 보는 건 널리 퍼진 오해예요. 그는 전혀 그런 사람이 아니에요. 세상에서 제일 웃기면서도 제일 카리스마 넘치는 사람이죠." 크루즈는 회상을 계속했다. "〈사랑의 미스터리들〉은 「블루 벨벳」 사운드트랙에 들어갔고, 그 덕에 나는 워너브러더스 음반사하고 계약하게 됐어요. 데이비드 덕에 내 경력이 날개를 단 거예요. 나는 안젤로와 데이비드와 같이 작업하면서 실력을 인정받게 됐고요."[9]

바달라멘티가 「블루 벨벳」에 기여한 바는 그게 다가 아니었다. "데이비드는 쇼스타코비치의 음악을 사용하고 싶어 했는데, 저작권 비용 문제로 그럴 형편이 안 됐죠." 바달라멘티는 말했다. "그러자 그는 내게 물었어요. '쇼스타코비치 분위기의 음악을 작곡할 수 있겠어요?' 나는 나 자신을 감히 그와 비교할 수는 없다고, 하지만 러시아 분위기의 사운드는 제공할 수 있다고 말했습니다." 린치는 자신에게 바달라멘티라는 노다지가 생겼다는 걸 깨달았다. 바달라멘티는 음악에 대해서는 박학다식한 사람이었다.

「블루 벨벳」의 촬영이 종료된 1985년 11월 무렵, 영화의 편집은 이미 한창 진행되고 있었다. 린치는 직관력이 뛰어난 감독이지만 충동적인 감독은 아니다. 카루소는 말했다. "데이비드는 어떤 신은 마땅히 어떠해야 하고 카메라 앵글은 어떠해야 옳으며 어떤 렌즈들이 사용될 것인지를 알기 때문에 많은 분량을 찍지는 않습니다. 그는 자신이 필요로 했던 걸 얻었을 때 그 사실을 잘 알아차렸고, 그러고 나면 다음 장면 촬영으로 넘어갔습니다." 린치가 그렇게 효율적으로 작업했음에도, 「블루 벨벳」의 최초 편집본은 러닝 타임이 세 시간 57분이나 됐다. "영화는 그 정도 길이에서도 제 위력을 발휘했습니다." 던햄은 말했다. "데이비드에게 그걸 보여주자 그가 말했습니다. '굉장하군. 그런데 문제가 하나 있어. 절반으로 잘라야만 해.' 영화에서 여러 시퀀스를 통째로 들어내야 했습니다. 첫 편집본부터 최종 편집본 사이에 많은 게 바뀌었고요."

잘려나간 장면들은 결국에는 영화에 불필요한 장면들이었다고 엘름스는 말했다. "촬영은 했지만, 영화에 들어가지는 않은 신들이 있습니다. 데이비드도 편집본을 다시 보면서 그 신들이 영화에 아무런 유익한 역할도 하지 못했다는 걸 깨달았습니다. 그는 영화를 일관되게 관통하는 맥락을 매우 뚜렷하게 스크린에 올려놓았습니다. 우리가 촬영한 모든 분량이 순도 높게 증류된 것 같았습니다. 그걸 보고는 완전히 넋을 잃고 말았죠."

그런 후 린치와 바달라멘티는 영화에 쓸 음악을 녹음하러 프라하로 갔다. "당시 그 나라는 여전히 공산주의자들의 통치 아래 있었습니다. 게다가 우리가 도착했을 때는 겨울이었죠." 바달라멘티는 기억을 더듬었다. "거리에 있는 사람들, 음악가들, 공사장의 기술자들… 우리가 만나는 사람들은 하나같이 무슨 말을 하는 걸 두려워했습니다. 누구의 얼굴에서도 웃음기를 찾아볼 수 없었죠. 대단히 기이한 광경이었습니다. 우리 호텔 객실은 도청되고 있었고, 식당에서 우리의 동태는 비디오로 녹화되고 있었습니다. 검정 코트를 입은 남자들이 우리를 미행했고요. 우리는 빙판이 된 거리를 걸어 스튜디오로 가곤 했는데, 문간에 쓰레기통들이 있었습니다. 그걸 지나서 깜빡거리는 불빛이 켜진 침침한 복도로 들어가 기다란 계단을 오른 다음에 그보다 한층 더 어두운 스튜디오로 들어갔죠. 사람들과 건물들의 분위기, 그리고 아득한 고요함은 「블루 벨벳」을 위한 음악을 녹음하기에는 완벽한 환경이었죠. 데이비드는 무척 흡족해했습니다."

"우리가 거기 있을 때 데이비드가 말했습니다. '안젤로, 내가 사운드 디자인 작업을 하는 데 사용할 수 있도록, 땔감이라고 부를 트랙 몇 개를 만들어줬으면 해요. 저음을 내는 첼로와 베이스 같은 악기들을 구해서 길고 느린 악절 몇 개를 녹음해줘요." 바달라멘티의 회상은 계속됐다. "나는 온음표로 10분짜리 곡을 써서 그것들을 엄청 느린 트랙에 올려놓은 뒤에 바이올린 활로 현을 긁는 소리를 곳곳에 끼워 넣었습니다. 데이비드는 느리게 녹음된 이 소리를 가져다가 정상 재생 속도의 절반, 때로는 4분의 1의 속도로 틀어놓고 작업을 했죠. 그는 화면들 아래에 땔감을 집어넣었습니다. 우리는 그런 식의 작업을 많이 해왔습니다."

촬영이 종료된 후, 린치는 버클리에 아파트를 구했고, 포스트프로덕션은 거기서 진행됐다. "신경이 바짝 곤두선 시기였어요." 피스크의 회상이다. "나는 그에게 크리스마스를 보내는 데 쓸 석탄을 여행용 가죽 가방에 잔뜩 담아서 줬어요. 그 시점에 우리는 관계를 되살리려고 애쓰고 있었는데, 데이비드는 크리스마스는 나랑 보내고 그해 마지막 날은 이사벨라와 보냈죠. 우리는 벌어지고 있는 상황에 대해 열린 태도를 보였고, 나는 데이비드에게 우리가 결혼 상태를 유지하는 동안 원하는 대로 자유롭게 살아도 된다고, 어쩌면 우리는 이 어려움을 극복할 수도 있을 거라고 말했어요. 나는 그 상황을 감수하려고 애썼지만, 그러지 못했죠. 마음이 정말로 아팠어요. 나는 몸에 있는 모든 구멍에서 피를 뚝뚝 흘려가면서 넋을 잃은 사람처럼 돌아다니곤 했어요. 나는 내 제일 친한 친구를 잃게 될 거였으니까요."

"그래도 우리는 늘 연락을 주고받는 사이로 남았어요." 그녀는 덧붙였다. "나는 아버지 없이 자랐어요. 그래서 내 아들이 자신의 아버지를 부정하면서 자라게 하지는 않을 작정이었죠. 집에 별도의 전화기를 설치했어요. 그래서 데이비드와 오스틴은 늘 서로에게 전화를 걸 수 있었죠. 부자父子는 날마다 통화했어요. 데이비드는 그 자리에 있었어요. 우리를 절대로 내팽개치지 않고 잘 보살펴줬어요. 나는 구속을 많이 받으면서 이상한 방식으로 자랐어요. 어쨌건 나는 데이비드에게 빚진 게 많아요. 나에게 인생에 대해 무척 많은 걸 가르쳐줬으니까요. 그는 정말로 좋은 사람이고, 나는 그가 한없이 고마워요."

린치의 사생활이 혼란에 빠져 있는 동안, 베벌리 힐스의 캐논 드라이브에 있는 드 로렌티스의 사령부에서 영화의 첫 시사회가 열렸다. 그 시사회 역시 약간은 험난했다. "몇 안 되는 사람만 참석했었죠." 카루소의 회상이다. "디노, 디노의 오른팔이던 프레드 사이드워터Fred Sidewater, 그리고 다른 몇 명이었어요. 우리는 영화를 틀었고, 상영이 끝난 후에 불이 켜지자 침묵이 흘렀습니다. 서로를 물끄러미 쳐다보고만 있었죠. 결국, 디노가 입을 열었어요. '이 영화를 배급하고 싶어 하는 사람은 아무도 없을 거야. 그러니 내가 내 제작사를 차려서 직접 배급해야겠어.' 디노는 배급 비용과 프린트 제작 비용, 광고 비용을 자기 주머니에서 꺼내 썼습니다."

그런 후 영화는 몇 번의 테스트 시사회preview screening에 나섰다. "샌 페르난도 밸리에서 열린 시사회에 갔던 걸 기억합니다. 내가 평생 참석했던 시사회 중에 최악이었죠." 릭 니치타는 말했다. "거칠고 난폭한 캐릭터들, 이사벨라가 겪어야 하는 고난, 그건 순전히 악몽 같았어요. 영화를 보다가 불만을 표명하면서 극장을 걸어 나가는 사람은 없었습니다. 뛰쳐 나가는 사람들이 있었죠! 내 기억에 사람들은 복도로 뛰쳐나가고 있었어요! 이튿날, 데이비드하고 나하고 라파엘라, 디노, 그리고 다른 몇 명이 관객이 제출한 평가표를 살피려고 디노의 사무실에 앉아 있었죠. 우울하기 그지없었어요. 코멘트에는 '감독이란 놈을 죽여버려, 누가 이딴 영화를 만든 거야? 끔찍하군!' 같은 말들이 적혀 있었습니다. 우리가 그 카드들을 읽고 있는데 디노가 주위를 둘러보며 말하더군요. '다들 입 닥치라고 해. 이 인간들 다 틀렸어. 이건 멋진 영화야. 우리는 단 한 프레임도 자르지 않을 거야. 정확히 지금 있는 그대로 개봉할 거야. 평론가들은 이 영화를 사랑할 거야. 관객들은 객석에 앉아 있을 거고.' 디노는 굉장한 사람이었습니다."

물론, 드 로렌티스가 옳았다. 하지만 「블루 벨벳」이 그 영화를 지지하는 관객을 찾아내기까지는 한참이 걸렸다. 9월 초에 열린 1986년도 텔루라이드영화제Telluride Film Festival─미국에서 가장 영화에 통달한 관객들을 찾아낼 수 있는 곳─에서 영화가 상영됐을 때, 로라 던은 린치와 맥라클란과 함께 시사회에 참석했었다. 그녀는 회상했다. "사람들은 웃음을 터뜨려야 할지 좌석을 박차고 극장에서 뛰쳐나가야 할지 몰랐어요. 요즘의 관객들은 평범하지 않은 것들을 아주 재미있거나 유쾌한 것으로 빠르게 받아들이지만, 데이비드의 화려한 영화는 그 당시에는 전례가 없는 영화로 받아들여졌어요. 데이비드 이전에는, 서글픈 동시에 웃기는, 섬뜩하면서도 재미있는, 섹슈얼하지만 기괴한 영화를 만든 사람이 없었어요. 그런데 「블루 벨벳」은 그 모든 게 다 들어 있는 영화죠. 영화가 시작하면 관객은 만물이 현실적이면서도 현실적이지 않게 느껴지는 세계로 떠밀려 들어가요. 만물은 완벽해 보이지만, 관객은 그걸 믿을 수가 없죠. 그런 후에 관객은 우리 세계의 가장 취약한 부분으로 내려가요. 도입부는 관객의 넋을 빼놓고요. 그 시사회에 있는 관객들은 그걸 받아들일 준비가 안 돼 있었어요."

영화는 1986년 8월에 몬트리올세계영화제Montreal World Film Festival의 경쟁 부문에서 공식적인 프리미어를 가졌고, 1986년 9월 19일에 미국 곳곳의 98개 극장에서 상업적으로 개봉됐다. 이 영화를 견디지 못할 정도로 심하게 받아들인 관객이 많았지만, 「블루 벨벳」은 린치를 그해의 아카데미 시상식 감독상 후보에 올려놓았고, 데니스 호퍼의 경력을 되살렸으며, 세계 전역의 영화 학교 커리큘럼에서 주요 교재로 다루어졌다.

영화는 개봉됐을 때 상당한 분란을 일으키기도 했다. "그 영화가 그토록 논쟁적인 작품이 될 줄은 몰랐어요." 로셀리니는 말했다. "논란은 상당히 격렬했고, 내가 그 논란의 칼끝을 버텨냈다고 생각해요. 사람들이 영화를 좋아했다면 그건 데이비드의 공일 거예요. 물론 그는 그런 칭찬을 들을 자격이 있었죠. 그 영화는 무엇보다도 데이비드가 품은 아이디어를 표현한 작품이니까요. 그런데 그 영화를 좋아하지 않은 사람들은 내 직업이 모델이라느니, 잉그리드 버그먼의 딸이라느니, 이 캐릭터를 연기해서는 자기 이미지를 박살 내는 데 여념이 없다느니, 내가 나 자신을 상대로 반항하고 있다느니 등등의 얘기를 자주 입에 담았죠. 순전히 지어낸 거나 다름없는 추정들이 난무했어요."

영화평론가 로저 에버트는 이 영화에 특히 격분했다. 린치를 여성 혐오자라고 비난한 에버트는 로셀리니가 "카메라 앞에서 모욕을 당하고 구타를 당하며 창피를 당하고 옷이 벗겨졌다."라고 주장했다. "여배우에게 그런 경험들을 견뎌내라고 요청할 때, 당신은 그녀를 중요한 영화에 출연시키는 것으로 흥정의 반대편 저울을 채워야 마땅하다." 에버트의 이런 평론은 당시 『뉴요커New Yorker』의 고정 필자이자 영화 평론계의 고위 사제였던 폴린 카엘의 평가만큼 오랜 시대를 이겨내지는 못했다. 린치를 "대중적인 초현실주의자populist surrealist"라고 묘사하고 맥라클란의 연기를 "경이롭다"고 칭찬한 그녀는 「블루 벨벳」을 "'평범함'에 숨겨진 미스터리와 광기"를 탐구하는 작품이라고 요약하면서, "비이성적인 소재를 활용하는 린치의 솜씨는 예정된 방식대로 작동한다. 우리는 의식conscious의 수준에서는 그의 이미지들을 완벽하게 읽어내지 못한다."라고 평했다.[10]

카루소는 회상했다. "영화가 그토록 큰 센세이션을 일으켰을 때 우리는 깜짝 놀랐습니다. 우리는 그 영화가 재앙이 될 거라고는 생각하지 않았지만, 사람들이 이후로 수십 년간 얘기하는 영화가 될 거라고도 생각하지 못했죠. 그래도 평론가들 대다수는 개봉 당시에 영화를 무척 마음에 들어 했습니다. 부정적인 평을 쓴 평론가들은 자신들이 보고 있는 영화를 이해하지 못했던 것 같습니다. 「블루 벨벳」은 몇 번을 감상해야 모든 뉘앙스와 디테일을 파악할 수 있는 영화입니다."

"「블루 벨벳」은 데이비드의 가장 위대한 영화일지도 모릅니다." 잭 피스크는 말했다. "그는 「듄」으로 쓴맛을 봤습니다. 그 영화는 그에게 끔찍한 경험이었죠. 디노는 데이비드에게 일종의 격려용 상을 주는 셈 치고 말했습니다. '자네가 만들고 싶은 영화를 만들어도 괜찮아.' 데이비드의 심중에는 표현하고 싶었던 것들이 쌓여 있었습니다. 「블루 벨벳」은 그가 속으로만 품고 있던 것들을 몽땅 풀어놓은 영화입니다."

영화가 개봉되고 수십 년이 지난 후, 맥라클란은 자선 행사를 위해 「블루 벨벳」의 상영회를 주최하면서 회상했다. "나는 영화가 개봉된 이후로는 이 영화를 본 적이 없을 겁니다. 당시 나는 무엇을 기대해야 할지 몰랐지만, 이 이야기는 정말로 나를 사로잡았었죠. 이건 완벽한 영화라고 생각해요."

「**듄**」을 만든 후에 나는 앓았어요. 그냥 앓았어요. 큰 충격을 받은 상태였죠. 명상이 나를 구해준 적이 많았는데, 그때도 그랬어요. 어두운 시기였죠. 그래도 나한테는 다른 시나리오들이 있었다는 게 도움이 됐어요. 다음 작품을 생각하기도 했지만, 「듄」을 만들면서 보낸 시간 내내 그 영화에 대해 생각하지 않을 도리는 없었어요. 하고 싶은 일을 하는 자유를 누리지 못하면서 상황이 나빠질 때, 우리는 자신이 자신의 신념을 팔아치웠다는, 그러니 이런 꼴을 당해도 싸다는 기분을 느끼게 돼요. 실제로 나는 처음부터 곧바로 내 신념을 팔아치웠어요. 나는 디노가 뭘 추구하는지 잘 알았어요. 최종 편집권이 나한테 없다는 것도, 따라서 작업 내내 상황에 맞게끔 작업을 조정해야 한다는 것도 알고 있었어요. 끔찍한 일이었죠.

나는 실패를 배웠어요. 어떤 면에서 실패는 훌륭한 거예요. 상황이 진정되고 나면 올라갈 곳밖에는 남지 않으니까요. 자유로운 상태가 되죠. 더는 잃을 게 없으니 원하는 걸 얻을 수 있어요. 나는 바닥을 쳤고, 세상 모두가 내가 바닥을 쳤다는 걸, 엿을 먹었다는 걸, 실패자라는 걸 알았어요. 그러면 "오케이."라고 말한 뒤에 계속 작업을 해나가게 되죠.

아이디어들이 있었는데, 그것들이 정확히 무엇이고 어떻게 맞물리는지는 오랫동안 알지 못했어요. 하지만 그것들을 글로 적었더니 아이디어가 꼬리에 꼬리를 물더군요. 어떤 면에서 보면, 내가 하는 일은 아무것도 없어요. 나는 그냥 떠오르는 아이디어에 충실한 것뿐이에요. 「블루 벨벳」을 4고까지 썼을 거예요. 4고까지 집필하는 과정에서 시나리오들이 철저하게 수정되거나 하지는 않았어요. 그냥 내가 나아갈 길을 찾아내고 있었죠. 「듄」을 촬영하는 동안 미완성 시나리오를 카일에게 줬어요.

〈블루 벨벳〉노래는 처음 나왔을 때는 좋아하지 않았어요. 로큰롤이 아닌 그 노래는 로큰롤이 힘을 과시하기 시작하던 시기에 나왔죠. 〈블루 벨벳〉은 지나치게 감상적이라서 전혀 매력적이지 않았어요. 그러다가 어느 날 밤에 그 노래를 들었는데, 노래가 밤중의 푸른 잔디밭하고 자동차 창문 너머로 보이는 어떤 여성의 빨간 입술과 기가 막히게 맞아떨어졌어요. 그 여성의 새하얀 얼굴과 새빨간 입술을 환히 밝혀주는 밝은 빛이 보이더군요. 그 두 가지 심상과 "나는 여전히 내 눈물 너머로 파란 벨벳을 볼 수 있어요."라는 가사가 인상적이었어요. 그것들이 한데 어울려서 엄청난 효과를 내면서 내가 계속 아이디어를 떠올리게끔 도왔어요.

어떤 캐릭터가 탄생했을 때, 당신이 그 시나리오를 쓰는 유일한 작가일 경우, 캐릭터들은 당신에게 자기소개 비슷한 것을 하고, 그렇게 당신은 그들을 알게 되죠. 그런 후에 그들은 자기들 사연을 얘기하기 시작하고 당신은 그들에게 깊이 빠져들게 돼요. 그러던 중에 깜짝 놀랄 정보들이 등장하죠. 사람은 누구나 선과 악이 뒤섞인 존재니까요. 세상의 거의 모든 사람은 내면에 출렁거리는 많은 걸 갖고 있어요. 나는 대다수 사람들이 자기가 가진 그 어두운 부분들을 인식하지 못한다고 생각해요. 사람들은 자기 자신을 속이고, 다들 스스로가 상당히 괜찮은 사람이고 남들은 잘못이 많은 사람이라고 생각하죠. 하지만 사람들은 하나같이 많은 욕망을 품고 있어요. 마하리쉬가 하는 말처럼, 인간이라는 존재에는 늘 더 많은 것을 바라는 욕망이 깃들어 있고, 그 욕망들은 사람들을 자기 집으로 찾아가게끔 이끌어 주죠. 다들 결국 각자의 길을 찾아내죠.

「블루 벨벳」 시나리오의 중요한 한 조각은 꿈에서 나를 찾아왔지만, 내가 그 꿈을 기억해낸 건 꿈에서 깨고 한참이 지나서였어요. 기억 못 하는 꿈을 꾼 다음 날에 무슨 이유에서인지 유니버설 스튜디오로 가는 내 모습을 떠올려 보세요. 나는 어떤 사람을 만나러 거기에 가서 비서의 방에 들어갔고, 그 남자는 그녀의 등 뒤에 있는 방에 있었어요. 비서의 방에는 책상 근처에 카우치가 하나 있었어요. 그 남자는 나를 만날 준비가 돼 있지 않아서 나는 그 의자에 앉아서 기다렸어요. 그렇게 앉아 있는 동안 꿈이 떠올랐어요. 비서한테 메모지하고 연필을 달라고 청했고, 꿈에서 본 두 가지를 적었죠: 경찰 무전기와 권총. 그게 무척 도움이 됐어요. 나는 밤에 꾸는 꿈은 중요하게 여기지 않는다고 늘 말해요. 내가 좋아하는 건 백일몽이니까요. 하지만 나는 꿈의 논리는 무척 좋아해요. 꿈에서는 무슨 일이건 일어날 수 있는 데다, 그게 조리에 맞기도 해요.

그런 후에 리처드 로스와 함께 워너브러더스에서 일하는 그의 친구에게 「블루 벨벳」 아이디어를 선전하러 갔어요. 그 사람한테 들판에서 귀를 찾아낸다는 발상과 스토리에 대한 다른 사항 몇 가지를 들려줬죠. 그가 리처드를 보면서 말하더군요. "이 사람이 이걸 영화로 만들고 있는 거야?" 나는 이후로도 작업을 계속해서 시나리오 초고와 2고를 쓴 다음 워너브러더스에 있는 그 신사에게 2고를 보여줬지만, 그는 그걸 싫어했어요. 끔찍한 작품이라더군요.

나한테는 변호사가 있었는데, 그는 「블루 벨벳」을 워너브러더스의 그 신사에게 홍보하면 작품이 턴어라운드 상태로 들어가게 되고, 내가 그걸 돌려받기를 원한다면 그와 관련해서 무슨 일을 해야만 하는지 얘기해주지 않았어요. 정확히 무슨 일이 벌어졌는지는 나도 몰라요. 그와 관련된 사건들은 나한테는 공포영화나 다름없어요. 나는 멕시코로 가서 「듄」을 만드는 동안 나한테는 「블루 벨벳」과 「로니 로켓」의 시나리오가 있다고, 그건 다 내 거라고 생각했어요. 「듄」과 관련한 상황이 진정된 후, 나

는 디노하고 릭 니치타하고 자리에 앉았고, 거기서 어찌어찌 워너브러더스가 「블루
벨벳」의 시나리오를 소유하고 있다는 게 밝혀졌어요. 당장이라도 죽고 싶은 심정이
었어요. 디노는 수화기를 들고 스튜디오 회장에게 전화를 걸었죠. 루시 피셔^{Lucy Fisher}
가 워너브러더스의 회장에게 시나리오를 딴 데다 팔지 말라는 말을 하려고 허겁지겁
복도를 뛰어갔다는 얘기를 들었어요. 하지만 디노는 스튜디오에서 시나리오를 가져
왔고, 그 일은 그걸로 끝이 났죠. 사람들은 디노가 시나리오를 나한테 돌려줬다고 말
할 수도 있겠죠. 내가 영화를 만드는 걸 가능하게 해주고 나한테 최종 편집권을 준
사람이 그였으니까요. 하지만 디노는 이런 과정을 거친 뒤에야 시나리오를 손에 넣
은 거예요. 리처드 로스는 특정 시점에 그 영화의 제작에 관여하게 됐어요. 그런데
그는 결국 디노가 프로젝트를 운영하게 놔두는 게 최선이라는 결정을 내리게 됐죠.
하지만 리처드는 영화의 이그제큐티브 프로듀서로 크레디트에 이름을 올렸고, 영화
에 나름대로 이바지했어요. 도로시 발렌스가 노래를 부르는 장소에 슬로우 클럽이라
는 이름을 제안한 사람이 리처드였어요.

프레드 카루소가 「블루 벨벳」의 프로듀서였어요. 나는 프레드가 무척 좋았어요.
그가 행복하게 살았으면 좋겠어요. 대화하다 보면 나한테 자신감과 안정감을 주는
사람이 있는데, 프레드가 딱 그런 사람이었어요. 굉장히 과묵했고, 이탈리아인 특유
의 분위기를 물씬 풍겼죠. 자존심이 센 사람이었고요. 그는 나를 무시하는 말을 언제
라도 할 수 있었어요. 프레드는 나한테 "당신이 도대체 무슨 일을 하고 있는지 모르
겠군요."라는 말을 자주 했어요. 그래도 그는 정말 좋은 프로듀서였어요.

우리는 월밍턴에 갔어요. 디노는 거기 스튜디오에서 영화를 열세 편이나 만들고
있었는데, 우리 영화가 제일 하찮게 취급을 받았죠. 그래도 우리는 진짜 끝내주는 시
간을 보냈어요. 우리 영화는 그 스튜디오에서 제일 규모가 작았어요. 하지만 「블루
벨벳」은 지옥에서 천국으로 향하는 것 같았어요. 나는 어마어마한 자유를 누리고 있
었으니까요. 나는 제작비를 감축해야만 했을 때도 사실상 포기한 게 하나도 없었어
요. 일을 성사시키는 또 다른 해결책을 내놓을 수 있었으니까요. 그 시절에는 이런저
런 것들을 규제하는 일이 그리 많지 않았어요. 요즘은 규칙이 무척 많은 데다 제작비
를 낮은 수준으로 유지하기가 갈수록 힘들어지고 있죠. 그래서 요즘은 영화를 만들
려면 뭔가를 포기하거나 뇌가 터져나가야만 하죠.

우리는 다 함께 신나게 지내면서 무척 막역한 사이가 됐어요. 다들 항상 타지에 나와
지내는 처지라서 다 같이 모여 함께 저녁을 먹었어요. 날마다 서로의 얼굴을 봤죠. 다들
무척 긴 기간 동안 거기에 있었어요. 요즘에는 그런 일은 더는 일어나지 않죠. 요즘은
사람들이 서둘러서 촬영장에 왔다가 곧장 떠나버려요. 저녁을 먹지도 않고요. 뭐가 바
뀌어서 그런지는 모르겠어요. 요즘에는 어마어마한 압박이 가해지는 것 같아요. 어마
어마한 크기의 압박이요. 자세한 얘기는 할 수 없지만, 그 때문에 죽을 지경이에요. 촬
영을 더욱더 서둘러 진행해야만 하죠. 「블루 벨벳」은 5월에 촬영을 시작해서 추수감사

절까지 계속 찍었어요. 그런데 그런 식으로 장기간 촬영하던 시대는 저물어버렸죠.

촬영 첫날에 디노가 러시 필름을 보러 왔던 걸 기억해요. 그날 우리는 도로시의 아파트 계단을 오르내리며 스테디캠Steadicam 촬영을 했었어요. 필름을 현상소에 가져갔을 때, 프레드는 우리가 사용한 카메라의 렌즈가 깨졌다는 걸 깨달았어요. 화면이 너무 어두워서 뭐가 뭔지 분간이 안 될 지경이었죠. 디노는 그걸 보고 고함을 쳐대기 시작했어요. 그래서 내가 그랬어요. "디노, 진정하세요. 렌즈가 깨져서 그런 거예요. 저 장면은 재촬영하면 돼요."

카일이 제프리 보몬트를 연기했어요. 카일은 순수하니까요. 그는 사람들이 하디 보이즈(The Hardy Boys, 청소년용 미스터리 소설 시리즈의 주인공들—옮긴이)를 떠올리게 만드는 전형적인 미국 청년이에요. 제프리는 호기심이 많아요. 사건을 조사하는 수사관이죠. 하기야, 사람들은 누구나 다 수사관이죠. 하지만 그는 굉장히 매력적인 청년이에요. 여자를 좋아하고 미스터리를 좋아하죠. 로라 던을 찾아내기 전까지 많은 여배우를 살폈어요. 그녀는 샌디 역할에 완벽한 연기자였어요. 샌디는 영리하고, 천성이 장난기가 많아요. 착한 아가씨이지만, 마음속에는… 그녀의 내면에는 몽환적인 생각이, 별난 생각이 출렁이고 있어요. 그녀는 형사의 딸이에요. 로라는 제프리가 처음에는 친구로 지내다가 곧 사랑에 빠지게 될 캐릭터의 화신이에요. 그들이 나누는 사랑은 음울한 사랑이 아니에요. 순수한 사랑이죠.

데니스 호퍼는 위대한 연기자예요. 그가 「자이언트Giant」하고 「이유 없는 반항Rebel Without a Cause」, 「미국 친구The American Friend」에서 보여준 모습을 정말 좋아해요. 사람들한테서 데니스를 뽑지 말라는 얘기를 들었어요. "안 돼. 그러면 안 된다고. 그 사람, 완전히 맛이 갔어. 당신이 원하는 걸 하나도 얻지 못하게 될 거야." 하지만 나는 항상 데니스를 원했고, 그가 완벽한 프랭크 부스라는 걸 알고 있었어요. 그 역할을 놓고 다른 배우 몇 명과 얘기를 해봤어요. 그러던 중에 그의 에이전트가 전화를 걸어서 데니스는 말짱하다고, 맨정신이라고, 지금 막 다른 영화의 촬영을 마쳤다고, 그 영화의 감독이 그하고 작업하는 걸 대단히 흡족해하면서 나하고 얘기를 해보면 좋을 거라고 말했다더군요. 그런 후에 데니스가 전화를 걸어와서 말했어요. "프랭크 부스는 내가 연기해야만 합니다. 내가 바로 프랭크 부스니까요." 나는 그건 희소식이기도 하고 나쁜 소식이기도 하다고 말했어요. 나는 그를 캐스팅하는 데 조금의 거리낌도 없었어요.

내가 보기에, 데니스는 세상에서 제일 쿨한 사람이에요. 이상적인 반항아죠. 그리고 로맨틱함와 터프함이 하나로 합쳐진 존재고요. 그냥 완벽 그 자체예요. 또 그는 1950년대가 낳은 배우라서 그 시대의 분위기도 풍겨요. 데니스가 도로시가 노래하는 걸 지켜보는 신이 있어요. 그 신에서 데니스는 울음을 터뜨리는데, 그 모습은 정말로 완벽했어요. 50년대가 낳은 반항아의 로맨틱한 측면이죠. 남자가 울어도 아무런 문제가 되지 않고, 심지어는 멋져 보이지만, 그런 모습을 보인 직후에 누군가를 죽어라 두들겨 패는 모습이요. 요즘의 마초들은 울지를 않는데, 그건 정말 잘못된 거에요. 하지만 50년대를 살았던 사람들의 내면에는 시詩가 출렁이고 있었어요.

데니스가 프랭크 부스와 도로시가 함께 있는 그의 첫 장면을 연기할 때 나는 주체 못할 정도로 크게 웃어댔어요. 부분적인 이유는, 무척 행복해서였죠. 프랭크의 강렬한 모습, 집착, 박력 같은 것들은 영화에 구현돼야 하는 방식 그 자체였어요. 사람들이 그런 강박적인 모습의 내부에 유머가 있다고 나한테 말해줬을 때, 나는 그런 상황이 정말 좋았어요. 그는 성공적인 연기를 펼쳤어요. 데니스는 촬영에 들어간 바로 그 순간부터 프랭크였어요.

데니스는 원래는 〈꿈속에서〉를 부르기로 돼 있었어요. 그런데 노래를 부르는 사람이 딘 스톡웰로 바뀌어야만 하는 과정이 기막히게 좋았어요. 딘하고 데니스는 오랜 친구였어요. 딘은 데니스가 그 노래를 부르는 걸 도와주면서 리허설을 같이 했죠. 딘은 여기에, 데니스는 저기에 있었고, 우리는 음악을 틀었어요. 딘은 립싱크를 완벽하게 했죠. 데니스는 처음에는 괜찮게 잘 따라갔어요. 그런데 오랫동안 약물을 한 바람에 뇌가 엉망이 된 그는 가사를 기억할 수가 없었죠. 하지만 그런 상황에서 데니스가 딘을 바라보는 방식을 보다가 생각했어요. 이건 정말로 완벽해. 그러면서 노래를 부르는 사람이 바뀐 거예요. 이쪽 바닥에서는 운運이 굉장히 많이 작용해요. 그 일은 어째서 그런 식으로 벌어진 걸까요? 그 문제를 백만 년 동안 생각해볼 수도 있지만, 그런 일이 우리 눈앞에 벌어지는 걸 보기 전까지는 어쩌다가 그렇게 된 건지 알 수 없을 거예요.

그렇게 우리는 이제 딘이 노래를 부를 거라는 걸 알았어요. 프랭크가 "사탕 색깔의 왕관(Candy-colored clown, 노래 〈꿈속에서〉의 도입부 가사—옮긴이)"이라고 말하면 카세트테이프가 꽂히고 딘이 전등을 들어요. 패티 노리스Patty Norris(프로덕션 디자이너)는 거기에 전등을 두지 않았어요. 나도 거기 두지 않았고요. 그 전등이 어디서 튀어나온 건지 아무도 몰랐어요. 하지만 딘은 그걸 자기를 위해 놔둔 거라고 생각했죠. 작업용 라이트였는데, 마이크 대용으로 쓰기에 그것보다 나은 물건은 없었을 거예요. 어떤 것도요. 그게 무척 마음에 들었어요. 그 신을 촬영할 무렵에 길거리에서 뱀의 사체를 봤어요. 브래드 듀리프가 그걸 집어넣었죠. 그런데 딘이 〈꿈속에서〉를 부르고 있을 때, 브래드는 배경에 있는 카우치 위에 서서 뱀의 사체를 갖고 놀고 있었어요. 나한테는 그보다 더 좋을 수가 없는 설정이었죠.

이사벨라와는 7월 3일에 뉴욕의 레스토랑에서 만났어요. 조금 묘한 밤이었죠. 정말로 묘했어요. 나는 라파엘라 드 로렌티스의 전남편과 함께 있었어요. 리무진을 타고 어떤 클럽에 가는 중이었어요. 당시에 나는 디노의 세계에서 살고 있었어요. 비행기는 항상 콩코드였고, 돌아다닐 때는 리무진을 탔죠. 어쩌다가 그런 일이 벌어졌는지는 모르겠어요. 아무튼, 나는 디노의 레스토랑에 있었어요. 디노의 특징 중 하나는 그가 보장하는 이탈리아 음식은 최고라는 거예요. 그 레스토랑에 디노의 사무실에서 일하는 사람 두 명이 앉아 있는 걸 봤어요. 우리는 밖으로 나가면서 인사를 하려고 걸음을 멈췄죠. 자리에 앉은 나는 거기 앉은 여성을 자세히 살핀 뒤에 말했어요. "당신을 잉그리드 버그먼의 딸이라고 해도 믿겠군요." 그러자 누군가가 말했어요. "멍청한 말을 하시네요! 그녀는 진짜 잉그리드 버그먼의 딸이에요!" 따라서 그게 내가 이사벨라한테 건넨 첫 마디었어요. 그런 후로 우리는 대화를 시작했고, 나는 마음속으로 그녀를 생각하며 바라보고 있었어요. 도로시의 배역과 관련해서 헬렌 미렌과 얘기해봤었지만, 그녀는 그 배역을 원치 않으면서도 이런 얘기는 했어요. "데이비드, 뭔가가 잘못됐어요. 도로시는 아이를 키우는 여자여야 해요." 완벽하게 조리에 맞는 얘기였죠. 헬렌 미렌은 위대한 배우예요. 그런 좋은 아이디어를 준 사람이기도 하고요. 하지만 아이가 없더라도 영화 속에서 프랭크 부스 같은 사람에게 반응하는 것과 똑같은 방식으로 반응하는 여자들이 있어요. 그 여성들은 일종의 피해자들이고, 프랭크 같은 뛰어난 조종자들에게 걸리면 그들은 도로시가 처한 상황과 비슷한 처지에 몰릴 수가 있어요. 하지만 도로시를 아이를 보호하는 어머니로 볼 경우, 도로시가 취하는 행동들을 이해하기가 한결 쉬워지죠.

이사벨라는 「블루 벨벳」을 위한 완벽한 배우였어요. 나는 정말 운이 좋았어요. 그녀는 자기 고국이 아닌 나라에 사는 이방인이었어요. 따라서 그녀는 이미 조종을 당하기 쉬운 연약한 처지였죠. 즉, 이사벨라에게는 이미 도로시와 비슷한 모습이 있었던 거예요. 게다가 그녀는 믿기 힘들 정도로 아름다워요. 그게 그녀의 또 다른 특징이죠. 그런데 그녀의 눈을 잘 들여다보면 그녀가 걱정이 많은 사람이라는 걸 알 수 있어요. 그녀의 눈에는 두려움이 깃들어 있죠. 이 모든 것들의 조합은 도로시를 연기하기에 완벽한 조합이었어요. 우리가 만났을 때, 나는 그녀가 이제 겨우 영화 한 편을 막 찍은 참이라는 걸 알고 있었어요. 하지만 그런 건 신경 쓰지 않았어요. 그녀가 도로시를 연기할 수 있다는 걸 알고 있었으니까요. 사람들은 영화에서 특정한 유형의 미모와 아름다움을 보는 데 익숙해졌어요. 그러다 거리에 나가서 사람들의 실제 얼굴을 보면, 그들 중 다수가 연기자의 자질을 갖고 있음을 알 수 있죠. 그런 사람들이 영화 전편을 끌고 나가지는 못하겠지만, 캐릭터 하나는 확실하게 연기해낼 수 있어요.

딘 스톡웰이 등장하는 신을 촬영한 아파트 아래에는 디스 이즈 잇이라는 술집이 있었어요. 그 술집에 가서 촬영 섭외를 했죠. 거기에는 고고 댄서들이 춤을 추는 케이지들이 있었어요. 댄서들 중에 보니라는 댄서를 만났는데 무척 마음에 들더군요. 생김새와 말하는 방식이 믿기 힘들 정도로 인상적이었어요. 그녀에게 영화에 출연할 의향이 있느냐고 물었고, 그녀는 프랭크의 차 지붕에서 춤을 추게 됐죠. 그녀가 춤을 춘 방식은 완벽했어요. 이건, 그러니까 내가 윌밍턴에 있는 어느 술집에서 어떤 아가씨를 만난 건 현장에서 우연히 이뤄진 일이에요. 나는 그녀가 정말 마음에 들었어요.

촬영장에 도착할 때 머릿속에 모든 걸 담고 있지는 않아요. 나는 리허설을 해서 시나리오를 실제 연기로 옮겨보는 걸 좋아해요. 그런 후에 그걸 DP에게 보여주죠. 프레디 프랜시스가 말했듯이, 리허설 동안 그는 내가 앉아 있는 자리를 그냥 지켜보곤 했어요. 그는 카메라가 가야 할 곳이 어디인지를 알았죠. 그의 판단은 항상 옳았어요. 우리는 영화의 구체적인 장면을 촬영 세트나 야외 촬영지에 가서야 처음으로 봐요. 출연진은 옷을 제대로 차려입고 분장을 제대로 받은 상태예요. 그러고는 리허설을 하죠. 바로 그때가 머릿속의 아이디어가 생명을 얻는 때예요. 감독은 원하는 화면을 얻을 방법을 확인하게 되죠. 그런 리허설이 중요해요. 나는 테이크를 많이 가지는 않아요. 네 번, 많아야 여섯 번 가요. 나는 사람들의 특징을 빠르게 간파해요. 내가 배우들에게 하는 말을 들어보면, 당신은 "도대체 그게 뭐야?"라고 할 거예요. 그런데 당신이 누군가를 정말로 눈여겨본다면 그 사람에게 어울리는 색다른 방식의 커뮤니케이션이 효과를 보이기 시작할 거예요. 배우들과 음악가들은 그렇게 오가는 말들을 이해해요. 그건 그들의 머릿속에 곧장 날아가 꽂히죠. 이유는 모르겠어요. 하지만 짧은 말이나 사소한 제스처를 전달하고 나면 다음번에는 훨씬 나은 연기가 나오고, 그런 후에는 완벽한 연기가 펼쳐져요.

우리가 촬영할 때 현지인들이 주위를 서성거리고 있었지만, 그들은 내 눈에는 들어오지 않았어요. 나는 연기자들을 살피고 있었으니까요. 그리고 나는 내 뒤에서 벌어지는 일에는 신경 쓰지 않아요. 실제로, 내가 그 모습을 봤으면 돌아버렸을 거예요. 나는 집중을 해서 이런 화면을 얻어내야 해요. 그러고 나면 그건 끝이에요. 나머지는 헛짓거리죠. 그런 일들은 나를 맛이 가게 만들어요. 나는 영화 말고는 만사를 무시해버려요. 우리는 도넛에 시선을 맞추는 거지 거기 뚫린 구멍에 초점을 맞추는 게 아니니까요.

이사벨라가 〈블루 벨벳〉을 부른 것과 관련해서 사람들이 들은 얘기는 잘못된 거예요. 실제로 일어난 일은 이래요. 이사벨라는 그녀에게 노래를 가르친 나이 많은 여성이 준 악보를 바탕으로 그 노래를 배웠어요. 그런데 그녀가 배운 노래는 바비 빈튼의 버전하고는 다른 거였죠. 나는 현지에 있는 밴드를 섭외했어요. 최상급의 밴드는 아니었지만, 훌륭한 음악가들이었죠. 그런데 이사벨라는 그 노래의 잘못된 버전을 배운 거예요. 두 버전은 달라도 너무 달랐어요. 공연은 완전 엉망이었죠. 프레드 카루소에게 말했어요. "프레드, 계속 작업해 나가려면 이 정도 선에서 만족해야 할 것 같아요." 그러자 프레드가 말했어요. "데이비드, 이건 관객에게 먹혀들지 않을 거야. 내 친구 안젤로에게 전화해볼게." 내 생각은 달랐어요. "나는 그냥 이걸로 가고 싶어요." 하지만 결국 그게 제대로 먹혀들지 않을 거라는 걸 깨닫고는 다시 말했죠. "프레드, 당신 친구 안젤로한테 전화하세요." 그래서 프레드는 전화를 걸었고, 그는 이튿날에 윌밍턴으로 날아왔어요. 이사벨라는 로비에 피아노가 있는 민박집에 묵고 있었는데, 안젤로는 거기서 그녀와 작업을 했죠. 그날 우리는 보몬트 씨가 풍을 맞는 장면을 찍고 있었어요. 내 평생의 애정의 대상인 우리 개 스파키가 그 신에 등장하죠. 점심시간에 프레드가 안젤로를 데리고 내가 머물던 집의 진입로에 도착했어요. 나는 안젤로와 인사를 했고, 그는 이사벨라의 노래를 담은 작은 카세트 플레이어를 내놓고는 피아노를 연주했어요. 나는 말했죠. "안젤로, 이 음악을 지금 당장 영화에 넣을 수도 있겠어요. 정말로 근사해요. 고생 많았어요."

디스 모털 코일This Mortal Coil의 〈사이렌에게 바치는 노래Song to the Siren〉를 영화에 넣고 싶었어요. 그 노래를 원했죠. 간절히요. 프레드에게 당부했어요. "제발 그 노래 좀 구해와 봐요." 프레드는 "데이비드, 문제가 상당히 많아."라고 했어요. 주로 돈 문제였죠. 그놈의 돈, 돈, 돈. 프레드는 말했어요. "데이비드, 자네는 늘 종이에다 사소한 글들을 긁적거리잖아. 안젤로에게 가사를 몇 편 보내는 게 어때? 그 친구가 그걸로 작곡할 수 있을 거야." 나는 말했죠. "프레드, 우선, 세상에는 밤하늘의 별보다 많은 노래가 있어요. 내가 그런 노래 중에 아무거나 원하는 게 아니에요. 나는 이 노래를 원해요. 디스 모털 코일이 부른 〈사이렌에게 바치는 노래〉를 원한다고요. 내가 종이 쪼가리에 무슨 가사랍시고 써서는 잘 알지도 못하는 사람에게 보내서 될 일이라고는 생각하지 않아요. 그 사람은 내가 원하는 수준을 뛰어넘는 노래를 작곡할 거예요. 그러니까 백만 년이 지나도 그럴 일은 없을 거예요. 그러니 현실적으로 굴어 봐요, 프레드."

그런데 안젤로와 프레드는 능글맞은 이탈리아인들이에요. 프레드는 내가 직접 가사를 공들여 쓸 경우, 그 가사를 담은 곡을 좋아할 가능성이 커질 거라는 걸 잘 알고 있었어요. 그게 그들이 쓴 수법이었죠. 어느 날 밤에 외출했다가 결국 아이디어들이 떠올랐어요. 그것들을 적어서 안젤로에게 보냈죠. 안젤로는 그걸 보고는 키득거리더군요. 그는 말했어요. "이건 최악의 가사예요! 라임도 맞지 않고 형식도 전혀 갖추지 못했어요!" 안젤로는 그런 면에서는 케케묵은 사람이에요. 하지만 그는 고심에 고심을 거듭했고, 곡을 만든 뒤 가수를 섭외해 녹음을 내놓았어요. 하지만 그 노래는 내가 원하는 특징을 담고 있지 못했어요. 멜로디는 무척 마음에 들지만 사운드가 더 초월적인 느낌을 풍겨야만 한다고 그에게 말했죠. 그러자 그는 줄리 크루즈를 데려와 노래를 부르게 만들었고, 그들은 거기다가 오버더빙(overdubbing, 원래 녹음된 것에 다른 녹음을 추가하는 작업—옮긴이)을 하고 또 했어요. 줄리는 정말로 근사하게 노래했죠. 안젤로도 끝내주는 작업을 했고요. 그게 마음에 든다는 걸 인정해야 했어요. 그 노래가 마음에 든 건 내가 가사를 썼기 때문일 수도 있어요. 모르겠어요. 하지만 그게 정말로 마음에 들었어요.

그래도 나는 머뭇거렸어요. 내가 원한 노래는 〈사이렌에게 바치는 노래〉였으니까요. 〈사랑의 미스터리들〉이 정말로 마음에 들기는 했지만, 〈사이렌에게 바치는 노래〉에 비할 수 있는 노래는 없었어요. 〈사이렌에게 바치는 노래〉를 부른 가수는 엘리자베스 프레이저Elizabeth Frazer예요. 그녀가 은둔 생활을 하면서 사생활을 전혀 드러내지 않는다는 얘기를 들었어요. 하지만 그녀는 독특한 자질을 지녔어요. 그 노래의 기타를 연주하는 사람이 그녀의 남자친구였을 거예요. 기타에 끝내줄 정도의 잔향을 걸어서 마술을 부리는 데 성공했죠. 노래는 장대한 우주 같은 느낌을 풍겨요. 반면에 〈사랑의 미스터리들〉은 더 따뜻한 느낌으로, 두 사람을 위한 노래예요. 처음에는 약간 우주적인 분위기로 시작하지만, 더 따스해지죠.

나는 결국에는 〈사이렌에게 바치는 노래〉를 얻었어요. 그 노래는 「로스트 하이웨이Lost Highway」에 삽입됐죠. 그리고 〈사랑의 미스터리들〉은 「블루 벨벳」에 꽤 완벽하게 어울리는 노래가 됐어요. 이런 얘기를 안 하면 사람들은 일이 어떻게 그렇게 됐는지 절대 알지 못할 거예요. 안젤로는, 그야말로 최고 중의 최고예요. 나하고는 형제나 다름없는 사이죠. 그는 정말로 근사한 음악을 작곡할 수 있어요. 그건 운명이었어요. 그게 내가 가늠할 수 있는 유일한 결론이에요. 안젤로와 작업하는 건 정말로 즐거운 일이었어요.

안젤로하고 「블루 벨벳」의 음악을 작업하러 프라하에 갔어요. 그곳의 상황은 정말로 믿기 힘들었어요. 특정한 종류의 목제품과 음향 시설들이 배치된 방들이 있었어요. 내가 동유럽 분위기라고 부르는 걸 연출하더군요. 그런 것들이 마이크에 담겼어요. 사운드와 느낌이 담긴 거예요. 서글픈 분위기는 아니고, 고색창연한 분위기였죠. 정말로 아름다웠어요. 안젤로하고 내가 프라하에 갔을 때는 공산주의자들이 여전히 통치하고 있을 때였어요. 거리를 걸어가면서 옷가게를 들여다보면 짙은 색의 아름다운 나무 선반들이 보였어요. 그 위에는 스웨터가 세 장쯤 놓여 있었죠. 가게는 휑했어요. 음산했고요. 입을 여는 사람은 아무도 없었어요. 호텔에 가면, 매춘부들이 로비에 늘어서 있었어요. 기이한 광경이었죠. 어디를 가도 카메라와 마이크가 있을 거라는 게 짐작됐어요. 그런 분위기가 그냥 감지됐어요. 침대에 누우면 도청 장치에서 나는 소음이 들리는지 귀를 기울였죠. 거기 있는 게 무척 좋았어요. 작은 언덕을 올라가서 세상을 내려다보니 피테르 브뢰헬Pieter Bruegel의 그림 같은 풍경이 보였어요.

패티 노리스의 손길은 「블루 벨벳」의 모든 곳에 닿아 있어요. 패티는 영화 의상 분야의 천재예요. 최고 중의 최고죠. 사람들이 분장실에서 나오면 프랭크는 더욱 프랭크다워졌고, 제프리는 더욱 제프리다워졌고, 샌디는 더 샌디처럼 느껴졌어요. 기묘한 일이었죠. 패티가 나와 작업을 시작한 건 「엘리펀트 맨」부터였어요. 그러다가 「블루 벨벳」을 할 때 그녀가 프로덕션 디자이너를 겸해도 되겠냐고 묻기에 괜찮다고 대답했죠. 그녀는 실내 공간에 대해서도 의상을 작업할 때와 같은 방식으로 생각해요. 고민을 진짜 많이 하죠. 우리는 모든 걸 철저히 상의했어요. 내가 뭔가를 제안하면, 그녀는 거기에 추가적인 특징들을 덧붙였죠. 도로시의 아파트의 경우, 색상은 완벽했어요. 하지만 처음 카우치를 봤을 때, 그건 완전히 꽝이었어요. 독립형으로 제작된stand-alone 카우치였는데, 나는 그것들이 붙박이식이기를 원했어요. 그래서 우리는 팔걸이들을 디자인했죠. 그러자 그것들이 무척 마음에 들었어요. 패티는 끝내주는 작업을 해냈어요.

우리는 제프리 보몬트의 집에서 켜져 있는 텔레비전에 등장하는, 계단을 올라가는 두 발과 총을 쥔 손을 담은 영상을 찍었어요. 그런 식으로 쓰려고 체어 풀도 찍었지만, 그건 결국에는 써먹지 못했죠. 사람들이 올림픽에서 어떻게 하는지 알죠? 달리기를 해요. 100미터를 질주하고, 50미터를 질주하고, 1.6킬로미터를 달리고, 배턴을 넘겨주죠. 체어 풀도 그것하고, 올림픽 이벤트하고 비슷해요. 안을 빵빵하게 채운 의자들을 마련하고, 의자 주위에 로프를 묶어요. 기다란 로프가 의자에 묶여 있는 거죠. 이 경주에서 경쟁을 벌이는 여자들은 프롬 드레스prom dress 차림이에요. 여성들 각자에게 분필로 그은 레인이 배정돼요. 그들 전원은 의자를 뒤에 둔 채 출발선에 늘어서요. 50미터 떨어진 곳이 목표 지점이고요. 출발을 알리는 총성이 울리면 경주가 시작되고, 의자를 끌고 처음으로 결승선을 넘은 사람이 승자예요. 그걸 찍은 날은 기온이 38도나 되고 습도도 무척 높았어요. 그런 걸 찍기에는 지나치게 무더운 날이었지만 우리는 어쨌든 찍었어요. 여자 한 명이 졸도하는 바람에 의료진을 불러야 했죠. 아무튼, 내가 그걸 발명해냈어요. 체어 풀을요.

앨런 스플렛은 사운드 분야의 진정한 사상가예요. 물론 나는 그가 「블루 벨벳」을 작업하기를 원했어요. 그래서 그는 그 영화에 참여했죠. 버클리에 있는 그의 작업실에서 일하면서요. 어느 날 그는 그냥 작업을 중단했어요. 고집스러운 데가 있는 앨런은 와서 말하더군요. "데이비드, 이 영화는 더 작업 못하겠어. 영화가 도저히 감당이 안돼. 프랭크 부스가 감당이 안 된다고. 못하겠어. 이 영화 때문에 앓아누울 지경이야." 나는 말했어요. "젠장, 앨런, 어쩌자는 거야?" 하지만 그걸로 끝이었어요. 우리는 영화를 절반쯤 작업한 상태였어요. 그래서 나는 앨런의 나머지 팀원들하고 같이 사운드 작업을 마쳤어요.

영화 작업은 추수감사절에 끝났어요. 그보다 일주일 전쯤에, 듀웨인 던햄이 버클리에 편집실을 설치했고, 나는 버클리에 아파트를 얻었죠. 우리는 포스트프로덕션을 시작했어요. 꽤 오랫동안 작업을 했던 것 같아요. 내가 작업했던 거의 모든 영화의 최초 편집본은 보통 네 시간 길이였어요. 「블루 벨벳」에서 잘라내야 했던 것들이 뭐였는지는 기억을 못 하겠어요. 우리가 잘라낸 건 특정한 리듬을 창출하려고 넣었던 장면들, 그리고 조금은 지루하게 이어지는 몇 가지를 여기저기서 잘랐을 거예요. 오스틴이 나를 만나려고 두어 번 버클리에 왔었어요. 그 애는 세 살인가 네 살이었죠. 그 애가 도대체 어떻게 거기에 왔을까요?

디노는 「블루 벨벳」을 제대로 받아들였던 것 같아요. 그가 그 영화를 처음 본 곳은 LA에 있는 작은 시사실이었어요. 그 자리에는 30명쯤이 있었죠. 영화를 본 디노는 대단히 흡족한 표정으로 의자에서 일어나서는 싱글벙글 웃었죠. 이게 획기적인 영화가 될 수 있을 거라고 생각하는 것 같았어요. 그래서 그는 평범한 관객들도 영화를 좋아할지 확인하려고 일반 시사회를 열고 싶어 했어요. 카일과 로라는 당시 블랙번 애비뷰에서 동거하고 있었고, 나는 잠시 그들과 같이 살다가 웨스트우드에 거처를 마련한 상태였죠. 나는 웨스트우드의 여러 곳에 거처를 두고 있었어요. 내가 왜 계속해서 이사했는지는 모르겠네요. 나는 거기에 마지막으로 마련한 거처를 정말로 좋아했어요. 새로 지은 집이었어요. 당시 나한테는 짐이 거의 없었죠. 빈방들은 모두 깔끔했어요.

거기에서 자그마한 흑백 유화들을 작업했죠. 어쨌든, 샌 페르난도 밸리에서 시사회가 열리던 밤에, 나는 시사회에는 가지 않고 카일과 로라의 거처에 머물렀어요. 로라의 어머니하고 그분의 여자 친구가 시사회에 갔고, 릭 니치타가 다른 CAA 소속 에이전트 들과 함께 갔죠. 시사회가 끝난 뒤에 릭이 카폰으로 전화를 걸었어요. 그들은 고함을 쳐댔죠. "제기랄, 끝내줘요, 데이비드, 정말로 끝내줘요!" 그런 후에 로라의 어머니가 친구와 함께 집에 왔어요. 두 사람은 식당에 앉아 있었는데, 별말이 없었어요. 걱정스 러울 정도로 말이 없었죠. 이튿날 아침에 디노한테 전화를 걸었어요. 전화를 받은 그 에게 물었죠. "안녕하세요, 디노, 어떻게 됐나요?" 그가 말했어요. "래리 바꿔줄게." 래 리는 배급 책임자였어요. 그가 말하더군요. "데이비드, 이런 말을 해서 유감인데요, 내 가 겪어본 중에 최악의 시사회였을 거예요." 나는 말했죠. "장난치지 말아요! 릭한테 전화를 받았는데, 끝내줬다고 했어요." 그가 말했어요. "끝내주지 않았어요. 관객들이 제출한 카드를 당신이 직접 읽어봐야 해요. 영화에서 제일 마음에 든 게 뭐였냐는 질 문에 사람들은 '개 스파키'나 '끝났다는 자막' 같은 것들을 썼어요." 그래서 릭하고 나는 디노를 만나러 갔는데, 그는 무척 기분이 좋아 보였어요. 그가 말했어요. "이건 특정한 사람들에게는 안 맞는 영화야. 하지만 결국에는 다들 괜찮을 거야."

내 기억이 맞다면, 그가 당시에 만들던 영화 열세 편 중에 극장에 걸린 영화는 「마 이 리틀 포니My Little Pony」하고 「블루 벨벳」밖에 없었을 거예요. 디노는 「블루 벨벳」을 자 랑스러워했다고 생각해요. 내가 디노를 우러러보는 이유 중 하나는, 그는 뭔가를 밀 어줄 때는 딴사람들이 하는 생각에는 눈곱만치도 신경을 쓰지 않는다는 거예요. 「블 루 벨벳」은 그의 취향에 맞는 영화는 아니었을 거예요. 하지만 그는 자신이 그걸 제 작했다는 사실을 기뻐했던 것 같아요.

내가 어떻게 남들 생각에 신경을 쓰지 않는 상태에 다다랐는지는 모르겠어요. 그 런데 그건 좋은 일이에요. 중요한 건, 어떤 아이디어들하고 사랑에 빠지면, 그건 여 자와 사랑에 빠진 거랑 비슷하다는 거예요. 그 여자는 당신을 자기 부모님께 데려가 고 싶어 하지 않을 수도 있어요. 하지만 당신은 남들이 무슨 생각을 하는지는 신경 쓰지 않죠. 당신은 사랑에 빠졌고, 그 사랑은 아름다워요. 당신은 그런 상황에 충실 한 마음을 유지하고요. 베다에 이런 문구가 있어요. "사람은 행위 자체만 좌지우지할 수 있지, 행위에 따른 과실은 결코 통제하지 못한다." 달리 말해, 우리는 할 수 있는 최선을 다해 결과물을 세상에 내놓지만, 그 결과물을 좌지우지하지는 못해요. 운이 좋으면 좋은 성과가 나오고, 그건 나한테도 좋은 일이겠지만, 일이 잘못되면 끔찍한 상황이 되면서 나한테도 악영향을 끼치죠. 다들 그런 경험을 해봤을 거예요. 그런데 그래서 어쩌라고요? 내가 신념을 저버리고 해야 할 일을 하지 않으면, 그건 두 번 죽 는 거나 마찬가지예요. 「듄」이 그런 경우였죠. 신념을 저버렸기 때문에 한 번 죽고, 그 결과물이 실패했기 때문에 두 번째로 죽은 거예요. 「트윈 픽스 영화판」은 세상에 서 아무런 성과도 내지 못했지만, 나는 그 영화로는 딱 한 번만 죽었어요. 나는 그 영화에 대해 좋은 느낌을 갖고 있으니까요. 자신이 사랑하는 대상에게 충실한 태도를 유지한다면 우리는 완벽하게 자존심을 지킬 수 있어요.

스위프티 라자Swify Lazar가 스파고에서 주최한 오스카 파티에 초대받았어요. 「블루 벨벳」으로 감독상 후보에 올랐으니까요. 하지만 감독상은 「플래툰Platoon」을 만든 올리버 스톤Oliver Stone이 가져갔죠. 나는 이사벨라하고 그 파티에 갔어요. 사람들이 각자의 오스카 트로피를 들고 거기에 있더군요. 안젤리카 휴스턴Anjelica Huston이 와서 물었어요. "데이비드, 우리 아버지랑 아는 사이죠?" 나는 멕시코에서 존 휴스턴John Huston을 만났었어요. 푸에르토 바야르타에서 미술 전시회를 열었을 때 존 휴스턴이 왔었죠. 프레디 프랜시스도 그 전시회장에 있었는데, 프레디는 존의 영화 「모비 딕Moby Dick」의 B롤roll을 찍었었어요. 그래서 우리는 얘기를 나누면서 끝내주는 밤을 보냈었죠. 그는 그렇게 좋은 사람이었어요. 어쨌든, 안젤리카는 "아버지가 다른 방에 계세요. 와서 인사 좀 드리시지 그래요."라고 했어요. "당연히 그래야죠."라고 대답하고는 또 다른 방의 문을 열었어요. 존이 거기에 있었고, 같은 테이블에 조지 해밀튼George Hamilton 하고 엘리자베스 테일러Elizabeth Taylor가 있더군요. 나는 엘리자베스 테일러와 「젊은이의 양지」를 무척이나 좋아해요. 그녀가 몽고메리 클리프트랑 한 키스 알아요? 영화 역사상 최고의 키스에 속해요. 그레이스 켈리Grace Kelly가 「이창Rear Window」에서 지미 스튜어트랑 한 키스도 영화 역사상 최고의 키스고요.

엘리자베스 테일러는 그날 밤의 감독상 시상자였어요. 우리가 시상식장의 뒷방에 있을 때 그녀가 말했어요. "「블루 벨벳」을 정말 좋아해요." 심장이 쿵쾅거렸어요. 그녀가 그 영화를 보고 마음에 들어 했다는 소리에 깜짝 놀랐죠. 그녀에게 말했어요. "내가 상을 받았어야 했는데요. 당신이 시상할 때 올리버 스톤이 당신에게 입을 맞췄잖아요." 그랬더니 그녀가 말했어요. "이리 와요." 나는 그녀에게 갔어요. 그녀는 자리에 앉아 있었고 나는 서 있었죠. 바로 앞에 엘리자베스 테일러의 얼굴이 있었어요. 나는 몸을 숙였어요. 그녀의 보라색 눈동자와 얼굴을 봤어요. 그녀의 입술을 향해 몸을 숙이고 또 숙였죠. 그녀의 입술은 깊이가 몇 킬로미터나 되는 것 같았어요. 믿기 힘든 일이었죠. 그녀에게 입을 맞췄어요. 환상적인 일이었죠. 그러고서 우리는 존 휴스턴하고 약간 얘기를 했고, 나는 그곳을 떠났어요. 그녀하고는 칸에서 또 한 번 키스했어요. 그녀하고 같은 테이블에 앉았을 때 스파고에서 키스했던 일을 상기시키면서 다시 키스해도 되겠냐고 물었죠. 나는 그 자리에 메리 스위니Mary Sweeney와 함께 있었어요. 엘리자베스는 나중에 내 방으로 전화를 걸어서 내가 결혼했는지 알고 싶어 했어요. 그녀는 결혼하는 걸 좋아했어요. 결혼을 일곱 번인가 여덟 번 했을 거예요. 하지만 나는 엘리자베스 테일러하고 결혼하고 싶지는 않았어요. amfAR(엘리자베스 테일러가 창설에 관여한 미국의 AIDS 연구재단—옮긴이) 행사에서도 그녀와 입을 맞췄어요. 그런 후에 그녀와 점심을 먹으러 갔고 그녀는 이런저런 얘기들을 들려줬죠. 그게 그녀와의 마지막 만남이었어요.

비닐에 싸여

1986년은 린치에게 좋은 해였다. 「블루 벨벳」은 위대한 영화감독들의 만신전으로 그를 안내했지만, 그해 초봄에 우연히 마크 프로스트를 만난 것 역시 그만큼 중요한 사건이었다. 1953년에 뉴욕에서 태어난 프로스트는 10대 시절을 미니애폴리스에서 보냈다. 그는 그곳의 거스리 극단Guthrie Theater에서 일한 후, 카네기 멜론Carnegie Mellon에서 연기와 연출, 극작을 공부했다. 1975년 졸업 후 LA로 떠난 그는 텔레비전용 대본을 집필하는 일을 연달아 맡았다. 1981년에 찬사를 받은 스티븐 보치코Steven Bochco의 TV 시리즈 「힐 스트리트 블루스Hill Street Blues」의 전속 작가가 된 그는 1985년까지 그 시리즈에 남았다. 그리고 이듬해에 린치를 만났다.

"CAA에서 일하는 어느 에이전트가 영화 배급사인 유나이티드 아티스츠United Artists를 위해 「여신Goddess」이라는 장편 영화를 작업하는 일에 우리를 함께 투입했습니다." 안소니 서머스Anthony Summers의 책 『여신: 마릴린 먼로의 은밀한 삶들Goddess: The Secret Lives of Marilyn Monroe』을 원작 삼아, 마릴린 먼로의 생전 마지막 몇 달을 연대기로 담아낸 프로젝트에 대한 프로스트의 회상이다. "데이비드는 유머 감각이 대단히 뛰어난, 솔직한 사내라는 인상을 받았습니다. 그런 면에서 우리는 만나자마자 잘 어울렸죠. 우리는 서로를 웃겼습니다. 나는 그의 친절한 우정에 반응했죠. 우리는 마냥 잘 어울려 다녔어요. 1986년 어느 날, 데이비드는 윌셔 블러바드에 있는 디노의 사무 공간에 작업실을 차렸습니다. 우리가 「여신」을 작업한 곳이 거기죠. 우리 둘 다 그 이야기를 엄격한 리얼리즘의 차원을 뛰어넘게끔 확장하고 싶었죠. 서정적인 요소들을, 거의 환상적이라 할 정도의 요소들을 투입하고 싶었습니다. 우리는 누가 먼저랄 것도 없이 동시에 작업을 해나가는 방식으로 공동 작업을 시작했습니다."[1]

「비너스의 강림Venus Descending」이라는 제목이 붙은, 1986년 11월에 완성된 시나리오는 여배우의 죽음에 바비 케네디Bobby Kennedy가 연루됐음을 시사했는데, 프로젝트는 그 즉시 폐기됐다. "「여신」의 소재는 걸출했고, 우리는 좋은 시나리오를 썼습니다." 프로스트는 말했다. "불행히도, 유나이티드 아티스츠와 우리를 고용한 프로듀서 버니 슈와르츠Bernie Schwartz는 원작이 케네디 가문의 연루를 밝혀냈다는 걸 처음에는 알아차리지 못했습니다. 요즘 사람들은 당연하게 받아들이는 내용이지만, 당시에는 새로운 발견이었으니까요. 그런데 우리가 시나리오에서 그런 요소들을 다뤘고, 그러면서 시나리오는 최후를 맞았죠."

이 당시 린치에게는 연출 제안들이 찾아오고 있었지만, 그는 스튜디오가 기획한 대작 영화를 만드는 데에는 전혀 관심이 없었다. "데이비드하고 나는, 그가 원하는 건 두둑한 연출료하고 쥐꼬리만 한 제작비뿐이라는 농담을 했죠." 릭 니치타는 도저히 잊을 수 없는「듄」으로 교훈을 얻은 린치에 대해 말했다. 린치는 드 로렌티스와 함께「로니 로켓」을 시작하려고 애썼지만, "디노는 그 작품을 전혀 이해하지 못했죠."라고 했다. 하지만 드 로렌티스는 린치를 믿었다. 그들은 함께 작업할 수 있는 영화를 계속 찾았다. 가능성 있는 작품 하나가「호수에서Up at the Lake」로,「듄」의 촬영이 한창일 때 린치가 라파엘라 드 로렌티스에게 얘기했던 프로젝트였다. 그녀는 그 아이디어를 아버지한테 가져가 보라고 그를 부추겼고, 드 로렌티스는 약간의 개발비를 줬지만, 그 프로젝트는 어디에도 다다르지 못했다.

그 시기에 일어난 가장 중요한 사건은 린치가 핑크 하우스Pink House라 불리는 저택을 매입한 거였다. 아즈텍 문명에서 영감을 받은 셰브런(chevron, V형 무늬―옮긴이)으로 장식된, 할리우드 힐스에 자리 잡은 이 20세기 중반의 현대적 주택을 디자인한 인물은 프랭크 로이드 라이트Frank Lloyd Wright의 아들 로이드 라이트Lloyd Wright였다. 로이드 라이트의 아들 에릭은 린치를 위해 이 주택을 복원하면서 실내의 벽에 보라색 치장 벽토를 발랐고, 린치는 이 공간을 항상 가구를 거의 들이지 않은 상태로 유지했다. 핑크 하우스 덕에 린치는 처음으로 그가 원했던 바에 정확히 부합하는 환경에서 살게 됐다. 그래서 그 집은 그에게 중요한 곳이다. 그는 이후로 그 집을 절대 떠나지 않았고, 자신이 계속 거주하면서 작업할 수 있는 복합 단지를 만들기 위해 인접한 부동산 두 곳을 연달아 사들이기까지 했다.

그 후에는 또 다른 생활 방식의 변화가 이어졌다. 린치가 생전 처음으로 밑에 두고 일할 스태프를 필요로 했기 때문이다. 그의 스태프는 이후 몇 년간 규모를 불렸고, 지금은 사운드 스튜디오를 운영하는 엔지니어, 인-하우스in-house 편집자, 전업 잡역부, 미술품과 전시회를 관리하는 매니저, 인-하우스 프로듀서, 개인 비서로 구성돼 있다. 하지만 처음에는 겨우 두세 명이 일하는 간소한 규모였다. 린치가 그토록 많은 성취를 이룰 수 있었던 이유 중 하나는 그를 위해 일하는 사람들이 하나같이 역량이 무척 뛰어난 데다 헌신적이었기 때문이다. 데비 트루트닉Debby Trutnik은 1987년에 사무실 매니저로 채용됐고, 존 웬트워스는 잡다한 일들을 다 해결하는 팔방미인 자리를 맡았다.

「여신」은 불발탄이었다. 하지만 프로스트와 린치는 여전히 함께 작업하고 싶어 했다. 프로스트는 말했다. "어느 날 우리가 카네이션 데어리 커피숍에 앉아 있을 때 데이비드가 말했습니다. '캔자스주 뉴튼빌이라는 가상의 도시에 있는 비밀 연구 시설에 대한 아이디어가 있어. 바보 같은 사내 둘이 거기서 일하지. 그중 한 명이 폭소를 터뜨렸는데, 그의 입에서 둥둥 떠나온 거품이 복도를 내려가서는 모퉁이를 돌아 민감한 장비가 보관된 방으로 들어가서 합선을 일으킨 거야. 그러고 나면 우주 장면으로 넘어가고, 인공위성 한 대가 광선총 종류의 무기를 발사하려고 작동하는 게 보이지. 그러고는 카운트다운이 시작돼.' 데이비드가 처음에 내놓은 아이디어는 그게 다였습니다. 우리는 그걸 바탕으로「침 거품 하나One Saliva Bubble」라는 코믹한 주마등 같은 작품을 지어내기 시작했습니다. 우리가 스티브 마틴Steve Martin과 마틴 숏Martin Short과 함께 그 작품의 촬영에 들어가기 겨우 6주 전에 디노는 돈이 바닥났다는 사실을 밝혔고, 제작사는 프로젝트들과 함께 없어졌죠."

그것이 「침 거품 하나」의 최후였지만, 상황은 또 다른 영역으로 이동하고 있었다. 린치는 그해 6월 로스앤젤레스에 있는 제임스 코코란 갤러리James Corcoran Gallery의 소유주인 미술품 딜러 제임스 코코란을 만나면서 미술가로서의 입지를 한층 더 끌어올렸다. "당시 데이비드는 웨스트우드의 작은 아파트에 살고 있었습니다. 그래서 나는 그의 거처로 가서 그를 만났죠." 그들이 만난 이듬해에 린치에게 단독 전시회를 열어준 코코란의 기억이다. "데이비드는 활기가 넘쳤습니다. 그래서 만나는 즉시 그가 마음에 들었죠. 대단히 올곧은 사람이었습니다. 당시 그는 대형 파스텔 그림들을 작업하고 있었는데, 그중 한 점이 당시에 내가 전시회를 열어주던 켄 프라이스Ken Price와 에드 루샤Ed Ruscha 같은 예술가들의 작업에 비해 훨씬 어두워서 호기심이 생겼습니다."[2]

린치의 전시회는 작품 판매와 평단의 반응 면에서 잘된 편이었다. 『아트포럼』은 이 전시회가 "깊은 연민을 유발하면서 무척 기분 좋은 괴팍함을 보여준다."라고 평했고, 『로스앤젤레스 타임스』는 "진정성이 느껴지고 신선하다."라고 평했다. 전시회가 끝난 후 이사벨라 로셀리니는 린치의 작품을 밀라노의 갤러리 소유주였던 베아트리체 몬티 델라 코르테Beatrice Monti della Corte에게 보여줬고, 코르테는 전설적인 미술품 딜러 레오 카스텔리Leo Castelli에게 작품을 자세히 살펴보라고 권했다. 카스텔리는 1989년 2월에 뉴욕에서 린치의 첫 전시회를 열었고, 코코란은 LA에서 두 번째 전시회를 열었다.

이 전시회들에 걸렸던 작품을 보면, 린치의 영혼에 도사린 음침한 것들은 그 종류를 불문하고 모두 그의 예술 작품으로 직행한다는 사실을 확인할 수 있다. 모두 1988년 작품들인 〈내 집에 드리운 뒤틀린 손의 그림자Shadow of a Twisted Hand Across My House〉와 〈바람 부는 밤에 외로운 형체가 점보의 클라운 룸으로 걸어간다On a Windy Night a Lonely Figure Walks to Jumbo's Klown Room〉, 〈아악, 맙소사, 엄마, 개가 나를 물었어요Oww God, Mom, the Dog He Bited Me〉라는 제목이 붙은 그림들은 제목이 작업의 분위기를 전달한다. 커다랗고 탁한 캔버스 위에 분방한 붓질로 회색과 갈색, 검정 물감을 칠한 그림은 위협적이고도 두려운 느낌을 풍겼다. 연분홍색 색조로 세심하게 배치된 선들은 작품에 인간적인 존재감을 불어넣었지만, 그 형태는 거칠게 스케치한 스틱 피겨(stick figure, 머리는 원으로, 사지와 체구는 직선으로 표현한 인체 그림—옮긴이)의 차원을 절대 넘어서지 않았고, 연분홍색 색조의 터치들은 상처 같은 느낌을 더 많이 풍겼다. 섬뜩한 그림들이었다.

린치는 로셀리니와 사귄 몇 년 동안 미국의 양쪽 해안을 오가는 생활을 했다. 시간의 절반은 그녀와 함께 뉴욕에서, 나머지 절반은 LA에서 보냈다. 그와 피스크의 이혼은 1987년에 조용히 마무리됐다. "법정을 거치면서 묻혀 있던 온갖 얘기를 다 끌어내서 난장판을 만들고 싶지는 않았어요." 피스크는 말했다. "결혼도 변호사들 없이 했으니, 헤어지는 것도 그 사람들 없이 할 수 있었어요. 우리는 되도록 간단하고 빠르게 이혼을 해치우고 싶었어요. 그래도 힘들긴 했어요. 이혼이 마무리된 날에 『배니티 페어Vanity Fair』에 데이비드와 이사벨라에 관한 기사가 실린 걸 봤어요."

1987년에 린치는 1981년에 캐스린 비글로Kathryn Bigelow와 인디 컬트 영화 「사랑 없는 사람들The Loveless」을 공동 연출했던 프로듀서 몬티 몽고메리Monty Montgomery를 만났다. 이후 그의 인생에서 중요한 우정으로 판명될 관계가 시작된 것이었다. "LA에서 플릭Flick이라는 모델 에이전시를 운영하는 앨런 민델Allan Mindel이라는 사람을 만났습니다. 그들은 모든 분야에 진입하려고 기를 쓰고 있었죠. 나는 뮤직비디오 때문에 우연히 그를 만나게 됐습니다." 몽고메리는 말했다. "앨런은 이사벨라를 대표하고 있었습니다. 그는 그녀에게 반드시 데이비드랑 같이 나를 만나보라고 권했고, 그래서 내가 데이비드의 거처로 찾아갔죠. 그는 가구가 딱 한 점만 있는 텅 빈 집에 앉아 있었습니다. 우호적인 모습이었죠. 우리는 영화와 이런저런 아이디어들에 대해 말이 잘 통했습니다. 굉장히 솔직해 보이더군요. 그래서 우리는 만나자마자 죽이 잘 맞았습니다. 서로를 처음 알아가던 시절에는 점심을 먹으러 무소 앤 프랭크스에 자주 갔습니다. 할리우드 블러바드에 있는 별난 사람들 옆을 지나치곤 했는데, 그럴 때면 데이비드는 그들을 보면서 '저 사람은 어떤 사연이 있는지 궁금하네요.'라고 말하고는 했습니다. 그는 세상의 모든 것에 호기심을 보였습니다."

"데이비드를 만났을 때, 그는 광고 한 편의 촬영을 막 마치고 포스트프로덕션 작업을 약간 더 해야 했습니다." 몽고메리의 말이 이어졌다. "(제작사인) 프로파간다 필름스Propaganda Films는 뮤직비디오를 작업하는 속도가 빨랐습니다. 그래서 나는 그가 어떤 사람과 같이 작업하도록 인사를 시켜줬고 그는 좋은 경험을 했죠. 우리는 그렇게 함께 작업하기 시작했습니다."[3]

몽고메리는 프로파간다의 동업자는 아니었지만, 린치가 그곳에서 작업한 모든 프로젝트에서 중요한 역할을 했다. 프로파간다의 씨앗은 1978년, 아이슬란드인 프로듀서 조니 시그바트손Joni Sighvatsson이 AFI에서 영화 제작 프로그램을 진행하던 대학원생 스티브 골린Steve Golin을 만나면서 심어졌다. 그들은 함께 프로젝트들을 개발하기 시작했고, 그런 후에는 별도의 프로듀서 세 명과 팀을 이뤄 1983년에 프로파간다 필름스를 설립했다. 1980년대 중반, 골린과 시그바트손은 자신들과 몽고메리가 동일한 프로젝트를 손에 넣으려고 작업 중이라는 걸 알고는 몽고메리와 만났다. "스티브와 나는 리처드 핼러스Richard Hallas가 1938년에 출판한 『네가 검은 걸 하면 빨간 게 나온다You Play the Black and the Red Comes Up』라는 책이 마음에 들었습니다. 그런데 텍사스에 있는 어떤 남자가 그 책에 옵션을 걸어놨더군요. 그래서 그 남자한테 전화를 걸었는데, 그게 몬티였습니다." 시그바트손은 말했다. "우리는 그 프로젝트를 함께 개발했습니다. 우리 세 사람이 데이비드에게 처음 접근할 때 가져간 작품이 그거였죠. 그는 그걸 마음에 들어 했지만, 사극 영화를 만들고 싶어 하지는 않았습니다. 그리고 그는 그때 「로니 로켓」을 만들려고 노력하고 있었습니다. 그는 그 작업에 깊이 관여했고, 제작비 조달은 두어 번 성사되는 것처럼 보였지만 항상 무산되고 말았죠. 그런 후에 데이비드는 마크와 「트윈 픽스」를 쓰기 시작했습니다."[4]

그 시점에 린치의 활동은 다양한 방향으로 확장되고 있었다. 그는 음악 작업에도 깊이 관여했다. 로이 오비슨은 원래는 「블루 벨벳」에 그의 노래 〈꿈속에서〉가 사용되는 걸 꺼렸지만 결국에는 태도를 바꿨다. 1987년 4월에 스튜디오에 나타난 그는 린치와 티 본 버넷T Bone Burnett이 프로듀싱한 새 버전을 녹음했다. 그런 다음인 1988년에, 린치는 『르 피가로Le Figaro』지와 에라토 필름스Erato Films로부터 프랑스의 텔레비전 시리즈 「…의 눈에 비친 프랑스The French as Seen By…」에 필요한 단편 영화를 만들어달라는 요청을 받았다. 그는 「카우보이와 프랑스인The Cowboy and the Frenchman」의 시나리오를 쓰고 연출했다. 미국인과 프랑스인에 대한 클리셰를 모아놓은 이 24분짜리 영화에는 프로듀서 프레더릭 골찬Frederic Golchan이 베레모를 쓰고 이국적인 치즈들과 바게트를 들고 다니는 맹한 프랑스인으로 출연했다. 관광용 목장에 난데없이 도착한 그는 그곳에서 아는 게 하나도 없는 목장 일꾼들과 컨트리음악 보컬 트리오, 살바와 깃털 꽂은 머리 장식 차림의 북미 원주민을 만난다.

카우보이로 공동 출연한 배우는 해리 딘 스탠튼으로, 이 영화는 그가 출연했던 린치의 프로젝트 일곱 편 중 첫 영화였다. "나는 데이비드의 영화에 늘 강한 인상을 받았습니다. 그래서 우리는 타고난 유대감을 느끼고 있었죠." 스탠튼의 회상이다. "우리는 서로를 이해했습니다. 우리는 도교와 불교, 명상에 대한 얘기를 주고받았고, 동양 사상에 대한 공통된 관심을 바탕으로 친밀한 관계가 됐습니다."5

골찬은 이렇게 말했다. "조한나 레이가 전화해서 '프랑스 배우를 찾는 감독이 있어요. 그 사람을 만나는 데 관심이 있나요?'라고 묻더군요. 나는 배우가 아니라고 그녀에게 말은 했지만, 그 사람만큼은 무척 만나고 싶었습니다. 그래서 그녀가 데이비드의 집에서 그를 만나는 약속을 잡아줬죠. 집이 휑했던 게 기억납니다. 스피커 두 대하고 의자 두 개가 서로 굉장히 멀리 떨어진 곳에 놓여 있었을 겁니다. 굉장히 삭막한 공간이었지만 그는 따스하고 우호적이었어요. 내가 하는 말에는 죄다 폭소를 터뜨렸죠. 그는 '당신은 완벽하다고 생각합니다.'라고 했고, 우리는 사흘 후에는 함께 촬영을 하고 있었습니다. 나는 처음에는 그 배역을 연기하는 게 겁났어요. 하지만 데이비드가 늘 내 곁을 지켜줬고, 연기하는 게 무척 재미있었던 덕에 걱정을 접었습니다."6

그 촬영장에 린치와 처음으로 함께했던 또 다른 사람이 스크립트 슈퍼바이저 코리 글레이저Cori Glazer였다. 이후로 그녀는 린치 밑에서 일하는 스태프들의 대들보가 됐다. 그녀는 PA로 일하면 하루에 50달러를 주겠다는 제의를 받았고, 그러면서 그녀의 경력에 경로가 설정되었다. "'평생토록 감독 딱 한 사람을 위해서만 일할 수 있다면 바로 이 사람이 내가 모시고 싶은 사람이야.'라고 생각했던 게 떠올라요." 그녀가 린치에 대해 한 말이다. "나는 그의 창조력과 사랑에 빠졌어요. 그는 내가 아는 사람 중에서 가장 가슴이 넓은 사람이었어요. 이사벨라가 세트로 그를 방문하러 왔고, 그가 그녀에게 녹색 M&M을 준 걸 기억해요. 그는 늘 쾌활했어요. 당일 촬영이 끝나면 사람들에게 고맙다고 인사를 했죠. 그는 스태프 전원의 이름을 알고 있었어요. 까마득히 낮은 밑바닥에서 일하는 PA의 이름까지도요. 스태프 중 한 명이 커피를 한 잔 갖다 주면, 그는 그 사람의 눈을 쳐다보면서 말할 거예요. '고마워요, 조니, 정말로 고마워요.'"[7]

같은 해에 린치는 티나 래스본Tina Rathborne의 「젤리 선생님Zelly and Me」에서 비중 있는 역할을 맡으면서 연기자로 데뷔했다. 자신을 학대하는 할머니와 로셀리니가 연기하는 다정한 가정 교사 사이에서 갈등하는 어린 소녀를 다룬 성장 영화였다. 린치는 가정 교사의 미스터리한 남자친구 윌리를 연기했다. "(나중에 「트윈 픽스」의 에피소드 3회와 17회를 연출하게 될) 티나는 병에 걸린 유부녀를 다룬 영화를 만들었는데, 나는 그 작품을 굉장히 아름답다고 느꼈어요. 그래서 우리는 「젤리 선생님」 얘기를 하려고 만났고, 나는 흥미를 느꼈죠." 로셀리니는 말했다. "나는 남자친구가 있는 베이비시터를 연기했어요. 그런데 남자친구 역할을 위해 우리가 테스트해본 배우 중에 어울리는 사람이 아무도 없었어요. 그 영화의 스토리는 사람들이 연인을 향한 애정을 그리 서둘러 드러내지 않던 시대의 분위기를 환기시켰어요. 당시와는 다른 시대의 분위기였죠. 그런데 우리가 테스트한 배우들은 지나치게 현대적이거나 섹시했어요. 데이비드는 점잖고 공손한 사람이죠. 그 배역에 그를 테스트해본 티나는 그가 적임자라고 확신했어요."

영화는 1988년 1월 23일에 선댄스영화제Sundance Film Festival에서 프리미어를 가지고 4월 15일에 개봉돼 그저 그런 평가들을 받았다. 린치는 그 영화에 출연한 것에 대해 복잡한 심경을 느꼈고, 그 영화에 대해서는 거의 얘기하지 않았다. 하지만 그는 자신이 문화계의 영토 내에서 새로이 차지한 영역을 편안해하는 듯 보였다. 그는 유명해지고 있었다.

"오빠랑 같이 있을 때, 처음으로 누군가가 오빠한테 사인해 달라고 요청했던 때를 기억해요." 마사 레바시는 말했다. "1988년경이었을 거예요. 우리는 데니스 아니면 그와 비슷한 곳에 있었는데, 두 사람이 냅킨을 들고 걸어와서 오빠한테 사인해 달라고 요청했어요. 오빠는 그걸 당연하다는 듯 받아들이면서 말했어요. '그래, 사람들이 나를 알아보기 시작하고 있어.' 오빠는 그런 상황에 대해 좋다, 나쁘다는 식으로 생각하는 것 같지는 않았어요. 그냥 그런 일이 일어난 것뿐이죠. 오빠는 그런 상황에서 늘 정말 품위 있게 대응했어요. 부모님은 우리한테 그런 식으로 행동하라고 가르치셨거든요."

린치는 정말로 유명해지려던 참이었다. 젊은 에이전트 토니 크란츠Tony Krantz는 1981년에 CAA의 우편물실에서 일하기 시작해서 조직의 사다리를 타고 위쪽으로 올라온 인물이었다. 크란츠는 린치가 스토리텔링에 접근하는 방식이 에피소드 위주로 진행되는 텔레비전 드라마의 구조와 잘 부합할 거라고 느꼈다. "데이비드가 「힐 스트리트 블루스」의 수석 작가와 공동 작업을 하고 있다는 얘기를 들었을 때 생각했습니다. 묘한 가능성이 있겠는걸! 히트 시리즈를 만들고 싶던 내가 기회를 포착한 겁니다. 그래서 그들을 만나서 TV 시리즈를 만들려는 시도나 한번 해보라고 설득했습니다. 그들은 악한 세력이 판치는 레무리아Lemuria 대륙을 그린 「레무리아인들The Lemurians」이라는 작품을 내놓았습니다. 그 대륙은 몇 안 되는 생존자만 남겨둔 채로 바다 밑으로 가라앉았고, 드라마는 가이거 계수기를 들고 수색에 나서서 남아 있는 레무리아인들을 찾아 죽이는 FBI 요원들을 다뤘습니다. 그걸 NBC의 우두머리 브랜든 타르티코프Brandon Tarktikoff에게 가져갔더니 영화로 만들라고 지시하더군요. 하지만 데이비드는 그걸로 영화를 만들고 싶어 하지는 않았습니다. 그는 그걸 TV 시리즈로 고안했으니까요. 우리가 그 시나리오를 팔아치우기는 했지만, 그 프로젝트는 곧바로 숨을 거뒀습니다.

"데이비드하고 점심을 자주 먹었습니다." 크란츠의 말은 계속됐다. "그러던 어느 날 니블러스에 갔었죠. 나는 주위를 둘러본 뒤 말했습니다. '데이비드, 여기가 당신 세상이에요. 이 사람들이, LA의 어중이떠중이들이요. 이게 당신이 시리즈로 만들어야 마땅한 대상들이라고요.' 「페이튼 플레이스(Peyton Place, 제2차 세계대전 시기에 가상의 미국 소도시에서 벌어지는 사건들을 다룬 1957년도 영화―옮긴이)」의 비디오를 빌려 데이비드하고 마크한테 보여주면서 말했습니다. '「페이튼 플레이스」를 당신의 세계와 만나게 만드는 거예요, 데이비드.'"[8]

린치는 「페이튼 플레이스」를 싫어했지만, 프로스트는 그때 자신과 린치가 "몇 가지 아이디어를 상의하고 있었다"고 회상했다. "그런 후에 우리는 ABC에 가서 ABC의 드라마 편성 책임자 채드 호프먼Chad Hoffman을 비롯한 임원 몇 명과 상견례를 겸한 미팅을 했습니다. 우리는 원래는 「노스웨스트 패시지Northwest Passage」라는 제목을 붙인 아이디어를 얘기했고, 그들은 반색하며 달려들었습니다."

린치와 프로스트는 1988년 3월에 성공적으로 미팅을 마쳤지만, 바로 그때 그해 8월까지 이어질 작가조합Writers Guild의 파업이 시작됐다. "파업 때문에, 모든 게 일 년 가까이 보류됐습니다. 그래서 ABC와 그 첫 미팅을 하고 나서 일 년 가까이 작업이 중단됐습니다." 프로스트는 말했다. "파업이 끝나자 방송국에서 전화를 걸어서 말하더군요. '당신들이 제안했던 그 프로젝트를 진행했으면 합니다.' 그런데 우리 둘 다 예전에 우리가 무슨 말을 했는지 기억하질 못했습니다! 그래서 우리는 그 작품에 대해 약간 더 상의를 했고, 그런 뒤에 방송국 사람들을 만나 집필에 들어가라는 얘기를 들었습니다. 우리는 이 작품이 살해당한 동창회의 여왕 homecoming queen을 둘러싼 연속극 비슷한 게 될 거라는 걸 알고 있었습니다. 우리가 떠올린 첫 이미지는 호숫가에서 물에 씻겨나가는 시체의 이미지였죠."

「블루 벨벳」이 그랬듯, 「트윈 픽스」는 구체적인 연대가 쉽게 가늠이 되지 않는 시대를 배경으로 작은 마을에서 벌어지는 음모를 자세히 살펴보는 작품이다. 「트윈 픽스」의 스토리는 명쾌한 내러티브 구조를 갖추고 있었지만, 동시에 그 구조는 이야기가 전개되는 과정에서 새로 도출된 아이디어들을 수용하기에 충분할 정도로 탄력적이기도 했다. 예를 들어, 프로스트와 린치가 드라마의 초기 에피소드들을 집필하던 도중에 린치가 달라이 라마를 만날 기회가 생겼다. 그 자리에서 달라이 라마는 티베트인들이 겪는 고초에 대해 린치에게 이야기했고, 이 만남은 데일 쿠퍼 요원이 트윈 픽스 보안관국 직원들에게 그 주제에 대해 강의하는 신으로 이어졌다.

이렇게 특이한 소재가 네트워크 TV를 통해 방영될 수 있었던 이유 중 하나는 프로스트가 TV 드라마의 세계에서 길을 찾아내는 법을 잘 알았다는 것이다. TV 매체의 리듬과 한계를 속속들이 이해하는, 산전수전 다 겪은 텔레비전 작가 프로스트는 린치를 돋보이게 해주는 좋은 동반자였다. 그들은 각자 서로 다른 아이디어들을 테이블 위에 내놨다. "애초에, 내가 기여한 부분은 데이비드보다 내가 텔레비전의 기본 원칙들을 더 잘 안다는 거였습니다." 프로스트는 말했다. 린치는 프로스트의 사무실에 정신과 의사의 상담실에서 쓰는 카우치와 비슷한 셰이즈 롱(chaise longue, 다리를 뻗을 수 있는 긴 의자―옮긴이)이 있었다는 걸, 그래서 자기가 거기에 누워 떠들어대면 프로스트가 타자를 쳤던 걸 떠올렸다.

"우리는 탁구 치듯이 아이디어들을 허공에 띄운 뒤 그것들을 여기저기로 쳐 보냈죠." 프로스트는 말했다. "장면들은 스스로 모습을 드러냈고, 그러면 우리는 망치질을 해서 그것들의 형태를 잡았죠. 우리 중 한 명이 더 권위적으로 입김을 불어 넣은 캐릭터들이 있었습니다. 이야기의 구조를 잡는 건 내가 조금 더 잘하는 일이었을 겁니다. 그런데 데이비드는 잊히지 않을 독특한 분위기와 캐릭터, 사소한 디테일과 행동에 대해서 어마어마하게 뛰어난 아이디어들을 갖고 있었죠. 데이비드의 취향은 내 취향보다 더 음울한 쪽으로 치달았습니다. 가끔은 그게 작업의 출발점이 되기도 했죠. 하지만 우리는 항상 어찌어찌 그런 문제들을 해결해냈습니다. 우리 중에 '그건 효과가 없을 거야.'라고 호통을 치면서 사무실을 뛰어나가는 사람은 없었습니다."

"그렇다고 '바로 이거야!'라면서 흥분해서 방방 뛰지도 않았죠." 프로스트는 두 시간짜리 파일럿(TV 시리즈의 본편을 제작하기 전에 반응을 확인하고자 먼저 제작하는 에피소드―옮긴이)의 시나리오를 완성했을 때에 대해 말했다. "대개는 '여기 우리가 시도해봐야 할 다른 게 있어.'라는 식이었습니다. 파일럿의 대본은 꽤 빨리 썼습니다. 한 달 이상 걸렸던 것 같지는 않고요. 그렇게 쓴 초고가 최종고였죠. 데이비드가 내 사무실에 앉아 있는 동안 내가 대본 2부를 인쇄했던 걸 기억합니다. 데이비드는 그걸 집에 가져가서 읽더니 그날 밤에 나한테 전화해서 '우리가 물건 하나 만든 것 같군요.'라고 하더군요."

린치는 트윈 픽스 마을의 지도를 그렸다(그 지도는 현재 크란츠의 사무실에 걸려 있다). 그들은 ABC에 시나리오를 넘겨주는 자리에 그 지도를 가져갔다. 그리고 시나리오에서 자신들이 환기하고자 하는 세계를 묘사하면서 지도를 가리켰다. ABC 엔터테인먼트의 사장 브랜든 스토다드Brandon Stoddard는 작품에 푹 빠져서 1989년 가을 시즌에 방영될 시리즈를 위한 파일럿 에피소드 제작을 주문했다.

"그런 후에 그들은 우리에게 미팅하자며 전화를 걸어왔습니다." 프로스트의 회상이다. "어느 임원이 주머니에서 이런저런 지적 사항이 적힌 리스트를 꺼내면서 '당신들이 관심을 보일까 싶어서 정리를 해봤어요.'라고 말했던 게 기억납니다. 그러자 데이비드가 말했죠. '아뇨, 별로 관심 없습니다.' 그러자 그 사람은 멋쩍은 표정을 지으면서 그 리스트를 조용히 주머니에 집어넣었죠. 데이비드의 그런 태도가 '당신들은 색다른 걸 원하는 거 아닙니까? 그러니 작품을 망치지 마세요!' 같은 분위기를 만들어냈죠. 실제로 그들은 거의 간섭하지 않았고요."

그 시기를 돌아보면서, 몽고메리는 "많은 프로젝트들이 앞서거니 뒤서거니 벌어지고 있었습니다."라고 회상했다. "데이비드는 동시에 많은 일을 벌일 수 있는 사람입니다. 그는 프리프로덕션 초기에는 「트윈 픽스」에 그다지 많은 관심을 기울이지 않았습니다. 하지만 「트윈 픽스」라는 열차가 역에서 예열 중이었던 건 분명합니다. 그래서 내가 데이비드에게 말했죠. '프로파간다에 오는 게 어떻겠어요?' 우리한테는 방이 많은 새 사무실이 있었습니다. 그에게 마크 프로스트를 사무실에 데려오고 조한나 레이가 거기서 캐스팅 업무를 하게 하라고 제의했죠."

린치가 작품을 제작할 때면 전형적으로 일어나는 뜻밖의 발견들이 「트윈 픽스」의 캐스팅 과정에서도 일어났다. 이 시리즈에서 춤을 추면서 문장을 거꾸로 말하는 마이클 앤더슨Michael Anderson은 1987년에 맨해튼의 나이트클럽 마구스에서 린치를 만났었다. 당시 앤더슨은 금빛 의상을 입고 마차를 끌고 있었다. 린치는 그를 보자마자 로니 로켓을 떠올렸다. 앤디 브레넌 보안관보를 연기한 해리 고아즈Harry Goaz는 우연히도 린치가 로이 오비슨의 헌정 공연에 갈 때 탔던 차의 운전사였다. 한편 린치는 이 시리즈의 스타인 데일 쿠퍼 요원 역에 카일 맥라클란을 캐스팅한 데 대해 "카일은 그 역할을 연기하려고 태어난 배우입니다."라고 말했다. 맥라클란은 세계의 경이로운 사건들 앞에서 놀라는 순진무구한 현자賢者인 동시에 지독히도 음침한 이 세계의 미스터리들을 이해하려고 시도하는 데일 쿠퍼를 흠잡을 데 없이 연기해냈다. 코믹한 타이밍을 포착하는 데 뛰어났던 맥라클란 덕에 쿠퍼는 저항하기 힘들 정도로 매력적이며 재미있는 캐릭터가 되었다.

릴랜드 파머를 연기한 배우 레이 와이즈Ray Wise는 이렇게 밝혔다. "데이비드가 보기에는 모든 게 캐스팅에 달려있습니다. 그는 직관력이 대단히 뛰어난 사람입니다. 그는 이런저런 이유로 어떤 개인에게 유대감을 느끼면서 그 사람을 자기 작품에 어떻게 배치해야 하는지 직감할 겁니다. 연기자들도 그가 연기자들에게 품은 신뢰감을 느끼죠. 그 신뢰감은 연기자들로 하여금 세우고 있던 방어막을 내려놓게 하고, 그 신에서 일어나는 일은 무엇이건 연기해내겠다는 열망을 불러일으킵니다."[9]

릴랜드 파머의 아내이자 비통함에 시달리는 인물인 사라 파머는 그레이스 자브리스키Grace Zabriskie가 연기했다. 「트윈 픽스」는 그녀가 린치와 함께 작업한 다섯 편의 프로젝트 중 첫 작품이었다. 사라 파머는 마을 전체의 괴로움을 다 짊어진 듯 보인다. 자브리스키는 스크린에 등장할 때마다 극단적인 감정을 표출해야 했다. 그녀는 고도의 연기력으로 비통함에 잠긴 모습을 연기해냈다. "어느 날 촬영장에서 데이비드가 '한 번 더 갈까요?'라고 물었던 게 떠올라요. 나는 '데이비드, 나는 열일곱 번째 전의 테이크에서 제일 좋았어요.'라고 받아쳤고요."

"모든 것을 쏟아내기를 주저하는 걸 원치 않는 사람과 작업해보기 전까지는, 사람들은 자신들이 얼마나 심하게 머뭇거리고 있는지 깨닫지 못해요." 자브리스키는 말했다. "머릿속에 떠오르는 생각은 전부 다 데이비드에게 밝힐 수 있었어요. 그는 그걸 써먹을 수 있겠다 싶으면 써먹을 거예요. 내가 그와 함께했던 작업들은 하나같이 진짜 재미있었어요. 우리 사이에는 말을 하지 않아도 부지불식간에 오가는 아이디어들이 있었어요. 하나같이 말도 못 하게 소중한 아이디어들이었죠."[10]

「트윈 픽스」는 몇몇 배우에게는 경력의 출발점이었다. 린치가 이 드라마를 위해 발굴한 배우들은 지금까지도 그에게 고마워하고 있다. "데이비드를 만났을 때, 너무 어렸던 나는 초조한 탓에 심하게 떨리는 두 손을 깔고 앉아야 했어요." 로라 파머를 연기한 셰릴 리^{Sheryl Lee}는 말했다. "하지만 데이비드는 대단히 상냥하고 따스한 사람이라서 만나는 상대를 바로 편안하게 만들어줘요. 그가 회색 페인트에 담가졌다가 비닐에 싸인 채로 차가운 물에 들어가게 되면 어떤 기분이 들겠냐고 묻더군요. 나는 대답했죠. '전혀 문제없어요!'"[11]

애초에는 소소한 캐릭터로 구상됐다가 시간이 갈수록 비중이 커진 나딘 헐리 역할은 웬디 로비^{Wendy Robie}에게 갔다. 그녀는 이렇게 말했다. "데이비드하고 마크와 대단히 좋은 대화를 나눴어요. 데이비드가 말하더군요. '당신은 한쪽 눈이 총에 맞아 날아갈 거예요.' 그래서 물었죠. '오, 그래요? 어느 쪽 눈인가요?' 그는 내 반응을 마음에 들어 하면서 폭소를 터뜨렸어요. 우리가 만난 사무실에서 일하는 내 친구한테서 들은 말로는, 내가 떠난 후에 데이비드가 '나딘이 저기 가는군.'이라고 했다더군요."[12]

웨이트리스이자 학대받는 아내 셸리 존슨을 연기했던 매드첸 아믹^{Mädchen Amick}은 이 드라마의 출연을 위한 미팅이 예정된 오후 약속에 늦어서 허둥지둥 달려가야만 했다. "밤 열한 시까지도 약속 장소에 도착하지 못했어요." 그녀의 회상이다. "그런데 데이비드가 기다리고 있더라고요! 조한나하고 에릭 다 레하고 마크도 거기 있었고요. 에릭은 나랑 같이 시나리오를 읽으며 연기했어요. 그러고 나자 데이비드가 말했어요. '그래, TV 드라마를 하고 싶은가요?' 그래서 대답했죠. '그럼요. 하고 싶어요!'"[13]

「트윈 픽스」는 한동안 모습을 보지 못했던 베테랑 배우도 여러 명 출연시켰다. 러스 탬블린^{Russ Tamblyn}과 파이퍼 로리^{Piper Laurie}, 페기 립튼^{Peggy Lipton}, 리처드 베이머^{Richard Beymer}, 마이클 온트킨^{Michael Ontkean}이 그런 사람들이었는데, 이들은 서로 다른 통로를 통해 이 드라마에 도착했다.

"1986년 1월에 데니스 호퍼가 데이비드의 마흔 번째 생일 파티를 열어줬습니다. 당시 나는 딘 스톡웰과 같이 살고 있었는데, 딘이 그 파티에 나를 데려갔죠." 탬블린은 말했다. "나는 데이비드의 열혈 팬이었습니다. 파티 도중에 모두가 그의 주위에 모여들고 그가 생일 축하 카드들을 개봉하는 시간이 있었어요. 데이비드가 연 카드 중에 남자들의 무리에 둘러싸인 알몸의 여자를 그린 그림이 있었죠. 그가 그걸 나한테 보여주면서 말했어요. '이봐요, 러스, 이 남자하고 비슷해지고 싶지 않아요?' 그게 우리 관계의 시작이었죠. 내가 말했습니다. '데이비드, 내가 정말로 좋아하는 건 당신이랑 작업하는 겁니다.' 그랬더니 그가 말하더군요. '다음 프로젝트에 같이 하시죠.'"

"할리우드 사람들은 진심이라고는 전혀 담기지 않은, 입에 발린 소리를 많이 하죠. 그런데 데이비드는 그렇지 않았어요." 탬블린은 계속 말을 이었다. "2년이 지난 후에 「트윈 픽스」의 배역을 캐스팅하던 그가 연락을 해왔습니다. 우리가 자리에 앉은 다음에 그의 입에서 나온 첫마디를 절대로 잊지 못할 겁니다. '러스, 당신이 연기해줬으면 하는 배역은 이렇고 저렇고…' 데이비드는 내게 대본을 소리 내 읽어보라는 말을 하지 않았습니다. 그는 내가 그걸 연기해줬으면 한다는 말만 했습니다."14

물론, 탬블린은 클래식 뮤지컬 「웨스트사이드 스토리West Side Story」의 주인공 역할로 1961년에 스타덤에 올랐었다. 그런데 그 영화에서 그의 상대역으로 출연했던 리처드 베이머 역시 순전히 우연히 「트윈 픽스」로 향하는 길을 개척해냈다. "데이비드에게서 받은 첫인상은 여유 넘치는 사람이라는 거였습니다." 베이머는 프로파간다에서 린치와 만났을 때를 회상했다. "일반적으로 감독과 미팅할 때와는 달랐습니다. 느긋한 분위기였죠. 나는 자리를 떠났고, 몇 시간 후에 조한나 레이가 전화를 걸어서 말했습니다. '그는 당신이 닥터 자코비 캐릭터를 연기해줬으면 해요.' 그러고는 조금 있다가 그녀가 다시 전화를 걸어 말했습니다. '아니래요. 그는 당신이 벤 혼이라는 사업가를 연기해주기를 원해요.' 나는 생각했죠. 젠장, 자코비가 더 재미있는 캐릭터 같은데. 하지만 나는 정말로 재미있는 역할을 맡았습니다."15

텔레비전에서 아역으로 연기를 시작했고 1977년 영화 「슬랩 샷Slap Shot」에서 폴 뉴먼Paul Newman과 공연하기까지 한 캐나다 배우 마이클 온트킨은 린치를 만난 일을 생생하게 기억한다. "머리를 두툼하게 높이 세운 그의 헤어스타일은 포스트모던 로커빌리(rockabilly, 록큰롤과 컨트리뮤직을 혼합한 음악—옮긴이) 스타일이었습니다. 나는 얼마 전에 둘째 딸이 태어나면서 자신감에 가득 차 있었죠." 그는 회상했다. "스모그로 가득한 LA의 늦가을이었죠. 황혼 무렵이었어요. 그런데 우리가 메인주나 오리건주 어딘가의 야외에 있는 것 같은 기분이었습니다. 데이비드가 되게 시원해 보이는 낚시 재킷 차림이었거든요. 나는 낚시 도구가 담긴 상자와 민물 송어가 가득 담긴 대형 양동이를 찾아 계속 주위를 두리번거렸습니다."16

드라마의 캐스팅은 매끄럽게 진행됐고, 린치는 계속해서 다른 일들에 신경을 쏟았다. "데이비드는 안젤로와 음악 작업을 하러 뉴욕에 갔습니다. 「트윈 픽스」 관련 작업은 계속 진행이 됐고요." 몽고메리의 회상이다. "제작진은 시애틀에서 예산과 일정, 로케이션을 총괄하는 프로덕션 매니저를 고용했고, 나는 정기적으로 상황을 확인했습니다. 그러다가 어느 날 데이비드에게 말했습니다. '프리프로덕션이 적절하게 처리되는 것 같지가 않아.' 그는 내게 꼼꼼히 살펴봐달라고 부탁했고, 우리는 깊이 조사한 후에 우리 앞길에 대형 사고가 기다리고 있다는 걸 깨달았습니다. 내가 예상하는 내용을 데이비드에게 알렸더니 이러더군요. '자네가 프로듀서가 돼줬으면 해.'"

"그래서 나는 망할 놈의 촬영이 진행되는 내내 참호에 들어가 있었습니다. 데이비드가 실제로 뭔가 촬영하라며 나를 몇 차례 촬영장에 보내는 일까지 생길 정도였죠. 그건 그에게서는 일찍이 들어볼 수 없는 주문이었습니다." 몽고메리는 계속 회상했다. "데이비드는 나한테 촬영을 맡기고 싶어 하지는 않았지만, 달리 대안이 없었습니다. 우리는 거기서 비와 진눈깨비, 안개와 눈을 다 맞았습니다. 촬영은 24시간 내내 진행됐죠. 사람들은 등산복을 입은 채로 잠을 잤고요. 어마어마한 규모를 가진, 힘든 촬영이었습니다. 데이비드는 그 작품을 하면서 경이로운 일을 해냈죠."

22.5일의 촬영 기간과 4백만 달러의 제작비로 완성된 파일럿 에피소드는 워싱턴주의 스노퀄미와 노스 벤드, 폴 시티에서 주로 촬영됐다. "제작진은 출연진과 스태프 전원을 레드 라

이언 호텔에 투숙시켰어요. 우리는 호텔 전체를 가득 채웠죠." 아믹은 말했다. "대학교 기숙사 같았어요. 사람들은 사방을 뛰어다니면서 서로의 방을 방문했죠."

트윈 픽스 보안관국의 괴팍한 비서 루시 모란 역으로 캐스팅된 키미 로버트슨Kimmy Robertson은 파일럿 촬영을 "천국"으로 기억했다. "재미있는 일투성이었어요. 데이비드와 관련해서는 나를 황홀하게 만든 유치한 일들이 있었죠. 내가 그에게 상냥하게 요청하면, 그는 내가 손가락으로 그의 머리카락을 훑을 수 있게 해줬어요. 정수리에 자라는 머리카락과 두피를요. 그의 머리카락을 느낄 수 있었죠. 데이비드는 머리카락으로 조금 별난 일을 해요. 그의 머리에는 특별한 기능이 있죠. 하나님과 관련이 있는 게 분명한 기능이요."[17]

파일럿 영상의 실외 신들은 말리부에 있는 삼림 지역에서 촬영했고, 실내 신들은 주로 샌 페르난도 밸리의 창고에서 작업했다. 드라마 속에 삽입된 일일연속극 「사랑의 초대장Invitation to Love」에 쓰일 신들은 LA에 있는, 프랭크 로이드 라이트의 역사가 담긴 에니스 하우스Ennis House에서 촬영했다. 그러나 출연진이 한 팀으로서 패기를 증명한 곳은 워싱턴주였다.

"무척 긴 하루였던 게 생각나요." 리는 자신의 알몸 시신이 비닐에 싸인 채로 발견되는, 「트윈 픽스」의 기억할 만한 오프닝 신 촬영에 대해 말했다. "나는 명상 비슷한 상태에 들어갔어요. '이게 내 첫 촬영이야. 여기서 숨소리조차 내지 않고 조용히 누워 있는 거야. 스펀지처럼 있어야 해.'하고 생각했던 기억이 나요. 나는 사방에서 나는 소리를 들으면서 각각의 제작 부서들이 하는 온갖 일들을 배웠어요. 시체를 연기하는 건 대단히 뛰어난 학습 방식이었어요."

린치는 사람들을 처음 발견했을 때 그 사람들이 들어 있던 상자에서 그들을 꺼내곤 한다. 가끔은 사람들이 스스로 자각하지 못하는 요소들을 린치가 발견해주기도 한다. 디팍 나야르Deepak Nayar가 좋은 사례로, 80년대 말에 인도에서 머천트 아이보리Merchant Ivory의 영화들을 작업했던 그는 미국에 갓 도착한 상태였다. 나야르는 영화 제작 경험이 있었지만, 「트윈 픽스」 제작진에서 비어 있는 유일한 자리는 린치의 운전기사 자리였다. 그는 그 일을 맡았다.

"사무실에 앉아 기다리던 게 떠오릅니다. 그가 걸어 들어왔어요. 에너지가 넘치는 남자가요. 손을 내밀더니 말하더군요. '만나서 반가워요, 디팍.'" 이후로 10년 넘게 다양한 능력을 발휘하며 린치와 작업했고, 린치의 1997년 영화 「로스트 하이웨이」를 공동 제작하기도 했던 나야르의 회상이다. "우리는 명상에 대해, 인도인으로 살아가는 것에 대해, 그 외 이런저런 것들에 관해 얘기했습니다. 나는 PA 겸 운전사로 취직했어요. 끝내줬죠."

"그는 나를 핫샷(Hotshot, '잘나가는 사람'이라는 뜻—옮긴이)이라고 불렀습니다. 우리는 늘 1달러짜리 내기를 하곤 했었죠." 나야르는 회상을 계속했다. "어느 날 우리는 철길 옆 장면을 찍으려고 대기하며 서 있었습니다. 데이비드는 돌을 던지고 있었죠. 내가 말했습니다. '데이비드, 당신이 저쪽에 있는 장대를 맞출 수 없다는 데 1달러를 걸게요.' 그는 그 장대를 못 맞췄습니다. 그러더니 '자네도 못 맞춘다는 데에 두 배를 걸겠어.' 그런데 나는 그걸 맞췄죠. 그는 내가 자기보다 더 큰 돌멩이를 던졌다면서 나를 비난했습니다! 그는 진짜 재미있는 사람이고, 촬영장에서는 위대한 감독이었습니다. 흥분하는 일이 절대로 없었죠. 언성을 높이는 일도 없었고요. 더 중요한 건, 그가 절대로 촬영장을 떠나지 않았다는 겁니다. 「트윈 픽스」
에서 일어났던 경이로운 일들 중 몇 가지는 촬영장에 늘 머물렀던 데이비드가 거기서 발생
한 돌발적인 사건에 창의적으로 대처하면서 생겨난 겁니다."[18]

린치의 재능에서 중요한 부분은 물 흐르듯 유연한 상상력이다. 그는 자기 주위에 없는 것
들을 찾아다니지 않고 주위에 있는 것들을 가지고 필요한 것을 만들어내는데, 린치와 같이
작업했던 모든 이들이 이 점을 언급했다. "데이비드가 나한테 가르쳐준 진짜 중요한 가르침
중 하나는 현실을 꼼꼼히 살피라는 거예요." 셰릴 리는 말했다. "그는 모든 것에 주의를 기울
이고, 주위에서 벌어지고 있는 일에는 무엇이건 적응하면서 그걸 예술로 변모시킬 수 있어
요. 그는 뭔가가 응당 어떠해야 한다는 관념에 집착하지 않으니까요. 이런 점이 그와 같이 세
트에 있는 게 그토록 스릴 넘치게 느껴지는 요인 중 일부이고, 그의 촬영장이 그렇게 활력 넘
치는 이유 중 하나이기도 해요."

리처드 베이머는 이렇게 회상했다. "데이비드는 대본을 진지하게 받아들입니다. 물론 우
리는 촬영 전에 각자 자신의 대사를 철저히 연구했을 거라는 기대를 받았죠. 그런데 그는 자
연스럽게 반전을 떠올리곤 합니다. 촬영이 진행되던 어느 날, 촬영장에 간 나는 뻣뻣한 새 신
발을 신은 채 뒤에 대기하며 서 있었습니다. 어렸을 때 탭댄스를 배웠던 나는 신발을 조금
부드럽게 길들이려고 춤을 추고 있었죠. 나를 본 그가 다가오더니 묻더군요. '춤출 줄 알아
요?' '왕년에 조금 췄었죠.'라고 대답했더니 그가 '다음 신에서 춤을 추면 어떨까?'라고 했
습니다. '데이비드, 다음 신은 내가 누군가를 죽이는 일에 대해 얘기하는 신이에요.'라고 했
더니 그가 말하더군요. '그거 진짜 끝내주겠는데! 진짜예요. 당신은 책상에 올라가서 춤을 춰
야 해요.'"

린치는 「트윈 픽스」의 대본을 존중하며 충실히 따랐다. 하지만 동시에 이 드라마는 다른
작업이 진행되는 가운데 제작됐으며, 그 과정에서 캐릭터들의 깊이는 계속 깊어졌다. "데이
비드는 우리가 연기하고 있는 캐릭터가 어떤 인물인지 우리에게 말해주지 않아요." 매드첸
아믹은 말했다. "그는 내가 셸리의 캐릭터를 찾아내게 놔두고 내가 그녀의 살갗 속으로 파고
드는 방식을 유심히 지켜봤어요. 그러고는 그 방식에 반응을 보였죠."

몇몇 역할은 애초의 구상보다 확장됐는데, 보통은 배우들이 캐릭터에 부여한 특징을 린
치가 마음에 들어 했기 때문이었다. "데이비드가 나한테 나딘 역할을 맡긴 이유를 알 것 같
아요." 웬디 로비는 말했다. "거리 건너편에 자리를 잡은 카메라가 헐리의 집 전망창을 바라
보는 신이 있었어요. 나는 실내에서 커튼을 열었다 닫았다 하고 있었죠. 대사는 한 줄도 없었
어요. 시청자는 그냥 이 인물이 창문에서 커튼을 쳤다가 걷었다가 하는 모습만 보는 거예요.
촬영 도중에, 우리 방에 있는 PA가 가진 무전기를 통해 데이비드가 키득거리는 소리를 들을
수 있었어요. 데이비드는 카메라를 돌아가게 놔두고는 계속 키득거리더군요. 그래서 나는 두
손에서 피가 날 정도로 커튼을 열었다 닫았다 해야 했어요."

• • •

아믹은 린치가 촬영장에서 보여주는 스타일을 "몸소 실천하는 스타일"이라고 묘사한다. "내가 남자친구하고 차를 타고 가는 신이 있었어요. 촬영하는 동안 데이비드는 차 밑바닥에 바짝 엎드려서는 '오케이, 이제는 그하고 입을 비벼.' 같은 지시를 내렸죠. 내가 통화하는 또 다른 신에서는 데이비드가 갑자기 말했어요. '매드첸, 눈동자를 대단히 느리게 천장으로 올렸으면 해. 정말로 느릿느릿 위로 올리는 거야. 계속 올려, 올려, 올려.' 그러더니 '컷!' 내가 물었어요. '데이비드, 내 캐릭터가 이런 일을 하는 동기가 뭔가요?' 그는 '그냥 보기 좋잖아.'라더군요."

"그가 배우들에게서 필요한 걸 얻어내는 방식은 마법 같아요." 아믹의 회상은 계속됐다. "셸리가 그녀의 상사인 노마 제닝스Norma Jennings와 고통스러운 일들을 공유하는 신을 찍었을 때가 생각나요. 데이비드는 나를 내면의 깊숙한 곳에 데려다 놔야 할 필요가 있다는 걸 알았어요. 몇 테이크를 찍은 후에 그가 다가오더니 내 팔에 손을 얹고는 나를 쳐다봤어요. 그러더니 한숨을 쉬고는 걸어갔죠. 그 신이 요구하는 감정을 내게 불어넣어 준 것 같았어요. 그는 말 한마디 없이 내게 필요했던 걸 준 거예요."

탬블린은 "데이비드는 연출 지시를 할 때 최대한 내 옆에 바짝 붙어 앉는다"는 사실에 강한 인상을 받았다. "병원에서 닥터 자코비가 쿠퍼 요원과 트루먼 보안관에게 근처의 병상에서 자크 르노가 살해당하는 소리를 들었던 일을 얘기하는 신이 있었어요. 그런데 데이비드는 그 장면에 대해 정말로 기묘한 연기 지시를 했어요. 우리가 한 테이크를 찍은 후에 데이비드가 말했어요. '러스, 다시 합시다. 이번에는 당신이 말해야 하는 대사나 그 말들이 뜻하는 내용에 대해서는 생각하지 말아요. 그냥 유령들 생각만 해요.' 그게 그가 연기 지시를 하는 전형적인 방식이었습니다. 그게 제대로 먹혔죠."

"데이비드는 앞으로 등장할 분위기와 그 세기를 설정했습니다." 레이 와이즈는 말했다. "그한테는 배우들을 올바른 방향으로 안내하는 올바른 지시를 내리는 묘한 능력이 있었습니다. 캐릭터들은 하나같이, 나름의 방식으로, 겉으로 드러내야 하는 쓰라린 상처들을 갖고 있었죠. 그리고 그걸 표현하는 데에는 한계가 없었습니다. 그는 우리의 내면을 활짝 열어젖히고는 우리가 천 퍼센트를 내놓도록 해줬습니다. 관객들은 그의 모든 작품에서 그런 면을 볼 수 있습니다. 그가 데니스 호퍼에게서 뽑아낸 연기를 보세요! 그는 배우들이 갈 데까지 가게끔 허용합니다."

그는 배우들이 그런 상태에 도달할 때까지 기꺼이 기다리기도 했다. "데이비드는 나한테 천천히 속도를 늦추고 뭔가를 할 시간을 가져보라고 요청했던, 내 연기 경력 40년 동안 만난 유일한 감독입니다." 마이클 온트킨은 말했다. "자정을 넘기고 몇 시간이 지났을 때, 트루먼 보안관은 친구인 쿠퍼가 남긴 흔적을 찾고자 하는 소망을 담아 기도하면서 블랙 로지Black Lodge라는 위협적인 구렁텅이를 계속 응시합니다. 점점 느려지는 테이크를 대여섯 번 찍었는데, 새 테이크에 들어갈 때마다 들리는 소리라고는 해리에게 조금 더 시간을 가지라고 지시하는 데이비드의 명료하면서도 으스스한 속삭임뿐이었습니다. 조금만 더 기다리면 영원에 도달할 것만 같더군요."

키미 로버트슨은 세트에서 보낸 시간에 대해 떠올리면서 이렇게 말했다. "데이비드는 연출할 때 머릿속에 전체 과정을 다 담고 있어요. 배우를 앉혀놓고 자신의 에너지로 자신과 그 배우의 주위를 침묵으로 둘러싸죠. 그러고는 찍을 신을 설정해요. 내가 촬영한 첫 신은 루시가 걸려온 전화를 트루먼 보안관에게 돌려주는 장면이었어요. 데이비드가 말했어요. '중요한 전화가 왔어요. 루시는 일을 잘하고 꼼꼼한 사람이에요. 그녀는 방 안에 있는 모든 이를 보살펴요. 그녀는 상황을 오해하는 사람이 아무도 없기를 원해요. 그리고 그녀는 손가락으로 마을의 맥을 짚는 사람이에요. 그렇다면 루시는 '당신한테 온 전화예요.'라는 말을 어떻게 할까요?'"

아믹은 그녀가 연기한 캐릭터와 린치 자신이 연기한 배역인 FBI 요원 고든 콜이 키스를 한 날을 특히 흐뭇하게 기억한다. "그에게서 키스를 받는 사람이 돼서 정말 영광이었어요! 여자들은 하나같이 약간씩 샘을 냈죠. '선생님의 총애를 받는 아이'라는 식의 분위기였죠." 키스는? "사랑이 느껴지는, 엄청나게 부드러운 키스였어요." 키미 로버트슨은 자기도 린치와 키스를 했었다고 고백했다. "오래전에, 아주 오래전에 열린 종방연에서였어요. 그의 곁에 다른 사람이 한 명도 없는, 그의 인생을 통틀어 단 하루뿐인 날이었을 거예요. 우리는 키스에 관한 내용의 노래에 맞춰 춤을 췄고, 나는 그에게 입을 맞추고는 도망쳤어요."

ABC와 맺은 계약에는 유럽에서 이 파일럿을 장편 영화로 개봉할 수 있도록 해줄, 닫힌 결말을 담은 버전을 린치가 촬영해야 한다는 조건이 명기돼 있었다. 이 조항은 수수께끼가 제시되고 비밀들이 밝혀지는 미스터리한 중유(中有, bardo, 불교에서 말하는 죽음과 환생 사이의 49일―옮긴이)인 레드 룸Red Room을 배경으로 한 최종 신으로 이어졌다. 레드 룸에 있는 사람들은 말을 거꾸로 한다는 아이디어는 린치가 결국 촬영하지 못한 「이레이저 헤드」의 어느 신을 위한 것이었다. 그 영화를 위해 앨런 스플렛에게 "나는 연필을 원해."라는 말을 거꾸로 녹음하라고 시켰던 1971년 이후로 그 아이디어는 린치의 머릿속에 스며들어 있었다. 레드 룸에서의 장면으로 결말을 맺는 「트윈 픽스」의 확장판은 미국에서 파일럿이 방영되기 다섯 달 전에 영국에서 극장 개봉 없이 곧바로 비디오로 출시됐다.

"데이비드는 세트에 발을 들이자마자 유리잔을 테이블 어디에 놓을지 등의 사소한 일까지 포함해서 모든 게 정확히 어떻게 전개돼야 할지 파악합니다." 시그바트손은 말했다. "그는 그냥 그걸 알아냅니다. 우리가 레드 룸을 지은 날에 세트에 도착한 그는 펄쩍 뛰었습니다. 문이 왼쪽이 아니라 오른쪽에 있었거든요. 내가 물었습니다. '데이비드, 누가 그런 걸 신경 쓰겠어요?' 그런데 그는 신경을 쓰더군요. 그는 다시 지으라고 고집을 부렸습니다. 그는 그 신을 이미 머릿속에 담고 있었으니까요. 그가 촬영하는 내용은 머릿속으로 본 것과 똑같아야만 했습니다."

파일럿을 본 업계 내부자들은 강한 인상을 받았다. "파일럿은 정말로 조용하고 고요했습니다. 처음 30분 동안에는 거의 모든 사람이 불길한 기별을 들으면서 비통해하고 있었죠." 프로스트는 말했다. "파일럿에는 당시에 드라마를 보는 사람들에게는 익숙하지 않았던 현실적인 분위기와 리듬이 담겨 있었습니다. 사람들이 거기에 익숙해지는 데에는 시간이 필요했죠. 복잡한 스토리를 전달하는 작품이기는 했지만, 현란한 방식으로 이야기를 들려주지는 않았습니다. 시청자를 또 다른 세계로 데려가는 비현실적인 터치들이 담겨 있었지만, 그래도 작품은 두 발을 굳건히 땅에 딛고 있었습니다. 데이비드의 영적인 믿음이 그 드라마가 발휘하는 힘에서 큰 몫을 차지했습니다. 그 작품에는 로베르 브레송Robert Bresson의 「어느 시골 사제의 일기Diary of a Country Priest」에 비견될 만한 엄숙한 순결함이 담겨 있었습니다."

로비는 이렇게 지적했다. "「트윈 픽스」가 나오기 전에는 텔레비전에서 다층적인 작품을 볼 수가 없었어요. 코미디나 드라마나 스릴러가 전부였죠. 이 모든 장르를 동시에 다루는 작품은 결코 없었어요. 「트윈 픽스」는 보는 즉시 유머를 만날 수 있는 작품이에요. 그런데 데이비드는 재미를 잃는 일 없이 고통과 두려움, 섹슈얼리티도 보여주죠. 나는 그 작품에 대해 썩 잘 안다고 생각하면서 세트에 도착하곤 했는데, 데이비드는 항상 나보다 훨씬 더 많은 걸 보고 있었어요."

「트윈 픽스」의 촬영이 시작되고 한 달 후인 1989년 3월, ABC를 위해 파일럿 제작을 주문했던 브랜든 스토다드가 방송국을 떠났다. 그러면서 이 드라마가 방영될 때까지 길을 안내하는 임무는 편성 담당 임원 로버트 아이거Robert Iger에게 맡겨졌다. "우리는 파일럿을 찍는 동안 이게 뭔가 특별한 작품이 될 거라는 걸 잘 알았습니다." 레이 와이즈는 말했다. "감독조합 Directors Guild에서 열린 첫 시사회에 가서 '와, 이거 끝내주는군. 그런데 ABC를 경영하는 사람들이 이걸 어떻게 받아들일지는 감도 못 잡겠어.'라고 생각했던 기억이 납니다."

아이거는 파일럿을 마음에 들어 했다. 하지만 그는 그걸 방영하자고 ABC 고위 임원들을 설득하느라 힘든 시간을 보냈다. 결국, 서부 해안에 있는 아이거와 동부 해안에 있는 뉴욕의 회의실을 가득 채운 임원들이 전화 통화로 벌인 회의에서 최종 결판이 났다. 아이거가 승리했고, ABC는 1989년 5월에 이 시리즈를 미드시즌mid-season 드라마로 선정하면서 에피소드 일곱 편을 추가로 주문했다. 에피소드당 백십만 달러의 제작비가 책정된 이 드라마의 첫 시즌은 파일럿이 방영되기 전 몇 달 동안 집필되고 완성됐다.

"첫 시즌의 첫 에피소드 두 편을 데이비드와 함께 썼습니다. 그런 후에 나는 할리 페이튼 Harley Peyton과 로버트 엥겔스Robert Engels를 비롯한 집필 스태프를 꾸리기 시작했죠." 프로스트는 말했다. "그렇게 꾸려진 작가들에게 시리즈의 기본 원칙들과 세세한 스토리라인을 제시했습니다. 우리는 각 신들의 내용과 톤이 어떠해야 하는지에 대해 얘기해 줬죠. 우리는 그 회의들을 모두 녹음해서 집필 작업에 참고할 수 있도록 작가들에게 테이프를 건넸습니다."

린치의 참여는 제한적이었다. ABC가 이 드라마를 선택한 지 한 달 뒤에 자신의 다섯 번째 영화인 「광란의 사랑」을 촬영하러 뉴올리언스로 향했기 때문이다. 린치는 공 대여섯 개를 공중에 계속 머무르게 하는 저글링에 능했다. 1989년에 「광란의 사랑」의 촬영을 종료한 직후, 그는 바달라멘티와 함께 그 영화의 음악을 작업하러 뉴욕으로 갔다.

린치는 뉴욕에 있는 동안 무대극도 연출할 수 있을 거라고 짐작했던 게 분명하다. 11월 10일에 그는 브루클린 음악아카데미(BAM, Brooklyn Academy of Music)에서 〈산업교향곡 1번: 상심한 사람들의 꿈Industrial Symphony No. 1: The Dream of the Brokenhearted〉을 공연했다. 특이할 정도로 짧은 준비 기간 동안 바달라멘티와 공동으로 제작한 〈산업교향곡〉은 크로스 프로모션

(cross promotion, 여러 장르의 상호 촉진 활동—옮긴이) 스타일의 걸작으로, 이 45분짜리 프로그램에는 이질적인 요소들이 줄지어 등장했다. 「광란의 사랑」의 주연 배우 니콜라스 케이지Nicholas Cage와 로라 던이 전화로 결별하는 커플로 출연한 영화 클립이 있었고, 배우 마이클 앤더슨은 무대 위에서 끈질기게 통나무를 톱질하는 우즈맨Woodsman이라는 캐릭터를 연기했다. 줄리 크루즈는 그녀의 1989년 데뷔 앨범 《밤 속으로 떠 가다Floating into the Night》에 실린 노래 네 곡을 공연했는데, 이 공연보다 두 달 전에 공개된 이 앨범의 제작자는 음반에 실린 노래 전곡을 작곡한 바달라멘티와 린치였다.

BAM 공연을 제작한 존 웬트워스는 그 공연을 "경이로운 경험"으로 기억한다. "나는 「트윈 픽스」를 작업하는 동안 「광란의 사랑」의 효과 음향을 녹음하고 있었습니다. 그러다가 난데없이 〈산업교향곡〉도 작업하게 됐죠. BAM은 공연 일정 중 비어 있는 기간을 데이비드에게 제시했고, 그는 하겠다고 했습니다. 우리가 거기 도착했을 때 그는 무슨 일을 할지조차 모르고 있었습니다. 그런데 그는 영감을 발휘했고, 우리는 2주 만에 작품 전체를 함께 구상해냈습니다. 그 아이디어들이 거대한 규모의 공연으로 탈바꿈했죠. 라스베이거스의 쇼걸이 있었고, 죽마竹馬를 탄 사람과 난쟁이, 잔디 깎는 기계가 등장했습니다. 정신 나간 공연이었죠. 데이비드의 프로젝트들은 하나같이 경이롭지만, 이 작품은 그중에서도 정말로 특별했습니다. 특별한 게슈탈트(gestalt, 부분들만 떼어놓고 봐서는 선명하지 않지만, 전체를 보면 특별한 특징을 가진 사물—옮긴이) 작품이었으니까요. 정말 신나는 경험이었습니다."

작품에 출연해서 노래를 불렀던 줄리 크루즈는 이렇게 말했다. "〈산업교향곡〉이 어떤 내용인지는 도무지 설명할 수가 없어요. 나는 프롬 드레스와 끔찍한 아프로 가발 차림으로 낚싯줄에 묶인 채 공중을 떠다니고 있었고, 데이비드는 진땀을 흘려가며 머릿속에 떠오르는 생각들을 곧바로 공연자들에게 쏟아내고 있었죠. 우리는 서둘러 리허설을 마치고 그 작품을 2회 공연했어요. 혼란 그 자체이기는 했지만 정말로 재미있었어요." (공연을 공동 제작한 프로파간다는 나중에 이 공연의 DVD를 출시했다.)

린치가 크루즈의 앨범 《밤 속으로 떠 가다》로 음악 산업에 발을 들여놓은 것은 CAA의 음악 담당 에이전트 브라이언 로욱스Brian Loucks가 꾸민 일이었다. 그는 「블루 벨벳」이 제작되는 동안 음악으로 그 영화를 지원할 수 있을 거라는 희망을 품고 린치와 접촉했었다. "데이비드는 '나한테는 안젤로가 있으니까 됐어요.'라고 했습니다." 그의 의향을 정기적으로 거듭 확인했던 로욱스는 말했다.[19] 그러다가 1987년에, 린치는 줄리 크루즈의 음반을 만드는 데 관심이 있다는 말을 그에게 했고, 로욱스는 린치가 워너브러더스 레코드와 계약을 맺는 걸 도왔다.

이 당시 린치는 아찔한 속도로 작품들을 제작하고 있었다. BAM에서 공연하기 며칠 전에, 그가 「광란의 사랑」에 삽입한 크리스 아이삭Chris Isaak의 노래 〈짓궂은 게임Wicked Game〉을 위해 연출한 뮤직비디오가 공개됐다. 그해가 저물기 전에 그는 캘빈 클라인 향수 광고를 네 편 연출했고, 댈러스의 N. No. N. 갤러리N. No. N. Gallery에서 미술 전시회를 열었다.

그러는 동안, 「트윈 픽스」의 파일럿 에피소드는 편성과 관련한 최종 결정을 내리지 못한 방송국이 우유부단함이라는 수렁에 빠지면서 옴짝달싹하지 못했다. 결국 작품을 완성하고 일 년이 훌쩍 지난 1990년 4월 8일 오후 아홉 시에야 첫 방송이 이루어졌다. 드라마가 마침내 전파를 탈 무렵에는 시청자들이 이미 이 드라마를 맞을 준비를 마친 상태였다. "사전 시사회가 몇 번 열렸습니다. 그걸 본 일부 작가들은 작품에 홀딱 빠졌죠. 그래서 방송되기 전부터 이 드라마를 알리는 북소리가 널리 울려 퍼졌습니다." 프로스트의 회상이다. "드라마가 방송될 무렵에는 기대감이 팽배해 있었습니다. 그래서 드라마는 어마어마한 시청률을 올리며 데뷔했죠."

"전체적인 상황은 무척 빠르게 전개됐습니다." 프로스트는 회상을 계속했다. "『트윈 픽스』는 태풍의 눈에서 날뛰는 황소의 등에 타고 있는 것 같았습니다. 관련자 전원이 엄청나게 뒤숭숭한 기분을 느끼게 만든 작품이었죠. 그렇게 지독한 시청자들의 감시망 아래 놓이는 건 터무니없을 정도로 힘든 경험이었습니다. 게다가 그건 미국 내에만 국한된 게 아니었어요. 글로벌한 현상이었으니까요. 우리가 문화적 현상이라는 또 다른 생명을 갖게 된 드라마의 두 번째 시즌을 만들려고 애쓸 때는 작품 자체에 집중하기가 정말 어려웠습니다. 게다가 작품에 담긴 이런저런 에너지들이 서로 충돌하는 때도 잦았고요."

세계 각지에서 방영된 드라마는 어마어마한 성공을 거뒀다. 린치는 1990년 10월에 『타임』지 표지에 등장했다. 표지 기사는 그를 "기이한 차르Czar of Bizarre"라고 불렀다. 『트윈 픽스』와 관련된 상품 제작 산업 역시 작은 규모가 아니었다. 나비넥타이, 액션 피겨, 디오라마(diorama, 입체 모형—옮긴이), 커피 향이 나는 티셔츠, 장식용 쿠션, 열쇠고리, 머그잔, 포스터, 연하장, 토트백, 보석 등이 있었다. 제니퍼 린치는 『로라 파머의 비밀 일기』The Secret Diary of Laura Palmer』를 썼는데, 이 책은 첫 시즌이 지나고 두 번째 시즌이 방영되기 전인 9월 15일에 출판됐다. 책은 몇 주 이내에 『뉴욕 타임스』 페이퍼백 소설 부문 베스트셀러 4위에 올랐다. 존 손John Thorne과 크레이그 밀러Craig Miller는 이후 13년간 발행될 『트윈 픽스』 광신도들을 위한 팬진fan-zine 『비닐에 싸여Wrapped in Plastic』를 창간했다.

하지만 ABC는 황금알을 낳는 거위를 죽이기로 결정한 듯했다. 애초에 드라마를 끌고 간 원동력은 "누가 로라 파머를 죽였는가?"라는 의문이었다. 이 미스터리는 모든 에피소드에 에너지를 제공하면서 내러티브에 긴장감을 부여하는 핵심 요소였다. 그런데 두 번째 시즌 도중에 방송국 측은 살인자의 정체를 밝혀야 한다고 고집을 부렸다. 상황은 거기서부터 내리막길로 치달았다. "우리는 미스터리를 계속 살려 놓으려고 투쟁을 벌였지만, 방송국은 엄청난 힘으로 우리를 밀어붙였습니다." 프로스트의 회상이다. "ABC가 캐피털 시티즈Capital Cities에 팔렸는데, 그 회사는 미국의 그 어느 방송사보다도 보수적인 방송사였습니다. 그들은 우리 드라마 때문에 심기가 심히 불편했을 겁니다. 그들이 우리 드라마의 두 번째 시즌 방송 시간을 토요일 밤으로 옮긴 이유 중 하나도 그거였죠. 그런데 기존의 방송 시간대에서 우리 드라마가 이룬 성취를 감안하면 그런 변경은 끔찍한 행보였습니다."

린치는 두 번째 시즌의 첫 에피소드와 마지막 에피소드를 집필하고 연출하기 위해 시리즈에 복귀했고, 추가로 에피소드 두 편을 더 연출했지만, 장미의 꽃잎은 이미 다 떨어진 뒤였다. "살인자의 정체가 밝혀진 후에 타이어는 공기가 많이 빠져버렸죠." 프로스트는 말했다. "그런 후에는 걸프전이 텔레비전을 장악해버렸죠. 전쟁 소식을 전하는 특보 때문에 우리 드라마는 8주 중에서 6주의 방송 시간을 빼앗겼습니다. 드라마를 드문드문 시청할 수밖에 없는 상황에 처한 시청자들은 복잡한 스토리텔링의 전개를 따라잡을 수가 없었고요."

드라마의 방영 시각을 열악한 시간대로 옮긴 데다가 방영 자체가 불규칙해진 것도 상황에 악영향을 끼쳤지만, 드라마에는 다른 문제들도 있었다. "두 번째 시즌의 스토리텔링에 약점이 몇 개 있었던 건 확실합니다." 프로스트는 인정했다. "데이비드는 「광란의 사랑」을 작업하느라 자리를 비웠고, 나는 「스토리빌Storyville」이라는 영화를 연출하기로 계약을 했습니다. 우리는 지나치게 과하게 일을 벌여놓은 상태였죠. 더불어 멍청하게도 우리 에이전트들의 사탕발림에 넘어간 우리는 「미국의 연대기American Chronicles」라는 제목의 또 다른 드라마를 폭스Fox에 팔았습니다. 이 모든 일을 올바른 방식으로 작업하기에는 하루 24시간이 모자랄 지경이었죠."

드라마의 출연진은 두 번째 시즌 동안 시리즈가 와해되고 있음을 실감했다. "데이비드가 떠났을 때, 나는 그가 드라마를 팽개친 것 같다고 느꼈어요." 키미 로버트슨은 말했다. "두 번째 시즌을 작업한 사람들 탓이 아니었어요. 그들은 자기들이 해야 할 바를 했을 뿐이니까요. 솔직히 나는 누구 탓인지 모르겠어요. 내가 아는 거라고는 새로운 여자들을 꾸준히 등장시키면서 오리지널 스토리라인을 팽개친 게 마음에 들지 않았다는 것뿐이에요. 사람들은 카메라에 만화경을 갖다 대고는 '와, 얼마나 린치적Lynchian인지 봐봐.'라고 말하곤 했죠. 드라마가 진행되는 방향을 좋아한 사람은 아무도 없었어요."

"분장실에 앉아서 루시가 해리에게 또다시 화를 내는 신을 촬영하려고 기다리던 게 기억나요. 그녀는 그에게 한도 끝도 없이 화를 냈어요." 로버트슨은 계속 말을 이었다. "제작진은 그녀를 그런 식으로 집필했어요. 루시는 더 이상 드라마에서 가치 있는 인물로는 보이지 않았으니까요. 데이비드하고 마크는 루시를 소중히 여겼어요. 그런데 그들이 현장에 함께 있지 않은 한, 드라마가 힘을 발휘할 방법은 전혀 없었어요."

"데이비드는 하나님, 우주, 그리고 창작의 고속도로하고 연결된 사람이에요. 그의 머릿속에는 서류들과 방들과 도서관들로 이어지는 모든 출입구들이 있죠. 그는 그 모든 곳에 단번에 갈 수 있는 사람이에요." 로버트슨은 덧붙였다. "마크는 사서 같아요. 그는 여러 가지 아이디어들을 철저히 확인한 후에 '안 돼요, 이것들을 몽땅 단번에 받아들일 수는 없지만, 특정한 장면에서는 이런 작업을 해도 돼요.'라고 말하곤 했죠. 드라마가 힘을 발휘하려면 두 사람이 함께 있어야만 했어요. 그런데 그들은 두 번째 시즌에는 한 팀으로서 그곳에 있질 않았죠."

시즌 2의 열다섯 번째 에피소드는 시청률 순위표에서 89개 프로그램 중 85위를 차지했다. 일주일 뒤인 1991년 6월 10일, ABC는 드라마의 방영을 무기한 중단시켰다. "방송국은 그 드라마를 지독히도 형편없이 대했고 시청자도 다 떨어져 나갔지만, 데이비드는 레드 룸을 작동시킨 마지막 에피소드를 다시 집필하면서 스토리를 새로 가다듬는 작업을 멋지게 해냈습니다." 프로스트는 말했다. "그는 결국 비범한 작업을 해냈습니다. 그러자 세 번째 시즌을 하지 않겠다고 말하려던 방송국은 잠시 멈칫했죠. 결국 그렇게 말하긴 했지만요. 그런데 그 무렵에 나는 데이비드와 내가 우리 몫의 노력을 충분히 기울였고, 하고 싶은 일은 다 했다고 느꼈어요. 이제는 다음 작업으로 나아가야 할 때라고 생각했습니다."

크란츠는 드라마의 종말을 곰곰이 숙고한 뒤 말했다. "데이비드가 「광란의 사랑」을 하려고 떠났을 때, 앞으로 드라마에 무슨 일이 일어날지 깊이 생각해봤는지는 모르겠습니다. 그는 드라마는 계속 앞으로 나아가야만 한다는 걸 알 정도로 텔레비전의 작업 방식을 충분히 이해하고 있었습니다. 방송국은 데이비드가 가진 마법의 가루가 필요했지만, 그게 너무 늦게 도착하면 제작을 중단할 수밖에 없었습니다. 방송은 끝없이 전진을 거듭해야만 하는 매체니까요."

「트윈 픽스」 두 번째 시즌에 참여한 인재들이 모자랐던 건 아니었다. 하지만 린치와 프로스트 사이에 생긴 마찰이 커지고 있었음은 부인할 수 없었다. "사람들이 이 드라마를 데이비드 린치의 「트윈 픽스」로 봤다는 사실 때문에 마크가 느낀 실망감이 그 긴장의 원인 중 하나였을 겁니다." 크란츠는 말했다. "그들은 공동으로 그 드라마를 창안했습니다. 마크는 데이비드의 예술성이 텔레비전에서도 표현될 수 있도록 해주는 스토리텔링 방식을 내놓았는데, 그게 중요한 역할을 했죠. 한쪽은 다른 쪽이 없으면 존재할 수가 없었습니다. 그들은 완벽한 팀이었죠. 그런데 마크는 데이비드가 모든 공을 독차지하고 있다고 느꼈고, 자존심에 큰 상처를 입었습니다."

"드라마를 책임지게 된 마크는 결국 두 번째 시즌을 마크 프로스트의 「트윈 픽스」로 만들면서 그동안 원하던 세상의 인정을 받았습니다." 크란츠는 말을 계속했다. "그와 할리 페이튼은 시리즈의 핵심 캐릭터들에게 초점을 맞추는 대신에 새로운 캐릭터들을 소개하면서 두 번째 시즌을 위한 새 스토리를 창작했습니다. 하지만 데이비드는 대본이 만족스럽지가 않았죠. 그가 사전에 승인하지 않은 스토리들이 들어 있었거든요. '이봐, 기다려봐. 자네들은 「트윈 픽스」의 첫 시즌을 그토록 위대하게 만들어준 꿈을 오해하고 있어. 자네들은 그것들을 모방하면서 가짜를 만들고 있다고.'라는 식이었죠."

"그런 후에 방송국은 데이비드에게 로라 파머를 죽인 범인을 밝힐 것을 강요했습니다. 그가 그런 강요에 저항한 건 옳은 판단이었죠." 크란츠는 덧붙였다. "ABC 입장에서는 실수를 저지른 게 분명합니다. 그런데 두 번째 시즌이 성공하지 못한 이유들은 또 있었습니다. 창의력에 관해서 책임을 질 사람이 있어야 했는데, 데이비드와 마크의 작업 관계가 박살 난 상태였습니다. 데이비드하고 마크하고 내가 자주 가던 뮤즈라는 레스토랑이 있습니다. 어느 날 거기에 그들과 같이 있을 때 내가 말했습니다. '당신들이 방금 에미상 17개 부문 후보에 올랐어요.' 그러면서 나는 말 그대로 그들의 손을 붙잡은 뒤 그들을 함께 끌어안고 말했죠. '당신들은 손을 잡고 한 팀으로 활동해야 해요.'"

린치와 프로스트의 관계가 완전히 끝난 건 아니었다. 하지만 그들은 잠시 떨어져 지낼 필요가 있었다. 그리고 린치는 다른 일들로 관심을 돌렸다. "우리는 상업 광고 여러 편과 뉴욕 시티의 쥐 박멸을 위한 공익광고를 함께 작업했습니다." 몽고메리는 말했다. "데이비드는 그런 작업을 재미있어했던 것 같아요. 데이비드는 무엇이건 촬영하는 걸 무척 좋아합니다. 소재 몇 가지와 함께 방에 집어넣으면 뭔가 대단한 작품을 내놓을 정도로 충분히 재간이 많은 사람이죠. 데이비드는 어떤 제약들이 가해지건 거기에 적응할 수 있을 겁니다. 세상에는 그러지 못하는 사람들이 많죠."

한편, 「트윈 픽스」가 절뚝거리며 결승선으로 향하는 동안 「광란의 사랑」이 등장해서는 린치를 정복하고 떠났다. 하지만 프로스트와 함께 창조한 세계에 대한 린치의 애정은 줄어들지 않았고, 그가 「트윈 픽스」 출연진에게 남겨놓은 흔적은 지워질 수 없었다.

"데이비드와 함께하면 늘 혼이 담긴 작업을 하게 되죠." 온트킨은 말했다. "그와 함께 작업하면 집에서 연출한 것 같은 서커스가 항상 이교도들이 벌이는 기이한 의식으로 변해버렸어요. 「블루 벨벳」은 데이비드가 고대의 연금술사 같은 사람이라는 걸, 빈손으로도 오랫동안 뚜렷이 지속되는 분위기를 창출해내는 사람이라는 걸 확인해줬죠. 데이비드가 마음먹고 마술을 부리면, 관객들은 마술에 사용된 낚싯줄이나 끈이나 토끼를 결코 보지 못합니다."

셰릴 리는 말했다. "나는 그가 나한테 최면을 걸고 있는 것 같다고 농담하곤 했어요. 데이비드의 작업 방식은 처음 보기에는 논리적으로 보이지는 않는 방향으로 사람들을 데려가거든요. 그런데 그는 상대의 저항을 무너뜨리고, 상대가 아주 오랫동안 생각하지도 못했던 일을 하게 만드는 경이로운 세계로 데려가죠. 데이비드가 있는 촬영장에 발을 들여놓는 순간, 전에는 한 번도 해보지 못한 일을 하게 될 거라는 걸, 그리고 그게 끝내주게 스릴 넘치는 작업이 될 거라는 걸 알아야 해요."

「트윈 픽스」의 연기자들은 경력 면에서 린치에게 빚을 졌다고 생각하지만, 그는 사적인 차원에서도 그들에게 영향을 끼쳤다. "데이비드는 사람들에게 깊은 관심을 쏟고, 같이 작업하는 사람들의 인생에 대해서도 잘 알아요. 내가 가장 감동한 부분도 그 점이에요." 매드첸 아믹이 내놓은 결론이다. "우리 우주를 관통하는 이 아름다운 유성이 나를 어루만지고 간 거죠. 그래서 나는 정말로 운이 좋은 사람이라고 느껴요. 나는 우리의 관계를 소중하게 생각해요. 그는 나를 제대로 된 궤도에 올려놓아 줬고, 기준을 계속 높이 설정하라고 나를 가르쳤어요. 내가 데이비드와 했던 경험에 견줄 수 있는 일은 없어요."

「블루 벨벳」 이후에 작업 제의가 쏟아져 들어오거나 하지는 않았어요. 나는 로버트 듀발Robert Duvall이 출연하는 「텐더 머시스Tender Mercies」라는 작품을 거절했어요. 빼어난 작품으로 판명된 영화지만 나한테 알맞은 영화라고 생각하지는 않았어요. 릭은 나한테 딱히 무슨 일을 하라고 부추기지는 않았어요. 그는 그런 면에서는 항상 좋은 모습을 보여줬죠.

「블루 벨벳」 이후에 나는 미국의 양쪽 해안을 오가는 삶을 살기 시작했어요. 그게 마음에 들지는 않았죠. 이사벨라하고 뉴욕에 있는 건 마음에 들었어요. 유럽에 갈 때는 거기에 있는 것도 무척 좋아했고요. 하지만 나는 집돌이 기질이 강해요. 항상 떠돌아다니노라면 아무 작업도 해내지 못하잖아요. 그래도 그 당시엔 정말로 멋진 일들이 일어났어요. 한번은 이사벨라가 어떤 러시아 감독이랑 영화를 찍는 동안 그녀와 함께 이탈리아에 있었어요. 실바나 망가노도 그 영화에 출연했죠. 나는 그녀를 정말로 잘 알았어요. 그들은 로마의 남쪽에 있는 황홀한 장소에서 촬영하고 있었어요. 대지가 솟아올라 이런 고원高原들을 만들어낸 듯 보였죠. 고원에는 아름다운 테라스로 올라가는 계단이 있는, 꿈에서나 볼 법한 미니멀한 이탈리아식 맨션들이 있었어요. 믿을 수 없을 만큼 근사한 풍경이었죠.

어느 날 밤에 실바나가 이사벨라하고 나를 만찬에 초대했고, 우리는 조명이 반짝거리는 야외 레스토랑에 갔어요. 버섯 철이라 식사 내내 버섯이 나왔죠. 메인 코스에 나온 버섯은 스테이크만큼 크고 두툼했어요. 그리고 맛이 제각기 다른 버섯들이 코스로 등장했죠. 그 저녁 자리에는 실바나와 나, 이사벨라 그리고 마르첼로 마스트로야니Marcello Mastroanni가 있었어요. 내가 인기 스타를 보고 약간 넋이 나간 상태였다는 건 인정해야겠군요. 그와 실바나는 오래전부터 알고 지낸 친한 사이였어요. 정말 좋은 남자였고요. 그가 이런저런 이야기를 들려줬는데, 하나같이 끝내주는 이야기들이었어요. 그렇게 이야기가 오가던 어느 순간에 내가 펠리니하고 내 생일이 같다고, 나는 펠리니의 열혈 팬이라고 그에게 말했어요. 좋아하는 펠리니 영화는 「8과 1/2」이었지만, 「길La Strada」도 무척 좋아했어요. 위대한 요소들이 담겨 있는 작품들이죠. 이튿날

아침에 호텔을 나오는데 메르세데스가 한 대 서 있었어요. 그 차의 운전사가 말하더
군요. "치네치타(Cinecittà, 로마에 있는 촬영 스튜디오—옮긴이)로 모시겠습니다. 마르
첼로가 감독님이 펠리니와 하루를 보낼 수 있도록 조치를 다 취해놨습니다." 그렇게
우리는 펠리니가 「인터뷰Intervista」를 촬영 중인 로마로 갔어요. 그는 나를 반겼고, 그가
작업하는 동안 나는 그의 옆자리에 앉았죠. 우리는 친구 비슷한 사이가 됐어요.

한참 후에, 몇 년쯤 지난 후에, 나는 롱아일랜드에 있는 이사벨라의 거처에 있었어요.
그 동네 이름이 벨포트였을 거예요. 어느 밤에 우리는 그녀의 친구들과 함께 그들의
보트를 타러 나갔어요. 그들은 런어바웃(runabout, 소형 모터보트—옮긴이)을 갖고 있
었어요. 내가 좋아하는 목제 지프와 비슷한 거였죠. 어디서 구했냐고 물었더니 "스
틴 멜비에게서 구했어요."라더군요. 그래서 스틴 멜비를 찾아가서 만났어요. 대단히
좋은 사람이에요. 다방면으로 박학다식한 선박 복원 전문가였죠. 그가 말하더군요.
"나한테 당신에게 알맞은 보트가 있어요. 배 이름은 리틀 인디언이에요." 그걸 봤더
니 정말로 근사하더군요. 갖지 않고는 못 배기겠더라고요. 그래서 그걸 샀어요. 존
해커가 디자인한 1942년형 피츠제럴드 앤 리였어요. 뉴욕에 있는 사우전드 제도의
호수 지역 사람들은 보트를 택시처럼 사용했죠.
　하루는 이사벨라가 "오늘 게 잡으러 갈 거야."라고 하더군요. 그녀의 친구들이 그
녀의 집 바로 근처에서 그녀를 보트에 태우고 게를 잡으러 간다는 계획이었어요. 나
는 리틀 인디언을 타고 게잡이를 하는 곳에서 그들을 만날 예정이었죠. 그들은 나한
테 거기로 가는 길을 안내해줬죠. 아름답다는 말밖에는 할 말이 없는 황홀한 오후였
어요. 나는 들떠 있었죠. 리틀 인디언에 올라 강을 거슬러 올라갔어요. 그러다가 세
인트루이스의 게이트웨이 아치 비슷한 곳을 통과했죠. 그 무렵에는 꽤 멀리까지 항
해를 한 상태라서 부표浮漂들이 보이기 시작했어요. 그들은 내게 말했었어요. "그 부
표 라인을 따라가요. 그러다가 부표가 끝나면 우회전을 해요. 다른 부표 라인을 따라
가다 좌회전을 하면 우리가 보일 거예요."
　그렇게 나는 한 30분쯤 걸려서 거기에 갔어요. 우리는 게를 잡으러 갔죠. 금속 철
망들을 물에 떨어뜨리면 게들이 그것들을 붙잡고, 그러면 철망을 끌어 올리면 돼요.
이게 도대체 뭐 하자는 짓인가 싶더군요. 세상에는 그런 사람들이 있는 것 같아요.
그래서는 안 될 때 그냥 빈둥거리기만 하는 사람들이요.
　다섯 시 반이 가까워지면서 우리는 짐을 꾸리기로 했어요. 서로 다른 보트에 탄
우리는 선수를 돌렸죠. 우리가 떠날 때는 여전히 해가 떠 있었지만, 좌회전했던 부표
라인의 끝에 다다라서 회전을 할 때쯤엔 낮과 밤이 뒤엉킨 것 같더군요. 화창했던 날
이 지독하게 어둡고 폭풍이 몰아치는 밤으로 변했어요. 순식간에 말이에요. 비가 퍼
붓는 바람에 윈드실드 너머를 볼 수가 없었고, 그래서 나는 보트에서 몸을 한껏 세워

야만 했어요. 보트의 엔진은 최고 시속이 32킬로미터였어요. 그런데 파도는 시간이 갈수록 거세져만 갔죠. 그러다가 출항하기 전에 연료 상태를 점검하지 않았다는 생각이 떠올랐어요. 출항할 때마다 항상 해야 하는 일인데 말이에요. 그렇게 나는 거센 파도가 치는 가운데 보트를 몰았어요. 부표를 몇 개까지 셌는지 까먹고 말았죠. 그러다가 엄청나게 큰, 높이가 2, 3층짜리 건물쯤 되는 어선 뒤를 따르게 됐어요. 어선은 불을 환하게 밝히고 있었죠. 그 어선의 항적航跡으로 들어갔어요. 그러자 정말로 매끄럽게 보트를 몰 수 있더군요. 그 배의 항적 안에 있는 걸 즐기면서 배를 몰았어요. 그러다가 그 어선이 왼쪽으로 방향을 틀기 시작했어요. '이 배는 바다로 나가려는 거야. 바다로 가고 싶지는 않아.'하고 생각했죠. 그래서 오른쪽으로 방향을 돌렸어요. 파도는 정말로 거셌어요. 세상은 칠흑같이 어두웠고요. 안개와 폭풍이 세상을 덮고 있었죠. 갑자기 해안의 불빛들이 보였어요. 하구에는 아치가 있었고요. 나는 배를 몰고 들어와 정박했어요. 진짜 뱃사람들이 들으면 코웃음 칠 얘기인 건 확실해요. 하지만 나한테는 머리가 쭈뼛 서는 경험이었어요.

「블루 벨벳」 이후에는 웨스트우드의 아파트에 살고 있었지만, 현대적인 건축물을 좋아하는 나는 나만의 현대적인 집을 원했어요. 크로스비 도라는 부동산업체가 적당한 곳이라는 얘기를 듣고 거기에 전화를 걸었죠. 잰이라는 남자가 내 담당자였어요. 그는 나를 두어 곳에 데려갔지만, 마음에 들지 않았어요. 그러다가 나는 뉴욕으로 떠났죠. 뉴욕에 도착하고 오래지 않아 그에게서 전화가 왔어요. "선생님이 원하시는 집을 찾아낸 것 같습니다." 나는 LA로 돌아왔고, 그는 그 집에 데려가겠다고 나를 태우더니 핑크 하우스라고 말했어요. 할리우드 힐스를 굽이굽이 돌면서 오르는데 그 집이 보였어요. 그 집을 보는 순간 반드시 내 집으로 만들어야 한다는 생각이 들더군요. 나는 "저거예요."라고 말했어요. 떨고 있었죠. 안에 들어가서 그 집의 주인인 윌이라는 남자를 만났어요. 그는 집 안 바닥을 전부 덮는 흰색 카펫을 깔아뒀는데, 나는 그런 건 신경도 안 썼어요. 그게 어떤 집인지를 잘 알았으니까요. 윌이 말했어요. "데이비드가 이 집을 샀으면 합니다. 가격은 이렇습니다." 나는 말했죠. "좋습니다." 1987년 6월에 거기로 이사했어요. 핑크 하우스에 입주한 나는 지하에 스튜디오를 차리고 거기에서 많은 그림을 작업했죠.

그래요, 나는 그 집을 살 능력이 됐어요. 하지만 그 당시에 내가 부자라고 느꼈다곤 말 못 하겠어요. 나는 부자라고 느꼈던 적이 없어요. 사실, 나는 로즈우드에 살던 때가 그 집을 샀을 때보다 더 부유했어요. 로즈우드로 들어갈 때 내 임대료는 한 달에 85달러였어요. 중앙 분리벽이 있는 커다란 방을 갖게 됐죠. 그러니까 나는 침실과 휴게실, 주방, 욕조와 샤워기가 있는 욕실을 갖게 된 거예요. 내가 가진 모든 장비를 위해 바깥에 헛간도 지었죠. 제도용 책상을 설치했고, 냉장고와 스토브, 세탁기를 장만했어요. 평평한 옥상에는 빨랫줄도 설치했고요. 나한테는 차와 텔레비전, 의자들, 램프들, 전화기가 있었고, 산타모니카 블러바드와 샌 빈센테가 교차하는 곳에 있는 '와이-페이-모어Why-Pay-More'라는 주유소에 가면 3달러로 기름을 가득 채울 수 있었어요.

돈은 재미있는 물건이에요. 돈을 버는 가장 큰 이유는 자유를 느끼려는 열망이에요. 상대적으로 말하자면, 나는 지금은 돈을 좀 가진 것 같아요. 하지만 그동안 자유롭다는 느낌은 전혀 받지 못했어요. 그러니 돈은 정말로 기이한 물건이죠. 페기와 갈라서기로 한 직후에 자유의 행복감을 느낀 적이 한 번 있어요. 그때 나는 다운타운 LA의 고속도로 입체 교차로에서 컨버터블을 타고 있었어요. 내가 있는 구역 전체가 하늘로 솟구쳐 오르는 것 같았는데, 그 짧은 순간에 진정한 자유를 느꼈어요. 내가 여태껏 자유를 느꼈던 건 그때가 전부였어요. 나를 제약하는 느낌이 어떤 것인지는 모르겠어요. 하지만 나한테는 여러 가지 의무가 있다는 걸 알아요. 그래서 나는 진정으로 자유롭지는 않아요.

그 당시에는 많은 일이 벌어지고 있었어요. 티나 래스본의 「젤리 선생님」에서 연기를 했어요. 무슨 일이 있었던 건지는 몰라요. 하지만 나는 연기를 했고, 그 영화에 출연한 걸 후회하지 않아요. 그건 티나가 직접 겪은 이야기예요. 그녀는 그 영화에 등장하는 세계에서 자랐고, 이사벨라는 티나를 좋아했기 때문에 그 영화를 하고 싶어 했어요.

그러자마자 몬티 몽고메리를 만났고, 우리는 친구가 됐어요. 몬티는 굉장히 품위 있는 사람이에요. 나를 늘 여기저기에 초대했죠. 정말로 대단한 인물이었어요. 그 시기에 처음으로 광고를 찍었어요. 이브 생로랑의 향수인 오피움 광고였는데, 재미있었어요. 나는 무엇이건 촬영하는 걸 무척 좋아한다고 몬티가 말했는데, 정말 맞는 말이에요. 사람들은 돈 때문에 광고를 찍지만, 나는 광고를 작업할 때 항상 뭔가를 배우곤 해요. 광고는 언제나 끝내주는 최신 기술을 사용하니까요. 그러니 영상 업계가 어떻게 돌아가고 있는지 배울 수 있죠. 광고를 찍을 때는 작업 효율도 배울 수 있어요. 광고는 화면은 정말로 아름답고 스토리는 거의 없다시피 하죠. 피에르 에델만 Pierre Edelman이 나를 위해 그 광고를 따왔어요. 몬티는 포스트프로덕션을 도와줬고요. 우리는 그때부터 함께 일하기 시작했어요.

짐 코코란이라는 미술품 딜러를 만났는데, 내 작품을 전시하고 싶어 했어요. 짐은 참 좋은 사람이에요. 미스터 미니멀Mr. Minimal이죠. 모르는 미술계 인사가 없는 사람이에요. 그가 내 작품을 좋아한다니 황홀한 일이었죠. 나는 레오 카스텔리도 사랑해요. 그는 이사벨라의 친구였어요. 그녀가 우리를 인사시켜줬죠. 우리가 만났을 때 미술 얘기는 거의 하지 않았어요. 그냥 이런저런 얘기를 하면서 시간을 보냈죠. 그가 내 작품을 어디서 어떻게 봤는지는 모르겠어요. 그는 내 전시회를 열어줬는데, 이사벨라를 위해서 그런 일을 한 건지, 아니면 그냥 친절을 베푼 건지, 그것도 아니면

다른 이유가 있었는지 궁금해요. 어쨌든, 나는 레오 카스텔리하고 전시회를 열었어
요! 그 전시회는 정말로 좋았고요.

당시 버진 레코드Virgin Records에 제프 에이어오프Jeff Ayeroff라는 사람이 있었어
요. 「블루 벨벳」이 나왔을 때, 그는 내가 〈꿈속에서〉의 뮤직비디오를 작업해줬으면
했어요. 그러다가 나는 로이가 자기 노래가 「블루 벨벳」에 사용된 방식을 싫어한다
는 걸 알게 됐죠. 이 노래는 로이에게는 무척 개인적인 사연이 있는 노래였어요. 그
의 첫 아내 클로데트가 1966년에 오토바이 사고로 세상을 떠났어요. 물론 그가 〈꿈
속에서〉를 녹음한 건 그녀가 눈을 감기 3년 전이었지만, 그는 이 노래를 그녀의 명복
을 비는 노래로 여겼거든요. 그런데 그의 친구가 말했어요. "로이, 자네는 영화를 다
시 봐야 해. 영화에서 자네 노래는 정말로 쿨하다고." 위대한 로이 오비슨의 마음가
짐으로 돌아간 로이는 영화를 다시 보고 나서 말했어요. "자네 말이 맞아." 일이 꼬리
를 물고 이어진 덕에 로이를 만나게 됐어요. 로이는 목공예가였어요. 우리는 공방과
톱과 이런저런 장비에 관한 얘기를 시작했고, 나는 그가 그냥 마음에 들었어요. 현실
적인 사람, 정말 좋은 사람이었어요. 무척 상냥한 사람이었고요.

그의 노래 전곡을 소유한 음반사가 파산하면서 그의 노래들이 여러 종류의 소송
에 갇힌 신세가 됐어요. 그래서 노래를 통해서는 소득을 전혀 올리지 못했던 그는 그
것들을 모두 재녹음해서 심야 TV에서 판매하기로 했어요. 새벽 두 시에 방송되던 광
고 기억해요? 제프는 그에게 가서 말했어요. "로이, 버진 레코드가 이 작업을 할 겁니
다. 당신은 이 작업을 하지 않아도 돼요. 앨범 제작비는 우리가 지불할 겁니다." 하지
만 로이는 이미 모든 녹음을 마친 상태였어요. 그래서 제프는 그것들을 나한테 보냈
는데, 상태가 좋지 않았어요. 나는 제프에게 전화를 걸어 말했어요. "이건 출시 못 해
요. 원곡하고 거리가 멀어도 한참 멀다고요. 이건 작업해서는 안 돼요." 제프는 말했
어요. "너무 늦었어요. 그는 할 거예요. 그런데 당신이 〈꿈속에서〉를 다시 작업하고
싶다면, 그 노래는 다시 작업할 수 있어요." 나는 "내 말은 그게 아니에요!"라고 받아
쳤죠. "다른 사람이랑 리메이크를 하는 작업 자체가 있어서는 안 된다는 말이라고
요!" 그는 "알아요. 하지만 이건 당신과 로이 입장에서는 좋은 일일지도 몰라요."라고
하더군요. 그래서 우리는 티 본 버넷과 같이 스튜디오로 갔어요. 우리가 한 녹음의
완성도는 오리지널에는 미치지 못했지만, 어떻게 오리지널만큼의 완성도가 나오겠
어요?

로이가 말했어요. "데이비드, 왕년에 세션 일을 할 때 자네 같은 감독 타입의 남자
가 늘 그 자리에 있으면서 '어서, 로이, 힘 좀 더 넣어! 당신이 작곡할 때 무엇을 염두
에 뒀는지 떠올리고 감정을 조금 실어 보라고!'라고 말하곤 했었지." 따라서 나는 로
이를 연출하고 있던 셈이었어요. 진짜 재미있는 작업이었죠. 언젠가 늦은 시간에 보
노Bono하고 밥 딜런이 왔어요. 보노는 당시만 해도 빅 스타는 아니었지만, 아무튼
거기에 왔죠. 그런데 나는 그가 딜런과 함께 있는 걸 보고는 거물이 될 거라고 짐

작했어요. 나는 당시에는 딜런하고 제대로 인사를 나누지는 못했어요. 그와 제대로 인사를 한 건 데니스 호퍼하고 있을 때였죠. 그릭 시어터Greek Theatre에서 열린 밥 딜런 콘서트에 간 나는 데니스하고 같이 밥 딜런의 분장실로 갔어요. 알랑방귀 같은 걸 뀐 거죠. 밥이 말했어요. "오, 안녕하세요, 데이비드." 나를 잘 안다는 듯이 인사를 했는데, 기분이 정말로 좋더군요. 밥 딜런? 정말로 멋지군. 최고야.

어쨌든, 보노하고 밥 딜런은 로이하고 얘기를 했고, 그들이 떠난 후에 나는 엔지 니어에게 내가 들어가서 명상을 할 수 있는 방이 있느냐고 물었어요. 그는 "그럼요. 조용한 방을 찾아드리죠."라고 했어요. 그런데 바버라 오비슨Barbara Orbison이 와서 묻더 군요. "당신은 어떤 종류의 명상을 하나요?" 내가 초월 명상이라고 하자 그녀가 말했 어요. "로이하고 나도 초월 명상을 해요!" 그래서 바버라와 로이와 나는 방에 들어가 서 함께 명상을 했어요. 위대한 로이 오비슨하고 환상적인 명상을 한 거예요. 빅 오 (Big O, 로이 오비슨의 별명—옮긴이)하고요.

그게 내가 「카우보이와 프랑스인」을 만든 해에 일어난 일이었어요. 프레드릭 골 찬은 연기자가 아니었어요. 프로듀서였죠. 하지만 그는 「카우보이와 프랑스인」에 정 말로 완벽한 인물이었어요. 눈빛이 별났어요. 게다가 프랑스인이죠. 그는 그 연기를 탁월하게 해냈어요. 해리 딘 스탠튼도 출연했는데, 해리 딘한테 특별하지 않은 게 뭐 가 있겠어요? 그는 세상에서 제일 위대한 남자 중 한 명이에요. 나는 그를 하늘만큼 땅만큼 사랑해요. 나는 해리와는 몇 시간이고 같이 앉아 있을 수 있어요. 그의 입에 서 나오는 모든 말은 위선이나 헛소리라곤 하나도 없는, 자연스러운, 아름답기 그지 없는 말이에요. 그는 세상에서 제일 자상하고 점잖은 영혼이에요. 비애감을 풍기지 만, 그 나름의 영적인 분위기도 풍기죠. 그는 TM은 절대 하지 않을 거예요. 그는 자 기한테는 인생을 살아가는 것이 명상이라고 말하죠. 그리고 그는 노래도 부를 줄 알 아요. 소피 후버Sophie Huber라는 여성이 「해리 딘 스탠튼의 초상Partly Fiction」이라는 다큐멘 터리를 만들었어요. 해리 딘에 대한 작품이죠. 그 영화 예고편에는 해리 딘이 자기 집에서 기타를 연주하는 친구와 함께 있는 모습들이 담겨 있어요. 해리 딘은 카우치 에 등을 기대고 앉아 있는데, 무엇보다도 그 영상에는 그의 얼굴 클로즈업이 있어요. 그의 얼굴에 여러 가지 감정이 지나가죠. 그는 해리 닐슨Harry Nilsson이 히트시킨 노래 〈모두가 말해요Everybody's Talkin'〉을 불러요. 그의 눈에서 눈물이 흘러내리는 게 보이죠. 그가 노래를 부르는 모습은… 여기까지만 하죠. 정말로 믿기 어려울 정도예요. 그가 세상을 떠났다는 게 정말로 믿기지 않아요…….

앞서 말했듯, 나는 당시 여러 가지 다른 작업을 하고 있었어요. 「광란의 사랑」의 촬영을 종료한 후에 뉴욕에 갔고 〈산업교향곡 1번〉을 작업했죠. 공연을 꾸릴 기간이 2주밖에 없었어요. 나는 공장과 관련된 대본을 쓰고 그림을 몇 장 그렸어요. 패티 노 리스가 그 작품을 작업하기를 원했지만, 그녀는 말했어요. "데이비드, 당신은 나를 쓸 수 없어요. 거기는 뉴욕이니까요. 내가 그 동네에 발을 들이면 거기 사람들은 나한테 등을 돌릴 거예요. 당신이 거기서 작업하려면 다른 사람이 필요해요." 그래서 나는 뉴저지에 작업장을 가진 어떤 여성을 구했고, 그녀는 정말로 아름다운 세트를 만들었어요.

안젤로하고 나는 그 공연을 위해 새 곡을 몇 곡 썼지만, 공연에 사용된 주된 음악은 줄리 크루즈가 그녀의 앨범에 실은 네 곡이었어요. 그런 후에 나는 니콜라스 케이지하고 로라 던과 함께 무대에 영사될 작품을 촬영했죠. 공연은 존 웬트워스랑 작업했는데, 사운드의 대부분은 녹음을 재생하는 거였어요. 공연이 있던 날 아침에 사람들이 엄청나게 큰 최첨단 디지털 재생기를 가져왔어요. 사운드가 어떤지 확인하고 싶었던 우리는 리허설을 시작했는데, 그 재생기의 사운드는 엉망이었어요. 나는 "이 공연은 절대로 진행되지 못할 거야."라고 한탄했죠. 그들은 그걸 다시 재생해 봤는데, 두 번째도 엉망이었어요. 그래서 우리는 그걸 사용할 수 없다는 걸 알게 됐죠. 웬트워스하고 나는 각자 자그마한 파나소닉 DATDigital Audio Tape 재생기를 한 대씩 갖고 있었어요. 우리는 "젠장, 공연 전체를 이 DAT로 진행하는 거야."라고 말했죠. 웬트워스하고 나는 BAM에서 파견한 몇 사람과 함께 극장에서 제일 높은 곳의 아득히 먼 벽 앞에 작은 카드 테이블을 설치했어요. 웬트워스의 DAT하고 내 DAT를 테이블에 놓고 동시에 버튼을 눌렀죠. 내 DAT가 망가지면 그의 기계로 전환할 수 있도록, 그래서 사운드가 완벽하게 맞아떨어지도록 말이에요. 그 조그만 기계들이 그 큰 홀을 사운드로 가득 채웠다는 사실은 누구도 믿지 못할 거예요.

리허설을 하루밖에 못 했어요. 그러고는 공연 날이 됐어요. 스태프들이 공연 시각을 한 시간 미루면서까지 추가 작업을 했는데도 우리는 제대로 시작조차 못 하고 있었어요! 그러다가 그날을 구해낼 아이디어가 떠올랐어요. 분명히 내가 다시 써먹을 만한 아이디어였죠. 공연자 한 사람 한 사람의 양어깨를 붙잡고 그들의 눈을 똑바로 보면서 이렇게 말하는 거예요. "저기 있는 저거 보여요? 이런 일이 벌어지면, 저기로 가서 이런 일을 하고 난 다음에 저런 일을 해요. 작업이 끝나면 저쪽으로 달려가요. 이해했어요?" 그런 후에 다음 사람에게도 똑같은 일을 했어요. 각자에게 특정한 시점에 무슨 일을 해야 하는지 알려주는 거예요. 그들이 기억해야 하는 건 그것뿐이었어요. 공연을 연달아 두 번 해야 했어요. 같은 작업을 수행할 사람을 20명 구해야 했는데, 모두 자기 과업을 훌륭하게 해냈죠.

그 공연에는 존 벨John Bell이 연기한, 가죽이 벗겨진 사슴이 나왔어요. 벨은 키가 3.6미터에서 3.9미터에 달하는, 가죽처럼 보이는 고무와 커다란 뿔을 단 사슴 모양의 죽마를 타고 연기했어요. 그는 죽마 바닥에 발굽을 달았는데, 가죽을 벗긴 사슴이라서 털은 한 올도 없었어요. 거기서 나랑 같이 일한 사람들은 소품들을 직접 만들었어요. 그들이 해낸 일은 현실이라고 믿기지 않을 정도였죠! 병원에서 쓰는 바퀴 달린 들것 두 개를 묶었어요. 공연의 오프닝에서 가죽이 벗겨진 사슴은 그 들것에 누워있었죠. 이사벨라의 딸 엘레트라는 그땐 어린아이였는데, 그 아이는 들것에 실린 사슴이 움직이지 않는 걸 봤어요. 그런데도 그 아이는 그 사슴이 어느 시점엔가는 움직일 거라는 걸 눈치챘어요. 그래서 그녀는 거기 누워 있는 가죽이 벗겨진 사슴이 너무나 무서웠대요.

존 벨은 죽마를 타고 사슴을 연기했어요. 그래서 그는 이런 의상을 입고 거기에 누워 있었죠. 그곳은 따스했어요. 그런데 공연에는 안전모를 쓴 일꾼들이 난데없이 몰려나와 노란 전구들을 흔들면서 사슴 주위를 빙글빙글 도는 순간이 있었어요. 그러면 사슴이 활기를 되찾고 일어서는 거죠. 그는 덩치가 엄청나게 컸어요. 사슴이 일어나서 걷기 시작했고, 키가 작은 마이클 앤더슨은 그를 비추는 서치라이트를 잡은 채 그 아래에 있었죠. 그 서치라이트 때문에 죽마를 탄 사내는 눈이 부셔서 앞을 보지 못했어요. 게다가 오랫동안 누워 있었던 터라 머리에 피가 잘 돌지 않았죠. 그가 앞으로 기우뚱하더니 오케스트라 피트로 떨어지기 시작했어요. 스네어 드럼을 치는 연주자가 그를 붙잡았죠. 관객 중 절반은 이걸 끔찍한 일이라고 생각했지만, 나머지 절반은 그게 공연의 일부라고 생각했죠. 그러고 나서 망할 놈의 사슴은 두 번째 공연을 앞두고 분장실에서 나오려고 하지를 않았어요. 나는 극장 저 뒤에 있는 코딱지만 한 카드 테이블에서 일어나서 그 먼 길을 내려가 지하에 있는 분장실로 갔죠. 그에게 공연하라고 사정해야 했어요. 무대에는 대형 물탱크가 있었어요. 그에게 말했죠. "물탱크를 꽉 붙잡고 있기만 해도 돼요." 그러자 그가 말했어요. "좋아요. 내가 물탱크를 붙잡아도 된다면 공연을 하겠어요." 그는 그렇게 공연을 했어요. 라이브 공연이라는 게 그렇더군요. 스릴이 넘쳤고 모든 게 완벽하게 돌아갔어요. 사슴만 빼고요.

마크 프로스트를 만났을 때, 내가 그와 같이 작업할 수 있을지는 나도 몰랐어요. 그런데 나는 기꺼이 그걸 확인해보고 싶었어요. 그는 당시에 「여신」 프로젝트에 묶여 있었어요. 그리고 천만 명의 다른 사람들과 마찬가지로 나는 마릴린 먼로를 좋아해요. 그래서 우리는 그 프로젝트를 함께 작업하기 시작했죠. 마릴린 먼로의 어떤 점이 매력적인지를 정확히 얘기하기는 어려워요. 곤경에 처한 여성이라는 모습은 그녀가 가진 매력의 일부죠. 하지만 우리를 매료시킨 건 곤경에 처한 여성이라는 단순한 주제가 아니었어요. 어떤 여성들은 정말로 미스터리해요. 그게 우리가 느낀 진짜 매력이었죠. 「여신」은 케네디 가문과 관련된 연줄 때문에 날아오르지 못했어요. 케네디 가문이 보기에 마릴린 먼로는 어디로 튈지 모르는 존재였고, 그래서 그들은 그녀를 제거해야 했죠. 그런데 이건 내가 늘 좋아하는 스토리예요. 로라 파머는 마릴린 먼로라고 봐도 좋아요. 「멀홀랜드 드라이브」도 마릴린 먼로를 다룬 영화라고 얘기해도 좋고요. 모든 게 마릴린 먼로를 다룬 거예요.

「여신」이 불발된 후, 마크하고 「침 거품 하나」를 작업하기 시작했어요. 우리는 배꼽이 빠져라 웃어댔죠. 우리는 생판 다른 사람이었지만, 그래도 글을 쓸 때만큼은 끝내주게 잘 어울렸어요. 그리고 그 작품을 쓰고 있을 때는 정말로 재미있게 지냈죠. 그 작품은 우리의 관계를 돈독하게 해줬어요. 잠깐 스티브 마틴하고 친구로 지냈어요. 그는 「침 거품 하나」를 무척 좋아했고, 그걸 마틴 숏하고 같이 하고 싶어 했거든요. 그런데 스티브에게 그 작품을 사들이고 싶냐고 물었을 때, 그는 어째서인지 나한테 열 받았던 것 같아요. 그는 정말로 속상해했어요. 하지만 그런 일이 있기 전에 그는 나를 베벌리 힐스에 있는 자기 집으로 데려갔어요. 거기에 근사한 미술품 컬렉션을 갖고 있더군요. 정말로 믿기 힘든 일이었어요.

토니 크란츠는 잘나가는, 전도유망한 TV 에이전트였어요. 그는 나한테 TV 작업을 시키고 싶다면서 릭 니치타를 늘 괴롭히고 있었죠. 내 눈에 텔레비전은 끔찍한 곳처럼 보였어요. 더군다나 그 시절의 TV 방송계는 한심한 상태였죠. 광고 천지였어요. 케이블 TV는 말도 안 되는 것들이 판치는 무대이자 짐승처럼 흉포한 성격을 가진 곳이었고요. 그런데 일이 꼬리를 물고 이어지면서 토니는 마크하고 나를 TV용 작품을 집필하는 일에 끌어들였고, 우리는 「레무리아인들」이라는 작품을 썼어요. 우리는 그걸 쓰면서 엄청나게 웃었어요. 하지만 그 작품은 성사되지 않았죠. 내 기억이 맞다면 우리는 그걸 어디에도 팔지 못했어요.

「트윈 픽스」의 탄생 과정을 설명하는 토니의 버전은 토니의 머릿속에서 만들어진 걸 거예요. 그 버전은 내가 기억하는 것하곤 달라요. 그렇기는 하지만, 토니가 나를 위해 좋은 일을 많이 해줬다는 말은 해야겠군요. 그는 내가 「트윈 픽스」를 작업하게 해줬고 나는 「트윈 픽스」를 사랑하니까요. 나는 그 캐릭터들과 세계를, 유머와 미스터리의 조합을 사랑해요.

나는 파일럿을 장편 영화와 똑같은 것으로 봤어요. 내가 기억하는 한, 두 시즌 전체를 통틀어 정말로 「트윈 픽스」다웠던 유일한 에피소드는 파일럿이었어요. 나머지는 무대 공연을 작업할 때와 비슷하게 만들었어요. TV의 작업 방식대로 만들어진 거죠. 하지만 파일럿만큼은 분위기를 제대로 포착했어요. 그럴 수 있었던 건 순전히 우리가 야외 로케이션을 통해 촬영했기 때문이었죠. 그 장소 자체가 무척 중요했어요. 야외 현장에서 촬영하는 건 항상 고된 일이지만, 그곳은 정말로 아름다웠어요. 그리고 자유로운 느낌이 있었죠. ABC는 우리를 전혀 귀찮게 하지 않았으니까요. 그들은 대사에 사용되는 언어와 관련해서 두어 번 메모를 보내면서 내가 몇몇 대사를 바꾸게 했지만, 새로 짜낸 대사들이 ABC가 탐탁지 않게 여겼던 원래 대사보다 낫다고 판명됐어요.

그리고 출연진은 지상 최고였어요. 셰릴린 펜Sherilyn Fenn을 만났을 때, 그녀가 오드리 혼 같은 소녀를 연기할 수 있겠다는 게 눈에 보였어요. 파이퍼 로리는 잘 알려진 배우였지만, 캐서린 마르텔로 감쪽같이 변신할 수 있을 거라는 걸 알았고요. 파이퍼와 리처드 베이머와 페기 립튼과 러스 탬블린이 모두 같은 세대에 속하고 비슷한 종류의 경력을 가진 배우들이라는 건 순전히 우연이었어요. 러스를 캐스팅할 수 있게 해준 데니스 호퍼에게 감사한 마음을 갖고 있어요. 데니스가 내 마흔 번째 생일 파티를 열어줬는데 그 자리에 러스가 있었죠. 닥터 자코비 역할을 캐스팅할 때, 머릿속에서 '딩동댕!'하고 종이 울렸어요. 그렇게 그는 닥터 자코비가 된 거예요.

파일럿의 대본에는 쿠퍼와 트루먼 보안관이 엘리베이터를 타고 있는 신이 있어요. 문이 열리면 쿠퍼는 외팔이 남자가 걸어가는 걸 발견하죠. 그 남자를 연기하라고 고용된 게 앨 스트로벨^Al Strobel^이었어요. 그는 그렇게 「트윈 픽스」에서 잠시 시간을 보내고 나서 집에 가기로 돼 있었죠. 그러다가 앨 스트로벨의 목소리를 들었는데, 정말 굉장히 목소리가 좋더군요. 그래서 그 목소리를 위해 대사를 집필해야 했어요. 디팍이 차를 몰았던 것 같아요. 나는 우리가 어디에 있었는지를 정확하게 기억해요. 우리는 고속도로 출구를 통해 빠져나오고 있었죠. 그때 나는 "마술사는 지나간 미래의 어둠을 꿰뚫어 보기를 간절히 바라고 있다."라고 시작하는 글을 쓰고 있었어요. 그렇게 나는 앨이 그의 방에서 쿠퍼를 만나고 그가 이 대사를 낭송하는 새로운 신을 썼어요. 그걸 촬영해서 편집 작업을 하는 듀웨인에게 보냈죠. 듀웨인은 한밤중에 집에 가려던 참에 그 촬영분을 받았어요. 그가 "대체 뭐예요?"라더군요. 앨이 등장하는 그 신은 그를 이 작품의 스토리 안으로 데려오는 이야기 가닥의 출발점이었어요.

리처드 베이머는 명상을 나보다 더 오래 해온 사람으로, 오랫동안 마하리쉬와 같이 있었죠. 하지만 그를 벤 혼으로 캐스팅할 때는 그걸 몰랐어요. 우리가 만났을 때 그에게 명상 얘기는 꺼내지도 않았었죠. 나는 그냥 리처드가 무척 마음에 들었어요. 이사벨라가 「트윈 픽스」에 출연하기로 돼 있었지만, 그녀는 출연을 원치 않았죠. 그래서 그녀가 연기할 예정이던 조시 패커드 캐릭터는 조안 첸^Joan Chen^이 연기하게 됐죠. 조안은 미녀인 데다 이사벨라처럼 외국인이었어요. 그리고 조시 패커드의 느낌을 완벽하게 풍겼죠. 페기 립튼이 60년대에는 「모드 스쿼드^The Mod Squad^」에 출연했던 거물급 TV 스타였다는 걸 알고 있었어요. 하지만 나는 그 드라마는 한 번도 본 적이 없어요. 그게 방송되던 시기에는 TV 자체를 시청하지 않았으니까요. 페기를 캐스팅한 건 그녀가 노마 제닝스였기 때문이에요. 그게 「트윈 픽스」에 연기자들을 캐스팅한 방식이에요. 그들 이외의 누구도 그들이 연기한 캐릭터를 연기할 수 없었어요. 생각해봐요. 카일 말고는 어느 누구도 쿠퍼 요원을 연기할 수 없었어요. 나는 카일이 그 요원을 연기하기를 늘 원했었지만, 마크는 처음에는 "너무 어린 거 아니에요?"라고 말했어요. 그러다가 마크는 제정신을 차렸고, 이후의 일은 역사가 됐죠.

쿠퍼 요원의 캐릭터는 서로 다른 숱한 이미지를 모아 만들었어요. 예를 들어, 우마 서먼^Uma Thurman^의 아버지는 달라이 라마하고 가까운 사이예요. 내가 그녀의 집에 갔을 때 그녀는 집에 달라이 라마와 관련된 물건을 갖고 있었어요. 나는 달라이 라마를 만났고, 그 만남은 쿠퍼 요원이 티베트인들을 옹호하면서 돌멩이를 던지는 신으로 이어졌어요. 달라이 라마와 만난 건 근사한 경험이었죠. 그는 명상 테크닉은 가르쳐주지 않았지만, 평화를 위한 좋은 말은 해줬어요.

로그 레이디는 1973년부터 캐서린 코울슨을 위해 생각해오던 캐릭터였어요. 로그 레이디는 원래는 잭 낸스하고 캐서린이 살던 곳에 살았어요. 그들은 LA의 비치우드 드라이브에 있는 스페인 양식의 아파트 건물 2층에 살았죠. 나는 그 방에서 로그 레이디 이야기의 시초를 구상했어요. 벽난로는 판자로 막혀 있었고, 그녀의 남편은 산불로 세상을 떠난 상황이에요. 그의 유해는 그가 피웠던 파이프와 함께 벽난로 선반의 단지에 담겨 있어요. 그녀는 늘 통나무Log를 갖고 다니죠. 그녀에게는 다섯 살쯤 되는 어린 아들이 있어요. 그녀는 퀴즈 프로그램인「모든 지식의 가지들을 통해 내 통나무를 시험할 거예요I'll Test My Log with Every Branch of Knowledge」에 출연한 적이 있어요. 그녀는 운전을 안 해요. 그래서 늘 택시를 타죠. 치과에 갈 때면 통나무를 갖고 가요. 그러면 치과 의사는 통나무를 의자에 앉히고 통나무 주위에 작은 턱받이를 두른 뒤 치아에 생긴 구멍들이 있나 살펴보죠. 어린아이가 치과 치료에 대해 이해할 수 있도록 내내 얘기를 하면서요. 그는 이빨이 썩는 과정, 썩은 이의 구멍을 메우는 방법과 구멍을 메우는 재료들, 양치질을 비롯해 구강을 청결하게 유지하는 일이 얼마나 중요한지에 대해 말할 거예요.

그들은 몇 가지 에피소드를 위해 어떤 식당에 가서 나란히 앉을 거예요. 그녀는 통나무를 가져가고, 그녀의 옆에는 어린 소년이 앉아 있죠. 그들은 뭔가를 주문하고 나서 가게 한편에 앉을 거예요. 내 마음속에서 간이식당은 늘 흥미로운 보조 스토리들을 펼칠 가능성을 품고 있어요. 그래서 캐서린하고 나는 이 아이디어에 대해 가끔 얘기를 나눴죠.

많은 세월이 지나「트윈 픽스」를 촬영할 때였어요. 시청이 배경인 신을 촬영하려던 참이었죠. 쿠퍼 요원과 트루먼 보안관은 발생한 살인사건에 대해 사람들에게 얘기할 예정이죠. 나는 생각했어요. 오케이, 이게 기회야. 캐서린에게 전화를 걸어 "당신은 통나무를 갖고 다닐 거예요. 당신이 할 일은 이런 이야기를 시작할 때라는 걸 알리기 위해 모든 사람의 관심을 끌려고 전등 스위치를 올리고 내리는 거예요."라고 말했죠. 캐서린은 "끝내주네요."라고 했어요. 그녀는 비행기를 타고 날아왔고, 우리는 그녀에게 통나무를 안겼어요. 그녀는 그 신을 찍었고, 일은 꼬리를 물고 이어졌죠. 통나무는 독특한 특성이 있어요. 사람들은 그녀의 사연이 무엇인지 궁금해하기 시작했죠. 그녀는 도저히 이해가 되지 않는 사람이지만, 그러면서도 한편으로는 이해가 되는 사람이에요. 어느 마을에나 이런 사람들이 있고, 마을사람들은 그런 사람들을 받아들이죠. 그녀는 특별한 트윈 픽스 주민이에요.

내가 연기한 고든 콜은 쿠퍼 요원이 필라델피아에 있는 이름이 밝혀지지 않은 상사와 통화하는 신을 촬영할 때 탄생했어요. 나는 그 신을 더 실감나게 만들려고 목소리 연기를 하기로 했죠. 그게 실제로 드라마에 나올 거라는 생각은 전혀 하지 않은 채로요. 나는 카일이 내 목소리를 들을 수 있도록 꽤 큰 소리로 떠들어댔어요. 그 캐릭터가 탄생한 게 바로 그때예요. 고든 콜이라는 이름은「선셋 대로」에서 비롯된 거예요. 그 영화에서 고든 콜은 노마 데스먼드의 차를 임대하려고 전화를 거는 파라마운트 스튜디오 직원이에요. 사람들은 내가 연기한 캐릭터에게 붙일 다양한 이름을 내놓았지만, 나는 고든 콜에 대해 생각하면서 "잠깐만,"하고 혼잣말을 했어요. 빌리 와일더는 파라마운트로 차를 몰고 가면서 고든 스트리트를 지나고 콜 스트리트를 지났을 거야. 나는 그가 그렇게 해서 그 이름을 생각해냈다고 확신해요. 따라서 내가 「트윈 픽스」에서 연기한 캐릭터는 할리우드와 빌리 와일더에게 경의를 표하는 뜻을 가진 이름을 얻었어요.

밥 캐릭터는 원래 파일럿 대본에는 없었어요. 그는 우리가 워싱턴주 에버렛에 있는 파머 주택에서 촬영하고 있을 때 생겨났죠. 나는 무슨 이유에서인지 2층에서 선풍기 아래 바닥에 무릎을 꿇고 두 손을 짚고 있었어요. 뒤에서 어떤 여자가 "프랭크, 잘못해서 그 방에 갇히지 말아요."라고 말하는 소리가 들렸어요. 프랭크 실바Frank Silva는 인공 배경 설치 담당자set dresser였는데, 출입구 앞으로 장롱 세트들을 밀고 다니면서 방 여기저기로 물건들을 옮기고 있었죠. 그녀는 그에게 농담을 한 거였는데, 그 순간 내 머릿속에서 프랭크가 로라 파머의 방에 갇힌 모습이 보였어요. 바로 감을 잡았죠. "프랭크, 연기할 줄 알아요?"하고 물었더니 "어, 그래요. 데이비드, 나는 배우예요."라고 대답하더군요. 나는 "오케이, 당신은 이 신에 등장하는 거예요."라고 말했죠.

우리는 로라 파머의 방을 느리게 패닝하면서 찍고 있었어요. 프랭크 없이 세 테이크를 찍었죠. 그러다가 내가 말했어요. "프랭크, 침대 밑으로 들어가서 숨어 있는 것처럼 웅크리고 있어요. 침대 프레임의 살bar들을 움켜쥐고 카메라를 똑바로 쳐다봐요." 프랭크는 그리로 내려갔고 우리는 프랭크가 있는 상태로 또 다른 패닝 숏을 찍었어요. 내가 왜 그런 일을 했는지는 나도 도무지 모르겠어요. 그날 밤에 파머 주택의 거실 장면을 촬영하고 있을 때, 거기에는 딸이 살해된 채로 발견됐다는 사실에 큰 충격을 받은 사라 파머가 있었어요. 그녀는 고통스러워하며 카우치에 누워 있다가 갑자기 마음의 눈으로 그녀를 공포에 떨게 만드는 무엇인가를 봐요. 그녀는 벌떡 일어나 앉아 비명을 지르죠. 그게 프랭크가 침대 아래에 들어가 있는 숏이었어요. 우리가 그 숏을 찍은 후에 나는 "컷!"을 외쳤죠. 그레이스 자브리스키는 역사상 가장 위대한 여배우 중 한 명이에요. 나는 "완벽해요!"라고 말했죠. 그런데, 그때 카메라 오퍼레이터는 숀 도일Sean Doyle이라는 영국 사람이었는데, 숀이 이러는 거예요. "아니에요, 데이비드, 완벽하지 않아요. 누군가의 모습이 거울에 반사됐어요." "누구였는데요?"라고 물었더니 "프랭크가 거울에 반사됐어요."라고 하더군요. 그 순간에 밥이 태어난 거예요. 그 아이디어는 그런 식으로 찾아왔어요. 그것들이 어디에서 오느냐고요? 모두 하늘이 내린 선물이에요. 프랭크는 좋은 사람이에요. 그를 아는 사람들은 내게 그는 밥하고는 전혀 닮은 데가 없다고 말했어요. 하지만 그는 밥을 제대로 연기해냈죠. 그의 얼굴과 헤어스타일, 그의 존재 전체가 밥을 연기하기에 완벽했어요. 그는 밥을 제대로 이해했죠.

「트윈 픽스」는 처음에는 어마어마했어요. 그런데 ABC는 그 드라마를 조금도 좋아하지 않았죠. 사람들이 편지를 보내 "로라 파머를 죽인 범인을 언제쯤 알게 될까요?"라고 물으니까 그들은 우리에게 범인을 공개하라고 압박을 가했죠. 그렇게 범인을 공개하자 사람들은 시청을 중단했어요. 나는 살인자를 공개하면 드라마는 그걸로 끝이라고 방송국에 말했는데, 내가 말한 대로 진짜 그렇게 끝장났어요. 그런데 뭔가 다른 일이 벌어지고 있었어요. 계속 이어지는 이야기를 사람들이 받아들이면서 그 이야기를 계속 지켜보던 때가 있었어요. 그러자 광고주들이 말하기 시작했죠. "사람들이 중간에 있는 에피소드 두 편을 보지 못하면 다시는 드라마로 돌아올 수 없고, 시청을 중단해버려요. 그러니 우리는 닫힌 결말로 가야 합니다." 그러면서 드라마의 느낌도 바뀌었어요. 그 모든 게 돈 때문에 비롯된 일이라고 생각해요. 로버트 아이거가 우리한테 와서 "당신들은 이 미스터리를 해결해야 합니다."라고 말했을 때, 나는 어쨌든 신물이 날 대로 난 상태였어요.

「광란의 사랑」을 하고 막 돌아왔을 때, 드라마에 무슨 일이 벌어지고 있는지 몰랐어요. 내가 기억하는 거라고는, TV 드라마란 폭주 기관차나 다름없어서 궤도를 계속 달리게 만들려면 한시도 쉬지 않고 작업에 전념해야 한다고 느꼈던 순간뿐이에요. 마크하고 내가 모든 에피소드를 함께 집필했다면 괜찮았을 거예요. 그런데 우리는 그러지 못했고 다른 사람들이 들어왔죠. 그들에게 반감이 있다는 뜻이 아니에요. 하지만 그들은 내 「트윈 픽스」를 몰랐고, 그들이 대본을 쓰면서 기존에 내가 인식했던 것들은 존재 자체가 멈춰 버렸어요. 에피소드 한 편을 작업하려고 돌아왔을 때, 나는 상황을 바꾸면서 내가 원했던 걸 만들려고 애썼지만, 그 역시도 다른 멍청한 일들 때문에 탈선해버리고 말았죠. 더는 재미가 없었어요. 그러다가 방송 시간이 목요일에서 토요일 밤으로 옮겨졌는데, 그것도 별로 좋은 일은 아니었어요. 왜 시간대를 옮겼는지는 전혀 모르겠네요.

사람들은 내가 「트윈 픽스」로 더 유명해졌다고 말할 수 있겠죠. 하지만 만사는 상대적인 거예요. 유명하다는 게 뭔가요? 엘비스는 유명했죠. 그런데 정말로, 명성 자체는 그냥 우스꽝스러운 거예요. 오늘날 멜 브룩스가 거리를 걸어가면, 25세 미만의 사람들은 아무도 그가 누군지 알아보지 못할 거예요. 그 사실이 너무 마음 아파요. 그가 무슨 일을 했고 얼마나 위대한 인물이었는지 제대로 아는 사람들은 지금은 모두 고인이 됐어요. 내 말이 무슨 뜻인지 알겠어요? 당신이 나이를 먹으면 주위에 있는 사람 중 누구도 왕년에 당신이 했던 일을 기억하지 못해요.

10년쯤 전에, 나와 2009년에 결혼한 에밀리 스토플Emily Stofle과 같이 할리우드에 있는 이집션 시어터Egyptian Theatre에 갔었어요. 그녀의 친구가 거기에서 그녀에게 영화를 보여줬죠. 나는 그들과 함께 있다가 담배를 피우려고 밖에 나갔어요. 거기서 담배를 피우며 서 있는데, 어떤 여자—내 생각에 그녀는 매춘부였어요—가 다가오더니 「인랜드 엠파이어」 애기를 계속 해대는 거예요! 그녀는 그 영화에 대해서는 모르는 게 없었어요. 명성은, 당신이 그걸 어떻게 부르건, 기괴한 거예요.

나는 90년대 후반에 어떤 제작사를 고소했어요. 그들이 계약을 어겼기 때문이죠. 그래서 나는 당시에 동거하고 있던 메리 스위니, 그리고 젊고 영향력이 크고 명석한 변호사들이었던 조지 헤지스와 톰 핸센과 함께 법정이 있는 시청으로 갔어요. 1920년대와 30년대에 지어진 법정들은 무척 근사하더군요. 정말로 유서 깊은 '진짜'들이었어요. 우리는 안에 들어갔고, 메리 스위니가 증언을 할 예정이었기 때문에 판사가 나타나기를 기다렸어요. 그러다가 법정을 떠나도 된다는 애기를 듣고 나서 이리저리 헤매면서 건물 앞으로 나왔죠. 우리는 거기에 서서 재판 전략을 비롯한 이런저런 애기를 했어요. 우리가 함께 모인 건 그게 처음이었으니까요. 그런데 어떤 여성 노숙자가 저 멀리에서 온갖 잡동사니가 가득한 카트를 밀고 있었어요. 보라색 옷을 입은 그녀는 카트를 밀면서 조금씩, 조금씩 우리에게 다가왔죠. 결국 우리 바로 앞을 지나가게 된 그녀가 나를 올려다보더니 말했어요. "당신 영화들을 사랑해요!" 우리는 오랫동안 배꼽을 잡고 웃어댔어요. 그건 완벽한 명성 같았어요. 정말로 환상적이었죠. 그 노숙자가 무척 마음에 들었어요.

「트윈 픽스」가 거둔 엄청난 성공은 나한테는 아무 의미도 없었어요. 나는 실패가 나쁜 것만은 아니라고 늘 말해요. 실패하면 올라갈 곳 말고는 없으니까요. 그래서 우리는 실패로부터 자유로운 느낌을 얻게 돼요. 성공은 사람을 망칠 수 있어요. 실패를 걱정하게 되고, 이후로는 늘 같은 자리에 머무를 수가 없으니까요. 그런 게 세상 이치예요. 우리는 성공했을 때 감사해야 해요. 사람들이 우리가 작업한 결과물을 정말로 사랑하는 거니까요. 그런데 중요한 건 그 작업이지 그 작업을 한 사람이 아니에요.

사람들은 결국 「트윈 픽스」를 좋아하는 걸 그만뒀어요. 하지만 적어도 좋은 방식으로 끝이 나기는 했죠. 그때가 레드 룸이 등장한 때였으니까요. 레드 룸이 뭔지는 말 못하겠어요. 하지만 그 아이디어가 언제 생겼고 그때 얼마나 짜릿했는지는 기억해요. 레드 룸은 「트윈 픽스」가 나아갈 길을 열어줬고, 또 더 많은 일들도 연결해줬죠. 따라서 파일럿 영상과 레드 룸, 그리고 그것들이 시청자들을 이끌고 간 곳, 이 요소들을 하나로 모으면 진정한 「트윈 픽스」를 갖게 돼요. 아름답고 섬세한 세계예요. 그리고 눈에 보이는 것보다 많은 일이 벌어지고 있는 곳이죠. 공기 속에 미스터리가 맴돌고요.

대다수 사람들의 인생은 미스터리로 가득해요. 그런데 요즘에는 상황이 엄청나게 빠르게 바뀌다 보니 자리에 앉아 백일몽을 꾸면서 미스터리를 감지할 시간이 그리 많지 않아요. 지금 세상에는 밤하늘에서 별을 볼 수 있는 장소가 갈수록 적어지고 있어요. 요즘에 별을 보려면 LA에서 한참을 벗어나서 물이 말라버린 호수 바닥으로 가야만 하죠. 언젠가 새벽 두 시에 광고를 찍으러 간 적이 있어요. 우리는 조명을 끄

고 사막에 누워 하늘을 올려다봤죠. 별이 수조兆 개나 있었어요. 수조 개가요. 정말
로 강렬한 경험이었어요. 우리는 그런 별들을 보지 못하니까 온 세상의 풍경이 얼마
나 웅장한지 잊어가는 거예요.

지옥에서 사랑 찾기

「트윈 픽스」가 여전히 제작 중이던 1989년, 스티브 골린과 조니 시그바트손은 1940년대에 발행된 누아르 범죄 소설을 시나리오로 각색해달라며 린치를 고용했다. 거의 같은 시기에 몬티 몽고메리는 배리 기포드^{Barry Gifford}의 소설 『광란의 사랑: 세일러와 룰라의 이야기^{Wild at Heart: The Story of Sailor and Lula}』의 원고를 입수했다. "배리는 오래된 펄프 누아르 소설들을 재출간하던 블랙 리자드 프레스의 편집자였습니다. 어느 날 그가 아직 출판되지 않은 자신의 책을 나한테 보내왔습니다." 몽고메리의 회상이다. "그걸 읽고 배리에게 전화를 걸어 말했습니다. '이 작품에 옵션을 걸고 연출을 시도해보고 싶습니다.'"

그런 후 몽고메리는 린치에게 접근해서 그 영화의 이그제큐티브 프로듀서를 맡을 의향이 있느냐고 물었다. 린치가 소설을 각색한 영화를 직접 연출하는 데 관심을 표명하자 몽고메리는 프로젝트를 그에게 넘겼고, 그와 고블린은 린치가 시나리오를 집필하는 데 필요한 자금을 제공했다. "다들 그 영화가 하늘 높이 날아오르기를 원하는 듯 보였습니다. 게다가 그 작품은 추진력을 갖고 있었죠." 몽고메리의 회상이다. "데이비드는 우리가 알아차리기 전부터 이미 여러 차례 리허설을 벌이고 있었고, 폴리그램Polygram은 제작비를 제공했습니다."

갑작스러운 사태 전개에 「트윈 픽스」의 편집자 듀웨인 던햄은 깜짝 놀랐다. 그는 자신에게 이미 행군 명령이 하달됐다고 생각했다. "「트윈 픽스」의 파일럿을 마무리하던 중이었습니다. 그런데 데이비드가 자기는 휴식을 취할 예정이라고 말하더군요." 던햄은 말했다. "그러고 일주일 후에 방에 들어오더니 「광란의 사랑」을 연출할 예정인데 내가 그걸 편집해줬으면 한다는 겁니다. 그게 5월 중순이었습니다. 그는 아직 시나리오도 없는 상태지만 7월에는 촬영을 시작할 계획이라고 했습니다. 나는 다른 일도 맡았다고, 그래서 못하겠다고 했죠. 그랬더니 데이비드가 묻더군요. '자네한테 뭘 줘야 「광란의 사랑」을 할 생각인가?' 나는 나한테 연출할 기회를 주면 하겠다고 했습니다. 그러자 그는 '오케이, 우리가 방금 「트윈 픽스」의 에피소드 일곱 편을 발주 받았어. 자네는 첫 에피소드하고 몇 편을 더 연출할 수 있어. 이제는 「광란의 사랑」을 편집할 거지?'라고 말했습니다. 그래서 대답했죠. '그럼요.'"

린치는 시나리오 초고를 일주일 만에 완성했지만, 시나리오가 침울한 데다 매력이 없다고 느꼈다. 그래서 그는 상당한 변화를 준 2고를 집필했다. 그는 사건들의 순서를 바꾸고, 스토리 곳곳에「오즈의 마법사」에 대한 암시들을 흩뿌렸으며, 캐릭터들을 추가했다. 그 최종 결과물은 젊은이들의 사랑이 얼마나 엄청난지, 그것이 얼마나 강렬하고 어마어마해질 수 있는지를 보여주는 일종의 음시(tone poem, 시적인 내용을 음악으로 만든 곡—옮긴이)였다. 니콜라스 케이지와 로라 던을 도주 중인 커플로 출연시킨 영화는 억제되지 않은 섹슈얼리티를 중점적으로 다루었고, 리얼리즘의 영역 너머로 상황을 밀고 나가는 폭력적인 로드 무비에 코미디와 러브 스토리를 결합시켰다. 파열해가는 세계를 배경으로 한 이 영화는 린치가 만든 영화 중에서 가장 대중적인 영화였다. 색채는 현란했고, 반복해서 등장하는 불길이 영화의 모티프였다. 오프닝 타이틀의 배경은 격렬하게 타오르는 불의 벽이었다—린치는 결국「로니 로켓」의 오프닝 이미지로 원했던 걸 만들어냈다.

"데이비드는 내가 그전까지는 내 관능성을 제대로 포착한 역할을 전혀 맡아보지 못했다고 느꼈어요. 그는 룰라의 캐릭터로 그런 일을 해낼 수 있다는 예상에 흥분했죠." 로라 던의 회상이다. "프로파간다의 회의실에 그와 같이 앉아서 세일러와 룰라에 대해 얘기하던 기억이 나요. 갑자기 그가 말했어요. '풍선껌이 필요해.' 바로 그 순간에 캐릭터가 완전히 이해됐어요. 그는 니콜라스하고 내가 완벽한 한 쌍이라고도 느꼈는데, 그의 생각이 옳았어요. 우리가 함께한 바로 그 순간, 세일러와 룰라가 제대로 살아 숨쉬기 시작했어요."[1]

음악은 이 영화에서 중요한 역할을 맡았다. 이 영화의 사운드트랙은 빅-밴드 스윙과 스피드 메탈, 클래식 로큰롤, 아프리칸 헤드 차지(African Head Charge, 1980년대 초부터 활동한 사이키델릭 더브 앙상블—옮긴이)의 헤비 더브heavy dub, 리하르트 슈트라우스Richard Strauss의 마지막 작품 중 하나인〈황혼에서Im Abendrot〉를 선보였다. 케이지의 캐릭터는 엘비스 프레슬리에서 약간의 영감을 얻었다. 케이지는 영화에서 프레슬리의 명곡 두 곡을 설득력 있게 노래하고, 위대한 블루스 가수 코코 테일러Koko Taylor는 린치-바달라멘티의 작품인〈정말로 분노한Up in Flames〉을 부른다. 그 곡은 대단히 큰 볼륨으로 녹음됐다.

「광란의 사랑」의 캐릭터들은 극단적이며 지독하게 오싹한, 소름 끼치는 인물들이다. 룰라의 어머니로 캐스팅된 다이안 래드는「롤리타」에서 셸리 윈터스Shelley Winters가 펼친 연기를 상기시키는 과장된 연기를 펼쳤고, 그 연기는 그녀를 아카데미상 후보에 올려놓았다. 그레이스 자브리스키는 케이즌(Cajun, 프랑스어의 고어인 케이즌어로, 루이지애나 등지에서 사용된다—옮긴이) 사투리를 구사하는 사악한 청부 살인 업자를 연기한다. 그리고 W. 모건 셰퍼드W. Morgan Sheppard가 연기하는 미스터 레인디어Mr. Reindeer라는 캐릭터는 변기에 앉아서 살인 명령을 내린다.

사악한 요녀 페르디타 듀랑고를 연기한 이사벨라 로셀리니는 그 캐릭터를 한참 전에 이해했다고 설명했다. "데이비드가「광란의 사랑」을 만들기 몇 년 전에, 그와 함께 서점에 갔다가 프리다 칼로에 관한 책을 봤어요. 그때는 대중문화가 그녀를 발견하기 한참 전이었죠. 데이비드를 불러서 말했어요. '이 여자 좀 봐.' 그녀는 매력적인 동시에 혐오스러워요. 때로는 자신을 눈에 확 들어오는 상처들을 가진 사람으로 묘사하죠. 어떤 때는 콧수염과 눈썹을 함께 기른 모습이고요. 그녀의 심미안은 정말로 대단해요. 나는 그녀와 비슷한 캐릭터를 창조하면 정말 좋겠다는 말을 했어요. 몇 년이 지난 후에 데이비드가 말했어요. '내 영화에 그 캐릭터가 나오는 것 같아.' 페르디타 듀랑고는 칼로에 약간 바탕을 둔 캐릭터예요. 그 눈썹은 분명 그녀에게 바치는 오마주죠."

영화에는 윌렘 대포도 출연했다. 그는 린치가 창조해낸 캐릭터 중에서 가장 기억에 남을 인물인, 미치광이 같은 베트남전 참전 용사를 연기한다. "데이비드가 「블루 벨벳」의 캐스팅을 할 때, 맨해튼의 걸프 앤 웨스턴 빌딩에 있는 디노 드 로렌티스의 사무실에서 그를 만났습니다." 대포는 말했다. "대부분의 사람들처럼, 나는 그의 매너에 단번에 사로잡혔죠. 그는 놀랄 정도로 상냥했습니다. 철부지 소년처럼 흥분한 그의 모습은 나를 철저히 무장 해제시켰습니다. 좋은 미팅이었죠. 자리를 떠난 후에 생각했습니다. 그가 지금은 나를 쓰지 않더라도 언젠가는 나를 쓸 거라고. 몇 년 후에 그가 연락해서 말했습니다. '이 영화 할래요?' 나는 말했죠. '환상적이네요.' 그들은 나한테 그 역할을 맡아달라고 설득할 필요가 없었습니다. 시나리오가 훌륭한 데다 나는 데이비드를 무척 좋아했으니까요."

"데이비드는 대단히 뛰어난 감독이고 그의 촬영장은 무척 재미있어서, 「광란의 사랑」은 내가 여태껏 작업한 영화 중에서 가장 스트레스가 덜한 영화였습니다." 대포의 말이 이어졌다. "나는 무지렁이 사이코 범죄자라는 판타지를 연기하고 있었죠. 나는 이 사내의 헤어스타일이 어때야 하는지 잘 알았고, 그가 앙증맞은 콧수염을 기른다는 아이디어도 갖고 있었습니다. 그런데 그 캐릭터의 핵심적인 특징은 치아였어요. 시나리오에는 그의 이가 이런 식으로 튀는, 뭉툭한 이라고 대단히 구체적으로 적혀 있었죠. 나는 제작진이 내 이에 쓰레기 같은 걸 집어넣을 거라고 짐작했습니다. 그러다가 캐릭터에 대해 데이비드하고 처음 얘기할 때 그가 묻더군요. '그래, 치과 의사한테 갈 거죠?' 나는 '그게 무슨 뜻입니까?'하고 물었습니다. 그는 '이를 새로 해 넣어야잖아요!'라더군요. 내게 그런 일은 절대 일어나지 않았습니다. 대신에 내 원래 이에 잘 들어맞는 틀니 세트를 집어넣었죠. 그건 내 캐릭터를 드러내는 중요한 특징이 됐습니다. 틀니는 사이즈가 약간 컸습니다. 그래서 나는 입을 항상 약간씩 벌리는, 조금 음란한 모습이 됐죠. 그렇게 그 캐릭터에게 핵심적인, 멍청해 보이는 입 벌린 모습이 부여됐습니다. 그건 데이비드의 아이디어였죠."[2]

특이한 제식에 집착하는, 감정적으로 불안정한 외톨이인 사촌 델로 캐스팅된 배우는 크리스핀 글로버Crispin Glover다. 그는 몇 년 전에 「침 거품 하나」를 캐스팅할 때 린치를 만났었다. "나는 데이비드와 두 번 작업했습니다." 글로버의 회상이다. "처음은 「광란의 사랑」이었고, 두 번째는 「호텔 룸Hotel Room」이었죠. 그런데 그의 연출 스타일은 작품마다 달랐습니다. 「광란의 사랑」의 연출 지시는 내가 여태껏 받았던 중에 가장 꼼꼼한 지시였습니다. 내가 연기한 캐릭터가 샌드위치를 만드는 신이 있는데, 그 타이밍은 데이비드가 구체적으로 지시한 정확히 그대로였습니다."

린치를 만나기 전, 글로버는 사립 학교 학생이던 열네 살 때 영화 감상 프로그램의 일환으로 뉴아트에 견학 갔다가 「이레이저 헤드」의 예고편을 본 기억이 생생했다. "무슨 영화인지는 몰랐지만, 운전을 할 수 있게 되자마자 그 영화를 보러 가겠다고 다짐했습니다. 운 좋게도, 그 영화는 내가 열여섯 살이 됐을 때도 여전히 뉴아트에서 상영되고 있었죠. 이후로 몇 년간 「이레이저 헤드」를 보려고 최소한 열두 번은 거기로 차를 몰고 갔습니다. 1980년에 뉴 아트에서 열린 심야 상영회의 객석에 관객이 많지는 않았지만, 사람들이 화를 내면서 스크 린을 향해 고함을 치며 극장을 떠나곤 하던 걸 기억합니다. 다른 관객들은 대단히 조용히 영 화에 집중했죠. 극장에서 35mm 프린트로 상영되는 「이레이저 헤드」를 보는 건 엄청난 경험 이었습니다. 그 영화는 내게 중요한 영화였습니다. 그리고 데이비드는 이후로 몇 년 동안 나 를 진정으로 도와주기도 했습니다." 자신의 장편 영화 연출 데뷔작 「왓 이즈 잇?What Is It?」의 이 그제큐티브 프로듀서를 맡아준 린치에 대해 글로버가 한 말이다. "내가 그렇게도 우러러보 는 분이 나를 그렇게 많이 도와주시다니, 어떻게 고마움을 표현해야 할지 모르겠더군요."[3]

던은 글로버가 연기한 캐릭터를 특히 좋게 기억했다. 그녀는 이렇게 회상했다. "내가 사 촌 델에 관해 얘기하는 신을 좋아해요. 우리는 그 신을 찍을 때 계속 키득거렸죠. 내가 '우리' 라고 말하는 건 스태프 전원을 뜻하는 거예요. 우리는 그 신을 몇 시간 동안이나 작업했는데, 누군가가 늘 폭소를 터뜨리는 바람에 계속해서 처음부터 다시 작업해야만 했어요. 데이비드 는 자기가 웃는 모습을 우리가 볼 수 없도록 얼굴에 스카프를 둘러야 했고, 일부 스태프에게 도 스카프를 두르라고 지시했어요. 결국, 우리는 아무도 웃지 않는 가운데 테이크를 마쳤죠. 영화에 들어간 게 그 테이크예요."

1989년 8월 9일에 뉴올리언스에서 시작된 「광란의 사랑」의 촬영은 이후 텍사스와 로스 앤젤레스로 자리를 옮겼다. 제작비로 천만 달러가 책정된 이 영화는 골린과 시그바트손이 몽고메리와 함께 제작했는데, 몽고메리는 촬영 내내 촬영장에 있었다. "촬영에 들어가기 전 에 데이비드하고 뉴올리언스로 촬영지를 물색하러 갔습니다. 어느 날 밤에 패티 노리스 와 함께 갤러토어즈 레스토랑에 갔던 게 기억나네요." 몽고메리는 말했다. "우리는 스트립 클럽들이 모두 모인 곳인 프렌치 쿼터를 가로질러 집으로 걸어가고 있었습니다. 그러다가 '라이브 섹스 공연'이라고 적힌 간판이 있는 곳을 지나게 됐어요. 데이비드가 '여기를 확인해봅 시다.'라고 말하더군요. 그에게는 촬영지 섭외를 위한 조사 작업이었습니다. 가게 안에서는 간판에 적힌 일이 벌어지고 있었습니다. 그는 지대한 관심을 보였죠. 의사가 막 절개한 신체 에 관심을 보이는 방식으로요. 데이비드는 만사를 그런 식으로 접근하는 편입니다."

인체의 복잡함에 매료되는 것은 린치의 감수성에서 핵심적인 부분이다. 그런 매혹은 「이 레이저 헤드」에서 가장 중요한 요소였고, 그가 창작한 다른 그림과 영화에도 다양한 정도로 녹아 들어갔다. 「광란의 사랑」의 일부에도 이런 특징이 들어가 있는 게 분명하다. "밥 레이 레 몬이 살해당하는 신, 그러니까 니콜라스 케이지가 그를 계단에서 내동댕이치면 그가 피를 흘 리기로 돼 있던 신을 촬영하는 날에 촬영장에 있었습니다." 배리 기포드의 기억이다. "제작 진이 촬영을 끝내자 데이비드가 말했습니다. '피가 충분히 검지를 않아! 피가 더 검었으면 해! 더 검어야 한다고!' 제작진은 몇 분 안에 가짜 피를 뚝딱 만들어냈습니다. 그래도 그는 말했 죠. '아냐! 더 검어야 해! 더 검게 만들도록 해!' 데이비드는 피에 대해 대단히 구체적인 이미 지를 갖고 있었습니다. 그는 촬영장을 철저하게 통제했죠."[4]

몽고메리는 이렇게 말했다. "맞아요, 데이비드는 대단히 효율적인 감독이죠. 그런데 곁길로 샐 수 있는 사람이기도 해요. 당신이 제작과 관련된 일을 한다고 칩시다. 당신은 어떤 작품의 촬영장에 모든 요소를 다 모아둘 수 있어요. 배우들과 핵심 인물들이 그 자리에 있죠. 자신이 해야 할 일이 뭔지 정확하게 알고 있는 당신은 커피를 마시러 가죠. 그런데 당신이 돌아올 무렵에 데이비드는 생판 다른 일을 하고 있을지도 몰라요. 아니면 바닥을 기어서 가로지르는 벌레처럼 엄청 사소한 것들에 집중하고 있거나요. 「광란의 사랑」에는 데이비드가 머리 위를 날아다니는 독수리의 그림자가 땅에 드리우기를 원했던 신이 있어요. 대부분의 감독은 그걸 보조 촬영팀second-unit에 맡길 거예요. 하지만 우리는 연기자들이 대기하면서 서 있는 동안 그림자를 촬영하면서 거의 온종일을 보냈어요. 물론, 이런 손길들은 데이비드의 영화에 특유의 분위기를 부여하죠. 그래서 그는 자신의 본능을 따라야만 하고, 나는 촬영에 거의 간섭하지 않았습니다."

린치가 고집한 자유는 그에게 중요한 요소였다. 모든 것— 소품, 대사, 캐릭터들—이 린치의 아이디어를 실행에 옮길 수 있도록 유동적인 상태를 유지해야만 한다. "그는 제작 미팅을 싫어했습니다." 디팍 나야르의 회상이다. "미팅에 도착한 그가 '그래, 나 여기 왔어. 그런데 자네들 시나리오는 읽어봤나?'라고 말하곤 했던 게 생각납니다. 그렇게 말하고 나서 시나리오를 쓰레기통에 던져버렸죠."

영화 제작에 접근하는 방식이 그토록 독특했기 때문에, 린치는 같이 일하는 사람들을 놀라게 하는 경향이 있다. "니콜라스와 다이안 래드가 화장실에 같이 있는 신을 촬영하는 날, 촬영장에 있으면서 '이건 너무 이상한데. 우리가 뭘 하는 거지?'하고 생각했던 게 기억나요." 시그바트손의 회상이다. "그러다가 러시 필름을 봤는데, 놀라웠어요. 데이비드는 시나리오에서 전혀 벗어나지 않으면서 거기 적힌 내용을 정확하게 촬영했어요. 그런데 내가 스크린에서 본 화면은 시나리오에 적힌 내용과는 하나도 비슷하지 않았죠. 나는 다른 감독들하고 일할 때는 그런 걸 경험해보지 못했습니다. 그는 또 다른 면에서도 독특한 감독이에요. 많은 감독이 촬영장에서 갈등을 빚어내는 걸 즐기지만, 데이비드는 촬영장에 갈등이 생기는 걸 참지 못해요. 그가 생각하기에 좋은 느낌을 풍기지 못하는 사람이 주위에 있으면, 다음 날 그 사람은 촬영장에서 보이지 않을 거예요."

세일러와 룰라가 겪은 일들은 숙명에 좌우되는 듯 보이고, 스토리의 특정 지점에 다다르면 역경이 닥치면서 그들의 운이 바뀐다. 하늘의 별들이 갑자기 그들에게 불행을 안겨주는 위치에 놓이고, 만사가 그릇된 길로 접어들기 시작한다. 숙명과 행운이라는 관념은 린치의 세계관에서 필수적인 부분으로, 그와 가까운 이들은 그 사실을 입증할 증거들을 갖고 있다. "그때 나는 데이비드의 집하고 가까운 곳에 살고 있었습니다. 그래서 우리는 LA에서 「광란의 사랑」을 촬영할 때 날마다 같은 차를 타고 촬영장에 갔었죠." 몽고메리는 말했다. "데이비드는 자동차 번호판을 갖고 숫자점numerology을 쳤습니다. 그래서 우리는 데이비드가 자신의 이니셜이 적힌 차 번호판을 보고 나서야 촬영장에 들어갈 수 있었죠. 때때로 우리는 'DKL'이라고 적힌 번호판을 찾아낼 때까지 계속해서 차를 몰고 주위를 빙빙 돌아야만 했습니다.

드물게 그 글자들이 순서대로 적혀 있는 번호판을 발견할 경우, 그건 대단히 좋은 길조였습니다."

린치는 「이레이저 헤드」를 만들기 전부터 "번호판을 살펴왔다"면서 그의 행운의 숫자는 7이라고 했다. "아빠한테 의식과 제식은 중요해요." 제니퍼 린치는 말했다. "아빠의 뇌의 일부는 세상 사물들이 특정한 방식으로 존재하고, 사소한 기적들이 실존하는 세계관 속에서 작동해요. 번호판 점과 비슷하게, 10센트 동전이 앞면을 보인 채 떨어지면 그 동전은 효험이 있는 거예요. 이런 사건들은 아빠가 상황을 변화시킬 마술 같은 일을 해내려고 사용하는 전략들이죠. 아빠는 늘 그런 식이었어요."

「광란의 사랑」의 촬영은 「트윈 픽스」가 최고의 인기를 구가하고 던햄이 첫 시즌의 첫 번째 에피소드의 연출을 완료하던 즈음에 종료됐다. "첫 에피소드의 연출에 착수할 때 데이비드에게 조언을 구했더니 이러더군요. '나한테 묻지 마. 연출자는 자네잖아. 그러니까 자네가 하고 싶은 방식대로 하도록 해.'" 던햄의 회상이다. "그러고는 나한테 이런저런 설명을 했습니다. '먼저, 자네하고 연기자들 말고는 아무도 없도록 세트를 정리해. 배우들하고 리허설을 시작한 뒤 무대를 배치하고 동선을 잡기 시작하는 거야. 그렇게 해서 그 장면에 대한 대략적인 감을 잡고 나면 DP를 데려와. 그 자리에서 자네하고 DP가 미세한 것들을 조율하는 거지. 자네하고 DP가 장면을 어떻게 담을지 합의하고 나면 출연진을 데려와서 마지막으로 리허설을 하면서 조정이 필요한 부분들을 손봐. 그러고 나면 세트를 스태프에게 넘겨줘. 연기자들은 머리 만지고 분장을 하라면서 보내고. 그들이 돌아오면 그 장면을 촬영하는 거야.'"

"우리는 같은 날 촬영을 마쳤습니다." 던햄은 회상을 계속했다. "그런 후에 데이비드는 「트윈 픽스」의 두 번째 에피소드를 연출하려고 떠났죠. 그래서 우리 편집실에는 내가 연출한 에피소드하고 「광란의 사랑」, 데이비드가 연출한 「트윈 픽스」 에피소드, 그리고 쉴 새 없이 밀려오는 더 많은 에피소드들이 쌓여 있었습니다. 사방에 필름들이 쌓여 있었고 온 벽에 메모지가 붙어 있었죠. 정말로 재미있었습니다. 우리는 LA 서부에 있는 토드 AO(Toad AO, 포스트프로덕션 회사—옮긴이)에서 작업했는데, 몬티 몽고메리는 날마다 세 시쯤에 작업자 전원에게 줄 카푸치노와 땅콩 M&M 봉지들을 들고 사무실에 찾아오곤 했습니다."

"우리는 모든 작품을 미친 듯이 작업하고 있었습니다. 그런 와중에 데이비드가 묻더군요. '「광란의 사랑」을 칸에 가져갔으면 해. 시간에 맞출 수 있을까?' 나는 시간이 너무 빠듯하다고 말했지만, 우리는 일단 시도해보기로 했습니다." 던햄은 말했다. "데이비드는 내가 편집을 끝내기도 전에 스카이워커Skywalker에서 영화를 믹싱하고 있었습니다. 나는 그에게 사운드 믹싱을 하라며 영화의 앞쪽 절반의 영상을 주고, 그가 그걸 작업하는 동안 뒤쪽 절반의 편집을 마무리했습니다. 앨런 스플렛은 우리 주위에 오래 있지는 않았습니다. 그래서 데이비드가 직접 믹싱을 하고 거기에 온갖 것들을 첨가하고 있었죠. 그가 나한테 녹음한 사운드를 들어달라고 요청할 때마다 나는 방을 떠나면서 생각하곤 했습니다. '저 인간도 제정신은 아냐.'"

"「광란의 사랑」하고 「트윈 픽스」를 동시에 편집하는 건 정신 사나운 일이었습니다. 제정신이 박힌 사람이라면 누구도 그런 식으로 일하진 않을걸요." 던햄의 회상은 계속됐다. "「광란의 사랑」의 첫 편집본은 러닝 타임이 네 시간 가까이 됐습니다. 몇 사람을 위해 그걸 처음으로 시사할 때, 데이비드는 음악을 지나치게 크게 틀었습니다. 그런데, 와, 온몸에 소름이 돋더군요! 지독하게 오싹하고 정말로 쿨한 작품이었습니다. 하지만 지나치게 두서가 없었고 중구난방이었죠. 그래서 우리는 인덱스 카드로 뒤덮인 커다란 칠판을 가져와서는 각각의 장면을 여기저기로 옮기기 시작했습니다. 첫 편집본에서는, 케이프 피어에서 벌이는 격투 신은 스토리가 많이 진행된 이후에 나왔습니다. 그런데 그걸 영화의 도입부로 옮기자 상당히 큰 변화가 생기더군요."

"최종 편집본을 스카이워커에서 한밤중에 처음으로 상영했을 때, 스피커들이 고장 났습니다." 그는 말했다. "우리는 이튿날 아침 여덟 시에 LA행 비행기에 탔습니다. 그리고 그날 오후에 칸으로 날아가고 있었죠. 우리는 그 문제가 스피커 때문에 생긴 건지 프린트 때문에 생긴 건지 몰랐습니다. 그래서 우리가 할 수 있는 일이라고는 칸에서 상영할 마스터 프린트 master print를 가져가는 것뿐이었죠. 우리는 비행기에 탔습니다. 우리 둘 다 필름 통을 들고 자막 작업을 하러 파리에 갔죠. 이틀 뒤에는 내 어시스턴트가 새 프린트를 갖고 거기에 도착했습니다. 그래서 우리에겐 자막이 달린 새 프린트가 생겼지만, 실제로 그 프린트는 한 번도 보지 못한 상태였습니다."

"금요일에는 무슨 일이 있어도 칸에 도착해야 했습니다. 경쟁 부문에 출품된 영화들에는 사운드와 화면을 체크할 시간이 20분씩 주어지죠. 우리 영화는 자정에 상영이 잡혀 있었습니다. 우리 영화가 폐막작이었으니까요. 그래서 우리는 데이비드 보위David Bowie의 요트에서 열리는 파티에 가려고 밖으로 나왔습니다. 그러다가 때를 맞춰 소형 보트를 타고 나가 우리한테 할당된 20분을 지켜보러 갔죠. 영화가 상영되는 날에도 나는 여전히 타이틀 화면을 편집하고 있었습니다. 게다가 우리는 여전히 영화 전편을 제대로 보지 못한 상태였죠! 우리가 들어갔을 때 데이비드가 영사기사에게 말했습니다. '우리는 이 영화를 한 번도 보지 못했습니다. 그래서 여기에서 영화 전편을 봤으면 합니다.' 영사기사가 우물거리자 데이비드가 말했습니다. '보세요, 우리가 하려는 건 그뿐입니다.' 우리는 새벽 세 시에 그곳을 떠났고, 영화는 그날 밤에 상영돼서 엄청난 반응을 얻었습니다. 그러고는 황금종려상을 받았죠. 정말로 짜릿한 일이었습니다." 심사위원장 베르나르도 베르톨루치Bernardo Bertolucci가 그 영화를 수상작으로 발표했을 때 박수갈채와 더불어 야유도 터졌지만, 그래도 영화는 트로피를 가져왔다.

「광란의 사랑」이 칸에 당도했을 무렵, 린치와 이사벨라의 관계는 심하게 삐걱거리다가 얼마 안 가 끝장나고 말았다. "메리 스위니는 「블루 벨벳」의 어시스턴트 편집감독이었어요. 그래서 그녀는 처음부터 그 자리에 있었던, 그러니까 데이비드의 영화들 주위를 맴돌며 작업했던 많은 사람 중 한 명이었죠." 결별에 대한 로셀리니의 회상이다. "그들의 관계가 언제 시작된 건지, 데이비드가 나랑 그녀한테 늘 양다리를 걸쳤는지는 모르겠어요. 하지만 처음에는 그런 관계가 아니었을 거예요. 「광란의 사랑」의 촬영장에 모호한 긴장감이 약간 감돌았던 걸 기억해요. 거기에는 내 시선을 사로잡는 다른 게 있었어요. 한번은 작업하러 한밤중에 촬영장에 도착해서 방 하나를 배정받았어요. 데이비드가 올 거라고 기대했지만 오지 않더군요. 나는 그가 피곤해서 잠을 자야 하나보다 생각하기만 했죠. 아침에 메이크업을 하러 갔다가 워키토키로 데이비드가 도착했다는 소식을 들었어요. 그런데 그는 나한테 인사하러 오지 않았어요. 두 시간 후에 와서는 억지로 반가운 척하면서 '오, 어떻게 지냈어?'라고 인사하더군요. '도대체 무슨 일이 벌어지는 거지?'하고 생각했던 기억이 나요. 그러고 나서 데이비드하고 「광란의 사랑」 때문에 칸에 갔을 때 그가 갑자기 말했어요. '메리 데리러 공항에 가자.' 내가 물었죠. '메리? 메리가 와?' 그는 '응, 그녀는 정말로 열심히 일했어.'라더군요. 나는 '어시스턴트 편집감독을 초대하다니, 사람 참 좋아.'하고 생각했었어요. 당시에는 그런 분위기를 읽지 못했어요." (스위니는 「광란의 사랑」에서는 스크립트 슈퍼바이저였다.)

"데이비드에게는 믿기 힘들 정도로 다정한 면이 있어요. 그런데 그 직후에 그는 나를 자기 인생에서 완전히 잘라내 버렸죠. 나를 다시는 보고 싶지 않다는 전화 한 통만 남기고요." 로셀리니는 말했다. "그런 일이 닥치고 있음을 보지 못했기 때문에 큰 충격을 받았어요. 내가 무슨 짓을 했거나, 그가 내 내면에서 뭔가를 봤거나, 아니면 그가 나를 알아가는 데 흥미를 잃어버렸기 때문일 거예요. 가끔 내가 명상을 하지 않았다는 게 그가 나를 떠난 이유 중 하나였을까 생각해 보기도 해요. 명상을 해보려고 한동안 애를 써봤지만, 도저히 못 하겠더군요. 나는 이탈리아인이에요. 이탈리아 사람들은 가톨릭 때문에 괴롭힘을 당하고 있죠. 나는 바티칸 때문에 영적인 소재라면 죄다 알레르기 반응을 보이게 됐어요. 그가 나를 떠났을 때는 정말로 힘들었어요. 자신을 다시 추스르기까지 몇 년이 걸렸죠. 스스로에게 너무 화가 났어요. 나는 딸을 하나 둔 어머니이자 근사한 경력을 가진 사람이었으니까요. 내가 남자친구 때문에 그토록 심하게 무너질 수 있다는 게 믿어지지 않았어요. 하지만 나는 데이비드를 엄청나게 사랑했고 그도 나를 사랑한다고 생각했어요. 그래서 결별은 엄청난 충격이었죠. 상당히 불행했던 시절이라고 생각하지만, 그 불행은 그의 작업 때문이었다고 생각했어요. 사실은 그가 다른 여자와 사랑에 빠진 것 때문이었지만요."

제니퍼 린치의 견해는 이렇다. "이사벨라는 우아하고 쾌활하고 사교적인 사람이에요. 모두가 그녀를 알아보고 그녀와 얘기를 나누고 싶어 하죠. 그녀는 그러는 사람들을 무척 친절한 사람들이라고 생각하고요. 아빠는 매우 친절한 사람이지만, 공적인 대화는 그리 많이 하지 않는 편이에요. 그래서 아빠한테 그녀와 함께 돌아다니는 건 힘든 일이었을 거예요. 한동안은 끝내주는 경험이었겠지만, 차츰 힘든 일이 돼버린 거죠." 시그바트손은 자신이 보기에 그들의 결별은 놀라운 일이 아니었다면서 이렇게 말했다. "데이비드가 나한테 이런 말을 한 걸 기억합니다. '조니, 이사벨라 로셀리니의 남자친구로 사는 건 그 자체가 전업 직업이야.' 메리와의 관계가 시작될 때도 나는 그 자리에 있었습니다. 루카스필름Lucasfilm에서 「광란의 사랑」을 믹싱하고 있을 때 그녀가 데이비드의 방에 몰래 들어가는 걸 봤었죠. 그런데 나는 메리를 무척 좋아합니다. 그녀는 데이비드에게 정말로 좋은 여자라고 생각하고요. 그녀는 그에게 접근하는 사람들을 제한하기 시작했는데, 그에게는 그런 조치가 필요했습니다."

「광란의 사랑」은 칸에서 수상하기는 했지만, 미국에서는 아직 공개되지 않은 상태였다. 그 영화의 배급업체인 사무엘 골드윈 컴퍼니Samuel Goldwyn Company는 그 영화의 늦여름 개봉을 준비하면서 8주를 보냈다. 린치는 테스트 시사회를 좋아한 적이 한 번도 없었다. 하지만 그는 「광란의 사랑」을 통해 업계 관계자가 아닌 관객에게 영화를 보여주는 일이 가치 있는 작업임을 인정했다. 수백 명의 관객을 대상으로 연 두 차례의 테스트 시사회에서 관객들이 특정 신 때문에 영화 상영 중에 대규모로 자리를 뜨는 일이 벌어진 뒤였다. "해리 딘 스탠튼이 머리에 총을 맞고 그의 뇌가 벽에 흩뿌려지죠." 던햄의 회상이다. "그러면 그를 죽인 두 인물이 미친 듯이 깔깔거리면서 남아 있는 목으로 달려들어 머리를 거기에 처박습니다. 그러고는 고개를 들고 미친 듯이 격렬한 키스를 해대죠. 그 신이 스크린에 등장하기 무섭게, 125명이 극장에서 걸어 나갔습니다. 우리가 극장에서 나왔더니 골드윈하고 프로파간다의 사람들이 길길이 뛰더군요. 우리는 말했습니다. '이봐요, 이 사람들은 디즈니 영화를 보러 가는 관객들이잖아요. 우리한테는 데이비드 린치 영화를 보러 오는 관객들이 필요해요.' 며칠 후에 다른 부류의 관객을 위한 또 다른 시사회를 열게 해달라고 그들을 설득했죠. 이 관객들은 스크린에서 눈을 떼지는 않았지만, 그 신이 등장한 순간 역시 125명이 벌떡 일어나서 극장을 나갔습니다. 남은 관객들은 난폭해졌고요. 사람들은 고함을 치기 시작했습니다. '역겨운 새끼! 감옥에 처넣고, 다시는 영화를 만들지 못하게 해야 해!'"

"사람들은 재난을 피해 대피하는 것처럼 시사회장에서 뛰어나갔습니다." 몽고메리는 말했다. "데이비드한테 선택권이 있었다면, 그는 그 신을 잘라내지 않았을 겁니다. 오히려 그 장면을 더 연장했겠죠! 그런데 그 장면은 지나치게 과했기 때문에 잘라내야만 했습니다."

영화가 맞닥뜨린 장애물은 그 신만이 아니었다. "사무엘 골드윈 주니어Samuel Goldwyn, Jr.와 데이비드, 스티브, 조니, 그리고 나는 점심을 먹으러 뮤즈에 갔습니다." 몽고메리의 회상은 계속됐다. "사무엘이 말했어요. '영화가 마음에 듭니다. 그래서 이 영화를 배급하고 싶지만, 엔딩은 감당을 못하겠어요.' 실제로 오리지널 엔딩은 그다지 좋지는 않았습니다. 점심이 끝날 즈음에는 다들 침울한 분위기였죠. 집에 가는 길에 데이비드가 말했습니다. '기절할 만한 해피엔딩을 안겨주지.' 그리고 실제로 그렇게 했습니다. 그는 공감이 가는 해피엔딩을 고안해내고 절묘하게 그 작업을 해냈죠."

린치가 한 일은 「오즈의 마법사」의 착한 마녀 글린다를 데려와서 참된 사랑을 찬양하는 노래를 부르며 하늘을 선회하게 만든 거였다. "나는 지상 18미터 높이에 있었는데, 무시무시했어요." 글린다를 연기했던 셰릴 리는 회상했다. "이걸 인정하자니 창피하지만, 나는 그 배역을 따내려고 거짓말을 했어요. 가족을 방문하려고 콜로라도에 가 있었는데 데이비드가 전화를 걸어서 물었어요. '당신, 높은 데 올라가도 괜찮아?' 나는 고소공포증이 있었으면서도 말했죠. '높은 데 올라가도 아무렇지 않아요!' 그는 '좋아, 내가 당신을 피아노 줄에 묶어서 크레인으로 공중에 끌어올릴 작정이거든.'하고 말했어요. 나는 말했어요. '아하, 그래도 괜찮아요!' 촬영장에 갔더니 스턴트 팀하고 에어백 등등 모든 게 준비돼있더군요. 내가 떠다닌 곳이 어쩌나 높던지, 데이비드는 내게 연기 지시를 하려고 확성기를 써야만 했어요. 나한테는 그의 목소리가 거의 들리지 않았거든요. 공포와 평온함과 고마운 심정을 동시에 느끼면서 그 높은 곳을 떠다녔던 게 떠올라요. 데이비드는 사람들이 다른 상황에서라면 하지 않으려고 드는 일을 기꺼이 하게 만들 수 있는 사람이에요. 데이비드가 가진 영감에 생명을 불어넣고 그의 이야기를 사람들에게 들려주는 데 봉사하기 위해 낚싯줄에 매달려야만 한다고요? 나는 백 퍼센트 그 자리에 갈 거예요."

영화는 8월 17일에 개봉해서 그저 그런 상업적 성공을 거뒀다. 그리고 린치는 마침내 하룻밤의 휴식을 가졌다. "「광란의 사랑」이 LA에서 개봉됐을 때, 우리는 니콜라스와 데이비드, 스티브 골린, 나, 그리고 이그제큐티브 프로듀서 마이클 쿤Michael Kuhn이 참석하는 성대한 저녁 파티를 기획했습니다." 몽고메리의 기억이다. "베벌리 힐스에 있는 일 지아르디노에 갔죠. 데이비드가 사랑하는 레스토랑입니다. 우리가 들어가면 레스토랑 사람들이 「트윈 픽스」의 주제곡을 연주해주곤 했거든요. 여름이었습니다. 우리는 실외의 정원에 앉았고, 거나하게 취했죠. 다행히도 우리 중에 운전하는 사람은 없었습니다. 우리는 영업용 차를 타고 함께 이동했으니까요. 식사를 마친 후에 니콜라스와 데이비드, 나는 로스 펠리스에 있는 드레스덴 룸이라는 술집에 가기로 했습니다. 나이 지긋한 커플이 전자 피아노로 스탠더드 곡들을 연주하는 곳이었죠. 우리가 술을 몇 잔 마셨을 즈음 그들 중 한 명이 말했습니다. '오늘 밤 저희 객석에 니콜라스 케이지와 데이비드 린치가 있습니다! 그들을 무대에 올려 노래 한 곡을 들어보면 어떨까요?' 데이비드는 엘비스 스타일의 선글라스를 끼고 있었습니다. 그와 니콜라스는 무대에 올라 엘비스 프레슬리의 노래를 불렀죠."

높은 곳에 올라갔으면 아래로 내려와야만 한다는 게 자연의 법칙이다. 바로 그즈음, 린치는 그와 그의 작업을 표적으로 삼은 대중의 반발이 시작됐음을 감지했다. 또한 그는 자신이 그 반발을 막아서기에는 역부족이란 것도 잘 알고 있었다. 평론가들은 「광란의 사랑」에 대단히 거칠게 반응했다. 린치는 자기 패러디를 하는 습관에 빠졌다는 비난을 받았다. 이 영화는 세월이 흐르는 동안 재평가되면서 지금은 린치의 작품 목록에서 중요한 부분으로 간주된다. 그러나 처음 개봉됐을 때는 그런 평가를 받지 못했다.

그래도 옹호자들이 없지는 않았는데, 몽고메리도 그중 하나였다. 그는 이런 결론을 내렸다. "「광란의 사랑」이 칸에서 수상한 건 강렬한 영화이기 때문입니다. 영화는 그해 영화제에서 여러 경쟁작을 물리쳤죠. 데이비드는 사람들을 위해 새로운 변경을 개척했습니다. 인정하고 싶지 않은 영화감독이 많겠지만, 그들은 그 영화에서 많은 영향을 받았습니다."

이 영화는 다른 많은 사람들의 마음속에서도 오래도록 살아남았다. "데이비드나 나나, 영화를 만든 이후로 「광란의 사랑」을 본 적이 한 번도 없었어요. 「인랜드 엠파이어」의 작업을 시작할 때 그 영화를 같이 봤는데, 그건 우리 두 사람 모두에게 경이로운 경험이었어요." 던은 말했다. "영화가 끝났을 때 우리는 정말로 감동했어요. 스크랩북을 찬찬히 살필 때 그 모든 기억이 밀물처럼 밀려오는 거랑 비슷했죠. 나는 베드신들을 제일 좋아해요. 차 안이나 침대 위에서 벌어지는 신을 데이비드와 작업하는 게 정말 좋아요. 그 작은 공간에는 세상에서 고립된 캐릭터들이 있고, 그 공간 밖에 있는 모든 것들은 데이비드와 함께 있을 때만 일어나는 방식으로 얼어붙어 멈춰 있죠."

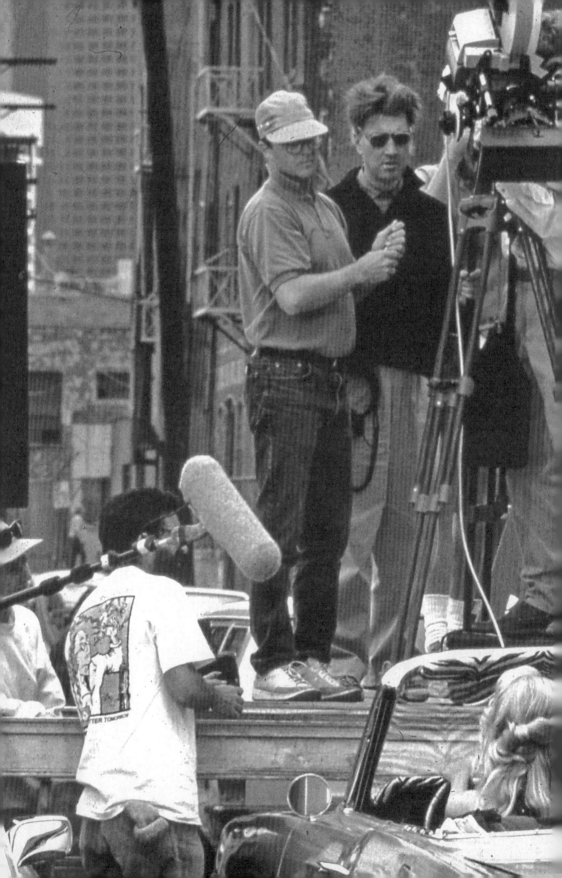

어느 순간부터 「트윈 픽스」는 영화라기보다는 TV 드라마처럼 돼버렸어요. 그 작품이 마크와 나의 작품이기를 중단했을 때부터 그 작품에 흥미를 잃었죠. 그러던 중에 『광란의 사랑』을 읽었는데 캐릭터들이 진짜 마음에 들었어요. 일이 어떻게 진행됐냐 하면, 몬티가 와서 말했어요. "데이비드, 『광란의 사랑』이라는 책을 읽었는데 내가 그걸 연출하려고 해. 자네가 이그제큐티브 프로듀서를 해줄 생각 있나?" 나는 "그 책 좀 읽게 해줘."라고 했죠. 그러고는 농담으로 이랬어요. "몬티, 내가 이 책이 정말로 마음에 들어서 이걸 연출하고 싶어 하면 어쩔 거야?" 그랬더니 이러더군요. "그러면 자네가 연출해, 데이비드." 그렇게 일이 벌어진 거예요.

그 책을 읽기에는 완벽한 시기였어요. 그때는 세상이 미쳐 날뛰고 있었거든요. 할리우드 블러바드에는 마약이 넘쳐나서 밤중에는 거기에 가는 게 무서웠어요. 밸리에는 갱들이 있었고 밤마다 총소리가 들렸죠. 세상은 미쳐가고 있었는데, 나는 그 작품을 지옥 같은 광기의 한복판에서 벌어지는 러브 스토리로 봤어요.

배리 기포드는 정말로 끝내주는 작가예요. 나는 그에게 많은 존경심을 품어왔어요. 그의 글은 순수하고 단순 말끔해요. 많은 생각을 불러일으키면서 독자가 상상력을 발휘하게 만들죠. 책에는 그가 지나가듯이 언급한 요소들이 있는데, 그것들이 내 마음을 파고들었고, 나는 그 요소들을 확장하고 싶었어요. 배리가 소개하는 캐릭터들은 의사나 변호사가 되지는 못하겠지만, 밑바닥 세계 비슷한 곳에서 사는 그들은 그래도 영리해요. 나는 그 세계를, 그리고 그런 곳에서 일어날 수 있는 일들을 무척 좋아해요. 분방하면서도 자유로운 세계죠. 대담무쌍한 곳이기도 하고요. 그런데 그곳에는 인생에 대한 심오한 이해도 자리 잡고 있어요.

내 영화들이 찾아가기를 좋아하는 곳들이 분명히 있어요. 모든 예술가는 자신만의 특별한 체계와 취향을 갖고 있죠. 그들 각자가 사랑에 빠지는 아이디어들은 특정한 종류에 속할 거예요. 당신은 똑같은 일을 거듭하려고 작업에 착수하지는 않겠지만, 그 작품들에는 유사한 점들이 있을 거예요. 재즈하고 비슷해요. 당신에게 어필하는 특정한 주제들이 있는 거죠. 그 주제에는 많은 변주가 따르겠지만, 당신이 사랑하는 그 주제들은 늘 그 자리에 있을 거예요. 아이디어들이 찾아오고 그 아이디어들은 명령을 내려요. 주제를 바라보는 관점이나 등장하는 캐릭터들이 달라지겠지만, 조종간을 잡는 건 아이디어들이고, 우리가 할 일은 그 아이디어들에 충실해지는 거예요.

「광란의 사랑」의 경우에는 캐스팅이 거의 곧바로 이뤄졌어요. 니콜라스 케이지는 세일러라는 인물의 일부인 엘비스 프레슬리를 비롯해서 거의 모든 역할을 해낼 수 있다고 느꼈어요. 그는 겁 없는 연기자고 엄청나게 쿨해요. 그는 내가 세일러를 연기할 배우로 떠올린 유일한 사람이었어요. 니콜라스하고 로라를 뮤즈에서 처음 만났어요. 그런데 우리가 만난 밤에, 그 거리 아래에 있는 유서 깊고 아름다운 아르데코풍 빌딩인 팬 퍼시픽 파크에 불이 났어요.

윌렘 대포는 몬티의 친구예요. 그를 데려온 게 아마 몬티였을 거예요. 윌렘은 하나님이 보낸 선물 같은 사람이었어요. 그가 그 틀니를 끼자마자, 세상에, 바비 페루가 살아 움직이고 있었어요. 그는 정말로 흠잡을 데 없이 완벽한 연기를 펼쳤어요. 하지만 그게 순전히 이 때문만은 아니었어요. 똑같은 이를 다른 사람의 입에 넣을 수는 있지만, 그렇다고 똑같은 결과를 얻지는 못할 거예요. 그건 캐릭터와 연기자가 결혼하는 것과 비슷해요. 이 사람은 이 역할을 연기할 수 있고, 그 외의 누구도 그걸 연기할 수 없죠. 윌렘에게는 그런 자질이 있어요. 그리고 나는 크리스핀 글로버를 사랑해요. 그의 캐릭터는 배리의 책에 등장하지만, 내 생각에는 그냥 언급만 되는 수준이었을 거예요. 그의 속옷에 들어간 바퀴벌레들 얘기가 책에 나왔던 것 같지는 않아요. 그의 샌드위치 만들기도 마찬가지일 거예요. 하지만 크리스핀은 그런 일들을 해낼 수 있는 완벽한 배우였어요. 흠잡을 데 없는 또 한 명의 연기자였죠.

미스터 레인디어가 원작에 들어 있었는지는 모르겠어요. 그가 어쩌다가 생겨났는지도 모르겠고요. 그는 그냥 그 작품에 도착했어요. 해리 딘의 캐릭터는 원작에 있지만, 비중이 어느 정도인지는 모르겠어요. 그레이스 자브리스키의 캐릭터는 원작에는 없을 거예요. 그레이스는 뉴올리언스 출신이에요. 「트윈 픽스」에 출연시키려고 그녀를 만났을 때 그녀가 케이즌 말투로 얘기하기 시작했는데, 그게 내 머리에 깊은 인상을 남겼어요. 그 모습을 기억했던 나는 그 캐릭터를 집필할 때 캐릭터의 특징이 케이즌의 분위기와 통하는 듯한 느낌을 받았어요. 나는 이 캐릭터가 그레이스와 딱 맞는 분위기를 가졌다는 걸 알았고, 그레이스도 그걸 무척 좋아했어요.

셰릴 리가 착한 마녀 글린다를 연기했는데, 그 캐릭터는 모든 걸 잃어버린 듯한 막판에 등장해서 세일러와 롤라의 사랑을 구해내죠. 그 당시 사람들은 해피엔딩만 보면 구역질을 해댔어요. 해피엔딩을 망할 놈의 변절행위로 여겼고, 우울한 결말일수록 더 쿨하다고 여겼죠. 그런데 「광란의 사랑」을 우울하게 끝내는 건 올바른 일로 보이지 않았어요. 모든 결말이 가능했죠. 때로는 어떤 결말이 난데없이 튀어나와서는 모든 걸 올바르게 만들었고요. 실제 인생에서도 그런 일이 일어날 수 있죠. 그런데 그런 해프닝에 의존할 경우, 우리는 실망하게 될지도 몰라요.

　그리고 우리는 항상 준비돼 있어야 해요. 일은 언제든 벌어질 수 있으니까요. 예를 들어, 이 영화의 어떤 신에는 두 손을 흔들면서 걸어가는 여자가 나와요. 그녀는 시나리오에는 없는 인물이었죠. 레스토랑에서 그 여자를 보고는 그녀에게 그런 일을 하라고 시켰어요. 그렇게 해서 사람들의 마음속에 그녀가 얼마나 아름다운 사람인지 각인시켰죠.

　「광란의 사랑」에는 로큰롤이 많이 나와요. 로큰롤은 리듬이고, 사랑과 섹스와 꿈이 항상 함께 물장구를 치고 있죠. 젊은 사람만이 로큰롤의 진가를 감상할 수 있는 건 아니에요. 하지만 나이를 먹고도 그걸 느끼려면 자유를 만끽하겠다는 꿈을, 젊음으로 가득한 꿈을 꾸어야만 하죠.

　「광란의 사랑」은 로스앤젤레스하고 뉴올리언스에서 촬영했는데, 뉴올리언스는 정말 훌륭한 도시예요. 어느 밤에 우리는 그곳의 어떤 클럽에 있었어요. 밝은 조명 아래 음악이 흐르는 곳이었죠. 뉴올리언스에서는 어느 레스토랑에서든 온갖 부류의 사람들을 볼 수 있는데, 그때 우리 옆자리에는 흑인 가족이 앉아 있었어요. 아버지는 그 자리에 없었지만, 어머니하고 딸들, 그리고 삼촌인 듯한 사람이 있었죠. 시골에서 온 그들은 그 도시를 방문하는 중이었어요. 그 가족은 가식 따위는 전혀 떨지 않았어요. 자신들의 순수한 모습을 보여주면서 인생을 제대로 즐기고 있었죠. 우리는 대화를 나누기 시작했어요. 나는 그 가족의 딸 중 한 명에게 춤을 추자고 요청했는데, 그녀는 반짝거리는 금덩어리 같았어요. 너무나도 순수한 아이였죠. 그들과 완전히 다른 세상에서 온 우리는 대화를 나누며 즐거운 시간을 보냈어요. 그녀는 내가 사는 세상에 대해서는 아무것도 몰랐어요. 그렇게 착한 소녀였죠. 그 도시의 그런 점이 마음에 들어요. 부류가 다른 사람들이 한데 모여 있다는 점, 그리고 음악의 도시라는 점이요. 그 도시의 어디를 가건 음악이 있고 흥미로운 음식이 있어요. 프랑스 분위기가 물씬 풍기고요. 밤에는 정말로 몽환적인 마술 같은 곳이기도 해요.

　뉴올리언스에서 몬티가 얘기한 그런 클럽에 갔던 기억은 나지 않아요. 우리가 거기에 갔을 수는 있어요. 사람들의 기억은 제각기 다르다고 생각해요. 때로는 그들의 기억이 완전히 잘못된 때도 있지만, 대개는 서로 기억하는 게 다른 것뿐이에요. 그래도 나는 뉴올리언스에 대한 기억이 많아요. 그곳은 내가 정말로 사랑하는 도시예요.

　나는 지금은 대부분의 시간을 도시에서 보내요. 더는 자연 속에서 사는 걸 그리워하지 않고요. 자연을 내 사고 체계에서 몰아낸 것 같아요. 자연을 정말로 그리워하지는 않아요. 보이시에서 자랄 때, 수풀은 건강하고 풍성한 곳이었어요. 숲을 가로질러 걸을 때 나는 냄새는 믿기 힘들 만큼 좋았죠. 그런데 그 이후로 많은 일이 일어났어요. 총 거치대가 설치된 픽업트럭들과 현란한 색상의 오프로드 차량들이 숲을 질주하고 다니는데, 그런 것들은 숲에 어울리지 않아요. 그리고 지구 온난화하고 나무좀도 있어요. 나무좀은 날씨가 엄청나게 추워지면 죽어요. 그런데 놈들이 죽기에 충분할 정도로 추워지지 않으면 그놈들은 나무를 모조리 말라죽이죠. 아버지는 죽어가는 듯한 나무가 눈에 보일 때면 그 나무는 이미 10년에서 15년 전부터 죽어가고 있는 거라고 말씀하셨어요. 우리 눈에 그게 보이기 시작할 즈음이면 이미 때가 늦은 거죠. 사람들은 어마어마한 면적의 숲이 죽어가고 있다고 말해요. 게다가 내가 자랄 때 경험했던 자연계는 이젠 존재하지 않죠. 숲에는 백팩과 신기한 캠핑 장비를 갖고 온 사람투성이죠! 어릴 때 숲에 가면 나는 거기서 아무도 보지 못했어요. 아무도요. 가끔 기이한 사람들을 몇 명 보긴 했지만, 숲은 대체로 비어 있었어요.

이런 식으로 공간의 성격이 바뀌어요. 완전히는 아니지만요. 1992년에 보이시를 다시 방문했을 때 그곳은 많이 달라져 있었지만, 또 많은 것들은 그대로 남아 있었어요. 지형이 형성되는 방식과 관련된 어떤 요인들이 특정한 종류의 기후와 햇빛을 만들어내요. 그런 특성은 변하질 않죠. 다른 것들은 사라지지만요. 그래서 그런 곳에서 성장기를 보낸 사람은 불변하는 환경에 대한 감각을 얻게 돼요. 이를 통해 항상 그곳에 대한 따스한 애정을 품게 되고, 거기서 경험했던 것들을 기분 좋게 떠올리게 되죠. 그런데 그런 환경은 이제 사라졌어요. 그리고 우리는 그게 어떤 건지 누구에게도 설명할 수가 없고요. 나는 지금도 어린아이를 만나 그 애에게 보이시에 대해 얘기해줄 수 있지만, 내가 그곳을 떠올릴 때 받는 느낌은 무슨 수를 써도 전달할 수가 없어요. 그리고 그 아이는 나중에 노인네가 돼서는 같은 문제를 마주하게 되겠죠. 자기가 열여섯 살일 때 인생이 어떤 느낌이었는지 다른 사람에게 설명할 때요.

「광란의 사랑」을 만드는 작업은 대체로 무척 쉬워 보였어요. 세상은 그 영화를 맞을 준비가 돼 있는 듯했죠. 내 짐작에, 약간 과하다 싶은 신이 하나 있었어요. 그래서 우리는 그걸 잘라내야 했죠. 무엇이 사람들을 흥분시킬지는 예측이 안 돼요. 우리 각자는 사물들을 판단하는 자신만의 취향을 가질 뿐이니까요. 나는 내가 보기에도 지나치게 심란한 결과물을 내놓았는데, 그 정도까지 심한 건 나도 감당하지 못하겠더군요. 강렬한 아이디어와 사랑에 빠졌을 때는 그 아이디어의 정서를 점검하면서 세상이 그걸 어떻게 받아들일지 검토해봐야 해요. 가끔은 그 아이디어를 작업하면 안 된다는 걸, 그런 아이디어를 내놓기에 적절한 시기가 아니라는 걸 감지하기도 해요.

아이디어를 얻을 때면 보통은 그 아이디어가 향하는 곳이 어디인지 선명하게 보이죠. 그럴 때는 기분이 좋아요. 가끔은 그러지 못할 때도 있죠. 나는 내가 확신하지 못하는 영역에 머무는 건 즐기지 않아요. 때로는 잘 안다는 생각이 들다가도 '아냐, 내가 틀렸어, 이건 효과를 제대로 내지 못하고 있어.'하고 깨닫기도 해요. 그림을 그릴 때와 비슷해요. 회화 작업은 행위와 반응을 반복하면서 길을 찾아내는 과정이죠. 그 과정은 때로는 많은 시간이 필요해요. 그런데 그걸 찾아내면 바로 알게 되죠. '뉴욕에 가고 싶어.'라는 결정을 내리자마자 그 순간부터 머릿속에는 뉴욕뿐이고 다른 곳은 안중에도 없어요. 결정을 내리고 나면 무조건 뉴욕에 가는 거고, 그때부터 자유의지는 사라져버리죠. 만들기로 결심한 영화를 손에 쥐고 나면, 그건 우리가 가야만 하는 길이 되죠. 그렇게 우리가 갈 길이 정해지는 거예요. 길을 가는 중에 어느 정도 방향을 틀 수는 있지만, 길에서 지나치게 멀리 벗어났다가는 또 다른 영화로 들어가 버리게 되죠.

나는 감당할 수 없을 만큼 많은 아이디어를 갖고 있어요. 그 아이디어들을 구체적인 결과물로 만들어내지 못하고 있죠. 그림을 그리는 데 필요한 아이디어들이 늘 생겨요. 하지만 지금은 다른 일들 때문에 바빠서 그림을 그릴 수가 없어요. 그런데 언젠가 그림을 그릴 짬이 생긴다고 해도, 내가 지금 가진 아이디어들은 그때 가서는 나를 흥분시키지 못할 거예요. 예전에 떠나간 아이디어들을 다시 기억해낼 수는 있겠지만, 그렇게 떠올린 것들은 나를 흥분시키지 못할 거예요. 그림을 그리고 있지 않을 때는 그림을 그리고 싶은 생각이 굴뚝 같아요.

「광란의 사랑」이 칸에 갔던 해에, 펠리니가 그의 영화 「달의 목소리」The Voice of the Moon를 보여줬어요. 펠리니가 만든 영화가 상영된 직후에 내가 만든 영화가 스크린에 걸릴 거라고 생각하니까 무척 설레더군요. 정말로 믿기 힘든 일이었죠. 그런 경험 전체가 짜릿했어요. 우리가 상영 직전까지 영화를 작업하고 있었던 건 확실해요. 듀웨인하고 나는 「광란의 사랑」이 상영되기 전날 밤늦게 시사실에 갔었어요. 사다리를 타고 영사실로 올라갔는데, 거기 있는 영사기들은 러시아의 SF 영화에 나올 법한 물건이더군요. 엄청나게 컸어요. 듀얼 시스템dual system으로, 화면과 사운드를 별도로, 풀 코트 마그네틱(full-coat magnetic, 표면 전체에 자기산화물질이 코팅된 필름—옮긴이) 아날로그로 운영하고 있었어요. 그런데 이 마그네틱에는 정말로 부드러운 힘이 담겨 있어요. 믿기 힘들 정도의 힘이요.

요즘은 사람들이 올바르게 영사되는 우수한 품질의 필름 프린트를 볼 기회가 거의 없는데, 이건 정말로 창피한 상황이에요. 미래에 일어날 거라 예상되는 일이 두 가지 있어요. 일단 홈시어터 시스템이 굉장히 좋아질 수 있어요. 그렇게 되면 집의 한쪽 벽 크기만 한 TV 스크린과 굉장하게 뛰어난 사운드를 보유할 수 있는 거죠. 영화를 보고 싶은 사람은 집안 조명을 낮추고 전화기를 끄고 사운드를 올리면 돼요. 그러면 우리는 그 영화를 보면서 그 멋진 세계로 들어갈 수 있죠. 하지만 그때 많은 친구를 초대하지 않는 한, 그런 영화 감상은 사람들과 공유하는 종류의 경험은 아닐 거예요. 그런 경험은 영화를 볼 때 중요한 부분인데 말이죠. 일어날 수 있는 또 다른 상황은, 영화가 핸드폰으로 직접 스트리밍되는 거예요. 그건 그리 좋은 상황은 아니죠. 사람들이 지금 당장 원하는 것에 대해 말하자면, 음, 사람들은 영화관에 가는 걸 원치 않아요. 장편 영화들은 매력을 잃었고요. 케이블 텔레비전이 새로운 예술 영화관이 됐어요.

칸에서는 막판까지 누가 수상할지를 알 수가 없어요. 주최 측이 일요일까지 머물러 달라고 말하면 상을 받을 거라고 짐작할 수는 있지만, 그게 무슨 상일지는 모르죠. 그날 밤에 내가 수상할 거라는 생각은 전혀 하지 못한 채로 레드카펫에 올라갔던 걸 기억해요. 칸영화제가 만들어질 때부터 그 영화제와 함께했던 사람이자 당시 영화제의 위원장이던 피에르 비오Pierre Viot를 식장에서 만났어요. 악수할 때 그가 말했죠. "데이비드, 당신한테 뭔가가 주어질 거예요. 하찮은 상은 절대 아니고요." 우리는 안으로 들어가 자리에 앉았어요. 이후 2001년부터 2014년까지 칸 위원장을 맡게 될 질 자코브Gilles Jacob가 시상식이 시작되기 전에 와서 말하더군요. "황금종려상은 당신 거예요."

사람들은 높이 올라갔다가
아래로 내려간다

「트윈 픽스」라는 초대형 사건에 이어 「광란의 사랑」이 칸 영화제에서 수상하면서 린치의 인생은 완전히 달라졌다. 그는 하나의 브랜드이자 형용사가 됐다. 갑자기 사람들은 뭔가를 "린치적Lynchian"이라고 묘사했고, 듣는 사람들도 그게 무슨 뜻인지 알아들었다. 당연한 말이지만, 이 정도 수준의 성공에는 장단점이 있었다. 당신이 대중문화에 침투하면, 대중문화는 당신을 흡수하는 것으로 반응한다. 그런 후 대중문화는 당신을 안다는 듯 행세하고, 그런 다음에는 당신과 관련한 판단을 내릴 권리가 자신들에게 있다는 듯이 행세한다. 1990년대 초반에는 많은 사람이 린치에게 접근해서 그에게서 뭔가를 얻어내고, 자신들의 사연을 그와 공유하고, 그에 대한 자신들의 견해를 밝히고, 이를 통해 그와 함께 같은 공기를 마시기를 원했다. 결국, 이런 사람들과 린치를 분리하는 장벽은 시간이 갈수록 엄청난 속도로 두터워지고 있었다. 문화적인 아이콘들은 거품 속에서 산다. 그들은 그렇게 살 수밖에 없다. 그들을 요구하는 수요가 지나칠 정도로 거대하기 때문이다. 이제는 그 수요가 린치를 원했고, 이는 그의 일상생활을 변화시켰다. 그가 거느린 스태프는 규모가 커졌고, 누군가가 LA의 커피숍에서 그를 목격할 가능성은 희박해졌다.

린치에게 칸 영화제에서의 수상은 행복과 불행을 함께 가져다준 축복이었다. 그런데 그 영화제에서 일어난 사건 하나는 완전히 좋은 일이었다. 그는 영화제에서 피에르 에델만이라는 오랜 지인을 우연히 만났다. 거창한 계획들을 잘 빚어내기로 유명한 에델만은 다채로운 면모를 지닌 사람이었다. 그는 모험으로 가득한 인생을 살았다. 프랑스군을 탈영했다가 옥살이를 하기도 했고, 옷 장사로 큰돈을 벌었다가 마약에 빠져 몇 년을 허비했고, 파산했고, 잭 니콜슨Jack Nicholson의 집에서 오래 빌붙어 살았고, 저널리스트로서 꽤 오래 일했다. 1983년에 에델만은 프랑스의 한 잡지를 위해 「듄」의 제작과 관련한 기사를 쓰려고 츄러버스코 스튜디오를 방문했다가 그곳의 술집에서 린치를 만났다. "우리는 보자마자 서로 잘 맞았습니다." 첫 만남 이후로 몇 년간, 린치를 위해 광고 여러 편을 제작하려고 시도했던 에델만은 말했다.[1] 그때 린치는 이미 프로파간다의 관리를 받기로 계약한 상태였다. 그래서 에델만은 제작자의 위치를 점할 수는 없었지만, 그래도 그는 여전히 린치와 작업하기를 원했다. 그는 쉽사리 두 손을 드는 사람이 아니었다.

1990년에 프랑스의 기업가 프랑시스 부이그^{Francis Bouygues}가 영화 사업에 뛰어들기로 결정했다. 세계에서 가장 큰 건설사 중 하나의 창립자인 부이그(그는 영불해협 횡단 해저 터널과 샤를 드골 공항 건설에 핵심적인 역할을 수행했다)는 개인적으로 돈을 투자해서 시비 2000^{Ciby} 2000 스튜디오를 설립한 뒤, 그를 위해 일할 세계 정상급 감독을 모으는 작업에 착수했다. 에델만은 그 회사의 감독 영입 목록을 자문하면서 그 목록의 초안에 린치를 포함시켰다.

"칸에서 「광란의 사랑」을 위해 열린 파티에 갔다. 데이비드를 파티장 구석으로 데려가서 말했습니다. 파리에 가서 프랑시스 부이그를 만나면 끝내주는 일이 생길 거라고요." 에델만은 말했다. "부이그가 어떤 사람인지를 설명해주고 그와 함께라면 데이비드가 원하는 영화는 무엇이건 만들 수 있을 거라고 말했죠. 데이비드는 자기가 하고 싶은 영화는 「로니 로켓」이라고 했습니다. 얼마 안 있어 나는 로스앤젤레스의 일 지아르디노라는 레스토랑에서 데이비드와의 저녁 식사 자리를 마련했습니다. 린치의 변호사 톰 핸슨이 그 자리에 있었는데, 나는 약간 재미있는 사건이 벌어지도록 일을 꾸몄습니다. 나는 그보다 몇 달 전에 생트로페에서 만난 클린트 이스트우드와 친구가 됐었거든요. 클린트에게 그 레스토랑에 나타나서 '이럴 수가, 피에르 아냐!'라고 말해 달라고 부탁했고, 그는 부탁대로 해줬습니다. 데이비드가 그 일로 강한 인상을 받았는지는 모르겠지만, 놀라기는 했을 거예요." 정말로 놀랐건 아니건, 린치는 부이그를 만나려고 파리로 갔고, 「로니 로켓」을 포함한 영화 세 편의 제안서를 제출한다는 조건 아래 시비 2000과 장편 영화 세 편의 연출 계약을 맺었다.

"데이비드는 프랑스인들하고는 항상 무척 좋은 관계를 맺고 있었어요." 부이그가 영화계에 등장했을 당시에 린치의 공식적인 연인이었던 메리 스위니가 내놓은 견해다. "데이비드는 창조성은 선천적으로 타고난 권리라고 믿어요. 그가 프랑스인들을 사랑하는 이유 중 하나는 프랑스에서는 창의적인 사람을 록스타처럼 대우하고, 어떤 사람이 가진 창작과 관련한 권리들을 존중하기 때문이에요."²

당시 린치와 스위니의 관계는 초기였다. 스위니는 이후 15년간 린치의 창작과 삶에 있어서 주요한 부분을 차지하게 된다. 위스콘신주 매디슨에서 태어나고 자란 스위니는 NYU에서 영화 연구 프로그램에 참여하면서 자신이 편집을 좋아한다는 걸 알게 됐다. 1980년에 졸업한 그녀는 구직 전선에 나섰다. 워렌 비티^{Warren Beatty}가 서사적인 영화 「레즈^{Reds}」를 완성하려고 뉴욕에 있는 편집 시설 대부분을 징발했을 때였다. 65명 규모의 스태프를 책임지고 있던 전설적인 편집감독 디디 알렌^{Dede Allen}은 스위니를 사운드를 편집하는 일곱 번째 수습 편집 기사로 받아들였다. 1983년에 그녀는 조지 루카스의 스프로켓에 취직해서 버클리로 이주했고, 그곳에서 듀웨인 던햄은 그녀를 「블루 벨벳」의 어시스턴트 편집감독으로 고용했다. 그녀는 결국 1985년 11월에 린치를 만났는데, 그때는 린치가 그 영화의 포스트프로덕션 작업을 하려고 버클리로 이주한 때였다. "데이비드가 편집실에 들어오던 날을 기억해요." 스위니는 말했다. "그는 정말로 행복해했어요. 쾌활한 남자가, 엄청 다정하고 뭐 하나 모자란 게 없는 남자가 거기에 걸어 들어와 따뜻한 악수를 건넨 거예요."

1987년 봄에 스위니는 「블루 벨벳」의 텔레비전 버전을 편집하려고 세 달간 LA로 거처를 옮겼다. 그 작업은 린치가 이행해야 하는 계약상의 필요 요건이었다. 1989년에 그녀는 「광란의 사랑」의 스크립트 슈퍼바이저 및 제1어시스턴트 편집감독을 맡으면서 그 도시에 영영 터를 잡았다. 1990년에 그녀는 「트윈 픽스」 시즌 2의 첫 에피소드에서 스크립트 슈퍼바이저를 맡았고, 그해 9월에는 그 드라마의 일곱 번째 에피소드를 편집하면서 처음으로 직접 린치를 상대했다.

린치와 스위니가 점점 가까워지던 그때, 린치는 첫 순회 전시회를 준비하고 있었다. 첫 전시회는 1991년 1월 12일에 도쿄의 도우코 현대미술관Touko Museum of Contemporary Art에서 열렸다. 제작된 전시 카탈로그는 평범했다. 그 전시회에는 코코란 갤러리에서 전시됐던 1980년대 말의 음침하고 격동적인 그림 몇 점과 함께 1985년부터 1987년 사이에 창작된 일련의 강렬한 파스텔화들이 포함돼 있었다. 평소와는 달리 부드러운 분위기의 그림들로 구성된 파스텔화 시리즈는 황량한 풍경을 건드리는 빛줄기들, 옅은 안개에 덮인 벌판 위를 맴도는 소용돌이, 텅 빈 검정 벌판 위를 UFO처럼 가로지르는 마름모꼴 구름 같은 형체들을 담고 있었다.

일본에서 돌아온 린치는 제작사 에이시메트리컬Asymmetrical을 차리고는 다음 영화를 향한 작업을 시작했다. 로라 파머의 캐릭터와 사랑에 빠졌다고 말했던 린치는 시리즈가 취소된 1991년 6월에는 아직 「트윈 픽스」의 세계를 떠날 준비가 돼 있지 않았다. 방영이 취소된 직후, 린치는 그와 프로스트가 창조해낸 몽환적인 마을을 배경으로 한 영화를 만들겠다고 말했다. 우선 그는 「트윈 픽스」의 에피소드 열 편을 집필했던 로버트 엥겔스와 팀을 이뤘다. 1991년 7월, 린치와 엥겔스는 로라 파머의 살인으로 이어질 며칠간의 이야기를 담은 연대기를 썼다. 「트윈 픽스 영화판」이라는 제목이 붙은 시나리오였다. 린치와 프로스트가 이그제큐티브 프로듀서로 참여할 예정이던 「트윈 픽스」의 프리퀄은 시리즈의 출연진으로부터 한결같이 열광적인 반응을 끌어내진 못했다. 린치는 연기자 중 25퍼센트 정도는 그 아이디어를 지지하지 않았다고 말했는데, 부정적인 반응을 보인 사람 중에는 셰릴린 펜과 라라 플린 보일Lara Flynn Boyle, 그리고 제일 중요한 인물인 카일 맥라클란이 있었다. 애초에 구상했던 시나리오는 맥라클란이 연기한 쿠퍼 요원에게 심하게 의존하고 있었다. 7월 11일, 린치/프로스트 프로덕션Lynch/Frost Productions의 CEO 켄 셰러Ken Scherer는 맥라클란이 참여를 거부하는 바람에 프로젝트가 나아가지 못하고 있다고 발표했다.

그렇지만 린치는 자신에게 주어진 난관을 극복하는 데에는 달인이다. 그는 크리스 아이작과 키퍼 서덜랜드Kiefer Sutherland가 연기하는 새로운 FBI 요원들을 소개하는 쪽으로 시나리오를 수정한 뒤 다시 작업을 진척시킬 준비를 했다. 한편 이 시나리오를 다시 생각해본 맥라클란은 영화에 출연하기는 하되 분량은 줄이는 쪽으로 합의했다. 다 쓰러져가는 트레일러 파크의 관리인을 연기한 해리 딘 스탠튼이 「트윈 픽스」의 세계에 처음으로 모습을 드러냈고, 데이비드 보위는 신경 쇠약에 시달리는 듯한 남부 억양을 구사하는, 신비로운 FBI 요원 필립 제프리스를 맡아 환상적인 카메오 연기를 펼쳤다.

시나리오의 초고는 1991년 8월 8일로 탈고일이 찍혀 있는 최종고에 비해 훨씬 길었다.

많은 캐릭터들이 통째로 줄거리에서 잘려나갔다. 텔레비전 드라마의 특징이던 소름 끼치는 측면들, 그리고 이와 교묘하게 균형을 이루었던 풍성한 유머도 마찬가지로 잘려나갔다. 「트윈 픽스 영화판」은 본질적으로 근친상간에 관한 이야기였다. 그래서 거기에 유쾌한 분위기를 가미하기는 어려웠다.

　촬영은 1991년 9월 5일에 워싱턴주에서 시작됐고, 본 촬영은 3개월을 조금 넘겼다. 시애틀에 자리를 잡은 코디네이터는 게이 포프Gaye Pope였다. 많은 이들로부터 사랑을 받은 그녀는 린치의 개인 비서 겸 믿음직한 친구가 되었고, 2003년 4월에 암으로 세상을 떠날 때까지 그와 함께 작업했다. 한편 디팍 나야르도 거기 있었는데, 이번에는 제1조감독이었다. "데이비드와 내가 탄 차를 촬영장까지 운전한 사람은 내가 아니라 카일의 동생인 크레이그 맥라클란Craig MacLachlan이었습니다." 나다르는 말했다. "DP였던 론 가르시아Ron Garcia하고 스크립트 슈퍼바이저였던 코리 글레이저도 보통 같이 타고 갔죠. 우리는 같은 차를 타고 가면서 그날의 작업에 대해 상의했습니다."

　"야간에 촬영한 날이 많았습니다. 데이비드의 영화들을 작업할 때 확실한 게 하나 있죠. 전체 촬영 시간 중에서 최소한 30퍼센트는 야간 촬영일 겁니다. 어느 날 데이비드가 말하더군요. '그래, 얘기해 봐, 전문가 양반. 우리가 토요일 촬영을 몇 시에 끝낼 것 같아? 우리는 자정이 되기 전에 촬영을 마칠 거야.' 나는 금요일 야간 촬영을 토요일 아침까지 마칠 수가 없어서 그날 촬영 준비를 그렇게 빨리 할 수는 없을 거라고 했습니다. 그러니 토요일에 촬영을 마치는 건 불가능하다고 했죠. 그랬는데, 토요일 오후 2시에 데이비드한테서 전화를 받았습니다. '어디야? 지금 점심 테이블에서 자네를 기다리는 중이야! 자네, 일부러 시간을 허비하나!' 나는 말했습니다. '지금 촬영장에는 트럭 운전사들 말고는 아무도 없을 거예요.' 그가 말했습니다. '보라고! 자네는 항상 촬영을 고의로 지연시키고 있잖아!' 결국 우리는 촬영이 끝나는 시각을 놓고 20달러짜리 내기를 했습니다. 그날 오후에 촬영장에 도착했는데, 내 생각이 맞았습니다. 거기에는 스태프 네 명 말고는 아무도 없었거든요. 그런데 처음으로 도착한 트럭 운전사가 '내가 지각한 건가?' 같은 표정을 지었습니다. 데이비드와 나 사이의 내기에 대한 소문이 퍼졌고, 그 소문을 들은 스태프들이 작업하러 출근했거든요. 그런 와중에 셰릴이 옷을 갈아입으려고 세트 밖으로 나가려고 했습니다. 그러자 데이비드가 우기더군요. '말도 안 돼! 시간을 허비하고 있잖아! 그녀의 옷을 여기로 가져와. 남자들이 바깥쪽을 보면서 빙 둘러싸면 돼. 그러면 셰릴이 가운데에서 옷을 갈아입을 수 있어!' 결국, 그는 자정 2분 전에 나를 보면서 말했습니다. '자네 입으로 촬영 종료를 외치고 싶나? 아니면 내가 할까?' 나는 말했습니다. '데이비드, 당신은 종료를 선언할 자격이 있어요. 당신이 외치세요.' 나는 그에게 20달러를 건넸습니다. 그러고는 돌아서서 프로듀서에게 100달러를 받았죠. 내가 지는 쪽에 돈을 걸어뒀거든요. 그는 분노했죠! '전원에게 술을 쏴.' 그는 내가 번 돈을 술을 사는 데 쓰게 만들었습니다."

　"어느 날 촬영장에서 집으로 차를 타고 갈 때였습니다." 나야르는 회상을 계속했다. "데이비드가 말했습니다. '차 세워, 크레이그!' 그러더니 말하더군요. '저기 길거리에 있는 여자 보이지? 가서 번호 따 와.' '어디 쓰게요?'하고 물었더니 이러더군요. '나도 몰라. 그냥 번호 따 와.' 그래서 나는 그렇게 했죠. 그러곤 그 일을 까맣게 잊고 있었습니다. 며칠 후에 데이비드 가 말하더군요. '그 여자 번호 따 오라고 했던 거 기억해? 그녀는 다음 신에 해리 딘하고 출연 할 거야.' 그녀는 트레일러 파크에 사는 노파를 연기하면서 해리 딘에게 이렇게 말했습니다. '내 온수溫水는 어디에 있나요?' 데이비드는 사람들이 해결하기 어려운 문제를 던진 다음, 사 람들이 사방으로 허둥지둥 돌아다니는 모습을 지켜보기를 좋아합니다."

스위니는 시애틀로 린치와 동행했다. 그리고 그들이 포스트프로덕션 작업을 하러 LA로 돌아올 즈음에 그녀는 임신한 상태였다. 린치가 바달라멘티와 함께 영화를 위한 음악 작업 을 시작하는 동안, 스위니는 편집 작업에 착수했다. "메리는 다른 어떤 편집자도 할 수 없는 방식으로 데이비드의 생각에 주파수를 맞췄을 겁니다." 「트윈 픽스 영화판」에 공동 출연했던 레이 와이즈는 말했다. "그들 사이에는 말로 하지 않아도 통하는 언어 같은 게 있습니다." 린 치와 바달라멘티도 그런 언어를 갖고 있었다. 「트윈 픽스 영화판」을 위한 음악은 그들이 그 때까지 시도했던 것 중에서 가장 포괄적인 콜라보레이션이었다. 린치와 바달라멘티가 작곡 한 노래들, 린치와 데이비드 슬루서David Slusser가 연주한 연주곡들, 바달라멘티가 연주한 연주 곡들이 담긴 사운드트랙은 다른 아티스트들이 녹음한 대중적인 곡이 하나도 들어 있지 않다 는 점에서 린치의 다른 영화들과 구별된다. 린치와 바달라멘티는 기성 곡들의 도움 하나 없 이 자신들만의 음악 세계를 구축하면서 재미를 봤다.

"우리는 〈진짜 징후A Real Indication〉라는 노래를 녹음하고 있었습니다. 데이비드는 녹음 부 스 안에 있었죠." 바달라멘티의 회상이다. "데이비드가 그 노래의 가사를 썼는데, 그 노래를 제대로 부르려면 즉흥 노래 같은 걸 해야만 했습니다. 나는 '상관없어. 나는 저 노래에 달려 들어서 정말로 나답지 않은 짓을 할 거야. 말도 안 되는 짓을 해보는 거야.'라고 생각했습니 다. 나는 고함을 지르고 애드리브를 쳐가면서 시종일관 정신 나간 짓을 벌였죠. 데이비드는 그걸 보고는 배꼽을 잡고 웃는 바람에 탈장脫腸이 일어났고, 결국에는 수술을 받아야 했습니 다."

「트윈 픽스」의 주요 배우들을 소집한 린치는 그중 몇 명을 자신이 찍은, 일본에서 방영된 조지아 커피의 텔레비전 광고 세 편에 출연시켰다. 그리고 1992년 5월에는 스페인 발렌시아 의 살라 파르파요에서 린치가 유럽에서 가진 첫 미술 전시회가 열렸다. 바로 그때 린치와 스 위니는 파리로 향했고, 거기서 그들은 「트윈 픽스 영화판」의 칸 영화제 프리미어를 위한 최 종 준비를 하며 몇 주를 보냈다. 이때 프랑시스 부이그에게 경의를 표하는, 줄리 크루즈와 마 이클 J. 앤더슨이 공연을 펼친 파티가 열렸는데, 부이그는 데이비드 린치의 신작 영화를 들 고 칸에 가는 걸 대단히 흡족해했다.

하지만 그 시점에 부이그는 린치의 편을 들어주는 쪽으로 힘을 써주지 못했고, 영화가 받 은 반응은 호의적이라고는 할 수 없었다. 「트윈 픽스 영화판」은 복잡하고 이해하기 어려운 작품이었다. 그래도 레이 와이즈와 —본질적으로 영화를 끌고 간— 셰릴 리는 강렬한 연기 를 펼쳤다. 와이즈는 공포 분위기를 조장하기에 모자람이 없었고, 리는 섹시한 모습과 당황한 모습과 엄청난 충격을 받은 모습을 번갈아 보여줬다. 그런데도 관객들은 영화가 상영되는 동안 야유를 퍼부었고, 이어진 기자 회견에서 린치는 노골적인 적대감에 직면했다. 로버트 엥겔스와 안젤로 바달라멘티, 마이클 J. 앤더슨, 시비 2000의 프로듀서 장클로드 플뢰리Jean-Claude Fleury를 대동한 린치에게 어느 프랑스 기자는 「트윈 픽스」의 세계로 복귀한 것이 "영감이 부족했기에 만들어진" 결과물이었느냐는 질문을 던졌다. 또 다른 기자는 대놓고 말했다. "당신을 대단히 삐딱한 감독으로 규정하는 사람이 많습니다. 감독님도 동의하십니까?" 쿠엔틴 타란티노Quentin Tarantino도 이런 분위기에 동참하는 견해를 피력했다. "그는 자신의 엉덩이 속 너무 깊은 곳으로 자취를 감췄습니다. 그래서 나는 또 다른 데이비드 린치 영화를 보고 싶은 욕망이 조금도 없습니다."

셰릴 리는 그 자리에 참석할 기회를 놓쳐서 다행이라고 생각했다. "뉴욕에서 연극 공연을 하고 있어서 칸에 갈 수가 없었어요. 그래서 처음에는 정말로 실망했었죠. 그런데 영화가 받는 반응 얘기를 들으니까 내가 거기에 없었던 건 축복이라는 기분이 들었어요." 그녀는 말했다. "내 얼굴이 그런 비판을 견뎌낼 정도로 두꺼운지는 모르겠어요."

"영화 내내 자리를 지킬 정도로 편안한 영화는 아니에요. 자신들을 불편하게 만드는 영화를 본 관객들이 감독에게 화를 내는 경우가 가끔 있죠." 영화의 후반 3분의 2 정도 분량에서 거의 모든 장면에 등장했던 리의 얘기는 계속됐다. "그 영화에도 그런 일이 일어났던 것 같아요. 사람들을 화나게 만드는 게 데이비드의 의도였다고는 생각하지 않아요. 하지만 사람들이 그의 영화를 보고는 '와, 저거 흥미로운걸.'이라고 말하는 경우는 드물죠. 그의 작품은 늘 복잡하고 심오하며 다층적인 의미를 담고 있어요. 자신들이 어떤 영화를 이해해야만 한다고 느꼈는데 그걸 단순한 이야기로 요약해낼 수가 없을 때, 사람들은 실망하면서 화를 낼 수도 있어요."

스위니가 보기에, 영화가 칸에서 겪은 곤경은 이렇게 설명할 수 있다. "「트윈 픽스」에 중독된 사람들은 그 작품을 더 많이 보고 싶어 했는데, 그들은 그 대신 데이비드 린치 영화를 보게 된 거예요. 「트윈 픽스 영화판」은 음침하면서도 가차없었고, 사람들을 화나게 만들었어요."

레이 와이즈는 그 영화에는 설명도, 사과도 필요치 않다고 느낀다. "「트윈 픽스 영화판」은 데이비드의 걸작입니다." 그는 말했다. "그의 모든 측면이 그 영화에 들어 있어요. 그 영화가 텔레비전 시리즈의 프리퀄이라는 사실은 어떻게 생각하느냐고요? 그와 같은 일은 데이비드 린치의 머릿속에서만 일어날 수 있습니다. 그리고 그는 그걸 보기 좋게 해치웠고요."

"영화에는 내가 로라와 함께 컨버터블을 타고 있는 신이 있습니다. 나는 그 신이 내가 평생 해 온 연기 중에 최고에 속한다고 생각합니다." 와이즈는 말을 계속했다. "우리가 그 신을 촬영한 날은 엄청나게 더웠습니다. 우리는 테이크마다 서로 다른 방식을 시도하면서 촬영이 길어지는 바람에 짜증을 내고 있었죠. 그런데 우리는 그 긴장감을 활용했어요. 그 짜증을 작업에 쏟아 넣었습니다. 영화의 마지막 20분은 거의 종교적인 체험이나 다름없습니다. 「트윈 픽스 영화판」이 처음 나왔을 때 사람들은 그 영화를 박대했지만, 이후로 영화는 재평가를 받으면서 오랫동안 회자될 거라고 봅니다." 이 점에 있어 와이즈의 말은 옳다. 2017년 9월에 『가디언The Guardian』의 마틴 콘테리오Martyn Conterio는 이렇게 썼다. "4반세기가 지난 지금, 팬들과 평론가들은 이 영화를 린치의 저주받은 걸작으로 올바르게 재평가하고 있다."

「트윈 픽스 영화판」은 칸에서 공개된 직후인 5월 16일에 일본에서 개봉돼 좋은 성적을 올렸다. 일본인들은 린치의 광적인 팬이다. 하지만 1992년 8월 28일에 미국에서 영화가 개봉됐을 때 상황은 그렇게 좋게 흘러가지 않았다. 『뉴욕 타임스』의 평론가 빈센트 캔비Vincent Canby는 "역사상 최악의 영화는 아니다. 그렇게 보이는 것뿐이다."라고 썼다. 제니퍼 린치는 이렇게 회상했다. "「트윈 픽스 영화판」은 아빠한테 정말로 중요한 작품이었어요. 영화가 심하게 오해받는 걸 보고는 아빠가 끔찍이도 혼란스러워했던 걸 기억해요. 아빠는 할리우드의 헛짓거리 때문에 그즈음부터 심한 곤경에 휘말리기 시작했어요."

스위니는 칸에서 그녀의 임신 마지막 며칠을 보냈다. 영화가 상영되고 불과 며칠 후인 5월 22일에 라일리 린치Riley Lynch가 파리에서 태어났다. "우리는 칸에서 돌아오자마자 위스콘신에서 5주를 보냈어요. 멘도타 호수에 있는 우리 어머니 집에서요. 우리는 그곳의 부동산을 찾아보기 시작했어요." 스위니는 말을 이었다. "매디슨은 무척 개방적이고 이상적인 중서부 고장이에요. 그곳 사람들은 친절하죠. 데이비드는 철물점에 가서 사람들과 수다를 떨 수 있었어요. 그는 우리 어머니와 우리의 아일랜드계 가톨릭 대가족을 사랑했어요. 우리는 우리가 함께한 첫 여름이 끝날 무렵에 머물기 좋은 곳을 찾아냈어요. 1993년과 1994년의 몇 달을 거기서 보냈죠. 데이비드가 그곳에서 O.J. 재판(미식축구선수 출신 영화배우 O.J. 심슨이 전부인과 레스토랑 종업원을 살해한 혐의로 받은 재판으로, 온갖 논란을 일으킨 재판 끝에 형사 재판에서는 무죄 판결을 받았다—옮긴이)을 날마다 시청하던 게 생각나요. 그는 그러면서 「로스트 하이웨이」를 구상했죠."

몽고메리는 위스콘신에 있는 린치와 스위니 커플을 방문했던 일을 떠올리며 말했다. "메리가 아니었다면 데이비드는 절대로 그런 식으로 살지 않았을 거예요. 그녀가 데이비드를 그만의 세계에서 데리고 나온 겁니다. 그들은 거기에 집을 샀고, 그는 좋아하는 빈티지 목제 스피드보트를 샀습니다. 그는 무척 느긋해 보였죠."

그 시점에 린치는 내부를 향해 관심을 돌리기 시작했다. 그는 로스앤젤레스에 있는 자택을 연달아 확장 수리하는 작업에 착수했다. 그러면서 린치는 이후로도 계속 그를 위해 일하게 될 팔방미인 재주꾼 알프레도 폰스Alfredo Ponce를 고용했다. "데이비드의 이웃집 중 한 집에서 조경 작업을 하고 있었습니다. 그가 울타리 너머로 나를 보더니 인사를 하더군요. 우리 만남은 그렇게 시작됐습니다." 1951년에 멕시코에서 태어나 1973년에 로스앤젤레스로 이주해 온 폰스의 회상이다. "그는 계속 인사를 건네더니, 자기 집 마당을 청소하는 작업을 하고 싶으냐고 묻더군요. 나는 결국 그의 풀 하우스pool house를 작업하게 됐고, 그러면서 다른 일들이 계속 꼬리를 물었죠." 이후 몇 년간 폰스는 배관과 조경 작업, 전기 배선, 기계 수리, 린치가 소유한 토지에 관개 수로를 놓는 작업을 했고, 대지를 가로지르는 오솔길을 내기도 했다. 땅의 기반을 다지는 법, 주택의 골조를 잡는 법, 가구 짜는 법을 알았던 폰스는 린치가 집에서 실험영화들을 찍을 때 세트를 제작했다. "언젠가 페기 리비가 말하더군요. '데이비드가 신문에 구인 광고를 아무리 많이 실어봐야 당신 같은 사람을 찾아낼 도리는 없었을 거예요.'" 폰스는 말했다. "데이비드는 만들고 싶은 물건에 대한 아이디어들을 늘 가지고 있는 부지런한 일꾼입니다. 나는 그와 같이 일하는 게 좋습니다. 그는 나한테 무슨 일을 해야 할지만 얘기하고는 내가 그걸 만드는 방법을 혼자 궁리하게끔 놔두니까요. 「인랜드 엠파이어」를 작업할 때 그는 어떤 세트가 필요했습니다. 막대기를 하나 들더니 땅바닥의 흙에다가 원하는 걸 그린 다음 말하더군요. '이거 만들 수 있겠어요?' 우리가 작업하는 방식은 그런 식입니다."[3]

폰스는 오랫동안 린치의 거처에서 일주일에 닷새간 풀타임으로 일했다. 그래서 그는 모든 걸 목격했다. "사람들은 내가 여기서 청소를 하거나 갈퀴로 낙엽을 모으는 걸 봅니다. 그러면서도 그들은 나에 대해서는 아무 생각도 하지 않죠. 그들은 내가 얼마나 많은 걸 아는 사람인지 모릅니다." 그는 말했다. "나는 멀찌감치 떨어져서도 상황이 돌아가는 냄새를 맡을 수 있습니다. 데이비드의 편에서 일을 처리하겠다는 마음을 품지 않은 사람이 다가올 때면 나는 그 상황을 곧바로 감지할 수 있습니다. 부정적인 에너지, 나는 그걸 볼 수 있고, 많은 사람들이 왔다 가는 걸 봤습니다. 데이비드는 태평하고 친절한 사람이죠. 이용해먹기 딱 좋은 사람이고요. 그래서 나는 그를 보호하려고 애씁니다. 여기서 일하는 사람은 누가 됐건 내가 믿을 수 있는 사람이어야만 합니다."

스위니는 그들이 함께했던 처음 몇 년을 린치의 창조적인 측면에서 성과가 많았던 기간으로 기억한다. "그 몇 년간 데이비드는 쉬지 않고 그림을 그렸어요. 가마를 설치하더니 한동안 도자기를 구웠고, 공방에서 가구를 디자인하고 짰어요. 사진을 많이 찍었고, 미국과 해외에서 몇 차례 전시회도 열었죠. 그는 결코 지치는 법이 없어요. 에너지가 넘쳐흐르죠. 신체적인 에너지를 발산하지는 않지만요. 그에게 운동 좀 하고 담배 좀 끊으라고(린치는 1973년에 끊었던 담배를 1992년에 다시 피우기 시작했다) 잔소리를 했지만, 그쪽으로는 운이 없었어요. 그는 흡연에 대해서는 10대 소년 같아요."

로버트 엥겔스의 아내 질Jill은 당시 스위니처럼 임신한 상태였다. 두 여자가 불과 일주일 간격으로 아이들을 출산한 후, 엥겔스 가족은 린치의 저택을 정기적으로 찾는 손님이 됐다. 그들은 토요일 밤이면 갓난아이를 데리고 집을 찾아왔고, 린치와 스위니는 테이크아웃 음식을 주문하곤 했다. 그렇지만 그들과 어울리는 사람들은 그리 많지 않았다. "데이비드는 은둔자예요."라고 스위니는 말했다.

둥지를 틀려는 린치의 본능은 강하다. 1992년에 이웃집 사람이 사망하자 그는 그 사람의 집을 매입한 후, 핑크 하우스 위쪽에 로이드 라이트가 설계한 풀 하우스를 지었다. 그의 저택은 서서히 복합 단지로 변해가고 있었다. "우리는 집을 근사하게 꾸몄어요." 스위니는 말했다. "우리는 둘 다 그림을 그리는 스튜디오들을 갖고 있었어요. 나는 편집실을 마련했고, 데이비드는 목공 공방을 마련했죠. 그런 후에 그는 믹싱 스테이지를 지었어요. 우리는 집에서 일하는 걸 무척이나 좋아했어요."

그런 후, 린치와 프로스트는 「방송 중On the Air」이라는 텔레비전 시리즈에 착수했다. 린치는 브로드 코미디(broad comedy, 신체를 써서 과장되고 외설적인 내용으로 웃기는 코미디―옮긴이)의 팬이다. 제작이 불발된 「침 거품 하나」와 「소의 꿈The Dream of the Bovine」― 린치가 "자신들이 젖소라는 사실을 모르는, 샌 페르난도 밸리에 사는 두 사내의 이야기"라고 묘사한 작품―의 대본들처럼, 「방송 중」은 몸 개그와 엉덩방아, 고삐 풀린 멍청함으로 가득한 작품이었다. 이 세 프로젝트는 모두 프랑스의 천재 코미디언 자크 타티Jacques Tati를 향한 존경심을 반영한 작품들이다. 「트윈 픽스」에 출연했던 이언 부캐넌Ian Buchanan이 출연하고, 1957년의 조블로트닉 방송국Zoblotnick Broadcasting Corporation 뉴욕 본사를 시공간적 배경으로 설정한 이 시리즈는 생방송 버라이어티 프로그램 「레스터 가이 쇼The Lester Guy Show」에 닥치는 끝없는 재앙들을 시간순으로 담아냈다.

ABC는 「방송 중」의 프로모션에 우호적인 반응을 보이며 파일럿과 더불어 에피소드 여섯 편을 주문했다. 린치는 프로스트와 공동으로 대본을 쓰고 직접 연출했다. 그러자 다양한 친구들이 협력에 나섰다: 로버트 엥겔스는 에피소드 세 편을 집필했고, 잭 피스크는 두 편을 연출했으며, 바달라멘티는 음악을 작업했다. 이 시리즈는 테스트 시청자들에게 시사했을 때 좋은 점수를 받았지만, ABC는 완성된 에피소드들을 일 년 넘게 처박아뒀다. 그들은 결국 1992년 6월 20일에야 파일럿을 방송했는데, 반응은 그리 좋은 편이 아니었다. "린치 광신도"를 자처했던 고故 데이비드 포스터 월러스David Foster Wallace조차 "밑도 끝도 없이 지독하다."라며 이 시리즈를 묵살했다. 지지자는 많지 않았다.

"ABC는 별다른 이유 없이 이 시리즈를 싫어했습니다. 팽개치기 전까지 세 번밖에 방영을 안 했을 겁니다." 프로스트의 회상이다. "네트워크 텔레비전에서 방영하기에는 조금 멍청하고 특이한 작품이기는 했지만, 내 생각에는 그냥 시대를 앞서간 작품입니다. 최근에 데이비드하고 에피소드 몇 편을 다시 봤는데, 그 작품은 여전히 우리가 폭소를 터뜨리게 했습니다. 정말로 웃기는 소재들이 들어 있죠. 「방송 중」이 취소된 후, 데이비드하고 나는 한동안 각자의 길을 갔습니다. 6년이라는 기간 동안 치열하게 활동했던 나는 소설을 쓰러 가고 싶었습니다."

이 시리즈가 방영되도록 도왔던 토니 크란츠는 시청자들의 반응에 얼떨떨한 심정이었다. "「방송 중」은 당시 TV에서 방송된 프로그램 중 시청률이 최하위였습니다. 그런데 나는 그걸 무척 좋아했고 뛰어난 작품이라고 생각했었죠. 어쩌면 지나치게 별났거나, 데이비드 린치/마크 프로스트라는 장미의 꽃잎이 다 떨어져서 그런 거였을 겁니다. 솔직히 말해서 이유를 모르겠네요. 어쨌든 그 작품은 처참하게 실패했습니다."

물론, 린치는 곧바로 다음 작업에 착수했다. 이번에는 텔레비전 프로젝트 「호텔 룸」이었다. 이 작품은 뉴욕시에 있는 레일로드 호텔의 한 객실 속에서 흐르는 수십 년의 시간을 다루는 3부작 TV 드라마로, 몬티 몽고메리의 아이디어를 기초로 린치가 배리 기포드와 함께 개발한 거였다. 기포드는 에피소드 두 편을 집필했고, 린치는 그것들을 연출했다. 제이 맥키너니Jay McInerney가 세 번째 에피소드를 집필했지만, 그 직후 프로젝트가 취소됐다. 1992년 연말에 촬영된 린치의 에피소드 두 편―1969년이 배경인 「트릭들Tricks」과 1936년이 배경인 「블랙아웃^{Blackout}」—이 그의 작품 중에서 가장 연기자 위주로 제작된 작품들이라는 데에는 논쟁의 여지가 없다. 대본에는 여백이 많았고, 각각의 에피소드는 엄청나게 긴 롱테이크로 하루 만에 촬영됐다. 크리스핀 글로버와 앨리시아 위트^{Alicia Witt}, 해리 딘 스탠튼, 프레디 존스, 글렌 해들리^{Glenne Headly}가 엄청나게 예술적인 연기를 펼쳤다.

"데이비드가 배우들을 데리고 아침부터 점심때까지 내내 리허설을 한 날이 있었어요. 사람들은 패닉 상태에 빠지기 시작했죠. 촬영된 게 하나도 없었으니까요." 프로덕션 코디네이터 사브리나 서덜랜드^{Sabrina Sutherland}의 회상이다. 매사추세츠에서 태어난 서덜랜드는 UC 샌디에이고에서 영화를 전공한 후, 파라마운트 스튜디오에 투어 가이드로 취직했다. 80년대 중반에 정기적으로 프로덕션 코디네이터로 일하던 그녀는 「트윈 픽스」 시즌 2때 린치와 같이 일하는 자리를 얻게 됐다. 이후로 그녀는 그와 같이 자주 작업하면서 「트윈 픽스 3^{Twin Peaks: The Return}」를 제작했다. "점심을 먹은 후, 사람들은 자제력을 잃었어요. 그러다가 갑자기 데이비드가 10분짜리 테이크들을 하나씩 찍기 시작했죠. 정말 기이한 날이었어요. 그런데 그는 머릿속에서 구상했던 모습이 배우들과 같이 작업할 때 구현되지 않으면, 배우들이 있어야 할 곳이라고 그가 생각하는 곳에 배우들이 도달할 때까지 계속 작업을 해나가요. 그게 내가 그를 우러러보는 점 중 하나예요. 그는 적당한 선에서 안주하거나, '오케이, 이 정도면 충분해. 다음 작업 갑시다.'라고 말하는 법이 절대 없어요. 그는 절대로 그러지 않을 거예요."⁴

HBO는 1993년 1월 8일에 에피소드 세 편 전부로 구성된 파일럿을 방송했다. 『로스앤젤레스 타임스』는 이 시리즈가 "놀라울 만큼 시청자를 빨아들인다"고 찬사를 보냈지만, 『뉴욕 타임스』는 "이야기가 도무지 진전되지 않는, 「환상 특급^{Twilight Zone}」의 세계를 무기력하게 방문하는 린치 스타일의 연극"처럼 "세트에 갇힌 옴니버스 드라마"라며 묵살했다. "HBO는 우리가 촬영한 에피소드 세 편을 싫어했습니다." 몽고메리는 말했다. "HBO가 보기에 그것들은 지나치게 기괴한 작품들이었죠."

"데이비드하고 나는 항상 뭔가를 뚝딱뚝딱 만들어내려고 애쓰고 있었습니다." 마이클 잭슨의 1991년 앨범 《데인저러스^{Dangerous}》를 위해 만들어진 뮤직비디오들의 제작을 감독했던 몽고메리의 말은 계속됐다. 1993년에 이 앨범과 결합해서 만들어진 단편 영화 컬렉션을 공개하기 위한 티저 광고를 제작할 때가 오자 몽고메리는 린치를 추천했고, 잭슨은 그걸 대단히 좋은 아이디어라고 생각했다.

"데이비드는 스타였습니다. 그런데 마이클 잭슨은 어떤가요? 둘이 만나면서 전혀 예상하지 못한 복잡한 문제들이 생겨났습니다." 몽고메리는 말했다. "이건 도나텔라 베르사체^{Donatella Versace}가 마이클의 촬영을 위해 의상이 가득 실린 밴 두 대를 직접 몰고 오는, 그런 유형의 작업이었습니다. 그런데 데이비드는 마이클의 목 위만 촬영할 예정이었죠!"

"마이클이 데이비드가 하고 싶었던 작업을 이해했다고는 생각하지 않습니다. 데이비드의 계획은 고속 카메라로 마이클의 얼굴을 극단적으로 클로즈업해 촬영하는 거였습니다. 결국, 마이클은 트레일러에서 야단법석을 떤 후에야 세트로 와서는 데이비드에게 갔습니다. 그들은 「엘리펀트 맨」에 대한 대화를 하면서 서로를 알아갔죠. 그런 후에 데이비드가 '이제

작업합시다.'라고 했고, 마이클은 카메라 앞에 섰습니다. 그는 렌즈에 정말로 가까이 다가가야 했습니다. 그러다가 카메라가 멈추기 무섭게 마이클은 그의 트레일러로 달려갔습니다. 45분쯤이 지났고, 데이비드는 슬슬 짜증을 내기 시작했죠. 그래서 내가 마이클의 트레일러 문을 노크한 뒤에 말했습니다. '무슨 일이에요?' 당시 마이클에게 드리워졌던 종류의 조명을 받으면서 카메라에 그렇게 가까이 있다 보면, 사람들은 고속도로 휴게소에 있는 상태 최악인 거울을 들여다보는 거랑 비슷한 느낌을 받죠. 마이클은 자신이 본 광경 때문에 극도로 흥분했던 겁니다. 다시 한 시간이 지났고, 결국 나는 그를 촬영장에 데려오는 데 성공했습니다. 하지만, 그때에는 데이비드가 심하게 진저리를 치고 있었습니다."

린치는 그해에 광고를 여섯 편 연출했다. 프랑시스 부이그가 그해 7월에 사망하면서 린치와 시비 2000의 관계는 껄끄러워지기 시작했다. 1990년대가 끝날 무렵에 린치는 그 회사를 법정에서 만나게 된다. 같은 해, 린치는 야심만만한 젊은 프로듀서 닐 에델스테인Neal Edelstein과 우정을 맺기 시작했고, 2000년대 내내 그와 같이 작업하게 된다. 시카고에서 태어나고 자란 에델스테인은 영화계에서 경력을 쌓으려고 1992년에 LA로 이주했다. "1993년에 데이비드는 유방암에 대한 의식 제고를 위한 공익광고를 연출했죠. 그 광고의 프로덕션 코디네이터였던 제이 샤피로Jay Shapiro를 통해 데이비드를 만났습니다. 제이는 나를 PA로 그 작업에 데려갔었죠." 에델스테인의 회상이다. "내 눈에 데이비드는 다른 우주에 사는 작가감독(auteur, 주로 예술성을 갖춘 감독을 지칭하는 프랑스발 단어—옮긴이)이었습니다. 그런데 같이 작업을 한 거죠. 그가 얼마나 친근하고 쉽게 다가갈 수 있는 사람인지를 목격하면서 그가 연출하는 광경을 지켜보다니… 나는 그가 일을 처리하는 방식에 경외감을 느꼈습니다."

"우리가 만나고 오래지 않아, 데이비드는 LA국제공항 옆의 고속도로 아래에서 아디다스 광고를 촬영할 때 나를 고용했습니다." 에델스테인은 회상을 계속했다. "그러다가 1994년에 게이 포프에게서 전화를 받았습니다. '데이비드가 당신하고 통화하고 싶어 해요.'라더군요. 그런 후에 데이비드가 수화기를 받아서는 말했습니다. '자네가 요시키Yoshiki라는 일본 친구를 위한 뮤직비디오를 제작해줬으면 해.' 요시키는 밴드 엑스 재팬X-JAPAN의 리더로, 일본판 마이클 잭슨 같은 인물이었습니다. 나는 '제작은 못 해요! 나는 프로덕션 매니저일 뿐이라고요!'라고 말했습니다. 그러자 그가 말했습니다. '프로덕션 매니저라면 자네는 이미 그 일을 하고 있는 거잖아! 사무실로 와. 같이 궁리해보자고.' 당시 나는 스물다섯 살이었습니다. 전화를 끊고 생각했죠. '와우, 나는 데이비드 린치가 연출하는 뮤직비디오를 제작하게 될 거야.' 내가 그 정도 작업을 할 준비가 돼 있다고는 생각하지 않았습니다. 하지만 데이비드는 나에 대해 자신감을 가졌고, 작업은 물 흐르듯이 잘 흘러갔습니다. 멋들어진 연출작이 나왔죠."

"언젠가 우리는 말리부의 포인트 둠에서 광고를 촬영하고 있었습니다. 촬영 개시 시간이 아침 여섯 시였죠." 에델스테인의 회상은 계속됐다. "같은 차를 타고 거기로 간 데이비드하고 나는 약간 일찍 도착했습니다. 해는 아직 뜨지 않은 상태였죠. 데이비드는 모래가 판판하면서 무척 잘 정돈돼 있기를 원했습니다. 그래서 PA들이 거기로 나가 갈퀴질하고 있었죠. 그런데 데이비드가 뛰어오더니 그들과 함께 갈퀴질을 시작했어요! 그가, 감독이 어둠 속에서 갈퀴질을 하는 겁니다. 정말로 데이비드다운 모습이었습니다. 그는 딱 그런 사람입니다. 그는 그런 식으로 다른 사람들을 존중하고, 소박한 영화 제작 경험을 하는 걸 무척이나 좋아합니다. 내가 그에게서 배운 인생과 영화 제작에 대한 지식 및 사람들을 대하는 법은 도저히 값을 매길 수 없을 만큼 소중해요."[5]

피에르 에델만은 모험가이자 걸물이죠. 사귄 지 오래된 프랑스 친구이기도 하고요. 그는 내가 만든 많은 영화에서 중요한 역할을 해냈어요. 나는 그를 사랑해요. 그를 「듄」 촬영장에서 처음 만났는데, 라파엘라는 그를 세트에서 내쫓았어요. 그녀는 내가 저널리스트들하고 얘기하는 걸 원치 않았으니까요. 당시에 그는 저널리스트였죠. 피에르는 모르는 사람이 없었어요. 세계 곳곳을 누비고 다녀서 어느 도시를 가든 그 도시의 길을 안내할 수 있는 사람이에요. 놀라운 일이죠. 60년대를 할리우드에서 보냈던 그는 모르는 사람이 없었어요. 그는 청바지를 팔아서 큰돈을 벌었지만, 못된 짓들을 벌이는 바람에 빈털터리가 됐어요. 한동안 옥살이를 했는데, 수감자들은 피에르가 거기 있어서 무척 행복했을 거예요. 그는 감옥조차도 재미있는 곳으로 만드는 사람이니까요. 감옥에서 그는 바퀴벌레 경주를 기획했어요. 그는 바퀴벌레들에게 페인트를 칠했고, 수감자들은 돈을 걸었죠. 그런 일을 하는 그의 모습이 눈에 선해요. 피에르는 비 엔터테인먼트Bee Entertainment라는 회사를 갖고 있었어요. 옷깃에 작은 벌 모양의 핀을 꽂았죠. 피에르 자신이 벌 같은 사람이기도 해요. 꽃가루를 수분受粉하는 일을 하니까요. 그는 이 사람하고 저 사람을 묶어주는 일을 해요. 그런 일을 수도 없이 해왔죠. 그래서 프랑시스 부이그가 「광란의 사랑」을 무척 마음에 들어 한다고, 새 회사를 차린 부이그가 나를 만나고 싶어 한다고 피에르가 말했을 때, 그건 딱 피에르다운 일이었어요. 그는 사람들을 한데로 모으는 일을 하니까요.

피에르는 좋은 사람이에요. 그런데 그하고 문제가 있는 사람들이 있어요. 그는 빈정거리면서 남을 바보로 만드는 경향이 있거든요. 사람들을 모욕하곤 하죠. 한번은 비행기에서 그의 옆자리에 앉았어요. 스튜어디스가 왔는데, 그는 그녀에게 뭔가 불쾌한 말을 했어요. 그녀가 떠난 후에 내가 그랬죠. "피에르, 당신이 행동하는 방식이 마음에 들지 않아요. 나랑 같이 있을 때는 그러지 마요. 사람들을 왜 그런 식으로 대하는 거예요?" 그는 그녀에게 사과했고, 비행이 끝날 무렵에 피에르와 그 스튜어디스는 절친한 사이가 됐어요. 그는 그 정도로 매력적인 사람이에요. 하지만 사람들을 함부로 대한다는 면에서는 불쾌한 면모도 지니고 있죠.

우리는 무례한 짓을 하다가 탈선할 수도 있어요. 사람들은 하나같이 그대로 놔두면 그들을 탈선시킬 만한 욕구들—마약과 섹스, 음식, 기괴한 생각들—을 갖고 있어요. 우리는 우리가 보이는 태도들 때문에 곤경에 처할 수도 있죠. 대개 사람들은 자신을 탈선시킬 수도 있는 물건들을 주위에 약간 모아 놓더라도 문제없는 상태를 유지해요. 그런데 감옥에는 그런 울타리가 망가진 사람들로 가득해요.

베벌리 힐스 우체국 건너편에 일 지아르디노라는 끝내주는 이탈리아 레스토랑이 있었어요. 겉모습만 보면 별다른 특징이 없는 곳으로, 겉보기에는 그리 대단한 곳이 아니었지만 음식은 굉장히 좋았어요. 어느 날 밤에 피에르와 톰 핸슨, 시비 2000을 경영하고 있던 장클로드 플로리하고 거기에 저녁을 먹으러 갔어요. 그날 밤에 장클로드와 내가 똑같은 날에 태어난 걸 알게 됐죠. 열 시간인가 열한 시간 간격으로, 그는 프랑스에서, 나는 몬태나에서요. 펠리니도 나하고 생일이 같았어요. 조지 번스 George Burns도 그랬고요. 조지는 나보다 정확히 쉰 살이 많았어요. 1991년에 맞은 내 마흔다섯 번째 생일에, 조지하고 나는 시가를 같이 피웠죠. 같은 시가를 피웠다는 게 아니라, 각자의 시가를 같은 자리에서 피웠다는 거예요. 조지 번스는 체구가 자그마한 데다 깃털처럼 가벼웠어요. 그를 직접 보면 판지 조각처럼 들어 올릴 수 있을 거라는 느낌이 들 거예요. 그런데 조지는 욕조에서 넘어져 크게 다쳤고, 결국 그 부상 때문에 절명했죠. 그게 끝의 시작이었어요. 넘어지지 않았다면 그는 여전히 살아 있었을 거예요.

어쨌든, 피에르는 늘 자기 단짝들에 대해 떠들어대고 있었어요. 많은 사람들이 그를 심한 허풍쟁이라고 생각했었죠. 어느 날 밤에 일 지아르디노에서 그는 자기 친구 클린트가 거기를 들를 거라는 얘기를 했어요. 만찬이 3분의 2쯤 진행됐을 때 고개를 들었더니 클린트 이스트우드가 들어오더군요. 그가 우리에게로 오더니 "피에르!"하고 불렀어요. 피에르를 반갑게 포옹하면서요. 나는 놀라지는 않았어요. 그 무렵에는 피에르를 잘 알고 있던 터라 클린트가 나타날 거라고 짐작하고 있었거든요.

그러고는 프랑시스 부이그를 만나려고 파리에 갔어요. 샹젤리제에 있는 빌딩의 맨 위층에 있는 그의 사무실로요. 토니 크란츠하고 톰 핸슨이 같이 파리에 갔죠. 그들은 그 미팅에 함께할 예정이었어요. 그런데 우리는 미팅 전날 밤에 메종 드 카비아에 있었어요. 토니는 체리 보드카를 연신 들이켰고, 밖에는 눈이 왔어요. 파리에 눈이 15센티미터나 쌓였는데, 토니는 인도 경계석에서 속을 게워냈어요. 그가 눈밭에다 속을 게우는 모습을 창문 너머로 볼 수 있었죠. 피에르는 여자들을 잔뜩 데려왔어요. 요란한 밤이었죠. 톰하고 토니는 그 미팅에 오지 못했어요. 그래서 나는 우리 팀 없이 혼자 거기에 있었죠. 내 바로 맞은편에는 부이그 씨가 있었고, 그의 양옆에는 그를 위해 일하는 프랑스 남자 두 명이 있었어요. 알랑방귀를 뀌는 몹쓸 사람들이었죠. 그들은 나를 보면서 미소를 지었는데, 그 미소는 '우리가 당신을 십자가에 못 박아주지.'라는 뜻이었어요. 그들은 부이그가 영화 사업에 뛰어드는 걸 마뜩찮아 했어요.

그들이 뿜어내는 분위기는 지독하게 불쾌했죠.

어느 순간 부이그 씨가 말했어요. "「로니 로켓」의 줄거리를 얘기해주세요." 그 말이 어떤 식으로 들렸냐면, '나한테 얘기 안 하면, 계약은 없는 거요. 알겠죠? 자신을 증명해 봐요'. 나는 우리가 이미 계약을 맺었다고 생각했는데, 이런 일이 생긴 거예요. 이런 생각이 들기 시작했어요. '오케이, 이 자리를 박차고 나가는 거야. 이 인간들은 같이 있고 싶은 인간들이 아냐.' 그 망할 빌딩에서 나가고 싶었어요. 나는 자리에서 일어나 엘리베이터로 걸어가기 시작했죠. 택시를 잡고 공항으로 직행해서 이망할 작자들에게 작별 인사를 할 작정이었어요. 그의 양옆에 앉아서 얼굴에 프랑스식 미소를 띠고 있는 밥맛없는 인간들. 프랑스인들의 가장 나쁜 점은 바로 이 자부심으로 똘똘 뭉친 잘난 체예요. 그 미소들이 많은 걸 말해주죠. 나는 명상 얘기를 하던 초창기에 그런 모습을 많이 접하면서 많은 걸 배웠죠. 저널리스트들은 나랑 영화에 대해 말하는 걸 무척 좋아하는데, 언젠가 내가 명상 얘기를 꺼내니까 그런 미소들이 나타나더군요.

어쨌든, 피에르는 내가 떠나는 걸 보고는 황급히 달려와서 나를 설득했어요. 미팅장으로 돌아가서 말했죠. "그 스토리를 말씀드리겠습니다. 하지만 피에르가 통역한다는 조건에서만입니다." 나는 부이그 씨를 똑바로 쳐다보면서 앉아 있었고, 피에르는 그 자리에 서서 통역했어요. 그 사내들은 입을 꽉 다물고 있었고요. 내가 말을 멈추자 침묵이 흐르더군요. 그러다가 부이그 씨가 말했어요. "봉(Bon, '좋다'는 뜻의 프랑스어—옮긴이)." 그걸로 일은 마무리됐어요. 계약이 체결된 거죠. 그러려고 나는 시시한 서커스 판을 벌여야 했어요. 그는 「로니 로켓」에 "예스" 사인을 보냈는데, 정작나는 그 영화를 할 수 있게 되자 그 영화를 만드는 게 두려워졌어요. 늘 그랬었죠. 시나리오에 들어 있는 뭔가가 맞지를 않았어요. 그게 뭔지는 나도 몰라요. 게다가, 당시에 나는 로라 파머 생각을 하기 시작한 상태였어요.

프랑시스 부이그는 영화에 대한 지식의 수준이 아주 높은 사람은 아니었어요. 그래도 「광란의 사랑」은 무척 좋아했죠. 그 영화의 위력과 강렬함을 좋아했던 것 같아요. 그와 그의 아내 모니크는 정말 좋은 사람들이었고, 나는 그와 썩 잘 어울려 지냈어요. 그는 사업을 할 때는 생판 다른 모습을 보였지만요. 프랑시스는 사업을 할 때는 터프한 사람들로 주위를 에워싸는 터프가이였어요. 많은 사람이 그런 점 때문에 그를 좋아하지 않았죠. 그렇지만 프랑시스와 나는 서로를 좋아했어요. 우리는 그의 골프 카트를 타고 여러 곳을 돌아다녔어요. 그는 내 친척이나 되는 것처럼 나와 이야기를 했죠. 그는 일을 처리하는 법을 잘 이해하는 호남好男이었어요. 그는 영불 해저 터널과 파리 북서쪽의 퓌토에 있는 그랑드 아르슈를 건설했어요. 휘하의 수석 엔지니어를 데리고 나한테 그걸 보여주러 갔었어요. 경호원과 사람들을 가득 태운 밴이 열다섯 대나 있었어요. 언젠가 그는 캘리포니아주 스톡턴을 방문했어요. 스톡턴의 주민들과 공장들을 무척 마음에 들어 하면서 거기에 거의 머무를 생각까지 하더군요.

그는 그러는 대신 프랑스로 돌아가 거대한 회사를 세웠죠. 그게 그의 운명이었어요. 프랑시스가 언젠가 나한테 직원을 몇 명 데리고 있느냐고 물었어요. "세 명"이라고 대답했죠. 그는 자기가 거느린 직원은 30만 명이라고 했어요. 무지하게 파워 있는 사람이었어요.

나는 프랑스를 사랑해요. 거기 사람들은 무슨 일을 하건 예술적으로 하니까요. 빌딩, 의자, 접시, 안경, 철도, 자동차, 장비, 음식, 술, 패션—모든 것이 예술적인 형태를 띠죠. 그리고 그들은 양질의 소재와 뛰어난 솜씨와 죽여주는 디자인을 좋아해요. 이탈리아인들과 프랑스인들 모두 이런 특징을 갖고 있죠. 그런데 이탈리아인들은 조금 달라요. 하지만 이탈리아인들도 탁월한 솜씨를 발휘하죠. 나는 파리에서 묵었던 호텔을, 그리고 거기 사람들을 좋아해요. 푸아그라도, 보르도 와인도, 크로크 마담(croque madame, 프랑스식 샌드위치—옮긴이)도 좋아하죠. 심지어 커피도 좋아해요. 비록 그 커피는 데이비드 린치 시그니처 컵David Lynch Signature Cup만큼 뛰어나지는 않지만요. 그래도 프랑스의 커피에는 '나는 지금 프랑스에 있어.'라고 느끼게끔 만드는 특유한 맛이 있어요. 그래서 나는 그걸 사랑해요.

내가 로라 파머를 사랑하는 이유는 나도 모르겠지만, 나는 그녀를 사랑해요. 트윈 픽스로 돌아가서 그녀가 숨을 거두기 전에 며칠간 겪었던 일들을 보고 싶었어요. 나는 「트윈 픽스」의 세계에 머무르고 싶었는데, 그 시기는 조금 이상한 때였어요. 그때 사람들은 「트윈 픽스」에 흥미를 잃었고, 그래서 동료들을 설득하는 게 엄청나게 힘들었어요. 부이그는 「트윈 픽스 영화판」을 좋아했지만, 업계의 다른 사람들은 그 영화를 하려고 들지 않았어요. 「트윈 픽스」 출연진 중 일부도 내가 그걸 하는 걸 원치 않았고요. 어떤 배우가 시리즈에 출연하겠다고 서명할 때, 그들은 그 시리즈에 전념해야 해요. 그런데 자신들이 그 역할로만 알려질 것이고 이후로 다른 작품은 들어오지 않을 거라고 걱정하는 배우들이 많아요. 「트윈 픽스」의 많은 배우가 각기 다른 이유로 시리즈를 떠나고 싶어 했어요. 시리즈를 끝내야 자유를 누리면서 인기가 됐건 뭐가 됐건 원하는 것을 좇으러 갈 수 있게 되니까요.

누군가가 무슨 일을 하고 싶어 하지 않는다고 해서 세상이 끝나는 건 아니에요. 뭔가 다른 걸 생각해내면 되죠. 나는 그런 방식을 무척 좋아해요. 우리는 카일이 덜 필요하도록 시나리오를 다시 작업해야 했어요. 오리지널 시나리오에는 많은 배우가 등장하게 돼 있었지만, 많은 분량이 잘려나갔어요. 하지만 내가 그 컷들을 촬영하지 않은 건 너무 길어서였어요. 그 컷들은 영화에 어울리지 않았기 때문에 잘려나간 거예요. 이 영화는 만들어야 할 이유가 있는 영화였어요. 그래서 일부 사람들은 잘려나갔고 다른 사람들은 추가됐죠. 데이비드 보위가 어쩌다가 우리 영화에 출연하게 됐는지는 도무지 모르겠어요. 그래도 나는 그를 진짜 좋아해요. 그래도 그가 자신이 구사해야 했던 억양을 마음에 들어 했다고는 생각하지 않아요. 누군가가 그에게 민망하게 들린다는 식의 말을 해서 그랬을 거예요. 그런 상황을 조장하는 데에는 그런 식으로 말하는 사람 한 명만 있으면 돼요. 그것만으로도 우리한테는 무척 중요한 걸 망가뜨릴 수 있죠. 그래도 보위는 그 영화에서 탁월했어요. 탁월함 그 자체였죠.

레드 룸은 「트윈 픽스 영화판」의 중요한 부분이에요. 나는 레드 룸을 무척 좋아해요. 무엇보다도, 거기에는 커튼이 있는데, 나는 커튼을 무척 좋아하거든요. 당신은 커튼을 싫어한다고요? 농담하지 마요. 내가 커튼을 무척 좋아하는 건 그 자체로 아름다워서이기도 하지만, 그것들이 무엇인가를 감춰주기 때문이기도 해요. 커튼 뒤에는 무엇인가가 있어요. 그런데 우리는 그게 좋은지 나쁜지 몰라요. 그리고 그 안에 있는 사람들이 감정을 드러내는 것을 억제하는 공간들은 어떤가요? 보기에도 근사한 그런 공간에 비교할 만한 건 세상에 없어요. 건축물이 없으면 세상 모든 게 그냥 사람들에게 공개돼요. 그런데 건축물이 있으면 공간을 만들어낼 수 있죠. 우리는 그 공간을 아름답게 만들 수도 있고, 너무나 끔찍한 곳이라서 한시라도 빨리 그 공간에서 벗어나고 싶어지도록 만들 수도 있어요. 마하리쉬는 스타파티아 베다Sthapatya Veda 얘기를 해요. 그건 우리가 더 나은 생활을 하도록 도와주는 집을 짓는 법을 알려주죠. 베다는 영혼이 육체를 짓고, 육체는 집을 짓는다고 말해요. 그러니 육체가 특정한 방식으로 존재하는 것처럼, 집도 특정한 방식으로 존재해야만 하는 거죠. 요즘에 사람들이 들어가 사는 곳들은 철저하게 잘못돼 있어요. 출입문을 남향으로 내는 건 방향을 잘못 잡은 거예요. 동쪽으로 내는 게 제일 좋고, 북쪽도 좋아요. 핑크 하우스에는 문이 북쪽으로 나 있어요. 그런데 그 외의 방향은 모두 인간에게 유익하지 않아요. 그게, 그러니까 집의 방향이 제일 중요해요. 집을 정말로 올바른 곳으로 만들려면, 주방은 특정한 장소에 있어야 해요. 명상을 하는 곳도 특정한 장소에 있어야 하고, 잠을 자는 곳도, 화장실도 마찬가지예요. 그런 장소들은 특정한 방식으로 위치를 잡아야 하고, 각 구역이 집에서 차지하는 비율도 정해져 있어요.

「트윈 픽스 영화판」을 촬영하러 가기 전에, 안젤로와 나는 〈진짜 징후〉라는 노래를 녹음했어요. 그 노래는 결국 영화에 사용됐죠. 우리는 끝내주는 베이스 연주자 그레이디 테이트Grady Tate하고 작업하고 있었는데, 안젤로는 키보드를 연주했고, 그들은 끝내주는 곡을 내놓았어요. 나는 무척 좋아하는 가사를 쓰고는 말했죠. "안젤로, 이 노래를 누구한테 줘야 할지 모르겠어." 그가 말하더군요. "데이비드, 내가 부를게." 안젤로는 연주하면서 가끔 노래도 불러요. 나는 그의 노래를 들으면 손발이 오그라들지만, 그래도 말했어요. "오케이, 한번 해봐." 그렇게 안젤로는 부스에 들어가서 끼를 한껏 발산했어요. 엔지니어 아티 폴헤무스Artie Polhemus가 버튼을 누르면서 녹음이 시작됐는데, 그는 정말로 완벽하게 해냈어요! 그가 노래하는 모습을 보면서 나는 배꼽을 잡았죠. 그런데 갑자기 뱃속의 전구가 터지는 것 같은 느낌이 들더군요. 탈장이 된 거였어요. 안젤로 때문에 내가 탈장이 된 거예요. 무척 아팠지만 뭐 때문에 그런

건지를 몰랐어요. 그래서 우리는 촬영을 하러 워싱턴에 갔죠. 거기서도 내가 무척이
나 고통스러워하니까 사람들은 미녀 의사를 데려왔어요. 그녀는 나를 검진하더니 말
했어요. "탈장됐네요." 내가 "나는 이 영화를 찍어야만 합니다."라고 하자 그녀가 말
했어요. "그건 괜찮아요. 그런데 촬영을 마치면 수술을 받아야 해요." 나는 촬영 내내
거의 의자 신세를 졌어요.

어쨌든, 사람들은 「트윈 픽스」와 관계를 끊었어요. 「트윈 픽스 영화판」은 칸에서
좋은 반응을 얻지 못했죠. 살다 보면 겪게 되는, 사람들의 관심을 끄는 데 성공하지
못하는 그런 시기 중 하나였어요. 세상에, 끔찍한 날들이었어요. 끔찍하고 스트레스
가 가득했죠. 나는 정말로 아팠어요. 우리가 그렇게 쓰러지면, 사람들은 쓰러진 우리
를 신나게 발길질하죠. 그런데 상황은 그보다 더 악화될 수도 있었어요. 내가 말했듯
이, 나는 「듄」으로 두 번 죽었어요. 내가 한 작업이 옳은 거였다고 생각하지 않았기
때문이죠. 그 영화는 쪽박을 찼어요. 그런데 「트윈 픽스 영화판」으로는 한 번만 죽었
어요. 그렇게까지 나쁜 영화는 아니었으니까요. 그 영화가 마음에 들지 않는다고요?
좋아요. 그래도 내 마음에는 들었어요. 당신이 무슨 말을 해도 나는 상처받지 않아
요. 흐음, 약간은 상처를 받겠죠. 하지만 나는 정말로 그 영화를 좋아해요. 레이와 그
레이스와 셰릴은, 그러니까 파머 가족은 환상적이었고, 나는 그들의 세계를 사랑해
요.

「트윈 픽스 영화판」이 안겨준 괴로움에서 꽤 빨리 회복했어요. 벌떡 일어나서 일
하러 갔죠. 그건 터프함과는 관련이 없어요. 내가 사랑에 빠질 아이디어들을 얻는 것
과 관련이 있죠. 집에 그냥 머무르면서 작업을 했어요. 나는 집 밖에 나가는 걸 진심
으로 좋아한 적이 없어요. 지금도 나는 외출하는 걸 좋아하지 않아요.

멘도타 호수로 간 건 당시로서는 참신한 일이었어요. 나는 거기에 가는 게 좋았어
요. 메리는 7남매로, 그녀의 가족은 대가족이었어요. 그리고 중서부 사람들은 대단
히 친절하고 솔직해요. 그곳 사람들은 사람을 속여 먹으려 들지도 않고, 정말로 친절
하고 상냥해요. 나는 호숫가에 있는 2층짜리 집을 매입하기까지 했죠. 좋은 거래였
죠. 그러고 나서 3층을 설계해 지었어요. 존 웬트워스가 롱아일랜드에서 리틀 인디
언를 트레일러에 실어 가져왔어요. 존은 내 밑에서 일하는 직원이 아니었지만, 그 시
절에 내가 하는 거의 모든 일을 거들었어요. 그래서 그 보트도 나한테 갖다 줬죠. 나
는 더 큰 엔진을 달았어요. 거기에는 보트를 대는 부두가 있었고요. 여름을 보내기에
는 끝내주는 환경이었죠. 지하실에서는 그림을 그릴 수 있었어요. 그리고 매디슨에
있는 탠덤 프레스Tandem Press에서 그곳을 운영하는 폴라 판첸코Paula Panczenko와 함께
모노프린트(monoprint, 유리나 금속 등의 판에 물감을 묻혀 종이에 찍어내는, 회화와 판화
의 중간에 속하는 방식—옮긴이)를 작업하기도 했어요. 거기에는 스퀴징 머신squeez-
ing machine하고 두께가 0.6밀리미터나 되는 종이가 있었어요. 숙련된 인쇄공들은
여름에 이런 종이를 수작업으로 만들었죠. 정말 근사한 물건이었어요.

1993년 여름 동안 매디슨에 있었는데, 밴드 엑스 재팬의 요시키라는 뮤지션이 자신의 뮤직비디오를 만들어달라고 요청했어요. 나는 "오케이, 음악을 들어봅시다. 아이디어가 떠오르는지 확인해볼게요."라고 했죠. 한 곡이 왔는데, 기본적으로 배경에 음악을 깔고서 시 같은 걸 읊조리는 거였어요. 나는 "아이디어가 떠오르지를 않는군요."라고 말하고는 거절했어요. 그랬더니 그들이 엄청나게 당황한 기색으로 전화를 걸어왔어요. "저희는 이미 대대적으로 발표를 한 상태입니다!" 그들은 더 많은 돈을 주겠다고 제의했고, 그래서 나는 〈갈망Longing〉이라는 노래를 위해 작업을 했어요. 그런데 그게 정말로 재미있는 작업이 됐어요. 나는 연기와 불, 비, 다채로운 조명을 원했어요. 우리는 강우기rain machine들을 갖고는 말라버린 호수 바닥으로 갔어요. 거기서는 10미터 높이의 불기둥들이 솟아올랐죠.

우리는 어마어마한 흰색 연기를 구름처럼 뿜어내는 스모커smoker들을 갖고 그 말라버린 호수 바닥에 있었어요. 그런데 바람이 부는 바람에 연기가 모두 사막으로 날아가 버렸죠. 그래서 우리는 다른 작업을, 비와 관련된 작업 같은 것들을 하기로 했어요. 그런데 갑자기 ─그건 정말 믿을 수 없는 일 중 하나였어요─ 그 모든 연기가 벽처럼 생긴 모양으로 변해서 다시 우리를 향해 밀려오고 있었어요. 어떤 화염은 굉장히 보기 좋았고요. 그 비디오에는 멋진 것들이 많아요. 그런데 그것들을 하나의 작품으로 붙여놓으면 엉망이었죠. 요시키가 그 영상을 사용했는지는 모르겠어요. 그는 자신이 깃털 펜을 들고 잉크병이 놓인 빅토리아식 책상에 앉아 있는 모습으로 비디오가 끝나기를 원했어요. 그런데 나는 생각했죠. 그건 이 사막 장면과는 어울리지 않을 거야. 그래서 나는 그 장면은 촬영하지 않았어요. 나를 고용한 그는 내가 아이디어를 내놓기를 원했지만, 그건 여전히 그의 비디오였죠. 그래서 나는 그에게 내가 촬영한 분량을 모두 넘겨줬어요. 그 일은 그렇게 끝났어요. 내가 LA의 거실에 있을 때였어요. 전화기가 울렸는데, 마이클 잭슨이 건 전화였어요. 내가 자기 앨범《데인저러스》의 예고편 같은 걸 작업해주기를 원한다더군요. 나는 "내가 그걸 할 수 있을지 모르겠군요. 그와 관련한 아이디어가 하나도 없어요."라고 말했어요. 그런데 전화를 끊고 복도를 향해 걷기 시작하자마자 아이디어들이 마구 떠오르는 거예요. 전화를 걸어서 말했어요. "아이디어들이 떠올랐어요." 그것들을 가지고 존 다이크스트라John Dykstra와 함께 그의 스튜디오에서 작업했어요. 우리는 아주 작은 문이 있는 빨간 방을 미니어처로 만들었어요. 그 방에는 괴상하고 모던한 모양의 나무들과 은색 용액이 흐르는 언덕이 있었죠. 그 용액들은 나중에 화염으로 분출해 오르고, 그러고 나면 마이클 잭슨의 얼굴이 드러나요. 스톱모션 애니메이션이라서 작업하는 데 긴 시간이 걸렸어요. 내겐 모든 게 정확하게 맞아떨어질 필요까지는 없었어요. 그런데 애니메이션을 작업하는 사람들은 모든 게 극단적으로 정확히 맞아떨어지도록 계획을 짰어요. 나무들에 빨강이나 검정 래커칠을 했고, 사물들을 움직이는 작업을 하는 사람들은 흰 장갑을 낀 채 정확하게 표시된 경로를 따라 그것들을 움직였어요. 그건 전체 작업의 일부일 뿐이었어요. 다른 부분은 마이클의 얼굴을 촬영하는 거였죠. 우리한테는 그림자가 전혀 지지 않게끔 만들어서 피사체를 환상적인 모습으로 탈바꿈시키는 원형 조명이 있었어요. 마이클이 해야 하는 일이라고는 한자리에서 몇 분간 서 있는 게 다였죠. 그런데 그는 여덟 시간인가 열 시간 동안 메이크업을 받더군요. 사람이 어떻게 열 시간이나 메이크업을 받을 수 있죠? 그는 자신의 외모에 대해 대단히 비판적인 사람이었어요. 결국, 그는 촬영 준비를 마치고 밖으로 나왔어요. 마이클을 처음 만나는 자리였는데, 그가 원하는 건 「엘리펀트 맨」 얘기를 하는 것뿐이었어요. 그는 박물관에서 엘리펀트 맨의 유골과 망토, 기타 등등 모든 물건을 사들이려고 애썼어요. 그러면서 나한테 이런저런 질문을 했죠. 정말로 좋은 사람이었어요. 그러다가 그는 카메라 앞에 섰고, 우리는 1분쯤 촬영을 했어요. 그렇게 그는 작업을 마쳤어요. 마이클이 그 작품에 대한 최종 편집권을 가졌을 게 명백했기 때문에, 결과물이 마음에 들지 않았다면 그는 그걸 공개하지 않았을 거예요. 하지만 그건 극장에 걸렸고, 멋져 보였어요. 그 작업을 한 건 무척 기분 좋은 일이었어요.

　「호텔 룸」은 몬티 몽고메리가 떠올린 아이디어를 기초로 한 작품이었어요. 첫 에피소드인 「트릭들」은 배리 기포드가 대본을 쓰고 글렌 해들리, 그리고 내가 항상 선호하는 두 배우인 프레디 존스와 위대한 해리 딘 스탠튼이 출연했죠. 해리 딘 스탠튼은 다른 배우들에게 영감을 주는 영감덩어리라고 나는 확신해요. 그래서 해리 딘이 세상을 떠난 게 참 아쉬워요. 「호텔 룸」은 레일로드 호텔이 배경이었어요. 모든 객실의 벽에 기차 그림이 걸려 있고 창문 밖으로는 철길들이 내려다보이는 곳이었죠. 오랜 세월 동안 수백 명의 손님이 이 호텔의 한 객실에 묵었는데, 어느 특정한 날에 이 객실에서 무슨 일이 벌어졌는지를 보자는 게 작품의 아이디어였어요. 우리는 에피소드 세 편을 작업했어요. 배리는 내가 연출한 두 편을 썼는데, 나는 그 작품들을 사랑해요. 제이 맥키너니가 어쩌다가 「호텔 룸」에 참여했는지는 나도 몰라요. 몬티가 그를 데려왔을 거라고 짐작해요. 어쨌든, 방송국은 「호텔 룸」을 싫어했어요.

　방송국은 「방송 중」도 싫어했죠. 텔레비전 생방송과 관련된 모든 일은 엉뚱한 방향으로 전개될 수 있다는 게 그 작품의 아이디어였어요. 섹시한 여배우와 외국인 연출자를 데리고 최선을 다하면 잘못될 게 하나도 없다, 맞죠? 그리고 나서 무슨 일이 벌어질 수 있는지를 보는 거죠. 거기가 웃기는 부분이었어요. 그런데 아무도 그걸 원하지 않았어요. 있잖아요, 사람들은 높이 올라갔다가 아래로 내려가요. 그런데 바닥으로 내려갔다 복귀하고 나면 지구력을 갖게 돼요. 지미 스튜어트와 헨리 폰다Henry Fonda와 클라크 게이블Clark Gable 같은 배우들은 정상에 올랐어요. 그러다가 무슨 일이 벌어지면서 인기를 약간 잃었지만, 그러다가 다시 인기를 회복했죠. 사람들은 그들을 다시 좋아하면서 그들에게 매달리고 싶어 해요. 그러면 그들은 다시는 내리막길로 향하지 않죠.

　하지만 세상이 바뀌었어요. 사람들은 항상 변화를 거듭하고 있죠. 1993년 10월에 로마에서 바릴라Barilla 파스타 광고를 찍을 때였어요. 촬영지는 아름다운 광장이었고, 제라르 드파르디유Gérard Depardieu라는 스타와 함께였죠. 그는 같이 작업하기에 끝내주는 배우예요. 그리고 그 광고는 재미있었어요. DP는 토니노 델리 콜리Tonino Delli Colli였는데, 그는 「인터뷰」의 DP이기도 했어요. 그래서 오래전에 펠리니를 만날 때 그도 같이 만났죠. 그런데 그 광고에서는 그가 내 DP였어요. 그리고 그 광고의 프로덕션 매니저도 펠리니랑 일한 사람이었죠. 어느 날 두 사람이 얘기를 나누더니 나한테 말하더군요. "데이비드, 펠리니가 이탈리아 북부의 병원에 있었는데, 지금 여기 로마에 있는 병원으로 이송되고 있어요." 나는 그에게 인사를 하러 갈 수 있겠냐고 물었어요. 그러자 펠리니의 조카딸이 우리가 금요일 밤에 그를 방문할 수 있도록 계획을 짰어요. 우리는 금요일에 촬영을 마쳤어요. 밤이 되자 정말로 아름다운 황혼이 물들더군요. 나는 차에 탔고, 메리 스위니하고 다른 사람들도 같이 탔어요. 차가 꽉 찼죠. 병원에 갔는데, 병원 앞에는 사람들이 가득했어요. 노숙자들이 아니라, 환자들이 계단에 가득하더군요. 병원 실내도 정말로 북적거렸고요. 펠리니의 조카딸이 병원에서 나오더니 차 안으로 몸을 숙이고는 말했어요. "데이비드하고 토니노만 들어갈 수 있어요." 차에서 내려 그녀와 함께 걸어서 병원의 깊고 깊은 곳으로 갔어요. 결국, 우리는 복도들만 많을 뿐 사람은 아무도 없는 곳에 도착했어요. 우리는 기다란 복도를 따라가서 마침내 펠리니의 병실 문에 다다랐죠. 병실에 들어갔더니 일인용 침대 두 개가 있었고, 펠리니는 두 침대 사이에 놓인 휠체어에 앉아 바깥을 바라보고 있었어요. 옆에 있는 빈센초라는 저널리스트하고 얘기하고 있더군요. 토니노는 빈센초하고 아는 사이라서 두 사람은 얘기를 나누기 시작했어요. 그들은 나한테 의자를 갖다 줬고, 나는 간이 테이블이 딸린 펠리니의 휠체어 앞에 앉았죠. 그가 나의 손을 잡았어요. 그건 세상에서 가장 보기 좋은 광경이었을 거예요. 우리는 손을 붙잡고는 30분간 앉아 있었죠. 그는 내게 왕년에 대한 이런저런 이야기들을 들려줬어요. 상황이 어떻게 변해 왔고, 현재 상황이 그를 얼마나 우울하게 만드는지를요. 그가 말했어요. "데이비드, 옛날에는 내가 내려가서 커피를 따르면, 영화학도들이 찾아오고 그랬어. 그러면 우리는 얘기를 나눴고, 그들은 영화에 대해서라면 모르는 게 없었지. 그들은 TV는 보지 않았어. 극장에만 다녔지. 그렇게 우리는 커피를 앞에 놓고 근사한 대화를 나누곤 했어. 그런데 지금 내가 내려가면 거기엔 아무도 없어. 다들 TV만 보고, 예전에 그랬던 것처럼 영화 얘기를 하는 사람은 아무도 없어." 면회 시간이 끝나고 나는 자리에서 일어났어요. 그에게 세상이 그의 다음 영화를 기다리고 있다고 말한 뒤에 그곳을 떠났어요. 많은 시간이 지난 후에 빈센초를 만나서 얘기를 들었어요. 그날 밤에 내가 떠난 후에 펠리니가 나를 보고 "좋은 친구야."라고 말했다더군요. 그는 이틀 후에 혼수 상태가 됐고, 그렇게 세상을 떠났어요.

그런 식으로, 사건들은 일어나야만 하는 방식으로 일어난다고 생각해요. 나이를 먹어서 자신이 예전에 어떤 식으로 작업을 했었는지 떠올리고, 그걸 오늘날 벌어지고 있는 일들과 비교해 보면, 젊은 사람들에게 과거의 작업 방식을 설명할 엄두도 낼 수 없을 거예요. 젊은 사람들은 그런 데에는 눈곱만치도 신경을 쓰지 않으니까요. 삶은 계속 진행돼요. 요즘 같은 날들도 언젠가는 그들의 기억 속에만 남을 거예요. 그들도 젊은 사람들에게 자신의 왕년을 얘기하지 못할 거예요. 그게 세상의 이치예요. 펠리니가 그런 위치에 있었다고 생각해요. 이탈리아와 프랑스에는 영화의 황금기가 있었어요. 그리고 그 시절에 그는 영화의 제왕 중 한 명이었죠. 정말로 중요한, 영화에 정말로 중요한, 차원을 넘어설 정도로 중요한 제왕이요. 제기랄.

어둠의 이웃집

린

치는 머릿속에 아이디어들이 소장된 방대한 도서관을 갖고 있다. 그는 아이디어를 자주 떠올리는데, 그 첫 아이디어와 궁합이 잘 맞는 또 다른 아이디어가 떠오르면서 두 아이디어가 함께 불붙어 잠재력을 한껏 발휘할 때까지 그 아이디어를 선반에 보관해두곤 한다. 「트윈 픽스 영화판」을 촬영한 1991년의 마지막 밤에, 그는 불행한 결혼 생활을 하는 부부의 집 현관문에 충격적인 내용이 담긴 비디오테이프가 도착한다는 아이디어를 떠올렸다. 하지만 그 아이디어는 아직은 숙성되지 않은 상태였다. 그래서 그가 다른 작업을, 아주 많은 다른 작업을 하는 동안 그 아이디어는 그의 마음 뒤쪽에 놓여 있게 됐다. 1993년과 1994년 사이 린치는 광고를 여섯 편 연출했다. 가구를 만들었고, 프란츠 카프카의 『변신』을 원작 삼아 1950년대 중반의 동유럽을 배경으로 한 시나리오를 직접 쓴 다음 제작비를 조달하려고 애썼지만 실패했다. 그런 후에는 로버트 엥겔스와 공동으로 집필한 부조리극 코미디 「소의 꿈」이 있었다. 그 작품의 출발도 전혀 순조롭지 않았다.

린치는 1995년에 영화 탄생 100주년을 축하하는 뤼미에르 앤 컴퍼니Lumière and Com-pany에 참여하는 40명의 감독 중 한 명으로 초빙됐다. 참가자들은 뤼미에르 형제가 썼던 오리지널 카메라를 이용해서 단 하나의 숏으로 구성된 55초짜리 영화를 만들어달라는 요청을 받았다. 카메라가 발명된 19세기와 20세기 전환기의 상황을 모방하기 위해 작업에 제약이 가해졌다. 각 감독에게 허용된 테이크는 세 번뿐이었고, 인공 조명은 사용할 수 없었으며, 편집도 없어야 했다. 영화는 사실상 55초짜리 단일 숏이었다. "뤼미에르 프로젝트는 데이비드 린치의 초소형 프로젝트이지만, 그가 만든 그 어떤 장편 영화만큼이나 만족스럽게 감상할 수 있는 작품입니다." 닐 에델스테인이 린치의 「사악한 행위에 대한 예감Premonition Following an Evil Deed」의 제작에 대해 한 말이다. "게리 다미코Gary D'Amico는 손재주가 좋은 특수 효과 전문가죠. 라 튜나 캐년La Tuna Canyon의 어마어마하게 넓은 땅에 살고요. 정말 좋은 사람입니다. 그래서 우리는 게리의 집 앞마당에 세트를 지었죠. 그건 내가 태어나서 해본 일 중에 가장 재미있는 축에 속했습니다. 데이비드는 그 작업의 네다섯 부분을 동시에 주무르고 있었는데, 각각의 부분이 완벽하게 진행돼야만 했죠. 연출하는 데 큰 리스크가 따르는 영화였습니다. 우리 모두 이 쿨한 작품을 성사시키려고 온갖 애를 다 쓰면서도 어린애들처럼 킬킬거렸습니다.”

　린치의 영화는 이 프로젝트에 출품된 단편 40편 중에서 가장 야심 차고 성공적인 작품
으로 널리 인정받는다. “주최 측에서는 우리가 속임수를 썼다고 생각했습니다.” 그 영화의 세
련된 비주얼에 대한 다미코의 회상이다. 샌 페르난도 밸리에서 태어나고 자란 다미코는 19
세에 디즈니에 취직해서 바닥을 걸레질했다. 열심히 일해서 소품 부서에 들어간 그는 1980
년대 말에는 솜씨 좋은 특수 효과 전문가가 돼 있었다. 1993년에 디팍 나야르는 다미코에게
전화를 걸어 「방송 중」의 세트로 와달라고 했다. 나야르는 그에게 배관 부품들을 뱉어내는
기계를 만들어달라고 요청했다. “나는 그런 장치를 만들었고, 데이비드는 그걸 확인하려고
내 트레일러를 찾았습니다.” 다미코의 회상이다. “그런데 그는 내가 쓰는 장비들을 살펴보는
데 더 흥미를 보였습니다. 그는 기계의 작동원리에 관심이 많은 사람이거든요. 데이비드는
무슨 일이든 직접 해봐야 직성이 풀리는 스타일입니다. 물건을 만드는 일을 사랑하죠. 우리
가 만난 날, 그에게서 호기심이 많으면서 차분하고 대단히 예의 바른, 인도의 젖소처럼 과묵
한 사람이라는 인상을 받았습니다.”

　“그들이 뤼미에르 프로젝트를 준비하고 있을 때, 데이비드의 사무실에서 걸려온 전화를
받았습니다. ‘데이비드가 당신과 이 작품을 함께 작업하기를 원합니다.’라더군요. 날짜를 불
러주기에 말했습니다. ‘그날에는 광고 촬영이 예약돼 있어요. 그걸 취소할 수는 없어요.’ 그
의 어시스턴트가 고함치는 소리가 들렸습니다. ‘그 주에 광고가 잡혀 있어서 우리 작업은 할
수 없답니다.’ 그러자 데이비드가 말하더군요. ‘우리는 게리 없이는 그 일을 못 해.’ 그러고는
내가 복귀할 때까지 촬영을 미뤘습니다! 세상의 모든 감독은 촬영장에 있는 사람들을 대하
는 법을 배우러 데이비드 린치 학교에 다녀야만 합니다. 그는 철저한 프로이고 인간적으로
도 훌륭한 사람입니다. 업계에 그보다 더 훌륭한 사람은 없습니다.’”

　그 시기 동안 린치는 새 시나리오의 작업에도 착수했다. 1992년에 그는 배리 기포드가
쓴 『나이트 피플Night People』이라는 소설에 영화화 옵션을 걸었다. 그 책에 나오는 대사 몇 구
절이 그의 뇌리에 깊이 박혔다. 특히 두 구절은 그가 일찍이 1991년에 머릿속의 선반에 올려
놓았던, 미스터리한 비디오테이프에 대한 아이디어의 옆자리에 자리 잡는 듯했다. “데이비
드는 늘 그런 식으로 근사한 일을 해요.” 스위니는 말했다. “아무 상관도 없는 아이디어들을
가져다가 새로운 세계를 창조해내기 위해 그것들을 통합시키죠.”

　1995년 연초에 린치는 기포드에게 연락했다. “하루는 데이비드가 전화를 걸어서 이러더
군요. ‘배리, 당신이랑 같이 오리지널 영화를 만들었으면 해요. 내가 직접 제작비를 조달할
테니 같이 영화를 합시다.’ 그는 버클리에 있는 내 스튜디오로 왔습니다.” 기포드의 회상이
다. “그는 『나이트 피플』의 대사 두 개에 강한 인상을 받았다고 하더군요. 어떤 여자가 말하
는 ‘우리는 종잡을 수 없는 고속도로lost highway를 거칠게 달려가는 한 쌍의 아파치 인디언
들일 뿐이에요.’라는 대사하고, 미스터 에디Mr. Eddy가 말하는 ‘당신하고 저는, 선생님, 우리
는 말도 못 할 만큼 추잡한 개자식들일 수도 있습니다. 그렇지 않습니까?’라는 대사였어요.
그 두 대사가 우리의 출발점이었습니다.”

"데이비드는 근처의 호텔에 묵었습니다." 기포드는 계속 회상했다. "그는 매일 아침 7시 9분 전에 전화를 걸어서 말했습니다. '배리, 정확히 8분 30초 후에 거기에 갈게요.' 그러고는 8분 30초 후에 커다란 커피잔을 들고서 들어오곤 했습니다. 우리는 메모장에 마음에 드는 내용을 적으면서 2주를 보냈습니다. 데비 트루트닉이 우리가 긁적거린 글을 타자했죠."

「로스트 하이웨이」라는 제목이 달리게 된 시나리오 2고가 3월에 완성됐고, 6월 21일 날짜가 찍힌 촬영고는 석 달 후에 완성됐다. 「호텔 룸」 때 그랬던 것처럼, 「로스트 하이웨이」의 시나리오는 대단히 간략했다. 등장인물들의 대사를 통해서는 줄거리를 알 수가 없었고, 육체적인 동작은 신중하면서도 느릿느릿했다. 바람피우는 아내를 살해했을 수도 있고 그러지 않았을 수도 있는 어떤 남자의 이야기인 「로스트 하이웨이」는 편집증과 정체성 변경이라는 주제를 탐구하는 영화로, 린치가 만든 영화 중에서 가장 고전적인 방식을 따르는 누아르 영화다. 또한, 가장 난폭하면서도 음울한 영화이기도 하다.

「로스트 하이웨이」는 시비 2000과 린치의 제작사 에이시메트리컬이 공동 제작했다. 그런데 작품의 제작 초기에, 조니 시그바트손이 이 작품에 동참하는 데 관심을 보였다. 시그바트손은 1994년에 톰 로젠버그Tom Rosernberg와 테드 탄네바움Ted Tannebaum과 동업으로 제작사 레이크쇼어 엔터테인먼트Lakeshore Entertainment를 설립했다. 그는 이렇게 회상했다. "레이크쇼어에서 「로스트 하이웨이」를 만들고 싶어서 데이비드에게 제작비 6백만 달러를 제의했습니다. 그의 손에 수표를 쥐여 줬죠. 그런데 작업이 더 진척되기 전에 내가 말했습니다. '데이비드, 여배우 한 명이 두 개의 다른 캐릭터를 연기하고, 두 명의 남자 배우가 하나의 캐릭터를 연기하는 게 무슨 일인지 누구도 이해하지 못할 거예요.' 그는 말했습니다. '그게 무슨 뜻이죠? 명명백백하게 이해가 되잖아요!' 그 설정에 아무 문제가 없다는 그의 입장은 요지부동이었습니다. 그래서 레이크쇼어는 그 영화의 제작에서 손을 뗐습니다."

시나리오에 독특한 측면들이 있었음에도, 시비 2000은 엄청나게 투지 있는 모습을 보였다. 「로스트 하이웨이」는 일직선으로 흐르는 시간이라는 진실에 도전한다. 『뉴욕 타임스』의 재닛 마슬린Janet Maslin이 "다른 사람의 작품일 거라고 오해받을 일이 결코 없을 정교한 환각"이라고 요약했듯, 이는 일종의 실존적인 공포영화다. 10대 자동차 정비공으로 변신하는 아방가르드 재즈 색소폰 연주자와 포르노 스타로 변신하는 교외의 주부를 다룬 이야기는 잉마르 베리만의 「페르소나Persona」와 로버트 알트먼Robert Altman의 「세 여자3 Women」를 상기시키는, 놀랍도록 독창적인 영화다.

빌 풀먼Bill Pullman은 자신의 정체성을 팽개치고 새로운 정체성을 받아들이게 만드는 심리적 상태를 가리키는 심인성 둔주a psychogenic fugue에 시달리는 재즈 뮤지션 프레드 매디슨을 연기한다. 기억 상실증의 일종인 심인성 둔주는 현실이 감당할 수 없는 지경이 됐을 때, 마음이 자기 자신으로부터 스스로를 보호하기 위해 취하는 수단 중 하나다. 린치는 이 영화가 니콜 브라운 심슨Nicole Brown Simpson과 론 골드먼Ron Goldman의 살인 사건, 그리고 텔레비전으로 중계되며 그의 관심을 사로잡은 O.J. 심슨의 재판에서 부분적인 영감을 받았다고 밝혔다. 프레드 매디슨처럼, 심슨은 자신이 저지른 범죄에 자신은 공모한 적이 없다며 스스로를 설득한 듯 보였었다.

　사악하고 불길한 이야기가 담긴 영화였지만, 린치의 촬영장은 만족스러운 분위기였다. "데이비드를 만났을 때 가족을 만나고 있는 것 같다는 기분이 들었습니다." 풀먼의 회상이다. "우리는 함께 공명하며 윙윙거리는 소리굽쇠 같았습니다. 언젠가 우리가 촬영장에 있었을 때, 거기 있는 사람들 모두 같은 기분을 느끼고 있다는 걸 볼 수 있었습니다. 데이비드는 매일 그날의 작업에 대한 설명을 대단히 잘해서, 다들 자신들이 이 창조적인 작업을 함께하는 일부라고 느꼈어요. 나는 그의 유머 감각이 무척 좋았습니다. 그가 자신을 표현하는 방식이 대단히 친밀하게 느껴졌죠. 시골에서 자란 그의 이력 때문이었을 겁니다. 데이비드는 대지大地에 대한 풍부한 느낌을 갖고 있었고, 우리한테는 몬태나라는 지연地緣이 있었습니다. 그는 어렸을 때 조부모님과 함께 그곳에서 시간을 보냈었죠. 그의 아들 라일리는 우리 가족이 그곳에 가지고 있는 목장에서 일했었고요."

　"우리에게는 내가 연기하는 캐릭터를 부르는 약칭이 있었습니다." 풀먼의 회상은 계속됐다. "우리 중에 그걸 먼저 말한 사람이 누구인지는 모르겠지만, 그 약칭은 '가부키kabuki 연기를 한다.'였습니다. 어떤 신에서 일어나는 일이 복면이 관련된 제의祭儀적인 양식을 띠는 이해할 수 없는 미스터리 비슷한 것으로 변해간다는 뜻입니다. 가부키는 그 모든 걸 의미했습니다."[2]

　피트 데이튼으로 공동 출연한 배우는 J. 폴 게티(J. Paul Getty, 석유사업을 한 미국 사업가—옮긴이)의 증손자인 발타자 게티Balthazar Getty다. 그는 열네 살 때 해리 훅Harry Hook이 연출한 1990년작 「파리 대왕Lord of the Flies」으로 영화에 데뷔했다. 린치는 잡지에 실린 게티의 사진을 본 뒤 미팅을 하자고 전화를 걸었고, 게티는 「로스트 하이웨이」에 캐스팅됐다. "데이비드는 직관력이 굉장히 뛰어난 사람입니다. 그는 내가 그 배역에 맞는 적임자라는 걸 그때 미팅 자리에서 밝힌 거나 다름없었습니다." 그 미팅에 대해 게티가 한 말이다.

　"세상에 린치 영화에 대한 거시적인 영감을 가진 사람은 린치밖에 없습니다. 패트리샤 아퀘트Patricia Arquette와 나는 촬영 중에는 우리가 만들고 있는 영화가 어떤 종류의 영화인지조차 몰랐습니다." 게티는 회상을 계속했다. "내가 전혀 감도 잡지 못하던 영화를 마침내 봤는데, 지독하게 무서웠습니다. 패트리샤와 빌은 어두운 복도를 들락거리고, 사운드는 육중했죠. 사운드에 대한 언급은 시나리오를 초견할 때는 전혀 나오지 않았었습니다. 영화에 담긴 대단히 많은 요소가 다양한 해석에 열려 있었죠. 데이비드의 연출 테크닉 중 일부는 연기자들이 계속 추측을 하게 만든다는 겁니다. 그렇게 하면 촬영장에 특정한 분위기가 빚어지니까요."

　"데이비드는 프로덕션 디자인과 의상을 굉장히 꼼꼼하게 살폈습니다. 우리가 어떤 신의 촬영을 준비하는 동안 그가 세트를 꾸미고 있던 게 생각나네요." 게티는 덧붙였다. "방 모퉁이로 가더니 뭔가를 —내 생각에는 커피 원두 몇 알이었습니다— 카메라와 관객의 눈에는 절대로 보이지 않을 자리에 놓더군요. 그런데 데이비드에게는 그만의 촬영 절차가 있었고, 그래서 그는 거기에 그걸 놔둬야만 했습니다."[3]

　막 스물한 살이 됐을 때 「로스트 하이웨이」에 캐스팅된 게티에게 촬영은 어려움의 연속이었다. "촬영 초기에 피트가 부모님과 함께 집에 앉아 있는 신을 촬영했습니다. 나는 그들을 그냥 쳐다보기만 하기로 돼 있었죠." 게티의 회상이다. "우리는 테이크를 거듭했습니다. 결국, 열일곱 번째 테이크쯤 갔을 때 데이비드가 말하더군요. '점심 먹게 휴식합시다. 그러고 돌아오면 그때는 이 장면을 끝내게 될 겁니다.' 나는 완전히 넋이 나간 채로 내 트레일러로 돌아갔습니다. 데이비드는 다른 사람들로 하여금 그를 행복하게 만들어주고 싶다고 생각하도록 만드는 사람입니다. 그래서 나는 진심으로 울었습니다. 그 장면을 연기해내지 못할 거라고 생각하면서요. 그런데 점심시간에 그가 메모를 보내왔습니다. '어린애가 됐다고, 아버지가 너한테 말할 때 아버지 머리 주위에 벌새 한 마리가 짹짹거리면서 돌아다니는 게 보인다고 상상해 봐. 그러면 그 아이는 어떤 표정을 지을까? 태어나서 처음으로 불을 보는 기분은 어떨까? 너라면 어떤 종류의 경이와 놀라움을 느낄까?' 진짜로 엉뚱한 얘기였는데, 그게 효과가 있었어요. 점심을 먹은 후에 우리는 한 테이크만에 그 장면을 끝내고는 다음 장면 촬영에 들어갔습니다."

"패트리샤와 내가 호텔에서 만나는 신이 있었습니다. 그녀가 세운 강도 계획을 나한테 설명하는 내용이었죠." 린치의 연출 전략에 대해 게티는 계속 설명했다. "나는 그 신을 연기하느라 애를 먹고 있었습니다. 결국, 데이비드는 나보고 두 손을 깔고 앉으라고 지시했습니다. 나는 지시대로 새 신을 찍었죠. 배우들은 소통을 위해 두 손을 곧잘 사용합니다. 그래서 두 손을 깔고 앉은 나는 어쩔 도리 없이 내면의 더 깊은 곳으로 파고들어야 했어요. 순전히 표정 연기만으로 그 신 전체를 연기해야 했는데, 데이비드가 원한 게 그거였습니다."

풀먼도 도전적인 작업들을 해내야만 했다. 그중에는 성층권을 뚫고 나갈 것 같은 미친 듯한 색소폰 솔로 연주도 있었다. "안젤로가 음악을 작곡했고, 밥 셰퍼드^{Bob Sheppard}라는 세션 뮤지션이 그걸 연주할 사람으로 고용됐습니다." 풀먼의 회상이다. "데이비드가 말했어요. '이건 자네한테는 쉬운 일이 될 거야. 그걸 연주하는 사람하고 동작을 맞추기만 하면 될 테니까. 그 사람이 자네한테 연주하는 법을 보여줄 거야.' 밥에게 연락해서 말했습니다. '당신이 솔로 연주하는 모습을 녹화했으면 합니다.' 그랬더니 그는 '그런 식으로는 다시는 연주할 수 없어요.' 라더군요. 데이비드가 그와 같이 스튜디오에 있으면서 매 테이크가 끝날 때마다 이랬던 게 분명합니다. '더 미친 듯이 연주해요! 전체적인 분위기가 더 미쳐 날뛰는 분위기였으면 해요!' 그래서 그는 잔뜩 흥분한 상태가 돼서는 데이비드가 원하는 연주를 펼쳤습니다. 하지만 그는 이내 '다시 그 상태로 돌아가지는 못하겠어요. 그 상태로 돌아가고 싶지도 않고요. 이제부터 혼자 알아서 잘해 봐요.'라더군요. 그건 내가 태어나서 해본 일 중에 제일 어려운 일에 속했습니다. 그리고 그 장면을 연기해낸 후에 스태프들로부터 받은 갈채는 내 경력을 통틀어 가장 소중한 장면 중 하나예요."

「로스트 하이웨이」에는 프랭크 부스에 필적하는 등장인물이 한 명이 아니라 두 명이나 있다. 그중 한 명은 로버트 로지아^{Robert Loggia}가 연기한 위협적인 포르노 제작자 미스터 에디다. 풀먼은 1996년작 SF 블록버스터 「인디펜던스 데이^{Independence Day}」를 같이 촬영하던 로지아에게 「로스트 하이웨이」의 시나리오를 건넸다. 로지아는 시나리오를 보자마자 미스터 에디 캐릭터가 무척이나 마음에 들었다. 로지아는 영화에서 아주 재미있는 장면을 연출하기도 했다. 어느 운전사가 자신이 탄 차에 바짝 따라붙어 달린다는 현명치 못한 결정을 내리자, 미스터 에디는 자신의 차를 공성 망치battering ram처럼 사용해서는 자기 기분을 상하게 만든 운전사를 길가로 밀어붙인다. 그런 후 그는 그 운전자를 구타해서 피투성이 곤죽으로 만든다. 자신만의 스타일로 다른 차를 바짝 따라붙었을 때 따르는 위험에 대한 가르침을 베푼 것이다. 이것이 사악함의 경지에 이른 린치의 유머 감각이다.

에디와 맞먹을 만큼 섬뜩한 캐릭터는 로버트 블레이크Robert Blake가 연기한 미스터리 맨Mystery Man이다. 그는 아역 스타 출신으로, 자라고 나서는 리처드 브룩스Richard Brooks가 트루먼 카포티Truman Capote의 원작을 각색해서 만든 1967년 영화 「인 콜드 블러드In Cold Blood」에서의 연기를 통해 찬사를 얻었다. 블레이크는 무시무시한 분위기를 풍기면서도 겉으로는 무심해 보이는 연기를 통해 악惡이 우리의 일상생활에 얼마나 교묘하게 침투할 수 있는지를 전달한다. 블레이크의 캐릭터는 악이 초대받지 않은 채 우리에게 도착하는 일은 결코 없음을 강조한다. "당신이 나를 초대했잖아요." 미스터리 맨은 프레드 매디슨에게 말한다. "내가 원치 않는 곳에 가는 건 내 방식이 아니에요." 「로스트 하이웨이」가 공개되고 5년 후인 2001년, 블레이크는 아내 보니 리 베이클리Bonnie Lee Bakley를 살해했다는 혐의로 체포되어 기소됐다가 2005년에 무혐의로 풀려났다. 「로스트 하이웨이」는 블레이크가 마지막으로 연기한 영화이고, 리처드 프라이어Richard Pryor와 잭 낸스가 마지막으로 스크린에 등장한 영화이기도 하다.

린치가 소유한 두 주택과 이웃한 집의 소유주가 1994년에 사망하자, 그는 레코딩 스튜디오가 딸린 사운드스테이지로 개조할 계획으로 그 집을 매입했다. 「로스트 하이웨이」를 위한 장소 섭외가 시작될 무렵, 갓 매입한 그 세 번째 주택은 처참한 상태였다. 매디슨 저택—「로스트 하이웨이」의 주요 장소—으로 쓰기에 알맞은 곳을 찾는 데 실패하자, 제작진은 린치가 새로 매입한 주택을 임시 세트로 개조하기로 결정했다. 영화의 플롯에서 핵심적인 부분 중 일부는 매디슨 저택을 위주로 전개되는데, 거기에는 잘 묘사해봐야 수직과 수평으로 난 구멍들의 연결망이라고밖에 묘사할 수 없는, 파사드에 난 창문들과 어둠을 향해 이어지는 기다란 복도가 포함돼 있다.

"데이비드는 자신이 원하는 것에 대해 대단히 구체적인 심상을 갖고 있습니다." 플로리다주 포트 로더데일 출신으로 UCLA에 진학한 뒤, 1989년에 영화를 공부하러 LA에 왔던 어시스턴트 로케이션 매니저 제레미 알터Jeremy Alter는 말했다. "나는 거의 촬영 기간 내내 발타자 게티가 연기하는 캐릭터가 살 만한 집을 찾아다녔습니다. 데이비드의 요구는 이랬습니다. '주택 가까이에 마당들이 보이는 집을 원해. 왼쪽에는 차고가 있고, 널따란 거실과 서빙 공간이 있는 주방, 수영장은 없는 뒷마당, 주요 공간에서 뻗어 나간 복도, 오토바이를 들여놓을 만할 정도로 큰 침실이 있는 집을.' 내가 둘러본 주택이 150채는 될 겁니다."4

풀먼과 게티, 아퀘트, 로지아와 2주간 리허설을 한 후 "로버트 블레이크는 리허설이 필요 없었습니다."라고 린치는 말했다. 피터 데밍Peter Deming이 카메라를 잡은 가운데 린치의 저택에서 촬영이 시작됐다. 11월 29일이었다. AFI의 영화촬영 프로그램 졸업생인 데밍은 1992년에 「방송 중」의 에피소드 여섯 편과 「호텔 룸」의 에피소드 세 편 모두를 촬영하면서 린치의 궤도에 진입했다. 「로스트 하이웨이」는 두 사람이 함께 만든 첫 장편 영화로, 데밍은 이후로 꾸준히 린치와 작업했다.

"시나리오를 읽어봤습니다. 첫날 촬영은 매디슨 저택의 낮 신이었죠." 데밍의 회상이다. "조명을 설치했습니다. 그런데 데이비드는 첫 리허설을 본 뒤에 스태프들을 향해 '처음부터 다시 해야겠어요.'라고 말했습니다. 페이지에 적힌 단어들만 보고서는 그 신이 어떻게 전개될지를 알 수가 없었거든요. 그 신의 대사는 지극히 평범했지만, 거기에는 엄청난 긴장감이 배어 있었습니다. 데이비드에게는 언제나 적은 게 많은 겁니다. 그리고 대사와 관련해서, 그는 사람들이 대사를 말하는 중에 멈칫거리게 만들면서 지극히 적은 대사로도 대단히 많은 일을 해냅니다. 우리는 그다지 많은 말이 오가지 않는 단순한 대화를 촬영하고 있었지만, 두 캐릭터 사이의 분위기는 믿기 어려울 정도로 강렬했습니다."[5]

데밍이 학습한 린치의 스타일 중 핵심적인 부분은 조명과 관련이 있었다. 조명은 린치의 비주얼 스타일의 중요한 요소다. "데이비드는 몇몇 야간 신들이 ─실내 장면들조차─ 무척 어두워 보이기를 원했습니다. 그래서 우리 사이에는 어둠에 대한 농담이 생길 정도였죠. 우리는 어둠의 등급을 만들어냈습니다." 데밍은 말했다. "그는 '이건 어둠의 이웃집 등급이야.' 같은 말을 했습니다. 발타자가 연기하는 캐릭터가 밤에 외출하러 나가면서 거실에 있는 부모님을 지나치는데, 부모님이 '앉아라, 얘기 좀 해야겠다.'라고 말하는 신이 있습니다. 거실에 램프 두 개가 있었습니다. 그런데 세트에 온 데이비드가 '저 램프들은 왜 켜진 거야?'라고 묻더군요. 나는 '캐릭터들이 거실에 있잖아요. 그들이 어두운 데 앉기를 원하는 건 아니죠, 그렇죠?'라고 대꾸했습니다. 그런데 그건 데이비드 린치에게 물어보기에는 멍청한 질문이었죠. 그는 말했습니다. '그건 아니지. 그런데 그들은 여기에서 빛을 받으면서 있으면 안 돼. 이 거실의 조명은 집 밖에 있는 현관 불빛이어야 해.' 그래서 우리는 모든 걸 뜯어낸 뒤에 주택 앞쪽에 달린 전등 하나로 다시 조명을 쳤습니다."

영화의 프로듀서는 스위니와 톰 스텐버그Tom Stenberg, 디팍 나야르였다. 나야르는 캘리포니아 남부에 있는 도시인 다우니에서 진행한 야간 촬영을 생생히 기억한다. "우리는 널따란 거리를 장악했습니다. 차들을 동원해서 스턴트 장면을 찍느라 모든 게 밖에 나와 있었죠." 그는 회상했다. "촬영이 있던 저녁 여섯 시에 피터 데밍에게서 비가 오고 있다는 전화를 받았습니다. 우리는 그날 밤에 촬영하려던 신의 앞과 뒤 신을 이미 찍어둔 상태였습니다. 그런데 그 신들에서는 비가 내리지 않았죠. 그래서 데이비드에게 전화를 걸어 말했습니다. '오늘은 우리 촬영 중에 제일 규모가 큰 날에 속합니다. 이 촬영에 들어간 돈이 어마어마해요. 그래서 오늘 밤에 촬영을 강행해야만 합니다. 이 장면을 실내에서 찍을 수 있을까요?' 그는 즉시 대답했습니다. '아니. 실외에서 촬영할 거야. 호스 두 개하고 잘생긴 청년 두 명, 예쁘장한 아가씨 두 명을 구해줘. 내가 촬영장에 도착할 때 그들을 거기에 데려다 놓고.' 데이비드는 이 네 젊은이가 호스를 갖고 장난을 치면서 서로를 젖게 만든다는 멋들어진 아이디어를 내놨습니다. 그래서 그 장면에 보이는 물기는 하늘에서 내린 게 아니라 호스에서 나온 물기처럼 보였습니다."

지금은 자명해 보이겠지만, 린치와 같이 작업했던 사람들은 하나같이 곧바로 결정을 내리는 린치의 능력에 감탄한다. 그 사람들에는 이런 회상을 한 데밍도 포함된다. "촬영 마지막 날은 다 쓰러져가는 판잣집이 등장하는 사막 신이었습니다. 데이비드가 패티 노리스를 보면서 '판잣집은 어떻게 되는 거죠?'라고 물었을 때 우리는 사실상 촬영을 끝낸 상태였습니다. 그녀는 '내일 미술부가 해체할 거예요.'라고 말했고, 그러자 데이비드는 '폭파해서 날려버릴 수는 없을까요?'라고 물었죠. 그녀가 깔깔거리자 데이비드는 '진심으로 하는 말이에요. 폭파시킬 수 있을까요?'라고 물었습니다. 그러고는 게리 다미코에게 전화를 걸어 말했죠. '가솔린 좀 갖고 있어요, 게리?' 게리는 '이런, 데이비드, 그런 얘기는 일찍 했어야죠. 나한테 그 작업을 하는 데 필요한 것들이 있는지는 확실치가 않아요.' 그런 후 게리는 필요한 것들을 찾는 작업에 착수했고, 얼마 안 있어 그는 판잣집에 가솔린 폭발물을 심고 있었습니다."

다미코도 동의했다. "데이비드는 마술사처럼 모자에서 많은 물건을 꺼내는 사람이죠. 그가 판잣집을 날릴 때, 나는 엄청난 폭발이 일어날 거라고 예상했었어요. 그런데 바람이 너무 거세게 부는 바람에 잔해들을 바깥쪽으로 힘껏 날려버리는 식으로 폭파를 하기가 어려웠죠. 그래서 그 건물은 힌덴부르크(Hindenburg, 1937년에 전소한 비행선—옮긴이) 비슷하게 타버렸습니다. 내 계획은 그게 아니었지만, 내가 버튼을 누르자마자 데이비드가 말하더군요. '평생 본 것 중에 제일 아름다운 광경이군요.'"

촬영은 이듬해 2월 22일까지 계속됐다. 상대적으로 긴 촬영이었다. "그런 식의 촬영은 끝나게 될 날을 고대하는 게 보통입니다. 진이 빠지거든요." 데밍은 말했다. "그런데 촬영을 종료했을 때 모두 슬퍼했습니다. 데이비드랑 작업하는 건 그토록 재미있는 모험이었죠. 날마다 사람들을 깜짝 놀라게 만드는 일이 있었고, 데이비드는 그런 일들을 벌이면서 사람들을 도전으로 이끌었죠."

"데이비드가 제일 행복해하는 때는 촬영하고 있을 때예요." 스위니는 말했다. "그가 머릿속에 품고 있던 영감을 실현하도록 도와주는 대형 장비를 확보한 거랑 비슷한 일이니까요." 린치는 서두르지 않고 여유롭게 「로스트 하이웨이」의 작업에 임했다. 본 촬영이 종료된 후, 영화는 몇 달간의 포스트프로덕션 작업에 들어갔다. "당시는 어떤 작품을 잉태하는 기간이 그만큼 길 수도 있었어요. 영광스러운 시대였죠." 스위니는 말했다. "「로스트 하이웨이」의 포스트프로덕션은 여섯 달이나 이어졌어요. 오늘날에는 도무지 상상할 수 없을 만큼 긴 기간이죠. 우리의 두 번째 집은 작업하는 사람들로 북적거렸고, 맨 위층은 벤치들 천지인 데다 어시스턴트들이 사방을 뛰어다니고 있었어요."

"우리는 후반 작업을 하면서 보낸 네다섯 달 동안 금요일 밤마다 칵테일 파티를 열었어요." 그녀의 말은 계속됐다. "마릴린 맨슨Marilyn Manson이 왔었고, 몬티 몽고메리, 시비의 영업 에이전트들도 왔죠. 파티에 대한 소문이 퍼졌고, 사람들은 꾸준히 다른 사람들을 데려왔어요. 한밤중에 적포도주가 넘쳐흘렀고 담배 연기가 자욱했죠. 데이비드는 이런저런 얘기로 모두를 즐겁게 해줬고요."

1995년에, 린치의 유일한 손주 시드 린치^{Syd Lynch}가 태어나면서 린치 가족의 식구가 늘었다. "아빠는 많은 면에서 나한테 극도로 너그러운 분이셨어요. 아빠야말로 내가 내 딸을 낳을 수 있었던 이유였어요." 제니퍼 린치는 말했다. "임신을 했는데, 도대체 어떻게 해야 할지를 몰랐어요. 그런데 내가 아이를 갖지 말아야 할 그럴듯한 이유가 없더라고요. 아빠는 도와주겠다고 말씀하셨고요. 아빠는 실제로 그렇게 해주셨어요." 린치는 가정을 비운 아버지 같은 존재다―고등학교 학예회에서는 그의 모습을 보지 못할 가능성이 크다. 하지만 그는 자녀들이 그를 정말로 필요로 할 때 자녀들을 위해 모습을 나타내는 사람이다.

1996년 12월 30일에 린치는 가족이나 마찬가지인 사람을 잃었다. 53세였던 잭 낸스가 기이한 상황에서 숨을 거둔 것이다. 1980년대와 1990년대 초반을 맨정신으로 보냈던 알코올 의존자 낸스의 인생은 여섯 달간 결혼 생활을 했던 아내 켈리 진 반 다이크-낸스^{Kelly Jean Van Dyke-Nance}가 자살하면서 암흑기에 접어들었다. 낸스는 LA의 도넛 가게 앞에서 두 남자와 시비가 붙었다가 두부 손상으로 사망했다. 경찰은 그의 죽음을 살인 사건으로 보고 수사했지만, 체포된 사람은 아무도 없었다. 「이레이저 헤드」부터 「로스트 하이웨이」까지, 린치의 작품에서 낸스는 독특하고 자극적인 양념 같은 존재였다(그는 「엘리펀트 맨」을 제외한 린치의 모든 작품에 출연했다). 그래서 그의 때 이른 사망은 린치에게 상당한 상실감을 안겨줬다.

1997년 2월 21일 옥토버 필름스October Films가 배급한 「로스트 하이웨이」가 미국에서 개봉됐다. 하지만 박스 오피스 성적은 좋지 못했다. 린치의 작품이 보통 그랬듯, 영화의 장점에 대한 평론가들의 견해는 갈렸다. 『뉴스위크』의 잭 크롤^{Jack Kroll}은 "린치는 다른 사람의 꿈 얘기를 듣는 게 얼마나 지루한 일인지 잊어버렸다."라고 말한 반면, 『필름 쓰렛Film Threat』은 「로스트 하이웨이」가 "인간의 정신적 질환들을 들여다보는 대단히 매혹적인 시선"이라고 찬사를 보냈고 『롤링 스톤Rolling Stone』은 그 영화를 "여태껏 만들어진 최고의 데이비드 린치 영화"라고 요약했다. 린치라는 주제에 중립적인 태도를 취하는 사람은 아무도 없었다.

그래도 그의 실력만큼은 알아줘야 했다. 린치는 「로스트 하이웨이」를 만들기로 했을 때 평론가들의 시험대에 올라 있었다. 그런데도 그는 작품을 향해 돌진해서 그의 경력에서 가장 불가해하고 난해한 영화 중 하나로 밝혀질 작품을 내놓았다. 러닝 타임이 두 시간 15분인 이 영화는 관객 친화적인 영화가 아니다. 무자비할 정도로 어둡고, 쉬운 설명을 허용하지 않는 분절되고 비선형非線型적인 플롯을 가졌으며, 그를 여성 혐오자라는 비난에 노출시킨 정사 장면들이 들어 있는 「로스트 하이웨이」는 일종의 독립선언서다. 평론가들은 「트윈 픽스 영화판」을 좋아하지 않았다. 그런데 린치는 「로스트 하이웨이」를 내놓음으로써 자신이 영화계의 여론에 부응하는 영화를 만들지 않음을, 대신에 자신의 상상력이라는 더 권위 있는 존재에 화답하고 있음을 상기시켰다. 작가 데이비드 포스터 윌러스는 『프리미어^{Premiere}』 잡지를 위해 「로스트 하이웨이」의 촬영 현장 취재 기사를 쓰면서 데이비드 린치가 "자신의 명성을 회복할 수 있을지에 대해 눈곱만치라도 관심이 있는지"에 대해 의문을 제기했다. "…

—린치 자신과 비슷한, 그의 작품과 비슷한— 이런 태도는 내 눈에는 대단히 숭고해서 감탄을 불러일으키는 모습이자 일종의 정신 나간 상태로 보인다."[6]

늘 그랬듯 린치는 영화 작업 말고도 할 일이 많았다. 1996년에 그는 일본의 네 곳에서 미술 전시회를 했고, 이듬해에는 제2의 고향이나 다름없게 된 도시인 파리의 갈레리 필처 Galerie Piltzer에서 전시회를 열었다. 그가 이 당시 창작한 그림들은 강렬하고 충격적이었다. 1996년작인 〈일곱 개의 눈이 달린 바위Rock with Seven Eyes〉에서는 눈 일곱 개가 무작위로 배치된 검은색 타원이 겨자색 벌판 위를 맴돈다. 이 눈들은 자의식의 초상으로도, 또는 UFO나 블랙홀로도 읽을 수 있다. 1994년부터 1996년까지 작업한 〈내 머리는 단절됐다My Head is Discon-nected〉에서, 어떤 남성의 형체는 자기 머리가 정육면체에 둘러싸여 떠내려가는 동안 감상자에게 손을 흔든다. 린치의 영화들에서 이따금 모습을 드러내는 행복의 파랑새들은 그의 다른 시각 예술 작품에는 좀처럼 등장하지 않는다.

1997년 4월에 이탈리아 밀라노에서 열린 국제가구박람회Salone del Mobile에서 스위스 회사 카사노스트라Casanostra는 소규모 시리즈로 기획한 린치의 가구 컬렉션을 선보였다. 판매 가격은 천오백 달러에서 2천 달러 사이였다. 바우하우스Bauhaus와 피에르 샤로Pierre Chareau, 리하르트 노이트라Richard Neutra, 찰스 임스Charles Eames를 비롯한 다양한 출처에서 영감을 받은 린치의 가구들은 실용적인 가구라기보다는 조각품에 가까웠다. 그는 대다수 테이블은 지나치게 크고 지나치게 높아서 "불쾌한 정신적 활동"을 초래한다고 생각한다. 그래서 (1992년에 디자인된) 그의 에스프레소 테이블과 스틸 블록 테이블Steel Block Table의 표면은 커피잔 하나나 재떨이 하나를 놓으면 꽉 찰 정도로 작다.

린치의 가구가 이탈리아의 전시장에 다다랐을 무렵, 그가 시비 2000과 체결한 계약은 엉망진창이 돼버렸다. "데이비드에게는 흔치 않은 계약이었어요. 데이비드를 구속하는 조항이 없다시피 했거든요." 스위니는 회상했다. "그 계약은 창의성과 관련된 요소들의 철저한 자유를 보장하고 있었어요. 그런데 실제로는 창작 허가로 이어지는 길을 가는 동안 온갖 채점자들을 다 만나야 했죠. 우리는 그 모든 관문을 확실하게 통과하기 위해 변호사들과 함께 정신 바짝 차리고 작업을 했어요. 그런데 「트윈 픽스 영화판」과 「로스트 하이웨이」 사이에 프랑시스 부이그가 사망한 이후로 상황은 계속 내리막길을 걸었죠."

"데이비드는 페이-오어-플레이(pay-or-play, 배우나 감독 같은 계약 당사자가 귀책 사유 없이 계약에서 풀릴 경우, 그 사람에게 본래 약속한 보수를 지급 보장하는 내용의 계약—옮긴이)로 영화 세 편을 계약했어요. 그런데 프랑시스가 사망했을 때는 아직 영화 한 편만 만들어진 상태였죠. 1997년에 그들은 우리가 계약 조건들을, 그러니까 우리가 명확하게 계약서에 담아내려고 온갖 신경을 다 썼던 조항들을 우리가 위반했다고 주장했어요." 스위니는 회상을 계속했다. "그들은 데이비드가 자기들한테 두 번째 영화와 세 번째 영화를 빚지고 있다고 했죠. 그래서 자신들이 데이비드에게 수백만 달러를 지불하지 않아도 된다는 거예요. 우리는 계약 진행 과정 전체를 뚜렷하게 보여주는 일련의 문서들을 갖고 있었어요. 소송은 로스앤젤레스에서 시작됐지만, 그들은 어찌어찌 프랑스를 소송 관할지로 만들었고, 데이비드의 뛰어난 변호사 조지 헤지스는 이 문제가 해결될 때까지 프랑스 법원이 회사의 자산을 동결시키게 만들었죠. 그래서 시비 2000은 그 소송에 대해 합의를 해줄 수밖에 없었어요."

영화 사업에 수반되는 이런 종류의 불화들을 보면서 린치는 자신이 가장 좋아하는 작업 방식을 떠올렸다. 그의 취향을 감안할 때, 그는 스튜디오에서 홀로 작업하는 편이, —영화가 됐건 그림이 됐건— 예술 작품의 모든 부분을 혼자서 직접 만들어내는 편이 더 좋았다. 그는 한동안 집에 머무르면서 영화 대신 음반을 만들기로 했다.

린치의 홈 레코딩 스튜디오는 1997년 연말에 가동될 준비를 마쳤고, 뮤지션 겸 엔지니어 존 네프John Neff가 그곳의 운영을 위해 합류했다. 1998년 8월 25일, 린치는 영국 뮤지션 조슬린 웨스트Jocelyn West와 함께 《룩스 비벤스Lux Vivens(Living Light)》를 발표했다. 린치는 그보다 2년 전에 —당시에 몬티 몽고메리와 결혼하면서 이름을 조슬린 몽고메리로 바꾼— 웨스트를 만났었다. 당시 그는 바달라멘티와 뉴욕의 레코딩 스튜디오에서 작업 중이었는데, 그녀가 그를 만나러 거기에 들른 거였다. 그녀는 거기서 일곱 시간을 머물면서 린치가 스튜디오 주인 아티 폴헤무스Arite Polhemus의 아내인 에스텔 레빗Estelle Levitt과 함께 쓴 곡 〈그리고 여전히And Still〉을 위한 보컬을 녹음했다. 린치와 웨스트는 공동 작업을 잘 해냈고, 스튜디오 작업이 끝나자 린치는 같이 작업을 하자며 웨스트를 초빙했다. 《룩스 비벤스》의 음악은 12세기 독일의 예술가이자 작곡가로, 종교적인 환영을 본 베네딕트회 수녀원장 힐데가르트 폰 빙엔Hildegard von Bingen이 쓴 운문이 원작이다. 그녀의 작품들은 대체로 단성 선율로 구성돼 있다.

웨스트와 함께한 작업을 마무리한 지 얼마 되지 않아, 린치는 그에게 영감을 준 또 다른 가수를 만났다. 1978년에 텍사스에서 태어난 크리스타 벨Chrysta Bell은 10대 시절에 이미 집시 스윙밴드 8 1/2 수브니어스8 1/2 Souvenirs의 리드 보컬로 활동했다. 그녀는 열아홉 살 때는 세상에 록 밴드 포리너Foreigner를 안겨준 음악 산업의 거물 버드 프레이저Bud Prager의 매니지먼트를 받으며 솔로로 활동했다. 프레이저는 브라이언 로욱스를 만났고, 크리스타 벨의 데모 테이프를 들은 로욱스는 그녀와 린치가 작업하면 좋은 결과가 나올 것 같다고 말했다.

"몇 주 후에 데이비드의 스튜디오에서 그를 만났어요." 크리스타 벨은 말했다. "노크를 했더니 데이비드가 문을 열었어요. 입에 담배를 물고 있었고, 특유의 헤어스타일에, 흰색 셔츠는 절반쯤 삐져나왔고, 카키 바지에는 물감이 튀어 있었어요. 그는 나를 포옹하고는 '크리스타 벨!'이라고 말했어요. 나를 그 정도로 따스하게 맞아줄 거라고는 예상하지 못했어요. 그는 나를 정말로 잘 도와줬어요."

"첫 미팅은 몇 시간 동안 계속됐어요. 데이비드를 위해 〈나는 누군가를 간절히 원해요I Want Someone Badly〉라는 노래의 데모를 부르자 그가 말했어요. '당신 목소리가 정말 마음에 들어요.' 그러더니 그는 작업해둔 몇 곡을 틀었고, 아래층으로 내려갔다가 자신이 쓴 가사들을 갖고 돌아왔어요. 데이비드한테는 곡의 뼈대와 가사가 있었어요. 내가 할 일은 그것들을 함께 묶어줄 멜로디를 내놓는 거였죠. 우리는 그날 〈당신에게 곧장Right Down to You〉이라는 노래를 녹음했어요. 그날이 끝날 때 데이비드가 말했어요. '음반사를 하나 시작할까 생각하고 있어요. 당신하고 더 많은 음악을 만들었으면 싶군요.' 나는 RCA하고 계약이 돼 있다고 말했고, 그걸로 상황은 끝난 것처럼 보였어요."[7]

나중에 밝혀졌듯, 크리스타 벨과 린치의 작업은 그걸로 끝나지 않았다. 하지만 그들의 파트너십이 제대로 된 궤도에 오르기까지는 한참 걸렸다. 그때부터 린치는 다른 일들로 정신없이 바빠질 참이었기 때문이다.

영화를 작업하지 않을 때 '아아, 지금은 영화 일을 하고 있어야 하는데.'라면서 불안해하지는 않아요. 그런 일은 없죠. 창작욕이 생기면서 불타오를 때는 다른 뭔가를 만들지만, 아무 생각도 떠오르지 않거나 특별한 아이디어가 없을 때, 아니면 그림과 관련된 아이디어들이 잔뜩 있을 때는 그림 작업을 해요. 내가 또 다른 영화 아이디어를 얻기까지는 한참이 걸렸어요. 여러 해 동안 영화에 맞는 아이디어가 없었어요. 그리고 그동안 내 눈앞에서 영화계가 바뀌는 모습을 목격했죠. 디지털 전환이 일어나고 있었어요. 사람들은 시네마cinema에 관심이 없었고, 예술 영화관들은 전염병에 걸린 것처럼 죽어가고 있었죠. 결국, 앞으로는 세상에서 극장이 사라질 거고, 사람들은 컴퓨터나 핸드폰으로 필름(film, cinema가 '움직임'을 뜻하는 그리스어에서 유래한 용어로서 '활동사진'이라는 뜻을 가진 반면, film은 활동사진이 고착된 매체를 가리킨다—옮긴이)을 보겠죠.

당시에는 많은 일이 벌어지고 있었고, 나는 사람들과 많은 일을 상의해야 했죠. 사람들이 찾아와서 이런저런 것들을 물었고, 그러면 나는 "오케이."라고 대답했어요. 내가 굳이 참여하고 싶지 않던 일에 대해서도요. 사람들은 그냥 내가 자기들 작업에 참여해주기를 원했어요. 내가 그런 짓을 그만둘 수 있었던 게 학습을 통해서였는지는 모르겠어요. 아마도 그랬던 것 같아요. 내 몸은 하나뿐이라서, 많은 일을 거절해야 했어요.

1995년에 뤼미에르 앤 컴퍼니가 전화를 걸어왔어요. 전 세계의 감독 40명에게 나무와 유리, 황동으로 만들어진 뤼미에르 형제의 오리지널 카메라를 이용해 단편 영화를 만들어달라고 요청하는 중이라고 하더군요. 55초 분량의 필름이 들어가는 작은 나무 필름통magazine이 달린, 손으로 크랭크를 돌리는 카메라였어요. 멋진 프로젝트라고 생각했지만, 아이디어가 하나도 없었죠. 그러다가 목공실에서 살해당한 사람에 대한 아이디어가 떠올랐어요. 그 아이디어가 떠올랐을 때 그린 그림을 지금도 갖고 있어요. 이후에 우리는 그 작품을 꽤 빨리 작업했죠. 게리 다미코의 집 마당에 30미터 길이의 돌리 트랙dolly track을 깔았어요. 특수 효과 엔지니어 빅 필 슬론Big Phil

Sloan이 그걸 움직였죠. 그리고 게리하고 같이 일하는 또 다른 필Phil이 카메라를 덮는 커다란 상자를 만들었고요. 와이어를 당기면 상자에 달린 문이 활짝 열리면서 촬영을 할 수 있었어요. 그러고 나서 다시 와이어를 당기면 문이 순식간에 쾅 닫혔고, 돌리에 놓인 카메라는 다음 세트로 이동했죠. 들판에 놓인 시체의 숏, 카우치에 앉은 여자 숏, 흰색 옷을 입은 여성 두 명과 사슴 한 마리가 있는 숏, 게리가 만든 커다란 물탱크에 여성의 나체가 담긴 숏, 그리고 몽둥이 비슷한 걸 들고 주위를 돌아다니는 남자 몇 명이 출현하는 숏이 있었어요. 그러다가 연기를 뚫고 지나간 카메라가 불붙어 타오르는 종이에 다다르면 마지막 세트가 드러나요. 단 1초도 어긋나서는 안 되는 일이었어요. 이 모든 변화를 일으키는 데 주어진 시간은 55초밖에 없었고요. 스릴 넘치는 일이었어요. 어떤 프랑스인이 카메라의 크랭크를 돌릴 권한을 갖고 있었어요. 그 사람은 어디를 가건 카메라를 갖고 다녔죠. 우리는 돌리에 여섯 명인가 일곱 명을 붙였죠. 촬영장에는 백 명쯤 되는 사람들이 있었는데, 다들 각자 맡은 일이 있었어요. 탱크에 들어 있던 돈 살체도Dawn Salcedo라는 여자는 정말로 대단한 일을 해냈어요. 무척 오랫동안 숨을 참고 있어야 했죠. 모든 게 정확한 타이밍에 일어나야 했고, 그녀는 우리가 탱크에 도착할 때까지 탱크 안에서 숨을 참고 있어야만 했어요. 영화가 시작되면 카우치에 앉은 채 불길한 예감을 느끼는 여자가 있어요. 그 숏을 찍자마자 사람들이 그 세트에 들어가서 카우치를 가져다 마지막 세트로 옮겨야 했죠. 진짜 재미있었어요.

「트윈 픽스 영화판」을 내놓은 다음, 나는 「헛된 사랑Love in Vain」이라는 영화를 진행하려고 애쓰고 있었어요. 브루클린 출신의 앨런 그린버그Alan Greenberg라는 사람이 쓴, 내가 오래전에 읽은 시나리오가 원작인 작품이었어요. 2012년에 『헛된 사랑: 로버트 존슨의 비전Love in Vain: A Vision of Robert Johnson』이라는 책으로 나왔어요. 하지만 책보다는 시나리오가 먼저였어요. 뉴욕 출신의 이 유대인은 흑인의 정서를 아주 잘 담아낸 이야기를 썼어요. 그에게 편지를 보내 시나리오가 무척 마음에 든다고 말했어요. 그는 이후로 몇 년간 프로듀서들과 함께 몇 차례 나를 찾아왔지만, 그 작품은 성사되지 못했죠. 그 작품은 로버트 존슨(Robert Johnson, 후대의 많은 록 뮤지션에게 영감을 준 블루스 기타리스트 겸 싱어송라이터―옮긴이)의 노래 〈교차로들crossroads〉에 대한 이야기로, 미국 남부를 공간적 배경으로 한 추상적인 역사극이었어요. 세상에는 흑인들과 그들의 세계가 있는데, 백인들은 그 세계를 결코 알아낼 수 없다는 내용이었어요. 대단한 작품이에요. 음악과 섹스, 스터노(Sterno, 고체 연료 브랜드―옮긴이), 토끼의 발, 소나무 숲, 싸구려 술집, 재분 공장, 위급하다고 외치는 사람들이 들어 있었어요. 거기서는 흑인들이 면화를 따면서 보낸 일과는 중요하지 않아요. 중요한 건 면화 따기를 마친 후에 일어나는 일들이에요. 정말로 아름다워요. 이 자그마한 헛간들과 여성들, 그리고 그들이 말하지 않고도 의사를 소통하는 방식과 음악이 발휘하는 마법들이요. 로버트 존슨이 교차로에서 악마를 만나기 전까지는 기타를 연주하지 못했다는, 악마를 만나고 나서야 미친 사람처럼 기타를 연주할 수 있었다는 통념이 있어요. 어느 날 그는 어떤 남자의 집에서 열린 파티에서 기타를 연주해달라는 요청을 받았어요. 파티는 계속 진행됐고, 그가 연주하는 동안 집주인의 아내는 술에 취해갔죠. 그녀는 그에게 술을 갖다 주면서 자기 몸을 그에게 비벼댔어요. 그렇게 로버트도 술에 취해갔죠. 자기 아내가 하는 짓을 본 남편은 로버트의 술에 독을 탔고, 로버트 존슨은 풀밭에서 고통스럽게 몸부림치다가 죽었어요.

그즈음에 나는 「소의 꿈」도 만들어보려고 애쓰고 있었어요. 「소의 꿈」은 오해와 멍청함을 다룬 작품이라는 점에서 「침 거품 하나」와 같은 영역에 속하지만, 「침 거품 하나」는 더 정상적이고, 보고 나면 기분이 좋아지는 영화에 속하죠. 「소의 꿈」은 부조리 코미디예요. 시나리오를 쓰는 데 무척 많은 작업이 필요했지만, 거기에는 내가 진짜 좋아하는 요소들이 들어 있었어요. 해리 딘과 나는 이 영화에 끌어들이고 싶었던 말론 브란도Marlon Brando를 찾아갔어요. 하지만 브란도는 그 작품을 싫어했어요. 그는 내 눈을 똑바로 쳐다보면서 말했어요. "이건 가식적인 헛소리요." 그러면서 그는 짠물에서 자라는 풀로 만든 쿠키 얘기를 시작하더군요. 그걸 홍보하고 싶어 했어요. 그런 후에는 자신이 만들고 싶은 자동차 얘길 했죠. 이러저러한 풀을 처리해서 연료로 만드는 주머니가 달린 차, 그러니까 풀을 소화할 수 있는 차에 관한 얘기요. 말론이 우리를 놀려먹는 건지, 진담으로 그러는 건지 전혀 알 수가 없었어요.

말론의 대단한 점은 세상 그 어떤 것에도 손톱만큼도 신경 쓰지 않았다는 거예요. 어느 사업에서건 못된 짓들이 벌어지기 마련이지만, 영화라는 사업에는 유별난 뭔가가 있어요. 자존심에서 비롯된 허튼짓과 거짓말과 배신이 널려 있죠. 그런 걸 보면 그 바닥에 있으니 차라리 다른 일을 하고 싶다는 생각을 하게 되죠. 확실한 건, 영화계의 비뚤어진 느낌을 실제로 풍기는 사람이 있다면, 브란도가 딱 그런 사람이라는 거예요. 그는 한동안은 정정당당하게 살았죠. 그런데 그렇게 살면서 몸이 나빠진 탓에 더는 그렇게 살 수가 없었어요. 그러다가 그저 재미만 보면서 살고 싶어 하는 지경에 이르렀죠. 기이한 방식으로요. 나도 그가 재미를 보고 있다고 생각했어요. 그리고 그와 얘기하는 건 재미있는 일이었어요. 그때가 그가 「래리 킹 쇼The Larry King Show」에 출연해서 래리 킹에게 입을 맞춘 무렵이었어요.

그는 여기 우리 집에 두 번 왔어요. 한번은 혼자서 왔더라고요. 직접 차를 운전했던 것 같아요. 그거 알아요? 그의 존재감은 엄청나죠. 집에 들어온 그는 말 그대로 브란도 그 자체였어요. 그 때문에 나는 약간 초조해졌죠. 그가 왜 왔는지, 우리가 무슨 일을 해야 할지 몰랐으니까요. 그에게 커피를 대접하려고 했지만, 그는 자리에 앉자마자 "그래, 먹을 것 좀 있나요?"라고 묻더군요. 머릿속으로 '맙소사'라고 생각하면서 말했어요. "말론, 잘 모르겠네요. 보러 가시죠." 주방에는 토마토 한 개와 바나나 한 개밖에 없었어요. 그는 "오케이, 저거면 돼요."라더군요. 그래서 그에게 접시와 나이프와 포크를 내줬어요. 우리는 자리에 앉아 얘기를 시작했죠. 그가 "소금 있어요?"

라고 묻더군요. 그는 토마토에 소금을 뿌려서는 그걸 잘라 먹었어요. 그러는 동안 우리는 얘기를 했고요. 그러다가 메리가 라일리랑 집에 돌아왔죠. 브란도가 말하더군요. "메리, 손 좀 줘 봐요. 선물을 주고 싶으니까." 그래서 그녀는 손을 내밀었어요. 그는 토마토에 붙어있던 델몬트Del Monte 스티커로 작은 반지를 만들어 그녀의 손가락에 끼워줬어요.

당시에 말론은 가끔 여장女裝을 했어요. 말론이 정말로 원했던 건 자기도 여장을 하고 해리 딘한테도 여자 옷을 입히는 거였어요. 그런 후에 두 사람은 함께 차를 마시면서 즉흥 연기를 하는 거죠. 그 광경을 상상해 봐요. 믿을 수 없을 만큼 재미있는 광경이었을 거예요! 내가 해야 할 일이라곤 그냥 카메라를 돌리는 게 전부였을 거예요. 그런데 말론은 겁을 먹고 꽁무니를 뺐어요. 나를 미치게 했죠. 그는 그 작품을 했었어야 해요!

「로스트 하이웨이」를 시작하게 된 계기 중 하나는 어떤 부부의 집 바깥에 비디오테이프가 던져진다는 아이디어 때문이었어요. 또 다른 아이디어는 나한테 실제로 일어난 일에 바탕을 둔 거였고요. 우리 집 초인종은 전화기하고 연결돼 있었어요. 어느 날 초인종이 울리더니 누군가가 "딕 로렌트Dick Laurent는 죽었다."고 말하더군요. 누가 그랬는지 보려고 창문으로 부리나케 달려갔지만 아무도 없었어요. 그게 누구였건, 집을 잘못 찾아온 거라는 생각이 들더군요. 하지만 이웃들에게 딕 로렌트라는 사람을 아느냐고는 물어보지 않았어요. 정말로 알고 싶지는 않았으니까요. 나는 이런 아이디어들을 몇 개 갖고 있었는데, 그것들이 배리 기포드의 책 『나이트 피플』에서 얻은 아이디어 몇 개하고 궁합이 잘 맞는 거예요. 그래서 배리에게 전화를 걸었고, 그런 다음에는 버클리로 날아가 그를 만났어요. 그에게 내 아이디어를 말했는데 그는 마음에 들어 하지 않았어요. 그런 다음에 그가 자기 아이디어를 말했는데 나도 그게 마음에 들지 않았어요. 그래서 우리는 자리에 앉은 채 잠시 서로를 살폈죠. 그러다가 내가 그에게 어떤 아이디어를 다시 말했어요. 당신이 파티에서 누군가를 만났는데, 그 사람이 자기는 지금 당신의 집에 있는 동시에 이 파티에서 당신과 얘기하고 있다고 말한다는 아이디어였죠. 그러자 배리가 말했어요. "그 아이디어는 마음에 드는군요." 그러는 동안 어느 순간부터 우리는 아이디어를 주고받았고, 그러면서 「로스트 하이웨이」가 생겨났어요.

재미있는 영화는 아니에요. 사람들이 달려가는 좋은 고속도로가 아니니까요. 모든 고속도로가 길을 잃는 곳이라고 믿지는 않지만, 길을 잃게 되는 곳들이 많기는 해요. 그런데 길을 잃고 헤매는 데에는 어떤 종류의 즐거움이 있어요. 쳇 베이커(Chet Baker, 미국의 재즈 뮤지션—옮긴이)가 '길을 잃읍시다.'라고 말한 것처럼요. 그런데 쳇 베이커에게 일어난 일을 봐요. 그는 창문에서 떨어졌죠. 다들 누군가를 찾고 있어요.

그러다가 상황이 미쳐 날뛰면, 사람은 길을 잃고는 무슨 일인가를 하고 싶은 욕망을 품게 돼요. 그런데 그 사람이 하는 많은 일이 그를 곤경에 몰아넣어요. 약을 하는 건 길을 잃는 방식 중 하나예요. 약물에는 사람들에게 그걸 하지 말라고 설득하기 어렵게 만드는 장점이 많이 있어요. 하지만 그걸 할 경우, 그걸 하면서 얻게 된 기분 좋은 느낌보다 더 심대한 대가를 치르게 되죠.

그 무렵에 내 사무실은 산타모니카 블러바드에 있었어요. 형사 몇 명과 얘기를 하고 싶더군요. 그래서 화이트 총경Commander White이라는 분을 사무실로 모셨죠. 보기 좋은 정장을 입은, 백발의 스타 배우 같은 미남이었어요. 화이트 총경은 우리 몇 명이 모여 있는 회의실로 들어와 우리에게 얘기했어요. 얘기를 마친 그는 LAPD 강도/살인국을 방문해달라고 나를 초대했고, 그래서 그의 사무실로 갔죠. 총경은 윌리엄스 Williams 형사와 존 세인트 존John St. John 형사와 같이 앉아 있더군요. 그에게 많은 질문을 해야 했는데, 내가 물은 질문 하나는 두려움이 느껴지는 범죄자를 만난 적이 있느냐는 거였어요. 그런 적은 결코 없다고 하더군요. 절대로 없다고요! 그들이 그런 쓰레기 같은 작자들—그들이 부르는 호칭으로는 "쓰레기봉투들"—을 두려워할 수도 있다고 생각하는 것 자체를 불쾌해하는 기색이었어요. 그런 일을 하려면 특정한 작업 방식을 갖고 있어야만 한다는 느낌을 받았어요. 그들은 사람들이 생각하는 온갖 불쾌한 일들을 대수롭지 않게 생각했어요. 그들은 그냥 범죄자들을 잡아들이는 거였어요.

미팅을 마친 후, 존 세인트 존이 나를 담당하게 됐어요. 그는 사진들이 엄청나게 쌓여 있는 방에 나를 데려다 놓고 내가 그것들을 혼자서 볼 수 있게 해줬어요. 살인 피해자들의 사진을 차례로 살펴봤죠. 진짜 사진들을요. 그를 두세 번 만났는데, 그는 이런저런 이야기들을 해줬어요. 이야기들은 재미있었지만, 내가 무슨 아이디어를 떠올리게끔 해주지는 못했어요. 대체로 슬픈 이야기들이었어요. 그는 맥주 40온스를 살 수 있는 돈을 어찌어찌 구한 노숙자 남성들에 대해 얘기해줬어요. 그날이 그중 한 사람의 생일이었대요. 그래서 그들은 맥주를 갖고 폐가로 가서 술을 마시기 시작했어요. 그러다가 싸움이 벌어졌죠. 맥주병이 깨졌고, 병을 움켜쥔 한 명이 엄청나게 날카로워진 병목을 다른 사내의 가슴에 찔러 넣었어요. 그 사내는 생일날에 그 폐가의 앞마당에서 피를 흘리고 죽었어요.

존 세인트 존은 온 세상이 다 알게 된 이야기인 블랙 달리아 살인사건(Black Dahlia murder, 1947년에 블랙 달리아라는 별명을 가진 엘리자베스 숏Elizabeth Short이 LA의 공원에서 엽기적인 방식으로 살해된 채 발견된 사건—옮긴이)의 보조 수사관이었어요. 그는 내가 그 사건에 관심이 있다는 걸 알고 있었죠. 그래서 어느 날 나한테 전화를 걸어서 말했어요. 그건 클라크 게이블에게서 전화를 받는 거랑 비슷했어요. "무소 앤 프랭크스에서 저녁을 대접했으면 합니다." 그건 정말로 큰 영광이었어요. 진심으로 하는 말이에요. 존 세인트 존과 같이 무소 앤 프랭크스의 부스에 앉아서 저녁을 먹었어요. 저녁을 먹은 후에 그가 미소 띤 얼굴로 나를 쳐다보더군요. 몸을 돌린 그가 서류 가방을 올려놓더니 그걸 열고는 반짝반짝 광이 나는 근사한 흑백 사진들을 꺼내 내 앞의 테이블에 놨어요. 풀밭에 누워 있는 블랙 달리아를 찍은 사진이었죠. 새로 찍은 사진이나 다름없는 상태였어요. 초점과 디테일이 완벽했죠. 그가 묻더군요. "뭐가 보입니까?" 나는 감탄하면서 사진을 살펴봤죠. 디테일 하나하나를 꼼꼼히 살피면서 생각하고 또 생각했어요. 그는 그걸 오랫동안 볼 수 있게 해줬어요. 내가 알아봤으면 하고 그가 기대했던 무엇인가가 그 사진에 있다는 걸 알았지만, 결국 한참이 지난 후에 나는 "제 눈에는 아무것도 안 보입니다."라는 말을 할 수밖에 없었어요. 그러자 그는 미소를 짓고는 사진을 치우더군요. 그가 보여주려고 애쓰던 걸 내가 봤다면 그는 나를 자랑스러워했을 거고, 그건 굉장히 가치 있는 일이 됐겠죠. 그런데 나는, 염병할, 실패하고 말았어요. 그래서 나는 머릿속에 들어 있는 불덩어리나 되는 것처럼 그 일을 계속 생각했어요. 그러다가 갑자기 그게 뭔지 알게 됐죠. 그 사진은 야간에 플래시를 터뜨려서 찍은 거였어요. 그러면서 그 사건과 관련한 가능성들의 영역 전체가 열렸죠.

늘 레코딩 스튜디오를 갖고 싶었어요. 프랑시스 부이그와 계약했을 때 선불을 두둑이 받았어요. 그때가 내 평생 제일 부유하다고 느꼈던 때일 거예요. 그래서 스튜디오를 지을 수 있도록 세 번째 집을 매입했어요. 그러고는 그 집을 「로스트 하이웨이」에 사용했죠. 매디슨 저택은 어떤 면에서는 핑크 하우스를 바탕으로 한 곳이에요. 하지만 영화를 위해서는 특정한 방식들로 구조를 변경해야 했죠. 정문에 누가 있는지를 보는 게 불가능하도록 만들려고 창문들을 달아야 했어요. 어둠으로 이어지는 기다란 복도가 필요했고요. 그 집에서는 열흘간만 촬영했어요. 그런 후에 알프레도 폰스가 이끄는 팀이 그 집을 해체하기 시작했죠. 그 모든 걸 제자리로 되돌려놓고 스튜디오를 짓는 데 2년이 걸렸어요. 스튜디오 보:톤Studio Bau:ton의 설립자 중 한 명인 피터 그루네이슨Peter Grueneisen이라는 음향 시설 건축가가 내 스튜디오를 설계했어요. 내가 세울 수 있는 최대한도의 규모였죠. 어마어마한 규모의 스튜디오가 근사하게 조립됐어요. 가운데에 네오프렌 고무가 끼워진 30센티미터 두께의 벽 두 세트와 세 개의 층, 세 개의 천장이 있었어요. 콘크리트와 철근이 대단히 많이 들어간, 믿기 힘들 정도로 근사한 곳이었죠. 내가 그런 곳을 지었다는 사실이 기뻤어요. 그런데 요즘에는 이 모든 게 필요하지도 않아요. 요즘에 사람들은 자기 집 차고에서 대단한 작품들을 만들어내죠. 스튜디오의 운영 책임자는 딘 힐리Dean Hurley인데, 금덩어리 같은 사람이에요.

우리가 스튜디오에서 제작한 첫 음반은 《럭스 비벤스: 힐데가르드 폰 빙엔의 음악Lux Vivens: The Music of Hildegard von Bingen》이라는 것으로, 1998년에 조슬린 몽고메리와 같이 그 음반을 작업했어요. 힐데가르트 폰 빙엔은 대체로 단일한 선율을 바탕으로 정교한 음악을 작곡했고, 조슬린은 그 단일 음에서 날아올라 이토록 아름다운 세계로 들어갈 수 있었어요. 자연에서 만들어진 음악 같은 느낌이 나기를 원했어요. 그래서 빗소리 같은 음향 효과를 넣고 그녀의 목소리가 공중을 떠다닌다는 느낌을 주면서 배경에는 저음을 깔았죠. 이 음반은 몬티 몽고메리 덕에 만들어졌어요. 몬티가 조슬린을 어떻게 만났는지는 몰라요. 내가 뉴욕의 엑스칼리버 스튜디오Excalibur Studios에서 안젤로와 노래를 작업하고 있을 때 몬티가 전화를 걸어와서 말했어요. "데이비드, 아는 여자가 있는데, 그녀를 데리고 가서 그녀가 자네를 위해 노래를 부르게 해줘도 괜찮겠어?" 아티 폴헤무스가 그 스튜디오를 운영했고, 그의 아내 에스텔은 60년대에 작사가로 일했던 정말로 좋은 사람이었어요. 에스텔이 스튜디오를 찾는 일은 그리 많지 않았는데, 그녀는 스튜디오에 올 때면 카우치에 우두커니 앉은 채 계속 그 자리에 머물렀어요. 그런데 마침 그녀가 그 자리에 있었죠. 그녀하고 나는 〈그리고 여전히〉이라는 노래를 함께 작업하고 있었어요. 내가 가사 한 줄을 써서 그녀에게 건네면 그녀가 다음 줄을 써서 나한테 돌려줬죠. 그런 식으로 가사가 우리 사이를 오갔어요. 그러다가 몬티가 전화를 했고, 조슬린이 왔어요. 우리가 이 노래를 부르고 싶으냐고 물었더니 그녀는 "좋아요."라고 했어요. 그녀는 바이올린을 가져왔어요. 그녀는 바이올린 연주자이기도 해요. 그러고는 그 노래를 바이올린으로 연주했죠. 그녀의 악기에서 나는 소리와 그녀의 목소리는 아름다웠어요.

프랑시스 부이그는 1993년에 사망했어요. 그런데 시비와 맺은 계약은 「로스트 하이웨이」가 만들어지기 전까지 그대로 남아 있었죠. 그러다가 거기의 누군가가 —아마도 내가 앞서 얘기했던 미팅 자리에서 프랑시스의 옆에 앉아 있던 남자 중 한 명이— 전체적인 상황을 장악했고, 그들은 곧바로 영화 제작을 중단했어요. 내가 결국에 소송을 건 상대가 그 사람들이었어요. 하지만 소송이 일어난 건 갈등이 빚어지고 2년이 지나서였죠.

「로스트 하이웨이」의 배우를 캐스팅할 때, 프레드 매디슨을 연기할 배우로 빌 풀먼을 떠올렸어요. 그가 많은 영화에서 항상 단역에 가까운 역할들만 연기하는 걸 봤었거든요. 그런데 그의 눈에는 기이하면서도 터프하고 색다른 사람을 연기할 수 있겠다고 생각하게 만드는 요소가 있었어요. 프레드 매디슨은 색소폰 연주자로, 약간 미친 사람일 가능성이 있어요. 그는 특정한 방식으로 연주를 해요. 그가 곡에 제대로 몰두했을 때는 특히 더 그렇죠. 그래서 우리는 캐피톨 레코드Capitol Records의 녹음 스튜디오에서 밥 셰퍼드라는 뮤지션을 데리고 와서 프레드의 색소폰 솔로를 녹음하고 있었어요. 밥이 첫 테이크를 갔고, 나는 말했죠. "소리가 거의 들리질 않아요. 교회 음악 같은 소리예요." 그래서 그는 조금 더 세게 연주를 했고 나는 말했어요. "모깃소리 같아요. 느낌이 전혀 안 와요. 당신은 전혀 거칠지가 않아요." 그를 몰아세워야 했어요. 그는 결국 내가 원하는 단계에 접어들었어요. 그런 상태가 되자 끝내주는 연주를 하더군요. 로기아의 차 뒤에 다른 차가 바짝 따라붙는 신에서 로기아에게도 같은 일이 일어났어요. 그에게 말했죠. "속삭이고 있잖아요, 로버트. 뭐 하는 거예요? 힘이 전혀 실려 있지 않아요." 그는 말했어요. "데이비드, 나는 지금 고함을 지르고 있단 말입니다!" 나는 말했어요. "아뇨, 그렇지 않아요! 자, 어서 해봐요! 이 사람은 강박관념에 사로잡힌 남자예요." 그는 결국 그 단계에 도달해서는 걸출한 연기를 펼쳤어요.

로버트 로기아가 「로스트 하이웨이」에 도착한 여정의 출발점은 「블루 벨벳」까지 거슬러 올라가요. 그 영화의 배우를 물색하던 어느 날, 나는 두 배우와 함께 어떤 신을 작업하고 있었고, 로버트 로기아는 프랭크 부스 역할의 테스트를 받으려고 기다리고 있었어요. 내가 그 두 배우하고 작업을 너무 오래 하는 바람에 우리는 시간을 다 써버렸어요. 그래서 누군가가 나가서 로버트 로기아에게 "당신은 필요 없어요."라는 말을 했죠. 그러자 머리끝까지 화가 치밀어 오른 그가 나한테 소리를 지르면서 방에 들어왔어요. 완전히 정신이 나갔더군요. 무서웠어요. 하지만 나는 그 일을 기억해 뒀어요. 그게 그가 「로스트 하이웨이」에서 미스터 에디를 연기하기에 이른 과정이에요. 일들이 꼬리를 물고 이어진 거죠. 「로스트 하이웨이」를 작업할 때, 우리는 실과 바늘처럼 어울려 다녔어요. 진짜 재미있는 시간이었죠.

로버트 블레이크가 미스터리 맨이 된 경위는 이래요. 어느 날 로버트 블레이크가 「투나잇 쇼The Tonight Show」에서 조니 카슨Johnny Carson과 인터뷰하는 걸 봤어요. 그걸 보면서 '흔히 말하는, 이 바닥에 대해서는 전혀 신경 쓰지 않는 사람이 여기 있군.'하고 생각했던 기억이 나요. 그는 자신이 본 업계의 현황과 자기 자신에 관한 얘기를 솔직하게 얘기했는데, 그게 무척 마음에 들었어요. 그래서 그에 관한 생각을 머리 한구석에 저장해뒀죠. 「로스트 하이웨이」를 캐스팅할 때 그는 핑크 하우스에 와서 나를 만났고, 우리는 근사한 얘기를 나눴어요. 그는 나탈리 우드(Natalie Wood, 1981년에 익사한 여배우—옮긴이)와 친한 사이였어요. 그들이 데이트를 했었는지는 나도 몰라요. 아무튼, 그는 그녀가 결코 보트를 탔을 리가 없다고 했어요. 절대로요. 물을 무서워했으니까요. 로버트 블레이크는 아역배우 출신이죠. 내가 무척 좋아했던 「아워 갱Our Gang」 코미디 시리즈의 2세대 배우였어요. 그의 부모님은 그를 세 살 때부터 무대에 세웠어요. 그는 부모님을 싫어했어요. 특히 어머니를요. 그가 이런 말을 했던 걸 기억해요. "내가 그 여자 자궁에 들어 있었다는 게 싫어요." 부모님이 그에게 무슨 짓을 했는지는 모르지만, 이 불쌍한 사내의 심중에는 부모님에 대한 증오가 가득했어요. 그래도 로버트는 나한테는 잘해줬어요. 그는 나를 아합 선장Captain Ahab이라고 부르면서, 자기는 시나리오를 손톱만큼도 이해를 못 하겠지만 이 작품에 출연하는 건 여전히 마음에 든다고 했어요. 그는 그 영화에서 정말로 좋은 연기를 펼쳤죠. 그가 연기한 캐릭터를 위한 메이크업은 내 아이디어였어요. 하지만 눈썹을 민 건 그의 아이디어였죠. 리처드 프라이어는 내가 토크쇼에서 보고 나서 사랑에 빠진 또 다른 배우였어요. 그는 살면서 많은 일을 겪었지만, 대단히 근사한 지혜를 갖고 있었어요. 그에게는 자연스럽게 배어 나오는 위대한 부분들이 있었어요. 그래서 「로스트 하이웨이」에 그를 위한 배역이 생겼을 때 나는 그가 그 역할을 맡아주기를 간절히 소망했었어요. 그를 그 영화에 출연시킨 건 정말로 끝내주는 일이었어요.

「로스트 하이웨이」의 음악 작업은 다른 경로를 통해 시작됐어요. 나는 어찌어찌 트렌트 레즈너Trent Reznor와 어울리게 됐고, 그를 보러 뉴올리언스로 갔어요. 그는 그곳의 장례식장 안에 레코딩 스튜디오를 갖고 있었죠. 그 여행을 갔을 때 그에게서 마릴린 맨슨을 소개받았어요. 그는 거기서 트렌트와 함께 자신의 첫 앨범을 작업하는 중이었죠. 트렌트는 끝내주는 뮤지션이자 끝내주는 드러머예요. 「로스트 하이웨이」을 위해 끝내주는 드럼 연주들을 해줬고, 톤tone과 사운드의 기틀을 잡아줬어요. 그의 작업실에는 높이 6미터에 길이가 9미터인 벽이 있었는데, 서로 다른 작업들을 동시에 할 수 있는 신시사이저들이 거기에 늘어서 있었어요. 영화에는 〈이 마술 같은 순간This Magic Moment〉의 루 리드Lou Reed 버전도 삽입돼 있어요. 그 버전이 그 노래의 역사상 제일 뛰어난 버전이에요. 나는 그 노래의 드럼을 무척 좋아하고, 루가 노래하는 방식도 무척 좋아해요. 그 노래는 그 신에서 완벽했어요. 그리고 보위의 〈나는 미쳤어I'm Deranged〉는 오프닝에 완벽한 노래였어요. 가사가 딱 알맞았죠. 「트윈 픽스」 때 데이비드 보위를 처음 만났어요. 이후에 그와 두 번 더 만났어요. 밴드 포티스헤드Portishead를 만나러 하일랜드 애비뉴에 있는 매스닉 랏지에 갔다가 그를 봤었죠. 우리는 뒤에서 담배를 피우고 있었어요. 나는 포티스헤드를 사랑하지만, 그 방은 반향echo이 너무 심해서 음악이 소음덩어리나 다름없게 들렸어요.

그즈음에 나는 가구도 많이 만들고 있었어요. 나는 가구를 자세히 살펴보곤 해요. 세상 만물은 주관적인 거긴 하지만, 내 영혼을 설레게 만드는 가구는 그리 많이 보이지 않아요. 가구들을 보면서 생각하게 되죠. 내가 사랑하게 될 가구는 어떤 종류일까? 나는 1930년대와 1940년대의 가구를 좋아해요. 아토믹 퍼니처(atomic furniture, 1940~60년대의 핵전쟁과 관련한 시대적 분위기를 반영해서 디자인된 가구—옮긴이)를 좋아하죠. 공중을 떠다니는 듯한 분위기에 다리들이 가느다랗고, 그래서 그 아래를 볼 수 있으니까요. 많은 가구가 우리의 시야를 가로막죠. 블라디미르 카간Vladimir Kagan을 좋아해요. 찰스 임스도요. 임스는 대단한 인물이죠. 나는 그가 만든 작품들을 사랑해요. 그가 내가 학생으로 있던 AFI를 방문했을 때 그와 점심을 같이 먹은 적이 있어요. 내가 평생 만나본 이들 중에 가장 다정한 사람에 속했어요. 반짝거리는 별처럼 열정이 넘쳐흐르는 사람이었죠. 자신이 하는 일을 사랑하는 사람이라는 걸 느낄 수 있었어요.

가구와 조각품은 여러 가지의 동일한 법칙을 따라요. 그런데 조각품에 편안히 앉아 있을 수는 없죠. 가구는 어느 정도 실용적이어야 해요. 그런데 나는 조각품의 경계에 접근한 가구를 좋아해요. 사람들은 가구들을 들여놓을 순수한 방도 필요해요. 대부분의 방은, 뭔가를 거기에 들여놓으면 엉망이 돼버려요. 지나치게 어수선하니까요. 그래서 어떤 방이 순수할수록, 그 방에는 더 많은 사람과 가구를 들일 수 있어요.

「로스트 하이웨이」는 포스트프로덕션을 일 년 가까이 했어요. 메리가 말했듯, 요즘에는 절대로 용서받을 수 없는 일이죠. 그 영화를 촬영한 필름은 먼지 때문에 문제가 심각했어요. 네거티브 필름이 더럽기 그지없었죠. 우리는 CFI(필름 현상회사—옮긴이)를 찾아갔지만, 그들은 그걸 깨끗이 세척할 수가 없었어요. 그래서 다른 곳을 찾아갔는데 거기도 마찬가지였어요. 세척 전문 회사까지 찾아갔지만, 그들도 그걸 깨끗하게 씻어내지 못했어요. 그러던 중에 CFI의 댄 무스카렐라^{Dan Muscarella}가 말했죠. "내 친척들이 죄다 포토켐FotoKem에서 일해요. 그리로 가져가 봐요. 그들은 그걸 깨끗하게 씻을 수 있을 거예요." 그들은 필름을 무척 뜨거운 욕조에 담갔어요. 그러고는 손으로 아주 느리게, 필름을 조물조물 마사지했어요. 그렇게 하면 필름의 에멀전emulsion이 부풀어 오르면서 자그마한 먼지들을 방출해요. 그들은 그런 식으로 필름을 완전히 깨끗하게 만들었어요. 긴 시간이 걸렸죠.

1996년 2월에 촬영을 마쳤어요. 그런데 영화는 12월에도 여전히 포스트프로덕션 중이었죠. 그때 잭 낸스가 세상을 떠났어요. 잭이 살해됐다고 생각하는 사람들도 있지만, 잭은 살해당하지 않았어요. 잭한테 일어난 일을 얘기해줄게요. 잭은 「로스트 하이웨이」를 촬영할 무렵에 다시 술을 마시기 시작했지만, 촬영장에 올 때는 늘 맨정신이었고, 우리는 그 영화를 함께 작업하면서 멋진 시간을 보냈어요. 그는 다시 술을 마시기 전까지 9년간은 맑은 정신으로 살았어요. 그러던 어느 날 나한테 말하더군요. "린치, 어느 날 아침에 일어났는데 내 입에서 '알 게 뭐야!'라는 소리가 나왔어." 그러더니 다시 술을 마시기 시작했어요. 잭은 독주를 마시면 무례하고 못되게 굴었어요. 나를 그런 식으로 대한 적은 한 번도 없었지만, 그의 내면에 그런 결함이 있다는 건 볼 수 있었죠. 그와 캐서린은 어떤 면에서는 완벽한 커플이었어요. 그녀는 잭을 보살펴줬죠. 그녀는 도로시 밸런스 같은 사람이었어요.

아무튼, 나는 잭한테 무슨 일이 일어났는지 알아요. 그 자리에는 없었지만요. 그는 새벽 다섯 시에 도넛 가게에 들어갔어요. 만취 상태는 아니었지만, 계속 술을 마셔서 폭음 상태였을 거예요. 그는 내면에 여전히 많은 어둠을 품고 있었어요. 어쨌든 그는 거기서 커피를 마시고 있었을 거예요. 거기에는 히스패닉 남자가 두 명 있었어요. 잭은 그들을 재미있다는 눈빛으로 쳐다보면서 말했을 거예요. "뭘 그렇게 꼬나보냐, 멕시코 놈들아." 아마 그런 식으로 말했을 거예요. 그 사내들은 그곳을 나갔지만, 밖에서 그를 기다렸어요. 잭이 도넛 가게를 나오자 그들은 잭을 거칠게 덮쳤어요. 그들이 그를 얼마나 구타했는지는 몰라요. 그런 후에 잭은 그냥 집으로 갔어요. 잭한테는 그를 보살펴주는 이웃이 두 명 있었어요. 빨래나 그런 일들을 해주는 분들이었죠. 그들은 그날 늦은 시간에 잭을 만났고, 잭은 그들에게 평생 최악의 두통에 시달리고 있다고 말했어요. 머리를 세게 얻어맞았을 때, 제시간에 병원에 가면 의료진은 부풀어 오른 뇌의 압력을 줄여주는 일을 해줄 수 있어요. 하지만 그 이웃들은 잭의 뇌에 무슨 일이 생기고 있는지 몰랐죠. 그들이 이튿날에 잭의 거처에 갔을 때는 현관문이 열려 있었어요. 그들은 욕실에서 숨져 있는 그를 발견했죠.

잭은 해리 딘과 비슷했어요. 잭하고는 말 한마디 나누지 않고도 같은 자리에 앉아 있을 수 있었어요. 그냥 자리에 앉아만 있을 수 있었다니까요. 그는 얘기를 하기도 했어요. 그런데 잭 낸스가 한 이야기를 끝까지 들은 사람은 손에 꼽을 정도였죠. 말을 할 때마다 엄청나게 오래 말을 멈추곤 했으니까요. 그러면 사람들은 말이 끝났다고 생각해서 더는 주의를 기울이지 않았죠. 그건 페이드아웃fade-out이랑 비슷했어요. 그러다가 한참 후에, 그 얘기는 끝났다고 생각하면서 그 일을 까마득히 잊고 있을 때, 또는 듣는 사람이 충분히 오랫동안 기다렸을 경우, 그는 그 이야기의 또 다른 부분으로 천천히 돌아왔어요. 어느 날 그가 특유의 느릿하고 다정한 목소리로 나한테 부드럽게 얘기했던 게 떠올라요. "충적선상지alluvial fan 본 적 있어?" 바위들이 산에서 굴러떨어졌을 때, 바위들의 개수가 많으면 그것들은 물에 흘러가지 않고 부채 모양의 지형을 만들어요. 잭은 어디선가 그런 지형을 보고 나서 충적선상지 얘기를 꺼낸 거예요. 그러더니 말했어요. "그런데 어떤 놈이 콘크리트 방벽을 세웠어." 그러더니 그는 한도 끝도 없이 기다리더군요. 정말로 긴 시간이었어요. 그런 후에 입을 열었어요. "그러는 바람에 그 방벽이 충적선상지를 막아버렸어." 그는 인간이 세운 방벽이 자연을 막아버렸다는 사실에 큰 충격을 받은 거죠. 그가 그 산을 자세히 살펴보면서 거기에 무슨 일이 일어나고 있는지를 연구하며 많은 시간을 보내고 있다는 걸 알 수 있었어요. 다른 사람들은 그 옆을 지나면서도 무슨 일이 있는지 인지하지 못했지만, 잭은 그렇지 않았어요. 그는 그걸 연구했고 깨달았어요. 그게 충적선상지라는 걸요. 잭은 어딘가를 가려고 서두르는 법이 결코 없었어요. 잭은 슬로우 모션으로 살았고, 자신이 인식한 사물들을 길고 상세하게 묘사하곤 했어요. 그가 스크린 도어 뒤에서 나오려고 기를 쓰는 개에 관한 얘기를 당신에게 해준다면, 그는 그 스크린 도어를 상세하게 묘사하고 나서 그 개의 머리 모양을 비롯해 모든 사소한 것들도 자세히 묘사할 거예요. 그는 뛰어난 사람이었어요. 정말로 영리했고 독서를 많이 했죠. 그에게는 감춰진 구석이 많았어요. 잭은 내 친구였어요. 그가 떠난 건 가슴이 사무치도록 안타까운 일이에요. 「로스트 하이웨이」는 우리가 함께 작업한 마지막 작품이었지만, 그는 그 작품을 보지 못하고 가버렸어요.

완성한 「로스트 하이웨이」를 세상에 공개하기 전에 먼저 브란도에게 보여줬어요. 극장 한 곳을 빌린 우리는 극장 주인한테 브란도가 그 영화를 보러 올 거라고 얘기했어요. 극장 주인은 한껏 기대에 부풀었죠. 그래서 우리는 그를 맞을 모든 준비를 다 마쳤어요. 브란도는 혼자서 극장에 왔어요. 극장 측에서는 그에게 온갖 것들을 대접했죠. 그는 이미 햄버거와 프렌치프라이를 갖고 있었어요. 하지만 어쨌든 주머니에 사탕을 가득 채우더니 햄버거와 사탕을 같이 먹으면서 극장으로 들어가더군요. 브란도는 나중에 나한테 전화를 걸어서 말했죠. "정말 좋은 영화였어요. 하지만 돈은 땡전 한 푼 못 벌 거요." 좋은 일이었어요. 그는 그 영화를 마음에 들어 했어요. 많은 이들이 「로스트 하이웨이」는 상업적인 선택이 아니었다고 생각하죠. 맞는 말이지만, 그래도 그 영화는 괜찮았어요. 시스켈과 에버트는 그 영화에 대한 평가로 엄지 두 개를 다 내렸죠. 그래서 나는 옥토버 필름스에서 일하는 빙햄 레이Bingham Ray를 시켜서 엄지두 개를 내린 이미지가 든 대형 광고를 실었어요. 광고 문구는 이랬어요: "「로스트 하이웨이」를 감상해야 할 끝내주는 이유가 두 개 더 있습니다."

백열하는 섬광과 영계의 숏

「**트**윈 픽스」 시즌 1을 한창 만들던 어느 날 밤, 린치는 토니 크란츠와 저녁을 먹다가 「멀홀랜드 드라이브」라는 제목의 시리즈에 대한 아이디어를 언급했다. "「트윈 픽스」가 성공하면, 오드리 혼—셰릴린 펜—이 할리우드에서 경력을 쌓기 위해 로스앤젤레스로 향하는 것으로 시즌 2를 끝맺자는 계획이었습니다." 크란츠는 말했다. "그 스토리는 그해 여름에 영화 「멀홀랜드 드라이브」로 먼저 개봉하죠. 그리고 그 영화는 오드리 혼이 연예계에서 성공하는 과정을 다룬 새로운 가을철 텔레비전 시리즈의 파일럿 에피소드 역할을 하는 겁니다. 영화와 텔레비전 사이에서 일종의 춤을 추는 것 같은 프로젝트였죠. 오늘날까지 누구도 해보지 못한 종류의 일이었지만, 데이비드라면 그런 일을 해낼 수 있었습니다." 그들은 뮤즈에서 맞이한 그 순간을 식탁 깔개에 사인하는 것으로 기념했고, 크란츠는 그 깔개를 냉장고 문에 테이프로 붙였다.

그 무렵 닐 에델스테인은 린치의 직업적인 삶에서 더 중요한 역할을 맡기 시작했다. "나는 1998년 내내 데이비드의 사무실에서 일하고 있었습니다. 그의 웹사이트를 만들 준비를 하고 자잘한 물건들을 제작하고 있었죠. 그러다가 항상 밀려드는 시나리오와 책에 눈길을 주는 사람이 아무도 없다는 걸 깨달았습니다." 그는 말했다. "그것들을 읽으면서 그것들을 보낸 사람들에게 연락하기 시작했습니다. 그러다가 결국 데이비드에게 말했죠. '우리가 제작사를 차리는 게 어떨까요? 여기에는 감독님이 이그제큐티브 프로듀서로 일할 만한 기회들이 있습니다. 제가 이 자료들을 꼼꼼히 읽고 나서 관련자들을 모두 만나 보겠습니다.' 나는 데이비드와 일하고 싶어 하는 사람들이 있다는 걸 알고 있었고, 당시 그는 에이전트가 없는 상황이었습니다. 그래서 우리는 픽처 팩토리Picture Factory를 세웠죠. 웹사이트와 신생 미디어, 테크놀로지 관련 작업을 전담하는 회사를 맡긴다는 계획이었습니다. 데이비드가 이그제큐티브 프로듀서로 참여할 만한 작품을 내가 개발하고, 메리와 내가 함께 데이비드의 영화를 제작하며, 그 모든 일을 한 지붕 아래로 끌어들이려는 거였습니다."

많은 기회가 린치의 문간에 도착했지만, 린치는 그 대부분을 남에게 넘겨줬다. 그는 「아메리칸 뷰티American Beauty」를 연출해 달라는 요청을 받았지만, 그 영화는 결국 1999년에 샘 멘데스Sam Mendes가 연출했다. 조나단 레덤Jonathan Lethem의 소설 『머더리스 브루클린Motherless Brookˡʸⁿ』도 옵션을 걸어달라는 제의가 들어왔지만, 그는 싫다고 했다. 현재, 린치는 이런 프로젝트들을 전혀 기억하지 못한다. 한편 그는 1998년작 일본 공포영화 「링ᵀʰᵉ ᴿⁱⁿᵍ」의 리메이크를 연출해 달라는 요청도 받았다. 린치는 그 제의 역시 기억하지 못한다. 그런데 에델스테인은 결국 그 영화를 제작하기에 이르렀고, 그 영화에는 나오미 왓츠ᴺᵃᵒᵐⁱ ᵂᵃᵗᵗˢ가 출연했다.

「방송 중」과 「호텔 룸」을 경험한 후, 린치는 텔레비전에서 손을 씻었다. 그런데 1990년대 말에 크란츠와 에델스테인은 그 문제를 다시 고려해 보라고 그를 부추기고 있었다. "그러던 어느 날 밤이었어요. 오르소에 있는 파티오에서 미팅을 하던 중에 데이비드가 「멀홀랜드 드라이브」를 진행하자고 합의했습니다." 에델스테인의 이야기다. "그는 그보다 몇 년 전에 그 아이디어를 떠올렸지만, 한동안 머릿속에 묵혀두고 있어야만 했던 겁니다."

린치가 늘 그렇듯, 그는 오르소에서 저녁을 먹을 즈음에는 다른 일들로 이미 바쁜 상태였다. 게다가 그는 장편 영화 「스트레이트 스토리ᵀʰᵉ ˢᵗʳᵃⁱᵍʰᵗ ˢᵗᵒʳʸ」의 촬영을 준비하던 중이었다. 메리 스위니가 개발하고 공동 집필한 이 작품은 제2차 세계대전 참전 용사 출신으로 73세가 된 앨빈 스트레이트ᴬˡᵛⁱⁿ ˢᵗʳᵃⁱᵍʰᵗ의 실화를 바탕으로 했다. 소원해진 동생이 뇌졸중에 걸렸다는 소식을 들은 앨빈이 동생을 방문하려 1966년형 존 디어ᴶᵒʰⁿ ᴰᵉᵉʳᵉ 잔디 깎는 기계를 타고 384킬로미터를 여행하는 이야기였다.

"1994년 여름에 앨빈 스트레이트가 실제로 여행을 하고 있을 때 그에 관한 기사를 읽었어요." 스위니의 회상이다. "그 여행은 언론에 많이 소개됐죠. 나는 중서부 출신이라 그 이야기에 많이 공감했어요. 그 이야기에 대한 영화화 권리를 확보하려고 살피다가 레이 스타크ᴿᵃʸ ˢᵗᵃʳᵏ가 그 이야기에 옵션을 걸었다는 걸 알게 됐죠. 그걸 가지고 아무 작업도 하지 않고 있다는 것도요. 그래서 나는 계속 상황을 주시했죠. 4년이 지났고 스타크는 권리가 소멸되게 놔뒀어요. 그러다가 앨빈이 1996년에 사망하면서 권리는 상속인들에게 귀속됐죠. 디모인에 사는 그들을 방문해서 권리를 확보했어요. 그런 다음 1998년 4월에 위스콘신 출신의 친구 존 로치ᴶᵒʰⁿ ᴿᵒᵃᶜʰ와 함께 시나리오를 작업하기 시작했죠."

"우리는 데이비드를 위해 시나리오를 쓴 게 아니었어요. 데이비드는 그 점을 명확하게 밝혔어요. 그리고 나는 그 작품을 연출해달라고 데이비드를 설득하려고 애쓰지도 않았고요. 그렇게 해봐야 나한테 불리하게 작용한다는 걸 알고 있었으니까요." 스위니는 회상을 계속했다. "그는 말했어요. '흥미로운 아이디어이기는 한데, 내 취향은 아냐.' 1998년 6월에 순전히 그가 시나리오를 괜찮다고 생각하는지 확인하려고 그에게 시나리오를 건넸어요. 그런데 그 작품이 그의 심금을 울린 거예요. 그가 그 작품에 반응하는 모습을 보고도 나는 전혀 놀라지 않았어요. 그 작품에는 「트윈 픽스」에 깃든, 작은 마을의 괴팍한 특성들과 다정함이 담겨 있었으니까요. 그의 영화들에는 다정한 면이 있어요. 하지만 이건 그 영화들보다 훨씬 다정한 작품이었어요. 그래서 나는 '내가 이 영화를 만들어야만 할 것 같아.'라고 그가 말했을 때는 깜짝 놀랐어요."

영화의 요소들이 빠르게 맞아떨어졌고, 그 덕에 영화는 1998년 8월에 프리프로덕션에 들어갔다. 그 무렵 린치와 ─그 시점에는 이매진 텔레비전 Imagine Television의 수장이 되려고 CAA를 떠난— 크란츠는 ABC 엔터테인먼트의 사장 제이미 타시스^{Jamie Tarses}와 고위 임원 스티브 타오^{Steve Tao}에게 「멀홀랜드 드라이브」를 소개했다(당시, 이매진 텔레비전은 ABC를 소유한 월트 디즈니 컴퍼니^{The Walt Disney Company}와 제휴하여 TV 프로그램들을 제작하고 있었다). 린치의 두 페이지짜리 소개문은 멀홀랜드 드라이브에서 교통사고를 당한 후 기억 상실증에 시달리는 아름다운 여배우의 이야기를 제시했다. 이를 마음에 들어 한 ABC는 파일럿 제작에 450만 달러를 투입했고, 디즈니가 소유한 터치스톤 텔레비전Touchstone Television은 린치가 닫힌 결말을 촬영해야 한다는 단서를 달면서 추가로 250만 달러를 내놨다. 그리고 디즈니의 자회사 부에나 비스타 인터내셔널Buena Vista International은 「멀홀랜드 드라이브」를 유럽에서 장편 영화로 개봉해서 투자금을 회수할 계획을 세웠다.

이렇게 준비를 마친 린치는 「스트레이트 스토리」를 촬영하러 중서부로 떠났고, 촬영은 10월 말에 종료됐다. 로스앤젤레스로 돌아온 그는 쪼그려 앉아 「멀홀랜드 드라이브」를 집필했다. "데이비드는 혼자서 시나리오를 쓸 계획이었습니다. 하지만 토니는 작품의 방향을 잡는 걸 도와줄 공동 작가를 붙이고 싶어 했고, 그래서 조이스 엘리아슨Joyce Eliason을 고용했죠." 에델스테인은 말했다. "데이비드는 그녀를 몇 번 만났고, 그런 후에 혼자서 시나리오를 쓰고 싶다는 이유로 그녀와 갈라섰습니다. 그녀는 그 시나리오에 기여한 게 거의 없습니다. 아무튼, 오리지널 시나리오는 놀라웠습니다. 데이비드는 이야기의 궤적이 나아가야 할 곳을 잘 알았고, 첫 시즌의 윤곽을 철저하게 잡았습니다. 그 작품은 할리우드에 바치는 오마주가 결코 아니었지만, 깨진 꿈들의 거리인 선셋 블러바드에 대한 데이비드의 사랑이 작품에 담겨 있었던 건 확실합니다."

1999년 1월 4일, 린치는 92페이지짜리 시나리오를 ABC에 건넸다. 이튿날 타시스와 스투 블룸버그(Stu Bloomeberg, 당시 ABC 엔터테인먼트 텔레비전 그룹의 공동 회장)는 크란츠에게 전화를 걸어 프로젝트를 진행하라고 했다. 「멀홀랜드 드라이브」는 ABC의 가을 시즌의 일부로 방송될 것으로 예상됐다. 방송국은 총 일곱 개의 시리즈에 파일럿을 만들어달라고 주문했다. 그중에서 방송국이 선택할 시리즈는 서너 편이었는데, 린치의 시리즈는 유력한 경쟁작으로 보였다.

2주 후, 타시스와 블룸버그는 ABC 회의실에 미팅을 소집했다. 그 자리에는 방송국과 이매진, 린치의 제작사를 대표하는 사람들이 참석했다. 참석자는 스무 명이었는데, 린치도 그 자리에 있었다. 하지만 그는 자신이 어떤 제작 의도로 그 시리즈를 작업하는지 밝히기를 거부했다. 그런 미팅은 그의 취향에 맞았던 적이 결코 없었다. 그는 그저 머릿속에서 본 영화를 만드는 작업을 해야만 했다.

「멀홀랜드 드라이브」의 플롯은 복잡하지만, 인생이 명확한 일직선처럼 전개되지는 않는다는 관점에서 보면 조리에 맞는다. 우리는 하루하루를 살아가면서 주위에서 실제로 일어나는 일들을 거쳐 가는 동안 기억과 환상, 욕망, 미래에 대한 꿈들에 순식간에 빠져들었다 빠져나오곤 한다. 그리고 마음속에 있는 이런 영역들은 서로의 영역을 침투했다가 빠져나온다. 「멀홀랜드 드라이브」는 우리 의식의 이런 다층적인 특성을 반영한 유동적인 논리를 갖고 있으며, 다양한 주제들을 탐구한다. 그중에는 창의적인 젊은 사람들의 희망과 박살난 꿈들, 영화 산업이 사람들에게 하는 짓과 그 세계에서 일하는 예술가들을 통제하려고 시도하는 사악한 유력인사들, 살의를 빚어내는 증오로 악화하는 에로틱한 강박관념이 있다. 로스앤젤레스라는 도시 자체도 캘리포니아 남부 곳곳에서 촬영한 이 영화가 다루는 주제 중 하나다.

「엘리펀트 맨」을 만들 때, 린치는 멜 브룩스에게 부드러운 회색 파스텔로 "꿈의 도시City of Dreams"라는 단어들을 그린 그림을 줬는데, 이것이 그가 로스앤젤레스를 보는 방식이었다. 부패로 더러워진 나른한 관능성이 깃든 로스앤젤레스는 절망적인 고통과 미칠 듯한 기쁨을 가져다주는 화려한 성공이 극단적으로 공존하는 도시로, 몽상가들을 위한 곳이기도 하다. 린치는 빌리 와일더의 「선셋 대로」를 무척 좋아한다. 이 도시의 그런 점을 상당 부분 구체적으로 보여주는 작품이기 때문이라는 게 부분적인 이유다. 「멀홀랜드 드라이브」에는 와일더의 영화에 바치는 몇 번의 경의도 담겨 있다. 「선셋 대로」에서 노마 데스먼드가 통과하는 파라마운트 스튜디오의 출입구의 숏이 등장하고, 주차장에 세워진 차는 50년 전에 와일더의 영화에 등장했던 차와 같은 모델이다.

수풀이 우거진 뜰이 있고 실내의 벽들은 부드럽게 휘어진 우아하고 고풍스러운 아파트 빌딩과 지저분한 공중전화들이 늘어선 암울한 커피숍들이 공존하는 시간대에서 전개되는 「멀홀랜드 드라이브」는 시간적인 배경을 가늠하기 어렵다. 몇몇 신들은 선셋 스트리트와 고워 스트리트가 교차하는 모퉁이에 있는 커피숍에서 촬영됐다. 그곳은 1920년대에 당시 제작되던 많은 서부극 중 한 편에서 일하게 될 거라는 희망을 품은 단역 배우들이 아침마다 도열하던 카퍼 페니가 있던 자리였다. 할리우드의 거리들은 꿈으로 가득하지만, 오싹한 일들 역시 가득하다.

"데이비드는 늘 새로운 것들을 시도하고 실험하기를 원했습니다." 「멀홀랜드 드라이브」의 분위기가 개발된 방식에 대해 데밍은 말했다. "우리는 새로 나온 기묘한 장비를 볼 때면 언제든 데이비드에게 보여줬고, 그는 그 장비를 뇌에 새겨 넣은 뒤에 그걸 써먹을 곳을 궁리했습니다. 우리가 데이비드와 작업할 때 갖고 다니기는 했지만 써먹지는 못했던 특별 조명 장치들이 있었는데, 중 하나가 라이트닝 머신(lightning machine, 번개의 섬광을 흉내 내는 장비―옮긴이)이었습니다. 사실, 우리는 지금도 다양한 크기의 기계들을 갖고 있습니다. 야간 실외촬영 때 쓰는 초대형 기계가 있고, 순식간에 실내의 모든 것을 흰색으로 물들이는 실내촬영용 소형 장치가 있죠."

"시나리오만 읽어서는 그가 원하는 게 뭔지 전혀 예상할 수가 없었습니다." 데밍은 말을 계속했다. "리타가 처음으로 '멀홀랜드 드라이브'라는 말을 하는 신이 있습니다. 데이비드는 그녀가 실내에 있기는 하지만, 그녀가 그 말을 할 때 구름이 태양을 가리고 지나가는 느낌을 연출해야 한다고 했습니다. 그게 데이비드에게서 나온 유일한 조명 지시였죠."

「멀홀랜드 드라이브」는 제작비 예산에 비하면 굉장히 규모가 큰 영화다. 영화를 찍으려면 핵심적인 세트를 몇 개 지어야 했다. 프로덕션 디자이너 잭 피스크는 이렇게 말했다.

"ABC와 디즈니를 상대하는 건 힘들었습니다. 촬영을 시작하는 데 필요한 돈을 주려고 하지를 않았죠. 디즈니의 공사 부서 사람들을 만나, 메인 세트인 베티의 아파트를 짓는 데 필요한 게 무엇인지를 말했습니다. 그들은 말하더군요. '우리 공사 부서 사람들은 그렇게 저렴하게 그걸 짓지는 못합니다.' 나는 말했죠. '나는 할 수 있어요.' 그들은 나한테 작업을 진행하라는 승인을 6주간이나 내 주지 않았어요. 그래서 우리는 그 세트를 지을 수 있는 시간이 4주밖에 없었습니다. 그들은 말했어요. '그걸 그 비용으로 지어도 좋습니다. 하지만 잔업을 하거나 추가 인력을 투입해서는 안 됩니다.' 그들 때문에 그 작업이 불가능할 뻔했죠."

"데이비드는 베티의 아파트에 놓기를 원하는 소파를 종이봉투에 작게 그렸고, 그녀의 아파트를 스케치했어요. 그 그림들을 살펴봤는데 도무지 이해가 안 되더군요." 피스크는 큰 소리로 웃었다. "그리고 물론, 그는 그 이야기의 일부인 작은 파란 상자도 만들었어요."

린치는 당대의 인기 배우가 누구인지에는 거의 관심이 없다. 그리고 조한나 레이는 그가 상대적으로 무명인 배우와 작업하는 쪽을 선호한다는 걸 잘 안다. 그 점을 염두에 둔 그녀는 스토리에 등장하는 두 명의 핵심 캐릭터를 연기할 여배우들을 찾는 작업에 착수했다: 순진무구한 금발인 베티, 관능적인 흑발인 리타.

"여성들을 섭외할 때, 배우들은 무엇보다도 먼저 미스터리한 분위기를 풍겨야 했어요." 레이는 말했다. "「블루 벨벳」부터 「로스트 하이웨이」까지, 그는 사진을 바탕으로 배역들을 찾은 경우가 잦았어요. 그런데 「멀홀랜드 드라이브」를 하면서는 다른 방식으로 작업하기 시작했죠. 우리가 함께 모든 사진을 검토한 후에 그가 배우들을 골라냈어요. 그는 그 배우들이 나랑 대화하는 장면을 녹화하라고 지시했어요. '내가 그들과 함께 같은 방에 있으면서 그들을 알아가고 있는 듯한 느낌을 원해요.' 그는 가끔은 특정한 배우를 어떤 배역으로 뽑았어요. 그러면 내가 말했죠. '데이비드, 이 사람이 연기를 할 수 있다고는 생각하지 않아요.' 하지만 그가 그 배우들에게서 좋은 느낌을 받았다면, 내가 무슨 말을 해도 그가 그들을 선택하는 걸 막을 수가 없었어요."

로라 엘레나 해링Laura Elena Harring은 미팅을 딱 한 번 한 후에 리타 역에 캐스팅됐다. 미스 USA 왕관을 쓴 1985년에 영화계에 뛰어든 멕시코계 미국인 여배우 해링은 1988년에 공포 영화 「죽음의 밤 3Silent Night, Deadly Night 3」로 영화계에 데뷔했다. 린치를 만나기 전까지 그녀는 여섯 편의 영화에 출연했었는데, 그중 한 편에서 배우 에릭 다 레와 공연했었다. "에릭의 어머니인 조한나 레이를 만났는데, 그녀는 나를 「트윈 픽스 영화판」의 프리미어에 데려갔어요." 해링은 회상했다. "그녀는 나를 데이비드에게 인사시켜줬죠. 그는 굉장히 수줍어하는 사람이라는 인상을 받았어요. 그는 스포트라이트를 좋아하지 않았어요. '와우, 정말 미남이네!' 하고 생각했던 기억이 나요. 몇 년 후에 ―정확히 말하면 1999년 1월 3일 월요일이었어요― 조한나가 전화를 해서 말했어요. '데이비드 린치가 자기를 만나기를 원해. 지금 당장 들를 수 있을까?' 흥분해서 그리로 가던 중에 작은 교통사고를 당했어요. 그의 집에 도착해서 그 사고에 대해 게이 포프에게 얘기했더니 그녀가 묻더군요. '시나리오 읽어봤어요? 당신이 연기할 캐릭터가 작품이 시작될 때 교통사고를 당해요.' 약간의 마법이 발휘되고 있다는 생각이

들었어요. 방에 들어갔더니 데이비드가 나를 유심히 살폈어요. 그가 한 말은 '좋아요, 좋아.'가 다였어요. 나는 웃기 시작했죠."

"여자라면 누구나 데이비드에게 애정을 느껴요." 해링은 말을 계속했다. "그는 대단히 매력적인 남자예요. 그가 우리를 보고 웃으면 우리한테 햇살이 비치는 것 같아요. 그는 사랑스럽고 카리스마 넘치고 재미있는 천재예요. 상대와 특별한 유대감을 맺는 사람이죠. 다들 그와 여배우들이 그렇고 그런 사이인 게 분명하다고 생각하지만, 우리 관계는 플라토닉하고 영적인 관계였어요. 나는 데이비드의 친절함에 정말로 강한 인상을 받았어요. 내 의상을 담당하는 여자분이 내가 살을 뺐으면 한다는 내용의 편지를 보내왔어요. 데이비드에게 그 얘기를 하자 그는 단호하게 말했어요. '1그램도 빼지 말아요, 로라!' 그는 기존의 내 상태를 유지해도 괜찮다고 느끼게 만들면서 내가 리타를 연기하는 데 필요한 배우라는 자신감을 안겨줬어요. 어느 날 우리가 세트에 있을 때 여배우 앤 밀러^{Ann Miller}가 잠시 들렀어요. 자기가 그곳에 떨어뜨리고 간 어떤 물건을 찾으려고요. 데이비드는 그녀를 기다리는 동안 촬영장 전체를 멈춰 세웠고, 그녀가 떠난 후에야 말했어요. '그녀는 정말로 매력적이지 않아요?' 그는 그럴 정도로 그녀를 존중했어요. 무엇보다도 그녀의 편안함이 최우선이었죠."[1]

베티로 캐스팅된 나오미 왓츠가 보기에 린치는 제때 등장한 은인이었다. "10년간이나 오디션을 봤지만 내 얼굴을 알릴 출연작은 하나도 없었어요. 그 오랜 세월 동안 나를 늘 따라다니는 상처 같은 거절의 말들을 가슴속에 품고 다녔죠." 왓츠는 말했다. "절박한 심정으로 마음을 집중하고는 나 자신을 꾸준히 변화시키려고 애쓰면서 이런저런 방에 들어가고 있었어요. 아무도 나를 고용하지 않는 건 놀라운 일이 아니었죠. 무엇을 원하시나요? 내가 어떤 존재가 돼야 할까요? 원하시는 걸 얘기하면 제가 그런 존재가 될게요. 상황은 그리 잘 돌아가지 않았어요. 조한나 레이를 대여섯 번 만났지만, 그녀는 나를 어떤 배역에도 캐스팅하지 않았어요. 그러다가 그녀가 내 에이전트에게 전화해서 데이비드가 나를 만나는 데 관심이 있다고 말했어요."[2]

그때 왓츠는 뉴욕에 살고 있었다. 그녀는 이튿날 LA로 날아갔다. "방에 들어갔는데 데이비드가 빛을 뿜어내고 있더군요. 그는 내가 이전에 오디션 룸에서 봐 왔던 사람들하고는 달라도 한참 달랐어요." 그녀의 기억이다. "그의 눈빛에서 진실하고 참되며 흥미로워 한다는 느낌을 받았어요. 그가 캐스팅 중인 캐릭터에 대해서는 아는 게 하나도 없었어요. 그런데 캐릭터를 알지 못했던 게 오히려 나한테는 유리한 상황이었던 것 같아요. 내가 다른 누군가가 돼야 한다는 느낌을 받지는 못했거든요. 나는 나 자신이 될 수 있겠다고 느꼈어요. 그가 몇 가지를 물었어요. 그 질문 중 하나에 장황하게 대답한 다음, 잠시 말을 멈췄다가 다시 말했죠. '정말로 이런 얘기를 하고 싶으세요?' 그는 말했어요. '그럼요. 이야기를 들려줘요!' 나는 우리가 비슷한 부류의 사람들이라고 느꼈고, 그는 내게 흥미를 느끼고 있었어요. 그 사실에 충격을 받았죠. 예전에는 그런 일이 일어난 적이 없었으니까요. 나는 그 당시에는 내 능력을 조금도 신뢰하지 못했어요. 자부심은 늘 바닥을 기었고요. 그래서 뭔가를 해냈다는 생각에 들뜬 상태로 그 자리를 나오지는 않았지만, 뭔가 엄청난 일이 벌어졌다는 감을 느꼈어요. 그런 경험을 할 수 있어서 고마울 정도였죠."

"비행기에서 내리자마자 미팅하러 간 거라서, 우리가 만난 날 내 몰골은 말이 아니었을 거예요. 다음 날에 그의 집으로 와 달라고 요청하는 전화를 받았어요." 왓츠는 회상을 계속했다. "그들은 내게 메이크업을 포함해 조금 더 화려한 모습을 보여 달라고 했어요. 나는 생각했죠. 오, 안 돼. 이 역할을 결코 따내지 못할 거야. 그는 슈퍼모델을 원하는 거야. 하지만 머리를 부풀리고 타이트한 드레스를 입었어요. 그는 자신이 찾던 뭔가를 본 게 분명해요. 나는 결국 시나리오를 읽었는데, 베티의 이야기가 나의 이야기와 정말로 많은 면이 일치한다는 사실이 믿기질 않았어요. 그러면서 생각했죠. 오 마이 갓, 나는 이 캐릭터를 연기하는 법을 잘 알아. 조한나가 데이비드에게 내가 얼마나 오랫동안 몸부림쳐 왔는지를 얘기했는지는 몰라요. 하지만 그는 내 경험의 그런 부분을 활용한 게 확실해요."

"그가 내 출연작을 하나라도 보기나 했는지는 모르겠어요." 왓츠는 덧붙였다. "데이비드는 본능적으로 작업을 해요. 순전히 직관을 따르면서 작업하죠. 그리고 그는 어떤 사람에게서도 연기를 끌어낼 수 있어요. 때때로 그는 스태프 중 누군가에게 고개를 돌리고는 말할 거예요. '여기로 와서 이 의상 좀 입어 봐요.' 그러고 나서 그들이 알게 되는 건 자신들이 시나리오에 적힌 대사들을 읊고 있다는 거죠."

영화의 남자 주인공 아담 케셔로 출연한 저스틴 서룩스Justin Theroux는 이렇게 회상했다. "조한나 레이한테서 '데이비드가 당신을 만나보고 싶어 해요. 가능하면 오늘이요.'라는 전화를 받았습니다. 나는 뉴욕에 살았기 때문에 이튿날 비행기를 탔죠. 도착해서 호텔로 가는 길이었는데 제작사 사무실에서 전화를 걸어와서 말하더군요. '그의 집으로 직접 가세요.' 나는 데이비드 린치의 열혈 팬이었습니다만, 그의 생김새나 행실에 대해서는 몰랐습니다. 그는 단추를 다 채운 흰색 셔츠 차림에 부스스한 머리를 한 채 문을 열어줬습니다. 사람을 기가 막히게 무장 해제시키더군요. 처음 받은 인상은 그가 정말로 따스한 미소를 짓는다는 것과 말하는 방식이 독특하다는 거였습니다. 굉장히 사랑스러운 사람이었습니다. 데이비드하고 지내면서 기분 나빴던 순간은 한 번도 없었습니다."[3]

앤 밀러는 별나고 고지식한 집주인 코코 역으로 자신의 마지막 영화에 출연했다. 영화가 제작에 들어가기 전에, 아카데미상 관련 행사에서 우연히 밀러의 뒷자리에 앉았던 게이 포프는 나중에 그녀가 얼마나 카리스마 넘치는 배우인지에 대해 린치에게 열변을 토했다. 린치는 그런 것들을 기억해 둔다. 한편 연기 경험이 전무했던 몬티 몽고메리 역시 기억에 남을 만한 카메오로 영화에 출연했다.

"데이비드가 시비 2000과 계약을 맺었을 때, 그 계약에 나를 위한 자리는 없었습니다. 그래서 우리는 늘 같이 작업하자는 얘기를 나누면서도 다시는 함께 작업하지 못했죠." 몽고메리는 말했다. "그래도 우리는 같이 작업하는 걸 중단한 이후에도 여전히 친구로 지냈습니다. 데이비드는 꽤 정기적으로 우리 집을 찾아왔죠."

"1998년 말에 아내와 나는 메인주에 있는 섬으로 이주했습니다. 그러고 몇 달 후에 데이비드가 전화를 걸어와서는 '자네를 위해 집필한 배역을 자네가 연기해줬으면 해.'라고 말하더군요. 나는 '잊어버려. 나는 그런 일은 하지 않을 거야.'라고 말했죠. 그는 전화를 계속 걸어왔습니다. '조금 있으면 이 배역을 촬영할 거야.' 나는 늘 똑같이 대답했죠. '안 할 거라니까! 나는 배우가 아냐. 그리고 이건 그냥 내가 할 수 있는 일이 아냐.' 그랬더니 프로덕션 매니저가 전화해서 이것저것 물어보기 시작하더군요. '언제 오실 건가요?' 그들은 내 배역을 촬영하려고 스케줄을 계속 바꾸다가 아예 하룻밤을 통째로 잡아놨다더군요. 그쯤 되니까 못하겠다는 말을 할 수가 없었어요. 나는 비행기에 타고 나서야 시나리오를 처음으로 읽어봤습니다. 조한나 레이하고 저스틴 서룩스가 내 옆자리에 비좁게 앉아 있었죠. 저스틴은 나랑 같이 그 신을 준비했는데, 그의 연기는 기가 막혔어요. 그러니 그와 조한나에게 경의를 표하는 바예요."

서룩스는 그 신의 촬영을 생생하게 기억했다. "그 신을 촬영하던 날 밤에 몬티를 만나러 그의 트레일러로 갔던 게 생각나네요. 그와 악수하고 나서 대사를 같이 읽어주기를 원하느냐고 물었습니다. 그는 '아니, 괜찮아요. 나는 상태가 썩 좋아요.'라고 했습니다. '자기 대사를 다 살펴본 건가, 아니면 그것들을 다 외웠나?'하고 생각했죠. 우리가 세트에 도착하자 데이비드는 '액션'을 외쳤습니다. 몬티는 자기 대사의 처음 몇 단어를 연기하더니 얼어붙어 버렸습니다. 그래서 우리는 그의 대사를 내 가슴과 이마에 붙였고, 데이비드는 내 어깨너머로 몬티를 촬영했습니다. 그 신을 한참 찍은 뒤에 데이비드가 외쳤습니다. '컷, 다음 장면 갑시다.' 나는 데이비드에게 가서 말했죠. '데이비드, 재촬영을 해야 할지도 몰라요. 몬티가 굉장히 목석같은 연기를 했잖아요. 굉장히 밋밋한 연기였다고요.' 데이비드는 말했습니다. '아냐, 우리는 제대로 해냈어. 굉장히 좋은 연기였다고.' 물론, 그 이후로 영화를 봤더니 몬티의 캐릭터는 영화에서 사람을 가장 불안하게 만드는 캐릭터였습니다."

당시 스크립트 슈퍼바이저였던 코리 글레이저는 자신도 그 영화에 출연해야 한다는 사실에 깜짝 놀랐다. "집필된 시나리오에 블루 레이디Blue Lady는 존재하지 않았어요." 글레이저는 영화에서 자신이 연기했던 미스터리한 여인에 대해 말했다. "그러다가 우리는 LA 다운타운에 있는 아름답고 고풍스러운 극장에 도착했죠. 데이비드는 무대 위에 있는 오페라 발코니를 발견했어요. 그날 조명을 설치하느라 긴 시간이 걸렸는데, 어느 순간에 누군가가 '코리, 데이비드가 당신을 찾고 있어요.'라고 했어요. 서둘러 달려가서는 물었죠. '왜요, 데이비드?' 그는 나를 빤히 쳐다봤어요. 흔치 않은 일이었죠. 그러더니 말하더군요. '별거 아니에요.' 나는 일을 하러 돌아갔어요. 그는 10분 후에 나를 다시 불렀어요. 내 머리카락을 얼굴에서 밀어 올린 채 나를 빤히 쳐다봤어요. 그러더니 소리치더군요. '메이크업하고 의상 담당 이리로 오세요!' 메이크업하는 아가씨가 달려오니까 말했어요. '사람 머리를 파란색으로 염색하는데 시간이 얼마나 걸리나요? 굉장히 부풀어 오른 파란색으로 말이에요. 그걸 얼마나 빨리 할 수 있죠?' 의상 담당자가 나타나니까 말했어요. '파란색 빅토리아식 드레스를 얼마나 빨리 구할 수 있나요?' 의상 담당자가 말했죠. '누구한테 입힐 드레스인지를 알아야죠.' 그랬더니 말했어요. '코리가 입을 거예요. 하지만 그녀한테는 아직 그 얘기를 하지 않았어요.'라고 말하더군요. 나는 말했어요. '데이비드! 난 연기 못해요! 정말로 신경이 곤두선다고요!' 그는 내 어깨에 손을 얹고 말했어요. '당신은 당신 친구 데이비드와 함께 있어요. 괜찮을 거예요.'" 그리고 그녀는 괜찮았다. 글레이저는 블루 레이디가 스토리에 매우 잘 녹아든 점에 대해 말했다. "데이비드가 좋아하는 말이 있어요. '신경 안 써요. 그건 조립식 작업이니까요!'"

촬영은 1999년 2월 말에 시작됐다. 에델스테인은 그 촬영을 "더없이 행복하고 멋진 경험"으로 기억했다. "호텔에서 어떤 여자가 벽을 뚫고 들어온 총알에 맞는 시퀀스가 있었습니다. 그런 장면을 촬영할 때는 배꼽을 잡다 죽을 지경이 되죠." 그는 덧붙였다. "다들 엄청 웃어댔습니다. 서른 명쯤 되는 사람이 모니터 주위에 모여 데이비드가 한 마법 같은 작업을 보면서 낄낄거렸죠."

린치는 적은 것으로도 많은 일을 할 수 있다. 그런데 때로는 그도 많은 것을 필요로 한다. 「멀홀랜드 드라이브」 이야기의 출발점인 스펙터클한 자동차 사고가 그런 경우다. "그 자동차 사고는 데이비드와 함께한 작업 중에 제일 까다로웠을 겁니다." 게리 다미코는 말했다. "그 촬영을 준비하는 데 사흘이 걸렸습니다. 30미터 높이의 공사용 크레인을 그리피스 파크에 갖다 놨죠. 거기다가 무게가 2,720킬로그램이나 되는 자동차를 케이블로 매달았다가 자유낙하를 시켰습니다. 크레인이 차를 날려버렸죠. 정신 나간 장치였습니다. 우리가 그 장면을 촬영할 기회는 딱 한 번뿐이었던 게 확실합니다."

해링은 이렇게 회상했다. "내가 트레일러에서 자는 동안 제작진은 그 신을 위한 마지막 준비 작업을 하고 있었어요. 데이비드가 나를 깨우러 와서 말했죠. '로라, 당신은 지저분한 모습이어야 해. 당신이 바닥을 뒹구는 게 제일 쉬운 방법인 것 같아.' 그러더니 그는 시범을 보여주려고 바닥에 누워 이리저리 뒹굴었어요. 그 신을 1월의 새벽 네 시에 찍었어요. 바깥 기온이 섭씨 9도 정도였을 거예요. 나는 앙증맞은, 어깨끈이 가느다란 드레스 차림이었죠. 그런데 데이비드는 바깥에서 스키복을 입은 채 연출하고 있었어요. 점프슈트(바지와 상의가 붙은 일체형 옷—옮긴이) 차림으로요!"

1999년 3월에 촬영이 종료됐다. ABC의 임원들은 처음에 최초 편집본을 봤을 때는 기뻐서 어쩔 줄을 몰랐다. 그러더니 점점 더 초조해하기 시작했다. 그들은 전개 속도가 지나치게 느리고 왓츠와 해링이 "약간 나이가 많다"고 느꼈다. 린치는 방송국의 관련 부서들로부터 배우들이 구사하는 언어, 총상과 개똥, 담배의 이미지 같은 사소한 것들을 트집 잡는 메모들을 받기 시작했다. 그런데 린치는 이런 종류의 잡음들을 무시하는 일을 잘했다. 그래서 그는 작업을 계속 밀어붙였다. 그는 자신의 홈 스튜디오에서 사운드트랙을 제작하며 4월을 보냈다.

그달 말, 린치는 러닝 타임이 두 시간 5분인 편집본을 타시스와 블룸버그에게 보냈다. 그들은 그걸 받아보자마자 88분 길이로 잘라야 한다고 반응했다. 이튿날 밤, 토니 크란츠가 랭쉬-바쥬 두 병과 스티브 타오가 보낸 30장 가까운 메모를 들고 린치의 집을 찾아왔다.

"그들은 그 메모를 보자마자 방송국이 그 작품을 방송할 시리즈로 선정하지 않을 거라는 걸 알았을 거예요." 스위니는 추측했다. "우선, TV로 방송을 하려면 60분 길이여야 하는데 데이비드는 러닝 타임에 구애받지 않았어요. 그런데도 토니는 메모들을 들고 찾아왔죠. 데이비드는 토니가 그들이 옳다면서 그들 편을 들고 있다고 느꼈던 것 같아요. 방송국이 요청하는 변경 사항들을 우리가 왜 따라야만 하냐며 언성을 높였으니까요. 데이비드는 메모 하나하나에 다 반대했어요. 그런데 토니가 떠난 후, 우리는 메모를 바탕으로 밤샘을 해서 파일럿을 88분 길이로 잘라 넘겨줬어요."

그때를 돌이켜본 크란츠는 자신은 해야만 하는 일을 했다고 느꼈다. "「멀홀랜드 드라이브」를 자세히 감상한 나는 데이비드에게 진실을 얘기했습니다." 크란츠는 말했다. "내가 그랬죠. '그렇게까지 좋지는 않아요. 속도가 느려요. 나는 ABC의 메모들에 동의해요.' 많은 면에서, 내가 한 말은 우리 관계의 거품을 터뜨렸습니다. 그 말을 들은 데이비드는 '너도 그놈들하고 한통속이군. 이제는 너도 내 편이 아냐.'라고 생각했으니까요. 그런데 그때 나는 데이비드가 생각했던 그런 사람은 아니었습니다."

"내 실수는 「멀홀랜드 드라이브」의 타협 버전을 만들어내려고 애쓴 거였던 것 같습니다." 크란츠는 회상을 이어갔다. "그런데 방송국과 타협하지도 않고, 마크 프로스트와 조화를 이루고 유대감을 형성하지도 않으려 했던 데이비드의 고집이 「트윈 픽스」를 죽음으로 몰고 간 원인 중 하나였습니다. 데이비드는 예술적으로 뛰어난 사람이지만, 협력을 중심으로 돌아가는 연예 산업에서 성공을 보장하는 특성을 가진 사람은 아닙니다. 개인이 연예계를 상대로 싸워서 승리할 수는 없죠. 이 동네는 그런 시도를 했던 사람들의 시신이 사방에 어지럽게 널브러져 있는 곳입니다."

말할 나위도 없지만, 린치의 캠프에 속한 그 누구도 파일럿에 대한 ABC의 반응을 정당하다고 여기지 않았다. "그 메모들은 터무니없었습니다. 게다가 '정치적 올바름'을 어찌나 강조했던지 작품에 들어 있는 창조적인 측면은 무엇이건 제거해버릴 정도였습니다." 에델스테인은 말했다. "데이비드 린치의 파일럿을 승인하고서도 데이비드 린치의 세계를 원치 않는 이유가 뭡니까? 그들은 무슨 장난을 치는 것 같았습니다. 오리지널 시나리오에서 저스틴 서룩스는 선禪의 지혜를 깨달은 아시아인 정원사를 두고 있습니다. ABC는 아시아인 정원사는 인종차별적인 스테레오 타입이라고 생각했고, 그래서 우리는 그 캐릭터를 잘라내야 했습니다."

"여름방학 캠프 느낌이 나는, 굉장히 즐겁고 재미있는 촬영장이었습니다." 서룩스의 회상이다. "그래서 우리는 그 시리즈가 선정되지 않았을 때 엄청난 충격에 휩싸였습니다."

린치는 ABC가 그 시리즈를 공식적으로 선정하지 않았다는 걸 5월 중순에 알았다. 그때 그는 「스트레이트 스토리」를 갖고 칸에 가려고 공항으로 향하던 중이었다. 그는 그 뉴스를 듣고는 물밀 듯이 밀려오는 행복감을 느꼈다고 인정했다. 그는 방송국에 넘겨진 그 시리즈의 최종 편집본이 잔혹하게 살해당했다고 느꼈다. 그래서 그 영상이 조용히 숨을 거두었음을 알게 되자 안도했다. ABC는 「멀홀랜드 드라이브」를 위해 비워뒀던 방송 시간을 뉴욕으로 이주해서 독립 생활을 하려고 애쓰는 20대의 대학교 친구 여섯 명을 다룬 시리즈 「황무지Wasteland」에 넘겨줬다. 그 시리즈는 1999년 10월 7일에 첫 방송을 탔고, 일주일 후인 10월 15일에 「스트레이트 스토리」가 전국 곳곳의 선별된 극장들에서 개봉됐다. 「황무지」는 에피소드 세 편이 방송된 후 편성이 취소됐다.

린치는 「멀홀랜드 드라이브」가 거쳐야만 하는 여정을 거쳤다고 말한 적이 있다. 그 영화가 결국 대성공을 거둔 건 확실하다: 그런데 그 영화의 부활은 그의 오랜 친구 피에르 에델만에 의해 시작됐다.

"「멀홀랜드 드라이브」의 파일럿이 거절당했을 무렵, 시비는 폐업한 상태였고 피에르는 스튜디오카날StudioCanal 소속이었죠." 스위니는 말했다. "그 작품이 영화로 탈바꿈되는 것을 허용하게끔 계약의 기초 작업을 하고, 거기서 발생한 모든 난관을 처리한 사람이 피에르였어요. 도무지 앞이 보이지 않는 상황이었는데, 어느 누가 그런 계약을 굴러가게 만들 수 있었겠어요? 자신이 직접 손을 봐서 일을 제 상태로 돌려놓기 전까지는 그 일을 놔주지 않으려는 테리어terrier 같은 사람인 피에르에게 그 일은 마약과 같았어요. 그는 「멀홀랜드 드라이브」를 스튜디오카날의 자기 통제권 아래로 가져오려고 알랭 사드Alain Sarde를 끌어들였어요. 그 작품을 원치 않았던 ABC는 선반에 처박아두고만 있던 네거티브를 팔아치울 수 있어서 행복해했죠."

에델만은 「멀홀랜드 드라이브」와 관련된 경험을 복잡했다고 표현했다. "데이비드가 파일럿의 운명에 관해 얘기해준, ABC와 관련된 에피소드가 벌어지고 나서 채 몇 달이 지나지 않았을 때였습니다." 에델만은 말했다. 그는 사드를 설득했다. 미국의 독립영화 여러 편에 제작비를 댔던 프랑스의 유료 구독 채널인 스튜디오카날 플뤼Le StudioCanal Plus를 통해 7백만 달러를 지불하고 파일럿을 매입하라는 거였다. "그런데 데이비드는 나한테 이렇게 얘기했습니다. '이 작품에 대해서는 더는 아무 얘기도 듣고 싶지 않아.' 나는 그에게 파일럿을 보는 걸 허락해 달라고 부탁했고, 그는 알았다고 말은 했지만, 그 작품에 대해 더는 아무 말도 하고 싶지 않다고 했습니다. 작품을 감상한 나는 그게 놀라운 장편 영화가 될 거라고 확신한다고 그에게 말했습니다."

"그때만 해도 온갖 곤경이 나를 기다리고 있을 줄은 몰랐습니다." 에델만의 회상은 계속됐다. "4백만 달러를 더 구해야 했는데, 그중 대부분은 작품과 관련된 권리들을 다시 사들이는 데 들어갔습니다. 그러고 나서는 영화관에서 상영하기 위해 초당 25프레임으로 촬영된 TV 파일럿을 초당 24프레임으로 변환시켜야 했습니다. 또 영화를 극장에서 개봉해도 된다는 동의서에 전체 출연진과 스태프의 사인을 받아야 했죠. 메리 스위니가 한동안 그런 협상들을 처리했는데, 그들 중 일부는 상황이 복잡합니다. 이 사람들은 TV 파일럿을 위해 작업을 했었죠. 극장에서 개봉하는 영화를 작업했다면 그들은 훨씬 더 많은 보수를 받았을 겁니다. 그래서 몇몇 사람들은 추가 보수를 달라고 주장했습니다. 물론, 우리는 그걸 장편 영화로 탈바꿈시키는 데 필요한 추가 촬영에 쓸 비용도 필요했죠."

사드는 추가 촬영에 드는 비용으로 2백만 달러를 더 투입하기로 합의했다. 하지만, 린치는 프로젝트 복귀에 모호한 태도를 보였다. 세트들은 서툰 솜씨로 해체되면서 손상된 상태였고, 디즈니는 소품과 의상을 모두 잃어버렸으며, 시리즈가 박살이 나면서 맛본 불쾌한 뒷맛이 그의 입속에 남아 있었다. 그가 재작업에 착수하기를 주저했던 부분이 그와 크란츠의 관계를 소원하게 만든 마지막 문젯거리였던 것으로 판명됐다.

"「멀홀랜드 드라이브」는 디즈니에겐 7백만 달러짜리 투자였습니다. 피에르 에델만이 와서 '내가 카날을 끌어들여 디즈니에게서 그걸 매입할 수 있습니다.'라고 말했을 때, 나는 근사한 일이라고 생각했습니다." 크란츠는 말했다. "그랬는데 그 계약이 완료되기 직전에 데이비드가 '나는 이 작품은 하고 싶지 않아.'라고 말하는 겁니다. 왜 안 하겠다는 거냐고 물었더니 '우리는 세트들을 다 때려 부쉈어.'라고 하더군요. 나는 말했습니다. '세트들을 다 부쉈다는 게 무슨 뜻이죠? 아직 당신이 촬영할 내용을 담은 시나리오조차도 없는 상태잖아요. 무슨 세트를 얘기하는 거예요?' 그때 그 영화와 관련된 상황은 앉은 자리에서 숨을 거뒀습니다. 내가 헛소리라고, 쓸데없는 핑곗거리라고 간주하는 것 때문에요. 나는 열이 받았습니다. 그 작품에 브라이언 그레이저^{Brian Grazer}하고 론 하워드^{Ron Howard}하고 내 돈이 들어가 있다는 걸 알고 있었으니까요. 데이비드가 갓난아이처럼 굴고 있다고 생각했습니다. 그 파일럿을 사들이라며 디즈니를 공동 노선에 끌어들인 사람이 나인데, 이제는 나와 디즈니의 관계가 위태로워질 지경이었습니다. 그래서 나는 디즈니 편에 서서 말해야 했습니다. '우리는 당신이 이 작업을 하게끔 만들기 위해 당신을 고소할 겁니다.' 데이비드하고 나 사이는 그걸로 끝이 났죠. 그렇다고 해도 내가 한 짓을 후회하지는 않습니다."

"그런데 결국은 데이비드 린치하고 평생 좋은 관계를 맺어야 하는 게 아니냐고요? 그럼요, 당연한 얘기죠." 크란츠는 덧붙였다. "데이비드는 언제든 가식이라는 게 전혀 없는 사람입니다. 겸손하고 재미있으며 상냥하고 기민하며 멋진 사람이죠. 그를 처음 만났을 때 그랬던 것처럼 순진한 낙천주의와 진실함으로 똘똘 뭉친 사람입니다. 성공은 그를 조금도 바꿔놓지 못했습니다. 그가 그립습니다. 내가 했던 짓들에 대해 사과하는 편지를 그에게 보냈습니다. 그가 나를 용서해주기를 바란다는, 언젠가 같이 작업할 수 있기를 희망한다는 내용으로요. 그는 나를 진정으로 용서했다고 말했지만, 다시 같이 작업을 하려는 문을 열어 두지는 않았죠. 나는 그런 상황도 이해할 수 있습니다."

린치는 크란츠를 용서했을지 모르지만, 린치의 동료 중 대다수는 그 사건을 용서하지 않았다. "토니가 데이비드를 고소하겠다고 으름장을 놓은 건 역겨운 짓입니다." 에델스테인은 말했다. "데이비드는 전통적인 규칙을 따르는 사람입니다. 엄밀히 말하면, 전통적인 규칙이라고는 할 수 없죠. 그가 따르는 규칙은 황금률에 더 가깝습니다. 당신이 누군가의 눈을 똑바로 바라보면서 그들과 악수를 하고 '내가 하려는 일은 이겁니다. 그리고 당신이 하려는 일은 그거고요.'라고 말할 때, 당신은 변호사도 필요 없고 소송을 걸겠다고 협박할 필요도 없습니다. 자기들이 원하는 방식으로 일이 처리되지 않았을 때 그런 짓을 하는 사람들은 칭얼대며 짜증을 부리는 갓난아이나 다름없습니다."

짜증과는 별개로, 영화화 프로젝트를 위한 협상이 잘 진행되면서 린치는 파일럿을 영화로 탈바꿈시키는 방법을 결국 떠올려냈다. 그 아이디어는 어느 날 저녁 여섯 시 30분에 그를 찾아왔고, 일곱 시에 그는 스토리의 결말을 지을 방법을 알아냈다. 흥분하기 시작한 그는 해링과 왓츠에게 연락했다.

"ABC가 시리즈를 선정하지 않았을 때 생각했어요. '끝내주는군. 나는 결코 햇빛을 보지 못할 데이비드 린치의 유일한 프로젝트에 참여했었어. 돌고 돌아서 몸부림치던 시절로 돌아온 거야.'" 왓츠는 말했다. "그러다가 그는 카날 플뤼로부터 '그걸 사들여서 장편 영화로 만들고 싶습니다.'라고 하는 전화를 받았죠. 데이비드는 다이앤 캐릭터를 도입한 18페이지의 시나리오를 썼어요. 그의 집에 가서 그걸 읽으면서 '오 마이 갓, 믿어지지 않아.'하고 생각했던 기억이 나요. 그보다 더 흥미진진한 캐릭터는 없을 거예요. 베티와 다이앤이 대단히 다른 캐릭터라는 점도 그렇고요. 누가 그렇게 만들어달라고 부탁해도 만들어내지 못할 거예요. 평생 연기를 하면서 그런 배역을 두 개나 얻는 건 쉽지 않은 일이에요. 영화 한 편에서 그러는 건 더더욱 힘든 일이고요."

"데이비드는 「멀홀랜드 드라이브」는 익사했어. 세상 누구도 그 작품을 보지 못할 거야.'라고 말한 지 일 년 후에 나오미와 나에게 자기 집으로 오라고 전화를 했어요." 해링은 떠올렸다. "그래서 우리는 그의 집에 가서 앉았죠. 나오미는 그의 오른쪽에, 나는 왼쪽에요. 그가 말했어요. 「멀홀랜드 드라이브」는 세계 전역에서 개봉되는 장편 영화가 될 거야. 그런데 영화에 누드 장면이 들어갈 거야!'"

9월 말에서 10월 초까지, 총 17일의 촬영 기간 동안 린치가 덧붙인 내용 중 상당수는 지상파 텔레비전에서는 결코 방영될 수 없는 내용이었다. 베티와 리타는 오리지널 파일럿에서는 공동으로 일을 꾸미는 친밀한 음모자였다. 그런데 생생한 정사 장면에서 밝혀졌듯이, 장편 영화 속의 그들은 연인 사이였다. "데이비드가 러브신을 첨가한 건 옳은 결정이었어요. 그게 그 스토리의 핵심적인 부분 중 하나였으니까요. 그런데 그걸 촬영하는 건 어려운 일이었어요." 해링은 말했다. "세트로 들어가는데 신경이 곤두서더군요. 내가 너무 허약하다는 느낌을 받았어요. 그런데 데이비드가 말했어요. '로라, 뭘 걱정하는 거야? 세트는 어두울 거야.' 그의 말대로 세트는 어두웠어요. 나는 마음을 놓았죠. 그러다 마지막 테이크를 찍을 때 그가 말했어요. '높여, 피트.' 불을 밝히라는 뜻이었어요. 그러면서 세트가 상당히 밝아졌죠. 그는 그래도 내 몸을 자세하게 보여주지는 않을 거라고 했어요. 모든 사람의 소망과 달리, 그는 내 음모를 흐릿하게 처리했어요. 그렇게 하겠다고 약속을 했으니까요."

왓츠와 해링이 벌이는 러브신보다 훨씬 더 어려웠던 작업이 왓츠가 눈물을 흘리며 자위를 하는 비통한 신이었다. "데이비드는 보통 단 한 번의 테이크로 원하는 장면을 얻어요. 그렇지 못하더라도 기껏해야 세 번 정도 테이크를 갈 거예요. 그런데 그는 나오미가 그 신을 찍을 때 최소한 열 번은 다시 찍었어요." 글레이저는 회상했다. "열 번째 테이크를 갔을 때, 그녀는 엄청나게 화를 냈어요. 데이비드가 그렇게 테이크를 계속 갱신한 건, 그 신에서 그녀가 완벽하게 넋이 나간 상태가 되도록 만들고 싶어서였을 거예요. 그는 그녀를 그런 상태로 만들기 위해 그녀가 반복되는 연기를 통해 탈진하게끔 만들어야 했어요."

왓츠는 그 신을 촬영할 당시를 생생히 기억한다. "그날 소화가 안 돼서 무척 고생했어요. 신경이 바짝 곤두섰었거든요." 그녀는 회상했다. "당신이라면 그 많은 스태프를 앞에 두고 어떻게 자위를 하겠어요? 다른 날 촬영하자고 데이비드를 설득하려 애썼지만, 데이비드는 말했어요. '안 돼, 나오미, 당신은 할 수 있어. 당신은 괜찮아. 그러니까 화장실에 갔다 와.' 그는 분노에서 우러난 절박하고 강렬한 모습을 원했어요. 카메라가 다가올 때마다 나는 말하고는 했어요. '못하겠어요, 데이비드, 못하겠어요!' 그는 말하고는 했어요. '괜찮아, 나오미.' 그러면서 계속 카메라들을 돌리고 있었죠. 그게 나를 화나게 했어요. 그는 날 계속 몰아붙이고 있었어요. 점잖은 방식으로 몰아붙였죠."

「멀홀랜드 드라이브」가 선사하는 탁월함의 상당 부분은 그들이 가본 적이 없는 곳들로 배우들을 데려가는 린치의 능력에 전적으로 의지하고 있다. 이는 명백한 사실이다. "나오미가 정확히 똑같은 대사를 연기하는 두 신이 있어요. 그런데 그 두 신은 완전 달라요." 데밍이 내놓은 의견이다. "그건 최고 수준의 연기 수업 같았어요."

린치는 촬영하는 동안 원하던 것을 얻었지만, 에델만은 아직도 위기를 벗어나지 못했다고 느꼈다. "영화를 편집하던 데이비드가 자기 스튜디오로 와서 영화의 각 부분이 잘 들어맞는지 살펴 달라고 부탁했습니다. 그곳을 나선 후, 나는 울면서 거리를 걸어갔습니다." 그는 말했다. "나는 생각했습니다. '재앙 같은 상황이야. 아무도 이 영화를 보러 오지 않을 거야.' 다른 사람의 생각도 들어봐야 한다는 생각이 들더군요. 그래서 「멀홀랜드 드라이브」의 영화화를 위한 서류에 서명한 사람 중 한 명인 알랭 사드에게 전화를 걸었죠. 그에게 LA로 와서 작품을 봐달라고 요청했습니다. 알랭은 데이비드의 스튜디오에 와서 그 작품을 본 뒤에 내게 말했죠. '나한테 왜 여기에 오라고 한 건지 이해가 안 되네요. 이건 걸작이잖아요.'"

린치가 「멀홀랜드 드라이브」의 포스트프로덕션을 하고 있을 때, 그의 인생에 또 다른 층이 덧붙여졌다. 폴란드라는 나라였다. "폴란드에 대한 데이비드의 관심은 카메리마쥬 영화제Camerimage Film Festival의 관계자들이 찾아오면서 시작됐어요. 폴란드에서 열리는 그 영화제는 영화에만 전념하는 이벤트로, 그들은 2000년 2월경에 찾아왔죠." 스위니는 말했다. "단체로 찾아왔어요. 여섯 명인가 일곱 명이었고, 제멋대로 날뛰는 정신 나간 사람들처럼 보였는데, 데이비드는 그걸 재미있게 생각했어요. 그들은 데이비드가 자신들의 영화제에 참석해 주기를 원하면서, 그가 그렇게 하겠다고 동의할 때까지 계속 사정하면서 이런저런 것들을 그에게 보내왔어요."

1993년에 폴란드의 토룬에서 마렉 쥐도비치Marek Żydowicz에 의해 창설된 영화예술 국제영화제International Film Festival of the Art of Cinematography는 해마다 일주일씩 진행됐다. 이 영화제는 린치가 관여했을 때는 우치로 막 장소를 옮긴 참이었다. 카메리마쥬 갱Gang—린치가 붙인 명칭—은 돌아가면서 스태프를 맡은 카직 수바와Kazik Suwała, 아그니예슈카 스보인스카Agnieszka Swoińska, 아담 즈두넥Adam Zdunek, 미하우 크빈토Michał Kwinto, 파베우 쥐도비치Paweł Żydowicz, 카밀 호로데츠키Kamil Horodecki, 다리우쉬 비추우코프스키Dariusz Wyczółkowski, 마테우쉬 그라이Mateusz Graj, 에바 브죠스카Ewa Brzoska를 비롯해 많은 음악가와 예술가들, 영화감독들로 이루어져 있었다. "나는 말하곤 했어요. '언젠가는 데이비드 린치가 우리를 방문하러 올 거야.' 사람들은 나를 미쳤다고 생각했죠." 영화제를 계속 지휘해온 쥐도비치는 회상했다. "데이비드를 처음 만났을 때, 나는 기로에 서 있었습니다. 카메리마쥬 영화제의 운영 계획들은 썩 잘 진행되지 않았고요. 그런데 데이비드와의 만남이 모든 걸 바꿔놨습니다."

"그는 거대한 규모의 프레스코화를 창작할 능력을 가진 르네상스의 거장들과 비슷한 인물입니다." 쥐도비치는 덧붙였다. "그리고 그는 우치를 무척 좋아했습니다. 우치는 음침한 비밀들과 황폐해진 공장들, 안개, 그림자, 깨진 가로등, 으스스한 소음들로 가득한 도시죠. 기괴하면서도 매혹적인 논리를 가진 존재들이 등장하는 난폭한 꿈을 상기시키는 미스터리한 분위기가 드리워져 있습니다."[4]

그해 11월에 그 영화제에 참석했을 때, 린치는 LA를 기반으로 활동하면서 2000년 이후로 각종 영화제에서 다양한 작업을 해온 폴란드 작곡가 마렉 제브로프스키[Marek Zebrowski]를 만났다. "데이비드는 우치와 사랑에 빠져서는 온갖 종류의 아이디어를 떠올리기 시작했습니다." 제브로프스키는 말했다. "겨울철의 분위기, 버려진 공장들, 19세기 말에 지어진 호화로운 주택들… 그가 폴란드와 관계를 맺은 이후 몇 년 동안 이 모든 것들이 합쳐지면서 아름답고 신비로운 영화 「인랜드 엠파이어」가 탄생했죠. 그가 영화제에 참석하기 시작한 이후로 몇 년간, 프랭크 게리(Frank Gehry, 미국의 건축가―옮긴이)와 함께하는 프로젝트도 싹트기 시작했습니다."[5]

린치가 게리와 함께 싹을 틔우기 시작했다는 공동 프로젝트는 바로 우치시의 도심을 재건하는 계획이었다. 거기에는 영화제를 위한 시설들, 재설계한 기차역, 매장들, 호텔들, 박물관이 포함돼 있었다. 2005년부터, 린치는 게리와 카메리마쥬 팀과 긴밀하게 작업하면서 EU 유럽연합와 우치시, 민간 후원자들로부터 자금을 확보했다. "프랭크 게리의 조부모님은 두 분 다 우치 출신입니다. 그래서 프랭크에게 이 작업은 개인적인 프로젝트이기도 했죠." 제브로프스키는 말했다. 2000년에 영화제 폐막 후, 그 무리의 멤버 몇 명은 린치와 함께 프라하로 갔다. 그리고 그가 안젤로 바달라멘티와 함께 「멀홀랜드 드라이브」에 삽입할 음악을 작업하는 모습을 다큐멘터리로 촬영했다.

1월에 프라하에서 돌아온 린치는 새로운 어시스턴트 제이 아셍[Jay Aaseng]을 만났다. 아셍은 이후로 8년간 그와 긴밀하게 작업하게 된다. "나보다 넉 달 먼저 데이비드를 위해 일하기 시작한 친구 에릭 크레이리[Erik Crary]가 전화를 걸어와서 말했습니다. '자리가 하나 날 것 같아.'" 아셍은 회상했다. "매디슨에서 영화를 전공하는 학생이던 내가 막 스물한 살이 됐을 때였습니다. 크리스마스 직전에 메리 스위니하고 라일리가 매디슨에 있었죠. 우리는 스타벅스에서 만났습니다. 이후에 전화를 걸었더니 메리가 말했습니다. '6개월간 같이 해보죠. 얼마나 빨리 올 수 있겠어요?' 나는 말했습니다. '내일이면 차로 거기에 갈 수 있습니다.' 내가 그 자리를 얻은 건 라일리가 나를 좋아했기 때문일 거예요."

"그 시절에 데이비드는 아침이면 그레이 하우스에 와서 몇 종류의 셰이크를 아침으로 먹곤 했습니다. 그 자리에 앉아서 우리랑 여러 가지 일을 검토했죠." 아셍의 회상은 계속됐다. "내가 출근한 첫날에 그가 들어왔습니다. 특유의 직설적인 제스처로 나한테 걸어와서 말하더군요. '안녕, 제이! 만나서 반갑네, 친구! 자, 그럼 일 좀 해볼까!'"[6]

그해 봄에 린치는 「멀홀랜드 드라이브」의 두 시간 27분짜리 편집본에 마지막으로 손을 댔다. 그 영화는 레 필름스 알랭 사드[Les Films Alain Sarde]와 스튜디오카날, 픽처 팩토리의 공동 제작 작품이 되기에 이르렀다. 영화의 프로듀서 크레디트를 받은 크란츠는 이렇게 말했다. "나는 최소한으로만 관여했습니다. 데이비드와 나는 얘기를 주고받는 걸 중단하지는 않았고, 나는 세트에 가기는 했지만, 우리는 껄끄러운 사이였습니다."

결국, 린치와 크란츠의 갈등은 영화와는 무관한 것으로 입증됐고, 「멀홀랜드 드라이브」는 기다릴 만한 가치가 있는 작품으로 판명됐다. "우리는 그 작품이 절대로 햇빛을 보지 못할 거라고 짐작했었습니다. 그러다가 데이비드가 일 년 후에 전화를 걸어서 말했죠. '그 작품은 영화가 될 거야.' 그러고 우리는 며칠 더 촬영했습니다." 서룩스는 말했다. "몇 달 후에 그는 나하고 나오미를 영화 시사회에 불렀습니다. 그 작품이 정말로 놀라운 작품이라는 걸 확인한 우리는 넋을 잃었습니다. 그건 비틀스의 명반 《페퍼 상사^{Sgt. Pepper's}》를 처음으로 듣는 거랑 비슷했습니다. 영화에는 소화해야 할 것들이 너무나 많았고, 영화는 많은 질문을 제기했습니다. 영화를 보자마자 곧바로 다시 보고 싶어졌습니다."

"시나리오를 알고 있긴 했지만, 우리가 그걸 촬영할 때만 해도 어떤 영화가 나올지 몰랐습니다. 게다가 완성된 작품은 우리가 그걸 촬영할 때 했던 경험하고는 완전 달랐습니다. 바로 그 점이 영화감독으로서 데이비드의 천재성을 잘 보여줍니다. 효과음과 음악을 사용하는 솜씨, 그리고 여러 갈래의 이야기를 병치시키는 솜씨, 그는 우리가 촬영하고 있을 때는 예상하지도 못했던 분위기를 빚어내는 대가다운 일을 해냈습니다. 그 영화가 대단히 음침하면서도 감동적이고 뇌리에서 떠나질 않아서 깜짝 놀랐습니다. 「멀홀랜드 드라이브」를 감상하는 동안 우리는 가끔 우리가 느끼는 감정이 어떤 건지 식별하지조차 못합니다. 불편함인지 기쁨인지 슬픔인지 구분하지 못하는 거죠. 데이비드는 다층적인 감정들을 동시에 전달하는 캐릭터들을 매우 능숙하게 창조합니다. 내가 이 영화에서 좋아하는 신 중 하나는 패트릭 피슬러가 윙키스 커피숍에서 자신이 꾼 악몽에 대해 독백하는 신입니다. 그는 자기가 꾼 꿈을 누군가에게 들려주고, 그러면 카메라는 밖으로 나가서 커피숍 뒤로 향하죠. 로스앤젤레스의 화창한 낮이 한창인데도 그 장면은 정말로 오싹합니다."

「멀홀랜드 드라이브」는 2001년 5월에 칸에서 프리미어를 가졌고, 린치는 감독상을 수상했다. 린치는 그 상을 「그 남자는 거기 없었다^{The Man Who Wasn't There}」의 조엘 코엔^{Joel Coen}과 공동 수상했다. "칸에 가서 공식 사진 촬영을 할 때 사진가들이 내 이름을 외쳐대기 시작했어요. 내가 무대에 올라가면서 데이비드 옆을 지나칠 때 그는 나한테 '핫샷'이라고 말했고요." 해링의 회상이다. "그가 그렇게 말해준 건 나한테는 무척 뜻깊었어요."

칸으로 떠난 여행은 왓츠의 인생에도 커다란 전환점이 되었다. "몇 년간 나는 같이 일하자고 말하는 사람도, 오디션을 받을 때 내 눈을 바라보는 사람도 구할 수가 없었어요. 그런데 그때 나는 칸에서 레드카펫을 걷고 있었어요." 왓츠는 기억했다. "영화는 5분간 기립박수를 받았고, 토드 맥카시^{Todd McCarthy}는 『할리우드 리포터^{The Hollywood Reporter}』에 나를 콕 집어서 소개했어요. 믿기 힘든 리뷰였죠. 그걸로 끝이었어요. 내 인생이 하룻밤 사이에 바뀐 거예요. 갑자기 모든 에이전트가 나한테 전화를 걸고 꽃을 보내왔어요. 다시는 오디션을 받을 필요가 없어졌고요. 그 모든 게 데이비드 덕택이었어요. 그는 말 그대로 내 인생을 바꿔놓았어요. 이후로 많은 사람을 만나고 뛰어난 감독들과 작업해 왔지만, 그와 비슷한 사람은 아무도 없었어요. 데이비드는 독보적인 사람이에요. 그는 배우들을 사랑해요. 그리고 배우들은 그를 신뢰하고 그에게 무엇이건, 모든 것을 주고 싶어 하고, 그를 즐겁게 해주고 싶어 하죠. 그는 유익한 에너지를 뿜어내요. 그와 함께 있을 때면 늘 보살핌을 잘 받고 있다고 느껴요."

그해 가을에 린치는 「멀홀랜드 드라이브」를 토론토 영화제Toronto Film Festival에 가져갔다. 그리고 그가 캐나다에 있을 때 맨해튼의 세계무역센터가 무너졌다. 린치와 스위니는 일시적으로 그곳에 발이 묶였다. 아셈은 이렇게 추측했다. "그 사건은 그가 TM을 온 세계와 공유하는 게 중요하다고 느끼게 만들었습니다. 그는 세상 사람 모두가 명상을 한다면 그런 일은 일어나지 않을 거라 생각했을 거예요. 그래서 그는 그때 사무실에 있는 전원에게 TM 훈련을 받는다면 관련 비용을 다 내겠다고 제의했죠."

2005년에 창설된 '의식 기반 교육과 세계 평화를 위한 데이비드 린치 재단David Lynch Foundation for Consciousness-Based Education and World Peace'을 위한 씨앗들이 이렇게 뿌려졌다. 그러는 동안, 「멀홀랜드 드라이브」와 관련된 상황이 마침내 매듭지어지고 있었다. 유니버설 픽처스는 2001년 10월 12일에 그 영화를 미국에서 개봉했고, 린치는 오스카 감독상 후보에 지명됐다. 이 영화의 위상은 이후로 급속히 치솟았다. BBC 컬처가 2016년에 실시한 여론조사에서 「멀홀랜드 드라이브」는 21세기의 가장 위대한 영화로 선포됐다.

회사를 차려서 돈을 벌 수 있는 사람들이 많지만, 나한테 그런 일은 전혀 일어나지 않았어요. 픽처 팩토리는 메리와 닐 에델스테인이 내놓은 아이디어였죠. 픽처 팩토리라는 이름이 마음에 들었어요. 그래서 우리는 그 회사를 차렸지만, 회사를 세우자마자 나는 관심을 전혀 기울이지 않았어요. 회사는 그냥 시간만 잡아먹을 뿐, 전혀 재미있지 않았어요. 회사 경영을 가르쳐주는 책을 읽은 적도 없는 것 같네요. 나한테 「아메리칸 뷰티」의 제의가 들어왔다는 건 전혀 몰랐어요. 『머더리스 브루클린』이라는 작품은 들어본 적도 없어요. 「링」의 시나리오를 본 기억도 분명 없고요. 닐은 결국 나오미 왓츠와 함께 그 영화를 만들었죠. 그러니 그건 그에게는 잘된 일이었어요.

「멀홀랜드 드라이브」와 관련 있는 사람들은 다들 무슨 일이 벌어졌는지에 대해 자기들 나름의 서사를 갖고 있어요. 하지만 토니가 말한 것 중에 오르소에서 먹은 저녁이나, 영화계와 TV 사업 사이에서 춤을 춘 것에 대한 기억은 없어요. 내가 뭔가 하기를 토니가 원했다는 것, 그리고 「트윈 픽스」에서 파생된 작품으로서 「멀홀랜드 드라이브」라는 제목이 달린 작품에 대한 아이디어를 마크 프로스트와 10분쯤 논의했던 건 기억해요. 하지만 그 아이디어는 결코 구체화되지 않았어요. 내가 그 아이디어에 대해 기억하는 건 작품의 제목이 「멀홀랜드 드라이브」일 것이고 할리우드에 온 젊은 아가씨와 관련된 내용일 거라 생각했다는 게 전부예요. 토니는 늘 내가 다른 사람하고 시나리오를 쓰기를 원했어요. 이유는 나도 몰라요. 하지만 나는 「멀홀랜드 드라이브」를 혼자 썼고, 우리가 그 시나리오를 ABC에 홍보할 때 거기 사람들이 처음 두어 페이지를 읽게 해줬어요. 시나리오 홍보는 공연하는 거나 마찬가지예요. 그래서 나는 그 일을 즐기지 않아요.

멀홀랜드 드라이브는 아주 멋진 거리예요. 밤중에 그곳을 운전하면서 그런 느낌을 받는 사람들이 많죠. 구불구불한 거리예요. 한쪽에는 할리우드가 있고 맞은편에는 밸리가 있고요. 그래서 그곳을 달리는 사람은 양 지역 사이에서 길을 잃는 셈이에요. 오래된 도로이기도 해요. 나름의 운치가 있죠. 할리우드의 황금기를 겪은 많은 사람들이 그 도로를 달렸다는 걸 느낄 수 있어요. 역사가 깃든 곳이에요. 로스앤젤레스에 충분히 오랫동안 살다 보면 마음속을 파고드는, 예전에 일어났던 일들에 관한 이야기들이 들리기 시작할 거예요.

내가 촬영장에 도착해서 촬영을 시작할 때까지는 어떤 영화를 찍게 될지 모른다는 얘기가 반드시 맞는 건 아니에요. 그게 맞는 말이라면, 당신은 나 같은 사람을 신뢰할 수 없을 거예요. 시나리오가 있고, 찍고 싶은 작품에 대한 분명한 아이디어도 있는데, 가끔은 촬영장에 도착했을 때 새로운 상황과 가능성이 눈에 보여요. 그러면 그 상황이 점차 성장할 수 있죠. 또는 눈앞에 놓인 상황이 머릿속에 있는 것과 정확하게 일치하지 않아서 상황에 맞게끔 아이디어를 조정하기도 하고요. 그럼 그 결과가 훨씬 더 근사해지기도 해요. 어떤 신의 정수精髓가 있고, 우리는 그걸 확보해야만 해요. 그런데 또 다른 것들이 아이디어들을 촉발할 수도 있어요. 현장 촬영이 그토록 근사한 이유가 그거예요. 머릿속의 아이디어를 바탕으로 세트를 지을 경우, 거기에는 애초의 아이디어만 존재하게 될 거예요. 그런데 현장을 방문해서 촬영하면, 온갖 종류의 일이 벌어질 수 있어요.

내가 상대적으로 알려지지 않은 배우들과 작업하는 걸 선호한다는 건 상당히 맞는 말이에요. 하지만 그들이 알려지지 않았다는 사실은 중요하지 않아요. 중요한 건 그들이 그 배역에 적합한 사람인가 하는 거죠. 내가 좋아하는 게 그거예요. 누군가가 연기를 할 수 있는지 없는지 알려주는 조한나를 신뢰하지만, 때로는 그 누군가가 연기를 하지 못하더라도 문제가 없을 때가 있어요. 그 사람과 같이 작업하면서 그 사람에게서 작품에 알맞은 무엇인가를 얻어낼 수 있으니까요.

배우를 섭외할 때는 사진들을 살펴보면서 시작하는 걸 좋아해요. 그렇게 사진들을 살펴보다가 어떤 아가씨를 보고는 말했어요. '와, 아름답군. 이 여배우를 만나봤으면 해요.' 그게 나오미 왓츠였어요. 사람들이 그녀에게 연락했고 그녀는 뉴욕에서 날아와서 사무실에 들어왔죠. 그런데 사진하고 전혀 닮질 않았더군요. 완전히 달라 보였다고요! 느낌이 나쁘지는 않았지만, 비슷해 보이지도 않았어요. 내가 원한 건 그 사진에 찍힌 아가씨였는데 말이에요. '미치겠군! 나는 존재하지도 않는 사람을 상상하고 있는 거잖아!'라는 생각이 들더군요. 그녀는 나를 만나려고 비행기에서 곧장 온 거였어요. 그래서 그녀에게 다시 돌아와 메이크업을 받을 수 있겠느냐고 물었고, 그녀는 다시 돌아왔죠. 게이 포프의 아들이 스콧 코피Scott Coffey인데, 스콧은 나오미하고 무슨 작품을 같이 했었어요. 그래서 나오미가 돌아왔을 때 그는 주방에 있었죠. 스콧과 나오미는 얘기를 나누다가 무슨 얘기를 하면서 웃었어요. 나는 스콧이 그 자리에 있었다는 이유만으로 나오미의 또 다른 측면을 본 거죠. 그러고는 말했죠. "오케이, 그녀는 완벽해요. 그녀는 그 역할을 연기할 수 있어요." 그녀의 캐스팅은 그걸로 끝이었어요. 그녀는 완벽했고, 이후로 벌어진 일은 세상이 다 아는 대로죠.

저스틴 서룩스를 만난 것도 기억해요. 우리는 좋은 대화를 나눴죠. 그는 위대한 배우예요. 채드 에버렛Chad Everett은 그가 연기한 역할에 완벽히 어울리는 배우였고, 앤 밀러 역시 완벽했어요. 나는 앤 밀러를 무척 좋아해요! 세상에, 그녀는 같이 작업할 때 정말로 재미있는 사람이에요. 코코 그 자체였죠. 그 캐릭터는 그녀에게 장갑처럼 꼭 들어맞았어요. 빌리 레이 사이러스Billy Ray Cyrus는 다른 역할을 상의하러 왔지만, 결국에는 부잣집에서 일하는 바람둥이 진을 연기했어요. 그보다 연기를 더 잘할 수는 없었죠. 사람들이 어떤 역할을 연기하려고 왔을 때, 내 눈에는 그들이 다른 역할에 완벽해 보이는 일이 자주 일어나요. 코리 글레이저는 그녀의 아름다움을 뽐내지 않아요. 하지만 그녀의 얼굴은 아름답죠. 하지만 그녀의 얼굴을 따로 떼어서 바라봐야만 해요. 그래서 그녀의 얼굴을 오랫동안 응시했던 걸 기억해요. 그러다가 그녀가 블루 레이디라는 걸 알게 됐고, 그녀는 최종적으로 영화에 출연하게 됐어요.

카우보이는 이리저리 방황하던 끝에 영화에 등장한 셈이에요. 나는 내 의자에 앉아 있었고, 게이는 키보드 앞에 있었어요. 게이에게는 특별한 특성이 있어요. 게이는 환상적인 사람이에요. 비서로서는 딱히 우수한 편이 아니었고 약간은 별난 면이 있었죠. 하지만 그녀는 좋은 에너지를 갖고 있었어요. 그 점이 훨씬 더 중요하죠. 안 좋은 상황이 닥치면, 그녀는 상황을 타개할 지시들을 내리면서 "안 돼요."라는 말을 할 수 있어요. 그녀는 그런 자질을 가진 사람이에요. 하지만 그녀는 모두를 항상 잘 대했어요. 그녀의 상냥함은 내가 마음대로 생각하고 큰 소리로 떠들어대는 걸 두려워하지 않아도 되는 근사한 보호막을 만들어냈어요. 그녀는 어떤 사람이건 절대 함부로 판단하지 않았죠. 그녀와 같이 있을 때면 무슨 말이든 해도 될 것 같다는 기분을 느꼈어요. 그래서 게이는 글을 쓸 때 곁에 두기에 완벽한 사람이에요. 덕분에 나는 여러 가지 시도를 할 수 있었고, 그녀는 그래도 괜찮다고 받아들였어요. 그녀가 빚어내는 자유로운 분위기는 아이디어들을 포착하기에 매우 좋은 환경을 제공했어요. 그렇게 내가 게이와 앉아 있을 때 카우보이가 걸어 들어왔고, 나는 그 카우보이와 얘기하기 시작했죠. 그렇게 얘기하면서 나는 마음속으로 몬티를 그리고 있었어요.

「카우보이와 프랑스인」 때 일어났던 일 때문에 몬티가 연기를 할 수 있다는 걸 알고 있었어요. 몬티는 프로파간다랑 일했는데, 그 작품을 제작한 회사가 그곳이었죠. 우리는 황소를 쓰러뜨리려고 애쓰는 로데오 공연자 하우디라는 캐릭터가 등장하는 신을 작업하고 있었어요. 해리 딘은 안주용 땅콩을 가져가라고 그에게 소리를 질러요. 하우디는 그 소리를 들을 수 있지만, 해리 딘은 그가 자기 소리를 들을 수 있다고는 생각하지 않아요. 그래서 계속 고함을 치죠. 하우디는 열 받고, 그의 분노는 황소를 쓰러뜨리는 데 도움을 줘요. 그런 후에 그는 울타리를 뛰어넘어 그 자리를 떠나죠. 해리에게 질릴 대로 질렸으니까요. 그 신을 촬영할 때 소음이 무척 심했어요. 그래서 하우디가 하는 말을 이해할 수가 없었죠. 그래서 내가 말했어요. "우리는 이 장면의 대사를 따로 따야 할 거야. 하우디의 대사를 따줄 수 있는 사람이 누가 있을까?" 몬티가 말했죠. "내가 할게, 데이비드." '오호라, 이건 민망한 일이 되겠는걸.'하고 생각했죠. 그러면서도 말했어요. "오케이, 몬티, 자네가 시도해 봐." 그러자 그는 첫 테이크에서 완벽하게 성공시켰어요. 나는 생각했죠. '이 일을 평생 기억할 거야.' 그런데 몬티는 대사를 암기하지는 못했어요. 그래서 그에게서 그 신을 끌어내는 건 고된 작업이었죠. 몬티는 굉장히 영리해요. 하지만 학교 공부를 잘했을 것 같지는 않아요. 암기력이 그리 뛰어난 편은 아니니까요. 어쨌든 우리는 그 장면을 성사시킬 때까지 촬영장에 머물렀고, 결과물은 제대로 나왔어요. 몬티의 전달력은 항상 완벽했어요. 하지만 저스틴이 몬티의 대사를 가슴에 붙이고 있어야만 했죠.

이런 행복한 우연들도 겪었어요. 브라이언 로욱스가 「멀홀랜드 드라이브」를 촬영하는 도중에 전화를 걸어와서 말했어요. "데이비드, 레베카 델 리오Rebekah Del Rio라고, 당신이 만나봤으면 하는 사람이 있어요." 레베카가 스튜디오에 와서는 커피를 마시고 얘기를 한 다음에 나한테 무슨 노래를 불러주겠다는 거였어요. 그렇게 그녀가 우리 스튜디오에 왔어요. 그리고 채 5분도 지나기 전에, 커피 한 모금을 다 마시기도 전에, 그녀는 녹음실에 들어가 영화에 삽입된 노래를 정확히 똑같이 불렀어요. 그 노래에는 하나도 손을 안 댔어요. 그때 녹음한 게 작업의 전부였어요. 레베카가 그날 스튜디오에 오기 전에는 「멀홀랜드 드라이브」에 그녀와 비슷한 캐릭터는 없었어요. 그리고 나를 위해 그 노래를 선택한 사람도 바로 그녀였어요. 그때 나는 클럽 실렌시오를 담을 장면을 구상하던 중이었어요. 'No Hay Banda.' 스페인어로 '밴드는 없다'는 뜻이죠. 그게 레베카에게 반영됐어요. 그녀는 밴드 없이 그 노래를 불렀거든요. 그렇게 무대에 오르게 된 그녀는 근사하게 노래를 불렀어요. 그녀는 그러다가 쓰러지고, 그런데도 노래는 계속되죠.

「멀홀랜드 드라이브」의 스태프는 뛰어난 인재들로 구성됐어요. 나는 내가 좋아하는 사람들하고 작업해야만 해요. 피트 데밍과 작업하는 게 무척 좋아요. 그는 이런저런 수완을 부리면서 눈앞에 나타난 것들을 활용하기를 좋아하고, 얼빠진 것처럼 보이는 일들을 시도하는 것도 두려워하지 않아요. 그래서 우리는 함께 기이한 기술을 몇 가지 개발했죠. 효과를 낸 것도 있고 그렇지 못한 것도 있지만, 그건 위대한 협력 작업이었어요. 우리는 그때 익힌 모든 기술을 연장통에 넣어뒀어요. 각각의 기술에는 적합한 용도가 있으니까요. 그 연장통에 라이트닝 머신이 들어 있었던 건 확실해요. 우리가 가진 제일 좋은 라이트닝 머신은 「로스트 하이웨이」를 할 때 사브리나 서덜랜드가 리버사이드에서 찾아낸 거였어요. 그녀가 찾아낸 그 기계 두 대는 기차 객차만큼 커서, 플랫베드 트레일러에 실어서 촬영장까지 운반해야 했죠. 그 기계가 번개를 치게 만들면 무시무시하게 강한 위력을 보여줘요. 진짜 번개처럼 주변 1.6킬로미터 이내의 모든 것을 밝힐 정도죠.

「멀홀랜드 드라이브」 때 작업한 자동차 사고 장면은 믿기 힘들 정도로 대단한 일이었어요. 우리한테는 공중 30미터 높이에 한쪽 끝이 매달려 있고 다른 쪽 끝에는 2,720킬로그램짜리 차를 붙들고 있는 팽팽한 케이블이 있었어요. 그 정도의 무게를 툭 떨어뜨릴 예정이었죠. 케이블이 예정된 시간보다 먼저 끊어질 경우, 채찍으로 돌변한 그 케이블이 어디로 향할지 아무도 몰랐어요. 거기에 사람이 맞으면 뜨거운 칼에 관통당하는 버터처럼 돼요. 엄청나게 위험한 일이었죠. 적어도 세 대의 카메라가 그 숯을 찍었어요. 피트하고 나는 거기에 있었지만, 다른 사람들은 모두 멀찌감치 떨어져 있어야 했죠. 게리가 크레인을 올렸어요. 지상에는 2,720킬로그램을 지탱 중인 핀이 있었고, 케이블은 끊어지기 직전이었어요. 현장에는 케이블을 자르는 가위처럼 작동하는 특수 화약이 있었죠. 그 화약을 터뜨려서 케이블을 절단하면, 훔친 차로 폭주하는 10대들을 태운 자동차가 자유 낙하 하면서 움직이기 시작하는 거죠. 그 차가 리무진을 엄청나게 힘껏 받는 거예요. 세상에! 게리는 그 작업을 대단히 훌륭하게 해냈어요. 무지하게 재미있는 작업이었죠.

잭 피스크는 나하고 제일 친한 친구예요. 우리는 「멀홀랜드 드라이브」를 함께 작업해야 했어요. 잭은 일을 성사시킬 줄 아는 사람이에요. 제작진이 그에게 10달러만 줬다고 해도 아무런 문제가 없었을 거예요. 그는 그런 상황에서도 세트를 지었을 거예요. 아무튼, 그가 지은 세트는 근사했어요. 베티가 리타한테 "자기 지갑 안을 봐봐. 거기 어딘가에 자기 이름이 적혀 있을 거야."라고 말하는 신이 있어요. 그러면 리타가 지갑을 여는데, 거기에는 돈이 잔뜩 들어 있고, 뭔가 알려지지 않은 것을 열 수 있는 독특한 파란 열쇠가 있어요. 그 열쇠로 여는 대상은 유별난 것이어야 했어요. 어쩌다가 그 열쇠가 여는 대상이 문이나 자동차가 아니라 파란 상자가 됐는지는 나도 모르겠어요.

존 처칠John Churchill은 「멀홀랜드 드라이브」의 제2조감독(AD, Assistant Director)이었어요. 스스로 조감독으로 그 영화에 참여했어요. 대단한 사람이었죠. 그는 「로스트 하이웨이」와 「스트레이트 스토리」에서는 PA였지만, 알고 보니 타고난 AD였어요. 물 만난 고기처럼 조감독 일을 잘 해냈죠. 그 일을 하려면 많은 수완이 필요해요. 감독과 스태프하고 잘 어울려야 하고, 만사를 매끄럽게 계속 진행시켜야 하죠. 촬영장 뒤쪽도 관리해야 해요. 사람들을 조용히 시키고 카메라와 사운드를 굴러가게 만드는 식으로요. 그리고 나면 스태프들에게 다음 숯을 준비시켜야죠. 조감독은 집행자와 외교관, 일정을 잡는 기획자를 합한 직업이에요. 우리가 먼저 촬영할 장면은 무엇이고 두 번째로 촬영할 장면은 무엇인가 같은 것들을 궁리하는 일이죠. 조감독이 그런 일을 잘 해주면 감독은 자유로이 생각할 여유가 생기면서 머릿속을 뿌옇게 만드는 고민을 많이 덜어낼 수 있어요. 감독은 다음 신에서 뭘 전달할지만 고민하고, 그 외의 것들은 고민하지 말아야 해요. 어떤 면에서 나는 온종일 밀어붙이는 식으로 작업하는 걸 싫어해요. 하지만 어쩔 도리가 없죠. 해야만 하는 일이니까요. 그래서 AD는 우리가 원하는 것을 얻도록 도와주는 사람이기도 해요. 험난한 직업이지만 처치는 그 일을 잘했어요. 그는 내 친구였어요. 유머 감각이 대단히 뛰어난 사람이죠. 내가 이야기를 하게끔 이끌곤 했어요. 우리가 거리에서 누군가를 보면 그는 말했죠. "오케이, 저 사람의 사연은 뭔가요?" 그러면 나는 그 사람에 관해 이야기했죠. 그는 그 모든 걸 기억해뒀어요. 끝내주는 친구였죠.

나는 「선셋 대로」를 정말 좋아해요. 빌리 와일더를 대여섯 번 만났어요. 언젠가 스파고(Spago, 베벌리 힐스에 있는 레스토랑—옮긴이)에 갔더니 그와 그의 아내 오드리 영Audrey Young이 거기 있더군요. 그가 내 뒤로 오더니 내 어깨에 두 손을 얹고 말했어요. "데이비드, 나는 「블루 벨벳」을 무척 좋아한다네." 그런 후에 우리는 어떤 레스토랑에서 점심을 같이 먹었어요. 그에게 「선셋 대로」에 대한 질문을 잔뜩 던졌죠. 나는 「아파트 열쇠를 빌려드립니다The Apartment」도 무척 좋아해요. 그 두 작품은 믿을 수 없을 정도로 뛰어난 작품들이죠. 그를 직접 만났다니, 나는 운 좋은 놈이에요.

로스앤젤레스 자체가 그 영화의 캐릭터라는 말은 맞는 말이에요. 어떤 장소가 풍기는 느낌은 무척 중요해요. 내가 사랑하는 로스앤젤레스의 특징은 햇빛, 그리고 사방으로 퍼져나가는 도시라는 사실이에요. 폐소공포증을 안겨주는 곳은 아니에요. 뉴욕을 사랑하는 사람들이 있지만, 나는 거기에서는 폐소공포증을 느껴요. 뉴욕은 지나치게 빽빽한 곳이에요.

예전에는 내가 캘리포니아 남부의 사막을 좋아한다고 생각했지만, 이제 사막은 정말 싫어해요. 사막에서 저녁으로 큼지막한 소고기 덩어리를 먹은 적이 있어요. 나는 붉은 고기는 절대 안 먹는데, 그 특별한 밤에 나한테 제공된 음식이 그거였어요. 그날 밤에 어떤 다른 사람의 침대에서 자면서 너무나 끔찍하고 사악한 꿈을 꿨어요. 얼마나 흉한 꿈이었는지 이튿날 내내 꿈에서 일어났던 일을 놓고 정신적으로 싸워야만 했죠. 무슨 꿈이었는지는 기억하지 못하지만, 느낌만큼은 생생하게 기억해요. 누구에게도 그 얘기를 하지 못한 채로 혼자서 정신적으로 투쟁해야만 했어요. LA에 돌아와서야 기분이 나아졌어요. 내게 사막은 그걸로 끝이었어요. 세상에는 나쁜 분위기를 풍기는 곳이 있고 좋은 분위기를 풍기는 곳이 있어요. 그런데 나는 분위기가 나쁜 곳에서 잠을 자고 식사를 한 거였어요.

LA에도 기괴한 일들이 있는 건 확실해요. 제니퍼랑 카퍼 페니에 가서 외식한 일요일이 떠오르네요. 제니퍼와 나는 부스에 앉아 있었는데, 내 뒤에 있는 사람들이 말하는 소리가 들렸어요. 기이한 사람들이었어요. 그날은 일요일이었는데, 그들은 하나님과 성경에 있는 많은 구절에 대해 논의하고 있었어요. 지적이고 멋진 사람들로 보이더군요. 나는 생각했죠. 사람들이 화창한 일요일 오전에 저런 얘기들을 나누는 건 정말로 대단한 일이야. 그런데 우리가 자리에서 일어나 그곳을 걸어 나올 때 제니퍼가 묻더군요. "우리 뒤에 앉아 있던 사람이 누군지 아세요?" 그 사람은 사탄 교회the satanic church의 우두머리였어요.

나는 「멀홀랜드 드라이브」의 파일럿을 만드는 게 무척 좋았지만, ABC는 그 작품을 싫어했어요. 우리가 함께 가위질한 편집본을 그들에게 보내기는 했지만, 기분이 좋지 않았어요. '나는 잘못된 무리하고 어울리고 있어.'라고 생각했던 기억이 나요. 어떤 사람들의 사고방식은 돈이 전부예요. 그들의 모든 의사 결정은 돈을 못 벌지도 모른다는 두려움을 바탕으로 하죠. 다른 요소는 전혀 생각할 줄 모르고요. 그들의 일자리가 위태로운 상황이라서, 그들은 돈을 벌어야만 해요. 그들은 '사람들은 이걸 좋아하지 않을 거야, 우리는 히트하지 못할 거야, 우리는 돈을 벌지 못할 거야, 나는 실직할 거야.'라는 생각만 하죠. 그건 그릇된 사고방식이지만, 현실에서 벌어지는 일은 대개 그렇죠.

ABC에 보낸 첫 편집본은 전개 속도가 지나치게 느렸어요. 하지만 마감 시한이 정해져 있어서 작업을 깔끔하게 해낼 시간이 없었죠. 두 번째 편집본에서는 중요한 신들과 스토리라인이 많이 잘려나가면서 신들이 잘 어우러지지를 못했어요. 그런데 지금 와서 돌이켜보면, 그게 그 작품의 숙명이었다는 걸 알 수 있어요. 「멀홀랜드 드라이브」에서 벌어졌던 일은 지극히 아름다운 일이었어요. 그 영화는 기이한 경로를 통해 갖춰야 할 모습을 갖추게 됐어요. 분명히 그런 과정을 거칠 필요가 있었죠. 어쩌다가 그런 길을 걷게 됐는지는 모르겠지만, 그 영화는 그 길을 걸었고, 지금 그 자리에 있어요. 그런 길을 걸어야 했던 게 하늘의 뜻이었던 거예요.

LA에 있던 피에르 에델만이 내 그림 스튜디오에 왔어요. 그에게 「멀홀랜드 드라이브」에 벌어진 일을 얘기했죠. 그 작품은 죽었다고 말했어요. 그런데 내 머릿속에서는… 그게 죽지 않았다는 걸 알고 있었다고 말하려는 게 아니에요. 하지만 상황이 종료되지는 않았다는 건 알고 있었어요. 세상에는 가능성이라는 게 항상 존재하니까요. 작품을 본 피에르는 상당히 마음에 들어 했어요. 그래서 우리는 그걸 장편 영화로 탈바꿈시키는 작업에 대해 상의했고, 그는 그 작업을 시작하러 갔죠. 메리 스위니가 자주 하는 말처럼, "피에르는 음료수를 젓는 빨대 같은 사람"이에요. 사람과 사람을 이어주죠. 하지만 스튜디오의 운영자는 아니었기 때문에 그가 할 수 있는 일에도 한계가 있어요. 피에르가 내 스튜디오에 찾아왔던 날부터 협상이 마무리되기까지는 일 년이 걸렸어요. 꼬박 일 년이요. 상황이 어땠는지 말해줄게요. 문제는 중개인들이었어요. 당신이 나한테 돈을 주려는 사람이라고 쳐요. 그렇다면 당신과 내가 마주 앉아 얘기하는 게 합리적이지 않을까요? 두어 시간이면 우리는 그 문제를 해결할 수 있을 거예요. 어째서 일 년이나 걸린 걸까요? 프랑스에 있는 아무개가 바쁘기 때문이었어요. 그들은 여기에 있는 누군가한테 전화를 걸었고, 여기 있는 사람은 '내가 다시 전화할게요.'라고 말하고는 며칠이 지나고, 결국에는 그들이 전화를 걸어 얘기하죠. 그러고 나면 그 사람은 이제 휴가를 떠나버려요. 그러면 그들은 전화를 걸어서 말하죠. 이 문제에 대해 전화 회의를 할 시간을 좀 냅시다. 그러고서 일주일이 지나면, '아무개가 앓아누웠으니 기다리는 편이 낫겠네요.' 같은 일이 계속 이어지는 거예요. 봐요, 이 사람들은 내가 하는 작업에 흥분하지 않아요. 그들에게는 처리해야 할 일이 많으니까요. 일은 꼬리를 물고 이어지고, 그런 식으로 몇 달이 훌쩍 지나가 버리죠. 그 협상 전체는 6분이면 끝마칠 수 있었을 거예요.

파란불이 들어왔다는 전화를, 우리가 그 작품을 작업할 수 있게 됐다는 전화를 일 년 후에 받았어요. 그래서 세트와 소품, 의상을 알아보려고 전화를 걸었죠. 의상들 을 "다른 작품들에서 다 가져다 쓰고 있다"는 얘기를 들었어요. 그 사람한테 물었죠. "그게 무슨 뜻입니까?" 그는 말했어요. "그 옷들을 감독님을 위해 따로 챙겨 두지는 않았다는 뜻이죠." 그 옷들이 어디에 있는지 아무도 몰랐어요. 우리가 찾고 있는 그 망할 놈의 옷은 지금은 어떤 드라마에 출연한 다른 배우가 입고 있을 거고, 우리는 그걸 절대로 되찾을 수가 없었어요. 또 소품들 역시 다른 작품들이 죄다 가져갔다는 걸 알게 됐어요. 세트들은 부실하게 보관된 데다 수리도 제대로 받지 못했더군요. 그건 잭의 잘못이 아니었어요. 그런데 그보다도 중요한 건, 이렇게 파란불이 켜졌을 때 나한테는 이 작품을 어떻게 결말지을지에 대한 아이디어가 하나도 없다는 거였 어요.

바로 그 무렵에 토니에게 말했어요. "모든 게 사라져 버려서 그 세계로 돌아가는 게 가능할 것 같지 않아." 그는 말했어요. "당신이 이 작업을 안 하면 당신을 고소할 거예요." 토니가 그 말을 꺼낸 방식은 이전까지 내가 품고 있었을 어떤 우정이나 그 사람에 대한 좋은 느낌을 끝장내 버렸어요. 그가 그런 말을 했다는 게 믿기질 않더군 요. 전에는 보지 못했던 그의 한쪽 측면을 본 뒤에 생각하게 됐어요. '저건 나 잘되라 고 하는 말이 아니야.' 나는 디즈니로부터 나를 고소하겠다는 전화를 받아본 적이 없 어요. 그런데 토니는 전화로 나한테 그런 말을 했죠. 사람들은 은연중에 본성을 드러 내곤 해요. 토니는 내가 「트윈 픽스」와 「멀홀랜드 드라이브」를 작업하게 해줬죠. 그 건 좋은 일이었죠. 하지만 우정을 망가뜨린 일들이 있었죠. 토니를 용서하기는 했지 만, 다시는 그와 같이 작업하고 싶지 않아요. 연예 산업이 "협력을 중심으로 돌아가 는 커뮤니티"라는 토니의 말은 맞아요. 하지만 나는 그런 사고방식을 참을 수가 없어 요. 이건 공동 창작으로 만들 작품이 아니에요. 그래요, 나를 돕는 사람들과 같이 작 업하긴 해요. 그 백 명의 사람에게 각자의 의견을 물어볼 수는 있어요. 하지만 결국 에 모든 결정은 감독이 내려야만 하는 거예요.

토니가 나한테 그런 말을 한 바로 그날 밤에 자리에 앉아 명상을 했어요. 목걸이 에 걸린 진주들처럼, 아이디어가 하나씩 차례로 떠오르더군요. 명상을 끝냈을 때, 영 화를 끝낼 방법을 정확하게 알게 됐어요. 그러고는 게이와 같이 작업하면서 아이디 어들에 살을 붙여 나갔죠. 나한테 필요했던 18페이지가 그렇게 나왔어요.

그 18페이지에는 성적인 내용이 일부 있었어요. 로라와 나오미는 그 점에 대해서 는 관대한 입장이었죠. 로라에게 누드 신에 보이는 신체 부위들을 스프레이 처리하 겠다고 약속했어요. 그녀가 서 있는 신에서 신경 써야 할 곳은 딱 한 곳이었어요. 내 가 그걸 신경 쓰지 않으면 사람들은 프레임을 정지시켜서 그 장면의 정지 화상을 뜰

거고, 그러면서 모든 잡지에 그 이미지가 실릴 터였어요. 그러니 그 장면을 손보는 작업을 해야만 했죠.

　나오미가 자위하는 장면에서 테이크를 많이 가져가지는 않았어요. 나는 일부러 그런 일은 하지 않아요. 그녀가 그 신에 어울리는 특별한 정신 상태에 도달하기를 원한 것뿐이에요. 그래서 우리는 계속 테이크를 늘려갔어요. 그녀가 그 상태에 도달하지를 못했으니까요. 그 장면을 얻을 때까지 계속 작업을 해나간 거예요. 이 아가씨가 그런 행위를 하는 건 상처를 받았고 화가 났고 절박했기 때문이에요. 그녀가 품은 모든 감정이 그녀의 내면에서 소용돌이치는 거죠. 그 내면은 특정한 방식으로 표출돼야 했어요. 그 신이 해야만 하는 특별한 역할이 있었던 거예요. 그리고 나오미는 그것들을 그 장면에서 모두 드러냈고요.

　「멀홀랜드 드라이브」의 끝부분에 나오는 만찬 장면을 촬영하던 밤을 마지막으로 우리는 촬영장을 폐쇄해야 했어요. 안젤로는 그날 밤에 뉴저지로 돌아가는 비행기를 탈 예정이었고요. 그래서 그때가 그를 촬영할 수 있는 우리의 유일한 기회였죠. 주위에 있는 모든 사람들이 촬영장을 멈춰 세웠고, 나는 안젤로에게 가서 말했어요. 그러고는 피트에게 가서 말했죠. "조심해. 조심스럽게 카메라로 안젤로를 잡은 다음, 저 청년에게 초점을 맞춰. 바로 거기가 좋아. 잘했어, 피트." 그런 다음 안젤로에게 신호를 보냈어요. 그는 내가 하라고 한 일을 해냈고, 다른 사람들이 우리를 몰아내는 동안 우리는 그 숏을 도둑질하듯 찍었어요.

　그렇게 우리는 영화를 마무리했어요. 그게 그 영화에 제격인 결말이었죠. 우리는 칸으로 갔죠. 영화는 세계 곳곳에서 좋은 반응을 얻었지만 많은 돈을 벌지는 못했어요. 그런데 내가 했던 작품 중에 제대로 돈을 번 영화는 하나도 없었어요. 우리는 모두 현재 '그 사람the man'을 위해 일하고 있는 거예요. 우리가 얻은 것은 백열하는 섬광과 영계의 숏이에요. 내가 할 수 있는 말은 그게 전부예요.

어떤 것의 한 조각

린 치는 할리우드의 제약을 받지 않으면서 작업하기를 무척 좋아한다. 「스트레이트 스토리」는 그가 확보할 수 있는 작업 중에 가내 수공업에 가장 가까운 작품이었다. 스위니가 영화를 공동 제작하고 편집했으며, 시나리오를 공동 집필했다. 잭 피스크는 프로덕션 디자인을 맡았다. 해리 딘 스탠튼과 시시 스페이섹이 출연했다. 안젤로 바달라멘티가 음악을 맡았다. 프레디 프랜시스가 DP였다. 제작비는 소소했고, 린치는 최종 편집권을 가졌다. 그리고 그는 차분한 걸작을 내놓았다.

"1998년 초여름에 데이비드한테서 얘기를 들었습니다. 메리 스위니가 「스트레이트 스토리」라는 제목의 시나리오를 썼는데, 자신이 그걸 영화로 만들고 싶다는 거였죠." 그 영화의 프로듀서였던 피에르 에델만은 회상했다. "당시 나는 스튜디오카날의 자회사인 카날 플뤼의 컨설턴트였습니다. 프랑스 국민 전부가 바캉스를 떠난 상태라서, 데이비드와 협상을 시작할 때 사무실에는 나 혼자뿐이었죠. 그래도 나는 7백만 달러 정도의 제작비를 들이는 것으로 어찌어찌 협상을 마무리 지었습니다. 그는 9월 말에 촬영을 시작했죠."

스위니는 그 프로젝트를 성사시킨 데에는 에델만의 공이 컸다고 밝혔다. "우리가 「스트레이트 스토리」를 작업할 무렵에는 토니 크란츠와 릭 니치타, CAA가 우리 곁을 떠난 상태였어요. 그리고 피에르가 찾아왔죠." 그녀가 픽처 팩토리와 카날 플뤼가 공동 제작한 영화에 대해 한 말이다. "그때는 6월 말이라서 프랑스 전체가 바캉스를 떠난 상태죠. 피에르는 프랑스 남부에 있는 사람들을 찾아냈어요. 저예산인 데다 사람들이 늘 두려워하던 데이비드의 기존 작품들과는 다른 성격의 프로젝트라서 입찰 경쟁이 벌어졌죠. 데이비드의 작품에 참여할 수 없는 사람들조차 인간적으로는 데이비드를 좋아했어요. 그와 일하게 된 사람들은 그가 이 소재를 작업할 거라는 생각에 좋아서 어쩔 줄 몰라 했어요. 그와 함께 작업하는 걸 황홀해 했죠."

스위니와 닐 에델스테인이 제작하고 에델만과 마이클 폴레어Michael Polaire가 이그제큐티브 프로듀서로 참여한 「스트레이트 스토리」의 제작진에는 원래 디팍 나야르도 포함돼 있었다. 그러나 예산을 둘러싼 논란이 빚어지면서 그는 마지못해 프로젝트와 린치의 인생에서 떠나야 했다. "데이비드는 내 인생과 커리어를 바꿔 놓았습니다." 나야르는 회상했다. "그는 나한테 필요했던 자극을 줬습니다. 그런데 그보다 더 중요한 건 그가 나에게 베푼 사랑과 애정이었어요. 나는 인도에서 왔습니다. 로스앤젤레스에 아는 사람이라곤 한 명도 없었죠. 그런데 내가 고작 운전사에 불과하다는 사실은 그에게는 아무런 문제도 되지 않았습니다. 그는 나를 존중하면서 품위 있게 대해줬습니다. 나한테 더 많은 일을 할 기회를 줬고요. 나는 지금은 내 회사를 갖고 있고, 많은 프로젝트를 진행하고 있습니다. 그런데 내 경력을 통틀어 내가 제일 좋아하는 추억들은 데이비드와 함께한 작업 속에 있어요. 그는 오늘날의 내가 있게 해준 분입니다. 나에게 기회를 준 것에 대해 아무리 고마워하더라도 모자랄 겁니다."

이 영화에서 거의 모든 신을 끌고 나가는 배우는 고故 리처드 판스워스Richard Farnsworth다. 1937년에 「마르코 폴로의 모험The Adventures of Marco Polo」을 촬영하는 데 필요한 몽골 기병 500명을 뽑는 오디션에 응모했던 판스워스는 「십계The Ten Commandments」에서는 세실 B. 드밀Cecil B. DeMille을 위해 마차를 몰았고, 1976년에 「공작부인과 더트워터 여우The Duchess and the Dirtwater Fox」에서는 처음으로 대사가 있는 역할을 맡았으며, 앨런 J. 파큘라Alan J. Pakula의 1978년작 웨스턴 「컴스 어 호스맨Comes a Horseman」에서 펼친 연기로 오스카 남우조연상 후보에 올랐다.

판스워스 외에 앨빈 스트레이트 역할을 연기할 다른 배우를 상상하는 건 어려운 일이다. 판스워스의 지혜롭고 행복이 가득한 얼굴 자체가 한 편의 영화이기 때문이다. "시나리오를 읽자마자 이 노인 캐릭터에 동질감을 느끼면서 이야기에 푹 빠져들었습니다." 영화가 촬영될 때 78세였던 판스워스는 말했다. "앨빈은 불굴의 용기와 배짱을 보여주는 모범 사례입니다."[1] 판스워스는 1997년에 영화계에서 은퇴했지만, 「스트레이트 스토리」의 시나리오를 읽은 뒤 연기에 복귀하기로 결심했다.

스트레이트의 실제 딸을 기초로 만든 캐릭터 로즈를 연기한 시시 스페이섹은 이렇게 회상했다. "데이비드와 잭과 나는 우리가 함께할 수 있는 프로젝트에 관한 얘기를 오랫동안 해왔어요. 그런데 「스트레이트 스토리」는 우리에게 딱 맞는 영화였죠. 데이비드는 그 영화를 잭하고 같이 하면 끝내주겠다고 생각했던 것 같아요. 그러니까, '왕년에 그랬던 것처럼, 필요할 경우 우리는 해머로 벽을 때려 부술 수도 있어.' 같은 거죠. 그들은 50년 동안이나 함께 해머를 가지고 벽을 때려 부숴온 사이예요."

"내가 연기한 캐릭터는 심하게 말을 더듬어요. 그래서 정교하게 제작한 보철용 치아를 껴야 했어요. 그걸 끼고도 연기가 제대로 될지 모르겠더군요." 스페이섹은 계속 회상했다. "그래도 데이비드는 나를 믿었어요. 그래서 생각했죠. 이걸 해낼 수 있을지도 모르겠어. 그 영화는 대단한 경험이었어요. 그는 실생활에서 그러는 것처럼 세트에서도 대단히 사랑스러웠고, 그와 같이 작업하면 기분이 정말로 좋았어요. 그는 웃고 친절했어요. 자신이 원하는 게 뭔지 확실하게 알았고요. 그래서 데이비드랑 작업하는 건 쉬운 일이었어요. 어느 날, 연기 경력이 오래된 배우 한 명이 어느 신에서 비중 있는 연기를 해야 했어요. 그런데 그는 계속해서 잘못된 타이밍에 움직이면서 촬영을 망치고 있었죠. 그는 자신에게 진심으로 실망하기 시작했어요. 그래도 데이비드는 대단한 참을성을 발휘하면서 다정하게 굴었어요. 그는 말했어요.

'내가 당신 허리띠에 가는 끈을 묶어서 당신이 움직이기를 원할 때마다 그 끈을 살짝 당길게요. 그러면 당신은 뭘 해야 할지 알게 될 거예요.'"

"사람들은 말했어요. '오호, 「스트레이트 스토리」는 데이비드의 다른 영화와는 무척 달라. 그 영화는 그의 세계에 속하지 않아.'" 스페이섹은 덧붙였다. "그런데 데이비드를 아는 사람이라면 그 영화 역시 그의 실제 모습의 일부라는 걸 알 거예요."

라일 스트레이트를 연기한 해리 딘 스탠튼은 「스트레이트 스토리」 이전에 이미 린치의 영화 네 편에 출연했던 배우였다. 그는 린치와 작업하면서 늘 행복해했다. "데이비드의 촬영장은 대단히 편안합니다. 그는 누구에게도 고함을 치는 법이 없죠. 그는 그런 사람이 아니에요. 그리고 내가 영화의 플롯을 망치지만 않는다면 내게 즉흥 연기를 할 수 있는 자유를 주죠." 스탠튼은 말했다. "우리가 같이 작업한 시간은 늘 좋았습니다."

"나는 「스트레이트 스토리」에서는 딱 한 신에만 출연합니다. 그 신에서 우는 연기를 해야만 했죠." 스탠튼의 말은 계속됐다. "촬영 직전에 숀 펜Sean Penn한테서 인디언 보호구역에 보내진 첫 인디언인 시애틀 추장Chief Seattle의 연설문 사본을 받았어요. 나는 그 글을 읽을 때마다 늘 울먹이곤 하죠. 데이비드는 내 신을 촬영하기 전에 그 연설문에서 발췌한 몇 줄을 나한테 읽어줬어요. 그게 효과가 있었죠."

「엘리펀트 맨」 때 린치의 동료였던 촬영감독 프레디 프랜시스는 이제 더는 존재하지 않다시피 하는 미국 중서부의 풍광을 제대로 포착했다. 1994년에 실제로 스트레이트가 여행했던 경로, 즉 아이오와주의 로렌스부터 위스콘신주의 마운트 시온에 이르는 384킬로미터를 따라가며 촬영한 영화는 애달픈 장엄함을 풍긴다. 작은 마을 술집의 외부에 칠해졌다가 비바람에 씻긴 빨간 페인트, 소도시의 텅 빈 중심 도로를 뛰어다니는 떠돌이 개들, 나른하게 흐르는 미시시피강을 공중에서 찍은 장면들. 이런 이미지들로 방점을 찍는 영화는 바달라멘티의 생각에 잠긴 듯한 아메리칸 루트 뮤직(American Roots Music, 초기 블루스와 리듬 앤 블루스 등의 미국적 장르를 혼합한 포크 음악—옮긴이)과 더불어, 절묘하게 배치된 침묵의 시간들을 통해 달콤쌉싸름한 분위기를 증폭시키면서 근사한 속도로 전개된다.

잭 피스크는 광활한 풍경이 등장하는 영화에서 특히 더 좋은 솜씨를 발휘한다. 그는 테렌스 맬릭의 영화 대다수와 폴 토마스 앤더슨Paul Thomas Anderson의 「데어 윌 비 블러드There Will Be Blood」를 작업했고, 알레한드로 이냐리투Alejandro Iñárritu의 2015년 영화 「레버넌트: 죽음에서 돌아온 자The Revenant」로 오스카 후보에 오른 바 있다. 따라서 「스트레이트 스토리」는 그에게는 제격인 작품이었다. "일찍이 우리가 스튜디오를 같이 쓰던 시절부터, 데이비드와 나는 항상 상대에게 약간의 경쟁심을 느꼈습니다. 그래서 우리는 같이 작업하지 않는 편이 나았죠." 피스크는 말했다. "그런데 90년대 말에 깨달았습니다. '나는 다른 감독들하고 일하면서 그들의 영감을 현실화하려고 애쓰고 있어. 그런데 데이비드가 그립군. 그와 같이 시간을 보내고 싶어.' 우리는 「스트레이트 스토리」로 신나는 경험을 했습니다."

스페이섹은 린치와 피스크 사이의 오랜 유대 관계에 대해 숙고하면서 이렇게 말했다.

"데이비드와 잭은 서로를 가장 먼저 챙기는 사람들이었어요. 그들은 예술가가 돼서 예술로서의 삶을 살기를 원했던 버지니아의 두 젊은이였어요. 처음 만난 순간부터 서로를 그런 식으로 응원한 사이였죠. 그들의 소망은 현실이 됐고, 그들은 아트 스쿨에 진학해서 유럽으로 여행을 갔어요. 그런 후에는 함께 세상에 나와 그들이 공유했던 꿈을 실현했고요. 그들의 깊은 우정은 그런 과거 덕분이라고 생각해요."

촬영을 위해 아이오와에 머물렀던 게리 다미코는 「스트레이트 스토리」를 "데이비드와 함께 만든 작품 중에 최고로 재미있는 프로젝트"였다고 회상했다. "그리고 그 영화 덕분에 나는 배우협회SAG 회원증도 받았어요! 촬영지로 갈 때 근사한 산악자전거를 갖고 갔거든요. 그랬더니 데이비드가 말하더군요. '그 자전거 마음에 드는군. 영화에 등장시켰으면 좋겠어. 자네가 그걸 타줬으면 해.' 그러더니 스태프에게 말하더군요. '이봐, 게리한테 대사를 줘! "왼쪽으로 지나가겠습니다, 감사합니다."는 어떨까?'"

다미코는 자신이 이 영화에서 담당했던 효과 작업에 대해서는 이렇게 말했다. "앨빈이 고속도로를 내려갈 때 세미 트레일러가 그의 옆을 지나가면서 그의 모자를 날려 버리는 신이 있어요. 카메라는 뒤에서 그를 촬영하고 있었는데, 데이비드가 '모자가 렌즈로 곧장 날아왔으면 해.'라고 하더군요. 나는 '데이비드, 추월하는 트럭은 모자를 앞으로 날리지, 뒤로 날리지는 않아요.'라고 말했죠. 그랬더니 그는 '알아, 그래도 이건 내 영화야. 나는 그게 뒤로 날아오기를 원해.'라고 했어요. 그래서 나는 '뒤쪽으로 날리라는 거죠?'라면서 두 손을 들었죠. 모자는 15미터 정도를 날아가야 했어요. 그래서 도르래 여덟 개로 장치를 하나 만들었죠. 도르래 하나하나가 2.4미터쯤 모자를 당겼어요. AD가 말하더군요. '감독님, 이걸 하고 있을 시간이 없습니다. 게다가 이 장면은 영화에 들어가지도 않을 거잖아요.' 그러자 데이비드가 말했어요. '어떻게 그런 개똥 같은 말을 할 수 있나? 게리는 이걸 만드느라 많은 시간을 보냈어. 우리는 이걸 촬영할 거야.' 그리고 그 장면은 영화에 들어갔어요."

린치는 「멀홀랜드 드라이브」와 관련한 사건들이 전개되는 와중에 「스트레이트 스토리」의 포스트프로덕션을 종료했다. 그가 「스트레이트 스토리」를 칸으로 가져가던 무렵인 1999년 봄에 그 TV 시리즈는 폐기됐다. 영화는 칸에서 좋은 반응을 얻으면서 관객들이 좋아하는 영화가 됐지만, 상을 탈 정도까지는 아니었다. "나는 황금종려상 시상식이 끝난 후에 상을 타지 못한 사람들을 위한 파티를 기획했습니다." 에델만은 말했다. "데이비드는 페드로 알모도바르Pedro Almodóvar를 비롯한 다른 사람들과 함께 그 자리에 있었죠. 환상적인 파티였고, 데이비드는 행복해했습니다. 상에 관한 생각은 까맣게 잊은 채로요."

"칸의 관객들은 그 영화를 무척 좋아했어요." 스위니는 말했다. "그곳에서 가진 시사회는 감동적인 경험이었죠. 영화에 참여했던 사람들이 영화 전편을 본 건 그때가 처음이었어요. 리처드와 시시, 잭이 거기에 있었죠. 무척 재미있었어요. 우리가 그랑 팔레Grand Palais에 나왔을 때 안젤로의 음악이 야외 스피커를 통해 울려 퍼지고 있었어요. 이탈리아계인 안젤로의 영혼이 전원田園을 동경하는 듯한 현악기 소리에 담겨 있었죠. 우리는 모두 무척 행복했어요. 그 영화는 프레디 프랜시스가 작업한 마지막 작품이었고, 리처드 판스워스의 마지막 작업이기도 했죠. 그 영화는 아름다운 장화음major chord이었어요."

메리하고 존 로치가 「스트레이트 스토리」의 시나리오를 쓰는 데는 긴 시간이 걸렸어요. 나는 집필 얘기를 계속 들으면서도 관심을 하나도 가지지 않았었죠. 그러다가 그들한테서 그걸 읽어 달라는 부탁을 받았어요. 글을 읽는 건 아이디어들을 붙잡는 거랑 비슷해요. 마음속으로 글에 묘사된 장면을 그리게 되죠. 그 시나리오에 있는 캐릭터들로부터 온갖 감정을 느끼면서 생각하게 됐어요. 이 영화를 만들고 싶다고요. 그 영화로 이어지기까지 몇 년 동안, 나는 위스콘신에서 시간을 보내면서 그 지역에 거주하는 사람들에게서 어떤 느낌을 받고 있었어요. 그 사실이 내가 그 시나리오를 사랑하는 데 도움을 줬을 거예요.

리처드 판스워스의 이름이 처음 거론된 게 언제인지는 기억나지 않아요. 하지만 그의 이름이 거론되자마자 그는 곧바로 그 남자가 됐어요. 리처드는 앨빈 스트레이트를 연기하려고 태어난 사람이에요. 그가 내뱉는 모든 단어에 진실성이 담겨 있었죠. 순수한 사람이었어요. 그런 점 때문에 그 배역을 맡은 그를 사랑하게 됐죠. 앨빈 스트레이트는 늙었다는 점만 빼고는 제임스 딘^{James Dean}하고 비슷했어요. 늙었다는 점만 빼면, 제임스는 매사를 자기 방식대로 하는 반항아였고, 리처드 역시 그런 사람이었죠. 사람들은 실제로는 나이를 먹지 않아요. 우리가 얘기하는 대상인 그 사람의 자아는 나이를 먹지 않으니까요. 자아는 늙지 않아요. 몸뚱어리는 늙지만, 변하는 건 그게 전부예요.

리처드는 많은 영화에 출연했었어요. 그를 볼 때마다 참 마음에 드는 사람이라고 느끼곤 했죠. 그가 왜 슈퍼스타가 되지 못했는지 모르겠어요. 심지어 그가 그런 존재가 되고 싶어 했는지조차 모르겠어요. 어떤 면에서 그는 자신을 연기자로 여기지 않았어요. 그는 로데오와 스턴트를 하다가 연기를 하게 된 거니까요. 그런데 리처드는 완벽한 앨빈 스트레이트였고, 그가 그 역할을 맡겠다고 했을 때 우리는 열광했어요. 리처드는 협상을 좋아하지 않아요. 그는 "내 출연료는 이렇습니다."라고 말했죠. 그가 제시한 액수는 타당한 액수였어요. 그런데 그는 심지어 출연료에 대해 논의조차 하지 않으려고 했어요. 그래서 우리는 나쁘지 않다고, 좋다고 했죠. 그런데 말이에요, 그가 출연을 못 하겠다는 거예요. 이유는 말하지 않았지만, 건강 문제 때문이었을 거예요. 리처드는 당시 암에 걸려 있었거든요. 우리 입에서 "안 돼, 이건 끔찍한 일이야." 소리가 절로 나왔어요. 리처드에게도 끔찍하고 우리에게도 끔찍한 일이었죠. 그때 나는 친한 친구이자 위대한 연기자인 존 허트를 떠올렸어요. 존은 내가 이 캐릭터의 연기자로 자신을 염두에 두었다는 사실을 무척 좋아하더군요. 존과 상의를 했고, 그는 하겠다고 했어요.

리처드는 해마다 그의 목장이 있는 뉴멕시코에서 LA로 와서 그의 매니저 겸 에이전트를 만나 점심을 먹었어요. 그게 그들이 지켜온 전통이었죠. 그래서 그 역할을 거절한 후에 그는 LA에 왔어요. 그들이 점심을 먹으려고 만난 자리에서 매니저가 말했죠. "리처드, 풍채가 정말로 좋아 보여요." 그러자 그가 말했어요. "기분이 정말 좋아요." 그녀가 말했어요. "있잖아요, 리처드, 당신은 「스트레이트 스토리」를 하는 게 맞는 것 같아요." 그러자 그는 말했어요. "있잖소, 나도 내가 그래야 옳다고, 그럴 수 있다고, 그럴 거라고 생각해요." 그래서 그는 나한테 전화를 걸었고, 나는 다시 존 허트에게 전화를 걸어야 했어요. 존은 상황을 전적으로 이해해줬고, 그렇게 우리는 리처드를 얻었죠. 우리는 무척 감사한 심정이었어요. 그는 모든 일을 매우 잘해냈고, 항상 쾌활한 모습을 보였어요. 늘 리처드다운 모습이었죠.

그 영화를 촬영할 때 리처드는 일흔여덟 살이었고 프레디 프랜시스는 여든 살이 눈앞이었어요. 하지만 그들은 남들에게 뒤지지 않는 수준을 넘어선 기력을 보여줬어요. 프레디와 리처드는 촬영의 진행 속도를 정하고 있었죠. 프레디의 건강도 썩 좋은 편은 아니었어요. 그는 이후로 8년을 더 살았지만, 「스트레이트 스토리」는 그가 촬영한 마지막 작품이었죠. 리처드가 그 기계를 모는 건 위험한 일이기도 했어요. 철저하게 안전한 장비는 아니었죠. 그런데 스턴트맨으로 일하면서 자주 골절상을 당했던 리처드는 더할 나위 없이 용감했어요. 우리와 함께 다닐 때는 한층 젊은 모습을 보였고요. 리처드가 한 일들은 정말로 인상적이었어요. 그가 촬영 내내 심한 통증에 시달리고 있었다는 걸 아무도 깨닫지 못했어요. 그는 그 통증을 속으로만 삭인 거예요. 카우보이다웠어요.

나는 시시를 무척 좋아해요. 그녀하고는 오랫동안 알고 지낸 사이죠. 내가 「이레이저 헤드」를 작업하고 있을 때 잭이 막 사귀기 시작하는 단계에 있던 그녀를 데려왔어요. 그녀는 한동안은 내 사돈이기도 했어요. 그녀의 에이전트였던 릭 니치타는 내 에이전트가 됐고요. 그들은 늘 함께 다녔어요. 다양한 작품을 위한 무대를 설치하는 식으로요. 잭과 시시는 「이레이저 헤드」의 제작비를 보태줬어요. 그들은 내 가족이나 다름없어요. 나는 늘 시시와 함께 일하고 싶었는데, 그녀는 로즈를 연기할 완벽한 적임자였어요. 영화에 출연한 시시와 리처드와 해리 딘을 제외한 다른 배우들은 모두 그 지역 출신이에요. 그래서 그들은 그곳 사람들이 생활하고 말하는 방식에 배어 있는 분위기를 제대로 풍기죠.

그 영화는 정말로 빠르게 완성됐어요. 늦여름에 촬영을 시작했죠. 그 지역은 초가을부터 무척 추워지는데, 영화의 배경 대부분이 야외라서 촬영을 서둘러야만 했어요. 우리는 앨빈 스트레이트가 실제로 지났던 것과 동일한 경로를 여행했기 때문에, 순서대로 촬영하는 게 합리적이었어요. 그래서 그렇게 했죠.

그 영화에서 내가 좋아하는 신은 엔딩 장면이에요. 리처드와 해리 딘이 함께 빚어낸 신은 다른 말이 필요 없는, 믿기 힘들 정도로 대단한 신이에요. 잭이 라일의 집을 지었어요. 산으로 둘러싸인 고지대에 있는 근사한 집이었죠. 집이 있는 곳은 산속의 움푹 팬 곳이었어요. 그래서 리처드는 무거운 트레일러를 뒤에 단 채로 그 집을 향해 경사로를 내려가야 했어요. 그는 라일의 집 쪽으로 들어가고, 기계는 멈춰서죠. 리처드는 일어나 그 집으로 조금 더 걸어가서 라일을 불러요. 그때의 햇빛이 끝내줬어요. 해가 그를 비추는 가운데 그가 라일을 부르는데, 그러자마자 해가 산 너머로 기울었어요. 몇 초만 늦었어도 그 햇빛을 완전히 놓쳤을 거예요. 운이 좋았던 거죠. 그런 후, 리처드는 라일한테 얘기를 하다가 약간 목이 메요. 마음에서 우러나서 메인 목은 믿기 힘들 정도로 감동적이었어요. 해리 딘과 리처드 판스워스? '자연스러운natural'이라는 단어는 그들을 두고 만들어진 거예요. 해리는 더할 나위 없이 순수한 사람이고, 그런 면에서는 리처드도 마찬가지예요. 그 신에서 그걸 느낄 수 있어요.

리처드가 벌린(Verlyn, 배우 윌리 하커Wiley Harker)에게 2차 세계대전 얘기를 해주는 술집 신도 좋아해요. 그 신은 리처드와 윌리의 내면에 담긴 것들을 속속들이 보여주죠. 그때 내가 한 유일한 일은 주위를 계속 조용하게 유지하면서 마주 앉은 그들을 그대로 놔두는 거였어요. 그들을 클로즈업으로 잡게끔 카메라 두 대를 설치해 두고요. 리허설도 없었어요. 그 신은 한 테이크만에 촬영이 끝났어요.

세상 모든 일은 상대적이에요. 「스트레이트 스토리」는 평화로운 이야기예요. 하지만 그 안에는 폭력도 담겨 있어요. 앨빈의 잔디 깎는 기계가 통제 불능 상태가 될 듯할 때, 앨빈에게 그건 어마어마한 위협이에요. 하지만 상황은 균형이 잡히죠. 영화에는 균형이 존재해야 해요. 일단 길을 떠나기 시작했을 때는 규칙들이 있어야 해요. 길 위에서는 그 규칙들을 따라야만 하죠. 그리고 동시에 두 갈래의 길을 갈 수는 없어요. 이 이야기에 등장하는 사람들은 성인군자들처럼 보일 테지만, 우리는 어느 특정한 상황에 놓인 그들의 일부 모습만 보고 있는 거예요. 「스트레이트 스토리」가 중서부의 진면목을 보여준다거나, 도로시 발렌스가 모든 여성의 진실을 보여준다는 뜻이 아니에요. 그건 어떤 것의 한 조각이에요. 그 조각에는 진실성이 담겨 있을 수 있지만, 그게 진실 전체인 건 아니죠.

나는 「스트레이트 스토리」가 내가 만든 영화 중에서 가장 실험적인 영화라고 말해왔어요. 그 영화는 내가 예전에 만들었던 영화들하고는 꽤 다르죠. 그런데 사실, 세상 모든 게 다 실험이에요. 우리는 적절하다고 생각되는 조각들을 끌어모으지만, 그것들을 실제로 하나로 조립하기 전까지는 그것들이 정말로 적절한지는 결코 알 수가 없어요. 우리가 어떤 감정을 얻어내기 위해서는 이미지와 사운드, 음악, 대사들 사이에서 대단히 미묘한 균형을 갖춰야 해요. 음악은 어떻게 들어오고, 얼마나 소리가 커야 하며, 어떻게 영화에서 빠져나가야 하나, 이런 것들이 완벽해야만 해요. 특히 안젤로가 그 영화를 위해 작곡한 음악은 영화에서 정말 중요한 역할을 했죠.

「스트레이트 스토리」는 칸 경쟁부문에 출품됐어요. 그래서 출연진과 스태프들이 칸에 가서 웅장한 시사회에 참석했죠. 극장 내부의 분위기는 무척 좋았어요. 아주 근사했죠. 미라 소르비노^{Mira Sorvino}가 내 앞줄에 앉아 있었어요. 영화가 끝났을 때 몸을 돌린 그녀가 나를 쳐다보고는 자기 심장에 손을 얹었어요. 흐느끼고 있더군요. 영화 속에서 일어난 일에 공감한 거죠. 진심으로 관객의 정서에 호소하는 시사회였어요. 해리 딘이 끝내주는 이야기를 한 밤이 그날 밤이었어요.

시사회가 끝난 후 우리는 칼튼 호텔에 있는 쁘띠 바에 갔어요. 안젤로와 피에르와 해리 딘과 나, 그리고 다른 사람 두 명이 꽤 조용한 술집의 끄트머리에 앉아 있었죠. 우리는 술을 주문했어요. 우리가 거기 앉아 있는 동안 해리 딘이 문장 하나를 말했어요. 그게 정확히 무슨 말이었는지는 누구도 기억하지 못해요. 초콜릿 토끼들하고 해리가 꿨던 꿈에 대한 거였을 거예요. 그런데 그가 그 문장을 말하자 다들 웃음이 터졌어요. 그러다 그가 두 번째 문장을 말하자 우리는 두 배나 더 큰 폭소를 터뜨렸죠. 우리는 그걸로 끝났다고 생각하고 있었는데, 그는 세 번째 문장을, 네 번째 문장을 말했어요. 각각의 문장은 앞서 말한 문장을 능가했죠. 그래서 우리는 배꼽을 잡고 웃어 댔어요. 그는 열여덟 번째 문장까지 얘기를 이어갔어요! 압축 공기를 입안에 쏘면 뺨이 얼마나 부풀어 오르는지 알죠? 아홉 번째 문장이 나올 무렵에 내 머리에 느껴진 감각이 그거였어요. 웃다가 죽을 것만 같더군요. 눈물을 흘리면서 웃어 대는 통에 눈물은 말라버렸고요. 그는 계속해서 자신이 앞서 한 말보다 더 웃기는 말을 해댔어요. 다른 누구도 그런 일을 할 수 없을 거예요! 전달력과 타이밍, 단어들, 단어들의 순서, 그런 것들이 정말로 흠잡을 데가 없었어요. 믿기질 않았죠. 그날 해리가 했던 것과 비슷한 정도로조차 웃기는 스탠드-업 코미디언을 본 적이 없어요. 우리는 너무 열심히 웃어 댄 탓에 똑바로 일어설 수조차 없었어요. 그 일이 끝날 무렵에는 송장이나 다름없었죠. 우리는 지금도 그 일을 얘기하곤 해요. 안젤로하고 내가 15분이나 20분쯤 함께 있을 때면 우리는 늘 그날 밤으로 돌아가지만, 우리 둘 다 해리가 했던 얘기가 무엇인지는 기억하지 못해요. 아무튼 그는 정말로 순수한 사람이에요. 순수한 자아, 순수한 해리 딘이죠.

리처드 판스워스는 우리와 같이 칸에 있었어요. 그러다가 「스트레이트 스토리」와 관련된 상황이 진정되자 목장으로 돌아갔죠. 일 년쯤 지났을 거예요. 그는 생각했어요. 다음 날 아침에 일어났을 때 팔을 움직이지 못할 것 같은 정도로 몸 상태가 나빠지면 그 일을 해야 할 거야. 그는 그 일을 했어요. 총으로 자살했죠. 그건 정말이지, 카우보이다운 이야기였어요.

데이비드 크로넌버그$^{David Cronenberg}$가 그해의 칸 심사위원장이었는데, 「스트레이트 스토리」는 그의 취향이 아닌 게 분명했죠. 그는 그 영화는 완전한 헛소리라고 생각했을 거예요. 그해 영화제의 분위기를 규정짓는 심사위원장이 누구냐는 건 순전히 운에 달린 문제예요. 우리는 이 영화는 더 넓은 관객층에 다다를 수 있을 거라고 생각했어요. 애정이 가득하고 진심 어린 이야기니까요. 거기에 등장하는 사람들은 정말 착했고, 형제애와 우정이라는 주제는 보기 좋았죠. 등급을 판정하는 사람들이 전화해서 이 영화가 G등급(전체 관람가 등급—옮긴이)을 받았다고 했을 때, 그 사람한테 물었어요. "다시 말씀해 주시겠습니까?" 그런데 타이밍이 기묘했어요. 기독교 근본주의자들은 그 영화를 받아들이지 않았어요. 영화에 '지옥hell'이라는 단어가 나온다는 이유로요. 디즈니가 그 영화를 배급했는데, 그들이 그 영화를 정말로 어떻게 생각했는지를 모르겠어요. 디즈니가 그 영화를 홍보하기 위해 했던 짓들은 아무것도 제대로 먹혀들지 않았어요. 부분적으로는 그게 내 운명이었던 것 같아요. 아무튼, 홍보는 전혀 힘을 못 썼어요. 언젠가 어느 파티에 갔는데, 스필버그^{Spielberg}가 거기 있더군요. 그에게 말했어요. "자네가 만든 영화를 수백만 명이 사랑한다는 점에서 자네는 무지하게 운이 좋은 거야. 내가 사랑하는 작품들은 사랑하는 사람이 수천 명 수준이거든." 그는 말했어요. "데이비드, 「죠스」를 본 관객과 비슷한 규모의 관객들이 「이레이저 헤드」를 보게 될 시점이 가까워지고 있어." 나는 그건 몰랐어요. 내가 아는 거라고는 세상에는 영화가 무척이나 많다는 것뿐이에요. 그런데 「이레이저 헤드」 같은 영화에 신경 쓰는 사람이 있을지 모르겠어요.

우리는 「스트레이트 스토리」를 90년대 말에 찍었어요. 옥수수밭을 지날 때 옥수수가 보이고 밭 주위에는 울타리가 쳐진 모습이 흔히 보이는 풍경이라는 걸 알죠? 「스트레이트 스토리」를 찍을 때, 나는 옥수수가 심어진 어떤 구역 앞에 표지판이 있는 걸 봤어요. '이게 뭐지?' 생각했죠. 거기 적힌 내용은 거기서 GMO(유전자 조작 생물)들을 실험하고 있다는 거였어요. 내가 본 그 농장들은 지금은 모두 GMO 농장들일 거라고, 거기에 대자연이 낳은 옥수수는 더는 없을 거라고 확신해요. 과거에는 작은 규모의 가족 농장들이 많았어요. 그러다가 규모가 더 큰 농장들—부자들—이 그 작은 농장들을 사들이기 시작했고, 지금은 몇 곳 안 되는 거대한 농장들만 있죠. 그래서 지금은 적은 수의 농부들만 남았고, 소규모 공동체들은 완전히 자취를 감췄어요. 있잖아요, 당신이 누군가를, 농부 빌의 딸을 만나 사랑에 빠져요. 그런 다음 그 지역에 머무르면서 농장을 마련하고는 해야 할 일을 해요. 그런데 지금 그런 모습은 없어지고 말았어요. 작은 학교 건물들은 모두 없어졌고, GMO 콩과 옥수수가 엄청나게 심어져 있죠.

과거에 농부는 다음 계절에 심으려고 씨앗 중 일부를 따로 챙겨 종묘 수집상에게 건넸고, 수집상들은 그걸 곡식 저장고에 보관하곤 했어요. 그런 종묘 수집상들은 이제는 모두 흐느끼고 있어요. 그들과 거래하던 농부들은 모두 GMO의 압박에 시달리고요. 농부들은 해가 바뀌면 몬산토Monsanto에게서 씨앗을 사야만 하죠. 그 씨앗들은 딱 일 년만 유효해요. 그리고 그 씨앗에는 살충제와 제초제가 들어 있죠. 이웃집 농부가 그 씨앗을 원치 않더라도, 그 씨앗 중의 일부가 바람에 실려 그 농부의 논밭에 날아갈 경우, 몬산토는 "당신은 이 씨앗을 훔쳤습니다. 우리는 이 씨앗의 특허를 갖고 있습니다."라면서 그 농부를 고소할 거예요. 그들은 그런 식으로 농부들을 한 명씩 제거하고 있고, 종묘 수집상은 울먹이고 있고, 그의 아이들도 울먹이고 있어요. 농촌 세계의 친밀한 이웃 관계도 사라졌고요. 그들은 GMO를 식량으로 먹어도 아무 문제가 없다고, 우리는 이렇게 어마어마한 인구를 먹여 살려야만 한다고 말할 거예요. 이 방법이 아니면 그 많은 인구를 어떻게 먹여 살릴 거냐고 묻겠죠. 많은 사람을 먹이려면 과학적인 방법을 써야만 한다고요. 아마 맞는 말일 거예요. 하지만 그러는 과정에서 대자연은 짓밟혔고, 이 모든 일은 돈 때문에 일어났어요.

최고로 행복한 해피엔딩

「스트레이트 스토리」와 「멀홀랜드 드라이브」를 둘러싼 광풍이 지나간 후, 린치는 그의 초창기 원칙으로 돌아가는 작업에 착수했다. 작업을 단순화하기 시작하면서, 「이레이저 헤드」를 만들 때 필요했던 정도의 시간을 기꺼이 바치면서 헌신하려는, 열의와 활기가 넘치는 젊은이들이 그의 사무실을 채웠다. 그는 작업이 지나치게 커지면서 통제하기 어려워지는 걸 좋아하지 않았다. 그가 원하는 건, 그게 뭐가 됐건 자기가 만들기로 한 것을 만들게끔 가만히 놔두는 거였다. 그는 절대로 더 큰 명성이나 더 많은 돈을 원하지는 않았다. 21세기로 접어들면서 그가 좇는 것이 무엇인지는 더욱 명백해졌다.

"데이비드를 대표하는 매니저로 일하면서 제일 어려운 점은 그의 작품을 영화계 주류에, 하다못해 영화계의 언저리까지라도 편입시키려고 애쓰는 거였습니다. 하지만 나는 실패했습니다." 릭 니치타는 말했다. "「트윈 픽스」는 그를 텔레비전과 대중문화의 한복판에 데려갔지만, 그의 영화들은 늘 영화계 변두리에 놓인 작품들이었습니다. 그런데 그는 영화계의 복판에 있고 싶어 하지 않았습니다. 그의 그런 모습을 처음에는 불만스럽게 생각했지만, 어느 정도 시간이 지나고 나서는 나도 그런 상황을 즐기기 시작했죠. 데이비드가 많은 영화를 작업하겠다는 욕심을 가졌던 적이 있었다고는 생각하지 않습니다. 그는 자기 잇속을 챙기면서 더 힘 있게 작업을 밀어붙일 수도 있었지만, 그가 그런 데 관심을 가졌다고는 생각할 수 없어요. 그에게는 고민해야 할 다른 일들이 있었기 때문입니다. 그는 스스로 창조해낸 세상 속에서 항상 행복하게 살았습니다."

2001년 말에, 영화는 새로운 창조적 모험에 깊이 몰두해 있는 린치의 우선순위에서 뒤로 밀려나 있었다. "데이비드는 내가 아는 사람 중에서 인터넷에 뛰어든 최초의 인물에 속했습니다. 그가 프로그래밍을 시작했다는 건 그 자신의 TV 방송국을 개국하는 거랑 비슷했습니다." 닐 에델스테인은 말했다. "하지만 그는 얼마 지나지 않아 따분해 했습니다. 첨단기술이 그보다 충분히 멀찌감치 앞서 나가지를 못했으니까요. 하지만 그는 처음에는 인터넷에 무척 열광했었습니다."

이 작업의 선봉에 같이 서 있던 사람 중에 에릭 크레이리가 있었다. 위스콘신주의 로디에서 자란 크레이리는 2000년 1월에 LA로 이주했고, 그해 9월에 린치를 위해 일하기 시작했다. "매니지먼트 회사에서 봉투에 내용물을 채우는 일을 하다 데이비드 린치의 테이블 맞은 편에 앉게 된 건 초현실적인 일이었습니다." 크레이리는 회상했다. "그런 기회를 잡은 건 정말 말도 안 되는 일이었죠."

"진행되는 영화가 없더라도 데이비드의 일상은 무척 바쁩니다." 크레이리는 말을 계속했다. "그는 사진을 찍고 그림을 그리고 글을 쓰고 물건을 만듭니다. 많은 일을 하죠. 내가 도착했을 때 사무실 사람들은 웹사이트 론칭 작업에 집중하고 있었습니다. 우리는 아침에 데이비드를 만나 그 날의 할 일에 대해 점검하곤 했습니다. 그러다 보면, 왜 그런지는 모르겠지만, 그 미팅은 우리가 '파워 워크power walk'라고 부르는 일로 바뀌어 있었죠. 우리가 하는 미팅은 가파른 언덕을 올라가고 동네의 커다란 블록 주위를 도는 산책으로 변하기 일쑤였거든요. 산책에는 30분이 걸렸는데, 참여자는 데이비드와 제이 아셍, 나, 여기에 가끔 오스틴이 추가됐습니다."[1]

웹사이트를 론칭하려면 거기에 올려놓을 내용물도 있어야 한다. 린치는 이 시기 동안 그의 사이트에 올릴 콘텐츠를 창작하는 데 상당한 시간을 쏟았다. "나는 대체로 데이비드가 실험이라고 부르는 작업들을 도왔습니다. 뒤뜰에서 또는 LA를 돌아다니면서 촬영을 했죠. 그를 흥분시킨 인터넷의 장점 중 하나는 조금만 작업하더라도 많은 일을 할 수 있게 해주는 기술을 도입했다는 겁니다. 따라서 아이디어가 떠오르면 그는 이렇게 말할 수 있었습니다. '뒤뜰에 세트를 짓고 거기에 조명을 치는 거야. 거기에 이러이러한 소품들을 갖다 놓고 촬영할 거야.'" 크레이리는 자신보다 몇십 살은 어린 어시스턴트들을 따라잡는 일에 조금도 곤란함을 느끼지 않았던 린치의 모습을 회상했다. "미쳐버릴 것 같은 날들도 있었습니다. 낮에는 평범한 어시스턴트 일을 한 다음, 밤이 오면 밤새도록 촬영을 하고 그랬으니까요. 데이비드는 작업에 많은 시간을 쏟아붓고 있었습니다. 도대체 어떻게 그 정도의 활력을 유지하는지 감도 못 잡겠습니다."

"처음에는 데이비드가 인터넷을 수익의 원천으로 생각한다고 봤습니다." 한 달에 10달러를 회비로 청구했던 웹사이트에 대한 크레이리의 추측이다. "데이비드가 사이트를 위해 더 많은 걸 촬영할 수 있도록 회원들이 돈을 내줄 거라는 아이디어였죠. 그렇게 되면 우리 작업실은 소규모 스튜디오 비슷한 게 될 거였습니다. 당시에는 개나 소나 웹사이트를 론칭하고 있었죠. 그런데 제대로 굴러갈 수 있는 수익모델을 아는 사람은 아무도 없었습니다."

에델스테인은 린치의 웹사이트에 처음부터 관여했지만, 사이트가 론칭될 무렵에는 그의 곁을 떠난 상태였다. "내가 데이비드와 함께하던 작업 때문에 발끈했거든요. 하지만 그의 곁을 떠난 후로도 계속 연락을 주고받았습니다." 에델스테인은 말했다. "나는 여전히 그를 무척 좋아합니다. 그는 엄청난 사람이고, 나는 그가 누구에게든 흉한 짓을 하는 걸 한 번도 보지 못했습니다. 그는 내게 많은 경력을 안겨줬습니다. 그는 충직한 사람이고, 사람들을 신뢰하죠. 명상의 관점에서 자신이 역설하는 말들을 실천에 옮기는 사람이기도 하고요."

• • •

웹사이트는 이메일 속에 담긴 우렁찬 팡파르와 함께 론칭됐다:

DAVIDLYNCH.COM이 알려드립니다!!!!!!!!!!!! 2001년 12월 10일 월요일, 태평양 표준시(PST) 오전 9시 45분에 DAVIDLYNCH.COM이 메인 사이트를 론칭할 예정입니다… 전적으로 인터넷만을 위한 '뉴 시리즈'가 곧바로 공개될 것이며, 뒤이어 매장이 문을 열 것입니다… DAVIDLYNCH.COM에 대한 관심에 감사드립니다… 그곳에서 여러분을 뵙기를 고대합니다!!!!!!

데이비드 린치

"그 높은 곳에 자리 잡은 작업실에서 맞이한 그날 아침은 꽤 성대했습니다." 크레이리는 말했다. "우리는 사이트가 활성화되는 것과 정확히 같은 시간에 알프레도가 스튜디오에 만든 커다란 라이트 박스light box의 스위치를 올렸습니다. 모든 회원에게 응모 자격이 주어진 '밥스 빅 보이에서 린치와 점심을' 추첨 이벤트도 열었고요. 당첨자는 영국에 사는 아가씨였는데, 그녀는 친구와 함께 바다를 건너왔습니다."

웹사이트를 위한 콘텐츠는 2002년 내내 확장됐고, 린치는 그 콘텐츠의 거의 전부를 다 창작했다. 그는 날마다 일기예보를 제공했고 —그는 그냥 스튜디오의 창밖을 쳐다보면서 그날 하루의 날씨가 어떻게 전개될지에 대한 예상을 사람들과 공유했다— 단편들로 구성된 시리즈를 제작했다. 「저 밖에 보이는Out Yonder」의 에피소드 세 편이 있었다. 이 작품에서 린치와 그의 아들 오스틴은 멍청한 수다와 번뜩이는 통찰력을 결합시킨 기이한 사투리로 대화를 한다. 역시 2002년에 완료된, 조잡하게 만들어진 애니메이션 단편 여덟 편으로 구성된 시리즈 「덤랜드DumbLand」는 공격적인 멍청이 랜디와 그의 아들 스파키, 그리고 참을성이 대단한 그의 아내가 겪는 불운한 연대기를 담아냈다. 『세상에서 제일 화난 개』와 동일한 영역에서 탄생한 「덤랜드」는 역겹고 유치한 유머를 폭발적인 합주로 묶어 냈고, 그 안에서는 방귀와 트림이 난무했다. 온라인 스토어는 「이레이저 헤드」의 포스터와 모자, 영화 스틸, 핀pin, 커피 컵, 티셔츠, 「덤랜드」 커피 컵, 『세상에서 제일 화난 개』 티셔츠, 그리고 다양한 단편 영화를 판매했다.

린치가 이 시기에 제작한 단편 중에서 가장 널리 알려진 것은 2002년 6월 7일에 처음 공개된 「토끼들Rabbits」이다. 이 작품은 나중에 그의 열 번째 영화 「인랜드 엠파이어」에 통합됐다. 여러 가지 가구와 함께 다리미판이 설치돼 있는 중산층 가정의 거실을 배경으로 한 에피소드 아홉 편으로 구성된 「토끼들」에는 시트콤에 흔히 깔리는 웃음소리나 멀리서 지나가는 기차의 기적 소리가 이따금 끼어드는 가운데, 격식을 차린 하이쿠를 읊조리는 토끼 세 마리가 등장한다. 이 작품은 린치가 만든 가장 불가해한 작품에 속했다. 토끼들로 출연한 —그리고 실물 크기의 토끼 슈트에 감춰진— 배우들은 스콧 코피와 로라 해링, 나오미 왓츠였다.

"나는 데이비드에게 믿을 수 없을 만큼 큰 빚을 졌다고 느껴요. 그래서 나는 그가 해달라고 요청하는 일은 무슨 일이건 해야만 해요." 왓츠는 말했다. "나는 그에게 큰 빚을 졌어요.

게다가 그와 함께 시간을 보내는 건 늘 환상적인 일이죠. 토끼 슈트를 입으면 숨을 쉴 수가 없어요. 내부 온도가 7천 도쯤 될까요? 그래도 상관없어요. 데이비드를 위해서라면 기꺼이 할 거예요. 그래도 그 슈트들은 정말로 무거웠어요. 머리 탈을 쓰면 아무것도 볼 수가 없었고요. 그가 '오케이, 나오미, 다림질 끝내고 방에서 나와.'라고 말하는 걸 들었어요. 나는 걷기 시작했지만 벽에 부딪혔고, 그러면 그는 확성기로 말했어요. '그쪽이 아냐, 나오미, 오른쪽으로 돌아. 당신의 오른쪽으로 가라고, 나오미.' 나는 말했죠. '데이비드, 제가 나중에 목소리 연기를 할게요. 당신 어시스턴트 중의 한 명에게 슈트를 입히면 되잖아요.' 그러자 그는 말했어요. '안 돼, 슈트 안에는 당신이 들어가 있어야 해.'" 폐소공포증이 있는 해링은 말했다. "두 눈을 질끈 감은 채 숨만 쉬어야 했어요. 스트레스가 극심한 작업이었는데, 데이비드는 우리가 무슨 일을 하는 건지 전혀 설명해주지 않았어요. 우리는 그저 그가 내리는 지시에만 따랐어요."

린치는 자신의 웹사이트를 자신이 관여했던 다양한 음악 작업을 위한 플랫폼으로도 활용했다. 2001년 말에 그는 《블루밥BlueBOB》을 발표했다. 린치가 "인더스트리얼 블루스industrial blues"라고 묘사한 이 앨범은 린치의 레이블인 업서다Absurda를 위해 존 네프와 함께 만든 거였다. 1998년부터 2000년까지 녹음되고 그해 3월에 완성된 이 앨범은 원래는 린치의 웹사이트를 통해서만 구입할 수 있는 CD로 발표됐다. 린치와 네프는 2002년 11월 11일에 파리의 올랭피아Olympia에서 음반 홍보를 위한 라이브 공연을 한 번 했는데, 린치는 그 공연을 "심적 고통"으로 기억한다.

2002년에 한 프랑스 저널리스트가 《블루밥》에 대한 기사를 쓰려고 로스앤젤레스를 방문했다. 크레이리는 그때 린치가 했던 말을 회상했다. "'인터뷰를 할 거면 재미있게 하자고.' 그는 알프레도를 시켜서 뒤뜰에 동굴을 지었어요. 동굴 입구 위에는 작은 조각품을 하나 걸었고요. 거기에 스모크 머신과 스트로보 조명도 설치했어요. 섹시한 아가씨가 이곳저곳을 돌아다녔고, 데이비드는 셔츠를 벗고 진흙을 잔뜩 바른 채로 동굴에서 나와 인터뷰를 했죠." 린치의 팬들이 셔츠를 입지 않은 린치의 모습을 볼 수 있는 기회는 이게 유일할 것이다.

2002년 5월에 린치는 칸의 심사위원장이었는데, 그해의 황금종려상은 로만 폴란스키의 「피아니스트The Pianist」에 돌아갔다. 그런 후 그는 로스앤젤레스로 돌아왔고 크리스타 벨이 다시 등장했다. "1998년에 데이비드를 만난 이후로는 연락을 주고받지 않았어요. 하지만 브라이언 로욱스는 나랑 관계를 유지하고 있었죠. 2002년에 브라이언이 파티에 갔다가 평소에 절대로 파티에 가지 않는 데이비드를 우연히 마주쳤어요. 그랬더니 데이비드가 '이봐, 크리스타 벨은 어떻게 지내나?' 묻더래요. 그렇게 인연이 다시 이어진 나와 데이비드는 스튜디오로 돌아가 함께 작업했던 첫 노래를 마무리 지었어요. 이후로는 데이비드한테 짬이 생길 때마다 내가 거기로 뛰어가곤 했죠."

"나는 내 첫 앨범을 위해 작곡한 노래들의 데모를 만들곤 했어요." 그녀의 말은 계속됐다. "그것들을 들려줬더니 데이비드가 말했어요. '크리스타 벨, 당신이 자랑스러워. 하지만 우리 레코드가 당신의 데뷔 음반으로 나올 때까지는 조금 더 기다리는 게 옳다고 생각해.' 나는 말했어요. '오케이, 데이비드, 하지만 작업을 서두를 필요가 있어요.' 그러자 그는 「이레이저 헤드」를 만드는 데 얼마나 오래 걸렸는지 얘기했고, 작업에 시간을 들이는 건 그만한 가치가 있다는 말을 했어요. 그러면서 그는 우리가 함께 작업할 시간을 더 많이 내기 시작했죠."

2003년 초, 에밀리 스토플을 만나면서 린치의 인생은 행로를 바꾸었다. 그는 나중에 그녀와 결혼했다. 1978년에 캘리포니아주 헤이워드에서 태어나 프리몬트에서 자란 스토플은 2000년에 연기자로서의 삶을 좇아 언니와 함께 로스앤젤레스로 이주했다. 자매는 비치우드 캐년에서 아파트를 찾아냈고, 스토플은 연기 코치 다이애나 캐슬Diana Castle 밑에서 공부하면서 잡다한 일들—나이트클럽 매니저 보조, 웨이트리스—을 했다. 그녀와 언니는 이웃에 살던 일라이 로스Eli Roth와 친해졌다. 린치를 위해 니콜라 테슬라 관련 프로젝트의 자료 조사를 했던 로스는 린치가 이그제큐티브 프로듀서로 참여한 2002년작 공포영화 「캐빈 피버Cabin Fever」의 감독이었다. "어느 날 밤에 일라이의 아파트를 방문했어요." 스토플의 회상이다. "그러다가 그의 집 벽에 「트윈 픽스 영화판」에 등장했던 소품 중 하나의 사진이 걸려 있는 걸 발견했죠. 어디서 났느냐고 물으면서 나는 데이비드의 광팬이라고 말했어요. 그는 데이비드하고 일하고 있다면서, 데이비드가 그의 웹사이트를 위한 콘텐츠를 제작하고 있는데 나와 같이 작업하고 싶어 할지도 모르겠다고 했어요."

"일라이는 데이비드에게 그 얘기를 하고는 나한테 전화를 걸어서 말했어요. '데이비드가 자기 집에 있는 버드피더(birdfeeder, 새에게 모이를 주는 장치—옮긴이)들에 카메라를 설치했어요. 그의 사이트에 로그인하면 버드피더들을 볼 수 있죠. 그는 황금 공이 떨어지면 당신이 코트를 입고 나타나서는 코트를 벗는다는 아이디어를 갖고 있어요. 당신은 알몸이 돼서 주변을 돌아다니다가 거기에 5분간 서 있은 후에 스크린에서 벗어나는 거예요.'" 그녀는 말을 계속했다. "나는 생각했어요. '아아, 모르겠어. 인터넷? 누드?' 내가 엄청나게 좋아하는 영화감독을 처음으로 만날 기회지만, 그런 상황을 감수하면서까지 그를 만나고 싶은지는 모르겠더라고요. 며칠 후에 일라이가 다시 전화했어요. 데이비드가 사진 촬영을 위해 포즈를 취해 줄 모델들을 찾고 있다면서, 모델들에게 수당도 지불하고, 사인된 인쇄물 세 장을 줄 거라고 했어요. 그래서 언니하고 나는 2월 20일에 거기에 가서 그를 만났죠. 우리는 그의 회의실에 있는 테이블에 둘러앉아 얘기를 나눴어요. 내가 그곳을 나서다가 몸을 돌려 그에게 손으로 작별 인사를 할 때가 있었는데, 그는 나한테 홀딱 빠진 때가 그때였다고 나중에 말했어요."

"그는 나를 촬영했고, 나는 잔뜩 긴장했어요. 그리고 그걸로 끝이었죠." 스토플은 덧붙였다. "그는 굉장한 프로페셔널이었고, 나는 그가 나한테 관심이 있다는 사실을 전혀 몰랐어요. 나는 그에게 홀딱 반하지는 않았어요. 그냥 그에게 매혹돼서는 그하고 같이 일한다는 사실에 흥분해 있었죠. 그가 한두 달쯤 후에 전화를 걸어서 다른 프로젝트를 위해 나를 촬영하고 싶다고 했어요. 그러다가 나는 프리먼트에 있는 엄마 집으로 이사 가서 샌프란시스코 주립대학을 다니기 시작했죠."[2]

스토플을 만난 직후, 린치는 그의 집 앞 거리에서 로라 던과 마주쳤다. 그녀는 얼마 전에 그 동네로 이사 온 참이었다. 두 사람은 이제야말로 다시 같이 작업할 때가 됐다는 데 뜻을 모았다. 그래서 그는 그녀를 위해 신 하나를 썼지만, 마음속에 장편 영화를 품고 있지는 않았다. 그때 그가 내놓은 신은 또 다른 영화적 실험일 뿐이었다. "우리는 그가 그림을 그리는 스튜디오에서 그걸 촬영했습니다." 아셍은 말했다. "로라는 믿기 힘들 정도로 긴 신을 외웠죠. 평생 그와 비슷한 일을 한 번도 본 적이 없습니다. 그녀는 그 엄청나게 긴 독백을 연기해내는 어마어마한 위업을 달성했습니다. 우리가 연기를 끊은 건 카메라의 필름을 바꿀 때뿐이었죠. 그녀는 계속 연기를 해나갔습니다."

그 대단히 긴 신에서 던의 맞은편에는 에릭 크레이리가 앉아 있었다. "나는 배우가 아닙니다. 그래서 데이비드가 그 신을 찍을 때 나를 뽑은 이유를 전혀 몰라요." 크레이리는 말했다. "그는 내게 말했습니다. '자네 슈트 재킷을 걸치도록 해.' 나는 내 옛날 안경을 모두 가져갔습니다. 내가 쓰기를 원하는 안경을 그가 고르게끔 하려고요. 내 주머니에 페인트 긁개가 들어 있었던 것 같습니다. 로라는 그 신에서 정말로 열정적인 모습으로 많은 일을 했죠. 내가 그녀를 돕기 위해 할 수 있는 일이 뭐가 있겠느냐고 물었더니 그녀는 '그냥 그 자리에 있으면서 나를 쳐다봐줘요.'라고 했습니다."

던은 그 밤을 "무척이나 황홀하고 약간은 최면에 걸린 것 같은 밤"으로 기억한다. "따스한 바람이 불어와 스튜디오를 가로질렀어요. 밤은 완전히 고요했고 코요테들은 날뛰지 않았어요. 머리 위의 밤하늘과 온 세상이 신비로운 미지의 것으로 느껴졌죠. 당시 나는 어머니의 병간호를 하고 있었어요. 나는 생각했죠. '맙소사, 내가 어떻게 이걸 다 기억하는 거지.' 하지만 어떻게든 나는 해냈어요. 데이비드는 특유의 경건한 모습으로 분위기를 설정했어요. 그가 스토리텔링이라는 제식에 품은 존경심은 언제든 뚜렷이 보여요. 그는 촬영장이 조용하기를 원했고, 나는 내가 연기를 마칠 때까지 촬영이 쭉 진행될 거라는 걸 알았어요."[3]

그 신을 촬영하는 데에는 네 시간밖에 안 걸렸다. 아셍은 말했다. "촬영을 마치고 로라가 집에 간 후, 데이비드는 스튜디오에서 담배를 피우고 있었습니다. 대단히 흥분해 있더군요. 눈이 반짝반짝했어요. 그는 우리를 쳐다보면서 말했습니다. '이게 영화라면 어떻겠나?' 그때가 「인랜드 엠파이어」가 태어난 때라고 생각합니다."

그해 봄인 4월 20일에 게이 포프가 사망했다. 린치에게는 크나큰 상실이었다. 그들 두 사람의 우정은 깊고 독특했다. 그는 6월을 네덜란드에서 마하리쉬와 집중적으로 공부를 하면서 보냈다. 그러고서 LA로 돌아온 그는 「인랜드 엠파이어」의 준비에 착수하면서 제레미 알터에게 전화를 걸었다. "데이비드가 말했어요. '이런 작품을 하고 있어. 이게 뭔지는 모르겠지만, 자네가 이걸 제작해줬으면 해.' 그래서 우리는 촬영을 시작했죠." 알터는 말했다. "데이비드는 몇 페이지를 썼고, 제이는 그걸 타자했어요. 그게 시나리오 분량쯤 됐죠. 촬영은 처음에는 간간이 진행됐어요. 그러다가 제레미 아이언스가 승선하면서부터 더욱 풀타임 작업의 모양새를 갖춰갔죠."

아셍과 크레이리가 「인랜드 엠파이어」에 한 기여는 캐서린 코울슨이 「이레이저 헤드」에 했던 기여와 비슷했다. 그들은 무슨 일이건 했고 모든 일을 다 했다. "그는 그런 식으로 작업하면서 스릴을 느꼈다고 생각합니다. 필요 없는 건 모조리 쳐내고 기본 뼈대만 남기는 식으로 작업했거든요." 시나리오를 쓰고, 영화를 제작하고, 편집하고, 소니 DSR-PD 150 한 대만 가지고 그 영화를 촬영한 린치에 대해 아셍은 말했다. "피터 데밍이 한두 신 정도의 촬영을 도왔지만, 기본적으로 그 영화의 DP는 데이비드였고, 에릭하고 내가 카메라를 돌리는 일도 자주 있었습니다. 우리는 콜 시트(call sheet, 예정된 촬영 장소와 시간을 알리기 위해 제작진 및 연기자에게 보내는 문서—옮긴이) 작업을 하고, 소품들을 찾고, 사람들에게 출연료를 지급했습니다. 나는 한동안은 편집감독 보조였고, 임시 스크립트 슈퍼바이저였습니다. 우리는 많은 걸 배웠고, 데이비드는 우리에게 대단한 참을성을 보여줬습니다."

"나는 「인랜드 엠파이어」를 찍는 내내 데이비드의 시나리오 집필 어시스턴트이기도 했습니다. 하지만 내가 그 작품의 공동 창작자였다는 건 말도 안 되는 얘기입니다." 아셍은 말을 계속했다. "나는 그가 하는 말을 받아 적었을 뿐입니다. 그는 '이제 써보자고.'라고 했습니다. 그는 구술했고, 나는 컴퓨터 앞에 앉아 타자했죠. 우리가 촬영장에 있을 때, 가끔 어떤 신의 촬영을 마무리하고 나면 그에게 또 다른 영감이 떠올랐습니다. 그러면 그는 '제이, 이리 좀 와 봐.'라고 했고 나는 메모장을 들고 가서 그가 하는 말을 다 받아 적었습니다. 데이비드는 주류 사회를 벗어난 이탈자처럼 굴고 싶어 했습니다. 이런저런 일을 하면 안 된다는 사람들의 말에 구애받고 싶어 하지 않았죠. 그리고 제레미 알터는 그 작업에서 중요한 부분을 차지했습니다. 데이비드가 내놓은 아이디어가 무엇이건, 제레미는 이렇게 말했습니다. '멋지네요, 해보죠.' 그는 데이비드가 작업할 수 있는 환경을 조성할 수 있었습니다. 마당발이었거든요."

"내가 맡은 일 중 일부는, 우리가 어디서 촬영하건 데이비드가 거기서 담배를 피울 수 있도록 미리 문제를 처리하는 거였습니다." 알터는 말했다. "물론, 가끔은 흔치 않은 것들도 찾아내야 했죠. 하루는 그가 말하더군요. '제레미, 종이하고 펜을 가져와서 받아 적어. 흑인 댄서 여섯 명이 필요해. 그중 한 명은 노래를 부를 줄 알아야 해. 그리고 어깨에 원숭이를 얹은 금발의 유라시아인 한 명, 통나무를 톱질하는 벌목꾼 한 명, 나스타샤 킨스키[Nastassja Kinski], 문신한 사람 한 명, 명상 강사 페니 벨[Penny Bell], 프랑스 외인 용병 출신인 도미닉, 「멀홀랜드 드라이브」 때 입었던 의상을 입은 로라 해링, 그리고 다리가 하나인 미녀 한 명이 필요해.'" 알터는 그가 말한 사람들을 모두 구했다.

"제정신으로는 하지 못할 경험이었죠." 아셍은 그 영화를 만든 경험을 떠올렸다. "어느 날 밤에 우리는 저스틴 서룩스가 복도에서 죽은 채로 누워 있는 신을 촬영하고 있었습니다. 우리는 피자를 주문했죠. 피자가 배달됐고 데이비드는 피자를 한 조각 먹었습니다. 그러더니 피자를 물끄러미 쳐다보던 그는 거기에서 토핑을 모두 걷어서는 저스틴의 가슴에 바르더군요. 상처처럼 보이게 만들려고 그런 겁니다."

로라 던은 영화의 거의 전편을 끌고 가고, 영화의 후반부에서는 거의 모든 장면에 등장한다. 위험한 숲에서 길을 잃은 어린 소녀처럼, 던은 비틀거리면서 다양한 현실의 안팎을 들락거리고, 그 과정에서 그녀의 정체성은 주기적으로 바뀐다. 「트윈 픽스」에서 꼭 닮은 사람과 도플갱어라는 아이디어를 갖고 놀기 시작했던 린치는 「인랜드 엠파이어」에서는 그 아이디어를 마음껏 추구했다. 던의 여정은 그녀를 멀고도 너른 지역으로, 폴란드에 있는 매춘부의 호텔 방에서부터 LA의 지저분한 교외의 뒤뜰에 있는 바비큐장과 영화 세트로, 맨션으로, 치료사 사무실로, 유럽의 서커스장으로 데려간다. 영화가 전개됨에 따라 그녀는 겁에 질린 모습과 혼란스러워하는 모습과 평온한 모습을 번갈아 보여준다. 영화 내부에는 흔치 않은 소규모의 세트 피스(set piece, 특정한 효과를 낳기 위해 쓰이는 잘 알려진 패턴이나 스타일—옮긴이)들도 있다. 던이 더러운 할리우드 블러바드의 인도에서 칼에 찔려 죽을 때, 그녀의 주위에는 동양인 여배우 유우키 나에[Nae Yuuki]와 테리 크루스[Terry Crews], 헬레나 체이스[Helena Chase]가 연기하는 노숙인 세 명이 있다. 이 중 체이스는 던을 보고는 말한다. "당신은 죽어가고 있어, 아줌마." 체이스는 영화에서 촬영지로 활용된 집 중 한 곳에 살던 사람이었다. 그녀는 배우가 아니었지만, 린치가 매력적으로 여긴 특징 덕분에 스크린에 등장했다.

저스틴 서룩스도 「인랜드 엠파이어」에 승선했다. 그는 말했다. "우리가 「인랜드 엠파이어」에서 무슨 일을 하고 있는지 나는 전혀 감을 못 잡았어요. 그건 정말로 순전히 직감만을 따르는, 연줄이 있는 사람들을 죄다 불러모으는 식의 영화 제작이었습니다. 15년 전에야 새로이 활용 가능해진 기술을 받아들인 데이비드는 대단한 선구자이기도 했고요."

"결국에 영화를 본 나는 감동했습니다. 「인랜드 엠파이어」는 우리가 도달하게 될 영적인 경험을 구현한 대작에 가깝습니다." 서룩스는 덧붙였다. "대단히 강렬하죠. 예를 들자면 나무 뒤에서 크리스마스 조명을 들고 서 있는 캐릭터처럼, 도저히 설명할 수도 잊을 수도 없는 이미지들로 가득합니다. 무척이나 기이하면서도 기억에 남는 영화입니다."

「인랜드 엠파이어」의 제작비가 얼마가 될지는 모호했다. 스튜디오카날은 결국 4백만 달러를 내줬지만, 그 제작비가 실제로 투입됐을 무렵에도 영화는 이미 잘 제작되고 있었다. "데이비드에게 영화의 제작비로 얼마를 원하느냐고 물었던 걸 기억합니다." 알터는 회상했다. "그러자 그가 말했습니다. '제레미, 자네가 나한테 어떤 물건을 사는 비용이 140달러라고 하면, 나는 자네한테 140달러를 줄 거야.'"

2004년 6월 26일, 린치의 부모님이 교통사고를 당하면서 어머니가 세상을 떠났다. "보통 사람들과 달리, 데이비드는 주변 사람들의 죽음에 심란해하지 않아요. 하지만 어머니가 돌아가시면서 그가 달라졌다고는 생각해요." 스위니는 회상했다. "물론 그분이 돌아가신 방식은 충격적이었죠. 하지만 모자 관계는 복잡하기도 했어요. 데이비드는 몽상적이고 다정한 아버지를 많이 닮았어요. 그런데 그의 어머니는 아들의 재능을 깨닫고 그걸 길러준 분이었죠. 그는 자랄 때 어머니와 무척 가까운 사이였다고 나한테 말하곤 했어요. 그녀는 예리하고 분석적이고 영리한 여성이었어요. 똑같은 종류의 천연덕스러운 유머 감각을 가진 모자는 다른 가족 누구도 하지 못한 방식으로 서로에게 농담을 던지곤 했었죠."

그해 가을에 린치는 우치에서 온 친구 마렉 제브로프스키와 같이 작업하기 시작하면서 새로운 음악적 교류에 들어갔다. "데이비드는 틀에 박히지 않은 불협화음 같은 음악을 무척 좋아합니다. 그리고 크시슈토프 펜데레츠키[Krzysztof Penderecki]와 헨리크 구레츠키[Henryk Górecki] 같은 폴란드 아방가르드 작곡가들의 열혈 팬이고요." 제브로프스키는 말했다. "내가 피아니스트라는 걸 알게 된 그는 자기 스튜디오에서 같이 작업하자면서 나를 초대했습니다. 2004년에 내가 처음으로 방문하기 전에 물었습니다. '내가 어떤 작업을 하길 원하나요? 악보를 가져가야 하나요? 뭔가를 같이 작곡할 건가요?' 그는 말했습니다. '아뇨, 아니에요. 그냥 몸만 오면 돼요.' 스튜디오에 도착했더니 키보드 두 대가 설치돼 있더군요. 그가 말했어요. '오케이, 뭐든 해봅시다.' 나는 물었죠. '뭘 할 건가요?' '어, 아무거나요. 대단히 현대적이고 아방가르드한 음악이기만 하면 돼요.' 그에게 연주를 시작하기 전에 생각할 거리를 하나나 두 개쯤 달라고 부탁했어요. 그러자 말하더군요. '어두워요. 자갈이 깔린 거리예요. 차 한 대가 대단히 느리게 그 거리를 내려오고 있고 다른 차가 그 뒤를 따라와요.' 데이비드는 그런 사람이에요. 철저하게 즉석에서 창조성을 발휘하는 사람이죠. 그렇게 그는 연주를 시작했어요. 내가 가세했고, 우리는 완전히 다른 세계로 진입했어요. 연주가 한동안 진행된 후, 우리가 엔딩에 가까워지고 있다고 느꼈어요. 그래서 데이비드를 쳐다봤죠. 그는 자신도 정확히 똑같은 걸 느끼고 있다고 말하는 표정을 지으면서 나를 돌아봤어요. 우리는 둘 다 고개를 끄덕였고, 연주는 그렇게 끝났어요."

　　LA로 돌아온 스토플이 몬터레이 파크에 있는 친구의 집에 이사 들어간 10월에도 「인랜드 엠파이어」의 촬영은 한창 진행되고 있었다. "데이비드는 나를 고용해서 여러 일을 시키기 시작했어요. 나는 그가 「보트Boat」라고 제목을 붙인 영화를 위해 보이스오버 연기를 했어요. 12월에 그의 사무실로 그걸 보러 갔을 때 그는 내게 입을 맞췄어요." 스토플의 회상이다. 이어서 린치는 그녀를 그리스 합창단 비슷한 역할을 하는 일곱 명의 밸리 걸스Valley Girls 중 한 명으로 「인랜드 엠파이어」에 캐스팅했다. "그가 자기와의 사이에 아이를 둔 어떤 여자와 같이 살고 있어서 상황이 복잡하다는 건 잘 알고 있었어요. 그런데 내가 현재 벌어지고 있는 일에 약간의 거부 반응을 보이고 있다고도 생각했죠. 내가 그와 진지한 관계를 맺는 것이 현실적으로 가능한 일처럼 보이지는 않았어요. 그런데 시간이 흐르면서 나는 그와 사랑에 빠졌고, 그러면서 그는 내가 원하는 전부가 됐어요."

　　린치는 당시 음악을 실험하며 많은 시간을 보내고 있었다. 2005년 1월에 딘 헐리가 그의 레코딩 스튜디오의 운영을 맡았다. 버지니아주 웨인즈버로에서 태어나고 자란 헐리는 영화계에서 사운드 슈퍼바이저로 일하기 위해 2003년 2월에 LA로 왔다. 시각 예술 교육을 받은 헐리는 사운드 엔지니어 일과 관련해서는 모든 것을 철저하게 독학한 사람이다. "면접을 볼 때, 데이비드가 스튜디오를 보여주면서 말했습니다. '우리는 여기서 사운드 실험을 해. 이 장비로 나를 도와줄 사람이 필요하다네.'" 헐리는 말했다. "'이 장비를 다루는 법을 아는 거지, 그렇지?' 나는 말했습니다. '그럼요, 알고 말고요.'"

　　헐리는 그 방에 있는 장비를 파악하는 시간으로 2주를 달라고 요청했다. 그러고는 난장판으로 뛰어들었다. "데이비드를 위해 일하기 시작한 초기에, 그가 '딘, 퀸Queen의 〈엄마, 방금 사람을 죽였어요(Mama, I Just Killed a Man, 퀸의 노래 〈보헤미안 랩소디Bohemian Rhapsody〉의 가사 첫 줄—옮긴이)〉나 존 레논John Lennon의 〈나는 사랑을 믿을 뿐(I Just Believe in Love, 레논의 노래 〈하나님God〉의 가사이지만 틀린 가사다. 원래 가사는 "I Just Believe in Me"임—옮긴이)〉를 틀어 줘.'라고 할 때마다 무슨 노래인지 헷갈리곤 했습니다. 그러다가 그가 그 노래에서 기억하는 것은—그리고 제목으로 간주하는 것은— 그 노래의 정서적인 클라이맥스를 압축한 가사라는 걸 깨달았죠." 헐리는 말했다. "그게 그의 뇌가 작동하는 방식을 잘 드러내 준다고나 할까요."

"우리가 처음으로 같이 작업한 노래 중 하나가 「인랜드 엠파이어」의 사운드트랙에 들어 있는 〈사랑의 유령Ghost of Love〉입니다." 헐리는 말을 계속했다. "우리는 우리가 종종 작업을 시작할 때마다 취하는 방식대로 그 노래도 만들기 시작했습니다. 그 방식이란 데이비드가 특별한 노래나 예술가에 관해 얘기하면서 자신이 포착하기를 원하는 느낌을 얘기하는 거죠. 〈사랑의 유령〉을 만들 때, 그는 재니스 조플린Janis Joplin의 〈공과 사슬Ball and Chain〉을 얘기했습니다. 그 노래를 들을 때 그는 내게 '뭐지? 이 노래를 이 노래답게 만드는 특징은 뭐지?'라고 계속 캐물었습니다. 나는 화음이 단조이고 스리 코드three-chord 블루스라고 대답했죠. 그는 '그래! 단조의 스리 코드 블루스! 나한테 그 화음을 줘!' 그에게 그가 좋아하는 화음 세트를 줬습니다. 그러자 그는 '드럼 비트를 줘!'라고 하더군요. 그런 후에 그는 그걸 계속 반복시킨 다음 종이 한 장을 놓고 앉아 가사를 썼습니다."

"사운드와 음악적 측면에서 데이비드가 지속적으로 매력을 느끼는 요소들이 있습니다." 헐리는 말을 계속했다. "그는 어렸을 때 머리 위를 맴돌던 B-52 폭격기에서 나던 소리를 얘기했습니다. 자기 기타에서 그런 소리가 나기를 원했죠. 그는 몬터레이 팝 페스티벌Monterey Pop Festival에서 공연됐던 노래 세 곡을 무척 좋아합니다. 지미 헨드릭스Jimi Hendrix의 〈거친 녀석Wild Thing〉과 재니스 조플린의 〈공과 사슬〉, 오티스 레딩Otis Redding의 〈나는 당신을 너무 오랫동안 사랑해 왔어요I've Been Loving You Too Long〉죠. 헨드릭스의 연주를 자세히 들어보면, 데이비드가 내려고 애쓰던 사운드와 무척 비슷한 부분들이 있습니다. 왜미 바(whammy bar, 기타의 몸체에 붙은 핸들. 이 핸들을 흔들면 기타의 소리가 물결친다. '트레몰로 암'이라고도 함—옮긴이)로 만드는, 거대한 폭격기에서 나는 우르릉거리는 소리가 노래의 바닥에 왜곡된 채로 깔려 있죠."4

「인랜드 엠파이어」는 참여자들이 십시일반으로 제작을 도운 사례였다. 그렇게 참여한 사람 중에는 아셍과 알터, 크레이리, 헐리, 오스틴과 라일리 린치, 알프레도 폰스, 스토플이 있었다. 또한, 영화계에서 일하려고 메릴랜드에서 LA로 이주한 후 2005년에 린치의 스태프 중 한 명이 된 예술가 안나 스카벡Anna Skarbek도 있었다.

"나는 소품 구매 담당자였어요. 세트를 장식하고 그림을 그리는 작업이 약간 있었는데, 건축 자재들을 구입하는 걸 도왔죠." 스카벡은 말했다. "영화에 참여한 사람들 모두가 정말로 젊었어요. 대학교 교수님과 함께 여름방학 프로젝트를 수행하는 거랑 비슷한 느낌이었죠. 진짜 재미있었어요. 데이비드는 툭하면 페인트를 뒤집어썼고, 영화를 연출하고 있지 않을 때면 무엇인가를 만들고 있었어요. 우리는 평범한 속도로 작업했지만, 다들 간절히 그곳에 계속 남고 싶어 했어요."5

스위니와 라일리 린치가 위스콘신주 멘도타 호수에서 2005년 여름을 보내는 동안, 린치는 LA에 남아 「인랜드 엠파이어」를 작업했다. 그해 7월에 그는 의식 기반 교육과 세계 평화를 위한 데이비드 린치 재단을 창립했다. 아이오와주 페어필드에서 501(c)(3) 단체(미국 연

방법에 따라 연방소득세를 면제받는 비영리단체—옮긴이)로 합법적으로 설립된 재단은 현재 LA
와 샌프란시스코, 시카고, 뉴욕, 워싱턴 D.C.에 사무실을 두고, 35개국에서 학생과 참전용사,
가정폭력의 피해자들에게 장학금을 제공하는 활동을 하고 있다. 이 활동은 린치의 인생에서
갈수록 중요한 위치를 차지하게 된 대단히 큰 활동이다.

밥 로스Bob Roth는 린치 재단의 설립에 중요한 역할을 했다. 1950년생인 로스는 캘리포니
아주 마린 카운티에 있는 자유로운 가정에서 자란 후 1968년에 UC 버클리에 입학했다. 로
버트 케네디의 대통령 선거운동에 참여한 정치 활동가였던 로스는 케네디가 암살되자 정치
에 철저한 환멸을 느꼈고, 같은 해에 TM을 발견했다. "우리는 2003년에 처음으로 우연히
만났습니다. 이듬해에 나는 워싱턴 D.C.에 있었죠. 아메리칸 대학에서 강의를 하다 데이비드
가 파리로 가고 있다는 얘기를 들었습니다." 린치와의 첫 만남에 대해 로스가 한 말이다. "그
에게 전화를 걸어서 D.C.에 들러 명상에 대해 강연하며 하룻밤을 보내고 가라고 요청했습니
다. 그는 '좋습니다.'라고 했죠. 강연은 금요일 밤으로 예정돼 있었는데, 그는 목요일 밤이 될
때까지 그 강연을 하겠다는 확인을 해주지 않았습니다. 날씨는 끔찍했고요. 그런데도 자리
는 입석밖에 없었고 사람들은 엄청나게 북적였습니다. 데이비드가 젊은 사람들로부터 받는
반응을, 그들이 그를 얼마나 좋아하고 신뢰하며 그를 정직한 사람으로 보는지를 확인한 나
는 그가 대단히 유능한 TM의 대변인이 될 수 있겠다는 걸 깨달았습니다."

"그는 유럽으로 떠났고 우리는 얘기를 계속했습니다. 그러다가 재단을 세운다는 아이디
어가 나왔죠." 로스는 말을 계속했다. "데이비드, 존 해글린John Hagelin 박사(현재는 아이오와주
페어필드에 있는 마하리쉬 경영대학Maharishi University of Management의 총장), 그리고 내가
함께 계획을 세웠습니다. 그런 후에 내가 데이비드에게 그의 이름을 써도 되겠냐고 물었죠.
그가 무척 많은 관심을 기울이고 있다고 생각하지는 않았습니다. 그런데도 그는 '그럼요, 좋
습니다.'라고 했습니다. 그런 후 우리는 보도자료를 배포했고 일주일 후에 데이비드가 재단
설립 작업에 착수했다는 소식이 전 세계 수천 개 신문의 1면에 실렸습니다."[6]

"재단이 공식화되던 날에 나는 「인랜드 엠파이어」의 촬영장에 있었어요." 스카벡은 회상
했다. "처음 몇 년간 밥 로스가 우리 주위에 많이 있었어요. 많은 시간이 TM을 홍보하는 작
업에 바쳐졌죠. 데이비드는 여행 다니는 걸 좋아하지 않아요. 그런데도 그는 달가워하지 않
는 공개 석상에 얼굴을 많이 내비치고 있었어요. 그런데 TM이나 마하리쉬와 관련된 일일 경
우, 그는 평소에 지키는 규칙들은 창문 밖으로 내동댕이쳐 버려요. 열의로 불타오르죠."

스위니와 라일리 린치가 매디슨에서 돌아온 그해 가을, 린치는 같이 쓰던 집에서 나와 스
튜디오로 들어갔고, 그와 스위니는 결별 문제를 상의하기 시작했다. 하지만 그 문제는 그가
'의식과 창조성 그리고 뇌'라는 제목으로 TM의 장점들을 역설하는 전국 투어를 마칠 때까지
보류됐다.

"우리는 재단이 얼마나 커질지, 무슨 일이 일어날지 전혀 감도 잡지 못했습니다. 그리
고 나는 데이비드가 여행을 싫어한다는 걸 알고 있었습니다. 그런데도 그해 가을에 나는 말
했습니다. '대학교 캠퍼스 열세 곳 투어를 다니면서 TM에 관한 강연을 합시다.' 우리는 실제

로 그런 일을 했습니다." 로스는 말했다. "그는 무대에 올라가기 전에는 초조해했습니다. 그는 대중 강연을 싫어합니다. 그래서 그는 무대에 나가서는 '질문 있는 분 계신가요?'라고 묻기 시작했습니다. 그러면서 무대 위의 일들이 물 흐르듯 흘러갔죠. 데이비드는 하고 싶지 않은 일은 아무것도 하지 않습니다. 그가 재단을 위해 여행을 다니는 등의 일들을 모두 했을 때, 나는 그가 알맞은 때에 옳은 일을 한다고 느꼈습니다. 그에게 지금 다시 그런 일을 해달라는 요청은 절대로 하지 않을 겁니다. 하지만 분명 과거의 어느 순간에는 그런 일을 하는 게 올바른 선택이었죠."

강연 투어에서 돌아온 뒤에도 린치와 스위니의 관계는 여전히 정리 중이었다. 그리고 그는 「인랜드 엠파이어」의 작업을 중단해야 할 곳이 어디인지를 정했다. "농구의 런앤건(run-and-gun, 빠른 공격 전환을 시도하는 속공─옮긴이)처럼 정신없이 몰아치던 단계를 일단 거치고 나자, 사브리나 서덜랜드가 「인랜드 엠파이어」의 MVP로 급부상했습니다." 아셍은 말했다. "그녀는 엄청나게 꼼꼼한 사람입니다. 제작과 관련한 전후 사정을 모두 다 꿰고 있죠. 모든 이들이 떠난 후, 사브리나는 헐거운 부분들을 단단히 조여 매는 작업을 하는 최후의 1인이었죠."

"데이비드에게 「인랜드 엠파이어」는 전환점이었어요. 나는 그 작품이 그를 회춘시켰다고 생각해요." 서덜랜드는 말했다. "그는 직접 손을 더럽혀가면서 효과에서 소품과 세트에 이르는 모든 작업을 정말로 공들여 작업했어요. 그리고 작은 카메라로 촬영하는 상황이 그를 자유롭게 해줬죠. 어마어마한 규모의 스태프를 꾸리지 않아도 되는 작업이어서 그는 영화사처럼 큰 조직과 얽히지 않고 개인적인 작업과 비슷한 수준에서 연기자들과 작업할 수 있었어요."

「인랜드 엠파이어」의 또 다른 MVP 후보는 캘리포니아 주립대학California State University의 노스리지Northridge 캠퍼스에서 영화를 공부하려고 1991년에 일본에서 LA로 온 편집감독 미야카와 노리코Noriko Miyakawa였다. 2005년에 메리 스위니는 포스트프로덕션 시설 관리와 편집감독 보조를 거치면서 서서히 지위를 높여가던 노리코를 린치의 광고 편집을 거드는 일에 고용했다. "처음 만났을 때, 그는 나한테 곧장 걸어와서 말했어요. '안녕하세요, 데이비드라고 합니다.' 그런 모습이 정말로 좋았어요." 미야카와는 회상했다. "자신을 위해 일하는 사람들을 거의 쳐다보지도 않는 감독들이 많아요. 그런데 데이비드는 대단히 소박하고 현실에 충실한 사람이죠."[7]

린치와 광고 작업을 한 후, 미야카와는 다른 직업들을 전전했다. 그러다가 일 년 후, 그녀는 「인랜드 엠파이어」를 돕는 데 관심이 있느냐고 묻는 전화를 받았다. "우리는 편집을 할 때에도 시나리오를 갖고 있지 않았어요. 하지만 데이비드는 지도를 갖고 있었죠. 말 그대로, 그는 지도를 그렸어요." 미야카와는 회상했다. "데이비드의 편집 방식에서 제일 특이한 점은 상황에 변화를 주는 걸 두려워하지 않는다는 거예요. 맞아요, 시나리오라 부를 만한 게 존재하고 우리가 날마다 러시 필름을 확인하기는 해요. 하지만 그에게 촬영해 놓은 장면은 탐구의 대상인 생명체예요. 어떤 신에서 변화의 가능성을 확인했을 경우, 그는 서슴없이 거기에 달려들 거예요. 그렇게 해서 스토리 전체를 재구성할 필요성이 생길지라도요.”

「인랜드 엠파이어」는 상이한 세계들과 차원들에 대한 데이비드의 믿음을 표현한 작품이에요.” 미야카와의 말은 계속됐다. “모든 게 그 안에 담겨 있고, 모든 게 서로서로 연결돼 있어요. 내가 그의 영화들에서 좋아하는 점이 그거예요. 그래도 그 작품의 편집을 끝마쳤을 무렵에는 그 작품이 싫었다는 얘기는 반드시 덧붙여야겠네요. 세 시간짜리 영화를 오십 번 넘게 보는 건 고문이나 다름없는 일이거든요. 그런데 요즘 그 영화를 보면, 그 영화가 얼마나 개인적이고 내밀한 작품인지가 보여요. 나는 그 영화가 관객들에게 제공하는 해석의 자유를 즐겨요. 관객이 영화에서 이해하지 못하는 부분들은 관객의 내면에 있는, 점검할 필요가 있는 곳들을 가리켜요.”

미야카와가 합류했을 때, 린치는 여전히 「인랜드 엠파이어」를 촬영하고 있었다. 그리고 2006년 초에 그는 영화의 마지막 몇 장면을 촬영하기 위해 스토플을 동반하고 폴란드로 갔다. “우리가 사랑에 빠졌다는 사실이 촬영장에서 꽤 명백해 보였을 거예요.” 스토플은 회상했다. “그가 작업하는 모습을 보는 건 무척 멋진 일이었어요. 황홀했죠.”

폴란드 촬영은 카메리마쥬 갱에 속한 린치의 친구들 덕에 무척 수월하게 진행됐다. “데이비드가 전화를 걸어 우치에서 「인랜드 엠파이어」의 몇몇 신들을 촬영하고 싶다고 했습니다.” 쥐도비치는 회상했다. “뭐가 필요하냐고 물었더니 가구가 별로 없는 녹색 방, 숲에서 막 나온 것처럼 생긴 배우 한 명, 여리고 천사처럼 아름다운 여배우 한 명, 그리고 나이 많은 연기자 네다섯 명이라고 하더군요. 폴란스키의 「물속의 나이프Knife in the Water」에서 펼친 연기로 유명한 폴란드 배우 레온 니엠칙Leon Niemczyk에게 전화를 걸고, 위대한 배우 두 명—캐롤리나 그루슈카Karolina Gruszka와 크시슈토프 마이흐작Krzysztof Majchrzak—에게도 연락했습니다. 여기 와서 데이비드 린치와 작업해 달라고 초대하자 두 사람은 내가 농담하는 줄 알더군요. 우리는 벽을 녹색으로 칠하는 걸 허용해준 아파트를 임대했습니다. 아파트 주인들은 그들의 가구를 사용하는 걸 허용했고, 이튿날 저녁 무렵에 우리는 모든 준비를 마쳤죠. 우리가 데이비드를 세트로 데려갔을 때 그가 지은 표정은 결코 잊지 못할 겁니다. 모든 게 준비되어 있었고, 내가 그를 배우들과 인사시키는 동안 세트가 장식되었습니다. 우리는 이튿날부터 촬영을 시작했습니다.”

“그런 후 데이비드는 유서 깊은 맨션에서 번개 같은 섬광 효과가 포함된 신을 촬영하고 싶어 했습니다.” 고디라는 이름의 캐릭터로 그 영화에 출연한 쥐도비치는 말을 계속 했다. “당시 폴란드에는 그런 장비가 없었습니다. 그래서 우리는 용접기를 활용하자는 아이디어를 짜냈죠. 박물관에서 그런 장비를 사용하기 위해, 불연성 소재들로 겉면을 덮은 장치를 고안한 우리는 그게 안전하다는 걸 박물관 관장에게 납득시켰습니다. 데이비드는 춤추는 말들이 등장하는 서커스도 촬영하고 싶어 했어요. 폴란드 전국에 서커스단은 두 개뿐이었습니다. 그중 한 곳에 전화를 걸었는데, 믿기 어렵게도, 서커스 단장은 우치에 막 텐트를 세우는 중이라고 했습니다. 카메리마쥬의 멤버 몇 명이 그 신에서 서커스 단원으로 연기를 하기도 했습니다.”

미국으로 돌아온 그는 스위니와의 결별을 마무리 지었다. 그는 5월에 그녀와 결혼하자마자 이혼을 신청했다. 깔끔하고 깨끗하게 재산을 분할할 수 있게 해주려는 행보였다. "그가 그렇게 한 건 그녀를 위해 올바른 일을 해주고 싶어서였을 겁니다. 적어도 나는 그렇게 판단합니다." 아셈은 추측했다. "그가 대단히 너그러운 사람이라는 걸 압니다. 그런 선택을 했을 때, 그는 어느 정도 경제적인 타격을 받았을 게 분명합니다." 린치와 스토플은 그해의 남은 기간 동안 데이트를 계속했다.

「인랜드 엠파이어」는 2006년 9월 6일에 베니스 영화제Venice Film Festival에서 처음으로 상영됐다. 이 영화제에서 린치는 영화예술에 기여한 것을 인정받아 황금사자 평생공로상 Golden Lion Lifetime Achievement award을 받았다. 영화는 미국에서는 10월 8일에 뉴욕 영화제에서 프리미어를 가졌고, 12월 9일에 미국에서 개봉됐다. 처음에는 전국에서 딱 두 곳의 극장에서만 개봉되었지만, 상영관은 120곳까지 늘어났다. 『뉴요커』는 이 영화가 "빠르게 자기 패러디로 전락한다"고 평했지만, 『뉴욕 타임스』는 「인랜드 엠파이어」를 "발작적으로 훌륭하다"라고 묘사했고, 『롤링 스톤』의 피터 트래버스Peter Travers는 "이렇듯 환각을 불러일으킬 정도로 멋진 작품의 면전에서 내가 관객들에게 해줄 수 있는 조언은 끝까지 버티라는 것이다"라고 말했다.

영화의 총 흥행 수입은 겨우 4,037,577달러였지만, 린치에게 이 숫자는 아무 의미가 없었다. "데이비드는 그 나름의 독특한 별종이에요." 스토플이 내놓은 견해다. "그는 할리우드의 사람이 아니에요. 박스 오피스 성적을 제대로 살피지도 않고요. 그는 그 모든 걸 역겹게 여기면서 전혀 신경 쓰지 않아요. 그는 작품을 만드는 걸 좋아해요. 그는 일단 무슨 작품이 완성되면 작업이 끝났다는 사실을 슬퍼하죠. 하지만 그는 어떤 프로젝트가 끝난 후에 일어나는 일들에 신경 쓰는 건 절대로 원치 않아요."

린치는 어떤 작업의 사업적 성과에 대해서는 관심이 없지만, 재미라는 요소와 관련된 면에는 기꺼이 관심을 가지려고 든다. 「인랜드 엠파이어」의 공개는 우연히도 데이비드 린치 시그니처 컵 커피David Lynch Signature Cup Coffee의 론칭과 겹쳤다. 이 특별한 제품에 대한 린치의 믿음에 의문을 품을 수 있는 사람은 세상에 없다. 그는 대단히 분주했던 시기 동안 그에게 안정적으로 연료를 제공해준 커피와 함께 수십 년을 살아온 사람이다. 회사는 10년 넘게 성공적으로 운영돼 왔다.

에릭과 닐, 처치Churchy는 애리조나에서 학교를 같이 다닌 사이예요. 그들이 나를 컴퓨터의 세계로 안내했죠. 어느 날 밤에 에릭하고 닐이 까마귀 둥지(crow's nest, 린치 소유의 건물 중에서 제일 높은 곳에 있는 작은 건물)에 컴퓨터를 설치했어요. 그들은 나를 앉혀 놓고 말했죠. "당신한테 포토샵을 가르치려고 해요." 그들은 나한테 마우스를 주면서 말했어요. "당신이 쓸 수 있는 장비들이 여기에 다 있어요." 내가 어떤 과정을 거쳐 클론 스탬프 툴에 다다랐는지는 모르겠어요. 하지만 그 툴을 접한 나는 물었죠. "이건 무슨 일을 하는 거야?" 그들은 말했어요. "그걸 클릭하면 어떻게 되나 보세요." 그래서 클릭을 했어요. 그런 후에 흔적을 남겼죠. 그걸 한참 들여다보다가 더 큰 흔적을 남겼어요. 스크린에서 일어나던 일은 나한테는 기적 같은 거였어요!

나는 여전히 포토샵의 극히 일부 기능밖에 쓸 줄 몰라요. 하지만 포토샵을 꿈꾸고 그걸 개발한 사람은 누가 됐건 천국의 특별한 자리를 상으로 받아야 마땅해요. 나는 그런 사람들을 숭배해요. 그 사람들은 정말로 놀라운 걸 발명했어요. 내가 포토샵으로 작업한 첫 작품은 '왜곡된 누드distorted nudes' 시리즈였어요. 그 시리즈는 우베 샤이트Uwe Scheid라는 독일 사람이 모은, 대다수가 익명인 피사체를 찍은 빈티지 누드 사진 천 장이 실린 책『천 개의 누드1000 Nudes』에서 영감을 받았어요. 그는 2000년에 타계했어요. 명복을 빌어요. 그의 아들은 내게 자기 아버지의 작품을 가지고 작업해도 좋다고 동의하는 영광을 베풀었어요. 그 누드들을 갖고 작업해도 좋다는 무제한의 자유를 줬죠. 나는 그게 마냥 좋았어요.

내 웹사이트가 개통돼서 운영됐는데, 내가 원하는 수준에 도달하려면 한도 끝도 없는 시간이 걸렸어요. 웹사이트는 깊이도 정말로 깊고, 어디든 갈 수 있어요. 하지만 그러려면 온갖 것들을 만들어야 했어요. 그런데 그런 작업을 하고 나니까 컴퓨터 앞에 앉은 방문객이 오후 한나절만 지나면 거기 올려진 모든 걸 다 볼 수가 있더군요. 그러고 나면 방문객은 뭘 하나요? 그들은 다시는 그 사이트에 돌아오지 않을 거예요! 그 사이트는 그걸로 끝난 거예요! 사이트를 계속 업데이트하면서 새로운 것들을 계속 만들어내야만 해요. 그렇게 하면 사람들의 마음을 완전히 사로잡게 되죠. 콘텐츠 하나하나를 만드는 데 적지 않은 시간이 들어요. 그렇다면 인터넷으로 어떻게 먹고 살 수 있을까요? 운영자가 항상 업데이트를 하지 않는다면 사이트를 찾아온 사람들에게 사용료를 물릴 수는 없다는 걸 깨달은 이후로, 나는 인터넷에 흥미를 잃었어요. 그 자체가 전업 직업임을 확인했죠. 그래도 날마다 일기예보를 하는 건 좋았어요. 채 팅방에 들어가는 것도 좋았고요. 그때 독수리 타법도 배웠어요. 글자들이 자판의 어디에 놓여 있는지를 마침내 배웠다니까요! 믿을 수가 없는 일이었어요! 웹사이트 덕에 내 철자법도 나아졌어요.

한동안은 거기에 올릴 작품들을 많이 만들었어요. 넋을 놓고 빠져들 만한 온갖 종류의 작품들이 있었죠. 「망치로 머리를^{Head with Hammer}」이라는 작품을 만들었어요. 망치를 뒤로, 뒤로, 더 뒤로 가져가는 기계 장치가 있어요. 그러고 나서는 망치가 고무로 만든 머리를 강타하는 거예요. 사람들은 인생이 가끔은 그런 식으로 돌아간다는 걸 이해해요. 그리고 망치는 다시, 또다시 망치질을 계속하죠. 「저 밖에 보이는」이 어디에서 비롯됐는지는 모르겠어요. 내 머릿속에 그게 떠올랐고, 나는 글을 쓰기 시작했어요. 양자물리학에 깊이 몰두해 있고 상황을 추상적인 방식으로 얘기하는 가족에 대한 아이디어가 떠오른 거예요. 그들은 의학과 과학에 관심이 있는 양자물리학자들이에요. 「소의 꿈」에 등장하는 남자들은 정확히 따지면 양자물리학자들은 아니에요. 하지만 그들의 모습이 그 가족에 약간 담겨 있기는 하죠. 그들은 사물을 신중하게 관찰하고 분석해요.

「토끼들」의 토끼들은 어느 날 그냥 머리에 떠올랐어요. 「덤랜드」를 하면서 플래시 애니메이션을 배웠어요. 처음 사이트를 시작할 때는 거기에 대해 아는 게 하나도 없었어요. 그래서 처음에 만든 애니메이션들은 정말로 조잡해요. 하지만 시간이 갈수록 나아졌죠. 「덤랜드」가 어떻게 시작됐냐면, 어느 날 대형 리무진을 탄 남자가 찾아왔어요. 쇼크웨이브(Shockwave, 웹에서 멀티미디어를 실현할 수 있도록 플러그인용으로 개발된 소프트웨어—옮긴이)에서 온 사람이었죠. 그가 말했어요. "저희는 감독님하고 팀 버튼^{Tim Burton} 감독님, 그리고 쇼크웨이브를 가지고 애니메이션 시리즈를 작업할 다른 분을 모시고 있습니다. 작업의 대가로 우리 회사 주식이 상장됐을 때 7백만 달러 가치가 나갈 우리 회사 지분을 드리겠습니다." 알았다고 대답하고 작업을 시작했어요. 그는 몇 차례 더 찾아왔어요. 그는 낙관적인 분위기를 한껏 띄웠고, 상황은 좋게 흘러가고 있었죠. 바로 그럴 때 멈췄어야 해요. 바로 그 순간에 세계 전역에는 순전히 말발로만 팔아치운 무엇인가를 개발하는 일에 5천만 달러를 투자받은 남자들과 아가씨들로 가득한 사무실들이 있었어요. 그들은 깔깔거리면서 카푸치노를 마셔댔죠. 그 많은 투자금에 들떠 어쩔 줄 몰라 하면서요. 그들은 하나같이 새 스니커즈와 티셔츠 차림으로 애플 컴퓨터를 사들였죠. 구내식당에서 점심을 먹었고, 이 세상의 꼭대기에 앉아 있었어요. 그러다가 닷컴 버블이 터졌고, 쇼크웨이브의 그 사나이를 비롯해서 새 운동화를 신은 사람들은 연기 속에서 자취를 감췄어요. 그들이 가진 지분은 휴지보다 못한 종이 쪼가리가 됐고요. 나는 재운財運 면에서는 최악이에요.

　또 다른 실험을 위해, 언덕 위에 작은 방을 지었어요. 벽은 삼면에만 세우고 지붕은 올리지 않았죠. 그래도 촬영을 시작하면 카메라는 온전해 보이는 방을 보여줬어요. 카펫을 깔고 가구도 들였어요. 한구석에는 큼지막한 소고기 덩어리를 올려놓은 의자를 놨고요. 코요테들이 그 방에 들어오기를 원했거든요. 거기서 하려는 작업은 모두 내 머릿속에 들어 있었어요. 그런데 코요테들이 엄청나게 겁이 많다는 걸 발견했죠. 코요테는 영리해서 고기를 먹겠다고 무턱대고 거기에 들어오지는 않았어요. 놈들은 거기 있는 벽들이 자연스레 생겨난 게 아니라는 걸 알고서는 무척이나 신중하게 다가왔어요. 놈들이 들어와서 고기를 물기까지는 한참이 걸렸죠. 놈들은 알프레도의 냄새에 익숙했어요. 결국에 놈들은 망설이면서도 방에 들어오기 시작했고, 놈들 중 한 마리를 어느 정도 필름에 담을 수 있었어요.

　내 사이트의 채팅방에서 세계 각국의 사람들을 만났어요. 지금도 여전히 연락 중인 친구도 몇 명 사귀었고요. 거기에서 에츠코라는 일본 아가씨를 만나서는 그녀에게 '바나나는 어디에 있나요?Where Are the Bananas?'라는 게임을 위한 시나리오를 보냈죠. 그 게임은 전화번호를 중심으로 진행돼요. 게임을 하는 사람은 그 번호를 찾으려고 애써야 해요. 번호를 찾아내서 근사한 로터리식 전화기의 다이얼을 돌리면 다른 곳으로 가게 되죠. 에츠코는 말하고는 했어요. "바나나는 어디에 있나요?" 그러고 나서 이렇게 말했죠. "이게 내 창문에서 본 전망이에요." 그러면 우리는 도쿄에 있는 그녀의 창문 밖을 보게 돼요. 그런 다음에 그녀가 말해요. "이게 우리 주방 싱크대예요." 그녀의 주방 싱크대를 살펴보면 싱크대 바닥에 전화번호가 있다는 걸 알게 돼요. 그걸 받아 적은 다음에 전화기로 가서 다이얼을 돌리면 또 다른 곳으로 가게 되죠. "바나나는 어디에 있나요?"를 위한 애니메이션을 작업했지만, 그게 사이트에 올라갔었는지조차 모르겠네요.

　사이트에서 꾸준히 운영된 곳은 채팅방하고 일기예보였어요. 그래서 사람들은 그 두 가지를 좋아했죠. 채팅방에서는 온갖 일들이 다 얘기됐어요. 나는 사이트를 접을 무렵에 '흥미로운 질문들Interesting Questions'이라는 걸 시작했어요. 그걸 다시 했으면 좋겠다는 생각은 지금도 굳건해요. 정말로 흥미진진했거든요. 많은 질문을 던지고 싶었지만, dl.com이 문을 닫기 전에 딱 두 가지만 물을 수 있었어요. 첫 번째 질문은: 포트 녹스(Fort Knox, 연방준비은행과 미 정부 소유의 금괴를 저장하고 있다고 알려진 곳―옮긴이)에는 여전히 금이 있는가? 세상에, 사람들은 그 질문에 대해 엄청나게 많은 글을 써댔어요! 정부에서는 포트 녹스에 사람들을 들이려고 하지 않아요. 그래서 신세대는 포트 녹스에 대해 들어본 적이 없을 거고, 거기에 금이 있든 없든 신경 쓰지 않죠. 그래도 나는 거기에 금이 있다고는 생각하지 않아요. 거기에 금이 없다는 건 우리의 화폐 시스템 전체가 무無에 기초하고 있다는 뜻이죠.

내가 물었던 두 번째 질문은: 9·11때 757항공기는 어떻게 5.4미터 크기의 구멍을 통해 펜타곤 건물 내부까지 진입했을까? 사람들은 여기에 대해서도 어마어마한 양의 글을 썼어요. 자신을 캐럴이라고 소개한 어떤 사람은 CIA나 정부 공무원이었던 것 같아요. 그녀 또는 그는 9·11을 테러리스트의 소행이라고 믿지 않는 사람들을 공격하곤 했어요. 아는 게 무척 많은 사람이었죠. 역시 정부에서 일하는 사람인 듯한 다른 남자는 항공기가 그 정도 크기의 구멍에 어떻게 들어가게 됐는지를 자세히 보여주는 정교한 도해를 포스팅했어요. 나는 "좋은 시도였어요, 친구."라고 말했죠. 질문들을 던진 다음에는 그냥 뒤로 물러섰어요. 그러면서 그것들이 촉발한 대화에는 참여하지 않았죠. 하지만 그 두 질문은 몇 달간 계속 이어진 대화를 낳았어요.

어느 날 길거리에 나갔더니 로라 던이 거기 있었어요. "데이비드! 나도 이 동네 사람이에요!"라더군요. 그녀를 오랫동안 보지 못한 참이었어요. 그녀가 빌리 밥 손튼Billy Bob Thornton과 살던 그 몇 년간 그녀를 한 번도 만나지 못했었거든요. 우리 입에서 동시에 말이 튀어나왔어요. "우리는 뭔가를 같이 작업해야 해요!" 내 사랑하는 어시스턴트인 게이는 당시에 암에 걸려서 에스콘디도에 있는 남편 집으로 갔죠. 나는 날마다 스튜디오에서 점심을 먹은 다음 게이에게 전화를 걸곤 했어요. 그녀는 늘 쾌활하고 귀여운 모습을 보여줬어요. 두려움 따위는 전혀 없는 듯 보였죠. 우리는 그녀가 점심으로 뭘 먹었는지 같은 얘기를 나눴어요. 그리고 나면 나는 메모장에 글을 썼죠. 결국에는 「인랜드 엠파이어」로 발전하기 시작한, 로라를 위한 신을 쓰는 데 2주쯤 걸렸어요. 그때 생각은 이랬죠. 이건 그냥 실험일 뿐이야. 특별한 작품이 되진 못할 거야. 하지만 로라는 그 상황에서 당시 그녀의 에이전트이던 CAA의 프레드 스펙터Fred Specktor에게 그 사실을 알려야만 했어요. 프레드가 묻더군요. "으음, 그녀가 그걸 하고 싶어 하는 것 같아요. 감독님께서는 그녀에게 출연료로 얼마를 주시고 있나요?" 나는 말했어요. "인터넷 회선 비용이 100달러입니다." 그러자 그는 말했어요. "좋습니다, 감독님. 제가 우리 집 벽에 감독님이 주신 100달러 수표를 꽂아두도록 하겠습니다."

내가 글을 쓴 후, 우리는 로라와 함께 그 신을 꽤 빠르게 촬영했어요. 내 그림 스튜디오에 작은 세트를 지어서 날이 따뜻한 겨울밤에 촬영했죠. 정말로 조용한 밤이었어요. 로라는 대사 연기를 시작했고, 우리는 촬영을 두 번 ─ 한 번은 비행기 때문에, 다른 한 번은 카메라에 필름을 넣느라─ 중단했어요. 하지만 그런 촬영 중단도 분위기를 깨지는 못했어요. 촬영을 멈춘 시간을 제외하더라도, 그건 45분짜리 영상이었어요. 로라는 굉장히 영리해요. 그녀가 그걸 외우는 데 오랜 시간이 걸렸을 거라고는 생각하지 않아요. 게다가 그녀는 빼먹은 게 거의 없었어요. 나중에, 스튜디오에서 대형 스크린으로 그 장면을 보다 생각했어요. 그래, 이건 독립된 작품이 될 만한 신이야. 그리고 그 신은 훨씬 더 큰 작품을 가리키고 있었어요. 모든 것을 여는 열쇠를 쥐고 있었죠.

나중에 또 다른 아이디어가 떠올랐는데, 당시에는 그게 로라의 신하고 연관이 있다는 걸 몰랐어요. 그래도 그 아이디어가 마음에 들었어요. 그래서 그걸 찍었죠. 그러고는 잠시 후에, 앞서 찍었던 두 장면 중 어느 쪽하고도 관련이 없는 또 다른 아이디어가 떠올랐어요. 그런 후에 모든 걸 하나로 묶어내는 네 번째 아이디어가 떠올랐고요. 그러면서 영화가 시작됐죠. 모든 걸 묶어내는 아이디어를 떠올린 후, 카날 플뤼가 돈을 투자했어요. 얼마나 많이 투자했는지는 몰라요. 나는 적은 돈으로 —쥐꼬리만 한 돈은 아니지만, 그래도 합리적인 액수로— 많은 일을 할 수 있어요. 요즘 만들어지는 1억 달러짜리 영화들은 완전히 정신 나간 짓이에요.

그 영화를 소니 PD150으로 찍었어요. 일단 그 카메라로 촬영을 시작했었는데, 상황이 일단 굴러가기 시작하자 영화의 때깔을 바꾸고 싶지가 않았어요. 그래서 영화 전체를 그걸로 촬영했죠. 나는 내 소니 PD150을 무척 좋아해요. 품질이 뛰어나지는 않지만, 「인랜드 엠파이어」가 존재하는 세계의 품질이 딱 그 정도예요. 무슨 작품이 됐건 결코 다시 필름으로는 촬영하지 못할 거라고 느껴요. 그렇다고 내가 필름을 좋아하지 않아서 그러는 건 아니에요. 셀룰로이드는 아날로그 사운드하고 비슷해요. 품질은 엇비슷하지만, 디지털은 아날로그보다 약간 거슬려 보여요. 반면에 아날로그는 두텁고 순수하며, 감상하는 사람의 기분을 부드럽게 진정시키는 힘을 갖고 있죠. 유화 물감하고 아크릴 물감의 차이점하고 비슷해요. 유화 물감은 더 무겁죠. 나는 늘 그런 무거운 물감을 사용하고 싶어요. 그런데 세상에는 유화 물감으로는 하지 못하지만 아크릴 물감으로는 할 수 있는 일들이 있어요.

「인랜드 엠파이어」의 촬영이 막바지로 향할 때, 우리 무리는 일부 신들을 찍으러 폴란드에 갔어요. 나는 사람들이 결코 떠올리지 못할 그 장소와 사랑에 빠졌죠. 그곳의 풍광은 여름에는 그리 좋은 편이 아니에요. 하지만 겨울에는 나름의 분위기가 빚어져요. 보기 좋은 공장들이 있고, 대기 속에는 그걸 가지고 무슨 일이든 할 수 있을 듯한 느낌이 감돌죠. 로라 던하고 에밀리 스토플, 크리스틴 커Kristen Kerr가 거기 있었어요. 그들은 촬영을 위해 샌 페르난도 밸리에서 여름에 입는 옷들을 입어야 했죠. 기온이 영하 1도였는데 우리는 실외에서 촬영하고 있었죠. 그래서 그들은 길어야 1분간만 밖에 나가 있을 수 있었어요. 그보다 더 오래 있다가는 목숨을 잃을 테니까요. 그들이 밖에 나오는 순간 그들 몸의 근육들이 팽팽해지는 걸 볼 수 있었어요. 내가 "컷"을 외치자마자 우리는 서둘러서 그들을 밴에 데려갔어요. 히터를 한껏 틀었죠. 그렇게 하더라도 그들이 밴에서 느낀 온기는 밖에 나가면 3초 정도만 유지됐어요. 그러고 나면 그들은 그 추위를 참고 견뎌야만 했죠. 우리한테는 환상적인 굴라시 수프와 보드카가 있었어요. 그 날씨에도 사람들이 살아갈 수 있게 해주는 게 그거였죠.

「인랜드 엠파이어」는 베니스 영화제에서 프리미어 상영을 했을 때는 반응이 좋았

어요. 시사회가 열린 후, 우리는 밤중에 배를 타고 바닷물을 가르고 있었죠. 꽤나 후
련하다고 느낀 기억이 나요. 로라 던은 카트린느 드뇌브^{Catherine Deneuve} 옆자리에 앉았
어요. 드뇌브가 그 영화를 사랑한다고 말해줘서 기분이 좋았어요. 미국에 돌아온 우
리는 여러 도시들을 다니면서 영화관을 대관했어요. 먼저 뮤지션들이 연주를 했고,
그다음에는 내가 시를 낭송했죠. 그런 후에 영화를 상영했고요. 하지만 무슨 장삿속
으로 한 일은 아니었어요. 사람들이 좀처럼 이해하지 못하는 세 시간짜리 영화? 거
의 죽은 영화라고 봐야죠. 관객들은 대개 혼란스러워 했고 따분해 했고 흥미를 전혀
느끼지 못했어요. 그 영화가 지금은 「트윈 픽스 영화판」하고 같은 방식으로, 하지만
더 느린 속도로 재평가되고 있다고 생각해요. 그래도 나는 「인랜드 엠파이어」를 사
랑해요. 그걸 만들 때도 사랑했고요. 최근에 처음으로 그 영화를 감상했는데, 영화가
무척 좋더군요. 여러 면에서 흥미롭고 심오한 영화예요. 여러 곳을 다니면서 상이한
질감들을 하나로 엮어냈어요. 관객은 어떤 지점에서 영화에 들어갔다가 다른 곳을
통해 영화에서 나오게 되죠. 그런데 그 영화는 나한테는 부족해 보였어요.

영화가 공개된 후, 젖소 한 마리를 데리고 나가서 치즈는 우유에서 만들어진다는
표지판을 들고 있자는 아이디어를 떠올렸어요. 그래서 할리우드 블러바드하고 라 브
리어의 교차로 모퉁이에 있는 교회의 잔디밭에 앉았죠. 그 일은 로라를 위해 한 거였
어요. 그녀의 대형 사진과 로라에게 표를 달라는 내용의 표지판을 들었어요. 정오
조금 전부터 저녁 다섯 시인가 여섯 시까지 거기에 앉아 있었죠. 이목을 많이 끌지
는 않으려는, 정말로 절제된 이벤트였죠. 뉴스 매체는 한 곳도 나타나지 않았어요.
그런데 남자 두 명이 오더니 나하고 대화하는 모습을 촬영하더군요. 그들이 찍은 영
상이 그날 밤 일곱 시에 세계 전역으로 날아갔어요. 그날 밖에서 보낸 시간은 재미
있었어요. 화창한 날이었고 사람들은 근사했죠. 사람들은 걸음을 멈추고는 젖소를
보면서 "여기서 뭘 하고 있어요, 데이비드?" 같은 말을 했어요. 내가 누구인지를 몰
랐다면, 그들은 "여기서 뭘 하는 건가요?"라고만 물었을 거예요.

많은 사람이 내가 누구인지를 몰라요. 농담하는 거냐고요? 정말 대부분 그렇다니
까요! 언젠가는 전기용품을 사려고 철물점에 갔었는데, 거기 있는 누구도 나를 알아
보지 못했어요. 다른 때에는 프로듀서조합인가 감독조합의 회장과 만나는 자리에 가
야 했어요. 에릭 크레이리가 나를 태우고 갔는데, 그때 나는 부랑자 같은 차림이었
죠. 에릭은 나를 내려주고는 주차장을 찾아서 차를 몰고 갔고, 나는 담배를 한 대 피
우고 로비로 들어갔어요. 경찰관 타입의 거한들이 데스크에 있더군요. 그들은 나를
유심히 살폈어요. 뭐, 괜찮았어요. 그러다가 에릭이 들어왔고, 나는 거한들을 향해
뚜벅뚜벅 걸어가서는 책상을 탕하고 내려치고 말했죠. "회장님을 만나러 왔습니다!"
그들은 나를 빤히 쳐다보더니 말했어요. "아하, 그러세요?" 나는 말했죠. "그렇다니
까요! 그분은 6층에 계십니다." 그들은 말했어요. "거참 흥미로운 얘기로군요. 여기
는 5층짜리 빌딩인데, 친구." 우리가 빌딩을 잘못 찾은 거였어요. 그들은 분명히 내

가 누군지 몰랐어요. 조금만 더 머물렀으면 사람을 ―경찰이나 흰색 가운을 입은 남자들을― 부르려던 참이었죠.

레코딩 스튜디오를 지을 때는 품이 어마어마하게 들어갔어요. 복잡했죠. 그걸 지은 후에 스튜디오에 들어갔지만 불을 켜는 법조차 알아내기 힘들었어요. 어떤 면에서는 지금도 그런 상태이기는 해요. 나는 내가 가진 스튜디오조차 제대로 몰라요. 알아야 할 게 무척 많았어요. 기술적인 도움을 받아야 했죠. 존 네프라는 친구가 스튜디오 내의 음향 전문 건설업체인 스튜디오 보:톤 소속으로 일하고 있었어요. 어느 날 스태프들에게 물어봤죠. "이곳을 누가 운영하게 될까요?" 그러자 존이 손을 들었어요.

스튜디오를 완성하고 오래 지나지 않아, 우리는 블루밥이라는 밴드를 결성해서 아홉 곡인가 열 곡을 담은 음반을 만들었어요. 그중 몇 곡은 좋아요. 파리의 올랭피아라는 곳에서 공연해 달라는 초대를 받았는데, 역사적으로 위대한 뮤지션들이 연주했던 곳이에요. 그런 공연은 결코 하고 싶지 않았어요. 라이브를 한다고? 말도 안 되는 얘기였죠. 나는 실험은 할 수 있지만, 똑같은 곡을 두 번 연주하진 못해요. 그런데도 나는 말했어요. "오케이, 우리는 오프닝을 하고 노래 네 곡을 연주할 겁니다." 포티스헤드의 베스 기븐스Beth Gibbons가 그날 공연의 클로징 무대에 설 예정이었어요. 그날 공연이 제대로 돌아갈 수 있는 유일한 방법은 우리가 오프닝 무대에 서는 거였죠. 그런데 공연관계자는 우리를 클로징 무대에 서게 만들더니 거기에 내 이름을 올렸어요. 베스 기븐스는 참 좋은 사람이에요. 그런 상황에서도 화를 내지 않았죠. 하지만 관객들은 실망했어요. 우리는 겨우 네 곡밖에 연주하지 않았으니까요. 그중 한 곡은 보 디들리Bo Diddley의 〈표지만 보고 책을 판단하면 안 돼You Can't Judge a Book by the Cover〉를 커버한 거였어요. 기억할 만한 밤이었어요. 타이타닉호가 침몰한 밤처럼요. 다시는 그와 비슷한 일을 하지 않을 거예요.

지금은 딘 헐리가 스튜디오를 운영해요. 딘은 지금은 열네 살짜리처럼 보여요. 그런데 그가 처음 내 앞에 나타났을 때 나는 생각했어요. 이 아이 부모님은 어디 계신 걸까? 이 친구 기저귀는 누가 갈아주지? 그는 정말로 동안이에요. 그를 추천한 사람은 내 영화 중 많은 영화의 믹싱을 했던 론 엥Ron Eng이었어요. 론은 정말로 뛰어난 사운드 담당자이자 착한 사람이에요. 딘은 그야말로 금덩어리이고요.

인간관계는 영화랑 비슷해요. 사람들은 왔다가 가죠. 많은 일에는 기승전결이 있어요. 중학생일 때 나는 2주마다 여자친구가 바뀌었어요. 상황은 변해요. 그리고 그 상황은 에밀리를 만났을 때 또 바뀌었어요. 에밀리와 그녀의 언니는 일라이 로스의 이웃이었어요. 그는 누드 촬영을 위한 모델로 그들을 데려왔어요. 그런 후에 에밀리는 「보트」를 위해 보이스오버 연기를 했는데, 그걸 정말로 잘했어요. 일은 꼬리를 물고 이어졌고, 이제 우리 사이에는 룰라Lula가 생겼죠.

어느 날 사무실에서 마하리쉬 채널을 시청하고 있었어요. 방송에서 마하리쉬가 1개월짜리 각성 코스를 제공하고 있다고 발표했어요. 수강료가 비쌌지만, 집에 들어가면서 이걸 할 수 있겠다고 생각했죠. 나는 이걸 할 수 있어! 이걸 할 거야! 신청서 양식을 작성하고는 수강료를 보냈어요. 그러자 그들이 전화해서 말했어요. "데이비드, 당신 돈은 받을 수 없어요. 당신은 일반 수준의 명상자잖아요. 이 코스를 이수하려면 싯다(Siddha, 높은 수준의 영적인 상태에 다다른 이—옮긴이)여야만 해요. 그러니 당신 돈을 돌려보낼게요." 나는 말했어요. "아뇨. 그냥 갖고 계세요. 그 돈을 세계 평화를 위해 쓰도록 해요." 그들은 말했어요. "정말로 그러기를 원해요?" 나는 그렇다고 했어요. 얼마 지나지 않아 마하리쉬가 싯다는 아니지만 그 상태에 다다르기를 원하는 데비Debbie라는 아가씨하고 나한테 시디스(Siddhis, 특정한 영적 능력—옮긴이) 코스를 제공하려고 한다는 말을 들었어요. 그래서 그 코스에 가야 했죠.

일 년쯤 지난 후에 나는 아이오와주 페어필드에 있는 존 해글린 박사의 집 거실에 있었어요. 그가 말했어요. "데이비드, 당신 이름으로 재단을 창설하는 걸 어떻게 생각하나요?" 그 문제는 생각해본 적이 전혀 없었어요. 그가 어떤 목적을 갖고 재단을 세우려 하는지도 몰랐고요. 하지만 나한테 그렇게 물어보는 건 나한테서 "예스"라는 대답을 듣기 위해서라고 짐작했어요. 그래서 좋다고 말하고는 재단을 위한 착수금을 냈죠. 그런 후에 불현듯 —나는 그런 일이 벌어졌다는 것조차 몰랐어요— 내가 명상에 관한 순회강연을 하고 있다는 걸 깨달았어요. 그걸로 끝났다고 생각했지만, 그건 겨우 시작에 불과했어요. 이후로 전개된 상황은 꽤 놀라웠어요. 난 16개국과 13개 대학을 방문하게 됐죠. 실제로는 그보다 더 많은 곳을 다녔고, 방금은 굵직굵직한 곳들만 추린 거예요.

밥 로스는 몇 개의 소규모 모임에서 강연을 해달라고 요청하면서 그런 상황이 벌어지게 했어요. 처음에는 내가 할 말을 암기하려고 애썼어요. 그런데 그건 악몽이었죠. 일주일 뒤에 강연이 잡히면, 나는 일주일간 괴로움에 시달렸어요. 보름 뒤에 잡히면, 보름간 밤낮 가리지 않고 괴로워 했고요. 한번은 LA의 골프장 혹은 컨트리클럽 같은 장소에서 강연해야만 했어요. 나는 과하게 호흡을 해대면서, 완벽하게 암기를 했음에도 말을 더듬곤 했어요. 그래서 그냥 질문을 받고 대답하는 식으로 강연을 진행하기로 했죠. 그러니까 한결 낫더군요. 그래도 강연은 여전히 끔찍이도 고통스러운 일이에요.

이 모든 난리가 시작될 때만 해도 나는 작은 강연장에서 강연했어요. 그런 후에 디트로이트의 무대 뒤에 있을 때였어요. 내가 잠시 후에 보게 될 광경에 잔뜩 흥분한 밥이 나한테 이리 오라는 몸짓을 하더니 뒤에 있는 커튼을 살짝 젖혔어요. 천만 명쯤 되는 사람이 보이더군요! 사람들이 몇백 줄이나 앉아 있었어요! 거기는 엄청나게 큰 곳이었어요. 나는 공포에 질려 혼절할 지경이었어요. 한 발 한 발 내디디면서 마이크 쪽으로 걸어가던 걸 기억해요. 마이크까지 거리가 수천 킬로미터는 됐어요. 동부 해안에 도착한 우리는 차를 타고 이 대학 저 대학을 다녔고, 밥은 전화 인터뷰를 기획했어요. 나는 차 안에서도 항상 전화기를 붙들고 있었죠. 『데이빗 린치의 빨간방Catching the Big Fish』이라는 책을 출간한 것도 밥의 아이디어였어요. 그 기간 전체가 강렬하면서도 괴로운 시기였어요. 영원토록 끝나지 않을 것처럼 보였죠. 내가 그 일을 한 건 마하리쉬를 위해서였어요. 그러면서 많은 걸 배웠고, 지금은 내가 그런 일을 했다는 걸 무척 고맙게 생각해요.

언젠가 존 해글린 박사가 성경은 암호로 쓰였다는 말을 한 적이 있어요. 눈부시게 밝은 빛 아래에서 보면 성경으로 보이지만 영적인 빛 아래에서 보면 또 다른 것으로 보인다고요. 어느 날 거실에 있다가 성경을 집어 들고 읽었어요. 그런데 말이에요, 페이지가 환하게 빛나더니 그런 게 보이는 거예요. 페이지가 거의 새하얗게 변한 듯했어요. 페이지 위에 있는 게 뭐였건, 훨씬 더 큰 빛으로 밝아지면서 엄청나게 선명해졌어요. 그러면서 우리가 인간으로서 하는 여행은 정말로 근사하고 그 끝에는 최고로 행복한 해피엔딩이 있다는 걸 불현듯 깨달았죠. 만사가 좋아요. 걱정할 건 하나도 없어요. 모든 게 그저 아름답기만 해요.

스튜디오에서

LES DEUX MAGOTS

린치는 1997년에 레코딩 스튜디오를 지으면서 그가 자신의 "작업 환경setup"이라고 묘사한 작업을 완료했다. 그때부터 그는 집을 떠나지 않고도 그에게 떠오르는 무척 다양한 아이디어를 개발할 수 있는 환경에서 살기 시작했다. 그리고 영화 계약을 둘러싼 급박한 상황은 줄어들었다. 스토플이 이사해 들어온 2007년 초, 린치는 한동안 그의 복합 단지에서 작업하던 중이었다. "우리는 그 문제를 상의해 왔어요. 그러다가 어느 날 나는 그냥 옷가지를 챙겨들고 그의 집에 들어갔고, 그는 괜찮다고 말했어요." 그녀는 말했다.

그해의 또 다른 전환점은 파리의 카르티에 현대미술재단Fondation Cartier pour l'art contemporain에서 〈불타는 공기The Air is on Fire〉라는 제목으로 열린 린치의 미술 작품 전시회였다. 에르베 샹데스Hervé Chandès가 기획해서 3월 3일에 막을 올린 이 전시회는 놀라울 만큼 빠른 속도로 꾸려진 대규모 프로젝트였다. 호화로운 벨벳 커튼들이 달리고 「이레이저 헤드」를 본뜬 체크 무늬로 바닥을 장식한 극장에서 영화들이 상영됐고, 그의 유년기까지 유래가 거슬러 올라가는 사진들과 그림들, 스케치들이 전시됐다. 전시회가 열리는 동안 린치와 제브 로프스키는 카르티에 재단에서 공연했다. 그리고 독일의 출판사 슈타이들은 전시회 개장에 맞춰 린치가 1992년에 아이다호주 보이시에서 찍은 흑백 사진들의 선집인 『눈사람들Snowmen』을 출판했다.

이 모든 일이 빠르게 벌어지면서 린치는 스태프를 추가로 고용해야 했다. "데이비드의 사무실에서 일하는 사람들이 내가 예술가들을 위해 일했었다는 걸 알고는 2006년에 나한테 전화를 했어요. 데이비드가 대형 전시회를 앞두고 있다면서 그 일을 해달라고 요청했어요." 전시회와 카탈로그, 슈타이들의 책 제작에서 모두 중요한 역할을 했던 스카벡은 회상했다. "엄청난 작업이었어요. 데이비드는 모든 걸 모아두는 숲쥐(pack rat, 잡동사니를 물어다 굴 안에 모아놓는 습성이 있다―옮긴이) 같은 사람이에요. 내가 할 일의 일부는 그의 시각 예술품들을 정리하는 거였죠. 그의 집에 갔더니 체계라고는 찾아볼 길이 없을 정도로 보관 상태가 엉망진창이었어요. 필라델피아 시절까지 거슬러 올라가는 모든 작품이 거기 있었어요. 그냥 되는 대로 보관만 해놓은 상태였죠. 작품들이 쌓여 있거나 차고 벽에 기대져 있더군요. 그 시점에는 순전히 그의 미술 작품을 보관하는 데에만 쓰이는 공간이 복합 단지 안에 한 곳도 없었고, 작품들은 단지 안 곳곳에 몇 점씩 흩어져 있었어요." 〈불타는 공기〉는 도시 세 곳(밀라노, 모스크바, 코펜하겐)을 순회하는 대규모 전시회였다. 그래서 스카벡은 이후로 3년을 분주하게 보냈다.

전시회 개장을 위한 작품 설치를 감독하러 파리에 갔을 때, 린치는 석판 인쇄 공방 이뎀 Idem의 소유주인 파트리스 포레스트Patrice Forest를 만났다. "나는 에르베 샹데스와 친구 사이입니다. 이뎀은 재단에서 몇 블록밖에 떨어져 있지 않고요." 포레스트는 말했다. "전시회에 필요한 물건 여러 가지를 만드는 동안에 데이비드가 기다리고 있어야만 하던 시기가 있었어요. 그때 에르베가 그에게 물었죠. '당신이 좋아할 법한 곳으로 안내해 드릴까요?' 데이비드는 이리로 와서 문을 열었고, 그 후에는 이곳과 사랑에 빠졌습니다."[1]

리옹에서 나고 자란 포레스트는 1987년까지는 미술 분야를 담당하는 라디오 저널리스트였다. 그해에 그는 파리에 석판 인쇄 공방을 세웠다. 10년 후, 유래가 1881년까지 거슬러 올라가는, 도심에 있는 역사적인 인쇄소가 매물로 나오자 그는 활동무대를 그곳으로 옮겼다. 피카소와 미로Miró의 작품을 인쇄했던 보기 좋은 구형 인쇄기들이 갖춰진, 천장에 채광창들이 달린 393평(만 4천 평방피트) 규모의 공간인 이뎀은 린치가 해마다 찾아오는 안식처가 됐다.

"데이비드에게 석판화를 만들어본 적이 있느냐고 물었더니 '한 번도 없지만, 굉장히 흥미가 동하는군요.'라더군요. 그는 바로 작업을 시작했습니다." 포레스트는 회상했다. "그는 아연판을 갖고 작업을 시작해서 전시회에 포함된 석판화 세 점을 만들었습니다. 그리고 그 석판화 세 점은 〈파리 스위트The Paris Suite〉라는 제목의 열두 장짜리 시리즈로 변했죠. 그 작업을 마친 후에 석판 작업에 흥미가 있느냐고 물었더니, 그는 그렇다고 하고는 그 작업을 곧바로 이해했습니다. 이후로 우리는 석판화를 200점 넘게 만들었습니다. 그는 파리에 올 때면 우리 스튜디오에서 원하는 만큼 오랜 시간을 보냅니다."

"영화는 덩치가 크죠. 데이비드는 영화를 만들 때면 수백 명의 사람들과 함께 작업합니다." 포레스트의 설명은 계속됐다. "이뎀에서 그는 기본적으로 혼자 작업합니다. 게다가 작품을 구상한 다음 단 하루면 그걸 구체적인 작품으로 실현시킬 수 있죠. 스튜디오 내부는 조용하고, 거기서 작업하는 사람들은 데이비드에 대한 얘기를 들어본 적이 없는 사람들이에요. 그가 석판화 작업을 높이 평가하는 건 프라이버시를 누릴 수 있게 해주기 때문이라고 생각합니다. 그는 호텔 생활을 무척 좋아합니다. 항상 이뎀에서 도보로 갈 수 있는 거리에 있는 똑같은 호텔의 똑같은 객실에 묵죠. 그는 오전 열한 시쯤에 공방에 도착합니다. 그는 모퉁이 근처에서 산 커피를 좋아합니다. 그리고 그는 스튜디오에서 담배를 피울 수 있습니다." 린치가 이뎀에서 만든 작품들은 포레스트를 통해서만 구입이 가능하다. 그는 그 작품들을 수집상들에게 직접 판매한다. "데이비드의 프린트들이 시장에 나오는 건 드문 일입니다. 우리는 갤러리나 경매소하고 거래하지는 않습니다. 그래도 그의 작품은 잘 팔리고, 시장은 그의 작품들을 재빨리 소화하죠."

2007년 7월에 파리에서 린치와 크리스찬 루부탱Christian Louboutin의 작품 전시회가 열렸다. 스토플은 전시회의 개막을 위해 파리에 가는 린치와 동행했다; 프랑스 디자이너 루부탱은 페티시 슈즈 시리즈를 내놓았고, 린치는 그 신발들의 사진을 찍었다. 스토플은 파리에서 시간을 보내는 동안 루부탱과 친해졌고, 루부탱은 그녀에게 자신의 LA 부티크에서 주최하는 이벤트들을 기획하는 일자리를 제의했다. 그러면서 그녀는 이후로 5년간 그를 위해 일했다. 그녀는 탄력근무제로 일했는데, 그녀에게는 필수적인 근무 조건이었다. "데이비드하고 나는 2007년에 여행을 많이 다녔어요." 그녀는 말했다. "데이비드는 여행할 때면 많은 걸 돌봐줘야 해요. 그는 자기가 마실 커피를 주문하려고 전화를 거는 걸 좋아하지 않아요. 룸서비스가 왔을 때 호텔 직원과 마주하는 걸 ─또한 그와 비슷한 상황들도─ 원치 않고요. 그는 행복한 사람이지만, 불안해하는 면도 많은 사람이에요."

LA로 돌아온 린치는 이후로 그의 활동에 없어서는 안 되는 인물로 자리 잡을 새로운 스태프 민디 라메이커Mindy Ramaker를 만났다. 라메이커는 2007년 6월에 매디슨에서 LA로 이주했는데, 매디슨에서 그녀는 제이 아셍을 가르친 교수였던 J. J. 머피J. J. Murphy 밑에서 시나리오 집필을 공부했다. 린치 휘하에 공석이 생기자 아셍은 머피에게 적임자를 추천해 달라고 요청했고, 라메이커는 7월 말부터 일하기 시작했다. 한편 그즈음 린치는 폴란드 우치 외곽에 있는 24에이커 규모의 땅을 매입했다. 그 땅은 현재까지도 개발하지 못한 상태다. "정말로 좋은 땅입니다." 린치는 말했다. "내 땅은 결코 개발될 일이 없는 국유림과 인접해 있습니다. 동쪽으로 부드럽게 비탈이 진 사유지죠. 비옥하고 아름다운 곳입니다."

그해 연말, 린치와 레바시가 임종을 지키는 가운데 도널드 린치가 리버사이드 병원에서 숨을 거뒀고, 2008년 2월 5일에는 마하리쉬가 타계했다. "데이비드가 우는 모습을 본 유일한 때가 마하리쉬가 타계하던 날이었어요." 스카벡은 말했다. "그는 그에 관한 얘기는 한마디도 하지 않았지만, 눈물이 모든 걸 말해줬죠. 내가 한 번도 본 적이 없던 그의 일면이었어요. 그는 그 일을 정말로 가슴 아파했어요."

필요한 비자를 얻으려고 영사관이 내린 온갖 지시를 다 따른 후, 린치는 비행기에 탑승해서 생전 가본 적이 없는 나라인 인도에서 열린 장례식에 참석했다. "인도에서는 사람들이 정말로 쏜살같이 차를 몰면서 맞은편 차에 탄 우리에게로 곧장 달려옵니다. 그러고는 간발의 차이로 방향을 틀죠." 밥 로스는 말했다. "그런 탓에 언제라도 황천길로 갈 수 있다는 생각을 하게 되죠. 차를 타고 가면서 데이비드를 쳐다봤더니 그가 인도 사람들의 운전 방식에 경악했다는 걸 확인할 수 있었습니다."

"데이비드가 화장을 위해 쌓아놓은 장작더미를 지나치며 그걸 지켜보는 모습을 바라보던 생각이 납니다. 그는 정말로 부드러운 표정을 지었습니다." 로스는 회상을 계속했다. "데이비드는 마음이 넓은 사람입니다. 그는 마하리쉬가 그에게 준 것에 대해 무척이나 고마워했습니다. 마하리쉬를 제외하면, 데이비드는 내가 만난 사람 중에서 가장 참된 사람입니다. 두려움을 모르는 사람이고요. 내가 관람 중에 눈길을 돌려야만 하는 부분이 들어 있는 영화가 있을 겁니다. 그러나 데이비드는 그런 경우라도 결코 눈길을 돌리지 않을 겁니다. 그는 창작품 전체의 가치를 제대로 평가합니다. 그리고 그는 사망한 시신이 부패해가는 걸 지켜볼 때처럼 작은 햄스터가 성체로 클 때까지 지켜보는 걸 황홀해 합니다. 그는 어두운 부분들을 비롯한 인생의 모든 측면에서 기쁨을 찾아냅니다. 나는 그의 그런 점을 존경합니다."

린치는 인도에서 와서 7년간 재직하다 떠나는 아셈에게 작별 인사를 했다. "데이비드는 사람들이 예전에는 인식하지 못했던 본인의 숨겨진 측면을 인식하도록 도와줍니다." 「트윈 픽스 3」에서 트윈 픽스 유치장에 갇힌 피투성이 취객을 맡아 기억할 만한 연기를 펼친 아셈은 말했다. "내가 떠나는 날 모두가 함께 점심을 먹는 자리에서 나는 연설을 했습니다. 테이블을 돌면서 각자에게 이런저런 얘기를 했죠. 다들 울컥하는 모습이었습니다. 그 일이 끝난 후, 데이비드가 말했습니다. '제이, 자네는 연기를 해야 해! 자네가 조금 전에 연설하는 모습을 봤는데 말이야. 세상에, 자네는 딱 연기를 하려고 태어난 사람이야!' 내가 데이비드를 위해 일하기 시작했을 때 나는 연기와는 거리가 멀어도 한참 멀었습니다. 그런데 지금 나는 조금씩이나마 연기를 하고 있죠."

그해 초봄에 《폴란드의 밤 음악Polish Night Music》이 공개되면서 린치와 제브로프스키가 4년간 창작해온 음악이 마침내 시장에 깔렸다. 주로 우치에서 받은 영감을 바탕으로 작곡한 즉흥곡 네 곡을 확장해 녹음한 음반이었다. 그는 자기가 세운 레이블인 데이비드 린치 뮤직 컴퍼니David Lynch Music Company를 통해 그 음반을 내놓았다. 그즈음 린치와 스토플의 관계는 5년째에 접어들었고, 그녀는 관계를 더 발전시킬 준비가 돼 있었다. "그해 초에, 결혼해서 아이들을 갖고 싶다고, 만약에 그가 그런 데에 관심이 없다면 알려달라고 데이비드에게 말했어요. 우리는 그해 5월에 약혼했죠." 그녀는 회상했다. "우리는 파리의 레 두 마고에 있었는데, 그가 술잔 받침에 반지들을 그리기 시작했어요. 그러더니 말하더군요. '나는 지금 당신에게 청혼하는 중이야.' 우리는 호텔로 돌아왔고, 그는 우리 부모님께 전화를 걸어 우리를 축복해 달라고 당부했어요."

"데이비드와 나의 처음 몇 해는 끝내주는 시간이었어요." 그녀는 회상을 계속했다. "나는 집에 들어오면서 요리를 배웠고, 그는 내가 만든 음식을 즐겼다고 생각해요. 나는 살이 찌는 성분에 대해서는 아무 생각도 하지 않은 채로 요리를 했어요. 그냥 맛있는 음식들만 만들었죠. 그러면서 우리 둘 다 체중이 상당히 많이 늘었어요. 재미있었어요. 그가 작업하는 온갖 일들이 있었어요. 그는 다양한 프로젝트들을 위한 배우들을 섭외해 달라고 나한테 부탁하고는 했죠. 직업적으로 하는 것이든 그저 아이디어를 탐구하기 위한 것이든, 모든 프로젝트는 똑같이 중요했어요. 하나같이 아이디어들을 샅샅이 살피면서 그걸 실현하는 작업이었죠. 언젠가 그는 자신을 위해 바쳐진 영화제를 위한 동영상을 만들었어요. 그걸 「트윈 픽스」의 레드 룸 장면처럼 거꾸로 촬영하고 싶어 했죠. 그는 그 작업을 위해 여배우를 몇 명 구해달라고 나한테 요청했고, 나는 우리와 함께 이런 작품들을 종종 작업했던 친구들인 아리아나 델라와리Ariana Delawari하고 제나 그린Jenna Green을 불렀어요. 우리는 그 프로젝트들에 '고등학교 학예회의 밤high school skit night'이라는 별명을 붙였어요. 가내 수공업적인 분위기가 있었거든요. 우리는 모두 데이비드를 무척 좋아했고, 그를 무척 우러러봤어요. 데이비드는 이 특별한 영화를 위해 쇼걸 의상들을 찾아 달라고 요청했고, 그래서 나는 근사한 새틴 레오타드를 빌리고 에나멜가죽 힐과 망사 스타킹을 샀죠. 데이비드는 우리가 역순으로 춤을 추는 동안 우리가 든 소품에 비둘기를 그렸어요."

고등학교 학예회들이 부화하고 있을 무렵, 미야카와 노리코는 린치를 위해 풀타임으로 일하고 있었다. 그녀는 이 프로젝트 중 많은 작업에 참여했다. "내가 데이비드하고 같이 편집을 했다는 말은 입 밖에 내기가 어려워요. 그의 작품은 항상 전적으로 그의 비전이니까요." 미야카와는 지적했다. "우리는 함께 작업을 잘해요. 내가 그 점을 잘 이해하니까요. 데이비드는 공동 창작자를 찾고 있는 게 아니에요. 그런 사람은 필요치 않으니까요. 그가 누군가의 도움을 요청하는 일 없이 모든 걸 혼자 힘으로만 해낼 수 있다면, 그는 그렇게 작업할 거예요. 그를 위해 일하는 사람들은 솜씨 좋은 사람이어야만 해요. 근본적으로 우리는 그가 쓰는 붓과 비슷한 존재예요."

아셍이 떠난 직후, 마이클 바릴Michael Barile이 당도했다. 1985년생으로 플로리다에서 자란 그는 2008년 4월에 린치의 사무실에 무급 인턴으로 자리를 잡았고, 결국에는 사무실을 운영하기에 이르렀다. "내가 그를 위해 일하기 시작했을 때, 데이비드는 그림을 그리는 데에만 전념하고 있었습니다. 아침마다 그의 집에서 그림 스튜디오로 가고는 했죠." 바릴은 회상했다. "나는 그를 위해 한 달을 일한 후에야 그를 처음으로 만났습니다."[2]

그 무렵에 시각 예술가로서 린치의 커리어는 정말로 거칠 것 없이 내달리고 있었다. 그는 2009년에 전시회를 일곱 차례 가졌다. 그와 스토플은 그해 2월 26일에 베벌리 힐스 호텔에서 결혼식을 올리면서 정식 부부가 됐다. "성대한 결혼식은 아니었어요. 하객이 백 명쯤 됐을 거예요. 우연히 그 호텔에 있던 엘비스 모창 가수가 데이비드가 결혼식을 올리는 걸 보더니 식장에 뛰어 들어와 노래를 부르기 시작했어요." 스카벡은 회상했다. "〈당신은 사냥개일 뿐You Ain't Nothin' But a Hound Dog〉을 불렀을 거예요." 하객으로 그 자리에 있었던 크리스타 벨은 말했다. "에밀리하고 데이비드는 둘 다 경이로운 사람들이에요. 에밀리는 강렬한 에너지를 풍기는 사람이죠. 그는 그녀를 사랑하고 그녀는 그걸 잘 알아요. 연이 있고 연을 날리는 사람이 있어요. 그녀는 연을 날리는 사람이 돼서는 그녀의 파트너가 하늘 높이 솟구쳐 오르도록 놔두는 걸 행복해해요."

결혼하고 두 달 후, 린치 가족은 〈불타는 공기〉의 개막을 위해 모스크바로 여행을 갔다. "내가 상상하던 허니문은 아니었어요. 하지만 늘 그렇듯 데이비드는 작업을 했죠." 에밀리 스토플의 견해다. 러시아를 방문한 후, 린치는 아이슬란드에 들렀다. 은행 시스템의 붕괴를 막겪은 그 나라의 경제는 곤두박질치는 중이었다. "데이비드는 오랫동안 아이슬란드에 명상 센터를 개장할 거라고 말했습니다." 조니 시그바트손은 회상했다. "2009년 5월에 통화할 때 그가 말했습니다. '조니, 우리는 아이슬란드를 위해 무슨 일을 해야만 해. 나는 닷새 안에 러시아에 갈 예정이야. 그러다가 집에 오는 길에 아이슬란드에 들를 거야.' 아이슬란드는 작은 나라입니다. 누군가가 그 나라를 방문한다는 사실을 닷새 안에 온 나라가 알게 되는 곳이죠. 그래서 데이비드가 대학교 강당에서 연 강연에는 수천 명이 나타났습니다. 그러고서 데이비드의 재단은 20만 달러를 내놓았고, 나는 10만 달러를 내놓았죠. 그렇게 우리는 레이캬비크에 명상 센터를 개장했고, 그곳은 지금도 여전히 잘 운영되고 있습니다."

그해 연말에, 린치는 (지금까지도 마무리하지 못한) 마하리쉬에 대한 다큐멘터리 영상 작업을 시작했다. 그는 밥 로스와 어시스턴트 프로듀서 롭 윌슨Rob Wilson, 배우 리처드 베이머와 동행하여 인도로 갔다. 그리고 거기서 1953년에 마하리쉬의 스승 구루 데브Guru Dev가 타계한 후 마하리쉬가 히말라야에서 인도 남단까지 순례했던 것과 같은 경로를 따라 여행했다. 린치의 여행을 촬영한 영상은 그의 다큐멘터리 작업의 토대 노릇을 했다. 마하리쉬가 1955년에 시작해서 1957년에 끝난 순례를 린치 일행은 일주일 만에 끝마쳤다. 그들의 여행은 베이머가 연출해서 2014년에 공개한 「아름다운 세상It's a Beautiful World」에 연대기로 담겨 있다.

베이머는 1967년에 마하리쉬가 로스앤젤레스의 산타모니카 시빅 오디토리엄에서 강연하는 걸 본 후에 명상을 시작했고, 그런 후에는 그의 밑에서 일하며 스위스에서 2년을 보냈다. 마하리쉬가 사망했을 때, 베이머는 장례식에 참석해서 그 행사를 필름에 담았지만, 그 자리에 린치도 있다는 건 몰랐다. "내 영상에 대한 얘기를 들은 데이비드가 그걸 봐도 되겠냐고 물었고, 그걸 본 다음에는 정말로 좋아했습니다." 베이머는 말했다. "몇 달 후에 마하리쉬에 대한 영화를 시작하겠다며 인도에 가기로 한 그는 나한테 같이 가자고 요청했습니다."

린치는 상하이에서 단편 영화 촬영을 마친 뒤 인도로 왔다. 그런데 그가 탄 비행기가 착륙했을 때 그는 심한 감기에 걸려 기진맥진한 상태였다. 린치에게 그 여행은 꽤 힘겨운 여정이었다. 그래도 린치는 약속을 취소하는 사람이 아니다. 그는 온 힘을 다해 난국에 대처했다. "우리가 거기 머문 열흘 동안 그는 온갖 곳을 다 다녔습니다." 베이머는 말했다. "우리는 차를 타고 다니고, 헬리콥터와 비행기로 날아다녔습니다. 날마다 온종일 밖을 돌아다니면서 정말 재미있게 지냈죠. 나는 보통 앞자리에 앉아서 다양한 사람들과 함께 뒷좌석에 앉은 데이비드를 촬영했습니다. 데이비드가 그냥 창밖을 바라보고만 있더라도, 사람들은 그의 매력에 사로잡힐 겁니다. 그는 아무 일도 하지 않고 있을 때조차도 매혹적인 사람이죠. 인도에서 벌어진 사소하지만 기이한 일들도 그를 즐겁게 해줬습니다. 하루는 어딘가로 차를 몰고 가던 중이었습니다. 창밖을 보던 그가 멀리 떨어진 곳에서 원숭이를 발견했습니다. 그러면서 갑자기 여덟 살배기가 되더군요. '봐요! 원숭이 좀 봐요!' 그는 정말로 흥분했습니다! 그는 저 밖에서 원숭이가 세상을 자유로이 돌아다니고 있다는 사실을 믿지 못했습니다."

2009년 12월에는 우치에서 카메리마쥬 영화제 센터를 짓기 위한 게리 플랜Gehry plans을 공개하는 웅장한 제막식이 열렸다. 2005년부터 작업해오던 계획이었다. 게리와 린치가 그 행사에 참석했고, 분위기는 고조됐다. "그러고서 두 달 후, 우치의 예치 크로피브니츠키Jerzy Kropiwnicki 시장—데이비드가 '올드 보이Old Boy'라는 별명을 붙였던, 전향적으로 사고하는 대단한 인물—이 당국으로 소환되더니 새로운 시 행정부가 들어와서는 그 프로젝트를 박살냈습니다." 제브로프스키는 회상했다. "그때 데이비드와 마렉 쥐도비치는 EC1을 개발했습니다. EC1은 2005년에 그들이 시로부터 매입한 버려진 발전소를 포스트프로덕션 스튜디오로 개조한 곳입니다. 그 건물은 건축 관련 상들을 모조리 휩쓸었죠. 그런데 2012년 여름에 그 신임 시장이 LA에 있는 데이비드를 방문해서 말했습니다. '린치 씨, 감독님은 언제든 우치를 방문하셔도 좋습니다. 감독님을 모시게 되면 저희는 정말로 기쁠 겁니다. 하지만 그 부동산은 우리 겁니다. 감독님은 손님 자격으로 우리 도시를 찾으실 수 있습니다.' 데이비드—그 부동산에 자기 돈을 집어넣은 사람—는 그녀를 빤히 쳐다보더니 말했습니다. '어떻게 그런 말을 할 수 있습니까? 그 땅이 내 소유가 아니라면 나는 거기에 가지 않을 겁니다.' 마렉은 폴란드에서 몇 건의 소송을 걸었지만, 시청을 상대로 싸워봐야 일이 해결될 리 없었죠. 정리하자면, 데이비드와 마렉은 EC1을 지었고, 정부는 그곳을 행정적으로 수용하는 간단한 조치만으로 그들에게서 EC1을 앗아갔습니다." 2010년에 카메리마쥬 영화제는 우치에서 320킬로미터 떨어진 작은 도시 비드고슈치로 장소를 옮겼다. EC1은 계속해서 데이비드 린치 스튜디오로 불리고 있다.

게리 플랜이 공개된 직후, 린치는 아트 바젤 마이애미Art Basel Miami의 국제전에서 카르티에 재단 파빌리온Fondation Cartier Pavilion을 위해 존 샬판트John Chalfant와 함께 〈다이아몬드, 금, 꿈Diamonds, Gold, and Dreams〉이라는 제목의 설치 미술을 제작했다. 돔형 텐트의 천장에 영사된 7분짜리 디지털 영화는 밤하늘을 어른거리며 떠다니는 다이아몬드들을 묘사했다.

분명한 건, 린치에게 해야 할 작업이 부족하지는 않았다는 것이다. 그래서 그즈음 그의 인생에서 영화 연출은 멀찌감치 떨어진 작업처럼 보였다. "내가 데이비드를 위해 일하기 시작했을 때, 그는 영화를 두려워하는 것처럼 보였습니다." 바릴은 말했다. "그는 오랫동안 아무 작품도 만들지 않았습니다. 그가 마지막으로 만든 영화인 「인랜드 엠파이어」는 호오가 뒤섞인 평을 받았죠. 그러다가, 2010년에 그는 「영양은 더 이상 달리지 않는다Antelope Don't Run No More」라는 진짜 끝내주는 시나리오를 썼습니다. 그는 그걸 팔려고 돌아다녔지만, 그가 필요로 하는 만큼의 제작비를 제의한 사람은 아무도 없었습니다. 그래도 그 영화의 제작비를 구하지 못했을 때 그가 끔찍할 정도로 실망했을 거라고 생각하지는 않습니다. 데이비드는 어떤 작품을 만드는 게 하늘의 뜻이라면 그런 일이 일어날 거라고 믿습니다." 작품 대부분이 로스앤젤레스에서 진행되는 「영양은 더 이상 달리지 않는다」는 「멀홀랜드 드라이브」와 「인랜드 엠파이어」를 관통하고 나온 실을 꼰 다음, 거기에다 외계인과 말하는 동물들과 사면초가에 몰린 핑키라는 이름의 뮤지션을 함께 엮은 환상곡이다. 시나리오를 읽어본 사람들은 이 작품이 린치가 쓴 최고의 시나리오 중 하나라는 인상을 받았다.

2010년 7월 12일, 캐피톨 레코드는 데인저 마우스(Danger Mouse, 본명은 브라이언 버튼Brian Burton—옮긴이)와 스파클호스Sparklehorse의 콜라보 음반 《영혼의 어두운 밤Dark Night of the Soul》을 공개하면서, 린치가 그 음악에 영감을 얻어 찍은 사진 100장으로 구성된 한정판 서적을 내놨다. 이 음반은 스파클호스의 마지막 음반이었다. 그해 3월 6일에 리드 싱어이자 작곡자인 마크 린커스Mark Linkous가 자살했기 때문이다. 이 음반에는 이기 팝Iggy Pop과 수잔 베가Suzanne Vega를 비롯한 다양한 뮤지션들이 객원 보컬로 참여했다. 린치도 타이틀 트랙을 비롯한 두 곡의 보컬을 맡았다. 같은 해에 비엔나의 쿤스트할레 빈Kunsthalle Wien에서 2인 전시회인 〈마릴린 맨슨과 데이비드 린치: 고통의 계보Marilyn Manson and David Lynch: Genealogies of Pain〉가 열렸다. 2010년에 린치는 텔레비전에도 복귀했다. 2009년 가을에 폭스 채널에서 처음 방송된 후 네 시즌 동안 방영된 애니메이션 시트콤 「클리블랜드 쇼The Cleveland Show」에서 바텐더 거스 캐릭터의 목소리 연기를 한 것이다.

2010년 새해 첫날에 린치는 담배를 끊었다—그에게는 엄청난 일이었다. 그러고서 디오르Dior 핸드백을 위한 16분짜리 인터넷 홍보 동영상 「레이디 블루 상하이Lady Blue Shanghai」를 편집하기 시작했다. 그해 6월에 공개된 이 영상에는 프랑스 배우 마리옹 코티아르Marion Cotillard가 출연했다. 린치는 프랑스와 관련된 것들을 사랑한다. 2011년 8월에 그와 스태프들은 「멀홀랜드 드라이브」에 등장했던 같은 이름의 클럽에서 영감을 얻은 나이트클럽 실렌시오의 개장 행사에 참여하기 위해 파리로 여행을 갔다. 디자이너 라파엘 나보Raphael Navot, 건축 회사 에니아Enia, 조명 디자이너 티에리 드레퓌스Thierry Dreyfus가 함께 디자인한 이 클럽에 대해 스카벡은 "벙커하고 정말로 비슷했어요."라고 말했다. "지하 6층으로, 굉장히 비좁고 어둡고 아름다웠어요. 작은 보석 상자 안에 들어간 것 같았어요."

그해 가을, 린치가 1998년부터 크리스타 벨과 작업해온 앨범 《이 기차This Train》의 작업이 끝났다. "그 앨범을 만드는 데 몇 년이 걸렸어요. 절대로 완성될 것 같지 않았던 앨범이었죠." 그녀는 말했다. "그 앨범이 세상에 나온다고 생각하는 것조차도 말도 안 된다고 느꼈어요. 그러다가 데이비드와 함께 있을 때마다 내가 더 많은 걸 요구하면 안 된다는 걸 배웠죠."

"우리 작업 방식은 이래요. 데이비드가 말을 하고, 그러면 나는 멜로디와 노래를 느끼기 시작해요. 그는 그 노래가 흐르는 방향이 어느 쪽인지 설명하면서 나를 안내하고요." 그녀는 말을 계속했다. "예를 들어 우리는 〈진정한 사랑Real Love〉이라는 노래를 작업했어요. 데이비드가 이런 말을 했었죠. '오케이, 당신은 엘비스야. 늦은 시간이야. 당신은 차를 고속으로 몰아. 당신 애인이 뭔가 흉한 짓을 했어. 글러브 박스에는 총이 있어. 당신은 자신이 무슨 짓을 할지는 모르지만, 상황이 엉망이 됐다는 건 알아.' 데이비드가 원하는 걸 내가 곧바로 이해한 적은 한 번도 없어요. 하지만 그가 원하는 것들의 구체적인 형체를 잡았던 건 분명해요. 내가 정말로 그가 원하는 바에 도달했다고 느끼면, 그는 노래 전체를 담은 테이크를 두어 개 만들거예요. 그런 후에 그 테이크의 특정 부분으로 돌아가서 말하겠죠. '크리스타 벨. 이걸 잘 들어 봐. 그곳의 분위기가 느껴져? 당신은 우아하면서도 강하다는 느낌을 더 많이 받아야 해.' 그러면 나는 그 부분으로 갈 거예요. 내가 그의 얘기를 알아듣지 못하면 그가 가끔 낙담한다는 걸 알아요. 하지만 그는 내 감정을 상하게 만들지 않고도 나를 다시 작업에 복귀시키는 방법을 알아요. 데이비드는 자신이 찾는 게 뭔지 정확하게 알아요. 하지만 호통을 치며 명령하지는 않죠. 그는 자신이 원하는 일이 일어날 수 있는 공간을 만들어내요."

녹음이 완료되자, 크리스타 벨은 그 음반을 갖고 여러 레이블을 돌아다녔다. 하지만 많은 관심을 끌어내지는 못했다. 그래서 그녀는 자신의 레이블 라 로즈 누아르La Rose Noire를 차리고 음반 제작 비용을 지불한 후 9월 29일에 음반을 공개했다. 그리고 밴드를 결성해서 순회공연을 계획했다. 린치가 이미 그 음반에 기여할 만큼 했다고 느낀 그녀는 그때부터는 혼자 온갖 힘든 일들을 도맡았다. "데이비드는 아이디어들을 모시는 집사와 비슷해요. 그는 떠오르는 아이디어들을 받아서 개발하는 방식으로 자기 인생을 설정해왔어요." 그녀가 피력한 견해다. "그는 새벽 네 시에 아이디어가 떠오르면 침대에서 나가 그걸 적어두는 사람이에요.

단 하나의 아이디어도 당연한 것으로 받아들이지 않아요. 자신을 찾아온 아이디어에게 '이봐, 너는 제대로 된 사람을 찾아왔어!'라고 말하는 식이죠."

린치에게 그해는 음악적으로 큰 성과를 거둔 해였다. 11월 8일에 그는 딘 헐리와 함께 만든 자신의 첫 솔로 앨범《미친 광대의 시간Crazy Clown Time》을 공개했다. 앨범 공개와 동시에, 게리 다미코의 집에서 타이틀 트랙을 위한 비디오가 촬영됐다. 다미코는 이렇게 말했다. "우리는 세트 장식을 위해 우리 집 뒤뜰을 쓰레기장으로 만들었습니다. 그러다가 우리가 '촬영 종료'를 외친 후에 제일 먼저 쓰레기를 주우러 간 사람은 데이비드였습니다."

헐리는 그 앨범의 제작 과정을 회상하면서 말했다. "2009년에 그 앨범의 작업을 시작했습니다. 하지만 그 앨범의 제작에 곧바로 착수한 건 아니었죠. 데이비드는 절대로 수레를 말 앞에 두는 식으로 본말을 거꾸로 놓는 법이 없습니다. 우리는 항상 그냥 작업하면서 재미를 보다가 유기적으로 무엇이 한데 어울리는지를 확인해 보는 식으로 일합니다. 데이비드와 그토록 오랫동안 같이 작업한 후에, 내 뇌는 그의 뇌에 맞게 조정됐습니다. 우리는 공동 작업을 했지만, 그 비전은 데이비드의 것이고, 중요한 표현들도 항상 그의 것입니다. 배후에서 그의 비전을 실현하는 것을 돕는 남자로 존재하는 것도 내게는 좋은 일입니다. 그가 작업하러 오면 나는 무슨 일이건 함께할 준비가 돼 있습니다. 나는 그런 작업들을 영원토록 진행할 준비를 해놨습니다. 그가 방 안을 돌아다니다가 무엇인가를 떠올리기 시작한다면, 나는 그 채널에 참여해서 그와 함께 굴러가기 시작할 겁니다. 개발하고 싶은 아이디어가 생겼을 때, 그는 '아니오'라는 대답을 받아들이지 않습니다. 그에게 '아니오'라고 말하면, 그는 표현하고 싶은 내용을 표현할 방법을 찾을 때까지 고집스럽게 작업을 반복할 겁니다. 예를 들어, 기타를 제대로 연주하지 못하던 그는 이런 말을 한 적이 있습니다. '기타 연주법을 실제로는 알지 못하더라도 기타를 연주할 수 있게 해주는 장치가 있어야만 해.' 그래서 우리는 롤랜드Rolland 기타와 연결된 페달을 사용하는 법을 궁리했습니다. 이를 통해 우리는 그의 기타에 몇 개의 코드를 프로그래밍했고, 그는 자신이 떠올린 곡의 변화하는 분위기를 기타로 표현할 수 있었습니다."

그 앨범에 참여한 뮤지션 중에는 노래 〈핑키의 꿈Pinky's Dream〉에 객원 보컬로 참여한 예 예 예스Yea Yeah Yeahs의 멤버 캐런 오Karen O가 있었다. 그녀의 참여는 브라이언 로욱스 덕분이었다. "데이비드에게는 딘과 함께 작곡한 환상적인 연주곡이 있었습니다. 그 곡에 보컬을 입혀야만 한다고 그에게 말하면서 보컬로는 캐런 오를 제안했죠." 로욱스는 말했다. "데이비드는 말했습니다. '자네가 데려왔던, 맥주를 마시던 깡마른 아가씨 말하는 거야?' 그렇게 해서 데이비드는 놀라운 가사를 썼고, 캐런이 와서 노래를 불렀죠. 그녀는 믿기 힘들 정도로 뛰어났습니다."

"데이비드는 사람들과 공동 작업을 하면서 다양한 분야에 진출하고, 그들 모두에게서 뭔가를 배웁니다. 내가 그를 알게 된 이후로 그는 뮤지션으로서 발전을 거듭해왔습니다." 로욱스는 말을 계속했다. "그는 음악적으로 사고할 수 있고, 상상을 통해 상황을 바꾸는 능력을 갖고 있죠. 〈미국 여자American Woman〉를 자신들만의 스타일로 멋지게 부른 머디 매그놀리아스

Muddy Magnolias라는 듀오가 있습니다. 딘이 데이비드에게 들려주려고 그 노래를 틀자 그가 말했습니다. '그 노래를 2분의 1 속도로 재생해 봐.' 나중에 그는 그 노래를 그런 방식으로 「트윈 픽스 3」에 사용했어요. 또 그에게는 다른 예술가들을 그들이 예전에는 가본 적이 없는 곳으로 데려가는 능력도 있습니다. 데이브 앨빈Dave Alvin이 밴드와 함께 그의 스튜디오에 온 적이 있습니다. 데이비드는 그들이 어떻게 연주해주기 원하는지를 이런 식으로 설명했죠. '조지아의 무더운 밤이에요. 아스팔트가 녹아내리고…' 그 일이 끝난 후, 데이브는 데이비드가 자신이 원하는 바를 얼마나 훌륭하게 전달했는지를 얘기하더군요."

에밀리 스토플은 린치와 결혼한 이후로 아이를 가지려고 열심이었다. 그러다가 11월에 결국 임신을 했다. "딸을 낳기 전에, 데이비드가 말했어요. '지금 상태로도 충분하지 않아? 당신은 왜 아이를 가지려고 하는 거야?'" 그녀는 회상했다. "나는 말했어요. '미안한데, 나는 정말로 아이를 갖고 싶어.' 그러자 그가 말했어요. '그렇다면 나는 내 작업을 해야만 하고 그 일 때문에 죄책감을 느끼고 싶지는 않다는 걸 알아줬으면 해. 여자는 아이가 생기면 상황이 달라져. 모든 게 아이 위주로 돌아가게 되지. 그런데 나는 내 일을 해야만 해.' 그러다가 내가 룰라를 가진 후에 그는 일 속으로 자취를 감췄어요. 자기 작업 속으로요. 데이비드는 다정하고 진실한 사람이에요. 자신이 하는 일에 대한 믿음이 철저한 사람이고요. 순전히 돈 때문에 무슨 일을 하지는 않을 거예요. 그런데 그는 폐쇄적인 인간관계에는 능숙하지 않아요. 그에게는 같이 시간을 보내는 친구들 무리가 있어요. 그는 일을 하죠. 그 일이 그가 기쁨을 얻는 곳이에요."

린치는 사람들과 어울려 빈둥거리면서 파티를 즐기는 사람이 아니었다—그는 그러느니 무엇인가를 만들었다. 하지만 그는 어떤 사람과 친밀한 관계가 되는 독특한 재능의 소유자다. 그는 많은 친구들에게 별명을 지어줬다—로라 던은 '티드비트tidbit,' 나오미 왓츠는 '버터컵buttercup,' 에밀리 린치는 '뻐끔뻐끔puff'이다. 사람들은 그에게 속내를 털어놓는 경향이 있다. "여자친구하고 깨진 뒤, 어느 날 아침에 그림 스튜디오에 들어갔었습니다." 바릴은 회상했다. "데이비드가 말하더군요. '마이클, 뭔가 이상한데.' 나는 말했습니다. '그래요. 오늘은 좀 실망스럽네요.' 그가 말했어요. '의자 당겨 봐.' 그런 후에 우리는 얘기를 했고, 그는 나한테 정말로 든든한 조언을 해줬습니다. 데이비드는 세상하고 어느 정도 단절된 예술가의 삶을 삽니다. 그런데도 그는 인생을 심오하게 이해합니다."

"데이비드는 스스로 만들어낸 예술의 거품 안에 존재합니다. 그는 걷잡을 수 없이 창의적인 사람이죠." 제브로프스키도 동의했다. "그런데도 그는 지금도 내가 항상 의지할 수 있는 충직한 친구죠. 나는 압니다. 내가 전화기를 들고 '당신 도움이 필요해요.'라고 말하면 데이비드는 당장 내 곁으로 올 거예요. 그런 도움을 요청할 수 있다고 느껴지는 사람은 세상에 거의 없습니다. 그런데 데이비드와 함께라면 그가 늘 그런 도움을 베풀 거라는 걸 알죠. 그는 자상한 삼촌 같아요."

린치를 위해 일했던 사람들은 그와 계속 연락을 주고받는 편이다. 에릭 크레이리는 2008년에 그의 휘하를 떠났지만, 2015년에 공개된 그의 첫 영화 「엉클 존Uncle John」을 공동으로 집필하고 제작하면서 린치와 계속 연락을 주고받았다. "금요일에 믹싱을 마친 다음 데이비드에게 전화를 걸어 물었습니다. '감독님께 영화를 보여 드릴 방법이 있을까요? 무슨 부탁을 드리려는 건 아니고요, 감독님께 영화를 보여 드리는 게 그냥 엄청 좋은 일인 것 같아서요.' 그래서 월요일 오전에 그에게 영화를 보여줬습니다. 그는 영화를 정말로 좋아했고, 우리는 멋진 대화를 나눴습니다. 몇 주 후에 전화를 걸어서 그가 했던 멋진 말 중 하나를 홍보용으로 인용해도 괜찮겠냐고 물었습니다. 영화계에서는 완전 무명이나 다름없는 우리에게는 엄청난 도움이 될 터였죠. 그는 말했습니다. '내가 글을 써주는 건 어떻겠나?' 그는 그렇게 해줬습니다."

크리스마스에, 린치는 크리스마스 선물로 원하는 건 담배뿐이라고 선언했다. 그러고는 담배를 다시 피웠다. 우연이건 아니건, 그 이후로 그는 규모가 큰 프로젝트의 안장에 올랐다. "크리스마스 직후였어요. 데이비드는 점심시간에 무소 앤 프랭크스에서 마크 프로스트와 만났어요. 그때가 두 사람이 「트윈 픽스」를 다시 작업하자는 얘기를 시작한 때였죠." 에밀리 스토플은 말했다. "그 만남은 비밀이었고, 데이비드는 그에 관해서는 얘기하고 싶어 하지 않았어요. 그런데 2012년에 마크가 점심을 먹으러 나타나기 시작했고, 두 사람은 데이비드의 그림 스튜디오에 앉아 글을 쓰곤 했죠. 그런 일이 몇 년간 계속됐어요."

「트윈 픽스 3」가 안개 속에서 모습을 드러내기 시작할 때에도 린치의 초점은 여전히 회화 작업에 맞춰져 있었다. 2012년에 그는 미국과 유럽, 일본에서 전시회를 열었다. 그해 5월에는 코미디언 루이스 C.K.로부터 연락을 받았다. 자기 이름을 제목으로 내건 텔레비전 시리즈에 세상과 연예인들을 겪을 만큼 겪어본 냉소적인 연예계 베테랑 잭 돌 역할로 객원 출연해달라는 초대였다. 린치가 그러겠다고 대답하자 루이스는 깜짝 놀랐다.

"데이비드에게 작업해달라고 들어오는 부탁 중에 그가 들어주는 부탁은 1퍼센트 정도밖에 안 될 겁니다." 민디 라메이커는 말했다. "그는 외출을 좋아하지 않아요. 오랫동안 함께 작업한 사람들의 동아리 외부에 있는 업계 관계자들하고는 교류하지 않죠. 그는 집에서 작업하는 걸 좋아해요. 저녁을 먹으러 외출하는 것조차 좋아하지 않죠. 릭 니치타가 CAA를 떠났을 때 데이비드는 이랬어요. '릭이 아니라면 아예 에이전트를 두지 않을 거야. 그게 더 재미있을 거야. 어찌 됐건 나는 사람들이 나를 찾아내는 걸 원치 않으니까.' 그는 사람들하고 단절된 채로 지내는 걸 무척 좋아해요. 매니저나 에이전트, 홍보 담당자 같은 사람들을 주위에 두지 않고요."

"루이스 C.K.가 어떻게 내 이메일 주소를 알아냈는지 모르겠어요. 그래도 그는 데이비드가 왜 자기 프로그램에 출연해주기를 원하는지를 설명하는 근사한 메일들을 보내왔어요." 라메이커는 설명을 계속했다. "데이비드는 말했어요. '나는 못 해요. 마틴 스콜세지 같은 사람을 구하는 게 어때요?' 루이스 C.K.는 설득했어요. '아닙니다. 감독님이어야만 합니다.' 그러자 데이비드는 말했어요. '좋아요. 대본 보내 봐요.' 그러면서 계약이 마무리 됐죠. 대본이 재미있었거든요. 그러자 데이비드가 말했어요. '오케이, 우리가 이 신에서 정말로 얘기하고 있는 게 뭔가요? 내가 그냥 내 옷을 입어도 될까요? 내가 담배를 피울 수 있는 호텔을 찾을 수 있겠어요?' 제작진은 실내 흡연에 500달러 벌금을 매기는 호텔을 찾아내서 미리 벌금을 냈어요. 데이비드는 혼자서 뉴욕으로 날아가 촬영을 했죠."³

루이스 C.K.가 보낸 이메일들은 정말로 설득력이 있었다. "저는 감독님께 저희 프로그램이 지난 두 시즌 동안 얼마나 좋은 리뷰를 받았는지, 또 각종 시상식에서 얼마나 많은 부문의 수상 후보로 지명됐는지 말씀드릴 수 있습니다. 어쩌고저쩌고… 저는 감독님께서 저희와 즐겁게 작업하실 거고, 그 결과물 역시 자랑스러워하실 거라고 느낍니다. 그러니 부디 이 메일을 읽으실 시간을 잠시 내주셨으면 합니다." 코미디언은 그렇게 썼다. "이 메일이 제가 감독님과 나눌 유일한 소통일 경우에 대비해서, 지금까지 감독님께서 하신 작업과 감독님께서 보여주신 진심에서 우러난 관대함, 그리고 창의성과 인생에 대한 감독님의 관점을 세계와 함께해주신 것에 대해 감사드리고 싶습니다. 감독님의 영화들(그리고 「트윈 픽스」)을 감상하면서, 저는 이들 작품을 보지 못했다면 꺼내놓지 못했을지도 모르는 공포를 느꼈습니다. 이와 더불어 사람들의 공포를 다루는 이야기들, 어떤 순간들, 감정들, 캐릭터들, 분위기들, 또한 자유로운 의견을 끌어내는 질문들과 자신만의 색채에 전념해도 좋다는, 영화감독이자 작가가 될 수 있다는 면허증을 받았습니다."

린치가 출연에 동의하자, 루이스 C.K.는 답장을 보냈다. "세상에. 정말로 놀라운 일이로군요." 그렇게 뉴욕에서 촬영이 종료되고 몇 주 후, 라메이커는 그에게서 또 다른 이메일을 받았다. "지금 데이비드가 출연한 에피소드들을 편집하고 있는데, 하나같이 짜릿짜릿합니다. 그는 부활한 헨리 폰다Henry Fonda 같은 분입니다. 정말로 믿기질 않습니다. 정말로 대단한 연기예요. 제가 이번 시즌에 우리 프로그램에 모신 분 중 최고의 연기자입니다. 그게 진짜 데이비드 린치죠. 이 얼마나 위대한 일입니까?" 린치가 출연한 에피소드들—「레이트 쇼, 2부Late Show, Part 2」와 「레이트 쇼, 3부」—은 9월에 방송됐다. 8월 28일에 그의 네 번째 아이 룰라 보기니아 린치Lula Boginia Lynch가 태어난 직후였다.("보기니아"는 여신女神이라는 뜻의 폴란드어다.)

그 직후 라메이커는 일을 그만둘지 고민했다. "나는 생각했어요. '오케이, 배워야 할 건 다 배웠어. 이제는 다른 일로 떠날 때야.'" 라메이커는 회상했다. "데이비드에게 그 얘기를 하자 그가 물었어요. '내가 무슨 짓을 했길래 그러려는 거야?' 그래서 그런 게 아니라고 확실하게 말하자 그가 물었어요. '어떤 식으로든 내가 당신을 도와줄 수 있을까? 당신을 위해 연락해줄 사람이 있을까?' 그는 정말로 너그러웠어요. 데이비드 밑에서 일하는 사람들이 그의 곁에 오랫동안 머무르는 건 그가 괜찮은 사람이라는 걸 보여주는 증거예요. 그의 어시스턴트 중에서 대다수는 거기서 최소 7년을 일했죠. 나는 아직도 데이비드의 세계를 떠나지 않았고요."

린치와 프로스트는 2012년 내내 「트윈 픽스 3」를 조금씩 쪼아냈다. 그러면서 린치는 계속해서 레코딩 스튜디오에서 상당히 많은 시간을 보냈다. 2013년에 그는 헐리와 공동 작업한 두 번째 음반 《큰 꿈The Big Dream》을 발표했고, 스웨덴 가수 리케 리Lykke Li와 나인 인치 네일스Nine Inch Nails, 덤 넘버스Dumb Numbers와 함께 단발 프로젝트들을 작업했다.

린치는 호남好男이다. 2014년 8월 27일, 그는 아이스 버킷 챌린지에 참가했다. 루게릭병으로도 알려진 운동 뉴런 질환ALS에 대한 인식을 높이고 연구 기금을 모으기 위해 진행된 이 챌린지는 양동이에 든 얼음물을 참가자의 머리에 쏟을 것을 요구한다. 이 이벤트에 참가하라며 린치를 지명한 사람은 로라 던과 저스틴 서룩스였다. 그래서 그는 양동이를 잡은 라일리 린치가 쏟는 물을 두 번 맞았다. 린치는 첫 양동이에 커피를 섞었다. 그래서 그건 아이스 커피 샤워였다. 이 영상을 찍는 동안 그는 내내 트럼펫으로 〈무지개 너머 어딘가Somewhere Over the Rainbow〉를 연주했다. 그런 후 그는 챌린지에 참가할 다음 인물로 블라디미르 푸틴을 지명했다.

2014년 9월 13일, 린치의 초기 작품을 조망하는 전시회 〈통일장The Unified Field〉이 그의 모교인 펜실베이니아 미술아카데미PAFA에서 개막됐다. "PAFA의 전시회는 그에게 특별한 의미가 있었어요. 그에게는 그곳에 얽힌 좋은 추억들이 많았으니까요." 로버트 코졸리노Robert Cozzolino가 큐레이션한 그 전시회에 린치와 동행했던 스카벡은 말했다. "필라델피아는 데이비드가 자신의 예술에 깊이 빠져들 수 있었던 곳이었어요. 그와 그의 친한 친구 잭은 젊었고, 아무 방해도 받지 않고 그림을 작업했죠."

"전시회에 갔을 때, 그는 꽤 오랜만에 필라델피아를 보는 거였어요. 그는 필라델피아가 지나치게 깨끗해졌다고 생각했어요." 스카벡의 회상은 계속됐다. "그가 그 도시를 정말로 좋아했던 점은 그 도시의 빽빽함과 위험함이었어요. 그런데 지금 그 도시는 고급스럽게 바뀌었어요. 그리고 사방에 그래피티가 그려져 있었죠. 데이비드는 그래피티를 싫어해요. 그리고 그래피티가 그가 사랑했던 고장을 장악한 모습도 싫어하고요. 그가 예전에 필라델피아에 살 때는 텅 빈 거리를 걸어가면서 1940년대의 분위기를 느낄 수 있었어요. 그런데 그래피티는 그런 특징을 지워버렸죠."

린치의 재단을 위해 기금을 모금하는 것도 이따금 신경 써야 할 관심사였다. 2015년 9월에 라메이커는 자신의 에너지를 그곳으로 옮겨 쏟았다. "에릭 마틴Erik Martin과 제시카 해리스Jessica Harris가 라이브 기금 모금 행사를 조직하려고 2012년에 개발한 재단의 산하 부서가 있어요. 에릭이 그 부서—DLF 라이브Live—의 일자리를 나한테 제안했어요. 나는 우리 두 사람이 같이 작업한 말코비치 프로젝트를 통해 에릭을 알게 됐죠." 린치가 창안한 여덟 개의 서로 다른 캐릭터를 존 말코비치John Malkovich가 연기하고, 사진작가 산드로 밀러Sandro Miller와 감독 에릭 알렉산드라키스Eric Alexandrakis가 그 모습을 담은 20분짜리 영화 「플레잉 린치Playing Lynch」에 대해 라메이커가 한 말이다. 웹사이트 구축 회사 스퀘어스페이스Squarespace가 제작비를 댄 이 영화는 2016년 10월에 로스앤젤레스에서 재단이 개최한 '혼란 축제Festival of Disruption' 모금 행사에서 처음 상영됐다.

2014년 10월 6일, 린치는 트위터를 통해 그와 프로스트가 「트윈 픽스」의 새 시즌을 작업 중임을 확인해 줬다. 그러면서 게임이 시작됐다. 린치는 방송국을 상대로 납득할 만한 계약을 체결하기가 얼마나 힘들지 예상하지 못했다. 하지만 드라마에는 가속도가 붙기 시작했다. 린치가 작업에 더욱 깊이 빠져들면서 스토플은 어머니 노릇과 함께 임신한 10대 어머니들을 보호하는 조직인 '어머니들의 동맹Alliance of Moms'을 공동 창립하는 일에 집중했다.

린치는 미국에서는 여전히 주요한 회고전을 갖지 못한 상태였지만, 다른 여러 나라에서는 꽤 많은 주목을 받는 예술가였다. 2014년 12월에는 영국의 미들즈브러 현대미술관Middlesbrough Institute of Modern Art이 린치의 스케치와 그림, 사진, 영화 등 1968년부터 현재까지의 작품들을 조망한 〈네이밍Naming〉이라는 전시회를 시작했다. 린치에게 경의를 표하는 BBC의 리뷰 방송물은 린치를 이렇게 묘사했다. "전후 미국에서 도시 환경과 언어의 기묘함, 초현실주의의 유산 등 예술의 많은 측면에 관여한 작가."

넉 달 후, 호주 브리즈번에 있는 퀸즈랜드 아트 갤러리/갤러리 오브 모던 아트Queensland Art Gallery/Gallery of Modern Art가 〈두 세계 사이에서Between Two Worlds〉를 개막했다. 호주 시네마테크Australian Cinémathèque의 수석 큐레이터 호세 다 시우바José Da Silva는 2013년에 이 전시회를 구상하기 시작했다. "데이비드가 시각 예술가로서 저평가된 실태는 범죄라고 할 수 있을 지경입니다." 다 시우바는 말했다. "카르티에 재단 말고는 누구도 그의 스튜디오 작업에 제대로 관심을 기울이지 않았습니다. 사람들은 그의 작업의 범위가 얼마나 넓은지 제대로 인식하지 못하죠. 그의 미술 작업에 대해 집필된 글을 조사해본 나는 아연실색했습니다. 비평적인 분석이 거의 없었어요. 그가 평생 해온 작업의 양은 어마어마합니다. 〈두 세계 사이에서〉는 정말로 많은 작품을 보여주는 밀도 높은 전시회였습니다. 그런데도 나는 여전히 그저 거죽만 스친 것뿐이라고 느꼈습니다."

"데이비드는 다면적인 예술가입니다. 어쩌다 보니 영화를 작업 방식 중 하나로 활용한 것뿐이죠. 오늘날, 예술가들이 매체를 넘나들며 작업하는 건 특이한 일이 아닙니다." 다 시우바의 말은 계속됐다. "그런데 데이비드는 그런 경향이 자리 잡기 시작하기 전에 성장했습니다. 그래서 그의 예술은 진지하게 받아들여지기에는 불리한 처지에 놓였죠. 우리 전시회에 대한 리뷰들은 호오가 뒤섞여 있었습니다. 학제간 작업에 익숙한 평론가들은 전시회를 무척 좋아했지만, 보수적인 미술사가들은 달가워하지 않으면서 일종의 기초적인 비판으로 대응했습니다. 그런 거 있잖습니까, '그림 솜씨도 형편없고, 발상도 사춘기 아이들 같다.' 그들이 애초부터 그런 생각을 품고 전시회에 왔다는 느낌이 들 겁니다. 비평은 그렇다 치고, 전시회 자체는 무척 인기가 좋았습니다. 특히 젊은이들에게 인기가 좋았죠. 그들은 전시회를 무척 좋아하면서, 감동적이면서도 심란한 전시회로 여겼습니다."[4]

2015년 초에 린치는 「트윈 픽스 3」의 계약 조건을 놓고 CBS 코퍼레이션의 자회사인 케이블 방송국 쇼타임Showtime과 흥정하고 있었다. 그러면서 평범한 사람들이라면 미쳐버릴 정도로 복잡하게 뒤엉킨 다른 프로젝트들에도 관여하고 있었다. 하지만 그는 여러 개의 프로젝트를 감당할 수 있도록 인생을 체계화했다. 그의 인생은 놀라울 정도로 순수한 창의적 활동으로 이루어져 있다. "데이비드는 수도승과 비슷한 인생을 삽니다. 그를 산만하게 만드는 건 무엇이 됐건 없애 버리는 게 내 일이죠." 바릴은 말했다. "그는 30년간 차에 기름을 넣은 적이 없습니다. 다음 끼니의 식사가 어디에서 올지 고민하지 않습니다. 점심은 그냥 그의 앞에 나타납니다. 그 덕에 그는 다음 프로젝트를 향한 몽상에 자신의 모든 시간을 바칠 수 있습니다. 그가 자기 인생의 스케줄을 짜는 방식은 놀랍습니다. 아마 그가 대부분의 사람들을 황폐하게 만드는 스트레스에 시달리지 않기 때문이겠죠. 나는 그가 나보다 장수할 거라고 생각합니다."

　　그건 특권을 누리는 인생이다. 그리고 린치는 자신의 입지가 베푸는 몇몇 특권들을 좋아한다. 다른 면에서, 그는 늘 그래왔듯 겸손하게 산다. 딱히 별다른 이유 없이 그런 생활 방식을 좋아한다. "데이비드는 많은 일을 겪었지만 달라진 게 전혀 없습니다." 잭 피스크가 피력한 견해다. "얼마 전에 나는 미팅을 하려고 LA에 와서 그의 집에 머물렀습니다. 아침에 창밖을 내다봤다가 그가 흰색 셔츠와 지저분한 카키 바지—그는 항상 카키 바지를 좋아했습니다— 차림으로 집 진입로에 있는 걸 봤습니다. 콘크리트 틈에 난 잡초들을 뽑아 봉지에 집어넣고 있더군요. 그는 그런 일을 여전히 무척 좋아합니다."

〈불 타는 공기〉는 내가 만든 많은 작품을 함께 볼 수 있는 첫 기회였어요. 정말로 근사하더군요. 사람들은 항상 어떤 사람이 한 가지 일을 하면 그 사람은 다른 일을 해서는 안 되는 것처럼 여겨왔어요. 어떤 사람이 영화감독으로 알려져 있다고 쳐요. 그 사람이 그림을 그릴 수는 있지만, 다른 사람들은 그의 그림 작업을 골프 같은 취미 생활로 여기죠. '당신은 화가가 되려는 유명인이야.' 딱 그런 식으로 규정되는 거예요. 그런데 그 전시회를 가질 무렵, 세상이 변하기 시작했어요. 요즘 사람들은 무슨 일이건 할 수 있죠. 그게 훨씬, 훨씬 좋아요. 그리고 그 전시회가 나를 유명하게 만들었어요. 에르베 샹데스가 무척 고마워요. 카르티에 재단의 회장 멜리타 토스캉 두 플랑티에^{Melita Toscan du Plantier}, 그리고 알랭 도미니크 페랭^{Alain Dominique Perrin}과 당시 알랭의 아내였던 마트^{Matte}도 고맙고요.

마트는 데니스 호퍼의 집에서 열린 파티에서 만났어요. 우리는 카우치에 앉아 얘기를 나누기에 이르렀죠. 며칠 후에 데니스의 아내 빅토리아^{Victoria}가 마트를 집에 데려왔고, 그녀는 내가 그린 〈내가 무슨 생각하는지 정말로 알고 싶어?^{Do You Really Want to Know What I Think?}〉라는 커다란 그림을 봤죠. 마트는 보르도에 있는 어떤 장소를 위해 가끔 전시회를 기획했어요. 그녀가 나중에 나한테 연락해서 말했어요. "당신이 사진작가라는 걸 알아요. 당신의 사진 몇 점을 전시했으면 해요. 다음번에 파리에 올 때 몇 점 가져올 수 있나요?" 다음번에 내가 거기 있을 때 그녀와 친구 한 명이 랭커스터 호텔로 나를 만나러 왔어요. 우리는 거실에 앉아 사진들을 살폈죠. 그들은 그 사진들을 무척 좋아했고, 그녀는 사진 몇 점을 보르도 사람들에게 보여줬어요.

다니엘 토스캉 두 플랑티에^{Daniel Toscan du Plantier}는 이사벨라의 친구예요. 다니엘은 영화를 제작한 적이 있어요. 세련되고 박학다식한 사람이죠. 내가 칸에 영화를 출품해서 상영할 때마다, 다니엘은 항상 극장 밖에서 가장 먼저 나를 기다리고 있어요. 나한테 짤막한 글을 건네면서 방금 본 영화에서 자기가 사랑하는 요소들이 뭐였는지 알려주곤 했죠. 참 좋은 사람이었어요. 어느 날 파리에서 열린 만찬에 초대받아 갔더니 다니엘이 그 자리에 있더군요. 카르티에 재단 빌딩을 설계한 건축가 장 누벨^{Jean}

Nouvel도 있었고요. 다니엘의 아내인 멜리타도 그날 밤에 만났던 것 같아요. 어떻게 된 건지는 모르지만 그녀는 재단 일에 관여하고 있었어요. 재단 소속으로 일하지는 않았지만, 재단과 여러 가지 제휴 관계에 있었죠. 만찬이 끝난 후, 그들은 나한테 재단에서 열리는 전시회를 보여주고 싶어 했어요. 그래서 우리는 모두 거기로 갔고, 나는 전시회와 전시 공간을 둘러봤죠. 그게 끝이었어요. 그리고 오래 지나지 않아 다니엘이 베를린 국제영화제에 왔어요. 그는 누군가와 점심을 먹은 후에 쓰러져서는 숨을 거두고 말았죠. 그러면서 멜리타는 아이 둘이 딸린 과부가 됐어요.

한참 후에 멜리타가 찾아와서 말했어요. "있잖아요, 당신은 꼭 우리 재단에서 전시회를 열어야 해요." 그녀는 재단을 대표해서 말하는 거였어요. 나는 그래야 할 것 같다고 말했고, 일은 꼬리를 물고 이어졌죠. 그래서 그 일을 진행한 건 사실상 멜리타였어요. 마트도 한몫했고요. 두 사람은 알랭과 에르베에게 말을 전했고, 내가 아는 다음 일은 에르베가 작품을 살피러 여기에 왔다는 거예요. 우리는 더 많은 작품을 계속 찾아냈어요. 사방에서 작품들이 쏟아져 나왔죠. 나는 한동안은 미술계하고 담을 쌓고 살았기 때문에 조금은 기이한 상황이었죠.

작품 설치를 하러 파리에 갔어요. 내가 거기에 간 이틀째에 에르베가 말했어요. "이러이러한 곳을 보여드리고 싶습니다." 그러면서 파트리스 포레스트를 만나고 이뎀을 보게 됐죠. 거기에 들어가면서 인쇄기에서 나는 잉크 냄새를 맡았어요. 나는 그 장소의 분위기와 느낌을 파악했고, 그러면서 순식간에 그곳을 깊이 사랑하게 됐죠. 파트리스가 물었어요. "석판화 작업을 하고 싶으세요?" 그래서 말했죠. "새한테 하늘을 날고 싶으냐고 묻는 겁니까?" 불법 복제 때문에 디지털 이미지들은 갈수록 값이 싸지고 있어요. 훔치기도 쉽고 공유하기도 쉽죠. 하지만 석판화는 소장할 수 있는 작품이에요. 그걸 소장하면 종이의 아름다움을 보고 잉크의 냄새를 맡을 수 있죠. 디지털 이미지하고는 무척 달라요.

그러면서 석판 작업이 시작됐고, 이뎀은 내 제2의 집이 됐어요. 거기서 하는 모든 작업의 모든 점이 다 대단해요. 그곳에 이웃한 카페의 커피들도 끝내주고요. 역사가 150년 가까이 된 파리 인쇄 스튜디오의 분위기와 기계들, 돌들, 거기서 일하는 사람들도 마찬가지예요. 나는 거기서 목판화도 작업해요. 그리고 뒷방에서 그림을 그리기 시작했어요. 나는 그런 작업 환경을 사랑하고 프랑스를 사랑해요.

옛날식 인테리어를 스케치하는 것도 좋아해요. 때로는 사람들이 들어간 스케치도 하고, 때로는 그냥 가구하고 깔개하고 벽만 스케치하기도 하죠. 파리에서 전시회에 작품을 설치하던 중에 그런 스케치를 하나 그렸어요. 에르베가 그걸 보더니 말하더군요. "이 세트를 실제로 지어야만 해요." 그러더니 그들은 정말로 그걸 지어서 전시의 일부로 사용했어요. 〈불타는 공기〉 이후로 전시회 제의를 많이 받았어요. 그러면서 많은 힘을 얻었죠.

〈불타는 공기〉가 개막한 이후, 마하리쉬 덕분에 16개국 투어를 다니게 됐어요. 현실이라 믿기 어려운 상황이었죠. 우리는 온갖 곳을 다 다녔어요. 나는 마하리쉬를 위해 이런 일을 하는 걸 무척 좋아했어요. 강연을 시작하기 전에 내 기분은 항상 바닥을 기었어요. 하지만 강연을 마칠 때마다 하늘을 날아다니는 듯했죠. 고통스러웠지만 그만한 가치가 있는 일이었어요. 나는 마하리쉬하고 얘기할 때마다 전날 밤 강연은 어땠는지 말하곤 했어요.

2007년 9월에 투어를 마쳤어요. 집에 도착하고 오래지 않아 아버지가 돌아가셨죠. 어떤 사람이 숨을 거둘 때가 됐을 때, 그 사람이 떠날 준비를 마쳤는지 잘 모르겠어요. 충분히 많은 고통을 겪었다면 마음의 준비를 했겠죠. 아버지는 1915년 12월 4일에 태어나셨어요. 돌아가신 날이 2007년 12월 4일이니까, 정확히 92세에 돌아가신 셈이에요. 돌아가실 무렵에는 의식이 없으셨기 때문에 이미 세상을 떠난 셈이나 다름없었어요. 그 자리에 오스틴과 라일리, 제니퍼와 같이 있었어요. 남동생은 임종을 지키지 못했지만, 마사는 그 자리에 있었죠. 우리는 한 명씩 들어가서 아버지에게 작별 인사를 했어요. 그런 후에 모두가 떠난 다음 여동생하고 내가 자리를 지켰죠. 의료진은 전원을 뽑아서 아버지가 떠나시게 놔뒀어요. 명상을 하는 게 좋을 것 같다는 생각이 들더군요. 나는 한 시간 반 동안 명상을 했고, 명상을 끝내고 담배를 피우러 밖에 나갔을 때 아버지는 우리 곁을 떠나셨어요.

2007년 10월에, 마하리쉬는 떠날 날이 머지않았다는 걸 알았어요. 그러면서 사람들을 만나는 걸 중단했죠. 그러다가 2008년 내 생일에, 그와 함께 있는 사람들이 스카이프로 나한테 전화를 걸어왔어요. 마하리쉬를 보살피는 성직자들에게서 그가 쉬쉬하라고 지시했다는, 차분한 상황을 원했던 그가 주위 사람들에게 조용히 하라고 말했다는 얘기를 나중에 들었어요. 통화를 마친 후에 그가 말했어요. "세상은 안심할 수 있을 정도로 잘 관리되고 있어." 그는 그러고는 2주가 조금 지나 육신을 벗었죠.

마하리쉬가 타계하자 밥 로스가 목공방에 있는 나한테 전화를 걸어서 말했어요. "그분께서는 당신이 장례식에 와있는 걸 좋아하시리라 생각합니다." 나는 말했어요. "알았어요. 그 얘기를 들으니까 결심이 굳어지는군요. 장례식에 가겠습니다." LA에는 인도 영사관이 없어요. 그래서 비자를 받으려면 샌프란시스코에 가야 했어요. 거기에 가기 전에 인도 영사관 사람이 말하더군요. "문제없습니다. 필요한 건 당신 여권과 당신이 작성할 이러이러한 서류들이 전부입니다." 그래서 이튿날에 에밀리와 함께 샌프란시스코로 날아갔어요. 영사관에 도착해서는 창구로 가서 여권하고 서류들을 건넸죠. 그랬더니 말하더군요. "당신 여권에 있는 비자 페이지들이 꽉 찼습니다. 미국 대사관에 가서 비자 페이지를 더 받아오셔야 합니다. 그리고 우리는 한동안은 문을 닫습니다. 당신이 오늘 밤에 인도로 여행할 수 있을 것 같지는 않군요." 나는 간곡히 사정했어요. "나는 오늘 밤에 인도로 떠나야만 합니다."

우리는 미국 대사관을 향해 급히 달려갔어요. 거기에는 2천3백 명이 장사진을 치고 있었는데, 데스크에는 정말로 무례한 남자가 있더군요. 그는 말했어요. "번호표 받아서 줄을 서서 기다려요." 한참이 지난 후에 창구에 도착한 나는 말했어요. "지금 당장 비자 페이지가 필요합니다." 그러자 그가 말했어요. "살살 좀 합시다. 이 번호 받아요. 우리가 전화를 걸게요." 나는 말했어요. "안 돼요. 지금 그것들을 받아야 해요." 그러자 그가 말했어요. "지금 당장은 그 일을 해줄 수가 없어요. 번호 받아서 기다려요. 비자 페이지가 들어오면 연락할게요. 두 시간쯤 걸릴 거예요." 나는 말했어요. "안 된다니까요! 인도 영사관이 문을 닫을 거란 말입니다." 그는 말했어요. "그건 내가 어쩔 수 있는 일이 아니잖아요." 그러면서 그들은 나한테 번호를 줬고, 나는 기다리고 또 기다렸어요. 결국, 비자 페이지를 받아서 인도 영사관으로 직행했지만, 문을 닫았더군요.

그런 차에 안나 스카벡이 말했어요. "내 친구가 그러는데, 이런 곳에 가면 이런 일을 처리해줄 수 있대요." 그래서 우리는 주소를 받아서는 앞에 인도 국기를 내건 작은 집으로 갔어요. 계단을 올라가서 의자들과 책상이 있는 로비처럼 생긴 거실로 들어갔죠. 거기 앉아 있는 여자 한 명 말고는 아무도 없었어요. 그래서 그녀에게 내 여권과 서류를 건넸고, 그러자 그녀가 말했어요. "거기서 기다리세요." 그러더니 어떤 아가씨가 나와서 말했어요. "오케이, 끝났어요." 시내 다른 쪽에서는 처리하는 게 불가능했던 일이 여기에서는 즉시 처리가 된 거예요! 에밀리에게 작별 인사를 하고 공항으로 직행했어요.

샌프란시스코에서 뮌헨으로 가서 환승한 후, 뉴델리로 날아가 엄청나게 큰 공항에 도착했어요. 어떤 사람을 만나기로 돼 있었는데 거기에 그 사람은 없었어요. 그래서 위층에 있는 레스토랑으로 가서 커피를 마시면서 담배를 피웠죠. 한참 후에 나는 공황 상태에 빠져들기 시작했어요. 어디로 가야 할지 몰랐으니까요. 그러더니 결국 사람들이 도착했고, 그들은 나를 커다란 공항에서 몇백 미터 떨어진, 살면서 본 그 어떤 공항하고도 닮은 구석이 없는 자그마한 공항으로 데려갔어요. 잘못 들어갔다가는 영원히 길을 잃을 수도 있었어요. 그런데 그들은 나를 제대로 된 장소로 데려갔고, 나는 결국 바라나시로 우리를 태우고 갈 소형 항공기에 탔죠. 바라나시에 착륙했더니 초대형 흰색 SUV 두 대가 있었어요. 나는 차에서 담배를 피울 거라고 말했고, 그러면서 많은 사람이 다른 차에 탔죠. 괜찮더군요. 그들은 여전히 나를 잘 보살펴줬지만, 담배 연기를 원하지는 않았어요. 아무튼, 우리는 알라하바드까지 네 시간 동안 차를 타고 갔어요. 인도의 도로 위에서 목숨을 잃는 일 없이 보내는 1초, 1초는 말 그대로 기적이에요. 그 나라에 정지 신호나 신호등 같은 건 없어요. 트럭들이 어찌나 가깝게 지나가는지, 트럭과 내가 탄 차 사이에 종이 한 장을 끼우지도 못할 정도였어요. 도로에는 짐승들이 있었어요. 개, 원숭이, 물소, 젖소를 비롯한 모든 짐승이요. 자전거와 행인, 사람을 삼십 명이나 태운 픽업트럭들. 다들 경적을 빵빵 울려댔고 전속력으로 밟아댔어요. 어찌 보면 신나고 어찌 보면 긴박한 상황이었어요. 그 나라 운전자들은 도로에 오르기 전에 기도를 올리고는, 모든 걸 신께 맡겨요. 무턱대고 길을 떠나는 거죠.

우리는 알라하바드를 향해 곧장 차를 몰았어요. 그곳은 마하리쉬의 아시람(ash-ram, 힌두교도들이 수행하며 거주하는 곳─옮긴이)이 있던 곳이에요. 그의 시신은 그곳의 대형 텐트 안에서 꽃에 둘러싸여 있었어요. 사람들은 안에 들어가 마하리쉬에게 존경을 표한 다음에 거기서 자리를 잡고 시간을 보냈어요. 나는 잠깐 머물렀죠. 그러다가 내 친구 파티마를 봤고, 우리는 한동안 함께 자리에 앉았어요. 그러다가 내 호텔을 찾아 떠나야 했죠. 나는 존 해글린 박사의 차에 탔어요. 높은 수준의 수행에 도달한 그는 운전에 대해서는 걱정하지 않더군요. 그런데 그의 운전사는 내 평생 최악의 운전사였어요. 나는 말했죠. "속도를 늦추지 않으면 내가 심장마비에 걸릴 거라고 그에게 말해주세요! 제발요!" 사람들은 마냥 깔깔거리기만 했어요. 그래서 나는 순식간에 불안감에 사로잡혔어요. 우리는 그들이 묵는 호텔에 도착했고, 그런 후에 나는 다른 차를 타고 한 블록 떨어진 내 호텔로 갔어요. 다른 사람 몇 명과 같이 있었는데, 날은 어두워져 있었어요. 우리는 운전하면서 그 호텔을 찾았지만, 호텔은 그 자리에 없었어요. 우리는 그 낯설고 드넓은 단지를 네 번이나 돌았죠. 거기를 다섯 번째 돌면서 호텔을 발견했어요. 우리가 어떻게 그 호텔을 놓친 걸까요? 호텔이 모습을 나타내기까지 우리는 그 단지를 네 번이나 돌아야 했어요.

그 호텔은 구내가 근사했어요. 잘 깎인 잔디밭과 보기 좋은 초목들이 있었죠. 안에 들어갔더니 엄청나게 성대한 결혼식이 진행되고 있었어요. 인도 사람들은 결혼식에 열광해요. 게다가 그때는 결혼식 시즌이었어요. 내 방에 갔는데 모기 천지더군요. 인도에는 모기가 없는 현대식 호텔들이 있어요. 그런데 이 호텔은 낡은 호텔이었어요. 나는 그래도 괜찮았어요. 그런데 와인이 없더군요. 그런 곳에서 보르도 와인을 얻을 수는 없겠죠. 그래서 킹피셔 맥주를 주문했는데, 방에 배달된 맥주는 용량이 40 온스보다 더 컸어요. 호텔 측은 맥주를 가져올 때 벽에 꽂으면 모기들이 도망가게 만드는 냄새를 뿜어내는 작은 장치도 함께 가져왔어요. 그래서 맥주가 오면서 모기들이 떠났고 나는 행복감에 젖었죠. 근사한 방이었어요.

이튿날 아침에 밥이 전화를 걸어서 말했어요. "아무개 씨를 데려오세요. 그는 당신 호텔에 묵고 있어요." 프런트 데스크에 가서 직원에게 말했어요. "아무개 씨한테 우리가 여기 있는데, 이제 떠나야 한다고 알려주실래요?" 그러자 그는 작은 카드들이 엉망으로 쌓인 더미를 훑더니 말했어요. "그분은 저희 호텔에 묵지 않으셨습니다." 나는 말했어요. "아니, 여기 묵은 손님이에요." 그러자 그는 말했어요. "아닙니다. 저희 투숙객이 아닙니다." 그래서 방으로 돌아가 밥에게 전화했죠. 그러자 그는 그 사람이 여기에 묵고 있다고 주장했어요. 데스크로 돌아가서 다시 확인해달라고 요청했고, 직원은 확인을 마치고 말했어요. "그분은 저희 투숙객이 아닙니다." 그러다 장례식에 가려는 다른 사람이 지나가기에 내가 말했어요. "아무개 씨를 찾고 있는데 그 사람은 여기에 없다는군요." 그러자 그가 말했죠. "그 사람은 당신 옆방에 묵고 있어 요." 나는 인도를 사랑해요. 마법 같은 나라예요.

장례식 둘째 날에, 마하리쉬의 시신은 아시람 내에 사람들이 화장용 장작더미를 쌓아둔 곳에서 화장됐어요. 수천 명이 그 자리에 있었죠. 특별한 장작으로 거대한 장 작더미를 쌓은 방식이 믿기 힘들 정도로 정교했어요. 모든 게 정확히 맞아떨어져야 만 하죠. 헬리콥터가 머리 위로 지나가면서 장미꽃잎 수백만 장을 흩뿌렸어요. 그런 데 헬리콥터 날개들이 흙먼지를 일으켰죠. 그래서 장미꽃잎과 흙먼지가 한데 어울려 소용돌이를 그렸어요. 장관이었죠. 장작더미가 여전히 불타고 있을 때 나는 그곳을 떠나 호텔로 돌아갔어요.

셋째 날에 우리는 아시람으로 돌아갔어요. 불은 꺼졌더군요. 특별한 성직자들이 유해를 모아서 가른 다음, 다른 곳들로 향할 단지들에 넣고 있었어요. 그런 후, 우리 는 모두 갠지스와 야무나, 사라스와띠강이 합수合水하는 곳으로 갔어요. 강들은 하 나로 모여 섞였어요. 우리가 몸을 담그는 곳은 상감sangam이라고 불려요. 거기에 몸 을 담그는 건 살면서 할 수 있는 가장 성스러운 일이죠. 거기에 몸을 담근 사람의 몸 은 금으로 변해요.

많은 보트가 대기하고 있었어요. 밥은 나를 마하리쉬의 유해가 실린 커다란 흰색 보트에 태우려 애를 썼지만, 그들은 안 된다고 했어요. 그러다가 콘라트라는 독일인 남자가 난데없이 나타나더니 나를 보트에 태웠고, 나는 다른 사람 몇 명과 함께 배에 탔어요. 우리 배는 다른 보트 수백 척에 에워싸인 채로 출발했죠. 우리는 갠지스로 나아갔어요. 마하리쉬의 유해를 운반하는 커다란 흰색 보트가 뒤따랐죠. 나는 옷을 벗었고, 콘라트는 나한테 숄을 건넸어요. 나는 보트를 나왔어요. 몸을 담글 때는 두 귀와 코를 막고, 눈을 감아야 해요. 강물의 오염 때문이죠. 기도를 올리고 뒤로 세 번 을 몸을 담갔어요. 나는 늘 생각했어요. 나, 데이비드는 절대로 인도에 가지 않을 거 라고. 내가 이번 생에 갠지스에 몸을 담글 일은 없을 거라고. 그런데 나는 지금 인 도에 있을뿐더러 상감에 있었어요. 상감에 있을뿐더러 강물에 몸을 담그고 있었죠. 그냥 강물에 몸을 담그는 데 그치지 않고 마하리쉬 마헤쉬 요기의 유해가 내 주위의 물속을 흐르는 영원한 시간 속에 몸을 담그고 있었어요. 정말로 특별한 일이었어요.

그해 연말에는 파리에 있었어요. 카르티에 부티크가 있는 거리 건너편의 카페에 앉 아 있었죠. 에밀리에게 결혼해 달라고 청했어요. 우리는 이듬해인 2009년 2월에 베 벌리 힐스 호텔의 잔디밭에서 결혼했어요. 담배를 피우려고 실외로 나갔다가 그 호 텔에서 공연하고 있던 엘비스 모창 가수를 만났죠. 나는 "당신이 와야 해요."라고 했 고, 그는 우리 결혼식에 왔고, 사람들은 춤을 췄어요.

같은 해에 나는 마하리쉬에 대한 영화를 만들기로 했어요. 그 작업을 시작하려고 인도로 돌아갔죠. 밥 로스가 나랑 같이 갔고, 리처드 베이머가 촬영을 하면서 함께 있었어요. 리처드는 대단히 특별한 사람이에요. 뛰어난 인재인 데다 오랫동안 명상을 해서 높은 경지에 이른 사람이죠.「트윈 픽스」의 벤저민 혼이기도 하고요. 같이 여행하기에 끝내주는 동행이에요. 그는 우리 여행에서 엄청난 것들을 촬영해서는「아름다운 세상」이라는 영화를 만들었어요. 사람들이 영화를 보겠다고 극장으로 차를 몰고 갈, 그런 영화는 아니에요. 요즘 세상이 돌아가는 방식을 봐요. 하지만 언젠가는 그런 날이 올 거예요. 지금 당장은 아니지만요.

나는 상하이에서 인도로 갔어요. 상하이를 떠날 때 열이 나는 걸 알았어요. 조류 독감에 걸린 건지도 모르겠다고 생각했죠. 인도에 들어가면서 입국 절차를 밟으려고 줄을 섰을 때, 거기에는 사람들의 체온을 재는 장치가 있었어요. 어떤 사람의 체온이 기준보다 높으면, 그들은 그 사람을 줄에서 데려가서 격리한 다음, 몸이 나아질 때까지 내보내지 않죠. 아무튼, 나는 줄에 서 있었어요. 그러다가 갑자기 사람들의 체온을 판독 중인 TV 스크린을 본 거예요. 나는 이미 입국 수속을 마친 상태였는데 말이에요. 나는 열이 있으면서도 인도에 입국하는 데 성공한 거예요. 인도에 있는 내내 아팠어요. 인도에 오지 말았어야 했다고 생각했죠. 우리는 마하리쉬의 족적을 따랐어요. 나는 몸이 최상의 상태이기를 원했지만, 실상은 그렇지 않았어요.

마하리쉬의 스승님인 구루 데브가 1953년에 육신을 벗은 후, 마하리쉬는 우타리 카시에 위치한 성자들의 계곡Valley of the Saints에 있는 갠지스강 변에 작은 집을 지었어요. 거기서 묵언 상태로 명상을 하며 2년을 머물렀죠. 그 후, 그는 여행을 하면서 초월 명상을 가르치기 시작했어요. 그는 가는 곳마다 도움을 원하는 사람들을 만났죠. 또 그는 어딘가를 떠나기 전에 무엇인가를 세우기도 했어요. 그렇게 생겨난 명상 센터들과 연락을 주고받으면서 명상 기술을 가르치는 세계적인 운동을 일으켰죠. 마하리쉬의 두 가지 사명은 사람들을 각성시키고 지구를 평화롭게 만드는 거였어요. 그는 육신을 벗기 전에 모든 것이 자리를 잡았다고, 모든 게 완료됐다고 말했어요. 그건 기차가 역을 떠나 여로에 오른 것과 비슷해요. 지구에 평화가 도래하고 있어요. 문제는 열차가 도착하기까지 얼마나 오래 걸리느냐는 거죠. 이건 모두 하늘의 뜻이에요. 지금도 이 일은 계속되고 있어요. 시대가 그걸 요구하기 때문이죠.

오랫동안 음악으로 실험을 해오고 있었어요. 하지만 '나는 뮤지션'이라고 말한다면 위대한 뮤지션들에게 불경한 짓을 하는 거죠. 나는 음악을 연주하지만 뮤지션은 아니에요. 카메리마쥬 갱을 통해 만난 마렉 제브로프스키는 작곡가이자 8개 국어를 구사하는 영리한 사람이에요. 절대음감의 소유자이기도 하고요. 그래서 내가 먼저 무엇인가를 연주하면 그는 거기 맞춰서 함께 연주할 수 있어요. 그의 연주를 들으면 내가 무슨 일을 하고 있는지 나 자신이 알고 있다는 느낌을 받아요. 하지만 우리가 하는 모든 연주는 즉흥 연주예요. 이 연주가 제대로 돌아가는 유일한 이유는 그가 절대 음감을 갖고 있기 때문이죠. 어떤 곡이 제대로 연주되는 방식은 이래요. 나는 짤막한 시를 읽으면서 작업을 시작할 거예요. 그런 후에 보통은 키보드로 음을 하나 치죠. 그러면 마렉이 뛰어들어요. 그는 내 변화에 귀를 기울이다가 악상을 떠올리고는 거기에서 음악을 전개해 나가요. 자유분방한 연주죠. 시어詩語들의 느낌에 바탕을 둔 즉흥 합주예요. 나는 마렉과 함께하는 이런 세션들을 위해 새로 시들을 써요. 분위기를 설정하기 위한 짧은 시를 쓰고 나면 음악이 시작되죠. 우리는 밀라노와 파리와 우치에서, 그리고 뉴욕의 폴란드 대사관에서 공연했어요. 나는 이런 공연들을 즐겨요. 무언가를 암기하지 않아도 되니까요. 블루밥과 공연할 때는 변화를 암기해야만 했어요. 게다가 사람들 앞에서 공연하는 건 정말로 고통스러운 일이었죠. 하지만 사람들 앞에 있더라도 즉흥 연주를 할 때는 한결 나아요.

그즈음에 했던 또 다른 음악 프로젝트가 《여우 박쥐 전략Fox Bat Strategy》이었어요. 2006년에 뉴올리언스에서 사망한 데이브 자우레퀴Dave Jaurequi에게 바치는 헌정 음반이었죠. 모든 건 내가 핑크 하우스의 복도에서 베이스의 선율을 흥얼거리기 시작한 90년대 초에 시작됐어요. 나는 트럼펫을 연주하기 때문에 악보를 읽을 줄 알아요. 그런데 다시 말하지만, 나는 뮤지션이 아니에요. 그래서 악상을 잊어버리지 않으려고 베이스의 음표들을 그렸어요. 그다음에 무슨 일을 해야 할지 하나도 모르는 상태에서 캐피톨 레코드의 세션을 예약했죠. 그래도 나는 베이스로 돈 팔조네Don Falzone를 원한다는 것만큼은 알았어요. 그래서 말했죠. "돈, 이런 얘기하자니 정말로 민망한데, 내가 이런 베이스 선율을 떠올렸어요." 그러고는 그에게 흥얼거렸죠. 그는 말했어요. "그거 쿨하군요, 데이비드! 그걸 약간 변주해도 될까요?" 나는 물론이라고 했고, 그는 변주했어요. 근사하더군요. 그런 후에 돈은 스티브 호지스Steve Hodges를 위해 그걸 연주했고, 호지스는 드럼을 치기 시작했어요. 그들은 거기에서 그루브를 얻었고, 앤디 아머Andy Armer는 키보드로 음악을 연주했죠. 내가 아는 기타리스트가 몇 명 있었는데, 그들 중 누구도 그 자리에 부를 수가 없었어요. 그런 와중에 누군가 말했죠. "데이브 자우레퀴라는 친구가 있어요." 그래서 우리는 그를 고용했어요. 하지만 데이브는 녹음 시작 직전까지도 모습을 나타내지 않았죠.

우리는 그 트랙을 녹음해야 했어요. 그러다가 마침내 데이브 자우레퀴가 나타났죠. "제도諸島에서 온 거예요."라는 얘기를 들었어요. 어떤 제도인지는 몰랐지만 멋진 얘기로 들리더군요. 섬에서 입는 것 같은 셔츠를 입고 짙은 선글라스를 낀 그가 기타를 들고 자리에 앉았죠. 내가 늘 말하듯, 50년대 느낌의 음악이라고 그에게 말했어요. 그러자 그가 연주를 시작했는데, 어찌나 연주를 잘하는지 미칠 것 같았어요. 믿기질 않더군요. 우리는 〈핑크 룸The Pink Room〉하고 〈블루 프랭크Blue Frank〉를 녹음했고, 두 곡은 「트윈 픽스 영화판」에 삽입됐어요. 그들도 영화에 출연했고요. 그들은 캐나다의 나이트클럽인 더 파워 앤 더 글로리를 배경으로 한 장면에 나와요.

그러다가 한참이 지난 후에 나는 가사를 몇 곡 썼어요. 그 친구들과 다시 스튜디오에 들어가고 싶었죠. 체로키 스튜디오Cherokee Studio에 체크인했어요. 주로 데이브 자우레쿼하고 작업했죠. 나는 그에게 가사를 줬고, 그는 선율을 찾으려고 애쓰면서 연주를 하고 노래를 불렀어요. 여섯 곡 정도를 함께 작곡했을 거예요. 우리는 체로키에서 브루스 로브Bruce Robb와 함께 녹음하고 믹싱을 했어요. 끝내주는 경험이었어요. 그런데 그 곡들에는 아무 일도 일어나지 않았고 먼지만 쌓여 갔죠. 내 스튜디오를 완성한 후에는 데이브를 그리로 데려와 함께 작업하고 싶었어요. 그런데 갑자기 뉴올리언스에서 존John이라는 술집을 운영하던 그의 여자친구 케이에게서 연락이 왔어요. 데이브가 의자에 앉아 있다가 넘어져서 내출혈로 사망했다는 소식이었어요. 케이와 나는 연락을 주고받았고, 우리는 체로키에서 우리가 작업했던 노래들이 포함된, 그에게 바치는 헌정 앨범을 만들었어요. 그런데 그 무렵에 음악 산업은 한심한 상태였고, 그래서 누구도 땡전 한 푼을 못 벌었죠. 그래도 그 친구들하고 같이 작업한 건 정말로 대단한 경험이었어요. 그들은 위대한 뮤지션들이자 정말로 좋은 사람들이에요.

음악은 데이비드 린치 재단에도 많은 도움을 줬어요. 로라 던하고 나는 2009년 4월에 라디오 시티 뮤직 홀Radio City Music Hall에서 거행된 모금행사 '변화는 내면에서 시작된다Change Begins Within' 콘서트의 사회자였어요. 나는 공연자들을 모두 소개했죠. 그런데 맙소사, 관객으로 꽉 찬 행사장의 분위기가 고조됐어요. 폴 매카트니 Paul McCartney와 링고 스타Ringo Starr? 농담이죠? 그들이 해체 이후에 같이 공연하는 건 그게 겨우 두 번째였어요. 그들은 〈친구들로부터 작은 도움을 받아With a Little Help from My Friends〉를 공연했죠. 그런 후에 폴이 무대를 장악했어요. 그는 장비들로 가득 찬 세미트럭 두 대를 가져왔어요. 트럭이 정말로 길더군요. 피아노를 비롯한 모든 장비가 그와 함께 온 거예요.

사람들은 비틀스가 우리 인생에 얼마나 중요한 요소였는지 몰라요. 그 시대를 살았던 사람들은 알지만, 젊은 사람들은 모르죠. 그런데 나는 그 시대를 살았잖아요. 그래서 폴과 링고를 만나는 건 상상을 초월하는 일이었어요. 그들이 1964년에 처음으로 미국 여행에 나섰을 때, 그들은 뉴욕 시티로 날아온 후 워싱턴 D.C.로 내려왔어요. 거기서 그들의 첫 미국 콘서트를 열었는데, 나도 그 자리에 있었어요. 그들은 복싱 링에 있었어요(비틀스는 1964년 2월 11일에 워싱턴 콜리세움Washington Coliseum에서 8,000명의 팬을 위해 공연했다). 거기는 어마어마하게 큰 곳이라 그들의 연주 소리는 거의 들리질 않았어요. 괴성을 질러 대는 몇 겹의 사람들 가운데에서 조그맣게 끽끽거리는 소리를 듣는 것만 같았죠. 그때 고등학교 졸업반이던 나는 원래 거기에 갈 계획이 없었어요. 그러다가 마지막 순간에 거기에 가고 싶어졌고, 그래서 사랑하는 남동생을 구슬려서 입장권을 받아다가 대신 간 거예요. 나는 링고와 폴에게 내가 그들의 첫 미국 콘서트를 보러 갔었다는 얘기를 해야만 했어요. 물론, 그들에게 그건 아무 의미도 없는 얘기겠지만, 나한테는 믿을 수 없을 만큼 좋은 추억이었어요.

링고는 해리 딘하고 비슷한 사람이에요. 마주 앉아서 한마디도 안 하더라도 편안하게 느낄 수 있는 그런 사람이죠. 진정으로 좋은 사람이에요. 링고는, 특별한 사람이에요. 나는 매년 캐피톨 레코드 빌딩에서 열리는 링고의 생일 파티에 가요. 주최 측은 군중을 위해 음악을 틀어놓고, 정오가 되면 링고가 평화와 사랑을 공표하면서 평화와 사랑이라고 적힌 완장들을 던지죠. 그는 해마다 7월 7일에 이런 일을 해요. 폴도 정말로 좋은 사람이에요. 라디오 시티 공연을 위해 그가 리허설하는 걸 지켜봐야 했어요. 그는 리허설을 할 때 1000분의 1초까지 타이밍을 맞춰요. 완벽주의자죠. 그 자리에 있는 모든 사람을 철저히 감독해요. 따라서 그들이 하는 공연은 절대로 장난이 아니에요. 타이트한 작업이죠. 시간이 흐름에 따라 많은 사람이 변해 가지만, 그가 자신의 옛날 노래를 공연할 때, 그 사운드는 오리지널 녹음과 정확히 똑같아요. 폴과 링고는 1968년에 리시케시에서 마하리쉬와 함께한 이후로 명상을 해왔어요. 따라서 그들은 명상가들이죠. 그들은 명상을 사랑하고 명상을 지지해요.

그즈음, 어느 날 민디가 와서 말했어요. "데인저 마우스가 감독님을 만나고 싶어 해요." 내가 물었죠. "데인저 마우스가 누군데?" 그녀는 그가 어떤 사람인지 말했고, 나는 말했어요. "내가 비디오나 그런 걸 찍어주기를 원하나 보군." 그렇게 데인저 마우스가 왔는데, 멋진 남자이자 뛰어난 프로듀서였어요. 그리고 그가 내게 바랐던 건 비디오가 아니었어요. 그는 자신이 스파클호스와 함께 작업한 음반에서 영감을 얻은 스틸 사진들을 내가 찍어주기를 원했어요. 그래서 우리는 영화를 촬영하듯이 그 작업에 접근했죠. 우리는 촬영지를 물색했어요. 유일한 차이점은, 영화가 아니라 사진을 찍었다는 거예요.

사람들은 스파클호스를 사랑했어요. 그런데 그들은 한동안은 아무 작업도 하지 않은 상태였죠. 그래서 데인저 마우스는 작업을 같이 해보자며 마크 린커스를 구슬렸고, 그래서 그들은 이런 곡들을 작업한 거예요. 그런데 그 트랙들의 작업을 마칠 무렵, 마크는 노래 부르는 걸 지나치게 창피해하게 됐어요. 그래서 그들은 가수를 여러 명 초빙했어요. 그들에게 자신들이 작곡한 곡들을 바탕으로 직접 가사도 쓰고 원하는 작업을 해달라고 부탁했죠. 어느 순간에 데인저 마우스한테 농담처럼 말했어요. "당신은 나한테도 노래를 부르라고 청할 것 같군요." 그러자 그가 묻더군요. "노래하세요?" 나는 말했죠. "그래요. 이제 막 몇 곡을 노래하기 시작했어요." 그래서 나는 두 트랙에서 노래를 부르기에 이르렀고, 새로울 것 없는 《영혼의 어두운 밤》이라는 제목을 제안했어요. 다들 영혼의 어두운 밤을 거치죠. 그들은 그걸 앨범의 제목으로 삼았어요.

나는 데인저 마우스를 정말로 사랑했어요. 마크도 사랑했고요. 그는 우리 집을 두어 번 방문했고, 나랑 마주 앉는 걸 무척이나 편안해했어요. 그는 음악을 사랑했어요. 그하고 딘하고 나는 스튜디오에 앉아 얘기했죠. 그는 필터 없는 담배를 피웠어요. 담배 끝이 3밀리미터만 남을 때까지 피웠죠. 그래서 그의 손가락은 오렌지색과 갈색으로 물들어 있었어요. 남부 남자죠. 내면에 많은 걸 품고 있었어요. 정말로 많은 것들이 있었죠. 어떤 뮤지션들은 많은 걸 품고 다녀요. 우리는 그런 사람들을 보는 즉시 알아차릴 수 있죠.

콘서트 실황 영상인 「몬터레이 팝^{Monterey Pop}」에서 공연하는 재니스 조플린을 봐요. 세상에, 눈물이 쏟아질 것만 같아요. 당시 그녀는 무명이었어요. 지금은 상상하기 힘든 일이지만, 그 자리에 그녀를 아는 사람은 아무도 없었어요. 그런데 그녀가 무대에 오를 때 연주자들이 정말로 멋진 기타 도입부를 연주했죠. 그러자 분위기는 차분해졌고 그녀는 노래를 부르기 시작했어요. 정말로 완벽한 노래였죠. 그녀는 완벽하기 그지없는 공연을 했어요. 으뜸가는 공연이었죠. 그녀는 정말로 끝내주는 노래로 관객들을 장악했어요. 영화는 어느 순간, 재니스가 공연하고 있을 때 앞줄에 앉아 있던 마마 카스(Mama Cass, 미국의 포크밴드 마마스 앤 파파스의 멤버—옮긴이)의 모습을 보여주죠. 마마 카스는 탄성을 내질러요. "와우." 눈에 보이는 광경을 믿을 수가 없다는 투죠. 그건 금덩어리나 다름없었어요. 그런 후에 지미 헨드릭스가 나오죠. 그와 그의 기타는 일심동체예요. 기타가 어디에 있건 그의 손가락들은 연주를 하고 있어요. 그들은 한 몸이에요. 현실이라고 믿어지지 않는 일이죠. 엄청나게 쿨하고 완전히 끝내주는 일이에요. 그렇게 그는 〈거친 녀석〉으로 장외 홈런을 쳐요. 그다음에는 오티스 레딩이 무대에 오르죠. 그가 그날 밤에 불렀던 노래? 〈나는 당신을 너무 오랫동안 사랑해 왔어요〉였어요. 그 목소리에서는 아주 다양한 감정이 쏟아져 나와요. 단 한 곡으로 그 모든 감정을 표현할 수 있는 사람이 있다는 건 믿기 힘든 일이죠.

내 통나무는 황금으로 변하고 있다

펜실베이니아 미술아카데미에서 린치의 전시회가 막을 올렸던 2014년 무렵, 그는 미술계에서 서서히 인지도를 쌓기 시작했다. 그런데 정확히 같은 시기에 그는 텔레비전이라는 토끼 구멍으로 자취를 감추기 시작했다. 린치를 다시 「트윈 픽스」로 데려간 여정은 그가 무소 앤 프랭크스에서 마크 프로스트와 점심을 같이 먹은 2011년에 시작됐다. 그리고 이 여정은 근본적으로 그의 인생 중 4년을 잡아먹었다.

린치가 「영양은 더 이상 달리지 않는다」의 제작비를 대려는 사람들을 줄 세우려 시도하고 있을 때, 「트윈 픽스 3」가 아득히 먼 곳에서 처음으로 형체를 갖추기 시작했다. 그런데 린치가 만들고 싶어 했던 그 영화는 제작할 수 없는 것으로 판명됐다. 프랑스의 프로듀서 알랭 사드는 린치에게 그가 관심을 가진 영화는 무엇이건 시작할 수 있을 거라고 장담했지만, 추정 제작비가 2천만 달러였던 「영양은 더 이상 달리지 않는다」는 당대에 생겨난 영화 제작 패러다임의 틈바구니로 추락했다: 대작이나 소규모 영화는 만들 수 있지만, 그 중간에 존재하는 비행금지구역no-fly zone을 떠다니는 영화는 만들 수 없다. 그런 현실이 린치에게 점점 자명하게 다가오는 동안, 그와 프로스트는 집필을 위한 만남을 더 자주 가졌다. 그들은 대체로 스카이프를 통해 대본을 썼다—오하이오에 있는 프로스트의 집은 할리우드에서 차로 두 시간 거리다. 그들은 주식회사 랜초 로사 파트너십Rancho Rosa Partnership Inc.이라는 제작사를 차렸다. 그런 후 린치는 사브리나 서덜랜드에게 그들이 개발 중인 드라마의 제작 업무를 맡겼다. 2008년 11월, 서덜랜드는 혼란에 빠진 몇몇 업무를 비롯해 린치의 다양한 요청을 처리하는 일을 맡으면서 린치의 활동에 참여했다. 그녀는 「트윈 픽스 3」가 굴러가기 시작할 무렵에는 린치의 작업 활동에 없어서는 안 될 사람이 돼 있었다. 린치는 서덜랜드를 철저히 신뢰했고, 그녀는 그를 위해 프로듀서로, 회계사로, 에이전트로, 변호사로, 비즈니스 매니저로 변신했다.

2014년 초, 린치와 프로스트는 제작비를 대줄 곳을 찾기에 충분할 정도로 대본을 완성했다. 그들이 처음 들른 곳은 쇼타임이었다. "나는 데이비드와 마크가 「트윈 픽스」를 되살리는 문제를 고심하고 있다는 소문을 들었습니다. 데이비드의 제작사 대표를 통해 우리를 만나 달라고 사정했죠." 쇼타임의 CEO 데이비드 네빈스David Nevins는 말했다. "2014년 2월에 그와 마크가 게리 르바인Gary Levine과 나를 만나러 왔습니다. 내 소파에 앉은 데이비드를 설득하려고 애썼습니다. 이곳이야말로 그의 갓난아이를 데려오기에 좋은 곳이라고 말이죠. 그는 말 없이 내 얘기를 듣기만 했습니다. 그는 속내를 드러내지 않으면서도 공손했습니다. 검정 슈트에 흰색 셔츠의 단정한 차림이었죠. 그는 내가 안전한 동업자인지 판단하려고 애쓰고 있었습니다."[1]

협상은 6개월간 계속됐다. 그러다가 쇼타임은 10월에 시리즈의 리부트(reboot, 어떤 작품의 원점으로 돌아가 새롭게 만드는 것—옮긴이)를 발표하고는 에피소드 아홉 편을 주문했다. 2015년 1월에 린치와 프로스트는 방송국에 334페이지짜리 대본을 건넸다. 그러면서 프로스트는 자신의 에너지를 이 시리즈에 관한 책 『트윈 픽스의 비밀 역사The Secret History of Twin Peaks』를 집필하는 쪽으로 옮겨 쏟았고, 린치는 대본 작업을 계속했다. 협상은 질질 끌리면서 갈수록 린치를 짜증 나게 했다. 흥정을 벌이며 14개월을 보낸 후인 이듬해 4월 6일, 쇼타임이 드라마에 투자하려는 제작비를 린치에게 제시했고, 그는 그 제작비가 한심할 정도로 모자란다는 걸 알게 됐다. 그러자 그는 트위터를 통해 자신은 프로젝트에서 철수하겠다고 선언했다.

"쇼타임은 이 작품을 에피소드들로 구성된 텔레비전 드라마라고 여겼을 뿐, 데이비드의 비전을 이해하지는 못했어요." 계약 과정에서 빚어진 작은 갈등에 대해 서덜랜드는 말했다. "데이비드가 보기에 그 작품은 텔레비전 드라마가 전혀 아니었어요. 언제나 장편 영화였죠. 방송국은 그가 어디 출신인지 이해하지 못했어요. 예를 들어, 데이비드는 날마다 촬영장에 완벽한 장편 영화용 스태프가 있기를 원했죠. 특수 조명 기구들도 있고, 스탠바이 페인터(standby painter, 세트나 로케이션에서 그림과 관련한 문제를 해결하는 스태프—옮긴이)도 있고, 특수 효과 전문가도 있기를 원했죠. 그런데 그건 텔레비전의 작업 방식이 아니에요. 그들은 촬영장에 항상 대규모 스태프를 두지는 않아요. 그래서 쇼타임은 데이비드의 방식에 저항했어요. 그들의 마음속에서 이 작품은 텔레비전 드라마였으니까요. 데이비드가 '좋아요, 나는 갑니다.'라고 말한 건 제작비를 더 많이 받아내기 위해서가 아니었어요. 그들이 제시한 액수와 그의 머릿속에 들어 있는 아이디어를 구현하는 데 필요한 액수 사이의 차이가 컸기 때문이었어요. 실제로 데이비드는 그 작품으로 떼돈을 벌진 못했죠."[2]

린치가 홀가분한 마음으로 프로젝트를 떠난 건 아니었다. "그가 프로젝트를 떠나는 모습을 보면서 그가 자기 작업에 있어서 얼마나 진실한 사람인지 새삼 깨닫게 됐어요." 에밀리 스토플은 말했다. "그 일은 그의 회계사가 이곳을 운영하는 데 얼마나 많은 돈이 드는지 얘기했을 무렵에 일어났어요. 그는 자신이 직원들에게 과다한 비용을 지출하고 있다는 걸 알게 됐죠. 돔 페리뇽 광고를 막 찍은 참이었어요. 그 덕에 일 년을 더 버틸 수 있었죠. 하지만 그는 2006년 이후로는 영화를 만들지 않았고, 의지할 만한 수입원도 없었어요. 그래도 그는 『트윈 픽스』가 마땅히 가져야 할 비전을 두고 타협할 생각은 하지 않았죠."

결심을 굳힌 린치는 드라마에 헌신하려던 연기자 여러 명에게 전화를 걸었다. 그는 자신은 프로젝트를 떠나지만, 프로젝트는 자기 없이도 여전히 진행될 것 같다고 말했다. "데이비드가 참여하지 않는다면, 우리 중에서도 어떤 식으로건 그 프로젝트에 참여하려는 사람은 없을 겁니다." 이 드라마의 첫 두 시즌에서 비행 청소년 바비 브릭스Bobby Briggs를 연기했던 데이나 애쉬브룩Dana Ashbrook은 말했다.[3] 매드첸 아믹은 린치를 지원하는 동영상 캠페인을 기획했고, 연기자 11명—아믹, 애쉬브룩, 셰릴 리, 셰릴린 펜, 키미 로버트슨, 페기 립튼, 제임스 마셜James Marshall, 게리 허시버거Gary Hershberger, 웬디 로비, 캐서린 코울슨, 앨 스트로벨—은 린치를 추천하는 영상을 촬영했다. 린치의 딸 제니퍼도 마찬가지였다.

"협상이 결렬됐을 때 나는 일본에 있었습니다." 네빈스는 말했다. "TV 업계에서는 에피소드 단위로 제작비를 협상합니다. 그래서 우리 변호사들은 텔레비전 프로그램을 다룰 때마다 항상 하던 방식대로 「트윈 픽스」를 다뤘죠. 그런데 이건 평범한 프로젝트가 아니었습니다. 데이비드는 처음부터 자기가 이 작품을 영화로 본다고 명백히 밝혔습니다. 게다가 그는 얼마나 많은 에피소드를 만들어야 할지 밝히고 싶지 않았죠. 그는 '열세 편이 될 수도 있고, 더 많을 수도 있어요.'라고 말했습니다. 우리 변호사들은 이런 점에 주목했습니다. 그들은 우리가 보통 지불하는 에피소드 당 단가에 열세 배를 곱한 액수를 지불하는 건 원치 않았죠. 그런데 데이비드가 요구했던 건 그게 아니었습니다."

"내가 비행기로 귀국하는 동안, 그는 트위터에다가 프로젝트를 떠나겠다고 썼습니다. 나는 미국에 착륙한 후, 게리하고 데이비드의 집에 갔죠. 그는 '내가 만들어야 할 에피소드가 아홉 편 이상이라고 계속 말했는데도 아무도 내 말을 귀담아듣지 않고 있어요.'라고 했습니다. 나는 그에게 말했습니다. '감독님께 백지수표를 드리지는 못합니다. 그래도 어쨌든 우리 회사가 써야 할 돈이 얼마인지는 알고 있어야 합니다.' 그러자 데이비드가 말했습니다. '당신들이 쓸 수 있는 액수를 가늠해 봐요. 내가 원하는 걸 그 액수로 만들 수 있는지 나도 궁리해볼 테니까.' 그래서 우리는 전체 프로젝트의 예산을 뽑은 다음, 우리가 속 편히 지급할 수 있는 액수를 밝히면서 말했습니다. '원하시는 만큼 충분히 시간을 갖고 생각해보십시오.' 그는 제작비를 효율적으로 썼습니다. 결국, 에피소드 단위의 제작비는 대단히 합리적인 수준을 유지했죠."

"우리는 데이비드 없이 프로젝트를 진행하는 방식은 전혀 고려하지 않았습니다." 네빈스는 덧붙였다. "그 말고 다른 사람의 손에 들어간 「트윈 픽스」는 어떤 작품일까요? 이건 새로운 감독에 의해 새롭게 탄생할 필요가 있는 프랜차이즈가 아닙니다. 데이비드가 참여하지 않았을 때 「트윈 픽스」에 어떤 일이 일어났는지를 우리는 이미 잘 알고 있습니다. 그렇게 나온 작품은 짝퉁이 됐죠."

2015년 5월 15일, 린치가 프로젝트에 복귀했다고 발표하면서 프리프로덕션이 공식적으로 시작됐다. 대본은 이미 몇 달 전에 쇼타임에 제출됐지만, 프로젝트에 파란불이 들어온 후에도 그는 몇 달간 집필을 계속했다. "데이비드는 마크가 없으면 「트윈 픽스」도 없을 거라고 말한 첫 사람이에요. 마크가 책을 쓰려고 떠났을 때 스토리의 전체적인 궤적은 이미 잡혀 있었지만, 데이비드는 마크가 떠난 후에도 그 스토리를 상당한 정도로 확장했어요." 서덜랜드는 말했다. "그의 머릿속에 몇 년간 자리하고 있던 요소들이 대본에 들어갔어요. 그리고 연출과 관련한 요소는 전부 데이비드가 창조한 거예요. 그는 자신이 원하는 게 뭔지 —다들 어떤 외모를 가졌는지, 옷차림은 어떤지, 세트는 어떻고, 가구에 박힌 나사는 어떤 모양이고 치마에 달린 지퍼는 어떤지— 정확히 알고 있었어요. 시청자가 눈으로 보는 모든 결과물은 100퍼센트 데이비드의 작품이에요."

"그는 정말 열심히 집필했어요." 스토플은 기억했다. "그가 마크와 같이 대본을 쓰는 동안, 그는 밤늦게 집에 온 다음에도 담배를 피우면서 메모장에 글을 썼어요. 내가 집 안에서 담배 피우는 걸 좋아하지 않았거든요. 그는 몇 시간이고 그렇게 앉아 있었죠. 집 밖에 놔둔 오래된 등받이 의자에 앉아서 보내는 시간이 얼마나 길었던지, 그 의자에 놓을 새 쿠션을 장만해야 할 정도였어요. 그는 추운 밤이면 담요를 둘렀어요. 우리 집 지붕에는 튀어나온 돌출부가 있는데, 비가 오면 그는 비를 피하려고 돌출부를 향해 의자를 옆으로 돌렸죠."

린치는 잭 피스크가 그 드라마의 프로덕션 디자이너를 맡아주기를 원했다. 하지만 알레한드로 이냐리투의 「레버넌트: 죽음에서 돌아온 자」 작업을 막 마친 피스크는 휘하에 있는 미술감독 루스 데 용Ruth De Jong을 자신을 대신할 인물로 추천했다. 듀웨인 던햄이 편집감독으로 복귀했고, 안젤로 바달라멘티는 음악을 담당했으며, 조한나 레이와 크리스타 후사르Krista Husar는 캐스팅을 맡았다. 대사가 있는 배역만 200개가 넘는 「트윈 픽스 3」는 레이가 평생 다뤄온 프로젝트 중 가장 규모가 컸다.

본 촬영은 2015년 9월에 시작됐다. 어떤 면에서 보건, 총 140일이 걸린 촬영은 린치를 비롯한 참여자 전원에게 대단히 즐거운 경험이었다. "끝내주게 자연스러워 보였습니다." 마이클 바릴은 말했다. "촬영 첫날에 확성기를 들고 의자에 앉은 그는 그 일을 백만 번쯤 해온 사람처럼 보였습니다. 그는 자기 자리에, 자신에게 알맞은 위치에 있었습니다."

가장 먼저 이뤄진 제일 중요한 캐스팅은, 물론, 카일 맥라클란이었다. "그들은 시나리오를 완성하기 전에 내가 합류할지를 먼저 확인해야 했습니다. 나는 100퍼센트 합류하겠다고 했죠." 맥라클란은 말했다.[4]

"끝내주는 배역 딱 하나를 연기하는 게 아니었습니다. 끝내주는 배역을 세 개나 연기하는 거였죠. 연기자로서 이보다 더 어렵고 도전적인 역할은 해본 적이 없습니다. 악한 쿠퍼bad Cooper로 변신하는 과정은 꽤 힘든 여정이었습니다. 데이비드와 내가 그 캐릭터를 찾아낸 과정은 무척 느리고 지루했죠. 가장 어려운 신들은 악한 쿠퍼가 데이비드와 로라 던과 맞서는 신들이었습니다. 데이비드하고 나는 같이 있으면 약간 바보처럼 변합니다. 그래서 그와 함께하는 장면에서는 카리스마적인 캐릭터를 연기하기가 힘들었습니다. 데이비드하고 로라하고는 정신적으로 강한 유대감을 느끼는 사이라서, 그런 유대감을 차단하기가 힘들었죠."

던은 맥라클란의 연인인 다이앤 역할로 그와 공연했다. 그녀는 촬영이 힘들었다는 걸 인정하기는 했지만, 그래도 그 촬영은 그녀에게 순전한 기쁨을 안겨주었다. "데이비드하고 카일하고 연기하는 건 가족 소풍이랑 비슷했어요." 그녀는 말했다. "데이비드는 카일과 내가 재결합하는 자리를 만들어냈어요. 그가 크리스마스 선물을 포장해서 우리에게 건넨 것과 비슷했죠. 시리즈가 진행되는 동안 쿠퍼와 다이앤 사이에서 전개되는 스토리는 사랑 이야기이기도 해요. 그게 시리즈의 의미를 한층 더 풍부하게 만들어줬죠.”

 “카일하고 내가 찍은 러브신은 힘든 작업이었어요. 노골적인 내용이라서가 아니라, 다이앤이 느끼는 감정들이 너무 강렬했거든요.” 그녀는 덧붙였다. “데이비드는 어떤 장면을 찍을 때 아이디어를 미리 다 짜놓는 편은 아니에요. 그는 촬영하는 내내 아이디어를 추가로 얘기했어요. 데이비드도 그 러브신을 촬영하는 게 그렇게 고통스럽고 고뇌에 찬 작업이 될 줄은 몰랐을 거예요. 다이앤은 쿠퍼의 진실한 사랑이에요. 그녀는 그가 맞서 싸우고 있는 내면의 분열을 이해하니까요. 그녀는 그런 분열의 최대 피해자였어요. 어쩌면 쿠퍼 자신보다 더 큰 피해를 본 사람이죠. 나한테는 그 신은 고통스럽다기보다는 걱정스러웠어요. 다이앤은 자신들이 결코 다시는 순수해지지 못할 거라는 걸 알고 있으니까요. 가슴이 찢어지면서도 에로틱하고 아프고 혼란스러운 신이었어요. 데이비드가 의도했던 게 뭔지는 몰라요. 어쨌든 내가 경험한 그 신은 그랬어요.”

 드라마의 세 시즌 전체에서 호크 보안관보를 연기한 마이클 호스Michael Horse는 이렇게 말했다. “데이비드가 전화로 말했습니다. ‘옛 패거리를 모으고 있어요.’ 그러고는 촬영에 들어가서 하루인가 이틀을 보낸 후에 속으로 생각했죠. ‘아아, 데이비드가 어떤 사람이고 이게 얼마나 특별한 작품인지 잊고 있었어.’ 데이비드는 대단히 많은 것들을 상자에서 꺼내놨습니다. 그 덕에 촬영을 신나게 즐겼죠.”[5]

 린치는 드라마를 비밀의 망토로 덮었다. 맥라클란을 제외하면, 모든 연기자는 그들이 연기하기로 예정된 대사 말고는 아무것도 모른 채로 촬영장에 도착했다. 그런데 그걸 언짢아하는 듯한 사람은 아무도 없었다. “시나리오가 미스터리에 싸여 있다는 사실은 배우들 사이의 상호 작용에 대단히 근사한 차원을 덧붙였습니다.” 쓸쓸한 분위기의 외톨이 제임스 헐리를 연기한 제임스 마셜은 말했다. “다들 자기가 나오는 신을 찍을 때, 다른 사람들은 그 신을 드라마가 방영되고 나서야 볼 수 있을 거라고 생각했죠. 촬영장에는 그렇게 극단적으로 비밀스러운 분위기가 흘렀습니다.”[6]

 시즌 3를 찍으려고 복귀한 오리지널 시리즈의 동창생 스물일곱 명 중에는 앨 스트로벨이 있었다. 그는 시즌 1에서 밥의 사악한 범죄 파트너로 처음 등장한 외팔이 필립 제라드를 연기했었다. 시즌 3에서 제라드는 신탁神託을 전하는 사제 비슷한 존재로 발전한 상태다. “내가 포틀랜드에 살 때, 내 에이전트가 사진과 이력서를 조한나 레이에게 제출했습니다.” 스트로벨은 린치와의 관계가 어떻게 다시 시작됐는지 말했다. “데이비드는 자기 작품에서 활용할 수 있는 무엇인가를 내 내면에서 봤습니다. 나는 금방 그를 사랑하게 됐죠. 환상적인 놀이터에서 내가 상상할 수 있는 것보다 훨씬 더 재미있게 노는 어떤 사람과 놀아보라는 초대를 받은 거랑 비슷했습니다. 당시에 데이비드는 노는 걸 정말 좋아했습니다. 동시에 그는 시즌 3를 만들 즈음에는 대단히 진지해진 듯 보였습니다. 확실히 「트윈 픽스 3」는 한층 더 진지한 작품입니다. 그 시절에 우리는 텔레비전의 관습을 갖고 놀면서 즐거워하고 있었지만, 데이비드는 자신의 예술을 깊이 파고들기만 할 뿐, 이 드라마가 인기를 얻을지의 여부는 신경 쓰는 것 같지 않았습니다. 그는 자신의 예술을 표현하기만을 원했습니다."[7]

그레이스 자브리스키도 이 작품과 연관된 경험이 린치에게 어떤 흔적을 남겼는지를 주목했다. "예술가로 —그리고 돈을 벌어들이는 수단으로— 성장하는 사람들은 경력 초기에는 상상하지 못했던 압박들을 느끼게 돼요. 이제 데이비드는 새로운 기대들을 감당해야 했고, 그러면서도 여전히 새로운 요소들을 내놓아야 하는, 심지어는 그걸 예전보다 더 잘해내야만 하는 처지에 놓였죠. 데이비드는 지난 몇 년간 그런 압박들 때문에 운신의 폭이 조금 줄어들었지만, 나는 그 이유를 이해해요. 그리고 그의 중요한 측면들은 조금도 변하지 않았고요."

"〈트윈 픽스 3〉의 세트에서 어떤 게 설치되기를 기다리는 동안 의자에 앉아 얘기를 나눴던 게 떠오르네요." 자브리스키는 덧붙였다. "우리는 둘 다 나무를 사랑하고 손으로 뭔가를 만드는 걸 좋아해요. 우리의 대화는 보통 작업 도구들을 화제로 삼죠. 우리가 그때 했던 얘기도 아마 그 얘기였을 거예요. 이런저런 것들에 대해 감독의 승인을 받으려는 사람들 때문에 우리 대화는 자꾸만 끊겼어요. 그런데 사람들이 떠나고 나면 그는 하고 있던 대화가 끊긴 정확한 지점에서 대화를 다시 시작했어요. 데이비드는 누군가하고 얘기할 때는 그 얘기에 정말로 집중해요."

수수께끼 같은 파이어맨을 연기한 배우 카렐 스트류컨Carel Struycken도 린치의 변화에 대한 의견을 내놨다. "그는 내가 연기하던 캐릭터에 대해서는 아무 말도 하지 않았습니다." 시즌 2의 에피소드 1에서 거인Giant으로 처음 등장했던 스트류컨은 회상했다. "그는 그냥 나한테 걸어와서는 악수를 하면서 말했죠. '모든 게 나쁘지 않게 진행될 거예요.' 무슨 50년대 영화의 대사처럼 들리더군요."

"데이비드는 서두르는 법이 결코 없습니다." 스트류컨은 말을 계속했다. "그는 항상 배우들에게 모든 걸 더 느리게 하라고 말했습니다. 행크 워든Hank Warden은 내가 연기했던 첫 신에서 웨이터를 연기했습니다. 그는 여든아홉 살이라서 이미 엄청나게 걸음이 느렸지만, 데이비드는 그에게 발을 더 느리게 끌고 다니라고 했습니다. 시즌 3를 만들 때도 그는 상황이 한층 더 느리게 흘러가기를 원했습니다. 당시에는 그가 얻으려고 애쓰는 게 뭔지 몰랐지만, 지금에 와서 리부팅된 시리즈를 감상하면서 제대로 이해하게 됐죠. 작품의 전개 속도는 진짜 기막히게 좋습니다."[8]

시즌 3를 위해 돌아온 배우 중에는 더블 알 다이너Double R Diner의 여왕인 노마 제닝스를 연기한 페기 립튼도 있었다. "1988년에 데이비드를 만나러 갔을 때, 그는 직접 만든 엄청나게 큰 책상에 앉아 있었어요. 책상에는 내 사진 말고는 아무것도 없었죠." 그녀는 회상했다. "나한테 그와 비슷한 영예를 베푼 사람은 아무도 없었어요. 나는 그 당시에 데이비드의 영화는 한 편도 본 적이 없었지만, 그의 인성에 매력을 느꼈죠. 데이비드가 어떤 사람을 주목하면, 그 사람은 세상에 존재하는 유일한 사람이 돼요. 그는 결코 딴 데로 한눈을 팔지 않고, 그의 눈동자는 여기저기를 돌아다니지 않아요. 모든 게 상대에게 초점이 맞춰지고, 상대는 그를 독점하게 되죠. 그가 나한테 그 배역을 제의한 게 그날이었을 거예요."

"20년이라는 시간이 훌쩍 지나간 다음, 내 자동 응답기에 메시지가 남았어요. '안녕하세요, 데이비드 린치예요.' 나는 그에게 전화를 걸었고 우리는 잡담을 약간 나눴죠." 립튼의 회상은 계속됐다. "그는 상대의 머릿속에 들어가는 걸 무척 좋아해요. 그는 내 생활에 관해 물었어요. 그러고는 드라마 얘기를 했고 나는 당연히 하겠다고 했죠. 그러고는 생각했어요. '맙소사, 그녀를 어떻게 재창조해야 하지.' 하지만 나는 아무것도 할 필요가 없었어요. 모든 게 대본에 적혀 있었으니까요. 나는 그 식당을 일종의 환영幻影 같은 요소와 통합시키는 데이비드의 방식을 무척 좋아해요. '그래, 모든 게 여기에서 시작됐어. 이것들이 우리의 뿌리고 우리의 닻이야.' 그러면서 그 식당은 모든 걸 대단히 근사하게 묶어냈죠. 오랜 세월이 흐른 후에 데이비드를 다시 내 인생에 들이게 된 건 무척 특별한 일이었어요."[9]

드라마에서 립튼의 연인은 빅 에드 헐리다. 이 캐릭터는 1999년에 연기에서 은퇴하고 애리조나로 이주했던 에버렛 맥길Everett McGill이 연기했다. "LA에 있는 누구하고도 연락을 주고받지 않았습니다. 그래서 데이비드는 나를 한참 찾아야 했죠. 그러다가 마크가 그에게 얘기했습니다. '당신의 트위터 팔로워들한테 에버렛과 연락이 되는 사람이 있는지 알아보지 그래요?'" 맥길은 말했다. "누군가가 그에게 몇 년 전에 돌아가신 우리 장인어른이 소유했던 작은 집의 전화번호를 줬습니다. 나는 그 집 상태를 점검하려고 몇 주에 한 번씩 거기에 가곤 했었죠. 그러니 내가 그 집에서 전화를 받을 확률은 무척 희박합니다. 그런데 전화기가 울렸고 나는 전화를 받았죠. 데이비드였어요. 우리는 바로 전날에 하다가 멈췄던 대화를 이어 하듯이 대화하기 시작했습니다. 우리는 왕년의 좋았던 시절과 그가 몰던 패커드 호크, 그러니까 그가 애지중지하던 이상하게 생긴 차에 관해 얘기했습니다. 그러다가 그가 '당신한테 연락할 일이 있으면 이 번호로 연락하면 되나요?'라고 물었습니다. 나는 '이 번호는 영 아니에요.'라고 말한 다음 다른 번호를 알려줬죠. 그런 후에 계약 내용을 공개하지 않겠다는 합의서가 우편물로 도착했고, 조한나에게서 전화가 왔습니다. 오래전에 데이비드한테 이런 말을 한 적이 있습니다. '내가 필요하면 언제 어디서건 전화만 걸어요. 내가 거기 갈 테니까.' 그는 나한테 드라마에 출연하고 싶은지 물어볼 필요가 없다는 걸 알고 있었습니다."

"빅 에드는 항상 즐겁게 연기할 수 있는 배역이었습니다. 노마가 내 등에 손을 얹고 우리 두 사람이 입을 맞춘 순간은 정말로 감동적이었죠." 불운했던 연인들이 마침내 하나가 되는 신에 대해 맥길은 덧붙였다. "정말로 근사한 느낌이 들었습니다. 데이비드는 재촬영 없이 한 번의 테이크로 그 장면을 끝냈죠."[10]

"우리가 그 신을 촬영할 때, 데이비드는 촬영장에 오티스 레딩의 노래 〈나는 당신을 너무 오랫동안 사랑해 왔어요〉를 틀었어요." 립튼은 말했다. "그가 컷을 외친 후에 그를 쳐다봤더니 갓난아이처럼 울고 있더군요."

빅 에드와 노마의 애정 관계가 해결된 것은 트윈 픽스 마을에 일어난 많은 변화 중 하나였다. "젊은 바비 브릭스를 연기한 청년으로서, 나는 재수 없게 굴어도 좋다는 무제한의 자유를 누렸습니다. 되게 재미있었죠." 애쉬브룩은 말했다. "시즌 3는 다를 거라는 걸 알았습니다. 그래서 바비가 경찰이 됐다는 걸 알고서도 충격을 받지 않았죠. 시즌 2 때 아버지와 내가 함께 나온 신에서 그런 변화를 위한 설정을 해뒀으니까요. 과거에 데이비드가 나에게 했던 연기 지도는 조금 더 까불거리라는 거였습니다. 그런데 이번에 그는 다른 배우들한테 했다고 들은 바 있는, 천사 같은 방식으로 나를 대하지 않았습니다. 내 신들은 굉장히 구체적으로 집필됐죠. 거기에 그냥 뛰어든 나는 신을 망치지만 않기를 바랐습니다."

"내가 지금까지 맡았던 모든 배역은 「트윈 픽스」와 약간씩 관련이 있었습니다. 데이비드는 내가 여전히 배우로 일할 수 있게 해준 원천이었죠." 애쉬브룩의 말은 계속됐다. "그는 우리를 가르친 가장 위대한 선생님 같은 존재입니다. 그리고 내가 만났던 제일 진실한 예술가이기도 하죠. 우리가 파일럿을 촬영했을 때, 라라 플린 보일과 나는 제작진 전원이 묵었던 레드 라이언 호텔 현관에서 그와 우연히 마주쳤습니다. 그는 작업 중인 포스터를 보러 자기 방으로 오라며 우리를 초대했습니다. 그는 열두 시간을 촬영하고 난 후에도 방에 가서 또 다른 예술 작업을 하고 있더군요. 나는 그의 그런 점을 무척 좋아합니다."

시즌 2가 끝난 후 25년 세월을 보내면서, 애쉬브룩이 연기하는 캐릭터는 더욱 성숙해졌다. 그리고 제임스 마셜의 캐릭터는 한층 더 쓸쓸해졌다. "데이비드는 자신의 서로 다른 측면들을 대하듯이 각각의 캐릭터에 접근하는 것 같아요. 그는 순수한 캐릭터들에게 매력을 느끼는데, 제임스 헐리가 가진 특징도 데이비드 자신이 가진 측면이라고 생각합니다." 마셜은 말했다. "제임스는 깊은 고통에 시달리는 캐릭터죠. 데이비드는 슬픔이나 기쁨의 결과로 어떤 영혼이 표면으로 떠오를 때를 즐기는 것 같습니다. 그는 주위의 정체된 에너지를 움직이도록 하는 데 달인이기도 하죠."

"시즌 1에서, 라라 플린 보일과 내가 카우치에 앉아서 키스하는 신이 있었습니다. 그런데 데이비드는 원하는 느낌을 얻지 못하고 있었죠. 그가 와서는 라라하고 얘기했지만, 나는 빤히 쳐다보면서도 아무 말도 하지 않았습니다. 그는 자기 의자로 돌아갔죠. 그는 그런 일을 대여섯 번이나 했습니다. 그런데도 뭔가를 얻지 못했죠. 그러자 이번에는 나한테 오더니 쪼그리고 앉아 양손을 올리더군요. 그는 두 손을 쥐었다가 펴고는 손가락을 벌리기 시작했습니다. 그는 허튼 표현은 하지 않았습니다. 그런데도 우리는 그가 원하는 곳에 도달하지 못했죠. 그러자 그는 다시 내 앞으로 와서 말 한마디 없이 2, 3분간 양손을 폈다 오므렸다 했습니다. 그러더니 일어나서 말하더군요. '해봅시다.' 그러고는 걸어갔죠. 그는 우리가 자신과 함께 몇 분간 가만히 있게 만드는 것만으로도 에너지를 완전히 순환시킨 겁니다. 그는 가스 밸브를 더 크게 연 다음, 우리가 그 가스에 불을 붙이도록 놔뒀습니다."[11]

당연한 얘기지만, 오리지널 출연진은 세월이 남긴 흔적에 시달렸다. 몇몇 배우들—프랭크 실바Frank Silva, 데이비드 보위, 돈 S. 데이비스Don S. Davis—은 촬영이 시작되기 전에 사망했다. 다른 배우들—워렌 프로스트Warren Frost, 미구엘 페러Miguel Ferrer, 해리 딘 스탠튼—은 촬영이 끝난 후 사망했다. 린치에게, 드라마에 출연한 그들 모두의 존재감은 인간이 삶과 죽

음을 갈라놓는 경계선을 얼마나 쉽게 넘을 수 있는지를 잘 보여줬다. 특히 가슴 아픈 인물
은 출연하지 못 할 뻔했던 '로그 레이디' 캐서린 코울슨이다. 그녀는 2015년 9월 28일에
세상을 떠났다. 그 전주 화요일, 코울슨의 친구가 오리건주 애슐랜드에 있는 그녀의 집을
방문했다가 그녀가 월요일과 화요일 촬영을 위해 일요일에 워싱턴으로 날아갈 예정임을
알게 됐다. 당시 호스피스 진료를 받고 있던 코울슨은 여행하지 말라는 조언을 들었지만,
드라마에 출연하기로 결심한 그녀는 린치에게 병세를 숨겼다. 린치에게 연락한 친구는 코
울슨을 출연시키고 싶다면 당장 애슐랜드로 와서 그녀의 집에서 촬영해야 할 거라고 조언
했다. 이튿날, 미야카와 노리코는 현지 인력들로 촬영 스태프를 꾸려 애슐랜드로 갔고, 코
울슨은 그날 밤에 린치가 화상 전화로 연출하는 가운데 자신에게 할당된 신들을 촬영했다.
그리고 닷새 후에 숨을 거뒀다. 그 일주일 전에는 더블 R 다이너의 직원 토드를 연기한 마
브 로산드Marv Rosand도 세상을 떠났다. 2017년 10월 18일, 데이브 맥클레이 형사를 연기했
던 브렌트 브리스코Brent Briscoe가 낙상 후의 합병증으로 사망했다. 당시 56세였던 그의 죽음
은 예기치 못한 것이었다.

드라마에는 린치의 여러 영화에 출연했던 배우들―발타자 게티, 나오미 왓츠, 로라 던,
로버트 포스터Robert Forster―도 출연했다. 한편 이 드라마에서 핵심적인 역할을 맡으면서 연기
자로 데뷔한 사람들도 조금 있었다. "어느 날 세션 녹음을 하는데 데이비드가 나를 빤히 쳐
다보더니 말했어요. '내가 하는 새 프로젝트에 당신을 위한 역할이 있을 것 같아.'" FBI 요원
태미 프레스턴을 연기한 크리스타 벨은 말했다. "내가 등장하는 신이 적힌 페이지들을 받은
후에야 태피가 상당히 비중이 큰 역할이라는 걸 깨달았어요. 내가 그 역할을 연기할 수 있을
지 의심스러웠죠. 내가 의구심을 드러내니까 데이비드는 말했어요. '괜찮을 거야. 나를 믿어.'
연기 레슨을 받아야 하는 것 아니냐고 물었지만, 그는 딱 잘라 말했어요. '안 돼! 절대 그러지
마!'"

"데이비드는 그 캐릭터에 대한 비전을 갖고 있었어요. 나는 제대로 된 의상을 찾으려고
의상 피팅만 대여섯 번 했죠." 그녀는 덧붙였다. "데이비드는 의상 담당자 낸시 스테이너Nancy
Steiner가 보낸 사진들을 찬찬히 살피면서 말했어요. '아냐. 이건 그게 아냐.' 또는 '그 부분은 제
대로 해냈는데 이 다른 부분은 다시 작업해야 해요.' 그는 제시카 래빗Jessica Rabbit 같은 FBI 요
원 스타일을 얻을 때까지 계속 그렇게 반복했어요."

린치는 촬영장에 들어서기 한참 전부터 마음의 눈으로 자신의 캐릭터들을 시각화한다.
또한, 그는 섭외한 연기자들을 통해 그 캐릭터들에 살을 붙이기도 한다. "다이앤의 캐릭터는
대사만으로도 그 형태가 선명하게 잡혀요. 그녀의 몇몇 부분들은 이미 데이비드의 머릿속에
서 확고한 형태를 지니고 있었죠." 던은 자신이 연기한 캐릭터에 대해 말했다. "데이비드는
다이앤의 입술을 세상에 존재하지 않는 색으로 칠하고 싶어 했어요. 우리는 찾아낼 수 있는
모든 화장품 브랜드의 모든 제품을 다 시도해봤죠. 결국, 그는 스스로 립스틱 팔레트를 만들
어서 원하는 색을 찾아낼 때까지 색들을 섞었어요. 나는 날마다 세트로 나갔고, 그는 거의 흰
색에 가까운, 하지만 금황金黃색이 많이 가미된 분홍색을 얻을 때까지 립스틱 색을 섞으면서

15분을 보냈어요."

"그는 굉장히 구체적이에요. 그러면서도 데이비드는 배우들이 스스로 캐릭터에 어울리는 요소들을 찾아내는 걸 무척 좋아해요." 던은 말을 계속했다. "「블루 벨벳」 세트에서 카일과 나를 위해 세트의 확성기로 쇼스타코비치를 틀어줬던 것처럼, 또는 「광란의 사랑」의 여정을 시작한 니콜라스 케이지와 내가 세일러와 룰라로 변신하는 동안 들어줬으면 하는 음악을 알려줬던 것처럼, 그는 배우들이 자신에게 어울리는 분위기와 미스터리를 스스로 발견하도록 돕는 데 많은 신경을 써요."

이 드라마로 스크린에 데뷔한 배우 중에는 2010년에 「24개 억양으로 구사한 영어The English Language in 24 Accents」라는 유튜브 동영상으로 린치의 눈을 사로잡은 젊은 영국 배우 제이크 워들Jake Wardle이 있었다. "2012년에 사브리나 서덜랜드가 메일을 보내왔어요. '안녕하세요, 저는 당신을 자신의 프로젝트에 캐스팅하는 데 관심이 있는 감독님 밑에서 일하는 사람이에요. 감독님은 스카이프로 당신과 통화하고 싶어 해요.' 그러면서 데이비드하고 나는 처음으로 영상 통화를 했죠." 당시 스무 살밖에 안 됐던 워들은 말했다. "엄청나게 태평한 사람이었어요. 내 동영상이 정말로 인상적이었고 내 진정성이 마음에 든다고 말하더군요. 우리는 몇 달에 한 번씩 스카이프로 통화했어요. 잡다한 얘기들을 하면서 그냥 서로를 알아갔죠. 그는 나한테 점심으로 뭘 먹었냐라거나 내가 키우는 개는 견종이 뭐냐 같은 걸 물었죠. 그러다가 2014년에 그가 말했어요. '「트윈 픽스」 본 적 있나? 우리는 새 시즌을 만들고 있어. 자네는 착용자에게 엄청난 힘을 주는 마법의 녹색 장갑을 가진 프레디라는 런던 출신 남자를 연기하게 될 거야.' 그는 내 배역의 대사를 런던 사투리의 특성을 살린 속어로 썼어요. 그는 런던 사투리에 굉장히 관심이 많아요. 실제로 런던 사투리에 대해 나보다 더 아는 게 많아요."

"드디어 2016년 3월 1일에 데이비드를 만났어요. 만나서 의상을 맞추러 갔죠. 세트를 방문하라는 초대를 받았고요. 데이비드는 파이어맨과 세뇨리타 다이도가 등장하는 에피소드 8의 장면을 촬영하고 있었어요. 나를 따뜻하게 포옹한 데이비드는 내가 자기 옆에 앉아 대여섯 시간 동안 자신이 연출하는 모습을 지켜보게 해줬어요. 데이비드가 나를 발견하지 못했더라도 내가 연기에 자신감을 가질 수 있었을지는 모르겠어요. 하지만 그게 내 운명이라는 걸 이제는 알아요. 데이비드는 내가 올바른 길에 오르는 걸 도움으로써 내 인생을 바꿔놓았어요. 나는 프레디와 무척 비슷해요: 프레디는 파이어맨에게 간택됐고, 나는 데이비드에게 선택됐죠. 파이어맨은 프레디에게 장갑을 줬고, 데이비드는 나한테 그 역할을 줬고요."12

연기 경험이라는 스펙트럼의 반대쪽에는 1956년에 「버스 정류장Bus Stop」에서 마릴린 먼로의 상대역으로 오스카상 후보에 오른 적이 있는, 산전수전 다 겪은 베테랑 돈 머레이Don Murray가 있었다. "나는 데이비드를 만난 적이 없었습니다. 그래서 그가 나를 원한다는 전화를 받고는 깜짝 놀랐죠." 머레이는 말했다. "원래는 마흔다섯 살의 남자를 위해 집필된 배역이었습니다. 그런데 나는 여든일곱 살이었죠. 하지만 그는 이렇게 말했습니다. '돈 머레이가 정말로 마음에 드니까 그런 건 신경 쓰지 않습니다.' 데이비드가 나한테 뭘 봤는지는 전혀 모르겠습니다. 그런데 그가 뭔가를 원할 때는 그 안에 강한 영감을 품고 있습니다. 그래서 그가 누군가를 섭외할 때, 그는 자신이 스크린에서 보고 싶은 것과 정확히 똑같은 것을 그 사람에게서 이미 본 상태입니다. 그는 연기와 관련한 지시는 거의 하지 않습니다. 그가 연기해달라고 요청한 캐릭터를 연기하려고 몸부림을 쳐야만 하는 사람은 아무도 없습니다."

"데이비드의 촬영장은 내가 평생 겪어본 촬영장 중에서 가장 행복한 곳이었습니다." 머레이는 덧붙였다. "다른 감독들이 한 번도 보여주지 않은 모습을 데이비드가 보여준 적이 있습니다. 아주 사소한 역할을 맡은 배우라 할지라도, 그 배우의 작업이 모두 끝나면 그는 제작을 중단시키고 촬영진과 스태프를 소집한 후에 말하죠. '이것으로 아무개 씨의 마지막 촬영이 종료됐습니다. 아무개 씨에게 감사를 표하면서 박수를 쳐 드렸으면 합니다.' 그의 촬영장에는 독특하고 즐거운 분위기가 가득합니다."[13]

출연진 중에는 한동안 업계 주위를 배회했던 젊은 배우들도 몇 명 있었다. 훗날 그들은 「트윈 픽스 3」를 자신들의 출세작으로 돌아보게 될 것이다. "어떻게 오디션이 잡혔는지는 모릅니다. 샌 페르난도 밸리의 업계 구역 깊숙이 차를 몰고 갔죠. 데이비드 린치의 작품 섭외용 사무실에서 맞닥뜨릴 거라 예상되는 스타일의 사람들이 가득 모여 있는 대기실로 갔습니다." 낄낄거리는 경찰관 푸스코를 연기한 에릭 에델스테인[Eric Edelstein]은 말했다. "나는 따내려고 했던 역할은 얻지 못했습니다. 하지만 데이비드가 나를 위한 역할을 찾아내려 애쓰고 있다는 얘기를 나중에 들었죠. 그러고는 몇 달 후에 전화를 받았고, 이튿날 의상을 맞췄습니다. 세트에 도착하자 데이비드가 와서 말했습니다. '오케이, 당신들 세 사람은 푸스코 형제야. 그리고 에릭, 당신은 가족의 막내야. 형들은 당신을 마냥 애지중지해.' 그러더니 그는 내 웃음소리를 악기처럼 활용했습니다. 촬영하는 동안 내 웃음을 설계했죠. 내가 오디션을 했을 때 키득거렸던 게 분명하다고, 그래서 내가 그 배역을 따냈을 거예요."

"「트윈 픽스」를 하기 전에는 계속해서 악당으로만 캐스팅됐습니다. 그래서 생각했죠. '지금부터 이런 음침한 기운을 내뿜기 시작하면 되나?' 나는 「트윈 픽스」에서는 악당을 연기하는 데서 그치지 않고 나 자신을 연기했습니다. 그리고 이제 나는 '낄낄거리는 덩치 큰 사내'를 연기해 달라는 제의를 받아요. 데이비드가 내 안에서 그 모습을 본 덕분에 내 경력의 경로가 완전히 바뀌었습니다."[14]

배우들은 서로 다른 경로를 통해 린치에게 이르렀다. 청부 살인 업자 레이 먼로를 연기한 조지 그리피스[George Griffith]는 가족의 연줄을 통해 거기에 도착했다. "『데이빗 린치의 빨간방』은 나한테 큰 영향을 끼쳤습니다. 2009년에 나는 「닥터 오즈 쇼[Dr. Oz Show]」의 명상 관련 에피소드에 그를 손님으로 초대하자고 제안했습니다." 오즈의 딸과 결혼한 그리피스는 말했다. "데이비드는 그 프로그램에 출연하는 데 동의했고 나는 그를 인터뷰했죠. 그런 후에 그들은 점심을 같이 먹자면서 나를 초대했습니다. 나는 어찌어찌 그의 옆자리에 앉게 됐습니다. 그와 함께 앉아 있다는 사실이 믿기지 않더군요. 데이비드는 많은 이에게 수호성인 같은 사람입니다. 내게도 그 점심이 인생의 거대한 전환점이 됐습니다. 나는 그에게 내가 작업 중인 영화에 대해 말했고, 점심을 마친 후에는 그에게 영화의 사본을 하나 보냈습니다. 그러면서도 그가 그걸 볼 거라는 기대는 하지 않았죠. 그런데 2주 후에 사랑스러운 영화라는 내용이 담긴, 잔뜩 과장된 듯한 이메일을 그로부터 받았습니다. 그걸 읽고 나자 눈물이 뺨을 흘러내리더군요."

"『트윈 픽스』가 돌아오고 있다는 소문을 듣고는 생각했습니다. '내가 커피를 내리거나 그와 비슷한 다른 일을 할 수도 있을 거야.' 그래서 그에게 무슨 일이든 하겠다는 편지를 썼습니다." 그리피스는 말을 계속했다. "그랬더니 조한나 레이가 나한테 그리로 오라고 요청하더군요. 데이비드가 그냥 다시 한 번 친절을 베푸는 거라고 생각했습니다. 조한나를 만났는데, 그녀는 나에 대해서는 아무것도 모르더군요. 아마 내가 어떻게 거기에 오게 된 건지 의아해하고 있었을 겁니다. 그 만남이 끝난 뒤에 생각했습니다. '이런 기회를 놓친 내가 드라마에 들어갈 길은 없겠군.' 그러다가 '승선을 환영합니다.'라는 내용의 이메일을 제작진으로부터 받았습니다. 믿을 수가 없었죠!"

"내 첫 신을 촬영하는 날까지 데이비드를 만나지 못했습니다. 내 첫 신은 뷸라의 집에서 미스터 C.를 만나는 장면이었죠. 내가 촬영장에 들어가자 데이비드가 말했습니다. '조지 그리피스, 나는 당신 영화를 정말로 좋아해.' 그건 그가 해줄 수 있는 가장 멋진 일이었습니다. 촬영장에 있는 사람 중 누구도 내가 누구인지 몰랐는데, 그가 그런 말을 해준 덕에 나는 촬영장에서 상당한 비중을 가진 인물로 여겨질 수 있었죠. 내가 연기한 모든 신은 카일과 함께한 장면들이었습니다. 그와 데이비드는 둘 다 역사적인 존재들이죠. 당연히 나는 신경이 곤두섰습니다. 그런데 내 촬영 첫날에 카일이 이런 말을 했습니다. '우리 보스는 늘 원하는 걸 얻어요.' 내가 들어야 할 조언이 바로 그거였습니다."[15]

린치의 세계에 새로 도착한 연기자로는 유명한 코믹 연기자 마이클 세라Michael Cera도 있었다. 그가 맛이 간 폭주족 월리 브란도로 카메오 출연한 장면은 이 드라마에서 제일 웃기는 순간 중 하나다. "2012년에 에릭 에델스테인, 그리고 또 다른 친구와 함께 LA 도심에서 진행되는 TM 입문 교육을 받으러 갔었습니다." 세라는 회상했다. "나흘째 되는 날에 거기서 일하는 여자가 우리한테 와서 말했습니다. '데이비드하고 같이 명상하고 싶으신가요?' 깜짝 놀란 우리는 그러면 더할 나위 없이 좋겠다고 했죠. 하지만 우리는 그 초대를 스쳐 지나가는 일로 받아들였습니다. 그러다가 한 달쯤 후에 그녀가 전화를 걸어와서 말하더군요. '목요일에 데이비드의 집에서 명상하는 건 어떠세요?' 그의 집에는 그와 우리뿐이었습니다. 그는 낯선 사람들을 자기 집에 들일 정도로 열린 사람이었습니다. 어찌나 친절한지 내가 그의 집을 방문한 손님이라는 생각조차 잊을 정도였죠. 우리는 함께 명상을 했고, 그건 내 인생에서 일어난 일 중에 가장 특별한 사건에 속했습니다. 그러다가 그와 같이 작업하는 기회를 얻은 건요? 내가 미미한 존재로나마 그의 레이더에 잡혔다는 사실 자체가 나로서는 믿기 어려운 일입니다. 그때 내 최고의 소망은 내가 그의 시간을 허비하지 않았으면 하는 것, 그리고 그가 나를 고용한 걸 후회하지 않는 거였습니다."

"우리는 캐릭터에 대해서는 상의하지 않았습니다." 세라가 월리 브란도에 대해 덧붙인 말이다. "나는 딕 카벳Dick Cavett이 말론 브란도와 진행한 인터뷰를 꼼꼼히 살펴봤습니다. 그러면서 힘닿는 데까지 열심히 흉내를 내려고 애썼죠. 데이비드는 시나리오의 문법을 충실히 따르라고 했는데, 그게 큰 도움이 됐습니다. 그는 내 출연 장면에 아주 살짝만 관여했습니다. 그 신을 촬영한 건 새벽 두 시였는데, 우리는 대략 40분 만에 촬영을 다 끝냈습니다."[16]

촬영 내내 상황은 빠르게 진행됐다. "데이비드는 늘 효율적으로 작업하는 감독이었습니다만, 이 작품으로 새로운 경지에 들어섰습니다." 맥라클란은 말했다. "내 반응은 '에이, 그 장면을 딱 한 번의 촬영만으로 얻고 싶다고요?' 같은 식이었죠. 우리는 데이비드가 원하는 장면을 얻지 못하면 다음 신으로 넘어가지 않을 거라는 걸 알고 있었습니다. 그는 자신이 원하는 것에 대해서는 극도로 명백한 입장을 취하죠. 우리가 줄을 서서 콩가 춤을 추며 더기의 사무실을 돌아다니는 신을 찍던 날을 기억합니다. 짐 벨루시Jim Belushi가 즉흥적으로 무슨 말인가를 했죠. 데이비드가 컷을 외치면, 배우들에게는 데이비드가 다음에 무슨 얘기를 할지 기다리는 순간이 있습니다. 그래서 모두 잠시 연기를 멈추죠. 데이비드가 메가폰에 대고 말했습니다. '벨루시 씨? 당신을 교장 선생님께 신고해야 할까요?' 짐은 말했습니다. '아뇨. 무슨 말씀인지 알겠습니다.' 데이비드는 그렇게 멋진 방식으로 상황을 다룹니다. 사람을 민망하게 만드는 일 없이 자기가 주장하는 바를 밝히죠." 고도로 능률적인 제작 방식은 로드하우스Roadhouse를 배경으로 한 음악 공연 장면을 찍을 때도 반영됐다. 그 장면에는 대략 20명쯤이 등장했는데, 그들은 모두 라일리 린치와 딘 헐리가 만든 밴드인 트러블Trouble의 테스트 촬영이 끝난 뒤 패서디나에 있는 촬영장에서 하루 만에 모든 촬영을 마쳤다. 거기서 청중으로 출연한 사람들은 다양한 모습으로 변신한 뒤 또 다른 촬영에 투입됐다. 모든 작업이 빠르게 진행됐다.

그렇다고 린치에게 촬영이 식은 죽 먹기였다는 말은 아니다. "그는 작업을 재미있어 했지만, 한편으로는 힘든 작업이기도 했어요." 바릴은 말했다. "그는 촬영 중에 일흔 번째 생일을 맞았습니다. 그런데 우리는 하루에 최소 열두 시간을 일했죠. 열일곱 시간까지 일한 날도 많았고요. 그는 몇 차례 앓기도 했어요. 폐에 이물질이 들어가는 바람에 며칠 동안 고열에 시달리기도 했죠. 그가 계단을 올라가지도 못해서 우리가 그를 떠메고 올라가야만 했어요. 그런데도 그는 여섯 시간 후에 촬영장에 나타났어요. 병석에서 일어나 촬영장에 복귀한 거죠. 하루는 레드 룸에서 촬영하던 중이었어요. 그는 양쪽 무릎이 바닥에 부딪혀 큰 소리가 날 정도로 세게 넘어졌지만, 별일 아닌 것처럼 그냥 일어서더니 걸어서 그곳을 떠났어요. 그 일이 있기 전까지는 그가 얼마나 터프한 사람인지 몰랐어요."

프로젝트 전체가 사람의 진을 엄청나게 빼먹는 작업이라는 걸 고려할 때, 이 프로젝트가 린치의 결혼 생활에 큰 타격을 줬다는 건 놀랄 일이 아니다. "사실상 그가 자취를 감춘 것이나 다름없었기 때문에 힘들었어요." 스토플은 회상했다. "게다가 그는 기진맥진한 상태였어요. 콘텐츠를 작업하면서 열여덟 시간을 보낸다? 그건 최소한 장편 영화 아홉 편을 감상하는 것과 같은 엄청난 프로젝트예요. 그의 스케줄은 엄청나게 빡빡했어요. 주간 촬영과 야간 촬영을 오가고 있었고, 일요일만이 유일한 휴일이었죠. 그런데도 그는 늘 일요일 밤마다 제작 미팅을 가졌어요. 그래서 그는 잠을 제대로 자지 못했어요. 언젠가는 나한테 이러더군요. '젠장, 트레일러에서 명상하다 잠이 들었는데, 깨고 나니까 내가 어디 있는지를 모르겠더군. 촬영장에 있는 사람들은 모두가 나보다 젊은 사람들이야. 나는 너무 지쳤어.' 그는 정말로 몸이 안 좋았지만, 결코 작업을 멈추지는 않았어요."

"촬영에 들어가고 오래지 않아 말하더군요. '새벽 여섯 시에 집에 오면 당신하고 룰라는 하루를 시작해서 사방을 뛰어다니고 있어. 그래서 나는 조용한 환경과 햇빛을 가리는 커튼이 필요해.'" 스토플의 회상은 계속됐다. "샤토 마몽 호텔의 방을 얻어주려고 알아봤는데 너무 비쌌어요. 그래서 그레이 하우스(gray house, 서로 모여 있는 린치의 집 중 한 채―옮긴이)에 있는 손님방의 창문에 가림막을 설치해서 그를 위한 방으로 개조했죠. 그는 그 방을 무척 좋아했어요. 워싱턴주에서 촬영을 마치고 돌아오면 거기로 갔죠. 어느 날 밤에 그를 찾아갔더니 TV를 보면서 담배를 피우고 있더군요. 그가 앞으로 영원히 이런 식으로 생활할 거라는 생각이 들었어요. 담배 때문이었어요. 2년간 그는 집 밖에서만 담배를 피워야 한다며 불평을 늘어놨었어요. 그런데 이제 그곳에서는 실내에서 담배를 피울 수 있게 된 거예요. 담배는 이 퍼즐에 들어맞는 커다란 조각이에요."

「트윈 픽스 3」는 앞선 시즌들보다 훨씬 드넓은 캔버스를 채택했다. 이번 시즌의 배경은 뉴욕 시티, 라스베이거스와 그에 이웃한 교외 지역, 트윈 픽스와 노스다코타주의 벅혼Buckhorn 이라는 가상의 도시, 필라델피아, 펜타곤, 텍사스주의 오데사, 그리고 물론 레드 룸이었다. 다양한 플롯들이 사방팔방으로 펼쳐지는 이야기다. 그래도 이야기 곳곳에는 개인적인 흔적들이 묻어 있다. 럭키 7 보험 에이전시Lucky 7 Insurance Agency 바깥의 광장에 설치된 청동 카우보이 조각? 그건 린치의 아버지가 열아홉 살 때 삼림 감시사무소에서 일할 때 찍은 사진을 바탕으로 한 거였다. 이 드라마에 마구잡이로 등장한 건 하나도 없고, 등장한 사물들은 다층적인 의미를 가진다. 그러면서도 모든 요소는 물 흐르듯 매끄럽게 어울린다. "데이비드가 구석에 앉아서 글을 쓰는 걸 종종 봤습니다." 스트류컨은 회상했다. "그러고 나면 누군가가 나한테 걸어와서 다음 신에서 내가 연기할 대사들이 적힌, 공책에서 찢어낸 종잇조각을 건네고는 했죠."

"내가 그 드라마에서 좋아하는 신은 철저히 즉흥적으로 연출됐어요." 크리스타 벨은 말했다. "어느 날 로라하고 데이비드하고 내가 세트에서 무슨 작업을 하려고 기다리면서 함께 있을 때였어요. 로라하고 데이비드가 함께 있는 걸 지켜보는 건 근사한 일이에요. 그들 사이에는 무척 기분 좋은 기운이 감돌거든요. 데이비드는 나를 대화에 참여시키려고 노력하고 있었어요. 그는 항상 남을 배려해요. 그러다가 우리를 쳐다보면서 말했어요. '대본에 없는 신을 작업할 거야. 우리는 밖에 나가서 계단에 설 거야. 우리가 그냥 그렇게 있는데, 어느 순간에 내가 로라의 담배를 한 모금 빨 거야.' 전체적인 상황은 어색했어요. 나는 이 기나긴 신에서 그냥 공간만 차지하고 있었어요. 그런데 데이비드는 우리 세 사람 사이의 역학 관계를 활용하면서 그걸 다른 차원으로 끌어올리고 있었어요. 그는 늘 창작을 하고 있어요. 우리는 그냥 수다를 떨고 있었는데, 그럴 때도 그는 생각한 거죠. 잠깐만, 이거 쿨한 걸, 「트윈 픽스」에 넣어보자. 그래서 그는 피터 데밍에게 말했어요. '우리는 밖으로 나갈 거야.' 그러면서 제작진은 이동식 화장실들을 옮겨야만 했어요."

"나는 그 신을 무척 좋아해요." 페기 립튼은 말했다. "그들은 그냥 허공을 바라보면서 서 있어요. 그래서 나는 엄청나게 웃었죠. 그 신에는 숨을 쉴 수 있게 해주는 여유가 있어요. 그게 데이비드의 모든 작품에 담긴 근사한 특징이죠. 그가 몇 분 동안 술집을 청소하는 남자를 지켜보면서 그 청소부에게 철저히 집중해 달라고 관객에게 요청하면, 관객은 그 요청을 따르다가 자기 생각 속으로 1분쯤 침잠하게 돼요. 그건 명상과 비슷해요."

던은 그 신을 곰곰 생각하면서 이런 의견을 내놨다. "데이비드는 그의 캐릭터들이 플롯을 진전시키는 대단한 일을 하지 않더라도 그 캐릭터들을 내팽개치지 않아요. 그는 그들이 허공을 멍하니 바라보며 결정을 내리는 동안 그들 곁을 지킬 거예요."

숨 쉴 수 있는 그 여유 공간은 린치의 작업이 발휘하는 마력의 중요한 원천이다. 스트류컨이 지적했듯, 작품의 전개 속도에 대한 그의 접근 방식은 무척 탁월하다. 지속하는 클로즈업, 조용히 오랫동안 풍경을 훑는 패닝 샷, 차 내부에서 찍은 도로의 모습, 홀로 천천히 수프를 먹는 인물, 밤을 가르며 철길을 지나가는 열차가 드라마에 간간이 끼어든다. 이런 신들은 어디로도 이어지지 않는다. 이 장면들은 순전히 스토리텔링의 속도를 조절하기 위해서만 존재한다.

이렇듯 린치는 내러티브를 여유롭게 진행하는 편이다. 그러나 린치는 촬영할 때는 연기자들에게 이런저런 것들을 불쑥 내놓는 경향이 있었다. "내가 세트에 간 첫날, 우리는 윌리엄 헤이스팅스William Hastings와 함께 심문하는 신을 찍었어요. 우리가 할 일에 대해 데이비드가 말했을 때 나는 무서워서 하얗게 질렸어요. 엄청나게 격렬한 신이었거든요." 크리스타 벨은 말했다. "그는 나한테 '당신은 여기에 섰다가, 다음에는 저기에 앉아.'라는 것 이상으로 상세한 지시는 하지 않았어요. 하지만 대본이 정말 좋아서 단어 하나도 고칠 필요가 없다는 걸 나는 알고 있었죠. 그는 감독 의자에 앉았고 나는 그의 건너편에 서 있었어요. 그는 나를 그냥 빤히 쳐다보면서 자신감을 심어줬죠. 그의 눈빛은 말했어요. '이건 당신의 인생이 마주한 근사한 경험이야. 그러니 이걸 받아들여 잘 해내 봐. 당신이 내면에 그럴 능력을 갖추고 있다는 걸 알아.'"

그 신에서 그녀를 상대한 배우는 매튜 릴라드Matthew Lillard였는데, 그는 촬영장에 와서야 린치를 처음 만났다. "그에게 걸어가서 인사를 했습니다. '안녕하세요, 매튜 릴라드입니다.' 그러자 그는 '안녕, 빌!'이라고 하더군요. 그가 나를 소품 담당자나 다른 사람으로 생각하나보다 생각했습니다. 그래서 말했죠. '아뇨, 저는 매튜라고 합니다.' 그랬더니 그가 다시 말하더군요. '안녕, 빌 헤이스팅스(Bill Hastings, 매튜 릴라드가 연기한 캐릭터의 이름—옮긴이)!' 그러면서 그 신에 대한 연기 지시를 전혀 하지 않았습니다. 나중에 시사회 때 그를 만났는데, 그는 여전히 나를 빌 헤이스팅스라고 불렀습니다."[17]

돈 머레이가 말했듯, 린치는 자신이 필요로 하는 것들을 연기자들이 가져다줄 거라고 신뢰하면서, 촬영하는 장면이 얼마나 강렬하건 상관없이 세트의 감정적인 온도를 절대로 상승시키지 않는다. "내 첫날 촬영이 끝났을 때, 데이비드는 대단히 태평한 모습으로 말했습니다. '우리는 내일 자네를 피투성이로 만들 거야. 자네는 밥의 얼굴이 새겨진 구체orb와 싸우게 될 거야.'" 잭 워들은 이 드라마 최대의 액션 신을 회상했다.

"그 격투는 현장에서 데이비드가 안무한 겁니다. 그는 메가폰을 들고 말했습니다. '그는 자네 위에 있어! 그를 쳐! 이제 그는 자네 아래 있어. 그를 쓰러뜨려. 다시 올려놓고는 그를 다시 힘껏 쳐!'" 격투 장면이 어떻게 진행될지 전혀 모른 채 촬영에 임했던 워들은 회상을 계속했다. "그는 내가 실제로 카메라를 치기를 원했습니다. 그래서 제작진은 카메라에 패드를 댔죠. 그는 내게 온 힘을 다해 카메라를 치라고 했습니다. 그런데 첫 테이크를 찍은 후에 데이비드가 말하더군요. '더 힘껏 쳐!' 하라는 대로 했더니 카메라에서 묘한 소음이 났어요. 그러자 다들 숨도 제대로 못 쉬더군요. 그래도 그는 거기서 멈추지를 않았어요. 절대로요. 데이비드는 카메라에 렌즈 보호막을 씌우게 한 다음, 나한테 다시 치라고 지시했습니다. '더 힘껏 치라니까!'라고 계속 몰아붙이면서요. 결국, 렌즈 보호막이 부서지고 말았죠. 제작진이 드라마에 쓴 게 아마 그 테이크였을 겁니다."

2016년 4월에 촬영이 종료된 후, 린치는 일 년간 계속될 포스트프로덕션 작업을 위해 작업실 의자에 앉았다. 그리고 그동안 집을 거의 떠나지 않았다. 그는 로버트 플랜트Robert Plant와 프랭크 게리, 카일 맥라클란, 로라 던을 비롯한 많은 이들이 출연한, 그의 재단을 위한 이틀짜리 연례 모금행사인 제1회 '혼란 페스티벌'을 진행하기 위해 10월에 잠시 휴식을 취했다. 그렇지만 그는 드라마의 첫 에피소드가 방송된 2017년 5월 21일까지 거의 일만 했다.

드라마가 방영되기 전에 그걸 미리 본 사람은 없었다. 그래서 드라마의 제작을 도운 사람들 역시 다른 모든 사람들처럼 첫 방송에 흥분했다. "작품에 담긴 감정의 톤이 엄청나게 넓어서 깜짝 놀랐습니다." 데이비드 네빈스는 말했다. "웃기는 부분들은 정말로 웃겼고, 보는 사람을 불안하게 만드는 악몽도 있었죠. 오리지널 「트윈 픽스」 시리즈와는 다르게 느껴지는, 기묘한 초현실적인 요소들도 있었고요. 의문의 여지가 없는 상업적 성공작이었습니다. 앞으로 몇 년간 사람들의 입에 오르내릴 드라마였죠."

이 드라마는 돈 머레이에게는 또 다른 비밀을 알려준 작품이었다. "세상에, 데이비드는 정말로 뛰어난 배우입니다! 내가 그 영화에서 제일 좋아하는 것 중 하나가 그의 연기입니다." 머레이는 말했다. "그는 고든 콜이라는 훌륭한 캐릭터를 창조해냈습니다. 정말로 대단한 일이죠. 그리고 그 드라마에는 유머가 풍부합니다. 『뉴욕 데일리 뉴스The New York Daily News』는 그 작품을 '올해 최고로 히스테리컬한 코미디'라고 묘사했습니다."

드라마에 대한 평단의 반응은 전반적으로 열광적이었다. 5월 25일에 칸 영화제에서 첫 두 에피소드가 상영됐을 때 린치는 장시간 기립박수를 받았고, 시리즈는 천재의 작품이라는 찬사를 받았다. "드라마를 보기 전까지는 데이비드의 애니메이션과 조각, 그림을 —그가 다년간 작업해온 모든 작품을— 다 포함한 작품이라는 걸 몰랐어요." 크리스타 벨은 말했다. "그러다 깨달았죠. 우리가 그것 말고 다른 무엇을 기대할 수 있을까? 그게 진정한 예술가가 하는 일이에요. 예술가는 자신을 위한 팡파르가 울리지 않더라도 작업을 계속하죠. 자신의 모든 부분을 활용하면서 자신이 배운 모든 것을 취합한 예술 작품을 만들어요."

"이 작품이야말로 단연코 현재의 데이비드 린치의 역량이 집결된 작품입니다." 에릭 에델스테인은 말했다. "이 작품은 그가 지금까지 갈고닦은 영화 연출 솜씨를 통합했습니다. 그리고 오늘날의 세태에 대한 거대한 논평이기도 하죠. 그 작품은 2017년의 「트윈 픽스」였습니다. 그는 그런 작품을 이뤄낸 겁니다."

그 작품이 뜻하는 바는? 린치는 그 질문에 대답을 내놓으려는 의사가 없다. 하지만 단서들은 아주 많다. 이 드라마는 「트윈 픽스 영화판」의 재평가에 박차를 가했는데, 많은 시청자들은 그 영화를 새 시리즈의 암호를 푸는 해독기로 봤다. 파란 장미와 비취반지, 로라 파머의 일기, 어떤 존재를 몰아가는 눈에 보이지 않는 기운을 의미하는 전기電氣를 비롯해 영화에 등장했던 많은 모티프들이 시리즈에 재등장하면서 한층 더 발전했다. 한편 드라마에는 숫자도 넘쳐난다. 다양한 방식으로 이야기에 이바지하는 좌표, 전화번호, 주소, 방 번호, 전압계, 시계, 자동차의 연비. 이러한 많은 조각을 연결해서 매우 다양한 시나리오들을 창조할 수 있다. 드라마를 진정으로 사랑하면서 거기에 홀딱 빠진 이들은 내러티브를 해체하는 데에는 전혀 관심이 없다. 이건 예술 작품이다. 그리고 예술 작품은 내러티브의 해체를 위해 존재하는 게 아니다.

"다들 알고는 있지만 자주 살펴보지는 않은 일들이 있습니다." 트윈 픽스의 보안관 프랭크 트루먼을 연기한 로버트 포스터는 말했다. "어떤 것들은 영원하다는 걸 다들 압니다. 그런데 이름이나 집은 그렇지 않습니다. 심지어 별들도 그렇지 않죠. 그래도 우리는 세상에는 영원한 것들이 있다는 걸 직감적으로 압니다. 그건 인간이라는 존재와 관련이 있죠. 데이비드가 무슨 일을 하건, 그건 무척 고차원적인 작업입니다. 그는 영원으로 가는 관문인지도 모릅니다. 그는 인간의 내면에 있는, 영원과 이어지는 접점을 찾아내라고 우리에게 요구하기 때문입니다. 그의 작품은 우리가 고립된 원자들이 아니라는 걸 암시하는 정도에 그치지 않습니다. 그의 작품은 영원과 이어지는 접점을 이해할 때, 우리가 더 나은 선택을 할 수 있음을 암시합니다. 각각의 개인은 상황을 어떤 방향으로 끌고 갈 수 있는데, 우리 중에서 충분히 많은 사람이 똑같이 긍정적인 방향을 향해 상황을 끌고 가면, 그와 같은 방향으로 인류 전체를 데려가는 어떤 움직임이 일어날 겁니다. 그는 관객들을 선한 방향으로 인도하고 있습니다."[18]

"데이비드는 우리가 사는 이 세계가 궁극적인 현실이 아니라는 얘기를, 고려해볼 필요가 있는 또 다른 차원들이 많다는 얘기를 사람들에게 하려고 애쓰고 있습니다." 마이클 호스가 조심스레 말했다. "거기에는 심오한 것들이 있습니다. 「트윈 픽스」를 시청하면서 딴짓을 해서는 안 됩니다."

"보통 사람들이 이해하기에는 지나치게 수준이 높은 작품입니다." 앨 스트로벨은 말했다. "나는 열일곱 살 때 교통사고를 당하면서 엄밀히 말하면 사망했었습니다. 그러면서 많은 사람들이 겪었다고 묘사한 것과 같은 경험을 했죠. 영혼이 내 육체를 떠나 다른 곳으로 간 겁니다. 그곳은 레드 룸처럼 혹독한 곳은 아니었습니다. 더 은은하고 따스한 곳이었죠. 내 인생을 통틀어 가장 힘든 일이 내 육체로 돌아오는 거였습니다. 나는 이 세계와 다음 세계 사이에 공간이 있다는 걸 압니다. 거기에 가봤으니까요. 그게 레드 룸이 상징하는 것이라고, 그곳이 데이비드에게 친숙한 영역이라고 생각합니다."

"데이비드의 영적인 생활은 늘 그의 작품의 일부를 형성합니다. 그의 삶은 그의 작업에 깊이 반영됐죠." 맥라클란은 말했다. "나는 어떤 걸 콕 집어서 '오호라, 이제는 그가 이런 일을 하는군.'이라고 말할 수가 없습니다. 변화는 그보다 더 미묘했으니까요. 그의 작품은 점점 더 풍성해진 것 같습니다. 「트윈 픽스」는 많은 이들을 어리둥절하게 만들었지만, 데이비드는 예술가이고, 그가 하는 작업은 간단히 이해돼서는 안 됩니다. 그가 사람들이 원하는 이야기를 들려줘야 한다는 의무감을 느낀다고는 생각하지 않습니다. 그는 그런 문제와 관련해서는 완전히 태평해 보이죠."

"드라마는 예정했던 목표를 정확히 달성했습니다." 바릴은 말했다. "오리지널 시리즈는 텔레비전의 관습 때문에 망가졌지만, 성공을 거두기는 했죠. 시즌 3—기본적으로 그가 어찌어찌 텔레비전에 집어넣은 열여덟 시간짜리 영화—는 다시금 그런 위업을 달성했습니다."

"데이비드가 드라마를 끝낸 방식을 정말로 좋아해요." 던은 말했다. "그걸 이해하려고 애쓰다 보면 대단히 감동하게 될 거예요. 데이비드는 잠재의식을 경이로운 방식으로 활용해요. 그가 만든 작품을 우리가 소화하려면 작품이 만들어지고 나서 10년 정도의 시간이 필요할 거예요."

시리즈의 마지막 에피소드는 더 많은 얘기가 나올 수도 있음을 암시했고, 또 다른 시즌이 있을지도 모른다는 추측이 나왔다. "모든 게 완벽하게 잘 맞아떨어졌다면 그는 '물론이죠, 합시다.'라고 했을 겁니다. 하지만 그는 협상 테이블에 앉아서 시간을 낭비하지는 않을 겁니다." 바릴은 말했다. "그는 그러느니 그림을 그리고 담배를 피우고 커피를 마시면서 몽상에 빠질 겁니다. 데이비드는 자기 자신, 그리고 세상이 돌아가는 방식에 만족하고 있습니다. 에밀리는 정말 좋은 사람이고, 그들은 사이좋은 부부입니다. 그는 느리게 운전하는 걸 좋아합니다. 아침으로는 자몽을 먹고, 점심으로는 토마토를 넣은 치킨 샌드위치 반쪽을 먹죠. 그는 그런 식의 소박함을 좋아한다고 생각합니다. 그는 여전히 많은 면에서 청빈한 사람입니다. 그리고 그는 청소하는 걸 좋아합니다."

「트윈 픽스 3」는 방송을 마쳤고, 린치는 다른 작업들을 하고 있다. 하지만 드라마를 제작하는 과정은 그의 결혼 생활을 영원히 변화시켰다. 그는 여전히 햇빛 차단용 가림막이 설치된 이웃 주택에 거주한다. "그는 방해받지 않고 계속 생각할 시간이 필요하다면서, 집에서는 혼자 있는 시간을 가질 수가 없다고 투덜대요. 그런데 그는 스스로 창조해낸 세계의 책임자죠." 스토플은 말했다. "나는 그가 마침내 '아트 라이프the art life'를, 아트 스쿨에 다닌 이후로 꿈만 꾸던 인생을 살고 있다며 그를 항상 놀려요. 혼자서 원하는 걸 작업하고 창작하는 궁극적인 자유를 누리는 거죠. 그는 지금 그런 일을 하고 있어요. 심지어 지금은 그 방에다 작은 트윈 베드까지 갖다 놨죠… 나는 그가 언제나 그런 침대를 꿈꿔 왔다는 얘기를 항상 들었어요. 잠을 자고 작업도 할 수 있는 넓은 공간을 제공하는 작은 침대요."

「트윈 픽스」의 마지막 에피소드가 방송되고 열흘이 지난 9월 15일, 해리 딘 스탠튼이 91세의 나이로 세상을 떠났다. 그의 마지막 영화 「럭키Lucky」가 제한 상영limited release으로 개봉한 지 2주가 지난 후였다. 존 캐럴 린치John Carroll Lynch가 감독한 이 영화에는 데이비드 린치가 출연했다. 실종된 애완 거북이 때문에 정신이 나간, 작은 동네의 괴짜 역할이었다. "데이비드는 해리 딘과 작업하는 것 때문에 스트레스를 꽤 받았습니다. 그를 무척 좋아하니까요." 바릴은 말했다. "그는 해리 딘과 연기했다는 사실에 아직도 들뜬 상태입니다. 그건 데이비드에게는 기사 작위를 받는 것만큼이나 엄청나게 큰 사건이었죠."

세상에 다시 등 떠밀려 복귀하게 되기 전까지, 린치는 그림 스튜디오에서 가급적 많은 시간을 보내고 있다. 언덕 비탈에 자리한 작은 콘크리트 벙커 같은 스튜디오에는 창문이 많고, 린치는 그곳에 있는 훤히 트인 콘크리트 덱(deck, 주로 집 뒤편 야외에 마루처럼 만든 공간―옮긴이)에서 자주 작업한다. 린치는 실외에서 그림 그리기를 좋아한다. 그의 스튜디오는 수십 년간 모아온 온갖 자질구레한 물건들로 채워져 있다. 평범해 보이지 않는 근사하고 커다란 전구가 창턱에 앉아 있고, 수수께끼 같은 사색思索과 아이디어들을 휘갈겨 쓴 종이 뭉치들이 사방에 엉망으로 쌓여 있다. 넓은 책상 근처의 벽에는 히에로니무스 보스Hieronymus Bosch의 〈쾌락의 정원The Garden of Earthly Delights〉을 테이프로 붙여 놓았다. 그 세폭 제단화(triptych, 세 부분으로 구획되어 중앙의 한 폭에 다른 부분들이 포개지도록 경첩으로 이어진 제단화―옮긴이)의 두 그림은 햇빛을 너무 오래 받아 색이 바랬지만, 세 번째 그림은 낡은 보석처럼 계속 빛나고 있다. 책상에는 조잡하게 조각한 작은 찰흙 두상頭像 몇 점이 어질러져 있고, 녹슨 금속 서류 서랍이 하나 놓여 있다. 서랍 하나에는 '치과 장비'라는 레이블이 붙어 있는데, 그걸 열면 정확히 그 레이블에 적힌 내용물이 눈에 들어온다. 반짝거리는 치과 장비 여남은 개. 린치는 자신의 컬렉션을 계속 깨끗하고 우수한 상태로 유지한다. 손님들에게 내줄 지저분한 접의자가 몇 개 있고, 그가 지금도 계속 사용하는 구닥다리 벽걸이 전화기도 있다. 그는 담배꽁초는 손가락으로 바닥에 툭 날리고, 싱크대에 소변을 본다. 눈에 보이는 것 중에서 그가 21세기에 양보한 유일한 물건은 노트북 컴퓨터다.

책상에 자리 잡은 물건 뭉치 위에는 연필로 '곤충'이라고 휘갈겨 쓴 지저분한 판지 상자가 하나 있다. 린치는 자신에게 정기적으로 표본들을 배달했던 '곤충맨'을 친구로 사귄 적이 있었다는 얘기를 하며 흥분했다. 린치는 곤충 표본들을 일일이 잘 간수한다. 언제 곤충의 표본이 필요할 때가 올지 모르니까 말이다. 그의 곤충 표본들은 그가 어렸을 때 시험림에서 봤던 넓적한 표본 파일처럼 꼼꼼하게 레이블이 붙어 있거나 깔끔하게 정리돼 있지는 않지만,

그래도 그것들은 여전히 그를 황홀경에 빠뜨린다.

어떤 작업을 마치기도 전에 그 작업을 중단하게 되면 작업을 마저 끝마치고 싶다는 욕망이 남죠. 「트윈 픽스」가 바로 그런, 마무리되지 않은 작품이었어요. 음악을 예로 들면, 어떤 주제 선율을 듣고 나서 그 노래가 끝나면, 그 노래는 한동안 머릿속을 맴돌고, 그 주제가 계속 들리다가 서서히 사라지는 거랑 비슷해요. 느낌이 무척 좋았던 작품이 그런 식으로 사라지듯 떠나버리면 그 작품을 마음에서 쫓아낼 수가 없어요. 그러다 나중에 다시 주제 전체가 머릿속에 떠오르면 그 노래는 훨씬 더 센 힘을 발휘해요. 이미 그 노래를 들었고 이전에도 두어 번 같은 느낌을 받은 적이 있기 때문이죠. 작품의 강도強度나 각 요소의 의미를 설정하기도 전에 이미 그런 일이 벌어지는 거예요.

마크하고 나는 「트윈 픽스」를 만드는 문제로 쇼타임 측과 만났어요. 그리고 나서 사브리나가 숫자를 제시했는데, 그 사람들 모두가 경악하더군요. 현실적인 숫자였지만, 쇼타임은 제작비가 터무니없이 많다고 생각했어요. 나는 「인랜드 엠파이어」 이후로는 아무것도 만들지 않았고, 그 영화를 보러 간 사람은 아무도 없었죠. 그들이 약간은 이런 식으로 생각한다는 걸 알 수 있었어요. '그래요, 우리도 이 작품을 하고 싶어요. 그런데 당신이 요구하는 액수를 우리가 받아들일 수 있을지는 모르겠어요. 게다가 이번 작품의 에피소드는 아홉 편이 넘는다고요? 그 문제는 더더욱 모르겠네요.' 그런 후에, 나는 그들이 제안하는 제작비를 보고 나서 말했어요. "말도 안 돼요." 그러자 그들은 새 제안을 내놨는데, 앞서 내놓았던 것보다 더 나빴죠! 나는 말했죠. "내가 그만두죠! 나 없이 작업하고 싶다면 그렇게 해주겠지만, 아무튼 나는 떠날 거예요." 그 결정을 내렸을 때는 서글픔이 섞인 엄청난 해방감을 느꼈어요. 그게 금요일이었어요. 그리고 나서 데이비드 네빈스의 연락을 받았고, 일요일 밤에 그와 게리 르바인이 찾아왔죠. 게리는 쿠키를 가져왔고, 그들은 여기에 45분 정도 있었어요. 논의가 끝날 무렵에도 일은 전혀 성사되지 않았어요. 그러다가 그들이 떠나려고 일어섰을 때 데이비드가 말하더군요. "제가 감독님께 드릴 제안을 작업하고 있습니다." 내가 말했어요. "흐음, 나도 당신한테 내놓을 제안을 준비할 것 같군요." 사브리나랑 나는 우리에게 필요한 것들을 단 한 가지도 빼놓지 않고 다 담은 리스트를 작성했어요. 그러고는 내가 말했죠. "오케이, 사브리나, 그들에게 가서 이렇게 말하도록 해요. '이 건 협상이 아니에요. 이 작품을 하고 싶으면, 이걸 받아들여야 할 거예요.' 그들이 이 런저런 트집을 잡기 시작하면, 정말로 고마웠다고 인사하고 일어나서 나오도록 해 요." 그런데 데이비드 네빈스는 "우리는 이 제안을 현실화할 수 있습니다."라고 했고, 논의는 그걸로 끝이 났어요. 나는 프로젝트에 복귀했죠.

사람들은 다양한 길을 통해 이 시리즈에 도착했어요. 나는 카일이 그 어두운 세계 로 들어갈 수 있다는 걸 알고 있었어요. 그는 그 엄청난 악당을 연기했죠. 착한 사람 에게서 특정 유형의 악한 사람이 나올 수 있어요. 우리 각자는 나름의 악한 인성을 품고 있죠. 예를 들어, 카일은 프랭크 부스를 연기하지는 못해요. 그렇게 해봐야 전 혀 효과가 없을 거예요. 하지만 악당 카일은 연기할 수 있죠. 그는 그런 캐릭터를 제 대로 찾아냈어요. 마크하고 나는 마이클 세라에게 완전히 푹 빠졌어요. 마이클은 몇 년 전에 초월 명상 얘기를 하려고 에릭 에델스테인하고 같이 우리 집에 왔었죠. 캐스 팅을 하다가 월리 브란도 역할에 다다랐는데, 물론 그 역할은 마이클이 딱이었어요. 나는 에릭 에델스테인을 무척 좋아해요. 그가 푸스코 형제의 셋째가 된 건 특유의 웃 음소리 때문이었어요. 그게 그가 촬영장에 있는 이유였죠. 세상에서 가장 끝내주게 낄낄거리는 사람이니까요. 나는 푸스코 형제들을 무척 좋아해요. 우리는 함께 즐거 운 시간을 보냈죠.

내 친구 스티브가 인터넷 링크를 보내면서 말했어요. "이 친구 확인해 봐." 제이크 워들이 런던 뒷마당의 작은 헛간에서 세계 곳곳의 억양을 구사하고 있더군요. 정말 로 자연스러우면서도 재미있었어요. 그래서 제이크와 나는 스카이프로 통화를 시작 했어요. 녹색 장갑 아이디어는 오래전부터 갖고 있던 거예요. 원래는 잭 낸스에게 그 걸 끼울 작정이었죠. 그렇게 했으면 상황이 완전히 달라졌을 거예요. 그런데 녹색 장 갑의 위력, 그리고 철물점에서 그걸 찾아낸 방식은 프레디 사이크스 캐릭터에게 완 벽하게 어울렸어요. 제이크는 프레디 역할에 완벽했고요. 나는 인터넷에서 본 수천 명의 사람 중에서 오직 제이크만이 이 역할을 연기할 수 있다는 걸 알았어요. 그는 무척 영리해요. 그리고 해리 딘하고 비슷하죠. 재능을 타고난 연기자예요.

닥터 메멧 오즈^{Dr. Mehmet Oz}한테는 딸이 있는데, 그 딸이 조지 그리피스하고 결혼했 어요. 나는 밥 로스 덕분에 닥터 오즈하고 아는 사이가 됐어요. 그와 그의 가족, 그리 고 그를 위해 일하는 사람들에게 TM에 대한 얘기를 한 적이 있었죠. 닥터 오즈는 정 말로 좋은 사람이에요. 조지는 스트립클럽의 화장실 안내원을 다룬 「프롬 더 헤드^{From the Head}」라는 영화를 만들었어요. 그걸 보고는 그가 레이 먼로를 연기할 빼어난 연기 자라는 걸 알게 됐죠.

제니퍼 제이슨 리^{Jennifer Jason Leigh}는 그녀가 「블루 벨벳」의 샌디 역할을 상의하려고 찾아왔던 1985년에 처음 만났어요. 늘 그녀와 같이 일하기를 원했는데, 마침내 이 작품이 찾아왔죠. 팀 로스^Tim Roth는 로버트 알트먼의 영화 「빈센트^Vincent & Theo」에서 봤어요. 그가 허치 역에 딱 어울린다고 생각했죠. 제니퍼하고 팀이 쿠엔틴 타란티노와 같이 작업한 직후였다는 건 몰랐어요. 제니퍼와 팀은 친한 친구였죠. 그래서 그들의 연기 호흡은 완벽했지만, 섭외는 각자 별도로 이뤄진 거예요.

빌 헤이스팅스 역할은 특별한 특징들을 가진 배우가 연기해야만 했는데 —지적이고, 정직한 얼굴에 이런저런 특징을 모두 갖춘— 매튜 릴라드는 그럴듯한 고등학교 교장이 될 수 있을 것처럼 보였어요. 하지만 그는 제정신이 아닌 짓을 할 수 있는 남자이기도 하죠. 매튜는 그를 아는 사람들에게 "그는 세상에서 제일 착한 사람이야. 그가 그런 짓을 한다는 게 믿기질 않아."라는 말을 듣는 사람이 될 수도 있었어요. 그는 그런 특징들이 모두 함께 물결치게 했고, 나머지는 세상이 다 아는 일이죠. 내가 매튜를 늘 빌 헤이스팅스라고 불렀다는 건 사실이에요. 나는 대개 연기자들을 그들이 연기하는 캐릭터의 이름으로 불러요. 내가 아는 그들의 이름이 그거니까요. 맹세하는데, 나는 본명을 모르는 배우가 많아요.

로버트 포스터는 원래 「트윈 픽스」 첫 시즌에서 트루먼 보안관을 연기할 배우로 선택됐었어요. 당시에 로버트도 정말로 그 역할을 연기하고 싶다고 얘기했었죠. 그런데 자기 친구가 만드는 저예산 영화에 출연하겠다는 약속을 한 상태였던 로버트는 "나는 약속을 지켜야만 합니다."라고 했어요. 로버트는 그런 사람이에요. 정말로 대단한 사람이죠. 그리고 돈 머레이를 섭외할 때 조한나 레이가 그에게 해야 했던 말은 "돈 머레이"라는 게 전부였어요. 그의 나이 때문에 걱정한 사람도 있었지만, 그는 대단히 빼어난 부시넬 멀린스가 됐죠. 최근에 그가 코믹콘^Comic-Con에 패널로 나와 말하는 모습을 봤어요. 그는 역사상 최고로 멋진 인간일뿐더러 지적인 사람이에요. 그를 캐스팅한 건 정말로 운 좋은 일이었죠. 그와 작업하는 게 참 좋았어요. 그는 처음부터 끝까지 정말로 대단했어요. 크리스타 벨도 환상적이었죠. 나는 그녀가 해낼 수 있을 거라는 걸 알고 있었어요. 그녀는 가수라서 사람들 앞에 서는 데 익숙하니까요. 그녀를, 그리고 그 시리즈에서 같이 작업했던 다른 모든 사람을 사랑해요. 우리는 함께 무척 재미있는 시간을 보냈어요.

밤에는 잠을 겨우 네 시간만 잤어요. 스케줄은 만만치 않았죠. 그래도 여전히 재미있었어요. 아침 일찍 일어나 커피를 몇 잔 마시고 명상을 했어요. 그러고는 그날 하는 작업에 정신을 쏟았죠. 산골짜기가 하나 있다고 쳐요. 거기에 건너편으로 이어지는 다리를 놓아야만 하죠. 그 다리라는 건 그날 촬영할 신이에요. 세트나 촬영지에 도착하면 사람들이 도착하고, 몇 분간 촬영하고, 그 몇 분이 30분이 되고, 30분이 몇 시간으로 늘어나죠. 상황은 느리게 진행되고요. 새로운 장소에서 촬영할 경우, 내가 도착할 때 사람들은 장비를 옮기고 있어요. 감독은 리허설을 위해 배우들을 각자의 트레일러에서 불러내 한자리에 모으죠. 그들은 아직 제대로 의상을 차려입지 않았어요. 목에는 메이크업용 냅킨을 달고 있을 거예요. 리허설을 해요. 그러고 나면 배우들은 의상을 입으러 가고, 피트는 조명을 치기 시작하죠. 이런 일들이 진행되는 내내, 감독은 골짜기를 가로지르는 다리를 놓고 있어요. 그런데 그 다리는 유리로 만든, 언제라도 깨지기 쉬운 아슬아슬한 다리죠. 모든 일이 우스운 쪽으로 굴러갈 수도 있으니까요. 그래서 감독은 거기에 조각들을 계속 덧붙여요. 그래도 여전히 그 다리는 유리 다리죠. 그러다가 마침내 감독이 마지막 조각을 덧붙이면 유리 다리는 철제 다리로 변해서 그곳에 자리를 잡아요. 그러면 감독은 해냈다는 걸 알게 되면서 희열에 사로잡히죠. 날마다 작업을 마치면 극도의 흥분 상태가 돼요. 그러면 잠이 안 오죠. 자고 싶지가 않아요. 그래서 레드와인을 마시고는 아주 늦은 시간까지 깨어 있죠. 그리고 다음 날이 오면 일어나서 또 다른 다리를 지어야만 해요. 그런 식으로 모든 게 올바르게 됐다는 느낌이 들기 전까지는 그 일을 놔두고 떠날 수가 없어요.

촬영은 정말로 혹독했어요. 다른 사람들은 정말로 약골이라 툭하면 싸구려 텐트처럼 접혀버리곤 하지만, 나는 죽을 정도로 아픈 적이 몇 번 있었는데도 작업을 중단할 수가 없었어요. 사람은 피곤하니까 앓아눕는 거예요. 작업의 리듬을 찾아내면 작업은 끝나지 않아요. 촬영을 마치고 나면 포스트프로덕션을 해야만 하니까요. 우리는 편집감독을 동시에 여섯 명인가 일곱 명을 두고 있었어요. 나 역시 편집을 했고, BUF가 일부 특수 효과들을 작업했죠. 그런데 몇몇 효과의 경우는 우리가 자체적으로 작업해야만 했어요. 그러고는 음향 효과와 음악, 믹싱, 색채 보정 작업이 있었죠. 포토켐의 암실에서 내가 촬영한 열여덟 시간 분량의 색채 보정을 한 날이 얼마나 많았을까요? 촬영 분량이 많았어요. 하지만 그것들을 남들 손에 맡길 수는 없었죠. 절대로요. 나는 모든 일을 일일이 직접 해야만 해요. 그게 유일한 작업 방식이에요. 내일은 꿈같은 직업에 속하지만, 작업 강도는 절대 만만치 않아요.

이번 시즌은 앞서 만들었던 「트윈 픽스」하고는 달라요. 하지만 여전히 트윈 픽스라는 마을에 단단히 닻을 내리고 있죠. 우리는 예전과 똑같은 마을에서 촬영했어요. 우리는 운이 좋았죠. 예전의 촬영지 중에서 꽤 많은 곳이 여전히 그 자리에 있었거든요. 건물들은 우리가 떠날 때하고 똑같지는 않았지만, 여전히 그 자리에 있었어요. 마을의 본질적인 분위기도 분명히 똑같았고요. 숲과 산, 특정한 종류의 상쾌함과 공중에 떠다니는 냄새가 많은 영향을 끼쳤어요. 그 느낌을 인식할 수 있었죠. 「트윈 픽스」도 온갖 종류의 느낌을 담고 있어요. 더기도 등장하고, 악한 쿠퍼도 등장해요. 그리고 그 둘 사이에는 큰 차이점이 있어요. 숲에서 사는 사람들이 등장하고 온갖 다양한 질감들과 내가 사랑하는 사람들이 모두 등장해요. 그것들은 마지막에 함께 모여 아름다운 세계로 향하죠. 그 작품은 직감을 통해 이해할 수도 있어요.

그리고 그 작품에는 숲이 등장해요. 내가 자란 곳이자 우리 아버지의 직업과 관련된 곳이기 때문에, 자연은 「트윈 픽스」의 커다란 일부예요. 숲은 이 작품에서 정말로 중요해요. 시리즈에서 매우 큰 비중을 차지하죠. 그리고 파이어맨이 등장하고, 유고슬라비아에서 온 개구리나방도 등장하죠. 잭하고 유럽에 있을 때 우리를 아테네에서

파리로 데려다줄 오리엔트 특급열차Orient Express를 탔어요. 그렇게 유고슬라비아
에 가게 됐죠. 그곳은 정말로, 정말로 음울한 곳이었어요. 어느 순간에 열차가 정차
했는데, 거기에는 역이 없었어요. 하지만 사람들이 기차에서 내리는 모습이 보였죠.
그들은 어둑한 조명이 달린 천막 노점상으로 가고 있었어요. 사람들은 거기서 —자
주색, 녹색, 노란색, 파란색, 빨간색— 알록달록한 음료수를 마셨는데, 그건 사실은
그냥 설탕물이었어요. 나는 기차에서 내려서 부드러운 흙을 밟았어요. 흙은 깊이가
15센티미터쯤 됐는데, 바람에 흙먼지가 날리고 있었어요. 땅에서는 개구리처럼 생
긴 거대한 나방들이 뛰어오르듯이 솟아 나왔고요. 나방들은 비행하다가 몸을 홱 젖
히고는 다시 아래로 돌아갔죠. 그래서 그 나방의 이름이 개구리나방인 거예요. 「트
윈 픽스」의 세계에는 그런 것들이 모습을 드러내요.

　「트윈 픽스 영화판」은 「트윈 픽스」의 세 번째 시즌에 대단히 중요한 역할을 해요.
사람들이 두 작품 사이에 연결 고리를 만들었다는 건 전혀 놀랍지 않아요. 그 연결고
리는 아주 잘 보이니까요. 그 영화를 만들 수 있어서 정말로 다행이었다고 생각했던
게 떠오르네요. 다들 이 시리즈가 무슨 내용을 다루는지에 대해 나름의 이론들을 갖
고 있는데, 그건 참 근사한 일이에요. 내가 내 방식의 이론을 설명했는지 아닌지는 중
요하지 않아요. 사물들은 각자의 화음和音을 갖고 있어요. 온 힘을 다해 어떤 아이디
어에 충실하면, 화음들이 거기에 자리 잡을 거고, 그것들은 비록 추상적인 형태일지
라도 본질에 충실한 상태일 거예요. 당신은 10년 후에 이 시리즈에 돌아와서는 이 작
품을 완전히 다른 방식으로 볼 수도 있어요. 더 많은 게 보일 거예요. 당신이 자신만
의 아이디어에 충실했다면 그럴 가능성이 있어요. 그게 영화가 할 수 있는 근사한 일
중 하나예요. 당신이 근본적인 분위기에 충실했다면, 나중에 그 세계로 돌아갔을 때
더 많은 것을 얻을 수 있어요.

　「트윈 픽스 3」는 꽤 원활하게 진행됐어요. 그 이유를 그 누가 알까요? 상황은 다르
게 전개될 수도 있었어요. 칸 영화제에는 잘 만들어진 영화를 봤을 때 모두가 일어나
박수갈채를 보내는 전통이 있어요. 나는 그걸 잊고 있었죠. 칸에서 「트윈 픽스」의 첫
두 시간이 상영됐을 때, 밖에 나가 담배를 피우려고 자리에서 일어났어요. 그런데 거
기 있던 티에리 프리모Thierry Frémaux가 말리더군요. "아뇨, 안 돼요. 나가면 안 돼요." 박
수갈채는 계속 이어졌어요. 정말로 근사한 일이었죠. 내가 그 전에 칸에 갔을 때는
상황이 그런 식으로 전개되지 않았어요.

　내 어린 시절은 대단히 행복했어요. 그 시기가 내 인생을 설정해줬다고 생각해요.
우리 가족은 정말로 좋았어요. 나한테 좋은 토대를 제공해줬죠. 그 점이 정말로 중요
해요. 나는 우리 아이들에게 으뜸가는 아버지는 아닐 거예요. 아이들 곁에 많이 있어
주지 못했으니까요. 하지만 우리 아버지도 우리 곁에 많이 계시지는 않았어요. 그런
데도 아버지는 우리 곁에 계셨어요. 무슨 말인지 알겠어요? 과거의 그 시절에는 아이
들의 세계와 어른들의 세계가 따로 있는 듯 보였고, 그 세계들은 그리 많이 섞이지를

않았어요. 중요한 건, 아버지가 자식 앞에 모습을 보이는 게 아니라 자식이 아버지의 사랑을 느낄 수 있느냐일 거예요. 그래도 우리 아버지는 나보다 더 나은 아버지였다고 생각해요.

내가 유명해질 줄은 몰랐어요. 하지만 다 괜찮아질 거라는 느낌은 받았죠. '와, 내 거창한 인생을 봐.'라고 생각했던 순간은 단 한 번도 없어요. 내 삶이 —모든 곳에서 천천히, 고르게— 무게를 얻게 된 계기들을 생각하면 소름이 돋아요. 내 인생에는 주요한 전환점들이 있었어요. 첫 전환점은 9학년 때 린다 스타일스의 집 앞뜰에서 토비 킬러를 만난 거였어요. 그 순간부터 나는 화가가 되고 싶었죠. 그런 후에 가장 친한 친구인 잭 피스크를 만났어요. 학생이 그렇게 많은 고등학교에서 잭과 나는 그림을 진지하게 여기는 유일한 아이들이었죠. 우리는 서로에게 영감을 주고 서로를 응원했죠. 그게 우리의 미래에 아주 중요한 영향을 끼쳤죠. 영상 작업인 「병에 걸린 여섯 남자」를 만들고 AFI에서 보조금을 받아 「할머니」를 완성한 것, 그리고 AFI의 입학 허가를 받은 것도 다 전환점이었어요. 1973년부터 명상을 시작한 건 그 모든 것을 바꿔놓은 제일 큰 변화일 거고요. 그건 정말로 어마어마한 일이었어요. 「이레이저 헤드」의 스태프들은 내가 자신감이 부족하다는 걸 눈치채지 못했어요. 하지만 나는 자신이 없었죠. 내가 원하는 게 뭔지는 알았지만, 확신이 서지를 않았어요. 그때 스튜디오에 있었던 사람들은 나를 아주 손쉽게 끝장낼 수 있었어요. 그래서 그런 면에서 명상은 정말로 큰 도움이 됐어요. 「이레이저 헤드」를 완성하고 멜 브룩스가 「엘리펀트 맨」을 연출하는 일을 맡길 정도로 나를 충분히 신뢰하게 만든 것, 그리고 아카데미 여덟 개 부문 후보에 오른 건 커다란 출세였어요. 「듄」의 실패는 신의 계시였죠. 창피할 정도로 큰 실패를 겪는 건 좋은 일이었어요. 그런 후에 「블루 벨벳」을 작업하면서 누린 자유와 올바른 궤도에 복귀한 것, 나를 믿어준 미술품 딜러 짐 코코란을 만난 것도 중요했어요. 내가 한 연애들 하나하나도 내 인생을 바꿔 놓았어요. 나랑 사귄 여자들한테는 유사한 점들도 있었지만, 그들은 각자 다르면서도 정말로 좋은 사람들이었어요.

다른 사람들의 도움 없이 그렇게 출세하는 건 거의 불가능에 가까운 일이에요. 나는 내가 정말로 운 좋은 놈이었다는 걸 알아요. 앞서도 말했듯, 어머니와 아버지는 내 인생에서 중추적인 역할을 해주셨어요. 토비와 부시넬 킬러도 마찬가지고요. 필라델피아에 처음 갔을 때, 나는 낯선 고장에서 내 길을 나아가려 애쓰고 있었어요. 그런데 페기 리비는 나를 믿으면서 응원해줬어요. 그러니 그녀는 정말로 중요한 사람이에요. 토니 벨라니, 조지 스티븐스 주니어, 디노 드 로렌티스, 부이그 씨도 중요한 분들이죠. 누가 됐건 자신을 믿어주면서 일을 성사시킬 수 있는 수단을 가진 사람, 우리는 정말로 그런 사람들이 필요해요. 데이비드 네빈스도 그런 사람에 속해요. 「트윈 픽스 3」를 성사시켜 줬으니까요. 다른 사람은 그런 일을 해낼 수 없었을 거예요. 그리고 위대한 안젤로 바달라멘티가 있죠. 안젤로와 그의 음악을 찾아낸 건 하늘이

주신 선물이에요. 내가 TM을 배운 센터를 운영했던 찰리와 헬렌 루테스는 내가 명상의 길을 힘차고 수월하게 걷기 시작하도록 도와줬어요. 그리고 밥 로스는 그 길에서 나와 함께한 형제였어요. 밥은 마하리쉬의 세계에서 나와 늘 같이 있었어요. 명상과 관련한 강연 여행을 기획하고 데이비드 린치 재단DLF을 결성했죠. 밥은 DLF의 배후에 있는 브레인이자 동력원이에요. 마하리쉬는 그 누구보다도 커다란 역할을 수행했어요. 그는 우주적으로, 그리고 심오하게 만사를 변화시켰어요. 그에 비하면 다른 모든 건 하찮아 보일 뿐이에요.

로즈우드의 방갈로에 살던 시절 중에 잊을 수 없는 날이 있어요. 아름다운 아침이었어요. 열한 시 30분쯤에 차에 기름을 넣으러 샌 빈센테와 산타모니카 블러바드의 교차로로 갔죠. 태양이 내 목덜미를 지지고 있었어요. 비어 있던 기름 탱크를 가득 채우고는 캡을 씌운 다음 기름펌프를 살폈어요. 3달러라고 적혀 있더군요. 『월스트리트 저널』을 배달하면서 일주일에 50달러를 벌었어요. 신문을 받으러 가는 길에 10분을 운전했죠. 내 구역을 도는 데에는 한 시간이 걸렸고, 집에 돌아오는 데에는 10분이 걸렸어요. 일주일에 여섯 시간 40분을 일하고는 한 달에 200달러를 벌었어요. 그 돈으로 근사하게 살 수 있었죠. 우편번호가 다른 동네 두 개가 내 배달 구역이었어요. 그래서 쓰레기를 내놓는 날이 각기 달랐죠. 사람들은 목재를 내버렸고, 그러면 나는 차에서 튀어 나가서 그것들을 싣고는 했어요. 목재를 정말로 많이 찾아낼 수 있었죠. 집주인 에드먼드도 목재를 모았어요. 그는 내가 그걸 사용하게 해줬고, 나는 수거해온 목재와 창틀을 비롯한 각종 물건으로 뒷마당에 헛간을 지었죠. 아름다운 세상이었어요. 요즘에는 부정적인 것들이 너무 많죠. 주의를 산만하게 만드는 많은 것들이 우리가 실제로 벌어지는 현황을 파악하는 걸 계속 방해하죠. 돈에 대한 사랑이 인류와 대자연에 대한 사랑을 능가하는 바람에 우리와 우리 세계는 큰 피해를 보고 있어요.

마하리쉬를 위해 16개국 투어를 다닐 수 있었다는 건 행복한 기억이에요. 대중 강연을 좋아하지는 않지만, 마하리쉬가 세상을 위해 되살려낸 지식과 기술들에 대해 사람들에게 강연할 때는 더할 나위 없이 행복해요. 마하리쉬의 목표는 두 개였어요. 개인들의 각성과 세계 평화죠. 그는 두 가지 모두를 성사시키려고 필요한 모든 것을 제자리에 배치했어요. 이제는 시간문제일 뿐이에요. 우리 인류가 —또는 우리 중 몇 사람이라도— 이런 목표를 함께 추구한다면, 우리는 세상이 전환하는 속도를 높일 수 있고 이 목표들은 생생한 실체로 바뀔 거예요. 사람들의 각성과 세계의 진정한 평화. 진정한 평화는 전쟁이 없는 상태만 말하는 게 아니에요. 부정적인 것이 하나도 없는 상태를, 모두가 승자인 상태를 말하는 거예요.

내가 이 책의 어느 페이지든 자세히 살펴본다면, 나는 '세상에, 이건 그냥 빙산의 일

각일 뿐이야.'라고 생각할 거예요. 여기에 담기지 않은 훨씬 더 많은, 정말로 많은 이야기가 있어요. 내 인생의 딱 하루를 놓고서도 책 한 권을 쓸 수 있어요. 그러면서도 여전히 모든 걸 다 담아내지 못할 수도 있죠. 누군가의 인생 이야기를 제대로 들려주는 건 불가능해요. 우리가 여기서 전할 수 있기를 소망하는 건, 기껏해야 대단히 추상적인 '로즈버드Rosebud'죠. 결국, 각자의 인생은 자신에게 주어진 미스터리를 풀기 전까지는 여전히 미스터리이고, 바로 그곳이 우리가 알든 모르든 향하고 있는 목적지일 거예요.

모든 이들이 행복하기를

모든 이들이 무병無病하기를

모든 곳에서 길조吉兆가 보이기를

어느 누구도 고통스러워하지 않기를

평화를 누리기를

감사의 글

가장 먼저 마사 레바시와 페기 리비, 메리 피스크, 마이클 바릴에게 감사드린다. 책을 만드는 내내 그들이 발휘한 인내심과 그들이 보내준 응원은 무척 중요했다. 그들에게 영원토록 큰 신세를 졌다. 안나 스카벡에게도 감사드린다. 그녀의 격려와 지식은 대단히 큰 도움이 됐다. 사브리나 서덜랜드와 민디 라메이커가 베푼 친절과 관대함에도 감사하다. 미야카와 노리코는 하늘이 내린 선물 같은 사람이었다.

오테사 모쉬페그는 『꿈의 방』으로 이어지는 긴 여행을 떠나게 해준 핵심적인 연줄을 만들어줬다. 고마워요, 오테사. 그리고 크리스 패리스램과 벤 그린버그는 이 책을 실물로 만들어줬다. 이보다 더 좋은 동료들을 바랄 수는 없을 것이다. 책을 위해 나와 얘기를 나누는 데 동의해준 많은 분들은 이 이야기에 꼭 필요한 것들을 베풀어줬다. 그분들이 베풀어준 시간, 그리고 데이비드와 함께했던 경험을 기꺼이 공유해준 것에 대해 감사드린다. 원고를 흠잡을 데 없이 교열해주고 내가 실제보다 더 영리한 사람으로 보이게끔 해준 로렌 노벡에게 많은 감사를 드린다.

앤 숨마, 제프 스푸리어, 스티브 새미오프, 캐슬린 그린버그, 힐러리 빈, 아솔라스 가족, 리안 해폰, 마이클 보트먼, 로리 스틸링크, 닉 체이스, 잭 치즈버러, 사만다 윌리엄슨, 마라 데루카, 마이클 던컨, 글렌 모로우, 익센느 세르벤카, 댄과 클레어 힉스, 케이티 록키, 조 프랭크, 리처드 베이머, 아드리엔 레빈, 메릴 마르코, 마크 시린스키, 캐논 허드슨, 제니퍼 볼란데에게도 감사하다. 레오너드 코헨과 다이안 브로데릭은 신뢰할 수 있는 길잡이별들이었다. 월터 홉스는 늘 그 자리에 있어 줬고, 기드온 브로워는 이 책을 작업하는 내내 사실상 내 곁을 지켜줬다. 그들 모두에게 많은 사의를 표하는 바다. 로레인 와일드는 책을 만드는 법을 가르쳐줬다. 고마워요, 로레인. 내가 가장 고맙게 여기는 이는 데이비드 린치다. 그가 자신의 이야기를 들려주는 작업에 나를 참여시켜줄 정도로 충분히 나를 믿어준 점은 크나큰 영광이었다. 나는 그를 알게 되어 대단히 운이 좋다고 느낀다. 데이비드를 다룬 이 책을 만드는 동안 놀라운 일이 일어났다. 그를 자세히 알게 되면 알게 될수록, 그는 더욱 좋은 사람으로 보였다. 데이비드는 많은 사람들을 도와 온, 비범하면서도 너그러운 사람이다. 나도 그의 도움을 받은 사람들 중 한 명이다.

크리스틴 맥켄나

옮 긴 이 의 말

데이비드 린치의 예술 인생과 사생활을 꼼꼼하게 담아낸 완결판으로 여겨지는 책을, 그것도 린치와 오래 교류해온 저널리스트가 객관적인 시선으로 집필한 전기와 린치 자신의 주관이 적지 않게 반영됐을 회고록이 섞인 책을 번역한 사람이 하는 얘기치고는 이상한 얘기지만, 나는 린치의 영화를 그다지 좋아하지는 않는다. 그의 영화를 볼 때면 목덜미가 서늘해지고 살갗이 스멀거리는 것 같기 때문이고, 영화를 보고 나면 결코 해답이 존재하지 않을, 그렇다고 별것 아니라고 치부하며 쉽사리 잊지도 못할 수수께끼를 잔뜩 떠안은 것 같은 기분이 들기 때문이다. 린치의 영화를 본 후에 미로를 헤매는 것 같은 혼란스러움과 개운치 않은 찜찜함을 느끼는 사람이 세상에 나 혼자만은 아닐 것이다.

그런데 린치의 영화를 좋아하지 않는다는 말이 걸출한 작품을 만드는 린치의 빼어난 역량을 인정하지 않는다는 말은 아니다. 나는 인정한다. 그의 연출력은 정말로 빼어나다는 것을. 그가 만든 종류의 영화들을 만들 수 있는 사람은 세상에 그 말고는 없을 거라는 것을.

그의 영화들에는 내 뇌리에 깊이 뿌리를 내린 후 도무지 떠날 생각을 않는 인상적인 장면들이 빼곡하다. 예를 들면, 「블루 벨벳」에서 딘 스톡웰이 라이트를 들고 기괴한 분위기를 연출하면서 〈꿈속에서〉를 립싱크하는 장면이 그런 장면이다. 그런데 내가 '데이비드 린치'라는 이름을 들을 때마다 항상 떠올리는 장면은 「멀홀랜드 드라이브」에 있다. 「멀홀랜드 드라이브」는 린치의 영화를 좋아하지 않는 나도 "영화를 좋아하는 사람이라면, 린치의 영화를 좋아하든 말든, 반드시 봐야 하는 영화"라고 목소리를 높이게 만드는 작품이다. 귀기鬼氣로 똘똘 뭉친 것 같은 이 작품에서도 가장 강렬하게 내 마음을 파고드는 장면은 클럽 실렌시오 장면이다.

〈크라잉Crying〉을 스페인어로 부르는 가수의 격정적인 공연이 사실은 립싱크라는 게 밝혀지는 장면은 이글거리는 색감과 사람을 홀리는 음악도 압권이지만, 노래를 부르다 쓰러진 가수가 무대에서 끌려 나갔는데도 노래가 계속 흐르는 것을 보여주면서 인생과 운명에 대한 심오한 질문을 던지기도 한다. 이 장면이 얘기하려는 건 뭘까? 우리 인간은 자유 의지에 따라 각자의 인생을 주체적으로 살아간다고 믿지만, 사실은 운명이 무대 뒤에서 부르는 노래에 맞춰 입을 뻐끔거리며 립싱크를 하는 존재에 불과하다는 걸까? 우리가 운명의 리듬에 맞춰 열정적으로 노래를 부르다 기력이 다해 쓰러지더라도, 운명은 우리의 안위 따위에는 아랑곳없이 애초에 정해진 대로 계속 노래를 부를 거라는 걸까?

이 책은 반세기 가까운 세월 동안 이런 인상적인 장면들을 숱하게 연출해낸 데이비드 린치의 삶을 두 번이나 거듭 되돌아보고 정리한 전기/회고록이다. 물론, 전기와 회고록을 합쳐놓았다는 사실이 이 책에 린치의 인생이 100%, 아니 200% 진실하게 담겨 있다는 걸 보장하지는 않는다. 하지만 그의 인생을 다양한 관점과 견해로 여러 각도에서 바라볼 수 있게 해주는 것만큼은 틀림없다. 그리고 전기를 집필한 맥켄나가 대단히 많은 린치의 주변 인물들을 상대로 비교적 최근에 세세한 인터뷰를 한 덕에, 이 책을 읽으면 린치가 어떤 인물인지를 그 어떤 책보다도 더 생생하게 파악할 수 있다.

이렇게 방대하고 꼼꼼하게 집필된 책을 번역한 결과, 나는 데이비드 린치를 전문적인 교육을 통해 영화를 연출하는 기법들을 배워 영화 연출로 생계를 꾸리는 직업인이라기보다는 머릿속에서 들끓는 기괴하고 독창적인 생각들을 예술 작품으로 창작해내는 데 매진하는 장인匠人 같은 인물로 보게 됐다. 영화 만드는 법을 백지상태에서 독학하고 영화의 전반적인 제작 과정을 일일이 다 터득한 아티스트이자 영화와 미술, 음악, 집필, 만화, 연기 등 다양한 예술 분야를 넘나들면서 각각의 분야에서 흔치 않은 재능을 보여주는 르네상스 시대의 예술가 같은 인물은 이 세계에 극히 드물다. 또 한편으로는 1970년대부터 2020년을 앞둔 지금까지 50여 년 동안 성공과 실패, 환희와 좌절이 교차되는 인생을 살면서도 각종 창작 작업을 꾸준히 해온 린치의 미덕을 정말로 높이 평가하게 됐다.

어쩌면 린치는 클럽 실렌시오에서 립싱크를 하는 가수와 다를 바 없는 존재일지도 모른다. 다른 게 있다면, 린치는 운명이 부르는 노래를 한 박자도 놓치지 않고 열정적으로 따라 부르며 공연이라는 임무를 끝까지 완수하려는 결의에 찬 끈덕진 인물이라는 점일 것이다. 「트윈 픽스 3」를 만들면서 많이 지쳤다는 린치가 그에게 맡겨진 노래를 앞으로도 오랫동안 계속 불러나가기를 바라마지 않는다. 그때도 내가 그렇게 만들어진 작품을 좋아하게 될 것인지는 솔직히 나도 모르겠지만, 인상적인 장면들이 다시금 내 뇌리에 깊이 뿌리를 내릴 거라는 건 분명하다고 생각한다.

윤철희

필 모 그 래 피

1967
「병에 걸린 여섯 남자(6회)(Six Men Getting Sick(Six Times))」
1분 / 컬러 / 조각상을 스크린 삼아 영사한 애니메이션

감독, 프로듀서, 편집, 애니메이션: 데이비드 린치

「가상의 애너신 광고(Fictitious Anacin Commercial)」
1분 5초 / 컬러 / 실사

감독, 시나리오, 프로듀서, 편집: 데이비드 린치
출연: 잭 피스크(Jack Fisk)

「우스꽝스럽게 맞닥뜨린 공포(Absurd Encounter with Fear)」
2분 / 컬러 / 실사와 애니메이션

감독, 시나리오, 프로듀서, 편집: 데이비드 린치
음악: 크시슈토프 펜데레츠키(Krzysztof Penderecki)

1968
「알파벳(The Alphabet)」
4분 / 컬러 / 실사와 애니메이션

프로듀서: H. 바튼 와서먼(H. Barton Wasserman)
감독, 시나리오, 촬영, 편집: 데이비드 린치
사운드: 데이비드 린치
타이틀 곡: 데이비드 린치, 연주: 로버트 채드윅(Robert Chadwick)
출연: 페기 리비(Peggy Reavey)

1970
「할머니(The Grandmother)」
34분 / 컬러 / 실사와 애니메이션

감독, 시나리오, 촬영, 편집, 애니메이션: 데이비드 린치
프로듀서: 데이비드 린치와 미국영화연구소(AFI)
어시스턴트 스크립트 컨설턴트: 페기 리비와 C. K. 윌리엄스(C. K. Williams)
스틸 촬영: 더그 랜덜(Doug Randall)
사운드 편집과 믹싱: 앨런 스플렛(Alan Splet)
음악: 트랙터(Tractor)
출연: 리처드 화이트(Richard White), 버지니아 메이틀랜드(Virginia Maitland), 로버트 채드윅, 도로시
맥기니스(Dorothy McGinnis)

1974
「절단 수술을 받은 환자(The Amputee)(두 개 버전)」
5분 / 흑백 / 실사

감독, 시나리오, 프로듀서, 편집: 데이비드 린치
촬영: 프레더릭 엘름스(Frederick Elmes)
출연: 캐서린 코울슨(Catherine Coulson)과 데이비드 린치

1977
「이레이저 헤드(Eraserhead)」
1시간 29분 / 흑백 / 실사와 애니메이션

제작사: 미국영화연구소, 리브라 필름스(Libra Films) 배급
감독, 시나리오, 편집: 데이비드 린치
프로듀서: 데이비드 린치
촬영: 허버트 카드웰(Herbert Cardwell)과 프레더릭 엘름스
프로덕션 디자인과 특수효과: 데이비드 린치
사운드 디자인과 편집: 데이비드 린치와 앨런 스플렛
감독 보조: 캐서린 코울슨
출연: 잭 낸스(Jack Nance), 샬럿 스튜어트(Charlotte Stewart), 앨런 조지프(Allen Joseph), 잔느
베이츠(Jeanne Bates), 주디스 로버츠(Judith Roberts), 로렐 니어(Laurel Near), 잭 피스크, 토머스
코울슨(Thomas Coulson), 핼 랜던 주니어(Hal Landon, Jr.), 닐 모런(Neil Moran), 진 랭(Jean Lange)

1980
「엘리펀트 맨(The Elephant Man)」
2시간 4분 / 흑백 / 실사

제작사: 브룩스필름스(Brooksfilms)
감독: 데이비드 린치
시나리오: 데이비드 린치, 크리스토퍼 드 보어(Christopher De Vore), 에릭 버그렌(Eric Bergren)
프로듀서: 조나단 생거(Jonathan Sanger)
이그제큐티브 프로듀서: 스튜어트 콘펠드(Stuart Cornfeld, 멜 브룩스Mel Brooks는 크레디트에 오르지
않음)
촬영: 프레디 프랜시스(Freddie Francis)

편집: 앤 V. 코아테스(Anne V. Coates)

프로덕션 매니저: 테렌스 A. 클레그(Terrence A. Clegg)

프로덕션 디자인: 스튜어트 크레이그(Stuart Craig)

사운드 디자인: 앨런 스플렛과 데이비드 린치

의상 디자인: 패트리샤 노리스(Patricia Norris)

음악: 존 모리스(John Morris)

출연: 존 허트(John Hurt), 안소니 홉킨스(Anthony Hopkins), 앤 밴크로프트(Anne Bancroft), 웬디 힐러(Wendy Hiller), 존 길거드(John Gielgud), 프레디 존스(Freddie Jones), 마이클 엘픽(Michael Elphick), 한나 고든(Hannah Gordon)

1984
「듄(Dune)」

2시간 17분 / 컬러 / 실사

제작사: 디노 드 로렌티스 컴퍼니(Dino De Laurentiis Company)/유니버설(Universal)

감독: 데이비드 린치

시나리오: 데이비드 린치

원작: 프랭크 허버트의 동명 소설

프로듀서: 라파엘라 드 로렌티스(Raffaella De Laurentiis)

이그제큐티브 프로듀서: 디노 드 로렌티스 (Dino De Laurentiis)

촬영: 프레디 프랜시스

보조 촬영: 프레더릭 엘름스

편집: 안토니 기브스(Antony Gibbs)

프로덕션 디자인: 앤서니 매스터스(Anthony Masters)

사운드 디자인: 앨런 스플렛

의상 디자인: 밥 링우드(Bob Ringwood)

음악: 토토(Toto); 브라이언 이노(Brian Eno)의 <Prophecy Theme>

출연: 카일 맥라클란(Kyle MacLachlan), 스팅(Sting), 프란체스카 애니스(Francesca Annis), 레오너드 치미노(Leonard Cimino), 브래드 듀리프(Brad Dourif), 호세 페러(José Ferrer), 린다 헌트(Linda Hunt), 딘 스톡웰(Dean Stockwell), 버지니아 매드슨(Virginia Madsen), 실바나 망가노(Silvana Mangano), 잭 낸스, 위르겐 프로흐노프(Jürgen Prochnow), 폴 L. 스미스(Paul L. Smith), 패트릭 스튜어트(Patrick Stewart), 막스 폰 시도우(Max von Sydow), 앨리시아 위트(Alicia Witt), 프레디 존스, 케네스 맥밀란(Kenneth McMillan)

1986
「블루 벨벳(Blue Velvet)」

2시간 / 컬러 / 실사

제작사: 드 로렌티스 엔터테인먼트 그룹(De Laurentiis Entertainment Group)

감독: 데이비드 린치

시나리오: 데이비드 린치

프로듀서: 프레드 카루소(Fred Caruso)

이그제큐티브 프로듀서: 리처드 로스(Richard Roth)

촬영: 프레더릭 엘름스

편집: 듀웨인 던햄(Duwayne Dunham)

캐스팅: 조한나 레이(Johanna Ray)와 팻 골든(Pat Golden)
프로덕션 디자인: 패트리샤 노리스
사운드 디자인: 앨런 스플렛
음악 작곡 및 지휘: 안젤로 바달라멘티(Angelo Badalamenti)
출연: 카일 맥라클란, 로라 던(Laura Dern), 이사벨라 로셀리니(Isabella Rossellini), 데니스 호퍼(Dennis Hopper), 딘 스톡웰, 브래드 듀리프, 잭 낸스, 조지 디커슨(George Dickerson), 프랜시스 베이(Frances Bay), 호프 랭(Hope Lange), 켄 스토비츠(Ken Stovitz)

1988
「카우보이와 프랑스인(The Cowboy and the Frenchman)」
24분 / 컬러 / 실사

제작사: 에라토 필름스(Erato Films), 소크프레세(Socpresse), 피가로 필름스(Figaro Films)
감독 및 시나리오: 데이비드 린치
프로듀서: 다니엘 토스캉 두 플랑티에(Daniel Toscan du Plantier)와 프로파간다 필름스(Propaganda Films)
이그제큐티브 프로듀서: 폴 카메론(Paul Cameron)과 피에르-올리비에 바르데(Pierre-Olivier Bardet)
어소시에이트 프로듀서: 데이비드 워필드(David Warfield)
코-프로듀서(Co-producers): 마르시아 테네이(Marcia Tenney), 줄리아 매터슨(Julia Matheson), 스콧 플로르(Scott Flor)
촬영: 프레더릭 엘름스
편집: 스콧 체스트넛(Scott Chestnut)
프로덕션 디자인: 패트리샤 노리스와 낸시 마르티넬리(Nancy Martinelli)
사운드: 존 헉(Jon Huck)
세트 데커레이션: 프랭크 실바(Frank Silva)
카메라 어시스턴트: 캐서린 코울슨
스크립트 슈퍼바이저: 코리 글레이저(Cori Glazer)
안무: 사라 엘가트(Sarah Elgart)
음악: 라디오 랜치 스트레이트 슈터스(Radio Ranch Straight Shooters), 에디 딕슨(Eddy Dixon), 장자크 페리(Jean-Jacques Perrey)
출연: 해리 딘 스탠튼(Harry Dean Stanton), 프레더릭 골찬(Frederic Golchan), 잭 낸스, 마이클 호스(Michael Horse), 릭 길로리(Rick Guillory), 트레이시 월터(Tracey Walter), 마리 로린(Marie Laurin), 패트릭 하우저(Patrick Houser), 탈리사 소토(Talisa Soto), 데브라 세이츠(Debra Seitz), 아만다 헐(Amanda Hull)

1990
「산업교향곡 1번: 상심한 사람들의 꿈(Industrial Symphony No.1: The Dream of the Brokenhearted)」
50분 / 컬러 / 무대 공연 실황을 비디오로 제작함

제작사: 프로파간다 필름스
감독: 데이비드 린치
음악 감독: 안젤로 바달라멘티
창안: 데이비드 린치와 안젤로 바달라멘티
프로듀서: 존 웬트워스(John Wentworth), 데이비드 린치, 안젤로 바달라멘티

이그제큐티브 프로듀서: 스티브 골린(Steve Golin), 시구리온 시그바트손(Sigurjón Sighvatsson), 몬티 몽고메리(Monty Montgomery)

어시스턴트 프로듀서: 에릭 고틀리브(Eric Gottlieb), 제니퍼 휴즈(Jennifer Hughes), 마르셀 사르미엔토(Marcel Sarmiento)

코디네이팅 프로듀서: 데비 트루트닉(Debby Trutnik)

프로덕션 디자인: 프랜느 리(Franne Lee)

조명 디자인: 앤 밀리텔로(Ann Militello)

안무: 마사 클라크(Martha Clarke)

출연: 로라 던, 니콜라스 케이지(Nicholas Cage), 줄리 크루즈(Julee Cruise), 리자 지오비(Lisa Giobbi), 펠릭스 블라스카(Félix Blaska), 마이클 J. 앤더슨(Michael J. Anderson), 안드레 바달라멘티(André Badalamenti), 존 벨(John Bell)

비디오 제작 스태프

편집: 밥 젱키스(Bob Jenkis)

1990-1991
「트윈 픽스(Twin Peaks)」

ABC에서 방송된 2시간짜리 파일럿과 대략 60분짜리의 에피소드 29편으로 구성된 텔레비전 시리즈 / 컬러 / 실사

제작사: 린치/프로스트 프로덕션(Lynch/Frost Productions), 프로파간다 필름스, 스펠링 엔터테인먼트(Spelling Entertainment)

창안: 데이비드 린치 & 마크 프로스트(Mark Frost)

연출: 데이비드 린치(에피소드 1.1, 1.3, 2.1, 2.2, 2.7, 2.22); 듀웨인 던햄(1.2, 2.11, 2.18); 티나 래스본Tina Rathborne(1.4, 2.10); 팀 헌터Tim Hunter(1.5, 2.9, 2.21); 레슬리 린카 글래터Lesli Linka Glatter(1.6, 2.3, 2.6, 2.16); 칼렙 디샤넬Caleb Deschanel(1.7, 2.8, 2.12); 마크 프로스트(1.8); 토드 홀랜드Todd Holland(2.4, 2.13); 그램 클리퍼드Graeme Clifford(2.5); 울리 에델Uli Edel (2.14); 다이안 키튼Diane Keaton(2.15); 제임스 폴리James Foley(2.17); 조나단 생거(2.19); 스티븐 질렌할Stephen Gyllenhaal(2.20)

대본: 데이비드 린치 & 마크 프로스트(1.1, 1.2, 1.3); 할리 페이튼Harley Peyton(1.4, 1.7, 2.2, 2.13); 로버트 엥겔스Robert Engels(1.5, 1.6, 2.3); 마크 프로스트(1.6, 1.8, 2.1, 2.7); 제리 스탈Jerry Stahl, 마크 프로스트와 할리 페이튼과 로버트 엥겔스(2.4); 배리 풀먼Barry Pullman(2.5, 2.11, 2.17, 2.21); 할리 페이튼과 로버트 엥겔스(2.6, 2.12, 2.15, 2.18, 2.20); 스콧 프로스트Scott Frost(2.8, 2.14); 마크 프로스트와 할리 페이튼과 로버트 엥겔스(2.9, 2.22); 트리샤 브록Tricia Brock(2.10, 2.16); 마크 프로스트와 할리 페이튼(2.19)

프로듀서: 그레그 핀버그Gregg Fienberg(1.1-1.8); 할리 페이튼(2.1-2.22); 데이비드 J. 래트David J. Latt(유럽 공개 버전)

슈퍼바이징 프로듀서: 그레그 핀버그(2.1-2.22)

어소시에이트 프로듀서: 필립 닐(Philip Neel)

촬영: 론 가르시아Ron Garcia(1.1) 프랭크 바이어스Frank Byers(1.2-2.22)

편집: 듀웨인 던햄(1.1, 2.1); 조나단 P. 쇼Jonathan P. Shaw(1.2, 1.3, 1.6, 2.2, 2.5, 2.8, 2.11, 2.14, 2.17, 2.20); 토니 모건Toni Morgan(1.4, 1.7, 2.4, 2.10, 2.13, 2.16, 2.19, 2.22); 폴 트레호Paul Trejo(1.5, 1.8, 2.3, 2.6, 2.9, 2.12, 2.15, 2.18, 2.21); 메리 스위니Mary Sweeney(2.7)

캐스팅: 조한나 레이

프로덕션 디자인: 패트리샤 노리스(1.1); 리처드 후버Richard Hoover(1.2-2.22)

사운드: 존 웬트워스

음악 작곡 및 지휘: 안젤로 바달라멘티

출연: 카일 맥라클란, 셰릴 리(Sheryl Lee), 파이퍼 로리(Piper Laurie), 페기 립튼(Peggy Lipton), 잭 낸스, 조안 첸(Joan Chen), 리처드 베이머(Richard Beymer), 레이 와이즈(Ray Wise), 프랭크 실바, 러스 탬블린(Russ Tamblyn), 셰릴린 펜(Sherilyn Fenn), 매드첸 아믹(Mädchen Amick), 데이나 애쉬브룩(Dana Ashbrook), 제임스 마셜(James Marshall), 마이클 온트킨(Michael Ontkean), 캐서린 코울슨, 에버렛 맥길(Everett McGill), 웬디 로비(Wendy Robie), 에릭 다 레(Eric Da Re), 라라 플린 보일(Lara Flynn Boyle), 앨 스트로벨(Al Strobel), 마이클 호스, 키미 로버트슨(Kimmy Robertson), 해리 고아즈(Harry Goaz), 미구엘 페러(Miguel Ferrer), 돈 데이비스(Don Davis), 그레이스 자브리스키(Grace Zabriskie), 헤더 그레이엄(Heather Graham), 워렌 프로스트(Warren Frost), 크리스 멀키(Chris Mulkey), 데이비드 듀코브니(David Duchovny), 마이클 J. 앤더슨, 줄리 크루즈, 월터 올케위츠(Walter Olkewicz), 데이비드 린치

1990
「광란의 사랑(Wild at Heart)」
2시간 5분 / 컬러 / 실사

제작사: 폴리그램 필름드 엔터테인먼트(PolyGram Filmed Entertainment)를 위해 프로파간다 필름스 제작, 사무엘 골드윈 컴퍼니(the Samuel Goldwyn Company) 배급

감독: 데이비드 린치

시나리오: 데이비드 린치

배리 기포드(Barry Gifford)가 쓴 소설 『광란의 사랑: 세일러와 룰라의 이야기(Wild at Heart: The Story of Sailor and Lula)』가 원작임

프로듀서: 몬티 몽고메리, 스티브 골린, 시구리온 시그바트손

이그제큐티브 프로듀서: 마이클 쿤(Michael Kuhn)

촬영: 프레더릭 엘름스

편집: 듀웨인 던햄

캐스팅: 조한나 레이

프로덕션 디자인과 의상: 패트리샤 노리스

사운드 디자인: 데이비드 린치와 랜디 톰(Randy Thom)

음악 작곡 및 지휘: 안젤로 바달라멘티

출연: 니콜라스 케이지, 로라 던, 윌렘 대포(Willem Dafoe), J. E. 프리먼(J. E. Freeman), 크리스핀 글로버(Crispin Glover), 다이안 래드(Diane Ladd), 캘빈 록하트(Calvin Lockhart), 이사벨라 로셀리니, 해리 딘 스탠튼, 그레이스 자브리스키, 셰릴 리, W. 모건 셰퍼드(W. Morgan Sheppard), 데이비드 패트릭 켈리(David Patrick Kelly), 셰릴린 펜, 프레디 존스, 존 루리(John Lurie), 잭 낸스, 프루이트 테일러 빈스(Pruitt Taylor Vince)

「위키드 게임(Wicked Game)」
3분 31초 / 컬러 / 실사

감독, 시나리오, 편집: 데이비드 린치

음악: 크리스 아이작(Chris Isaak)

출연: 크리스 아이작, 로라 던, 니콜라스 케이지, 윌렘 대포

1992
「트윈 픽스 영화판(Twin Peaks: Fire Walk with Me)」

2시간 14분 / 컬러 / 실사

제작사: 트윈 픽스 프로덕션(Twin Peaks Productions), 시비 2000(Ciby 2000), 뉴라인 시네마(New Line Cinema)

감독: 데이비드 린치

시나리오: 데이비드 린치와 로버트 엥겔스

프로듀서: 그레그 핀버그

이그제큐티브 프로듀서: 데이비드 린치와 마크 프로스트

촬영: 론 가르시아

편집: 메리 스위니

캐스팅: 조한나 레이

프로덕션 디자인: 패트리샤 노리스

사운드 디자인: 데이비드 린치

음악 작곡 및 지휘: 안젤로 바달라멘티

출연: 셰릴 리, 레이 와이즈, 매드첸 아믹, 데이나 애쉬브룩, 피비 오거스틴(Phoebe Augustine), 데이비드 보위(David Bowie), 그레이스 자브리스키, 해리 딘 스탠튼, 카일 맥라클란, 에릭 다 레, 미구엘 페러, 파멜라 기들리(Pamela Gidley), 헤더 그레이엄, 크리스 아이작, 모이라 켈리(Moira Kelly), 페기 립튼, 데이비드 린치, 제임스 마셜(James Marshall), 위르겐 프로흐노프, 키퍼 서덜랜드(Kiefer Sutherland), 레니 폰 도흘렌(Lenny von Dohlen), 프랜시스 베이(Frances Bay), 캐서린 코울슨, 마이클 J. 앤더슨, 프랭크 실바, 앨 스트로벨, 월터 올케위츠, 줄리 크루즈, 개리 허쉬버거(Gary Hershberger)

「방송 중(On the Air)」

ABC에서 방송된 에피소드 일곱 편으로 구성된 텔레비전 시리즈 / 컬러 / 실사

제작사: 린치/프로스트 프로덕션

창안: 데이비드 린치와 마크 프로스트

연출: 데이비드 린치(1); 레슬리 린카 글래터(2, 5); 잭 피스크(3, 7); 조나단 생거(4); 베티 토머스Betty Thomas(6)

대본: 데이비드 린치와 마크 프로스트(1); 마크 프로스트(2, 5); 로버트 엥겔스(3, 6); 스콧 프로스트(4); 데이비드 린치와 로버트 엥겔스(7)

프로듀서: 그레그 핀버그(1); 디팍 나야르Deepak Nayar(2-7)

공동제작 프로듀서: 로버트 엥겔스(2-7)

촬영: 론 가르시아(1-3); 피터 데밍Peter Deming(2, 4-7)

편집: 메리 스위니(1); 폴 트레호(2, 5); 토니 모건(3, 6); 데이비드 시겔David Seigel(4, 7)

캐스팅: 조한나 레이

프로덕션 디자인: 마이클 오코위타(Michael Okowita)

음악 작곡 및 지휘: 안젤로 바달라멘티

출연: 이언 부캐넌(Ian Buchanan), 낸시 퍼거슨(Nancye Ferguson), 미구엘 페러, 개리 그로스먼(Gary Grossman), 멜 존슨 주니어(Mel Johnson Jr.), 마빈 캐플런(Marvin Kaplan), 데이비드 L. 랜더(David L. Lander), 킴 맥과이어(Kim McGuire), 트레이시 월터(Tracey Walter), 말라 루비노프(Marla Rubinoff), 어윈 키스(Irwin Keyes), 랠리 앤 레이먼드 프렌드(Raleigh and Raymond Friend), 에버렛 그린바움(Everett Greenbaum), 버디 더글러스(Buddy Douglas)

1993
「호텔 룸(Hotel Room)」
1시간 55분 / 컬러 / HBO에서 방송된 3막짜리 실사 텔레비전 드라마

창안: 데이비드 린치와 몬티 몽고메리
연출: 데이비드 린치(「트릭들Tricks」과 「블랙아웃Blackout」); 제임스 시그노렐리James Signorelli
(「로버트 제거하기Getting Rid of Robert」)
대본: 배리 기포드(「트릭들」과 「블랙아웃」); 제이 맥키너니Jay McInerney(「로버트 제거하기」)
프로듀서: 디팍 나야르
이그제큐티브 프로듀서: 데이비드 린치와 몬티 몽고메리
촬영: 피터 데밍
편집: 메리 스위니(「트릭들」); 데이비드 시겔(「로버트 제거하기」); 토니 모건(「블랙아웃」)
캐스팅: 조한나 레이
프로덕션 디자인: 패트리샤 노리스
사운드 디자인: 데이비드 린치
음악 작곡 및 지휘: 안젤로 바달라멘티
출연: 해리 딘 스탠튼, 프레디 존스, 글렌 헤들리(Glenne Headly), 크리스핀 글로버, 앨리시아 위트,
그리핀 듄(Griffin Dunne), 첼시 필드(Chelsea Field), 마리스카 하기테이(Mariska Hargitay), 카밀리아
오버바이 루스(Camilla Overbye Roos), 존 솔라리(John Solari), 데보라 카라 웅거(Deborah Kara
Unger), 클라크 히스클리프 브롤리(Clark Heathcliff Brolly), 칼 순드스트롬(Carl Sundstrom)

1995
「사악한 행위에 대한 예감(Premonition Following an Evil Deed)」
55초 / 흑백 / 실사

감독, 시나리오: 데이비드 린치
프로듀서: 닐 에델스테인(Neal Edelstein)
촬영: 피터 데밍
의상 디자인: 패트리샤 노리스
특수효과: 게리 다미코(Gary D'Amico)
음악: 데이비드 린치와 안젤로 바달라멘티
출연: 제프 알페리(Jeff Alperi), 마크 우드(Mark Wood), 스탠 로스리지(Stan Lothridge), 러스 펄먼
(Russ Pearlman), 팸 피에로치시(Pam Pierrocish), 클라이드 스몰(Clyde Small), 조앤 러들스테인(Joan
Rurdlestein), 미셸 칼라일(Michele Carlyle), 캐슬린 레이먼드(Kathleen Raymond), 돈 살체도(Dawn
Salcedo)

「롱잉(Longing)」
5분 / 컬러 / 실사

음악: 요시키(Yoshiki)

1997
「로스트 하이웨이(Lost Highway)」
2시간 14분 / 컬러 / 실사

제작사: 시비 2000, 에이시메트리컬 프로덕션(Asymmetrical Productions)

연출: 데이비드 린치
시나리오: 데이비드 린치 & 배리 기포드
프로듀서: 디팍 나야르, 톰 스턴버그(Tom Sternberg), 메리 스위니
촬영: 피터 데밍
편집: 메리 스위니
캐스팅: 조한나 레이와 일레인 J. 후자르(Elaine J. Huzzar)
의상 및 프로덕션 디자인: 패트리샤 노리스
사운드 믹스: 스스무 토쿠노우(Susumu Tokunow)
음악 작곡 및 지휘: 안젤로 바달라멘티
출연: 빌 풀먼(Bill Pullman), 패트리샤 아퀘트(Patricia Arquette), 발타자 게티(Balthazar Getty), 로버트 블레이크(Robert Blake), 로버트 로지아(Robert Loggia), 리처드 프라이어(Richard Pryor), 잭 낸스, 나타샤 그레그슨 와그너(Natasha Gregson Wagner), 게리 부시(Gary Busey), 헨리 롤린스(Henry Rollins), 루시 버틀러(Lucy Butler)

1999
「스트레이트 스토리(The Straight Story)」
1시간 52분 / 컬러 / 실사

제작사: 에이시메트리컬 프로덕션, 카날 플뤼(Canal Plus), 채널 포 필름스(Channel Four Films), 픽처 팩토리(Picture Factory)
감독: 데이비드 린치
시나리오: 메리 스위니와 존 로치(John Roach)
프로듀서: 메리 스위니와 닐 에델스테인
이그제큐티브 프로듀서: 피에르 에델만(Pierre Edelman)과 마이클 폴레어(Michael Polaire)
촬영: 프레디 프랜시스
편집: 메리 스위니
캐스팅: 제인 앨더먼(Jane Alderman)과 린 블루멘탈(Lynn Blumenthal)
프로덕션 디자인: 잭 피스크
의상 디자인: 패트리샤 노리스
로케이션 사운드 믹스: 스스무 토쿠노우
음악 작곡 및 지휘: 안젤로 바달라멘티
출연: 리처드 판스워스(Richard Farnsworth), 시시 스페이섹(Sissy Spacek), 해리 딘 스탠튼, 에버렛 맥길, 존 팔리(John Farley), 케빈 팔리(Kevin Farley), 제인 갤러웨이 하이츠(Jane Galloway Heitz), 조지프 A. 카펜터(Joseph A. Carpenter), 르로이 스워들리(Leroy Swadley), 와일리 하커(Wiley Harker), 도널드 위거트(Donald Wiegert), 댄 플래너리(Dan Flannery), 제니퍼 에드워즈휴즈(Jennifer Edwards-Hughes), 에드 그레넌(Ed Grennan)

2001
「멀홀랜드 드라이브(Mulholland Drive)」
2시간 26분 / 컬러 / 실사

제작사: 레 필름스 알랭 사드(Les Films Alain Sarde), 에이시메트리컬 프로덕션, 바부 주식회사(Babbo Inc.), 카날 플뤼, 픽처 팩토리
감독, 시나리오: 데이비드 린치
프로듀서: 메리 스위니, 알랭 사드, 닐 에델스테인, 마이클 폴레어, 토니 크란츠

이그제큐티브 프로듀서: 피에르 에델만
협력 프로듀서: 존 웬트워스
촬영: 피터 데밍
편집: 메리 스위니
캐스팅: 조한나 레이
프로덕션 디자인: 잭 피스크
의상 디자인: 에이미 스토프스키(Amy Stofsky)
사운드 디자인: 데이비드 린치
음악 작곡 및 지휘: 안젤로 바달라멘티; 추가 음악 작곡: 데이비드 린치와 존 네프(John Neff)
출연: 저스틴 서룩스(Justin Theroux), 나오미 왓츠(Naomi Watts), 로라 엘레나 해링(Laura Elena Harring), 댄 헤다야(Dan Hedaya), 로버트 포스터(Robert Forster), 앤 밀러(Ann Miller), 마이클 J. 앤더슨, 안젤로 바달라멘티, 빌리 레이 사이러스(Billy Ray Cyrus), 채드 에버렛(Chad Everett), 리 그랜트(Lee Grant), 스콧 코피(Scott Coffey), 패트릭 피츨러(Patrick Fischler), 로리 휴링(Lori Heuring)

「망치로 머리를(Head with Hammer)」

14초 / 컬러 / 실사

감독, 시나리오, 촬영, 편집: Davidlynch.com을 위해 데이비드 린치가 제작

「저 밖에 보이는: 이웃집 소년(Out Yonder: Neighbor Boy)」

9분 38초 / 흑백 / 실사

감독, 시나리오, 촬영, 편집: Davidlynch.com을 위해 데이비드 린치가 제작
사운드 디자인: 데이비드 린치
출연: 데이비드 린치와 오스틴 린치(Austin Lynch)

「저 밖에 보이는: 이빨(Out Yonder: Teeth)」

13분 24초 / 흑백 / 실사

감독, 시나리오, 촬영, 편집: Davidlynch.com을 위해 데이비드 린치가 제작
사운드 디자인: 데이비드 린치
출연: 데이비드 린치, 오스틴 린치, 라일리 린치(Riley Lynch)

「피에르와 소니 짐(Pierre and Sonny Jim)」

3분 31초 / 컬러 / 인형 애니메이션

감독, 시나리오, 촬영, 편집: Davidlynch.com을 위해 데이비드 린치가 제작
사운드 디자인: 데이비드 린치

「벌 덩어리(Ball of Bees)」

일곱 개 버전: 1-5분 5초; 2-5분 6초; 3-5분 25초; 4-5분 21초; 5-5분 42초; 6-4분 46초; 7-4분 26초 / 컬러 / 실사

프로듀서: Davidlynch.com을 위해 데이비드 린치가 제작
시나리오, 촬영, 편집: 데이비드 린치

2002
「캄캄해진 방(Darkened Room)」
8분 16초 / 컬러 / 실사

감독, 시나리오, 프로듀서, 촬영, 편집: Davidlynch.com을 위해 데이비드 린치가 제작
사운드 디자인: 데이비드 린치와 존 네프
음악: 안젤로 바달라멘티
출연: 조던 래드(Jordan Ladd), 에츠코 시카타(Etsuko Shikata), 세리나 빈센트(Cerina Vincent)

「슬픔의 디스크가 설치되다(The Disc of Sorrow Is Installed)」
4분 / 컬러 / 실사

감독, 시나리오, 프로듀서, 촬영: Davidlynch.com을 위해 데이비드 린치가 제작

「토끼들(Rabbits)」
에피소드 아홉 편으로 구성된 시트콤 / 컬러 / 실사

감독, 시나리오, 프로듀서, 촬영, 편집: Davidlynch.com을 위해 데이비드 린치가 제작
의상 디자인: 토니 칸델라리아(Tony Candelaria)
로케이션 매니저: 제레미 알터(Jeremy Alter)
음악: 데이비드 린치
출연: 나오미 왓츠, 로라 엘레나 해링, 스콧 코피, 레베카 델 리오(Rebekah Del Rio)

「덤랜드(DumbLand)」
에피소드 여덟 편으로 구성된 시트콤 / 흑백 / 애니메이션

시나리오, 그림, 목소리 연기, 편집: Davidlynch.com을 위해 데이비드 린치가 제작
사운드 디자인: 데이비드 린치

「코요테(The Coyote)」
3분 46초 / 컬러 / 실사

감독, 시나리오, 촬영, 편집: Davidlynch.com을 위해 데이비드 린치가 제작
사운드 디자인: 데이비드 린치

2006
「인랜드 엠파이어(INLAND EMPIRE)」
3시간 / 컬러 / 실사

제작사: 스튜디오카날(StudioCanal), 카메리미지 영화제(Camerimage Festival), 푼다차 쿨터리
(Fundacja Kultury), 에이시메트리컬 프로덕션, 업서다(Absurda), 518 미디어(518 Media) 배급
감독, 시나리오: 데이비드 린치
프로듀서: 메리 스위니와 데이비드 린치
코-프로듀서: 제레미 알터와 로라 던
어소시에이트 프로듀서: 제이 아셍(Jay Aaseng)과 에릭 크레이리(Erik Crary)
어소시에이트 프로듀서: 사브리나 S. 서덜랜드(Sabrina S. Sutherland)
캐스팅: 조한나 레이
아트 디렉션: 크리스티나 앤 윌슨(Christina Ann Wilson)

세트 데코레이션: 멜라니 레인(Melanie Rein)

사운드 디자인: 데이비드 린치

프로덕션 사운드 믹서: 딘 헐리(Dean Hurley)

의상 디자인: 카렌 베어드(Karen Baird)와 하이디 비벤스(Heidi Bivens)

음악 컨설턴트: 마렉 제브로프스키(Marek Zebrowski)

음악: 크시슈토프 펜데레츠키, 마렉 제브로프스키, 데이비드 린치, 데이브 브루벡(Dave Brubeck), 에타 제임스(Etta James), 리틀 에바(Little Eva), 니나 시몬(Nina Simone), 그리고 기타

출연: 로라 던, 제레미 아이언스(Jeremy Irons), 해리 딘 스탠튼, 저스틴 서룩스, 캐롤리나 그루즈카(Karolina Gruszka), 그레이스 자브리스키, 얀 헨츠(Jan Hencz), 다이안 래드, 윌리엄 H. 메이시(William H. Macy), 줄리아 오몬드(Julia Ormond), 에릭 크레이리, 에밀리 스토플(Emily Stofle), 조던 래드, 크리스틴 커(Kristen Kerr), 테린 웨스트브룩(Terryn Westbrook), 캣 터너(Kat Turner), 메리 스틴버겐(Mary Steenburgen), 헬레나 체이스(Helena Chase), 나에(Nae), 테리 크루스(Terry Crews)

2007
「저 밖에 보이는: 닭(Out Yonder: Chicken)」

17분 9초 / 흑백 / 실사

감독, 시나리오, 프로듀서, 촬영, 편집: Davidlynch.com을 위해 데이비드 린치가 제작

사운드 디자인: 데이비드 린치

출연: 데이비드 린치, 오스틴 린치, 에밀리 스토플

「보트(Boat)」

7분 15초 / 컬러 / 실사

시나리오, 촬영, 편집: 데이비드 린치

내레이션: 에밀리 스토플

출연: 데이비드 린치

「발레리나(Ballerina)」

12분 19초 / 컬러 / 실사

감독, 시나리오, 프로듀서, 편집: 데이비드 린치

음악: 데이비드 린치

「기어가는 벌레(Bug Crawls)」

5분 / 흑백 / 애니메이션

시나리오, 프로듀서, 촬영, 편집, 애니메이션: 데이비드 린치

사운드 디자인: 데이비드 린치

「업서다/칸: 가위(Absurda/Cannes: Scissors)」

2분 22초 / 컬러 / 실사와 애니메이션

감독, 시나리오, 프로듀서, 편집: 데이비드 린치

「홀리쇼츠 그리팅(HollyShorts Greeting)」

3분 57초 / 흑백 / 실사

감독, 시나리오, 프로듀서, 편집: 데이비드 린치
사운드 디자인: 데이비드 린치
의상 디자인: 에밀리 스토플
출연: 데이비드 린치, 에밀리 스토플, 아리아나 델라워리(Ariana Delawari), 제나 그린(Jenna Green)

「인더스트리얼 사운드스케이프(Industrial Soundscape)」

10분 28초 / 흑백 / 애니메이션

감독, 시나리오, 프로듀서, 촬영, 편집, 음악, 애니메이션: 데이비드 린치

「자동 노출계 실험들: 계단을 포함한 타임-랩스 촬영 실험 3회(Intervalometer Experiments: Three Experiments in Time-Lapse Photography, including Steps)」

3분 45초 / 흑백

「인랜드 엠파이어: 일어났던 더 많은 일들(INLAND EMPIRE: More Things That Happened)」

1시간 16분 / 컬러 / 실사

제작사: 업서다와 스튜디오카날
감독, 시나리오, 촬영, 편집: 데이비드 린치
코-프로듀서: 제레미 알터
음악: 데이비드 린치
출연: 캐롤리나 그루즈카, 피터 J. 루카스(Peter J. Lucas), 윌리엄 마이어(William Maier), 크시슈토프 마이흐작(Krzysztof Majchrzak), 로라 던, 나스타샤 킨스키(Nastassja Kinski)

2008
「트윈 픽스 페스티벌 그리팅(Twin Peaks Festival Greeting)」

4분 15초 / 흑백 / 실사

감독, 시나리오, 프로듀서, 편집: 데이비드 린치
출연: 데이비드 린치

2009
「뒤통수 촬영(Shot in the Back of the Head)」

3분 15초 / 흑백 / 애니메이션

감독, 시나리오, 프로듀서, 편집, 애니메이션: 데이비드 린치
음악: 모비(Moby)

「42초 원 드림 러시; 제7번 꿈(앞을 보는 손과 황금 구체의 미스터리)(42 One Dream Rush; Dream #7 (Mystery of the Seeing Hand and the Golden Sphere))」

42초 / 컬러 / 애니메이션

다양한 감독들이 꾼 꿈에 기초한 42초짜리 단편 영화들을 모은 「원 드림 러시(One Dream Rush)」의
일부로 공개됨

감독, 시나리오, 프로듀서, 편집: 데이비드 린치

2010
「레이디 블루 상하이(Lady Blue Shanghai)」

16분 / 컬러 / 실사

디올(Dior)이 제작한 핸드백을 위한 단편 영화

감독, 시나리오, 편집: 데이비드 린치
프로듀서: 사브리나 S. 서덜랜드
촬영: 저스틴 필드(Justyn Field)
음악: 데이비드 린치, 딘 헐리, 나다니엘 쉴크렛(Nathaniel Shilkret)
출연: 마리옹 코티아르(Marion Cotillard), 공 타오(Gong Tao), 에밀리 스토플, 니에 페이(Nie Fei), 쳉 홍
(Cheng Hong), 루 용(Lu Yong)

2011
「세 개의 R(The 3 Rs)」

1분 / 흑백 / 실사

베니스 국제영화제를 위한 트레일러

감독, 시나리오, 프로듀서, 편집: 데이비드 린치
출연: 민디 라메이커(Mindy Ramaker), 안나 스카벡(Anna Skarbek), 알프레도 폰스(Alfredo Ponce)

「나는 빨간 단추 남자를 건드렸다(I Touch a Red Button Man)」

5분 42초 / 컬러 / 애니메이션

감독, 시나리오, 편집, 애니메이션: 데이비드 린치
음악: 인터폴(Interpol)

「듀란 듀란: 언스테이지드(Duran Duran: Unstaged)」

2시간 1분

감독 및 시나리오: 데이비드 린치
프로듀서: 사브리나 S. 서덜랜드, 앤드류 켈리(Andrew Kelly), 마이클 골드파인(Michael Goldfine),
블레이크 W. 모리슨(Blake W. Morrison), 닉 배리오스(Nick Barrios)
이그제큐티브 프로듀서: 조 킬리언(Joe Killian)
촬영: 피터 데밍
편집: 미야카와 노리코(Noriko Miyakawa)
사운드 믹서: 딘 헐리
출연: 듀란 듀란(Duran Duran)

「오늘은 좋은 날(Good Day Today)」

4분 41초 / 컬러 / 실사

감독, 시나리오, 프로듀서, 편집: 데이비드 린치
음악: 데이비드 린치와 딘 헐리

2012

「미친 광대의 시간(Crazy Clown Time)」

7분 5초 / 컬러 / 실사

감독 및 시나리오: 데이비드 린치
프로듀서: 사브리나 S. 서덜랜드
음악: 데이비드 린치와 딘 헐리

「명상, 창조성, 평화(Meditation, Creativity, Peace)」

71분 / 흑백 / 실사

2007-2009년에 다닌 초월명상 강연 투어를 다룬 다큐멘터리
프로듀서: 밥 로스(Bob Roth), 애덤 프레스먼(Adam Pressman), 샘 리브(Sam Lieb)
편집: 미야카와 노리코
사운드: 딘 헐리
출연: 데이비드 린치

「메모리 필름(Memory Film)」

4분 17초 / 컬러 / 실사와 애니메이션

감독, 프로듀서, 촬영: 데이비드 린치
편집: 미야카와 노리코
사운드 믹스: 딘 헐리
출연: 데이비드 린치

2013

「파리 이뎀(Idem Paris)」

8분 5초 / 흑백 / 실사

감독, 프로듀서, 촬영: 데이비드 린치
편집: 미야카와 노리코
사운드 믹스: 딘 헐리
출연: 크리스티안 샤팽(Christian Charpin), 킨델베르트 엠(Khindelvert Em), 패트릭 프래밀(Patrick Pramil), 페이쏜 소우칼로운(Phaythoune Soukaloun)

「겁에 질려 돌아오다(Came Back Haunted)」

4분 15초 / 컬러 / 실사와 애니메이션

감독 및 시나리오: 데이비드 린치
음악: 나인 인치 네일스(Nine Inch Nails)

2014

「트윈 픽스: 빠진 조각들(Twin Peaks: The Missing Pieces)」

1시간 31분 / 컬러 / 실사

제작사: 업서다와 MK2 디퓨전(MK2 Diffusion)
감독, 시나리오, 편집: 데이비드 린치

프로듀서: 사브리나 S. 서덜랜드
특수효과: 데이비드 린치와 미야카와 노리코
음악: 안젤로 바달라멘티, 데이비드 린치, 딘 헐리, 데이비스 슬루서(David Slusser)
출연: 크리스 아이작, 키퍼 서덜랜드, C. H. 에반스(C. H. Evans), 산드라 킨더(Sandra Kinder), 릭 아이엘로(Rick Aiello), 엘리자베스 앤 맥카시(Elizabeth Ann McCarthy), 스티븐 비어드(Steven Beard), 게리 불록(Gary Bullock), 카일 맥라클란, 데이비드 보위, 허쉬 디아만트(Hirsh Diamant), 스테파노 로베르소(Stefano Loverso), 지니 본서(Jeannie Bonser), 알렉스 사모라노(Alex Samorano), 마이클 J. 앤더슨, 칼튼 리 러셀(Carlton Lee Russell), 캘빈 록하트, 위르겐 프로흐노프, 데이비드 브리스빈(David Brisbin), 조나단 J. 레펠(Jonathan J. Leppell), 프랜시스 베이, 프랭크 실바, 셰릴 리, 데이비드 린치, 미구엘 페러, 도리 구터슨(Dori Guterson), 개리 허쉬버거, 데이나 애쉬브룩, 모이라 켈리, 그레이스 자브리스키, 레이 와이즈, 브라이언 T. 피니(Brian T. Finney), 잭 낸스, 조안 첸, 에드 라이트(Ed Wright), 매드첸 아믹, 페기 립튼, 안드레아 헤이스(Andrea Hays), 웬디 로비, 에버렛 맥길, 마빈 로산드(Marvin Rosand), 워렌 프로스트(Warren Frost), 메리 조 디샤넬(Mary Jo Deschanel), 에릭 다 레, 빅터 리버스(Victor Rivers), 크리스 페데르센(Chris Pedersen), 데니스 E. 로버츠(Dennis E. Roberts), 앨 스트로벨, 파멜라 기들리, 피비 어거스틴, 월터 올케위츠, 마이클 호스, 해리 고아즈, 마이클 온트킨, 러스 탬블린, 돈 S. 데이비스, 샬럿 스튜어트, 키미 로버트슨, 제임스 마셜, 캐서린 E. 코울슨, 헤더 그레이엄, 테레제 제이비어 틴링(Therese Xavier Tinling), 척 맥쿼리(Chuck McQuarry)

2015
「불(Pozar)」
10분 44초 / 흑백 / 애니메이션

시나리오, 그림, 연출: 데이비드 린치
애니메이션: 미야카와 노리코
음악: 마렉 제브로프스키

2017
「트윈 픽스 3(Twin Peaks: The Return)」
에피소드 18편, 각 에피소드 당 대략 60분 / 컬러 / 실사

제작사: 쇼타임(Showtime)을 위해 랜초 로사 파트너십 주식회사(Rancho Rosa Partnership, Inc.)에서 제작
창안 및 집필: 데이비드 린치와 마크 프로스트
연출: 데이비드 린치
이그제큐티브 프로듀서: 데이비드 린치와 마크 프로스트
프로듀서: 사브리나 S. 서덜랜드
어소시에이트 프로듀서: 조한나 레이
라인 프로듀서: 크리스틴 라슨-니체(Christine Larson-Nitzsche)
촬영: 피터 데밍
편집: 듀웨인 던햄
아트 디렉션: 카라 브로워(Cara Brower)
의상 디자인: 낸시 스테이너(Nancy Steiner)
프로덕션 디자인: 루스 데 용(Ruth De Jong)
캐스팅: 조한나 레이와 크리스타 후사르(Krista Husar)
사운드 디자인: 데이비드 린치

음악: 안젤로 바달라멘티
출연: 카일 맥라클란, 셰릴 리, 마이클 호스, 크리스타 벨(Chrysta Bell), 미구엘 페러, 데이비드 린치, 로버트 포스터, 키미 로버트슨, 나오미 왓츠, 로라 던, 피어스 개그넌(Pierce Gagnon), 해리 고아즈, 앨 스트로벨, 존 피루첼로(John Pirruccello), 돈 머레이, 매드첸 아믹, 데이나 애쉬브룩, 브렌트 브리스코 (Brent Briscoe), 데이비드 패트릭 켈리, 제인 애덤스(Jane Adams), 짐 벨루시(Jim Belushi), 리처드 베이마, 지젤 다미어(Giselle DaMier), 이몬 패런(Eamon Farren), 패트릭 피츨러, 제니퍼 제이슨 리 (Jennifer Jason Leigh), 로버트 니퍼(Robert Knepper), 안드레아 릴(Andréa Leal), 그레이스 자브리스키, 에이미 쉴즈(Amy Shiels), 러스 탬블린, 톰 사이즈모어(Tom Sizemore), 캐서린 E. 코울슨, 조지 그리피스, 제임스 마셜, 페기 립튼, 제임스 모리슨(James Morrison), J. R. 스타(J. R. Starr), 팀 로스 (Tim Roth), 웬디 로비, 해리 딘 스탠튼, 래리 클라크(Larry Clarke), 셰릴린 펜, 조쉬 페이덤(Josh Fadem), 제이 R. 퍼거슨(Jay R. Ferguson), 에릭 에델스테인(Eric Edelstein), 애쉴리 저드(Ashley Judd), 케일럽 랜드리 존스(Caleb Landry Jones), 매튜 릴라드(Matthew Lillard), 데이비드 코흐너 (David Koechner), 사라 진 롱(Sarah Jean Long), 클라크 미들턴(Clark Middleton), 카렐 스트류컨 (Carel Struycken), 제이크 워들(Jake Wardle), 나에, 아만다 세이프리드(Amanda Seyfried), 크리스토프 자작데넥(Christophe Zajac-Denek), 제이 아셍, 조 아들러(Joe Adler), 오웨인 리스 데이비스(Owain Rhys Davies), 에리카 에이넌(Erica Eynon), 데이비드 다스트말치안(David Dastmalchian), 발타자 게티, 네이선 프리즈넬(Nathan Frizzell), 헤일리 게이츠(Hailey Gates), 제임스 그릭소니(James Grixoni), 안드레아 헤이스(Andrea Hays), 린다 포터(Linda Porter), 칼 마키넨(Karl Makinen), 제시카 스조르(Jessica Szohr), 조디 텔렌(Jodi Thelen), 아델 르네(Adele René), 나페사 윌리엄스(Nafessa Williams), 캔디 클라크(Candy Clark), 샬럿 스튜어트, 맥스 펠리히(Max Perlich), 에밀리 스토플, 개리 허쉬버거, 존 폴센(John Paulsen), 조 맥레인(Zoe McLane), 베레니체 말로헤 (Bérénice Marlohe), 워렌 프로스트(Warren Frost), 조이 내쉬(Joy Nash), 캐슬린 데밍(Kathleen Deming), 데이비드 듀코브니, 돈 S. 데이비스, 리사 코로나도(Lisa Coronado), 리처드 챔벌레인(Richard Chamberlain), 마이클 세라(Michael Cera), 모니카 벨루치(Monica Bellucci), 앨리시아 위트, 라일리 린치, 마빈 로산드, 매들린 지마(Madeline Zima), 에버렛 맥길, 월터 올케위츠, 사브리나 S. 서덜랜드, 제이 라슨(Jay Larson), 레이 와이즈, 니콜 라리베르테(Nicole LaLiberte), 코넬리아 게스트(Cornelia Guest)

「잭은 무슨 짓을 했나?(What Did Jack Do?)」

20분 / 컬러 / 실사

감독, 시나리오, 편집: 데이비드 린치
프로듀서: 업서다/카르티에 재단을 위해 사브리나 S. 서덜랜드가 제작
촬영: 스콧 레슬러(Scott Ressler)
특수효과와 편집 보조: 미야카 노리코
사운드와 세트 디자인: 데이비드 린치
사운드 믹스: 데이비드 린치와 딘 헐리
음악: 데이비드 린치와 딘 헐리
출연: 잭 크루즈(Jack Cruz), 데이비드 린치, 에밀리 스토플, 투토타반(Toototaban)

광고

1988
오피움(Opium), 이브생로랑(Yves St. Laurent)의 향수
옵세션(Obsession), 4개 부분으로 구성된 캘빈클라인(Calvin Klein) 향수 광고로, 각 부분은 다음의
　작가들을 언급하고 있다: D. H. 로렌스(D. H. Lawrence), F. 스콧 피츠제럴드(F. Scott Fitzgerald),
　어니스트 헤밍웨이(Ernest Hemingway), 귀스타브 플로베르(Gustave Flaubert)
뉴욕시 위생국(New York Department of Sanitation), "우리는 뉴욕을 좋아한다(We Care About
　New York)"을 위한 공익광고

1991
조지아 커피(Georgia Coffee), 네 부분으로 구성됐으며, 카일 맥라클란과 캐서린 코울슨, 매드첸 아믹,
　해리 고아즈, 키미 로버트슨이 출연함

1992
지오(Giò), 조르지오 아르마니(Giorgio Armani) 향수

1993
트레조(Trésor), 랑콤(Lancôme) 향수
알카셀처 플러스(Alka-Seltzer Plus)
바릴라 파스타(Barilla pasta), 제라르 드파르디유(Gerard Depardieu) 출연
아디다스(Adidas)의 "더 월(The Wall)" 캠페인
삶의 본능(The Instinct of Life), 질 샌더(Jill Sander)의 향수 백그라운드(Background)를 위해 제작된
　영상
미국 암 협회(American Cancer Society), 유방암 인식 향상 캠페인을 위한 공익광고
마이클 잭슨(Michael Jackson)의 《데인저러스(Dangerous)》 비디오 모음집을 위한 티저 광고

1994
선 문 스타스(Sun Moon Stars), 칼 라거펠트(Karl Lagerfeld) 향수

1997
사이-파이 채널(Sci-Fi Channel), 4부작 홍보영상: 드로이드 아줌마(Aunt Droid), 핵겨울(Nuclear
　Winter), 고엽들(Dead Leaves), 유아용 자전거(Kiddie Ride)
클리어 블루 이지(Clear Blue Easy), 가정용 임신 테스터기
마운틴 맨(Mountain Man), 혼다(Honda)

1998
파리지앵 담배(Parisienne cigarettes), "파리지앵" 캠페인
오피움, 이브생로랑 향수

전 시 회 연 표

1967
밴더리프 갤러리(Vanderlip Gallery), 펜실베이니아주 필라델피아

1968
템플대학교(Temple University)의 사무엘 팰리 도서관(the Samuel Paley Library), 펜실베이니아주
　　필라델피아

1983
갈레리아 우노(Galería Uno), 멕시코 푸에르토 바야르타

1987
제임스 코코란 갤러리(James Corcoran Gallery), 캘리포니아주 산타모니카
로저 라펠 갤러리스(Rodger LaPelle Galleries), 펜실베이니아주 필라델피아

1989
레오 카스텔리 갤러리(Leo Castelli Gallery), 뉴욕주 뉴욕
제임스 코코란 갤러리, 캘리포니아주 산타모니카

1990
N. 노. N. 갤러리(N. No. N. Gallery), 텍사스주 댈러스
타벨리 갤러리(Tavelli Gallery), 콜로라도주 아스펜

1991
도우코 현대미술관(Touko Museum of Contemporary Art), 일본 도쿄
〈기이한 마술: 초기작들(Strange Magic: Early Works)〉, 모라비안 칼리지(Moravian College)의 페인

갤러리(Payne Gallery), 펜실베이니아주 베슬리헴

1992
살라 파르파요(Sala Parpalló), 스페인 발렌시아(Valencia)

1993
제임스 코코란 갤러리, 캘리포니아주 산타모니카

1995
콘/터너 갤러리(Kohn/Turner Gallery), 캘리포니아주 로스앤젤레스

1996
페인팅 파빌리온(Painting Pavilion), 조각의 숲 미술관(Open Air Museum), 일본 하코네
파크 타워 홀(Park Tower Hall), 일본 도쿄
난바 시티 홀(Namba City Hall), 일본 오사카
아티움(Artium), 일본 후쿠오카

1997
〈꿈(Dreams)〉, 오쓰 파르코 갤러리(Otsu Parco Gallery), 일본 오사카
갈레리 필처(Galerie Piltzer), 프랑스 파리
국제가구박람회(Salone del Mobile), 이탈리아 밀라노

1998
〈의미와 형식(Sinn und Form〉, 국제디자인센터(Internationales Design Zentrum), 독일 베를린(가구
박람회)

2001
바르셀로나 현대문화센터(Centre de Cultura Contemporània de Barcelona), 스페인 바로셀로나
프랭탕 드 셉탕브르(Printemps de Septembre), 프랑스 툴루즈

2004
아틀라스 츠투키(Atlas Sztuki), 폴란드 우치

2007
〈불타는 공기: 회화와 사진, 그림, 실험영화, 사운드 창작으로 점철된 40년(The Air is on Fire: 40 Years
of Paintings, Photographs, Drawings, Experimental Films, and Sound Creations)〉, 카르티에
현대미술재단(Fondation Cartier pour l'art contemporain), 프랑스 파리; 밀라노 트리엔날레(La
Triennale di Milano), 이탈리아 밀라노
「인랜드 엠파이어」 갈레리 뒤 주르 아네스 베(Galerie du Jour agnès b.), 프랑스 파리
〈파리의 프린트들(Prints in Paris)〉, 아이템 갤러리(Item Gallery), 프랑스 파리
〈페티시(Fetish)〉, 갈레리 뒤 파사주(Galerie du Passage), 프랑스 파리

2008
〈데이비드 린치: 새 사진들(David Lynch: New Photographs)〉, 엡손 쿤스트베트리브(Epson

Kunstbetrieb), 독일 뒤셀도르프

2009
〈데이비드 린치와 윌리엄 이글스턴: 사진들(David Lynch and William Eggleston: Photographs)〉,
　　카를 페페를레 갤러리(Galerie Karl Pfefferle), 독일 뮌헨
〈페티시(Fetish)〉, 당대 문화를 위한 창고센터(Garage Center for Contemporary Culture), 러시아
　　모스크바
〈영혼의 어두운 밤(Dark Night of the Soul)〉, 마이클 콘 갤러리(Michael Kohn Gallery), 캘리포니아주
　　로스앤젤레스; OHWOW 갤러리, 플로리다주 마이애미
〈새로운 회화들(New Paintings)〉, 제임스 코코란 갤러리와 윌리엄 그리핀 갤러리(William Griffin
　　Gallery) 공동 개최, 캘리포니아주 산타모니카
〈나 자신을 보다(I See Myself)〉, 갈레리 드 갈레리스(Galerie des Galeries), 프랑스 파리
〈꿈의 손(Hand of Dreams)〉, 아이템 갤러리, 프랑스 파리
〈불타는 공기〉, 예카테리나 문화재단(Ekaterina Cultural Foundation), 러시아 모스크바
〈어두운 광채(Dark Splendor)〉, 막스 에른스트 박물관(Max Ernst Museum), 독일 브륄;
아르스 카메랄리스 문화협회(Ars Cameralis Culture Institution), 폴란드 카토비체

2010
〈죄와 벌, 고야에서 피카소까지(Crime and Punishment, From Goya to Picasso)〉, 단체 전시회, 오르세
　　미술관(Musée d'Orsay), 프랑스 파리
〈마릴린 맨슨과 데이비드 린치: 고통의 계보(Marilyn Manson and David Lynch: Genealogies of
　　Pain)>, 쿤스트할레 빈(Kunsthalle Wien), 오스트리아 빈
〈데이비드 린치: 석판화 2007-2009(David Lynch: Lithos 2007-2009)〉, 데셍 및 원본 판화 미술관
　　(Musée du Dessin et de l'Estampe Originale), 프랑스 그라블린
〈데이비드 린치: 캄캄해진 방(David Lynch: Darkened Room)〉, 식스 갤러리(Six Gallery), 일본 오사카;
　　한국 서울
〈데이비드 린치: 당신을 힘껏 붙잡다(David Lynch: I Hold You Tight)〉, 예니시 미술관(Musée
　　Jenisch), 스위스 브베
〈불타는 공기〉, GL 스트랜드(GL Strand), 덴마크 코펜하겐
〈데이비드 린치〉, 묀헤하우스 박물관(Mönchehaus Museum), 독일 고슬라르
〈데이비드 린치: 사진들(David Lynch: Photographs)〉, 카를 페페를레 갤러리, 독일 뮌헨
〈새로운 프린트와 그림들(New Prints and Drawings)〉, 아이템 갤러리, 프랑스 파리

2011
〈새로운 회화와 조각(New Paintings and Sculpture)〉, 케인 그리핀 코코란 갤러리(Kayne Griffin
　　Corcoran Gallery), 캘리포니아주 산타모니카
〈종이에 한 작업들(Works on Paper)〉, 아이템 갤러리, 프랑스 파리
〈수학: 아름다운 다른 곳(Mathematics: A Beautiful Elsewhere)〉, 단체 전시회, 카르티에
　　현대미술재단, 프랑스 파리

2012
〈데이비드 린치: 꿈에서 깨어나는 사람(David Lynch: Man Waking From Dream)〉, 오베르뉴 지방정부
　　현대미술진흥 기금(Fonds Régional d'Art Contemporain Auvergne), 프랑스 클레르몽페랑
틸튼 갤러리(Tilton Gallery), 뉴욕주 뉴욕

〈어두운 이미지들: 질트의 데이비드 린치(Dark Images: David Lynch on Sylt)〉, 갈레리에 첼시 질트
　　(Galerie Chelsea Sylt), 독일 캄펜
토미오 코야마 갤러리(Tomio Koyama Gallery), 일본 도쿄
〈실낙원(Lost Paradise)〉, 단체 전시회, 뮌헤하우스 박물관, 독일 고슬라르
〈밤에 일어난 일(It Happened at Night)〉, 카를 페페를레 갤러리, 독일 뮌헨
〈폭력과 침묵의 카오스 이론(Chaos Theory of Violence and Silence)〉, 라포레 뮤지엄 하라주쿠
　　(Laforet Museum Harajuku), 일본 도쿄
〈데이비드 린치: 석판화들(David Lynch: Lithographs)〉, 갈레리아 미에스카 BWA(Galeria Miejska
　　BWA), 폴란드 비드고슈치

2013
〈꿈의 동그라미(Circle of Dreams), 왈로니아-브뤼셀 연방의 판화 및 인쇄 이미지 센터(Centre de la
　　Gravure et de l'Image imprimée de la Fédération Wallonie-Bruxelles), 벨기에 라루비에르
〈최면요법(Hypnotherapy)〉, 단체 전시회, 켄트 파인아트(Kent Fine Art), 뉴욕주 뉴욕
〈데이비드 린치: 네이밍(David Lynch: Naming)〉, 케인 그리핀 코코란 갤러리, 캘리포니아주
　　로스앤젤레스
〈새 작업들(New Works)〉, 케인 그리핀 코코란 갤러리, 캘리포니아주 로스앤젤레스

2014
〈작은 이야기들(Small Stories)〉, 유럽사진박물관(Maison Européenne de la Photographie), 프랑스
　　파리; 시네마 갈레리(Cinéma Galeries), 벨기에 브뤼셀
〈공장 사진들(The Factory Photographs)〉, 포토그래퍼스 갤러리(the Photographers' Gallery), 영국
　　런던; 폰다치오네 MAST(Fondazione MAST), 이탈리아 볼로냐
〈여자들과 기계들(Women and Machines)〉, 아이템 갤러리, 프랑스 파리
〈프랭크 게리: 솔라리스 연대기, 2부(Frank Gehry: Solaris Chronicles, Part 2)〉, 단체 전시회, 역학
　　워크숍(Atelier de la Mécanique), LUMA 아를 캠퍼스(LUMA Arles Campus), 프랑스 아를
〈어두운 낙관주의. 린치의 눈에 띄지 않는 시선(Dark Optimism. L'Inedito Sguardo di Lynch)〉, 팔라초
　　파니치(Palazzo Panichi), 이탈리아 피에트라산타
〈통일장(The Unified Field)〉, 펜실베이니아 미술아카데미, 펜실베이니아주 필라델피아
〈데이비드 린치: 잃어버린 비전들(David Lynch: Lost Visions), 시선의 무분별한 매력(L'Indiscreto
　　Fascino della Sguardo)〉, 고문서 박물관(Archivio di Stato), 이탈리아 루카
〈데이비드 린치: 네이밍〉, 미들즈브러 현대미술관(Middlesbrough Institute of Modern Art), 영국
　　미들즈브러

2015
〈데이비드 린치: 두 세계 사이에서(David Lynch: Between Two Worlds)〉, 퀸즈랜드 아트 갤러리/
　　현대미술갤러리(Queensland Art Gallery/Gallery of Modern Art), 호주 브리즈번
〈이야기꾼들(Stories Tellers)〉, 단체 전시회, 반준역(Bandjoun Station), 카메룬 반준
〈이뎀에서 작업한 현대 아티스트 20인의 목소리(Voices of 20 Contemporary Artists at Idem)〉, 단체
　　전시회, 도쿄역 갤러리(Tokyo Station Gallery), 일본 도쿄

2016
〈욕망의 기둥(Plume of Desire)〉, 아이템 갤러리, 프랑스 파리
〈그건 유령과 춤추는 것과 비슷했다(It Was Like Dancing With a Ghost)〉, 케탈리어 갤러리(KETELEER

Gallery), 벨기에 앤트워프

〈대화는 계속된다... 제임스 코트렐 + 조지프 로벳 컬렉션의 하이라이트들(The Conversation
　　Continues... Highlights from the James Cottrell + Joseph Lovett Collection)〉, 단체 전시회,
　　올랜도 미술관(the Orlando Museum of Art), 플로리다주 올랜도

〈예술과 영화: 120년간의 교류(Arte y Cine: 120 Años de Intercambios)〉, 카익사포룸(CaixaForum),
　　단체 전시회, 스페인 바로셀로나

2017

〈예술과 영화: 120년간의 교류(Arte y Cine: 120 Años de Intercambios)〉, 카익사포룸, 단체 전시회,
　　스페인 마드리드

〈작은 이야기들〉, 베오그라드 문화센터(Belgrade Cultural Center), 세르비아 베오그라드

〈한 시간/하룻밤(One Hour/One Night)〉, 아이템 갤러리, 프랑스 파리

〈하이라이트(Highlights)〉, 단체 전시회, 서울 시립미술관, 한국 서울

〈방문자들(Les Visitants)〉, 단체 전시회, 키르츠네르 문화센터(Centro Cultural Kirchner), 아르헨티나
　　부에노스아이레스

〈미소 짓는 잭(Smiling Jack)〉, 카를 페페를레 갤러리, 독일 뮌헨

〈침묵과 활력(Silence and Dynamism)〉, 현대미술센터(Centre of Contemporary Art), 폴란드 토루니

2018

〈데이비드 린치: 우리 집에 누군가 있다(David Lynch: Someone is in My House)〉, 예술박물관
　　(Bonnefantenmuseum), 네덜란드 마스트리히트

출 처

Barney, Richard A., David Lynch: Interviews. Jackson: University Press of Mississippi, 2009

Chandes, Herve, The Air is on Fire. Gottingen, Germany: Steidl, 2007

Cozzolino, Robert, David Lynch: The Unified Field. Philadelphia: The Pennsylvania Academy of the Fine Arts in association with University of California Press, 2014

Da Silva, José, David Lynch: Between Two Worlds. Queensland: Queensland Art Gallery / Gallery of Modern Art, 2015

Davison, Annette and Erica Sheen, The Cinema of David Lynch: American Dreams, Nightmare Visions. London: Wallflower Press, 2004

Forest, Patrice, David Lynch—Lithos 2007-2009. Ostfildern, Germany: Hatje Cantz Verlag, 2010

Frydman, Julien, Paris Photo. Gottingen, Germany: Steidl, 2012

Gabel, J. C., and Jessica Hundley, Beyond the Beyond: Music From the Films of David Lynch. Los Angeles: Hat & Beard Press, 2016

Giloy-Hirtz, Petra, David Lynch: The Factory Photographs. Munich: Prestel Verlag, 2014

Godwin, Kenneth George, Eraserhead: The David Lynch Files, Book 1. Winnipeg, Manitoba: Cagey Films Books, 2016.

Henri, Robert, The Art Spirit. Philadelphia: J.B. Lippincott, 1923

Heras, Artur, David Lynch. Valencia, Spain: Sala Parpalló Diputacion Provincial De Valencia, 1992

Lynch, David, Catching the Big Fish: Meditation, Consciousness, and Creativity. New York: Jeremy P. Tarcher / Penguin, 2006

Nibuya, Takashi, et al., David Lynch: Drawings and Paintings. Tokyo, Japan: Touko Museum of Contemporary Art, 1991

Nieland, Justus, David Lynch. Chicago: University of Illinois Press, 2012

Nochimson, Martha P., The Passion of David Lynch: Wild at Heart in Hollywood. Austin: University of Texas Press, 1997

Nochimson, Martha P., David Lynch Swerves: Uncertainty from Lost Highway to INLAND EMPIRE. Austin: University of Texas Press, 2013

Panczenko, Paula, The Prints of David Lynch. Madison, Wisconsin: Tandem Press, 2000

Rossellini, Isabella, Some of Me. New York: Random House, 1997

Spies, Werner, David Lynch—Dark Splendor, Space Images Sound. Ostfildern, Germany: Hatje Cantz Verlag, 2009

Zebrowski, Marek, David Lynch. Bydgoszcz, Poland: Camerimage, the International Film Festival of the Art of Cinematography, 2012

미국의 전원 풍경

1. 리더츠 A. 바니(Richard A. Barney)가 편집하고 미시시피 대학 출판부(University Press of Mississippi)가 2009년에 출판한 『데이비드 린치: 인터뷰(David Lynch: Interviews)』에 실린 팀 휴잇(Tim Hewitt)의 글에서 인용했다.
2. 마사 레바시, 별도의 주(註)가 없으면, 책에 실린 그녀의 모든 말은 2015년 8월 30일에 캘리포니아주의 리버사이드에서 저자와 한 대화에서 인용했다.
3. 존 린치, 책에 실린 그의 모든 말은 2015년 8월 30일에 캘리포니아주의 리버사이드에서 저자와 한 대화에서 인용했다.
4. 마크 스미스, 책에 실린 그의 모든 말은 2015년 9월 2일에 저자와 한 통화에서 인용했다.
5. 엘레나 제가렐리, 책에 실린 그녀의 모든 말은 2015년 11월 3일에 저자와 한 통화에서 인용했다.
6. 페기 리비, 책에 실린 그녀의 모든 말은 2015년 9월 2일에 캘리포니아주의 샌 페드로에서 저자와 한 대화에서 인용했다.
7. 고든 템플턴, 책에 실린 그의 모든 말은 2015년 11월 19일에 저자와 한 통화에서 인용했다.
8. 제니퍼 린치, 책에 실린 그녀의 모든 말은 2016년 12월 22일에 캘리포니아주의 로스 펠리스에서 저자와 한 대화에서 인용했다.
9. 데이비드 린치, 별도의 주가 없으면, 책에 실린 그의 모든 말은 1980년부터 2018년까지 저자와 한 대화에서 인용했다.

아트 라이프

1. 토비 킬러, 별도의 주가 없으면, 책에 실린 그의 모든 말은 2015년 11월 19일에 저자와 한 통화에서 인용했다.
2. 데이비드 킬러, 책에 실린 그의 모든 말은 2015년 11월 11일에 저자와 한 통화에서 인용했다.

3. 잭 피스크, 책에 실린 그의 모든 말은 2015년 7월 22일에 캘리포니아주의 브렌트우드에서 저자와 한 대화에서 인용했다.
4. 클라크 폭스, 책에 실린 그의 모든 말은 2016년 4월 12일에 저자와 한 통화에서 인용했다.
5. 메리 피스크, 책에 실린 그녀의 모든 말은 2015년 7월에 저자와 한 일련의 통화에서 인용했다.
6. 크리스 로들리(Chris Rodley)가 편집하고 런던의 페이버 앤 페이버(Faber and Faber Inc.)가 2005년에 출판한 『린치가 말하는 린치(Lynch on Lynch)』 31페이지에서 인용한 토비 킬러의 말에서 인용했다.

웃음 짓는 죽음의 가방들

1. 브루스 사무엘슨, 책에 실린 그의 모든 말은 2015년 12월 4일에 저자와 한 통화에서 인용했다.
2. 에오 옴웨이크, 책에 실린 그의 모든 말은 2015년 11월 24일에 저자와 한 통화에서 인용했다.
3. 버지니아 메이틀랜드, 책에 실린 그녀의 모든 말은 2015년 11월 19일에 저자와 한 통화에서 인용했다.
4. 제임스 하버드, 책에 실린 그의 모든 말은 2015년 11월 19일에 저자와 한 통화에서 인용했다.
5. 펜실베이니아 미술아카데미의 아카이브에 보관 중인 데이비드 린치의 편지에서 인용했다.
6. 로저 라펠, 2015년 12월 3일에 저자와 한 통화에서 인용했다.

스파이크

1. 도린 스몰, 책에 실린 그녀의 모든 말은 2015년 12월 31일에 저자와 한 통화에서 인용했다.
2. 샬럿 스튜어트, 책에 실린 그녀의 모든 말은 2015년 10월 17일에 저자와 한 통화에서 인용했다.
3. 캐서린 코울슨, 책에 실린 그녀의 모든 말은 2015년 7월 6일에 저자와 한 통화에서 인용했다.
4. 프레드 엘름스, 책에 실린 그의 모든 말은 2015년 8월 10일에 저자와 한 통화에서 인용했다.
5. 잭 낸스, 『이레이저 헤드: 데이비드 린치 파일(Eraserhead: The David Lynch Files)』에서. 『이레이저 헤드』의 제작과정에 대한 대단히 유용한 출처인 고드윈(Godwin)의 책에는 출연진과 스태프의 기억이 여전히 생생했던 1970년대 동안에 가진 인터뷰들이 담겨 있다.
6. 시시 스페이섹, 책에 실린 그녀의 모든 말은 2017년 4월 27일에 저자와 한 통화에서 인용했다.
7. 마사 레바시, 이 장에 실린 그녀의 모든 말은 2015년 12월 18일에 저자와 한 통화에서 인용했다.

젊은 미국인

1. 스튜어트 콘펠드, 책에 실린 그의 모든 말은 2015년 9월 5일에 로스앤젤레스에서 저자와 한 대화에서 인용했다.
2. 조나단 생거, 책에 실린 그의 모든 말은 2016년 2월 5일과 3월 3일에 베벌리 힐스에서 저자와 한 대화에서 인용했다.
3. 크리스 드 보어, 책에 실린 그의 모든 말은 2016년 4월 21일에 저자와 한 통화에서 인용했다.
4. 멜 브룩스, 책에 실린 그의 모든 말은 2015년 9월 29일에 저자와 한 통화에서 인용했다.
5. 존 허트, 2000년 4월 26일에 『가디언(The Guardian)』을 위해 제프 앤드류 2세(Geoff Andrew II)와 한 인터뷰에서 인용했다.
6. 존 허트, 2008년 11월 25일에 『데이비드 린치: 라임 그린 세트(David Lynch: The Lime Green Set)』를 위해 한 인터뷰에서 인용했다.
7. 데이비드 린치, 『린치가 말하는 린치』 110페이지에서 인용했다.

최면에 걸린

1. 릭 니치타, 2015년 6월 23일에 캘리포니아주의 센추리 시티에서 저자와 한 대화에서 인용했다.
2. 라파엘라 드 로렌티스, 책에 실린 그녀의 모든 말은 2017년 9월 21일에 캘리포니아주의 벨 에어에서 저자와 한 대화에서 인용했다.
3. 카일 맥라클란, 이 장에 실린 그의 모든 말은 2015년 6월 25일에 저자와 한 통화에서 인용했다.
4. 브래드 듀리프, 책에 실린 그의 모든 말은 2015년 7월 1일에 저자와 한 통화에서 인용했다.
5. 스팅, 책에 실린 그의 모든 말은 2016년 5월 17일에 뉴욕 시티에서 저자와 한 대화에서 인용했다.
6. 이브 브랜드스테인, 책에 실린 그녀의 모든 말은 2017년 2월 18일에 베벌리 힐스에서 저자와 한 대화에서 인용했다.

교외의 로맨스, 다르기만 할 뿐인

1. 프레드 카루소, 책에 실린 그의 모든 말은 2015년 6월 30일에 로스앤젤레스에서 저자와 한 대화에서 인용했다.
2. 이사벨라 로셀리니, 책에 실린 그녀의 모든 말은 2015년 7월 24일에 저자와 한 통화에서 인용했다.
3. 존 웬트워스, 책에 실린 그의 모든 말은 2015년 7월 10일에 저자와 한 통화에서 인용했다.
4. 조한나 레이, 책에 실린 그녀의 모든 말은 2017년 3월 31일에 로스앤젤레스에서 저자와 한 대화에서 인용했다.
5. 로라 던, 이 장에 실린 그녀의 모든 말은 2015년 8월 4일에 저자와 한 통화에서 인용했다.
6. 데니스 호퍼, 책에 실린 그의 모든 말은 1985년 10월에 노스캐롤라이나주의 윌밍턴에 있는 「블루 벨벳」 세트에서 저자와 한 대화에서 인용했다.
7. 듀웨인 던햄, 책에 실린 그의 모든 말은 2015년 7월 30일에 캘리포니아주의 산타모니카에서 저자와 한 대화에서 인용했다.
8. 안젤로 바달라멘티, 책에 실린 그의 모든 말은 2016년 5월 25일에 저자와 한 통화에서 인용했다.
9. 줄리 크루즈, 책에 실린 그녀의 모든 말은 2015년 6월 28일에 저자와 한 통화에서 인용했다.
10. 폴린 카엘, 『뉴요커』 1986년 9월 22일자에 실린 "블루 벨벳: 저 밖과 이 안(Blue Velvet: Out There and In Here)"에서 인용했다.

비닐에 싸여

1. 마크 프로스트, 책에 실린 그의 모든 말은 2016년 7월 12일에 저자와 한 통화에서 인용했다.
2. 제임스 코코란, 책에 실린 그의 모든 말은 2016년 2월 3일에 로스앤젤레스에서 저자와 한 대화에서 인용했다.
3. 몬티 몽고메리, 책에 실린 그의 모든 말은 2016년 6월 16일과 6월 18일, 7월 16일에 저자와 한 통화에서 인용했다.
4. 조니 시그바트손, 책에 실린 그의 모든 말은 2016년 12월 2일에 로스앤젤레스에서 저자와 한 대화에서 인용했다.
5. 해리 딘 스탠튼, 책에 실린 그의 모든 말은 2016년 5월 11일에 저자와 한 통화에서 인용했다.
6. 프레더릭 골찬, 책에 실린 그의 모든 말은 2016년 7월 11일에 저자와 한 통화에서 인용했다.
7. 코리 글레이저, 책에 실린 그녀의 모든 말은 2017년 3월 8일에 저자와 한 통화에서 인용했다.
8. 토니 크란츠, 책에 실린 그의 모든 말은 2016년 8월 2일에 로스앤젤레스에서 저자와 한 대화에서 인용했다.

9. 레이 와이즈, 책에 실린 그의 모든 말은 2016년 10월 20일에 로스앤젤레스에서 저자와 한 대화에서 인용했다.

10. 그레이스 자브리스키, 책에 실린 그녀의 모든 말은 2018년 1월 4일에 저자와 한 통화에서 인용했다.

11. 셰릴 리, 책에 실린 그녀의 모든 말은 2016년 8월 25일에 저자와 한 통화에서 인용했다.

12. 웬디 로비, 책에 실린 그녀의 모든 말은 2016년 8월 26일에 저자와 한 통화에서 인용했다.

13. 매드첸 아믹, 책에 실린 그녀의 모든 말은 2016년 8월 24일에 저자와 한 대화에서 인용했다.

14. 러스 탬블린, 책에 실린 그의 모든 말은 2016년 9월 14일에 캘리포니아주의 베니스에서 저자와 한 대화에서 인용했다.

15. 리처드 베이머, 책에 실린 그의 모든 말은 2016년 9월 2일과 9월 23일에 저자와 한 통화에서 인용했다.

16. 마이클 온트킨, 책에 실린 그의 모든 말은 2016년 10월 26일에 저자와 주고받은 이메일에서 인용했다.

17. 키미 로버트슨, 책에 실린 그녀의 모든 말은 2016년 9월 23일에 캘리포니아주의 패서디나에서 저자와 한 대화에서 인용했다.

18. 디팍 나야르, 책에 실린 그의 모든 말은 2016년 8월 24일에 저자와 한 통화에서 인용했다.

19. 브라이언 로욱스, 책에 실린 그의 모든 말은 2017년 2월 17일에 로스앤젤레스에서 저자와 한 대화에서 인용했다.

지옥에서 사랑 찾기

1. 로라 던, 이 장에 실린 그녀의 모든 말은 2017년 11월 30일에 저자와 한 통화에서 인용했다.

2. 윌렘 대포, 책에 실린 그의 모든 말은 2016년 5월 16일에 뉴욕 시티에서 저자와 한 대화에서 인용했다.

3. 크리스핀 글로버, 책에 실린 그의 모든 말은 2016년 8월 11일에 저자와 주고받은 이메일에서 인용했다.

4. 배리 기포드, 책에 실린 그의 모든 말은 2016년 8월 18일에 저자와 한 통화에서 인용했다.

사람들은 높이 올라갔다가 아래로 내려간다

1. 피에르 에델만, 책에 실린 그의 모든 말은 2016년 10월 17일에 저자와 한 통화에서 인용했다.

2. 메리 스위니, 책에 실린 그녀의 모든 말은 2016년 9월 24일에 로스앤젤레스에서 저자와 한 대화에서 인용했다.

3. 알프레도 폰스, 책에 실린 그의 모든 말은 2017년 11월 17일에 로스앤젤레스에서 저자와 한 대화에서 인용했다.

4. 사브리나 서덜랜드, 2016년 7월 13일에 저자와 한 통화에서 인용했다.

5. 닐 에델스테인, 책에 실린 그의 모든 말은 2016년 12월 5일에 저자와 한 통화에서 인용했다.

어둠의 이웃집

1. 게리 다미코, 책에 실린 그의 모든 말은 2017년 2월 9일에 저자와 한 통화에서 인용했다.

2. 빌 풀먼, 책에 실린 그의 모든 말은 2017년 3월 15일에 저자와 한 통화에서 인용했다.
3. 발타자 게티, 책에 실린 그의 모든 말은 2017년 3월 2일에 저자와 한 통화에서 인용했다.
4. 제레미 알터, 책에 실린 그의 모든 말은 2017년 3월 15일에 로스앤젤레스에서 저자와 한 대화에서 인용했다.
5. 피터 데밍, 책에 실린 그의 모든 말은 2017년 3월 10일에 저자와 한 통화에서 인용했다.
6. 데이비드 포스터 윌러스, 『프리미어』 1996년 9월호에 실린 "데이비드 린치는 침착하다(David Lynch Keeps His Head)"에서 인용했다.
7. 크리스타 벨, 책에 실린 그녀의 모든 말은 2017년 2월 25일에 로스앤젤레스에서 저자와 한 대화에서 인용했다.

백열하는 섬광과 영계의 숏

1. 로라 엘레나 해링, 책에 실린 그녀의 모든 말은 2017년 2월 22일에 베벌리 힐스에서 저자와 한 대화에서 인용했다.
2. 나오미 왓츠, 책에 실린 그녀의 모든 말은 2017년 5월 9일에 저자와 한 통화에서 인용했다.
3. 저스틴 서룩스, 책에 실린 그의 모든 말은 2017년 12월 31일에 저자와 한 통화에서 인용했다.
4. 마렉 쥐도비치, 책에 실린 그의 모든 말은 2017년 5월 15일에 저자와 주고받은 이메일에서 인용했다.
5. 마렉 제브로프스키, 책에 실린 그의 모든 말은 2017년 5월 29일에 로스앤젤레스에서 저자와 한 대화에서 인용했다.
6. 제이 아셍, 책에 실린 그의 모든 말은 2017년 3월 2일에 로스앤젤레스에서 저자와 한 대화에서 인용했다.

어떤 것의 한 조각

1. 리처드 판스워스, 1999년작 『스트레이트 스토리』의 제작 노트에서 인용했다.

최고로 행복한 해피엔딩

1. 에릭 크레이리, 책에 실린 그의 모든 말은 2017년 3월 15일에 저자와 한 통화에서 인용했다.
2. 에밀리 스토플 린치, 책에 실린 그녀의 모든 말은 2017년 5월 17일과 5월 27일에 로스앤젤레스에서 저자와 한 대화에서 인용했다.
3. 로라 던, 이 장에 실린 그녀의 모든 말은 2017년 11월 30일에 저자와 한 통화에서 인용했다.
4. 딘 헐리, 책에 실린 그의 모든 말은 2017년 4월 21일에 저자와 한 통화에서 인용했다.
5. 안나 스카벡, 책에 실린 그녀의 모든 말은 2017년 4월 9일에 저자와 한 통화에서 인용했다.
6. 밥 로스, 책에 실린 그의 모든 말은 2017년 4월 19일에 저자와 한 통화에서 인용했다.
7. 미야카와 노리코, 책에 실린 그의 모든 말은 2017년 4월 28일에 로스앤젤레스에서 저자와 한 대화에서 인용했다.

스튜디오에서

1. 파트리스 포레스트, 책에 실린 그의 모든 말은 2017년 4월 30일에 로스앤젤레스에서 저자와 한 대화에서 인용했다.

2. 마이클 바릴, 책에 실린 그의 모든 말은 2017년 5월 24일에 로스앤젤레스에서 저자와 한 대화에서 인용했다.

3. 민디 라메이커, 책에 실린 그녀의 모든 말은 2017년 4월 21일에 로스앤젤레스에서 저자와 한 대화에서 인용했다.

4. 호세 다 시우바, 책에 실린 그의 모든 말은 2017년 5월 16일에 저자와 한 통화에서 인용했다.

내 통나무는 황금으로 변하고 있다

1. 데이비드 네빈스, 책에 실린 그의 모든 말은 2017년 9월 19일에 저자와 한 통화에서 인용했다.

2. 사브리나 서덜랜드, 이 장에 실린 그녀의 모든 말은 2017년 9월 4일에 로스앤젤레스에서 저자와 한 대화에서 인용했다.

3. 데이나 애쉬브룩, 책에 실린 그의 모든 말은 2017년 9월 13일에 저자와 한 통화에서 인용했다.

4. 카일 맥라클란, 이 장에 실린 그의 모든 말은 2017년 9월 20일에 저자와 한 통화에서 인용했다.

5. 마이클 호스, 책에 실린 그의 모든 말은 2017년 9월 11일에 저자와 한 통화에서 인용했다.

6. 제임스 마셜, 2017년 9월 16일에 저자와 한 통화에서 인용했다.

7. 앨 스트로벨, 책에 실린 그의 모든 말은 2017년 9월 5일에 저자와 한 통화에서 인용했다.

8. 카렐 스트류컨, 책에 실린 그의 모든 말은 2017년 9월 12일에 로스앤젤레스에서 저자와 한 대화에서 인용했다.

9. 페기 립튼, 책에 실린 그녀의 모든 말은 2017년 9월 14일에 저자와 한 통화에서 인용했다.

10. 에버렛 맥길, 책에 실린 그의 모든 말은 2017년 9월 8일에 저자와 한 통화에서 인용했다.

11. 제임스 마셜, 2017년 9월 6일에 저자와 한 통화에서 인용했다.

12. 제이크 워들, 책에 실린 그의 모든 말은 2017년 9월 11일에 저자와 한 통화에서 인용했다.

13. 돈 머레이, 책에 실린 그의 모든 말은 2017년 9월 15일에 로스앤젤레스에서 저자와 한 대화에서 인용했다.

14. 에릭 에델스테인, 책에 실린 그의 모든 말은 2017년 9월 28일에 저자와 한 통화에서 인용했다.

15. 조지 그리피스, 책에 실린 그의 모든 말은 2017년 9월 28일에 저자와 한 통화에서 인용했다.

16. 마이클 세라, 책에 실린 그의 모든 말은 2017년 9월 12일에 저자와 한 통화에서 인용했다.

17. 매튜 릴라드, 책에 실린 그의 모든 말은 2017년 9월 6일에 저자와 한 통화에서 인용했다.

18. 로버트 포스터, 책에 실린 그의 모든 말은 2017년 9월 11일에 로스앤젤레스에서 저자와 한 대화에서 인용했다.

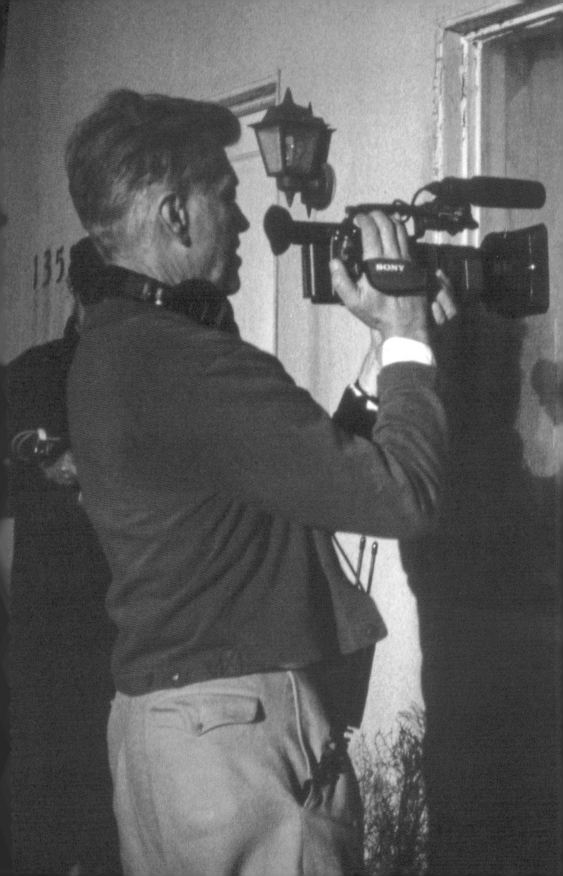

사 진 캡 션 과 크 레 디 트

별도의 주를 달지 않은 경우, 모든 사진은 데이비드 린치의 컬렉션에서 가져온 것이다.

안쪽 표지Half-title: 「이레이저 헤드」를 제작 중이던 1972년에 로스앤젤레스 다운타운의 로케이션에서 찍은 린치의 모습. 캐서린 코울슨 촬영.

타이틀 페이지: 2004년에 할리우드 힐스에 있는 피에르 쾨니히(Pierre Koenig)의 역사적인 '케이스 스터디 하우스(Case Study House)' 22번실에서 로레알의 광고를 촬영 중인 린치. 스콧 레슬러(Scott Ressler) 촬영.

차례: 1995년에 할리우드에 있는 린치의 집에서 「로스트 하이웨이」를 촬영 중인 린치와 패트리샤 아퀘트. 수잔느 테너(Suzanne Tenner) 촬영.

1p 1954년경에 노스캐롤라이나주 더럼에서 찍은 린치와 2학년 때 선생님인 크랩트리 부인(Mrs. Crabtree)의 모습. "그때가 내가 스트레이트 A를 받던 유일한 때였어요." 서니 린치(Sunny Lynch) 촬영.

2-3p 1953년경 워싱턴주 스포캔에서. 린치와 남동생 존 린치. "우리 가족은 더럼으로 이사 갈 때 이 차를 타고 나라를 가로질렀어요. 그 여행을 할 때 아버지는 팔에 깁스를 하고 계셨죠. 여동생을 위해 녹슨 손수레를 고치다 팔의 힘줄을 베는 바람에요." 도널드 린치(Donald Lynch) 촬영.

4p 1944년경의 에드위나와 도널드 린치 부부. "아버지는 태평양에서 작전을 펼친 구축함의 기관실 책임자였습니다. 아버지와 여러 장병이 연막을 치는 일을 책임졌는데, 아버지는 여러 종류의 혼합물을 섞으셨죠. 사람들 말로는 아버지가 만드는 연막이 최고였다더군요." 아서 순드홀름(Arthur Sundholm) 촬영.

13p 1948년경에 아이다호주 샌드포인트에서 찍은 존과 데이비드 린치 형제. 서니 린치 촬영.

14-15p 왼쪽부터 오른쪽으로: 데이비드, 존, 마사 린치. 1950년경 워싱턴주 스포캔에 있는 린치의 집 계단에서. 서니 린치 촬영.

16p 린치 가족이 거주했던 아이다호주 보이시에서 친구들과 함께 거리에서 트럼펫을 연주하는 린치. "1956년 즈음일 겁니다. 저기는 우리 집 바로 앞이에요. 어느 날 우리는 별다른 이유 없이 음악을 연주했

습니다. 악보를 든 아이들이 누구인지는 모르겠어요. 하지만 트럼펫을 부는 건 나입니다. 트롬본을 부는 건 마이크 존슨(Mike Johnson)하고 라일리 커틀러(Riley Cutler)고요. 우리 앞에서 걸어가는 아이는 랜디 스미스(Randy Smith)입니다. 우리는 그를 퍼드(Pud)라고 불렀죠." 마크 스미스(Mark Smith) 촬영.

33p 1967년경의 린치. "필라델피아의 성부, 성자, 성령 연립주택에서 찍은 사진입니다." C. K. 윌리엄스 (C. K. Williams) 촬영.

34p 1963년에 버지니아주 알렉산드리아에 있는 부모님 댁에서 자신이 그린 그림 옆에 선 린치. "부두를 그린 유화였습니다. 이 그림을 주디 웨스터먼에게 줬을 겁니다. 그녀의 딸이 갖고 있을 거예요." 도널드 린치 촬영.

45p 린치가 보스턴의 뮤지엄 학교에 다니던 중에 (1964년경에) 그린, 제목이 달리지 않은 유화. 데이비드 린치 촬영.

46-47p 1963년경에 린치가 알렉산드리아에 있는 그의 침실 천장에 그린 벽화. 서니 린치 촬영.

48p 1964년에 보스턴에서 학교에 다닐 때 린치가 거주한 아파트의 거실. 데이비드 린치 촬영.

61p 1968년에 필라델피아에 있는 그의 집에서 「할머니」의 세트를 작업 중인 린치. 페기 리비 촬영.

62p 1968년경 필라델피아에 있는 리비의 부모님 댁 밖에서 찍은 페기 리비와 린치의 모습. 버나드 V. 렌츠(Bernard V. Lentz) 촬영.

74-75p 1967년경 필라델피아의 펜실베이니아 미술아카데미에 이웃한 커피숍에서 찍은 리비와 린치의 모습.

76p 1968년에 열린 린치의 결혼식 피로연에서 찍은 린치와 신랑 쪽 들러리 잭 피스크의 모습. 피로연은 리비의 부모님 댁에서 열렸다. 페기 리비 촬영.

91p 1973년경에 로스앤젤레스에 있는 미국영화연구소에 세워진 「이레이저 헤드」의 세트 중 한 곳에서 찍은 린치와 촬영감독 프레드 엘름스의 모습. 캐서린 코울슨 촬영.

92p 위: 1972년경에 로스앤젤레스에서 린치가 임시변통으로 세운 「이레이저 헤드」의 스튜디오의 일부 인 식품 저장고에서 린치와 사운드 디자이너 앨런 스플렛이 즉흥 연주를 하고 있다; 아래: 1972년 크리스 마스에 로스앤젤레스의 비치우드 캐년에 있는 캐서린 코울슨과 잭 낸스의 집 밖에서 찍은 린치와 리비, 제니퍼 린치의 모습. 캐서린 코울슨 촬영.

114-15p 1972년경에 「이레이저 헤드」에 나오는 헨리 스펜서의 아파트 로비 세트에 선 린치. 캐서린 코울슨 촬영.

116-17p 1972년에 「이레이저 헤드」에 나오는 X 가족의 집 입구 쪽 베란다의 세트에서 찍은 샬럿 스튜어트와 린치의 모습. 캐서린 코울슨 촬영.

118p 1977년에 로스앤젤레스의 로즈우드 애비뉴에 있는 린치와 같이 살던 집에서 찍은 메리 피스크의 모습. 데이비드 린치 촬영.

137p 1979년 런던에서 「엘리펀트 맨」을 찍고 있는 안소니 홉킨스와 린치. 브룩스필름스의 양해를 얻어 게재. 프랭크 코너(Frank Connor) 촬영.

138p 1979년에 런던의 「엘리펀트 맨」 세트에 있는 린치. 브룩스필름스의 양해를 얻어 게재. 프랭크 코너 촬영.

156-57p 1979년에 파리 루브르에서 찍은 메리 피스크의 모습. 데이비드 린치 촬영.

158-59p 1979년에 런던의 리 인터내셔널 스튜디오(Lee International Studios)에서 「엘리펀트 맨」을 만들던 중. 뒷줄 왼쪽부터 오른쪽으로: 스튜어트 크레이그, 테리 클레그(Terry Clegg), 밥 카트라이트(Bob Cartwright), 에릭 버그렌, 조나단 생거; 앞줄 왼쪽부터 오른쪽으로: 린치, 멜 브룩스, 크리스 드 보어. 브룩스필름스의 양해를 얻어 게재. 프랭크 코너 촬영.

160p 1979년 런던에서 메리 피스크와 스파키. "수의사는 스파키가 복잡한 개라고, 자웅동체일 수도 있다고 말했어요." 데이비드 린치 촬영.

171p 1983년에 「듄」을 촬영하던 중에 멕시코시티 츄러버스코 스튜디오에서 찍은 오스틴과 데이비드 린치 부자의 모습. 메리 피스크 촬영.

172p 「듄」을 만들고 있던 1983년에 찍은 촬영감독 프레디 프랜시스와 린치의 모습. 유니버설 스튜디오의 양해를 얻어 게재. 조지 휘티어(George Whitear) 촬영.

187p 1983년에 「듄」 세트에서 찍은 린치와 여배우 앨리시아 위트의 모습. 유니버설 스튜디오의 양해를 얻어 게재. 조지 휘티어 촬영.

188-89p 1983년경에 츄러버스코 스튜디오에서 찍은 카일 맥라클란과 라파엘라 드 로렌티스, 린치의 모습. 메리 피스크 촬영.

190p 1983년에 「듄」의 로케이션 중 한 곳에 선 린치. "우리는 엘패소에 은거지를 정한 뒤, 아침마다 국경을 넘어 조용하고 작은 마을인 후아레스를 지나 사구(砂丘)로 가고는 했죠. 우리는 거기에 꽤 오래 머물렀습니다. 후아레스는 당시만 해도 자그마하고 평화로운 마을이었습니다." 유니버설 스튜디오의 양해를 얻어 게재. 조지 휘티어 촬영.

201p 1985년에 노스캐롤라이나주 윌밍턴에서 「블루 벨벳」을 만들던 중에 찍은 이사벨라 로셀리니의 모습. 데이비드 린치 촬영.

202p 1985년에 「블루 벨벳」을 찍고 있던 린치와 데니스 호퍼. MGM의 양해를 얻어 게재. 멜리사 모슬리(Melissa Moseley) 촬영.

223p 1985년에 「블루 벨벳」 세트에서 찍은 딘 스톡웰의 모습. 데이비드 린치 촬영.

224-25p 1985년에 「블루 벨벳」 세트에서 찍은 린치와 배우 프레드 피클러(Fred Pickler)의 모습. MGM의 양해를 얻어 게재. 멜리사 모슬리 촬영.

226p 1985년에 「블루 벨벳」을 촬영 중인 카일 맥라클란과 린치. MGM의 양해를 얻어 게재. 멜리사 모슬리 촬영.

239p 1990년에 로스앤젤레스의 세트에서 「트윈 픽스」 시즌 2의 마지막 에피소드를 찍고 있는 린치와 헤더 그레이엄, 카일 맥라클란. 리처드 베이머 촬영.

240p 1991년에 「트윈 픽스 영화판」을 촬영하는 동안 찍은 린치와 세트 드레서인 마이크 말론(Mike Malone)의 모습. MK2와 주식회사 트윈 픽스 프로덕션의 양해를 얻어 게재. 로리 세바스티안(Lorey Sebastian) 촬영.

262-63p 왼쪽부터 오른쪽으로: 마이클 J. 앤더슨, 캐서린 코울슨, 해리 고아즈, 카일 맥라클란, 파이퍼 로리. 1989년에 「트윈 픽스」 세트에서. 리처드 베이머 촬영.

264p 1989년경 「트윈 픽스」를 만들 때의 린치와 어시스턴트. "이건 우리가 「트윈 픽스」를 위해 만든 겁니다. '팀 앤 톰스 택시-더미(Tim & Tom's Taxi-Dermy)'로, 동물들을 박제로 만드는 일도 하는 택시 회사죠. 이건 로스앤젤레스에 있는 내 집 밖에서 촬영한 겁니다. 앞 좌석에 앉은 사람이 나예요. 우리가 이걸 드라마에 등장시켰는지는 확신이 서지 않습니다." CBS와 주식회사 트윈 픽스 프로덕션의 양해를 얻어 게재. 킴벌리 라이트(Kimberly Wright) 촬영.

280-81p 1989년에 「광란의 사랑」을 촬영하던 중에 텍사스의 로케이션에서 찍은 세트 드레서 다니엘 커트너(Daniel Kuttner)와 린치의 모습. MGM의 양해를 얻어 게재. 킴벌리 라이트 촬영.

282p 1989년에 「광란의 사랑」을 만들 때, 캘리포니아주 랭커스터의 로케이션에서 찍은 린치와 셰릴린 펜의 모습. MGM의 양해를 얻어 게재. 킴벌리 라이트 촬영.

294-95p 1989년에 「광란의 사랑」의 마지막 신을 촬영한 로스앤젤레스 다운타운의 촬영지에서 찍은 린치와 프레드 엘름스, 니콜라스 케이지, 메리 스위니, 로라 던의 모습. MGM의 양해를 얻어 게재. 킴벌리 라이트 촬영.

296p 1989년에 「광란의 사랑」을 만들던 동안 뉴올리언스의 촬영지에서 찍은 그레이스 자브리스키와 린치의 모습. MGM의 양해를 얻어 게재. 킴벌리 라이트 촬영.

303p 1991년에 「트윈 픽스 영화판」의 열차 신을 촬영 중인 린치와 셰릴 리. MK2와 주식회사 트윈 픽스 프로덕션의 양해를 얻어 게재. 로리 세바스티안 촬영.

304p 1991년에 「트윈 픽스 영화판」을 만들 때 워싱턴의 공항에서 촬영 중인 키퍼 서덜랜드와 린치, 크리스 아이작. MK2와 주식회사 트윈 픽스 프로덕션의 양해를 얻어 게재. 로리 세바스티안 촬영.

317p 1991년에 「트윈 픽스 영화판」의 세트에서 찍은 셰릴 리와 그레이스 자브리스키, 린치의 모습. "저기는 워싱턴주 에버렛에 있는 파머 하우스(Palmer house)입니다." MK2와 주식회사 트윈 픽스 프로덕션의 양해를 얻어 게재. 로리 세바스티안 촬영.

318-19p 1991년에 「트윈 픽스 영화판」을 만들 때, 레드 룸에 있는 셰릴 리와 린치. MK2와 주식회사 트윈 픽스 프로덕션의 양해를 얻어 게재. 로리 세바스티안 촬영.

320p 1991년에 「트윈 픽스 영화판」의 로케이션에서 찍은 셰릴 리와 린치, 모이라 켈리의 모습. MK2와 주식회사 트윈 픽스 프로덕션의 양해를 얻어 게재. 로리 세바스티안 촬영.

331p 1996년에 「로스트 하이웨이」를 만들던 동안 로스앤젤레스에 있는 매디슨 저택에서 찍은 패트리샤 아퀘트와 린치, 빌 풀먼의 모습. MK2의 양해를 얻어 게재. 수잔느 테너 촬영.

332p 1995년경에 「로스트 하이웨이」의 세트에서 찍은 빌 풀먼과 린치의 모습. MK2의 양해를 얻어 게재. 수잔느 테너 촬영.

345p 1995년경에 「로스트 하이웨이」를 만들 때 로스앤젤레스의 라 브리어 블러바드에 있는 로케이션에서 찍은 린치와 잭 낸스의 모습. MK2의 양해를 얻어 게재. 수잔느 테너 촬영.

346-47p 1995년경에 「로스트 하이웨이」를 만들고 있던 패트리샤 아퀘트와 발타자 게티, 린치의 모습. MK2의 양해를 얻어 게재. 수잔느 테너 촬영.

348p 1995년경 「로스트 하이웨이」의 로케이션에서 찍은 리처드 프라이어와 린치의 모습. Courtesy mk2 Films. 수잔느 테너 촬영.

361p 1999년경에 「멀홀랜드 드라이브」를 만들 때 클럽 실렌시오의 무대에 선 제노 실바(Geno Silva)와

린치, 레베카 델 리오. 스콧 레슬러 촬영.

362p 1999년경에 「멀홀랜드 드라이브」를 만들 때 세트에서 찍은 로라 엘레나 해링과 나오미 왓츠, 린치의 모습. 스콧 레슬러 촬영.

380-81p 1999년경에 「멀홀랜드 드라이브」의 세트에서 찍은 나오미 왓츠와 린치, 로라 엘레나 해링의 모습. 스콧 레슬러 촬영.

382p 1999년경에 「멀홀랜드 드라이브」 세트에서 찍은 린치와 저스틴 서룩스의 모습. 스콧 레슬러 촬영.

392-93p 1998년경에 아이오와에서 「스트레이트 스토리」를 촬영할 때의 잭 피스크와 린치, 스태프들의 모습. 스콧 레슬러 촬영.

394p 1998년경에 「스트레이트 스토리」를 촬영할 때의 잭 피스크와 린치, 션 E. 마크랜드(Sean E. Markland), 그리고 신원 확인이 안 되는 스태프, 존 처칠(John Churchill)의 모습. 스콧 레슬러 촬영.

400-401p 1998년경에 찍은 린치와 「스트레이트 스토리」의 출연진(왼쪽부터 오른쪽으로: 조지프 A. 카펜터, 잭 월시, 에드 그레넌, 도널드 위거트) 사진. 스콧 레슬러 촬영.

402p 1998년경 「스트레이트 스토리」의 로렌스(Laurens) 촬영장에서 찍은 리처드 판스워스와 린치의 모습. 스콧 레슬러 촬영.

409p 파리에서 찍은 린치와 에밀리 스토플의 모습. 제니퍼 "그리니" 그린(Jennifer "Greenie" Green) 촬영.

410p 2015년에 「트윈 픽스 3」 촬영장에서 아들 라일리와 함께 한 린치. 주식회사 란초 로사 파트너십(Rancho Rosa Partnership, Inc)의 양해를 얻어 게재. 수잔느 테너 촬영.

425p 2004년경에 「인랜드 엠파이어」를 만드는 동안 샌 페르난도 밸리에서 촬영 중인 린치와 로라 던. 업서다와 스튜디오카날의 양해를 얻어 게재. 데버릴 위크스(Deverill Weekes) 촬영.

426-27p 2006년 11월에 할리우드 블러바드에서 로라 던이 「인랜드 엠파이어」에서 펼친 연기를 홍보하는 린치와 젖소. 제레미 알터 촬영.

428p 2004년경에 「인랜드 엠파이어」를 만들던 중에 파라마운트 스튜디오의 촬영장에서 찍은 린치와 해리 딘 스탠튼의 모습. 업서다와 스튜디오카날의 양해를 얻어 게재. 마이클 로버츠(Michael Roberts) 촬영.

438-39p 2016년에 파리의 레 두 마고에서 그림을 그리는 린치와 그의 딸 룰라. 에밀리 린치 촬영.

440p 룰라와 데이비드 린치, 2016년경. 에밀리 린치 촬영.

456-57p 2011년에 캘리포니아주의 라 튜나 캐넌에 있는 게리 다미코의 집 앞마당에서 〈미친 광대의 시간(Crazy Clown Time)〉 뮤직비디오를 만들고 있는 린치. 딘 헐리(Dean Hurley) 촬영.

458p 2013년에 린치의 할리우드 자택에서 찍은 린치와 룰라, 에밀리, 제니퍼, 오스틴, 라일리 린치의 모습. "내가 이 사진에서 무척 좋아하는 건 룰라가 들고 있는 작은 인형이에요. 인형에서 시작해서 시계 방향으로 사람들의 크기가 조금씩 커지죠." 에린 스카부조(Erin Scabuzzo) 촬영.

470-71p 2015년에 「트윈 픽스 3」 촬영장에서 찍은 린치와 해리 딘 스탠튼의 모습. 주식회사 란초 로사 파트너십의 양해를 얻어 게재. 수잔느 테너 촬영.

472p 2016년에 「트윈 픽스 3」를 만들던 중에 캘리포니아주의 반 누이스에 있는 병원 밖에서 찍은 린치

의 모습. 마이클 바릴(Michael Barile) 촬영.

493p 2015년에 로스앤젤레스에 있는 「트윈 픽스 3」의 레드 룸 세트에서 찍은 카일 맥라클란과 린치의 모습. 주식회사 란초 로사 파트너십의 양해를 얻어 게재. 수잔느 테너 촬영.

494-95p 2016년에 「트윈 픽스 3」를 만들던 중에 캘리포니아 남부의 로케이션에서 찍은 안소니 마라치(Anthony Maracci)와 린치의 모습. "그게 우리가 촬영한 마지막 장면이었어요." 마이클 바릴 촬영.

496p 2015년경에 그의 녹음 스튜디오에서 찍은 린치의 모습. 딘 헐리 촬영.

505p 1973년경에 로스앤젤레스의 밥스 빅 보이에서 찍은 데이비드와 제니퍼 린치 부녀의 모습. 캐서린 코울슨 촬영.

506-7p 1997년에 로스앤젤레스에서 사이파이 채널(Sci-Fi Channel)의 광고를 촬영 중인 린치의 모습. 스콧 레슬러 촬영.

508p 린치와 그의 할아버지 오스틴 린치. 아이다호주 샌드포인트에서. 서니 린치 촬영.

538p 1999년경에 「멀홀랜드 드라이브」를 촬영하고 있을 때 클럽 실렌시오에서 찍은 린치와 코리 글레이저의 모습. 스콧 레슬러 촬영.

548-49p 「인랜드 엠파이어」를 만들던 2004년경에 샌 페르난도 밸리의 촬영장에서 찍은 린치와 로라 던의 모습. 스콧 레슬러 촬영.

550p 1986년작 「자식들을 풀어놓는 피트 삼촌(Uncle Pete Releasing His Children)」. 데이비드 린치 촬영.

558p 위: 1965년에 펜실베이니아 미술아카데미에 입학을 신청하며 제출한 사진으로, 린치는 할아버지의 재킷을 입고 있다; 아래: 크리스틴 맥켄나, 2012년경. 앤 숨마 촬영.

560p 1977년에 린치가 부모님께 보낸 쪽지. 데이비드 린치 촬영.

Kristine McKenna © Ann Summa

저 자 소 개

데이비드 린치DAVID LYNCH는 놀라울 정도로 독창적인 첫 영화 「이레이저 헤드」가 개봉된 1977년부터 세계 영화계에서 중요한 인물로 발돋움했다. 이후로 「엘리펀트 맨」과 「블루 벨벳」, 「멀홀랜드 드라이브」로 아카데미 감독상 후보에 세 번 지명됐고, 「광란의 사랑」으로 칸 영화제에서 황금종려상을 수상했으며, 그의 획기적인 텔레비전 시리즈가 ABC에서 방송된 1990년에는 「트윈 픽스」 열풍으로 미국 전역을 휩쓸었다. 또한 엄청나게 방대한 분야를 섭렵하는 재주를 보여주며 종합 예술가로서도 자리를 잡았다. 초월 명상을 다룬 책 『데이빗 린치의 빨간방』의 저자이기도 하다.

크리스틴 맥켄나KRISTINE MCKENNA는 1977년부터 1998년까지 『로스앤젤레스 타임스』를 위해 글을 써왔다. 널리 알려진 평론가이자 저널리스트로, 1979년부터 데이비드 린치의 친한 친구이자 인터뷰어였다. 그녀가 쓴 기사와 평론은 『아트포럼』, 『뉴욕 타임스』, 『아트 뉴스』, 『배니티 페어』, 『워싱턴 포스트』, 『롤링 스톤』에 실렸다. 이전에 발표한 책으로는 인터뷰 모음집 두 권과 『페루스 갤러리: 출발할 곳The Ferus Gallery: A Place to Begin』이 있다.

Dear Mom..... and Dad
please don't see the film
Eraserhead...... and <u>*Don't*</u>
tell anyone I did.

사랑하는 어머니께⋯ 그리고 아버지께
영화 「이레이저 헤드」는 제발 보지 마세요⋯
그리고 제가 만든 영화라는 얘기는 아무한테도 하지 마세요.

2000
3위가 되신 걸 환영합니다(Welcome to the Third Place), 소니(Sony) 플레이스테이션 2
제이씨데코(JCDecaux), 장클로드 데코 그룹(the Jean-Claude Decaux Group)의 도로 시설물과
　　자전거 임대 시스템

2002
미크라를 말하시는 건가요?(Do You Speak Micra?), 닛산(Nissan)
버킹 브롱코(Bucking Bronco), 시트로엥(Citroën)

2004
파렌하이트(Fahrenheit), 크리스찬 디올(Christian Dior) 향수
프레퍼런스: 컬러 바이브(Preference: Color Vive), 로레알(L'Oréal)

2007
구찌(Gucci), 구찌 향수, 음악: 블론디(Blondie)

2008
리바이탈 그라나스(Revital Granas), 시세이도(Shiseido)

2011
데이비드 린치 시그니처 컵 커피(David Lynch Signature Cup Coffee)

2012
데이비드 린치 시그니처 컵 커피, 에밀리 린치(Emily Lynch)와 함께

2014
루즈(Rouge), 크리스찬 루부탱(Christian Louboutin)의 네일 폴리시